Aulenbacher / Deppe / Dörre / Ehlscheid / Pickshaus (Hrsg.)
Mosaiklinke Zukunftspfade

Festschrift für Hans-Jürgen Urban

Brigitte Aulenbacher / Frank Deppe /
Klaus Dörre / Christoph Ehlscheid / Klaus Pickshaus (Hrsg.)

Mosaiklinke Zukunftspfade

Gewerkschaft, Politik, Wissenschaft

WESTFÄLISCHES DAMPFBOOT

Bibliografische Information der Deutschen Nationalbibliothek
Die Deutsche Nationalbibliothek verzeichnet diese Publikation in der Deutschen Nationalbibliografie; detaillierte bibliografische Daten sind im Internet über http://dnb.d-nb.de abrufbar.

2. Auflage Münster 2021
© 2021 Verlag Westfälisches Dampfboot
Alle Rechte vorbehalten
Umschlag: Lütke Fahle Seifert AGD, Münster
Druck: Majuskel Medienproduktion GmbH, Wetzlar
Gedruckt auf FSC-zertifiziertem Papier
ISBN 978-3-89691-064-6

Inhalt

Vorwort der Herausgeber*innen   11

1. „Wir brauchen Aktivität, polarisierende Debatten, produktive Provokation."
   Hans-Jürgen Urban
   Zur Zukunft einer Mosaiklinken

Brigitte Aulenbacher
Die „Mosaik-Linke" in der Transformation des Kapitalismus   21

Stephan Hebel
Angeregte Debatten. Wie Hans-Jürgen Urban Medienleute motiviert   30

Godela Linde / Rainer Rilling
Eine mosaiklinke Villa   36

Juliane Hammermeister
Die Mosaik-Linke oder von der Frage nach dem verstrickten Subjekt   43

Ulrich Brand
Wohlstand statt Wachstum! Anregungen der Postwachstums-Perspektive
für eine emanzipatorische Organisation der Arbeit   52

Ines Schwerdtner
Zur Zukunft einer Mosaiklinken   61

Steffen Lehndorff
Bewährungsproben als Lernprozesse   68

2. „Wer mich einen Linken nennt, der beleidigt mich nicht."
   Hans-Jürgen Urban
   Zum politischen Mandat der Gewerkschaften

Detlef Hensche
Zum politischen Mandat der Gewerkschaften   77

Klaus Dörre
Der Machtressourcenansatz – Zwischenbilanz, Reformulierung, Ausblick   85

Jörg Köhlinger / Jakob Habermann
Das politische Mandat der Gewerkschaften im 21. Jahrhundert:
Ein Zwischenruf zur Debatte   95

Dieter Knauß / Otto König / Gerhard Wick
Debatten und Anstöße „jenseits von Gremien"   103

Was ist (heute) eigentlich Links?
Eine dialogische Suchbewegung mit Roland Hamm, Horst Schmitthenner und Walter Vogt   107

Zukunftsaufgaben der IG Metall in Zeiten von Corona-Krise und Transformation
Ein Gespräch mit Garnet Alps, Clarissa Bader und Kerstin Klein   111

Michael Erhardt / Axel Gerntke
Ein linker Gewerkschafter. Warum es gut ist, so genannt zu werden   116

Jürgen Kerner
Schritte in die ökosoziale Industriegesellschaft – Herausforderung für die IG Metall   124

Transformation der Stahlindustrie braucht starke Mitbestimmung
Ein Gespräch mit Hasan Cakir und Matthias Wilhelm   130

Frank Deppe
Einige Anmerkungen zu den Jahrhundertbilanzen des Sozialismus   134

3. „Weniger Kapitalismus, mehr Demokratie"
Hans-Jürgen Urban
Transformation, Rechtspopulismus und Wirtschaftsdemokratie im 21. Jahrhundert

Christiane Benner
Die „Initiative Mitbestimmung" – ein gewerkschafts- und gesellschaftspolitisches Reformprojekt   147

Michael Burawoy
Publikumswirksamkeit von Polanyi in der Ära Trump   156

Ulrich Brinkmann
„... sich mit dem Kapitalismus anlegen müssen ..." – dem Soziologen, Gewerkschafter und Mosaiklinken Hans-Jürgen Urban zum 60.   169

Richard Detje / Dieter Sauer / Michael Schumann
Nach den Banken nun die Arbeit? Systemrelevanz in der Corona-Krise 177

André Leisewitz / Klaus Pickshaus / Jürgen Reusch
Ausweiten, vereinheitlichen, zuspitzen 184

Richard Hyman
Sozialismus, Barbarei und die zunehmenden Widersprüche der „freien Arbeit" 193

Rebecca Gumbrell-McCormick
„Was ist unser Ziel?": Gewerkschaften und ihre politischen Projekte 202

4. „Der Sozialstaat ist und bleibt eine unverzichtbare Institution zur Humanisierung und Demokratisierung unserer Gesellschaft!"
Hans-Jürgen Urban
Zur Aufgabe der sozialstaatlichen Erneuerung

Gerhard Bäcker
Problemverursacher oder Problemlöser? Der Sozialstaat vor aktuellen und zukünftigen Herausforderungen 213

Michael Kittner
Die Rolle der Gerichte bei der Implementierung des Sozialstaatsprinzips 224

Sebastian Kramer / Christoph Ehlscheid / Jan-Paul Grüner
Sozialpolitik in der Transformation. Auf dem Weg zum sozial-ökologischen Wohlfahrtsstaat 235

Thilo Fehmel
Vertariflichung sozialer Sicherung als sozialpolitisches Mandat der Gewerkschaften? 246

Katharina Grabietz / Stefanie Janczyk
40 Prozent – Abrechnung mit einem sozialpolitischen Dogma 256

Annelie Buntenbach
Perspektiven der Alterssicherung 267

Gundula Roßbach
Perspektiven der Alterssicherungspolitik 276

Roman Zitzelsberger / Claudia Dunst
Qualifizierung Reloaded: Die kompetente Begleitung durch die IG Metall in der Bildungsbiografie ist präventiv gefordert 286

Detlef Scheele
Die Grundsicherung für Arbeitsuchende: Kontroversen nicht ausgeschlossen! 295

Thomas Gerlinger / Uwe Lenhardt
Herausforderungen für eine Politik solidarischer Gesundheitssicherung 301

Doris Pfeiffer
Zur Rolle der gesetzlichen Krankenversicherung in der
COVID-19-Pandemie 308

5. „Die digitale Arbeitswelt erfordert eine Präventionsoffensive."
Hans-Jürgen Urban
Aufgaben einer Arbeitspolitik

Andrea Fergen / Dirk Neumann / Moriz-Boje Tiedemann
Arbeitsschutz im Brennglas der Corona-Pandemie 319

Isabel Rothe / Beate Beermann
Guten Arbeitsschutz erhalten und Arbeitsschutz zeitgemäß
weiterentwickeln 331

Sarah Nies / Wolfgang Menz
Rationalisierungsdynamiken der Digitalisierung und ihre Belastungsfolgen 338

Timo Gayer / Anke Muth / Thomas Ressel
„There is no glory in prevention?" – Ideen für präventive Ansätze in der
Berufsbildungspolitik 345

Nicole Mayer-Ahuja
Global Labour? Anregungen für eine transnationale Gewerkschaftspolitik 355

6. „Europa braucht einen Pfadwechsel – um 180 Grad!"
Hans-Jürgen Urban
Aufgaben einer Europapolitik

Wolfgang Lemb
Vom Saulus zum Paulus? Der vermeintliche Paradigmenwechsel europäischer
Wirtschafts- und Sozialpolitik 365

Heinz Bierbaum
Europa braucht einen Pfadwechsel 376

Martin Höpner
Die IG Metall zwischen Exportblock und Mosaik: Lektionen aus der
gewerkschaftlichen Europapolitik   381

Hans-Jürgen Bieling
Europäische Integration im Zeichen des amerikanisch-chinesischen
Hegemoniekonflikts   391

Thorsten Schulten
Soziales Europa – geht da doch was? Der Richtlinienvorschlag über
angemessene Mindestlöhne als Chance für eine arbeitspolitische
Neuausrichtung in der EU   399

Simon Dubbins
Der Brexit und die Folgen. Einheit und Internationalismus gegen
Nationalismus und die extreme Rechte   407

Verzeichnis der Autor*innen   415

Vorwort der Herausgeber*innen

Die Stichworte „Gewerkschaft, Wissenschaft, Politik" bilden den Untertitel für diese Aufsatzsammlung. Sie stehen für die Felder, in denen Hans-Jürgen Urban sich bewegt, deren Grenzen er überschreitet und aus denen sich sein gesellschaftskritisches Engagement und seine Visionen speisen. Ihm ist der vorliegende Band anlässlich seines 60. Geburtstages im Juli 2021 gewidmet. Hans-Jürgen Urban ist für die Herausgeber*innen Kollege, politischer Weggefährte und Freund zugleich und wir verdanken ihm unzählige Anregungen in arbeits- und sozialpolitischen Strategiedebatten, innovative Interventionen in sozialwissenschaftlichen Diskursen und immer neue Ermutigungen, im Kampf für eine solidarische, gerechte, nachhaltige und demokratische Gesellschaft nicht nachzulassen – selbst wenn die Machtmittel der Herrschenden übermächtig und die eigenen Kräfte gering erscheinen mögen.

Der Gewerkschafter

Hans-Jürgen Urban ist überzeugter Gewerkschafter. Seit fast vier Jahrzehnten engagiert er sich als ehren- und hauptamtlicher Funktionär der IG Metall für die Interessen der arbeitenden Menschen. All diejenigen Themen aufzählen zu wollen, die er in dieser Zeit mit seinen politisch-fachlichen Impulsen bereichert, und all jene Handlungsfelder zu benennen, in denen er Verantwortung übernommen und Projekte geleitet hat, würde den Rahmen dieser einleitenden Bemerkungen bei weitem sprengen. Die gewerkschaftliche Bildungsarbeit mit Vertrauensleuten und Betriebsräten gehört ebenso dazu wie etwa die Betriebsbetreuung und Mitgliederwerbung im Angestelltenbereich (vgl. etwa zur Angestelltenarbeit Urban 1989). Eine herausgehobene Stellung in seinem gewerkschaftlichen Wirken nimmt zweifelsohne die Sozialpolitik ein. In seiner Funktion als Abteilungsleiter (seit 1998) hat er in Zusammenarbeit mit Horst Schmitthenner, dem damaligen Vorstandsmitglied, die Sozialpolitik der IG Metall zu einem der gewerkschaftlichen Zentren des Widerstands gegen den marktradikalen Um- und Abbau der Agenda-Periode, gegen Hartz-Gesetze und Riester-Reform, gemacht. Wesentliche Elemente dieses neuen sozialpolitischen Stils waren eine mobilisierungs- und kampagnenorientierte Ausrichtung, die kontinuierliche Kooperation mit anderen sozialen Bewegungen („Initiative für einen Politikwechsel") und die Erarbeitung eigener sozialpolitischer Reformkonzepte (vgl. etwa Arbeitskreis AFG-Reform 1995; Schmitthenner/Urban 1999). Seit 2007 selbst geschäftsführendes Vorstandsmitglied und für Sozialpolitik zuständig, hat Hans-Jürgen Urban diese strategische Grundorientierung bis heute beibehalten. Vor allem mit den Kampagnen zur Rentenpolitik (Urban/Ehlscheid/Gerntke 2010) und zur Wiederherstellung der Parität in der gesetzlichen Krankenversicherung (Urban 2018a) hat die IG Metall unter seiner Ägide im Zusammenspiel mit DGB, Sozialverbänden und sozialen Bewegungen bedeutende soziale Verbesserungen durchsetzen können.

Wer Hans-Jürgen Urbans gewerkschaftliches Handeln und sein wissenschaftliches Œuvre genauer kennt, wird wissen, dass der Antrieb für sein sozialpolitisches Engagement in der Grundüberzeugung von der Unverzichtbarkeit des Sozialstaates liegt: „Der Sozialstaat ist und bleibt eine unverzichtbare Institution zur Humanisierung und Demokratisierung unserer Gesellschaft!" (Urban 2007), lautet seit Leitmotiv, mit dem er 2007 auf dem Gewerkschaftstag der IG Metall kandidierte.

Er stellt sich damit zum einen bewusst in die Tradition Wolfgang Abendroths. Jener Abendroth sah im Sozialstaatsgedanken des Grundgesetzes den Abschied vom „Glauben an die immanente Gerechtigkeit der bestehenden Wirtschafts- und Gesellschaftsordnung" (Abendroth 1954: 116) und betonte, dass die demokratischen Institutionen zu eingreifender politischer Gestaltung jener Wirtschafts- und Gesellschaftsordnung verfassungsrechtlich verpflichtet seien. Zum zweiten weist Hans-Jürgens Bekenntnis zur humanisierungs- und demokratiepolitischen Unentbehrlichkeit des Sozialstats die Sozialpolitik als Kernfeld gewerkschaftlicher Politik – neben der Betriebs- und Tarifpolitik – aus. Denn auf den Feldern der sozialpolitischen Interessenvertretung werden essentielle Fragen der „soziale Reproduktion der Arbeitskraft" entschieden. Ein Verzicht auf eine aktive Interessenvertretungspolitik in diesen Bereichen liefe auf eine „halbierte Interessenvertretung" (Urban 2013: 55) hinaus, die wichtige Lebensbereiche ausblendet. Daraus folgt das vehemente Eintreten für das sozialpolitische Mandat der Gewerkschaften.

Eng verbunden mit Hans-Jürgens Wirken ist auch eine Neuausrichtung des gewerkschaftlichen Arbeits- und Gesundheitsschutzes und eine Wiederbelebung arbeitspolitischer Debatten. Mit den Aktivitäten rund um das Konzept der „Guten Arbeit" (Urban/Pickshaus 2003) und der „Anti-Stress-Initiative" (Fergen 2014) ist es gelungen, die Qualität der Arbeit erneut und in neuer Weise zum Gegenstand betrieblicher und gesellschaftlicher Auseinandersetzungen zu machen. Für Hans-Jürgen Urban ist der Begriff „Gute Arbeit" Bezugspunkt des gewerkschaftlichen Kampfes gegen die gesundheitsgefährdenden Zumutungen der modernen Arbeitswelt. Der zunehmenden Entgrenzung von Arbeitszeit und Leistung, der wachsenden psychischen wie der in vielen Bereichen unvermindert hohen körperlichen Belastung und der Prekarisierung der Arbeits- und Lebensbedingungen wird ein humanisierungsorientiertes alternatives Gestaltungskonzept entgegengestellt. Es liegt für Hans-Jürgen Urban auf der Hand, dass dies nur als widerständiges gewerkschaftliches und konfliktorientiertes Projekt gedacht werden kann. Mit dem von ihm mitherausgegebenen Jahrbuch Gute Arbeit (vgl. Schmitz/Urban 2021) erscheint seit nunmehr elf Jahren eine Publikation, die praktische Beispiele des gewerkschaftlichen Kampfes und konzeptionell-strategische Beiträge versammelt. Gerade diese Plattform hat Hans-Jürgen immer wieder für neue Impulse genutzt. Er hat dabei auch deutlich gemacht, dass dem Konzept der „Guten Arbeit" neben der unmittelbar praxisrelevanten auch eine utopische Dimension innewohnt: In diesem Sinne stellt die „Gute Arbeit" einen Zukunftsentwurf dar, der eine Vorstellung von Erwerbsarbeit entwickelt, „die materielle Sicherheit, individuelle Autonomie sowie soziale und ökologische Nachhaltigkeit zu realisieren in der Lage ist" und „als regulative Idee" zum normativen Leitbild wird, an dem sich Politik orientieren muss. „In einer solch normativ gehaltvollen und zugegebenermaßen unbescheidenen Variante bedeutet *Gute Arbeit* mehr, als unter kapitalistischen Bedingungen möglich

Vorwort der Herausgeber*innen

ist" (Urban 2019a: 18f.). Dass damit ein strategisches Zentrum der sozial-ökologischen Transformation beschrieben ist, liegt auf der Hand.

Als gewerkschaftlichem Praktiker ist Hans-Jürgen Urban bewusst, dass das programmatische Wollen alleine nicht ausreicht. Ohne entsprechende machtpolitische Fundierung wird es nicht gehen. Er hat immer wieder darauf hingewiesen, dass die Gewerkschaften im Zuge des Übergangs vom keynesianischen Wohlfahrtsstaat zum finanzkapitalistischen Wettbewerbsstaat in nahezu allen Industrieländern in eine strukturelle Defensive geraten sind und dass darüber auch nicht die zum Teil beträchtlichen Defensiverfolge in der Finanzkrise oder in der jüngsten Corona-Krise und der damit verbundene öffentliche Reputationsgewinn hinwegtäuschen können. Indikatoren seien sinkende Mitgliederzahlen und Organisationsgrade, der Rückgang gewerkschaftlicher Verhandlungs- und Verteilungsmacht in den Arenen der Betriebs- und Tarifpolitik und nicht zuletzt die Erosion gewerkschaftlicher Lobbymacht (vgl. Urban 2005, 2013). Mit dem ungeschönten Eingeständnis der strategischen Defensive ist für Hans-Jürgen Urban zugleich die Suche nach der Erneuerung der gewerkschaftlichen Handlungs- und Durchsetzungsfähigkeit verbunden. Dabei führt für ihn der Weg, die Gewerkschaften zu revitalisieren, von der strategischen Defizitanalyse über die organisationspraktische Rückgewinnung der Strategiefähigkeit (Einführung einer strategischen Planung in der IG Metall) hin zur Definition strategischer Schlüsselziele und -projekte. Für die Definition der strategischen Ziele ist das gewerkschaftliche Selbstverständnis von zentraler Bedeutung. Hans-Jürgen Urbans strategischer Bezugspunkt für den notwendigen Erneuerungsdiskurs ist dabei das gewerkschaftspolitische Rollenverständnis als „konstruktiver Veto-Spieler", welcher dem Veto gegen problemverschärfende kapitalistische Modernisierungsstrategien die „Mobilisierung von Veränderungsmacht zur Durchsetzung problemlösender Politikkonzepte zur Seite" (Urban 2005: 54) stellt.

Der politisch Engagierte

Der Gewerkschafter Hans-Jürgen Urban ist aufgrund seiner Zuständigkeit für die Sozialpolitik als geschäftsführendes Vorstandsmitglied der IG Metall – der größten Gewerkschaft Europas – gefordert, auch im politischen Raum die Interessen der Mitglieder gegenüber der Politik der Arbeitgeber, der Regierungen, von Parteien und Parlamenten sowie den Medien zu artikulieren und praktisch wirksam werden zu lassen. Er vertritt dabei einen weiten Begriff des politischen Mandats der Gewerkschaften, den der frühere DGB-Vorsitzende Heinz Oskar Vetter 1971 prägnant zusammengefasst hatte: „Gewerkschaften stehen ... unter der doppelten Aufgabe, als Selbsthilfe- und Kampforganisationen ihren Mitgliedern Schutz vor den Folgen ihrer wirtschaftlichen und gesellschaftlichen Unterlegenheit zu gewähren, und als politische Bewegung die gesellschaftlichen Bedingungen der Abhängigkeit und Unterprivilegierung der Arbeitnehmerschaft aufzuheben" (vgl. https://www.gewerkschaftsgeschichte.de/zeit-fuer-reformen.html). Otto Brenner, bis 1972 der legendäre Vorsitzende der IG Metall, formulierte es knapper: „Zwischen dem Wirken der Gewerkschaft und dem Fortschreiten der Demokratie besteht ein enger Zusammenhang" (Brenner 1966: 149).

Seit dem Ende des vergangenen Jahrhunderts herrschte die Tendenz zum globalen Finanzmarktkapitalismus vor. Sie war mit dem politischen und ideologischen Siegeszug des Neoliberalismus und einer Krise der politischen und gewerkschaftlichen Arbeiterbewegung verbunden. Hans-Jürgen Urban betrachtet die Stärkung gewerkschaftlicher Gegenmacht (in den verschiedenen Segmenten der organisatorischen, strukturellen, institutionellen und ideologischen Gegenmacht) als die zentrale Aufgabe bei der Wahrnehmung ihres politischen Mandates. Er pflegt die Zusammenarbeit mit anderen Gewerkschafter*innen (national/international), mit Vertreter*innen linker Parteien und außerparlamentarischer Bewegungen (von den Arbeitsloseninitiativen über die Friedensbewegung bis zur neueren Klimabewegung und zur Solidarität mit den Flüchtlingen). Diese Aktivitäten schließen die „klare Kante" ein, die er bei Kundgebungen gegen den Rechtspopulismus und den Neofaschismus in seinen verschiedenen Varianten – auch in den Köpfen von Arbeitnehmer*innen – zu erkennen gibt (Urban 2018b). Hans-Jürgen Urban hat mit dem Begriff der „Mosaik-Linken" innerhalb der politischen und gesellschaftlichen Linken eine zukunftsweisende Debatte angestoßen, die die Anerkennung der Eigenständigkeit der verschiedenen Bewegungen und Strömungen mit der strategischen Orientierung ihres Zusammenwirkens verbindet, um gegenhegemoniale Kraft und Macht zu entfachen. Dabei fällt den klassenorientierten Kräften in der Einheitsgewerkschaft eine besonders wichtige Rolle zu.

Als Mitherausgeber (und Autor) der „Blätter für deutsche und internationale Politik" steht Hans-Jürgen Urban in einem engen Kommunikationszusammenhang mit bedeutenden öffentlichen Intellektuellen des Landes, die sich durch ihre Interventionen in die großen politischen Debatten und Auseinandersetzungen auszeichnen. In seinem Studium der Politikwissenschaft hat er sich nicht nur mit Fragen einer kritischen Gesellschafts- und Staatsanalyse, sondern auch – bis zu seiner Marburger Dissertation – mit Problemen einer kritischen Analyse der Politik der europäischen Integration auf der Basis einer vom Marxismus und der Regulationstheorie beeinflussten Internationalen Politischen Ökonomie beschäftigt. Sein Engagement für die Initiative „Europa neu begründen" konzentriert sich dabei auf die neoliberale Orientierung der EU seit dem Maastrichter Vertrag (1991) und der damit verbundenen Austeritätspolitik unter der Führung der Regierung der Bundesrepublik Deutschland, die in der Eurokrise nach 2011 insbesondere gegenüber der linken Syriza-Regierung in Griechenland exekutiert wurde (Urban 2015a).[1] Er hat wesentlich dazu beigetragen, dass auch in den Gewerkschaften eine linke Kritik am Projekt der Europäischen Integration nicht als Ablehnung, sondern als Unterstützung eines europäischen Projektes im Interesse der Arbeitnehmer*innen anerkannt werden muss (vgl. Urban 2014).

---

1 Hans-Jürgen Urban hat mit anderen Gewerkschafter*innen und Wissenschaftler*innen 2012 die Initiative „Europa neu begründen" ins Leben gerufen vgl. http://www.europa-neubegruenden.de/unterzeichnerinnen_2012/initiatoren-des-aufrufs-der-initiative-europa-neu-begruenden/.

Der Wissenschaftler

Hans-Jürgen Urban hat es geschafft, zwischen seiner praktischen Tätigkeit als Gewerkschafter und seinem wissenschaftlichen Engagement eine sehr befruchtende Wechselwirkung herzustellen. Impulse aus der Gewerkschaftsarbeit regten ihn immer wieder zu vertiefenden wissenschaftlichen Forschungen an.

Ausgehend von seinen Erfahrungen als gewerkschaftlicher Sozialpolitiker beschäftigte sich Hans-Jürgen Urban eingehend mit der Wohlfahrtsstaatsforschung (Urban 2003b). Dabei ist immer sichtbar, dass es ihm um wissenschaftliche Erkenntnisse geht, die sich in der einen oder anderen Form auch für die Reform des Wohlfahrtsstaates und die Erneuerung von Gewerkschaften fruchtbar machen lassen. Er analysiert die Schwächen und Widersprüche eines „aktivierenden Sozialstaats" und formuliert als eigene, gewerkschaftspolitisch erwünschte Alternative Umrisse eines „widerständigen Wohlfahrtsstaates", dessen Realisierung allerdings eine Revitalisierung auch gewerkschaftlicher Machtressourcen voraussetzen würde. In seiner Habilitation aus dem Jahr 2014 zum Thema „Wohlfahrtsstaat, Gewerkschaften und Macht in der kapitalistischen Transformation. Untersuchungen zur Entwicklung sozialregulativer Politiken und gewerkschaftlicher Strategiefähigkeit" wird dies grundlegend ausgeführt.

Hans-Jürgen Urban war maßgeblich daran beteiligt, den in der Wohlfahrtsstaatsforschung bis weit in die 1990er Jahre einschlägigen Machtressourcen-Ansatz mit dem organisationssoziologischen Ansatz der Strategic-Choice-Forschung zu verbinden und ihn für die soziologische Gewerkschaftsforschung fruchtbar zu machen (Urban 2010). Die von ihm vorgenommene Aktualisierung der Machtressourcentheorie füllt eine bedeutsame forschungsprogrammatische Lücke, indem sie die aus der Wohlfahrtsstaatsforschung bekannten 'skandinavischen' Ansätze mit dem jüngeren Jenaer Machtressourcenansatz der Gewerkschaftsforschung bzw. gewerkschaftlichen Revitalisierungsforschung zusammenführt und verschränkt.

Und nicht zuletzt hat Hans-Jürgen Urban im Rahmen eines DFG-Projekts an der Universität Jena die Verbindung der Post-Wachstums- bzw. Degrowth-Debatte mit Überlegungen zu einer Neuen Wirtschaftsdemokratie verknüpft, die im Rahmen einer öko-sozialen Transformation Bedeutung erhält (Urban 2019b). Gerade angesichts der gegenwärtigen Anforderungen an eine gewerkschaftliche Transformationsstrategie erhält dieser Aspekt eine besondere Bedeutung.

Zusammenfassend kann man sagen, dass Hans-Jürgen Urban das Verdienst zukommt, das insbesondere von Michael Burawoy ausgearbeitete Konzept einer Public Sociology auf die Gewerkschaftsforschung übertragen und in diesem Feld in Deutschland bekannt gemacht zu haben (Urban 2015b). Hieraus sind außerordentlich wichtige Impulse nicht nur für die Forschung, sondern insbesondere auch für die praktische Gewerkschaftsarbeit entstanden.

Dank

Hans-Jürgen Urban hat den Begriff der Mosaiklinken in den linken Diskursraum eingespeist und damit einen bedeutenden Impuls für die kapitalismus- und gesellschaftskritische Strategiediskussion geliefert. Diesen Gedanken aufgreifend, wendend, verlängernd, hinterfragend und ihm bisweilen auch widersprechend gehen die Texte unter dem Titel „Mosaiklinke Zukunftspfade" der Frage nach, was unter den Bedingungen des Gegenwartskapitalismus unter fortschrittlicher Politik verstanden werden kann und wer zu adressieren sei. Die Herausgeber*innen hoffen, dass die Beiträge in diesem Band Anregungen für produktiv-kontroverse Debatten liefern und dadurch nicht zuletzt in Hans-Jürgen Urbans Sinn einen Beitrag im Ringen um eine demokratische, soziale und nachhaltige Gesellschaft leisten.

Wir danken allen Autorinnen und Autoren, die mit ihren Beiträgen zum Gelingen der Festschrift anlässlich des 60. Geburtstages von Hans-Jürgen Urban beigetragen haben. Unser besonderer Dank gilt Mareike Biesel, Richard Detje, Juliane Hammermeister, Heike Neis-Gärtner und Jürgen Reusch. Ohne ihr unermüdliches Engagement wären Fristen nicht eingehalten, Texte nicht lektoriert und Interviews nicht dokumentiert worden.

Brigitte Aulenbacher
Frank Deppe
Klaus Dörre
Christoph Ehlscheid
Klaus Pickshaus

Literatur

Abendroth, Wolfgang (1954/1968): Zum Begriff des demokratischen und sozialen Rechtsstaates im Grundgesetz der Bundesrepublik Deutschland, in: Ernst Forsthoff (Hrsg.): Rechtsstaatlichkeit und Sozialstaatlichkeit. Aufsätze und Essays. Darmstadt, 114-144.
Arbeitskreis AFG-Reform Hrsg. (1995): Memorandum für ein neues Arbeitsförderungsgesetz. Hamburg.
Brenner, Otto (1966): Staat und Gewerkschaften, in: Ders., Gewerkschaftliche Dynamik in unserer Zeit, Frankfurt a.M., S. 147-156.
Fergen, Andrea (2014): Zeit für eine Modernisierung des Arbeitsschutzes: Zur Anti-Stress-Initiative der IG Metall, in: Klaus Dörre et al.: Arbeit in Europa. Marktfundamentalismus als Zerreißprobe, Frankfurt a.M./New York, S. 277-291.
Schmitz, Christoph/Urban, Hans-Jürgen (Hrsg.) (2021): Jahrbuch Gute Arbeit. Demokratie in der Arbeit. Eine vergessene Dimension der Arbeitspolitik? Frankfurt a.M.
Schmitthenner, Horst/Urban, Hans-Jürgen (Hrsg.) (1995): Sozialstaat als Reformprojekt. Optionen für eine andere Politik. Hamburg.
Urban, Hans-Jürgen (1989): Angestellte und gewerkschaftliche Gegenmacht. Zur Angestelltenpolitik der IG Metall in der Umbruchkrise. Marburg.
– (2003): Wettbewerbskorporatismus und soziale Politik. Zur Transformation wohlfahrtsstaatlicher Politikfelder am Beispiel der Gesundheitspolitik. Inauguraldissertation. Fach-

bereich Gesellschaftswissenschaft und Philosophie der Philipps-Universität Marburg. Marburg.
- (2005): Gewerkschaften als konstruktive Vetospieler. Kontexte und Probleme gewerkschaftlicher Strategiebildung, in: Forschungsjournal Neue Soziale Bewegung, Heft 2.
- (2007): Vorstellungsrede auf dem 21. ordentlichen Gewerkschaftstag der IG Metall in Leipzig.
- (2010): Niedergang oder Comeback der Gewerkschaften, in: Aus Politik und Zeitgeschichte, H. 13-14/2010, S. 3-7.
- (2013): Der Tiger und seine Dompteure. Wohlfahrtsstaat und Gewerkschaften im Gegenwartskapitalismus. Hamburg.
- (mit Wolfgang Lemb) (2014): Ist die Demokratie in Europa noch zu retten?, in: Annelie Buntenbach/Frank Bsirske/Andreas Keller/Wolfgang Lemb/Dietmar Schäfers/Hans-Jürgen Urban (2014): Ist Europa noch zu retten? Analysen und Forderungen für eine offensive Europa-Politik, Supplement der Zeitschrift Sozialismus 4/2014.
- (2015a): Für eine radikale Wende in Europa. Demokratie und Solidarität statt Austerität und Troika: Eine Rede, die nicht gehalten werden konnte, in: Neues Deutschland vom 23.03.2015, S. 10 (auch https://bit.ly/3tcta1p).
- (2015b): Soziologie, Öffentlichkeit und Gewerkschaften. Versuch eines vorausschauenden Nachworts zu Michael Burawoys Public Sociology, in: Michael Burawoy: Public Sociology. Öffentliche Soziologie gegen Marktfundamentalismus und globale Ungleichheit. Herausgegeben von Brigitte Aulenbacher und Klaus Dörre mit einem Nachwort von Hans-Jürgen Urban. Weinheim/Basel, S. 221-242.
- (2018a): Die Parität gehört auf die politische Tagesordnung, in: Soziale Sicherheit Extra, Januar 2018, S. 3.
- (2018b): Rechtspopulismus, Gewerkschaften und Demokratiepolitik. Soziologische Befunde und transformatorische Optionen, in: Karina Becker/Klaus Dörre/Peter Reif-Spirek(Hrsg.) (2018): Arbeiterbewegung von rechts? Umverteilung, Verteilungskämpfe, populistische Revolte. Frankfurt a.M., S. 183-196.
- (2019a): Gute Arbeit in der Transformation. Über eingreifende Politik im digitalen Kapitalismus. Hamburg.
- (2019b): Wirtschaftsdemokratie als Transformationshebel, in: Blätter für deutsche und internationale Politik, H. 11/2019, S. 104-115.

Urban, Hans-Jürgen/Pickshaus, Klaus (2003): Gute Arbeit – eine neue Perspektive gewerkschaftlicher Arbeitspolitik, in: Jürgen Peters/Horst Schmitthenner (Hrsg.): Gute Arbeit. Menschengerechte Arbeitsgestaltung als gewerkschaftliche Zukunftsaufgabe. Hamburg.

Urban, Hans-Jürgen/Ehlscheid, Christoph/Gerntke, Axel (Hrsg.) (2010): Der Neue Generationenvertrag. Hamburg.

1.
„Wir brauchen Aktivität, polarisierende Debatten, produktive Provokation."
Hans-Jürgen Urban

Zur Zukunft einer Mosaiklinken

Eine wichtige Voraussetzung von Demokratie ist die Kontroverse und der Konflikt. Mit der „Mosaik-Linken" hat Hans-Jürgen Urban einen für die sozialwissenschaftliche und gesellschaftspolitische Debatte bedeutsamen Begriff geprägt, der sich mit der Schwäche linker Politik nicht abfinden will und in den Dimensionen einer praktisch gesellschaftsverändernden Politik denkt. Der skizzierte Idealtypus der Mosaik-Linken weist über punktuelle Bündnisse und Allianzen hinaus und rückt Fragen nach den Möglichkeiten einer breiteren gesellschaftlichen Gegenmacht ins Zentrum. Eine auf kollektive Handlungsfähigkeit zielende mosaiklinke Strategiedebatte muss sowohl die gesellschaftlichen Kräfteverhältnisse als auch die vielfältigen Widerspruchskonstellationen der Akteur*innen reflektieren, es bedarf der Verständigung auf eine neue Diskurskultur. Dass sie dabei, so Hans-Jürgen Urban in seinem für das Historischkritische Wörterbuch des Marxismus verfassten Aufsatz zur Mosaik-Linken

> „auf einer sozioökonomisch fundierten Klassenpolitik aufsetzen muss, folgt aus der Anatomie kapitalistischer Ausbeutung und Herrschaft und ihren inhärenten sozialen Antagonismen. Dass sie mit einer kultur- und identitätstheoretisch informierten Herrschaftskritik korrespondieren sollte, resultiert aus der Notwendigkeit, über die 'Analytik der Macht' (Foucault) theoretisch wie politisch auch in die Mikrostrukturen und die 'verborgenen Mechanismen der Macht' (Bourdieu) vorzudringen".

Brigitte Aulenbacher
Die „Mosaik-Linke" in der Transformation des Kapitalismus

„Mosaiklinke Zukunftspfade", unter diesem Titel soll mit Hans-Jürgen Urban einem Grenzgänger zwischen Gewerkschaft, Wissenschaft und Politik Wertschätzung erwiesen werden, der zahlreiche Diskussionen angeregt hat. Nicht zuletzt seine Vision einer „Mosaik-Linken" (Urban 2009, 2019a, 2019b) hat viel Aufmerksamkeit auf sich gezogen, da sie Auswege aus einem Dilemma diskutierbar macht, in dem die Gesellschaft seit nunmehr fünf Jahrzehnten steckt: Einerseits machen die ökonomischen, ökologischen, sozialen und politischen Krisen und Katastrophen die Suche nach Ausstiegen aus der und Alternativen zur gegenwartskapitalistischen Entwicklung immer drängender. Andererseits sind die progressiven kapitalismuskritischen Kräfte, die diesbezüglich auf der Suche sind, geschwächt oder verfolgen ihre Agenden und Ziele eher neben- als miteinander und schon gar nicht in konzertierten Strategien, womit sie weit davon entfernt sind, als „gegenhegemonialer Block" (nach Antonio Gramsci) die wirtschaftlichen und politischen Weichenstellungen maßgeblich zu beeinflussen (Urban 2009: 77). Die „Mosaik-Linke" soll hier Abhilfe schaffen.

Dieser Beitrag wirft zuerst einen Blick darauf, was Hans-Jürgen Urban unter der „Mosaik-Linken" versteht und fragt nach ihrer Allianzfähigkeit. Danach geht es um gesellschaftliche Transformationsprozesse und die Frage, wo wir uns gerade befinden. Anschließend folgen am Beispiel des Sorgens und Wirtschaftens ein Blick darauf, welche „mosaiklinken" Zukunftsfragen die Covid-19-Pandemie hat sichtbar werden lassen, und eine Schlussbemerkung zur „mosaiklinken" Allianz.

Die Allianzfähigkeit der „Mosaik-Linken"

Die „Mosaik-Linke" ist als Idealtypus eines gegenhegemonialen Projektes konzipiert. Sie sei in „deliberativer Strategiebildung und autonomer Kooperation" von Akteur*innen aus Parteien, Staat, Gewerkschaften, sozialen Bewegungen und dem Kreis der Intellektuellen zu bilden (Urban 2019b: 26). Sie wird als eine „Transformationsallianz" vorgestellt, welche (im Sinne Erik-Olin Wrights „realer Utopien") Alternativen im Kapitalismus entwickelt und aufgreift, die, was den Bruch mit seinen Grundstrukturen angeht, über ihn hinausweisen können (Urban 2019a: 140).

Das Verständnis von Kapitalismuskritik, das dem Idealtypus der „Mosaik-*Linken*" unterlegt ist, ist marxistisch angeregt: „Es ist die kapitalistische Akkumulationsdynamik, die gleichsam als 'letzte Instanz' in alle Sektoren der Gesellschaft hineinwirkt" (Urban 2019b: 23). Insofern dies nicht nur Hans-Jürgen Urbans Sicht der Dinge darstellt, sondern die „Mosaik-Linke" seiner Vorstellung nach an der Kritik eben dieser Dynamik ansetzen soll, ist der Idealtypus klassentheoretischem und -politischem

Denken näher als anderen progressiven Orientierungen verschiedener Couleur, deren Vertreter*innen er ausdrücklich adressiert, die aber auch gute Gründe haben, teils andere Ausgangspunkte der Kapitalismuskritik zu suchen.

Progressive Feminist*innen gehören zu den Adressierten, die auf eine lange Tradition von spannungsreichen politischen und wissenschaftlichen Auseinandersetzungen zwischen Marxismus, Sozialismus und Feminismus, Arbeiter*innen- und Frauenbewegung, sozialer Frage und Frauenfrage mit Blick auf Produktion und Reproduktion, Lohn- und Hausarbeit, um nur einige der Themen zu erinnern, zurückblicken können (Volk 2018). Aus feministischer Perspektive beispielsweise ist die Frage, was wie in Wert gesetzt und verwertet wird und, umgekehrt, von welchen Belangen des Lebens in der Wirtschaft abgesehen wird (Becker-Schmidt 2014), nicht losgelöst vom genuin modernen Andro- und Eurozentrismus zu sehen, der für den Kapitalismus als historisch konstitutiv begriffen werden kann. Er hat sich der kapitalistischen Wirtschafts- und Lebensweise eingeschrieben. Sie privilegiert das bürgerliche, männliche, westliche Lebensmodell als Maßstab. Sexistische und rassistische Ausbeutung und Unterdrückung treten, was die dieser Gesellschaftsformation eigene, ökonomische Ungleichheits- und bürgerliche Gleichheitsordnung angeht, zum einen in historisch besonderer Gestalt auf (Klinger 2003). Zum anderen und umgekehrt verleihen sie dem Kapitalismus seine Gestalt und prägen die Richtung, die seine Entwicklung nimmt. Anders gesagt: Auch die Akkumulationsdynamiken des Kapitalismus sind wie die Wirtschaftsweise und die Gesellschaftsformation insgesamt von weiteren Herrschaftsverhältnissen durchdrungen.[1] Während der Kapitalismusbegriff – unbenommen der herrschaftskritischen Intention seiner Verwendung – die Herrschaftsverflechtung entnennt, wird sie durch feministische oder intersektionelle Perspektiven deutlicher hervorgeholt als selbst durch erweiterte kapitalismus- und klassentheoretische Zugänge, was deren Vertreter*innen vermutlich anders sehen (Aulenbacher/Nickel/Riegraf 2012).

Wird Kapitalismuskritik mit analytischem und politischem Klassenbias, wie modifiziert auch immer, als „mosaiklinke" Orientierung fortgeschrieben, werden Herrschaftsverhältnisse, wenngleich unbeabsichtigt, in den Hintergrund gedrängt, deren Analyse und Bekämpfung aus feministischer Sicht jedoch nicht minder wichtig ist. Klaus Dörre (2019a: 50), der, da Klassenfragen auch im progressiven Spektrum lange Zeit vernachlässigt worden sind, für die von ihm vertretene „demokratische Klassenpolitik" eine „eigene Stimme" in der „Mosaik-Linken" geltend macht, ist zuzustimmen,

---

1 Die historische Konstitution des Kapitalismus – und damit auch seine Leitlinien wie die Akkumulation, Verwertung, Rationalisierung – sind nicht losgelöst von ihren Wurzeln in der europäischen und, um die USA erweitert, westlichen Moderne mit ihrer androzentrischen Geschlechterordnung und ihrer Kolonialgeschichte zu sehen. D.h. nicht, dass der genuine Andro- und Eurozentrismus oder der westliche Weg nicht verallgemeinerbar – nicht nur Männer des Westens können die damit verbundene Lebensweise leben (Brand/Wissen 2017) – oder veränderbar wären und in anderen Kapitalismen nicht auch andere Herrschaftsverhältnisse zum Tragen kommen. Der Trumpismus bietet viel Anschauungsmaterial dazu, wie in der Ansage „Make America great again!" alle Herrschaftsverhältnisse und -formen ineinandergreifen (Hochschild 2017).

dass es sich bei einer Allianz mit Akteur*innen verschiedener Zugänge dabei immer nur um einen Ansatz neben anderen handeln kann. Hans-Jürgen Urban (2019a) teilt dies vermutlich, geht es ihm doch um die Autonomie der kooperierenden Akteur*innen; der Bias seines Idealtypus ist indessen ein anderer.

Ob es sich um einen impliziten Bias von Kapitalismuskritik oder um explizit sichtbar gemachte unvereinbare Positionen handelt, absehbar ist in beiden Fällen, dass in einer „Mosaik-Linken" auch um Deutungshoheit gerungen wird, da die Ausrichtung der zu entwickelnden transformativen Strategien nicht losgelöst davon zu sehen ist, welcher Art die Herrschaftskritik ist, und auch „Interessenkollisionen" (Urban 2019: 141) erwartbar sind. Das fordert die „Kooperationskultur" (Urban 2019: 141) zweifach heraus: mit Blick auf die idealtypisch vorgesehenen Verfahren deliberativer Demokratie ebenso wie im Umgang mit Macht und Herrschaft in den eigenen Reihen, um den Dissens für die Allianz produktiv und gemeinsame Strategieentwicklung möglich zu machen.

Die Metapher der „*Mosaik*-Linken" bezieht sich aber nicht nur auf die Allianz der progressiven Kräfte, sondern auch auf die sektorale Funktionsteilung der Gesellschaft. Es geht um Akteur*innen aus verschiedenen „sozialen Feldern" (nach Pierre Bourdieu) und damit um einen „Kooperationsverbund kritischer Kräfte (…), in dem sich unterschiedliche Individuen, Organisationen und Bewegungen zusammentun und die Spezifika ihrer Handlungspotenziale zu einem politischen Projekt zusammenfügen, ohne eigene Identitäten preiszugeben." (Urban 2019b: 22) Es geht somit auch um Feldexpertise und, was ein hervorzuhebendes Moment ist, um feldübergreifende Kooperation. Das beinhaltet auch die Möglichkeit, in verschiedene Bereiche, die entlang der sektoralen Funktionsteilung voneinander getrennt sind, Einsichten zu nehmen, die der Alltagserfahrung in der Regel verstellt sind. In der Industrie oder den Universitäten wissen wir nicht aus eigener Anschauung und Erfahrung, was in der Arbeit in Kindergärten, Krankenhäusern, an Theatern, in Museen u.a.m. passiert und vice versa. Das erschwert den Blick darauf, dass und wie sich an verschiedenen Orten dieselben Herrschaftslogiken, -ansprüche und -verhältnisse und sozialen Ungleichheiten in verschiedener oder gleicher Weise zeigen. Solche Trennungen, die den herrschaftskritischen Blick auf die Gesellschaft verstellen, könnte die „mosaiklinke" Assoziation transzendieren, wenn es gelingt, den verschiedenen Akteur*innen im deliberativen Allianz- und Strategieprozess Stimme zu verleihen. Allerdings ist auch dies nicht frei von Macht und Herrschaft, was die feldübergreifende Anerkennung der Felder und Feldexpertise angeht, die sich wiederum entlang der affinen Logiken im genuin andro- und eurozentrischen kapitalistischen Fortschrittsverständnis nicht der gleichen Wertschätzung sicher sein können. Der gering gratifizierten feminisierten Arbeit am Menschen in den Sorgesektoren steht die vergleichsweise hoch gratifizierte maskulinisierte Arbeit in den Hochtechnologiesektoren gegenüber. Wo Vertreter*innen beider Bereiche beispielsweise in der partizipativen Technologieentwicklung aufeinandertreffen, zeigt sich ein Gefälle in der Anerkennung ihrer Expertisen (Compagna/Shire 2014).

Es stellen sich „für symbiotische Transformationsstrategien, die Interessenüberlappungen sondieren, um diese zur Basis politischer Reformkoalitionen zu machen" (Urban 2019a: 140), somit die Herausforderungen, unvereinbare Ausgangs- und Standpunkte der Herrschaftskritik und gesellschaftlich verschieden gerichtete wie ungleich gewichtete Feldexpertisen zuzulassen, ohne an erwartbaren Kämpfen um Deutungshoheit und der zu bearbeitenden Macht- und Herrschaftsförmigkeit der Allianz selbst zu scheitern.

Im „Interregnum": Zur Neuordnung der Gesellschaft

Unbenommen kontroverser Ursachenanalysen lässt sich die Krisen- und Transformationschronologie der letzten Dekaden, was die alten Industriegesellschaften und ökonomische, soziale und politische Fragen angeht, in Kürze so schreiben: Nach einer Phase des sozial befriedeten, demokratisch stabilisierten Kapitalismus in der Blütezeit des Fordismus nach dem Zweiten Weltkrieg markierte die Weltwirtschaftskrise Mitte der 1970er Jahre den Beginn einer erneuten Wirtschaftsliberalisierung (Streeck 2013: 46ff.) und neoliberaler Governance (Brown 2015). Nach dem Zusammenbruch des Staatssozialismus ab 1989 und im Zuge der seitherigen Phase der Globalisierung erfolgte in den 1990er Jahren der Übergang zum Finanzkapitalismus, dessen Wettbewerbs- und Eigentumsformen das Gemeinwesen seither in neuer Weise gefährden (Dörre 2009: 57ff.). Auf die Finanzkrise 2008/9 und die von ihr ausgelöste Krisenkaskade („cascading of the crisis") über die Realwirtschaft bis zum öffentlichen Sektor sind weitere soziale und politische Krisen – Stichworte: Sorge- oder Reproduktionskrise, Krise der Demokratie – gefolgt (Walby 2015: 71). Ob die Covid-19-Pandemie eine Zäsur markiert, ist offen, insofern sie „noch kein abgrenzbares Ancien Régime hat" (Leonhard 2020: 202).

In der Frage nach der Reichweite der Krisen erfährt Antonio Gramscis Werk (1991) – so auch in Hans-Jürgen Urbans Idealtypus der „Mosaik-Linken" (2009, 2019b) – neue Aufmerksamkeit, nicht zuletzt sein prozessualer Krisenbegriff und seine Unterscheidung „konjunktureller" und „organischer" Krisen (Gramsci 1991: 1557). Werden sie auf die skizzierte Krisenchronologie angewendet, dann lässt sich die Finanzkrise mit Milan Babic als „organische Krise" (2020: 3ff.) begreifen: Es handele sich um einen Destabilisierungsprozess der bis dato etablierten hegemonialen Ordnung, welche an Zustimmung eingebüßt und Legitimitätsverluste erlitten habe. Antonio Gramsci spricht von einem „Interregnum" im Sinne einer Autoritätskrise, in der „das Alte stirbt und das Neue nicht zur Welt kommen kann" (Gramsci 1991: 354). „Diese Krisenperiode ist demnach von Krankheitserscheinungen geprägt, die nicht behandelt werden können, aber auch keine gangbare Variante für die Zukunft darstellen" (Babic 2020: 7, Übers. BA).[2] Eine Neuordnung der Gesellschaft ist in dieser Sichtweise unumgänglich, weil überkommene Hegemonieansprüche nicht mehr greifen, sich die alte Ordnung daher nicht wiederherstellen lässt, sich aber auch keine neue, hegemonial stabile Ordnung („new, hegemonically stable order") andeute (Babic 2020: 7).

In der Frage nach der Richtung, die die gesellschaftliche Transformation nimmt, erfährt außerdem Karl Polanyis Werk (1978) neue Aufmerksamkeit. Mit der Pola-

---

2 Gegenwärtige „Krankheitserscheinungen" im Sinne Gramscis sind beispielsweise die Aushöhlung demokratischer Institutionen, politische Gewalt, die Resonanz rechtsextremer Positionen u.a.m.

Die "Mosaik-Linke" in der Transformation des Kapitalismus

nyischen Denkfigur, wonach sich die Gesellschaftsgeschichte des 19. Jahrhunderts als Ergebnis einer „Doppelbewegung" (Polanyi 1978: 112) begreifen lasse, wird die anhaltende Transformation des Kapitalismus zu verstehen gesucht. Sie lässt sich als wirtschaftsliberale „Bewegung" hin zu einer „Marktgesellschaft" (Polanyi 1978: 106) interpretieren, in der Arbeit, Natur, Geld in zerstörerischer Weise kommodifiziert werden (Polanyi 1978: 102ff.), was „Gegenbewegungen" (Polanyi 178: 112) auslösen kann und ausgelöst habe, mit denen sich die Gesellschaft angesichts der Erfahrungen mit den Folgen des „Marktfundamentalismus" (Burawoy 2015: 208ff.) zu schützen sucht (Silver 2019: 39ff.).

Im gegenwärtigen „Interregnum" (Gramsci 1991) lassen sich zahlreiche zivilgesellschaftliche Proteste,[3] im progressiven Spektrum beispielsweise Occupy Wallstreet oder Fridays for Future, aber auch rechtspopulistische Bewegungen, ausmachen, die als Teil einer Polanyischen „Gegenbewegung" begriffen werden können, ohne darin aufzugehen. Auch sind im breiten Spektrum sozialer Bewegungen weitere Akteur*innen zu vermerken, die gegen ihre Diskriminierung ihre Gleichstellung im Rahmen der bürgerlichen Gleichheitsordnung und ihre Anerkennung anmahnen, was beispielsweise in den verschiedenen Strömungen des Feminismus oder im Falle von *Black Lives Matter* mit Kritik an der ökonomischen Ungleichheitsordnung der Gesellschaft oder am Neoliberalismus einhergehen kann, aber nicht muss (Abraham/Aulenbacher 2019; Bieling 2017; Burawoy 2015; Dörre 2019b; Fraser 2019).

In Bezug auf die Legitimitätskrise des Neoliberalismus spricht Nancy Fraser von einer hegemonialen Lücke („hegemonic gap") (Fraser 2019: 18ff.), die mit Kämpfen darum einhergehe, sie zu füllen. Inwiefern es dem Kapitalismus in diesem Ringen um Hegemonie bzw. Gegenhegemonie an die Substanz geht, ist ungewiss. Einerseits zeigen Geschichte und Gegenwart mit Blick auf das spannungsreiche Verhältnis von Kapitalismus und Demokratie (Ketterer/Becker 2019), dass die reaktionäre Konsolidierung des Neoliberalismus und ein autoritärer Kapitalismus denkbar sind. Andererseits kann das „Interregnum" (Gramsci 1991) ein historisches Gelegenheitsfenster sein, um „mosaiklinken" Perspektiven Geltung zu verschaffen, wenn es gelingt, einen „gegenhegemonialen Block" (nach Gramsci) zu bilden.[4] Inwiefern die Pandemie das Gelegenheitsfenster öffnet oder schließt, wird sich im Zuge ihrer Bearbeitung zeigen.

---

3 Karl Polanyi (1978: 297ff.) hatte als „Bewegung" die Wirtschaftsliberalisierung der 1920er Jahre und als „Gegenbewegungen" die sozialistischen und faschistischen Bewegungen wie den New Deal vor Augen; in der aktuellen Anwendung seiner Denkfigur spielen soziale Bewegungen eine große Rolle.

4 Welcher Mittel es dazu bedarf, ist vermutlich strittig. Nancy Fraser kommt nach einer auf die USA der letzten Jahrzehnte bezogenen Bilanz des Scheiterns progressiver Bewegungen angesichts der populistischen Durchschlagskraft des reaktionären Neoliberalismus zu dem Schluss: „Das lässt progressiven Populismus als den wahrscheinlichsten Kandidaten für einen neuen gegenhegemonialen Block übrig" (Fraser 2019: 30, Übers. BA), was ebenso verständlich wie bedenklich ist, hier aber nicht weiterverfolgt werden kann.

Die Organisation des Sorgens und des Wirtschaftens – ein Thema für die „Mosaik-Linke"?

Der Kapitalismus ist eine strukturell sorglose Gesellschaftsformation: Sorge und Sorgearbeit ausschließlich um des Lebens willen sind nicht vorgesehen. Vielmehr gefährdet und zerstört die – in meiner Lesart: genuin andro- und eurozentrische – kapitalistische Ökonomie in der ihr eigenen Dynamik Lebensgrundlagen, derer es zur sozialen Reproduktion der Gesellschaft und somit auch als Voraussetzung des Wirtschaftens bedarf (Aulenbacher 2020a). Sorge- und Reproduktionskrisen sind dem Kapitalismus inhärent, ihre Gestalt variiert.

Unter neoliberalen Vorzeichen sind die Gesundheits-, Pflege-, Betreuungs- und Bildungssektoren verbetriebswirtschaftlicht, vermarktlicht und verprivatwirtschaftlicht, Sozialstaat und -politik humankapitalzentriert und austeritätspolitisch reorganisiert und die Sorgeverantwortung individualisiert und (re-)familiarisiert worden (Farris/Marchetti 2017; Klenk/Pavolini 2015; Tronto 2017). Die Pandemie hat das bereits erreichte Ausmaß der dadurch hervorgerufenen Sorgekrisen verschärft (Lichtenberger/Wöhl 2020). Indem für einen historischen Moment Gesundheit und der Erhalt des Lebens in den Vordergrund gerückt sind, hat sie die „Systemrelevanz" des Sorgens (Aulenbacher 2020b) und Sorgegefährdungen zum Thema werden lassen, die ohnehin bereits seit der Finanzkrise Gegenstand zahlreicher Proteste und des Nachdenkens über Alternativen gewesen sind (Artus et al. 2017; Völker/Amacker 2015).

In demselben historischen Moment sind Teile der Wirtschaft pandemiebedingt eingebrochen. Die Corona- hat sich zu einer Wirtschaftskrise entwickelt. Soziale Ungleichheiten, Spaltungen und Entsolidarisierungstendenzen nehmen zu, staatliche Autorität gewinnt an Bedeutung und um Wirtschaftssubventionen wird gerungen (Dörre 2020), wobei angesichts der Staatsverschuldung weitere Austerität erwartbar ist, wenn sich wirtschaftsliberale Konzepte weiter und erneut durchsetzen (Feld 2020), obgleich es auch Öffnungen für den sozial-ökologischen Umbau der Wirtschaft gäbe (Brand 2020). Auch mit Blick auf die Wirtschaftsentwicklung hat die Coronakrise zu einem Zeitpunkt eingesetzt, zu dem das Nachdenken über Alternativen bereits stattfand.

Was dieses Nachdenken angeht, sieht Hans-Jürgen Urban (2019b: 136 ff.) die Erneuerung des Konzeptes der Wirtschaftsdemokratie, das in den 1920er Jahren in klassenpolitischer Perspektive entwickelt worden ist, als geeigneten Ansatzpunkt – wenngleich mit wenig Optimismus, was seine breite Akzeptanz nicht zuletzt im arbeits- und gewerkschaftspolitischen Feld betrifft –, um einer postkapitalistischen Wirtschaftsordnung den Weg zu bereiten. „Ziel wäre die Ermächtigung der Gesellschaft (und demokratisch legitimierter Politik) gegenüber der Ökonomie. Diese Ermächtigung würde eine Vergesellschaftung der zentralen Produktions- und Distributionsentscheidungen implizieren und benötigt institutionell gesicherte Einflusskanäle, ohne die die Anbindung ökonomischer Wertschöpfung an die Bedarfe von Gesellschaft und Natur nicht gesichert werden kann" (Urban 2019b: 136). Seine Erneuerungsvorschläge gegenüber den Ursprungskonzepten beziehen sich auf die „Demokratisierung wirtschaftlicher Entscheidungen", die ökologische Erweiterung der „traditionellen Kapitalismuskritik", die „nicht staatlichen Voraussetzungen einer emanzipierten Lebensweise" und die Berücksichtigung der Transnationalisierung von Wirtschaft und Politik (Urban 2019: 137 f.).

Sexismus und Rassismus lassen sich jedoch durch die „emanzipierte Lebensweise" allein nicht aufheben und sorge- und reproduktionsbezogene Belange durch „Bedarfe von Gesellschaft" nicht zureichend einbringen, wenn die Ausweitung des gesellschaftlichen Einflusses auf die Wirtschaft sich ausschließlich oder vor allem auf die kapitalistischen Verhältnisse bezieht und nicht auch die der kapitalistischen Ökonomie eingeschriebenen genuin andro- und eurozentrischen Herrschaftslogiken zu beschränken sucht. Sie stehen der Verankerung gesellschaftlicher Reproduktionsverantwortung in der Wirtschaft nicht minder entgegen. Progressive feministische Ansätze, Sorge- und Reproduktionsverantwortung neu zu denken, waren, was die traditionell spannungsreichen Diskussionen zwischen Marxismus, Sozialismus und Feminismus angeht (Lutz 2018: 117 ff., Volk 2018: 26 ff.), und sind, was aktuelle Konzepte angeht (Knobloch 2018), auch theoretische und politische Interventionen, die Wirtschaft im Sinne ihrer Lebensdienlichkeit und im Bruch mit allen Herrschaftsverhältnissen neu zu denken und umzugestalten.

Die gesellschaftliche Organisation des Sorgens und des Wirtschaftens sind Themen, bei denen die hegemoniale Lücke im breiten Spektrum von autoritären und neoliberalen Politiken zu füllen versucht wird und in die progressive Akteur*innen bereits Bewegung gebracht haben. Gesellschaftliche Sorgeverantwortung und Wirtschaftsdemokratie zusammenzubringen, könnte einer der „mosaiklinken" Zukunftspfade sein, zu dessen Beschreibung und Beschreitung bereits ein großer Fundus herrschaftskritischer Konzepte und emanzipatorischer Visionen existiert, die zu prüfen, erneuern, ergänzen und aufeinander zu beziehen wären.

Schlussbemerkung

Die Farbverteilung im Titelbild des vorliegenden Buches bildet Hans-Jürgen Urbans Idealtypus der „Mosaik-Linken" (2009, 2019a, 2019b) gut ab. Wieviel Raum die lila – und grünen – Steine in der Allianzbildung haben werden, wird mit darüber entscheiden, welche Themen die „Mosaik-Linke" aufgreift, in welcher Weise sie eine herrschaftskritische Allianz sein kann und in welchem Ausmaß es ihr gelingt, die progressiven Kräfte in gegenhegemonialer Absicht zu bündeln. Die dringende Notwendigkeit, es zu versuchen, ist angesichts der existenziellen Krisen, in denen sich die Gesellschaft befindet, offensichtlich und Ansatzpunkte gibt es genug.

Literatur

Abraham, Margaret/Aulenbacher, Brigitte (2019): Contested capitalism: some reflections on countermovements, social justice and the task for sociology, in: Dörre, Klaus/Rosa, Hartmut/Becker, Karina/Bose, Sophie/Seyd, Benjamin (Hrsg.): Große Transformation? Zur Zukunft moderner Gesellschaften. *Sonderband des Berliner Journals für Soziologie*, S. 527-547.

Artus, Ingrid/Birke, Peter/Kerber-Clasen, Stefan/Menz, Wolfgang (Hrsg.) (2017): Sorge-Kämpfe, Auseinandersetzungen um Arbeit in sozialen Dienstleistungen. Hamburg.

Aulenbacher, Brigitte (2020a): Auf neuer Stufe vergesellschaftet: Care und soziale Reproduktion im Gegenwartskapitalismus, in: Becker, Karina/Binner, Kristina/Décieux, Fabienne (Hrsg.): Gespannte Arbeits- und Geschlechterverhältnisse im Marktkapitalismus. Wiesbaden, S. 125-147.

– (2020b): COVID-19 – Warnzeichen oder Weckruf? Über die Sorglosigkeit des Kapitalismus und die „Systemrelevanz" des Sorgens, in: Schmidinger, Thomas/Weidenholzer, Josef: Virenregime: Wie die Coronakrise unsere Welt verändert. Befunde, Analyse, Anregungen, Wien, S. 394-400.

Aulenbacher, Brigitte/Nickel, Hildegard M./Riegraf, Birgit (Hrsg.) (2012): Geschlecht, Ethnie, Klasse – Perspektiven auf den Gegenwartskapitalismus, Schwerpunktheft, *Berliner Journal für Soziologie*, 22. Jg., Heft 1/2012.

Babic, Milan (2020): Let's talk about the interregnum: Gramsci and the crisis of the liberal world order, in: International Affairs 00: 0 (2020) 000–000; doi: 10.1093/ia/iiz254, pp. 1-20.

Becker-Schmidt, Regina (2014): Abstraktionsprozesse in der kapitalistischen Ökonomie: Ausblendungen in der Selbstrepräsentation von Männlichkeit. Theoretische Dunkelfelder in der Kritik herrschender Care-Ökonomie, in: *Soziale Welt*: Sonderband 20. Baden-Baden, S. 89-105.

Bieling, Hans-Jürgen (2017): Aufstieg des Rechtspopulismus im heutigen Europa: Umrisse einer gesellschaftstheoretischen Erklärung, in: WSI Mitteilungen, (8), S. 557-565.

Brand, Ulrich (2020): Auf dem Weg in einen Corona-Kapitalismus. Mögliche Lernprozesse und sozial-ökologische Alternativen, in: Schmidinger, Thomas/Weidenholzer, Josef (Hrsg.), Virenregime: Wie die Coronakrise unsere Welt verändert. Befunde, Analyse, Anregungen. Wien, S. 26-37.

Brand, Ulrich/Wissen, Markus (2017): Imperiale Lebensweise. Zur Ausbeutung von Mensch und Natur im globalen Kapitalismus. München.

Brown, Wendy (2015): Die schleichende Revolution. Wie der Neoliberalismus die Demokratie zerstört. Berlin.

Burawoy, Michael (2015): Public Sociology. Öffentliche Soziologie gegen Marktfundamentalismus und globale Ungleichheit. Weinheim und Basel.

Compagna, Diego/Shire, Karen (2014): Die Entdeckung der 'Alten' und deren PflegerInnen als Wissensressource für die Technisierung von Pflegearbeit, in: *Soziale Welt*, Sonderband 20. Baden-Baden, S. 279-292.

Dörre, Klaus (2009): Die neue Landnahme. Dynamiken und Grenzen des Finanzmarktkapitalismus, in: Dörre, Klaus/Lessenich, Stephan/Rosa, Hartmut unter Mitarbeit von Thomas Barth (Hrsg.): Soziologie – Kapitalismus – Kritik. Eine Debatte, Frankfurt a.M. S. 21-86.

– (2019a): Mosaik-Linke und demokratische Klassenpolitik – (un)vereinbar?, in: *Das Argument*, 331/2019, S. 38-51.

– (2019b): „Take back control!" Marx, Polanyi and right-wing populist revolt, in: *Österreichische Zeitschrift für Soziologie*, 44 (2), pp. 225-243.

– (2020): Die Corona-Pandemie – eine Katastrophe mit Sprengkraft, in: *Berliner Journal für Soziologie* (2020) 30, S. 165-190.

Feld, Lars P. (2020): Die wirtschaftlichen Rahmenbedingungen nach dem Corona-Schock, in: Kortmann, Bernd/Schulze, Günther G. (Hrsg.), 2020, Jenseits von Corona, Unsere Welt nach der Pandemie – Perspektiven aus der Wissenschaft. Bielefeld, S. 177-186.

Fraser, Nancy (2019): The Old is Dying and the New Cannot Be Born. London and New York.

Gramsci, Antonio (1991) Gefängnishefte, Kritische Gesamtausgabe, Klaus Bochmann, Klaus/ Haug, Wolfgang F. (Hrsg.). Hamburg.

Hochschild, Arlie (2017): Fremd in ihrem Land. Eine Reise ins Herz der amerikanischen Rechten. Frankfurt a.M./New York.

Ketterer, Hanna/Becker, Karina (Hrsg.) (2019): Was stimmt nicht mit der Demokratie? Eine Debatte mit Klaus Dörre, Nancy Fraser, Stephan Lessenich und Hartmut Rosa. Berlin.

Klenk, Tanja/Pavolini, Emmanuele (Hrsg.) (2015): Restructuring Welfare Governance, Marketization, Managerialism ans Welfare State Professionalism. Cheltenham und Northampton.

Klinger, Cornelia (2003): Ungleichheit in den Verhältnissen von Klasse, Rasse und Geschlecht, in: Knapp, Gudrun-Axeli/Wetterer, Angelika (Hrsg.): Achsen der Differenz. Gesellschaftstheorie und feministische Kritik II. Münster, S. 14-48.

Knobloch, Ulrike (2019): Ökonomie des Versorgens, Feministisch-kritische Wirtschaftstheorien im deutschsprachigen Raum. Weinheim und Basel.

Leonhard, Jörn (2020): Post-Corona: Über historische Zäsurbildung unter den Bedingungen der Unsicherheit, in: Kortmann, Bernd/Schulze, Günther G. (Hrsg.): Jenseits von Corona. Unsere Welt nach der Pandemie – Perspektiven aus der Wissenschaft. Bielefeld, S. 197-203.

Lichtenberger, Hanna/Wöhl, Stefanie (2020): Care-Work und unbezahlte Mehrarbeit von Frauen in der Covid-19-Krise, in: Schmidinger, Thomas/Weidenholzer, Josef (Hrsg.): Virenregime: Wie die Coronakrise unsere Welt verändert. Befunde, Analyse, Anregungen. Wien, S. 455-463.

Lutz, Helma (2018): Die Hinterbühne der Care-Arbeit, Transnationale Perspektiven auf CareMigration im geteilten Europa. Weinheim und Basel.

Polanyi, Karl (1978): The Great Transformation. Politische und ökonomische Ursprünge von Gesellschaften und Wirtschaftssystemen. Frankfurt a.M.

Silver, Beverly J. (2019): „Plunges into utter destruction" and the limits of historical capitalism, in: Atzmüller, Roland/Aulenbacher, Brigitte/Brand, Ulrich/Décieux, Fabienne/Fischer, Karin/Sauer, Birgit (Hrsg.): Capitalism in Transformation. Movements and Countermovements in the 21st Century. Cheltenham and Northampton, S. 35-45.

Streeck, Wolfgang (2013): Gekaufte Zeit. Die vertagte Krise des demokratischen Kapitalismus. Berlin.

Urban, Hans-Jürgen (2009): Die Mosaik-Linke. Vom Aufbruch der Gewerkschaften zur Erneuerung der Bewegung, in: *Blätter für deutsche und internationale Politik*, 54. Jg., 2009, H. 1, S. 71-80.

– (2019a): Es fehlt uns was, das keinen Namen mehr hat. Perspektiven im Interregnum, in: Dörre, Klaus/Schickert, Christine (Hrsg.): Neo-Sozialismus, Solidarität, Demokratie und Ökologie vs. Kapitalismus. München, S. 129-144.

– (2019b): Vorlauf zu einem HKWM-Artikel „Mosaik-Linke", in: *Das Argument*, 331/2019, S. 19-32.

Volk, Katharina (2018): Von der Gesellschaftsanalyse zur Utopie. Ein historischer Rückblick auf materialistisch-feministische Theorien. Münster.

Völker, Susanne/Amacker, Michèle Amacker (Hrsg.) (2015): Prekarisierungen. Arbeit, Sorge, Politik. Weinheim und Basel.

Walby, Sylvia (2015): Crisis. Cambridge and Malden.

Stephan Hebel

Angeregte Debatten
Wie Hans-Jürgen Urban Medienleute motiviert

Böse Zungen behaupten, im Journalismus gehe es zu wie früher auf dem Schulhof: Wer zu Hause wenig fernsehen durfte, schloss sich in der ersten großen Pause der ersten Clique an, um vom Hörensagen mitzubekommen, welche Serie gerade Gesprächsthema war. In der nächsten großen Pause wurde dann in die andere Ecke des Schulhofs gewechselt, um der zweiten Clique das Aufgeschnappte wie Selbsterlebtes vorzutragen – mit tiefer Inbrunst und großer Geste, versteht sich. Gerade so, als hätte man Ahnung.

Ganz so schlimm ist es glücklicherweise nicht, noch haben viele, wenn auch längst nicht genug Journalist*innen die Möglichkeiten und die Motivation zur eigenen Recherche. Das gilt zumindest für Genres wie die Nachricht oder die Reportage. Wenn es allerdings um die politische Analyse, um die Bewertung gesellschaftlicher Zusammenhänge geht, sieht es schon nicht mehr so gut aus. Zu oft fehlt es an Möglichkeiten – vor allem an Zeit –, durch ausführliche Lektüre, intensive Gespräche oder gar das kontinuierliche Verfolgen wissenschaftlicher Debatten in die tieferen Schichten des politischen und sozialen Gefüges einzudringen und sich ein eigenes Bild zu machen.

Etwas aufschnappen, sich aus zweiter Hand ein schnelles, womöglich vorschnelles Urteil bilden: Das ist der Grad an Oberflächlichkeit, mit dem der Journalismus manchmal für seine Geschwindigkeit und für die Begrenztheit seiner materiellen Möglichkeiten bezahlt. Bei manchen Journalist*innen mögen auch mangelnde Reflexion, politischer Herdentrieb und bequeme Orientierung an „herrschenden" Wahrnehmungen eine Rolle spielen. Aber mindestens ebenso wahr ist, dass in den Medien aus ökonomischen Gründen fast niemand mehr die Muße hat für eine tiefere Recherche oder Analyse. Und schließlich ist das Reduzieren von Komplexität, das informierte, aber nicht immer sehr fundierte Dilettieren auf vielen Feldern eben auch einem legitimen Anliegen der Medien geschuldet: Wer ein breites Spektrum an Vorgängen und Entwicklungen einem großen, zwangsläufig oft fachunkundigen Publikum vermitteln will, wird sich nicht selten mit ersten, aus wissenschaftlicher Sicht „oberflächlichen" Darstellungen begnügen (müssen).

Allerdings ist der Journalismus mit diesen Begrenzungen nicht allein. Wenn nicht alles täuscht, teilt er sie mit großen Teilen des Personals in der Politik und in gesellschaftlichen Großorganisationen. Auch in gewerkschaftlichen Führungspositionen wird nicht leicht jemand zu finden sein, der konkretes, praktisches politisches Handeln mit tiefer Kenntnis und fundierter Reflexion der theoretischen Zusammenhänge zu verbinden vermag. Und der noch dazu in der Lage ist, beides – sein Handeln und sein Denken – einer relativ breiten Öffentlichkeit nachvollziehbar zu vermitteln.

Das ist es, was Hans-Jürgen Urban zur Ausnahme macht – und zur intellektuellen Goldader für einen politischen Journalismus, der seine Neugierde noch nicht verloren hat. Wer von einer massigen Gewerkschaft nichts weiter hören will als in Maikundgebungs-Lyrik verpackte Industrie-Nostalgie, wird in den oberen Etagen des Frankfurter IG-Metall-Hochhauses sicher anderswo fündig. Wer aber eine gewerkschaftliche Haltung sucht, die die Verteidigung von Arbeitnehmerrechten mit konkreten Ideen für eine große, sozial-ökologische Transformation verbindet, ist – mit herrlichem Blick auf den Main und die kleine Metropole des Finanzkapitals – bei Hans-Jürgen Urban an der richtigen Adresse.

Hier ist ein Beispiel unter vielen: Während dieser Text entsteht, bricht der DGB-Vorsitzende Reiner Hoffmann in Jubel aus. Warum? Arbeitsminister Hubertus Heil (SPD) hat gerade einen Gesetzentwurf vorgelegt, der Hartz-IV-Beziehenden das Leben etwas erleichtern soll: Vermögen bis 60.000 Euro sollen unberührt bleiben, die Wohnkosten in den ersten zwei Jahren nicht geprüft werden, und Leistungskürzungen bei unbotmäßigem Verhalten sollen „nur" noch maximal 30 Prozent betragen. „Das ist ein sozialpolitischer Meilenstein", verkündet Hoffmann (DGB 2021). Vielleicht hätte er angemessener von einem sehr begrenzten Fortschritt gesprochen, wenn er vorher nachgelesen hätte, was ein gewisser Hans-Jürgen Urban im Jahr 2018 beim DGB-Bundeskongress sagte:

> „Unsere Botschaft in Richtung große Koalition sollte sein: 1. Verabschiedet Euch von der gescheiterten Philosophie der Hartz-Reformen. 2. Sorgt für eine Arbeitsmarktpolitik, die den Menschen Perspektiven und soziale Sicherheit gibt. 3. Reformiert die Arbeitsmarktpolitik, schafft innovative Instrumente, die uns helfen, die Transformation der Arbeit solidarisch in den Griff zu kriegen" (Urban 2018).

Nun wird niemand vom DGB-Vorsitzenden verlangen, in jeder Pressemitteilung eine Grundsatzerklärung zu Arbeit und Arbeitslosigkeit im Kapitalismus abzugeben. Aber es ist schon eine entscheidende Frage, ob der Chef einer derart wichtigen Organisation beim Kommentieren eines bescheidenen und politisch noch lange nicht gesicherten Reparaturvorschlags an den übelsten Ausformungen staatlicher Disziplinierung in Superlative verfällt – oder ob er den Maßstab der „großen Transformation", wie Hans-Jürgen Urban es nennen würde, im Auge behält.

Um noch einmal Urban zu zitieren:

> „Der dem Kapitalismus inhärente Drang, in der Gesellschaft neue Felder profitabler Kapitalverwertung zu erobern, hat schon immer auch auf die Systeme der sozialen Sicherheit, der Bildung und Forschung sowie der Kultur und der individuellen Lebenswelten übergegriffen. [...] Auch die Staaten versuchen immer stärker, wirtschaftliche Abwanderungen durch kapitalfreundliche Rahmenbedingungen zu verhindern. [...] Die kapitalistische Spielanordnung des 21. Jahrhunderts ist geprägt durch autokratische Verhältnisse im Inneren der Betriebe und finanzkapitalistische Restriktionen von außen in Form aggressiver Deregulierungs- und Ökonomisierungspolitik" (Urban 2019: 108).

Das ist der gar nicht so schwer nachzuvollziehende Zusammenhang, in den jede Debatte über Hartz IV gehört. Und ein DGB-Vorsitzender verfügt sicher über journalistisch ausgebildete Mitarbeiter*innen, die das ohne Probleme in leicht verständlicher Form in eine Pressemitteilung einfließen lassen könnten.

Wie gesagt: Diese erweiterte Perspektive auf das Klein-Klein der politischen Alltagskämpfe sollte sich auch der Journalismus häufiger gönnen. Und kaum jemand in den politischen Institutionen und gesellschaftlichen Großorganisationen gibt uns, den Medien, dafür so nützliche Vorlagen wie Hans-Jürgen Urban. Er verfügt nicht nur über eine tiefgreifende Expertise. Er teilt seine Erfahrungen und sein Wissen auch auf eine Weise, die Neugier weckt auf mehr.

Um Missverständnisse zu vermeiden: Dieses Angebot sollten nicht nur diejenigen viel häufiger nutzen, die Urbans Thesen und Ansichten mehr oder weniger weitgehend teilen. Es täte dem medialen Diskurs insgesamt gut, wenn solche seltenen Schnittstellen zwischen Wissenschaft, politischer Praxis und aktuellen Debatten, wie Urban sie personifiziert, in einer breiten Öffentlichkeit mehr Aufmerksamkeit erführen.

Wie befruchtend sich das auf die journalistische Arbeit auswirken kann, soll hier – aus subjektiver Wahrnehmung – am Beispiel des schönen Wortes „Mosaiklinke" kurz beschrieben werden. Nicht, weil ich etwa versuchen wollte, den weitverzweigten, engagierten und differenzierten akademischen Debatten über diesen Begriff etwas grundlegend Neues hinzuzufügen, die Hans-Jürgen Urban und andere führen (siehe z.B. Urban 2019a, b). Es geht mir vielmehr darum, anzudeuten, wie solche Begriffe und Debatten die Arbeit eines Journalisten bereichern können.

Lange bevor mir klar wurde, welche Diskussionen sich in der Fachöffentlichkeit um den Begriff ranken, ist mir die „Mosaiklinke" zum Beispiel in Verlautbarungen des „Instituts Solidarische Moderne" begegnet. Meine Sympathie war sofort geweckt, denn ich war gerade mit einiger Frustration dabei, mich an den Auseinandersetzungen zwischen den „Lagern" in der Linken abzuarbeiten, die – plakativ gesagt – zwischen Klassen- und Identitätspolitik um die Vorherrschaft rangen. „Mosaiklinke": Zeigte das nicht in schöner Bildhaftigkeit eine vielversprechende, eine echte Alternative auf zu den vermeintlichen Alternativen, zwischen denen da mit allen Mitteln und ohne Rücksicht auf mögliche Schnittmengen gestritten wurde?

Auf der großen politischen Bühne und vor allem in der Partei, die sich „Die Linke" nennt, wurde und wird die Auseinandersetzung bekanntlich auf eine verbohrt undifferenzierte Weise geführt. Und wo sie medial abgebildet wird, gewinnt die Darstellung, um es vorsichtig zu sagen, oft auch nicht gerade an Differenziertheit. Da gibt es dann einerseits die „Reformer*innen" und andererseits den „fundamentalistischen Flügel": hier die kosmopolitischen, großstädtischen, vor allem an Minderheitenrechten interessierten Latte-Macchiato-Frauen, dort die finsteren Altlinken mit ihrer national eingefärbten, auf längst vergangene Klassenverhältnisse fixierten Rhetorik.

Daran ist längst nicht alles falsch, aber das Gesamtbild, das sich da vermittelt, erschien mir schon immer ausgesprochen unterkomplex. Waren die Dinge wirklich so einfach zu sortieren? Blieb wirklich nichts anderes übrig, als fasziniert einem Spektakel zuzuschauen, bei dem die eine Seite aus ihrer renovierten Altbauwohnung den feindlichen Truppen in der anderen renovierten Altbauwohnung zurief, sie lebe doch nur in ihrer renovierten Altbauwohnung und habe keine Ahnung von den wahren Interessen des Proletariats (das nun leider mit den Rechten von Geflüchteten, LGBTQ-Menschen und marginalisierten Kleinbauern im globalen Süden nichts anfangen könne)?

Angeregte Debatten

Nicht, dass ich in diesem Konflikt neutral gewesen wäre. Ich war und bin überzeugt, dass sich auch die Ausbeutungsformen im modernen Kapitalismus noch als „Klassenfrage" beschreiben lassen, wie zum Beispiel Klaus Dörre das tut. Ich war und bin aber ebenso überzeugt, dass die „soziale Frage" in diesem engeren Sinne keineswegs ausgespielt werden darf gegen einen linken – Achtung, Pfui-Wort – Liberalismus, der die soziale Frage eben auch anhand von Diskriminierungen aufgrund des Geschlechts, der Herkunft und der sexuellen Orientierung stellt. Oder um es mit den Worten von Hans-Jürgen Urban zu sagen: „Dass eine mosaiklinke Strategie auf einer sozio-ökonomisch fundierten Klassenpolitik aufsetzen muss, folgt aus der Anatomie kapitalistischer Ausbeutung und Herrschaft und ihren inhärenten sozialen Antagonismen. Dass sie mit einer kultur- und identitätstheoretisch informierten Herrschaftskritik korrespondieren sollte, resultiert aus der Notwendigkeit, über die ‚Analytik der Macht' (Foucault 2005) theoretisch wie politisch auch in die Mikrostrukturen und die ‚verborgenen Mechanismen der Macht' (Bourdieu 1997) vorzudringen" (2019a: 30).

Den eben zitierten Passus gab es noch nicht, als mir das Wort „Mosaiklinke" erstmals begegnete. Aber schon der Begriff weckte eine positive Neugier: Gab es da wirklich Gedanken über einen konstruktiven Umgang mit dem plump geführten Streit zwischen Klassen- und Identitätspolitik, nach dem auch ich in meiner journalistischen Tagesarbeit ziemlich verzweifelt suchte? War es vielleicht doch kein Grund zum Aufgeben, dass mein Wunsch nach einem konstruktiven Streitgespräch zwischen Katja Kipping und Sahra Wagenknecht in der „Frankfurter Rundschau" bei Wagenknecht auf ein ziemlich lapidares „Nein" gestoßen war?

Ich habe also die Idee der „Mosaiklinken" schon beim ersten Hören als Ermutigung empfunden, und diese Empfindung hat sich beim Weiterlesen noch gesteigert. Um in der Rolle des Journalisten zu bleiben: Die Anregungen, die ich vor allem bei Hans-Jürgen Urban zu diesem Thema finde, zeigen mir immer wieder, dass das Denken in medialen Zuspitzungen, überzogenen Personalisierungen oder banalisierenden Schwarz-Weiß-Malereien nicht ohne Alternative ist. Dass es sich lohnt, nach intellektuellen Brücken über die Gräben der schwarz-weiß gezeichneten politischen Landschaft zu suchen.

Vielleicht muss ich die negativen Zuschreibungen, mit denen ich den journalistischen Alltag belege, an dieser Stelle kurz erläutern und relativieren.

Ich halte sowohl das „Lügenpresse"-Geschrei von rechts als auch die verschwörungstheoretischen Auslassungen eines Albrecht Müller und seiner „Nachdenkseiten" über die systematische Desinformation und Propaganda durch journalistische Handlanger*innen Washingtons, der Nato, der Bundesregierung oder hinterhältiger Virolog*innen für maßlos und ihrerseits manipulativ. Aber sie stören mich nicht zuletzt deshalb, weil sie die seriöse Kritik an der medialen Politik-Berichterstattung übertönen, die ich für legitim und notwendig halte. Im Konflikt zwischen den Interessen privatwirtschaftlicher Eigentümer*innen und Aufklärungsauftrag, unter dem Druck massiver Konkurrenz (nicht zuletzt aus dem Internet) und prekär werdender Arbeitsverhältnisse, aber eben auch geprägt von 30 Jahren ideologischer Hegemonie des Wirtschaftsliberalismus sind unsere klassischen Medien zum großen Teil alles andere als ideale Orte für die Diskussion über herrschende Gesellschaftsmodelle oder gar alternative

Gesellschaftsentwürfe. Das heißt nicht, dass es nicht viele Journalist*innen gäbe, die das gern ändern würden. Aber das ist mühsam und nicht allzu oft von Erfolg gekrönt. Und nebenbei: Die alltägliche Erfahrung zeigt nach meiner Wahrnehmung, dass das kritische Potenzial, das es sehr wohl noch gibt, sich unter Medienleuten dann doch eher einseitig auf identitätspolitische Fragen konzentriert als auf sozio-ökonomische Ausbeutungsverhältnisse.

Erst aus dieser Zustandsbeschreibung erschließt sich vielleicht vollständig, welchen Wert ein Anreger wie Hans-Jürgen Urban besitzt. Die herausgehobene Position in der IG Metall macht ihn zunächst, ganz banal, zu einem Gesprächs- und Interviewpartner, der in Redaktionen viel leichter zu vermitteln ist als jemand, dem man solche Funktionen nicht zuschreiben kann. „Vorstand IG Metall", das ist schon mal ein Türöffner „ins Blatt" – auch wenn die konkreten politischen Aussagen in der Gewerkschaft nicht gerade Konsens sein dürften.

Hinzu kommt ein Zweites: Hans-Jürgen Urban versteht es wie wenige sonst, seine Thesen medial „anschlussfähig" zu machen, wie es heute immer so schön heißt. Es gibt nicht viele Akademiker*innen, die vom akademischen Diskurs derart souverän in eine alltagstaugliche Sprache wechseln können, ohne dass das im Übermaß auf Kosten der analytischen Tiefe geht. Ich könnte auch sagen: An dem Mann ist ein Journalist verlorengegangen. Aber andererseits: Da, wo er ist, ist er wohl doch am besten aufgehoben.

Apropos „aufgehoben": Der Konflikt zwischen einem anspruchsvollen theoretischen Diskurs und den Funktionsmechanismen von Medien wird sich wohl nie ganz auflösen lassen – selbst dann nicht, wenn sich für die Medien Strukturen und Arbeitsweisen finden sollten, die ihrem gesellschaftlichen Auftrag besser entsprechen als die heutigen. Es wurde bereits angedeutet: Vielleicht ist einem Metier, das komplexe Zusammenhänge zwangsläufig in kurze Texte mit noch kürzeren Überschriften zu fassen hat, ein bestimmter Grad an Zuspitzung und Banalisierung sogar inhärent. Aber gerade deshalb muss der Journalismus immer wieder daran erinnert werden, dass es der Qualität der kurzen Texte und der noch kürzeren Überschriften keineswegs schadet, wenn ihren Autor*innen die Komplexität der Zusammenhänge wenigstens bewusst ist.

Medien funktionieren sicher nicht als unkritisches Transportmittel für diese oder jene Idee, und sei sie auch so anregend wie das Konzept des linken Mosaiks. Aber ich teile auch nicht die landläufige Meinung, es könne so etwas geben wie absolute Objektivität. Ich denke, dass Journalismus – und politischer Journalismus erst recht – am besten dann entsteht, wenn Autor*innen sich ihrer eigenen Haltung, ihrer Perspektive auf das Geschehen bewusst sind und diese gegenüber dem Publikum möglichst transparent offenlegen, statt ihre Wahrnehmung als „objektive Wahrheit" verkaufen zu wollen. Das schließt gewissenhafte Recherche und Offenheit für unterschiedliche Meinungen keineswegs aus, im Gegenteil. Aber um die eigene Haltung zu reflektieren, brauchen wir originelle, durchdachte, gerne auch kontroverse und sperrige Anregungen. Und ehrlich gesagt: Der Hinweis, wir sollten mehr wissenschaftliche Bücher lesen, wird zumindest unter den heute herrschenden Bedingungen in der Medienbranche weitgehend ins Leere gehen – außer bei ein paar Privilegierten, denen die Zeit dafür eingeräumt wird. Wir werden immer Menschen brauchen, die die Welt der Wissenschaft und die Welt des politischen Aktivismus mit den Bedürfnissen des Journalismus (nur den legitimen, versteht sich) zu vermitteln verstehen.

Spätestens hier wird wohl endgültig klar, welche Bedeutung ein Anreger wie Hans-Jürgen Urban eben auch für die Medien-Berichterstattung hat. Mir hat er schon viele Denkanstöße „serviert" in einer Form, die mich so neugierig gemacht hat, dass ich wenigstens für Momente aufhören konnte, nur dem Tageslärm gedanklich hinterherzulaufen. Dass es das in dieser Form viel zu selten gibt, ist schade – ich weiß, wovon ich rede, ich habe auch schon andere Vorstandsmitglieder der Gewerkschaft interviewt. Aber dass es wenigstens Hans-Jürgen Urban gibt, ist umso besser. Sonst würde es doch nur wieder zugehen wie auf dem Schulhof.

Literatur

DGB (2021): Hartz IV-Pläne: DGB unterstützt „sozialpolitischen Meilenstein" [online] https://bit.ly/3e82E2I [13.1.2021].

Urban, Hans-Jürgen (2018): Rede beim „Parlament der Arbeit" am 14.5.2018 [online]. https://bit.ly/3e3cpz9 [13.1.2021].

– (2019): Wirtschaftsdemokratie als Transformationshebel, in: Blätter für deutsche und internationale Politik, Heft 11/2019, S. 105-114.

– (2019a): Vorlauf zu einem HKWM-Artikel ,Mosaiklinke', in: Das Argument, Heft 331/2019, S. 19-32.

– (2019b): In der Bewährungsprobe, in: Das Argument, Heft 332/2019, 169-182.

Godela Linde / Rainer Rilling
Eine mosaiklinke Villa

Schon der Tag war eine Zumutung. In Pontedera hatte er sich hoffnungslos verfahren. Hitze, Gegenwind, völlig unübersichtliche Orte, wahnsinnige Männer, die italienische Autos fuhren und Radfahrtouristen hassten. Bei tiefer Nacht quälte er sich schließlich im Abseits eine grauenhafte Schotterstraße hinauf. Ende offen, kein Licht, nirgends. Aber gegen Mitternacht, ungefähr im August 1987, plötzlich ein folgenreicher Schimmer aus einer Ruine. Und als Michael, ein zeitweiser Toscanalinker, zurückkam, wurde eine Idee geboren. Sie brachte ein winziges Steinchen für eine Mosaiklinke zum Rollen. Das Licht war von einer Handvoll Italienerinnen und Deutschen gekommen, die nach der Vertreibung sardischer Schafe aus dem ersten Stockwerk der von ihnen 1986 erworbenen Ruine mit der jahrzehntelangen Restauration eines 400 Jahre alten Landsitzes aus der Zeit der Medici-Dynastie begonnen hatten. Warum also nicht das entstehende Kultur- und Bildungszentrum „Villa Palagione" für die Durchführung einer einwöchigen „Herbstakademie" nutzen? Für die Macher*innen ein riskantes, buchstäblich weit entferntes Projekt.

Sinngenerator ff.

Doch 1989 in einer Zeit der Unordnung, Fragmentierung, Defensive, Schwächung oder völligen Auflösung der verschiedensten Strömungen der Linken und ihrer Organisationen und Einrichtungen und häufig nur geringer gegenläufiger Initiativen „nüchterner, geduldiger Leute", die „nicht verzweifeln" und sich auch „nicht an jeder Dummheit begeistern"[1] oder peripherer Institutionen (in diesem Fall des BdWi[2]) fanden sich auch einige, die eine solche buchstäblich abseitige Seminarreihe gleichsam als Stärkungsmittel in Angriff nahmen. Gedacht wurde die „Herbstakademie" als politisches Diskussionsseminar, Bildungsveranstaltung, wissenschaftlicher Workshop und „Sinngenerator" (Georg Bollenbeck)[3] gleichermaßen. Vor Ort ging sie übrigens einher mit der Bewunderung ständig neu restaurierter und reparierter Quartiere und Projekte der Villa Palagione 2.0. Die Seminarfolge wurde 2000–2002 kurz unterbrochen und sodann seit 2003 unter einem 1999 extra neu geschaffenen Träger (Stiftung

---

1 Gramsci, Antonio: Gefängnishefte, Bd. 1, Heft 1, § 63, Hamburg 1991 S. 136.
2 Bund demokratischer Wissenschaftlerinnen und Wissenschaftler, s. Thorsten Bultmann und Steffen Käthner (Hrsg.): Gegen den Strom schwimmen – 50 Jahre BdWi, Marburg 2018 S. 31.
3 Bollenbeck, Georg: Für eine unbescheidene Linke. Krise – Hegemonie – Sinngenerator, in: LuXemburg 1/2010 S. 92 f.

GegenStand⁴) bis in die Gegenwart hinein unter dem naheliegenden Eigennamen als dauerhafte und autonome „Villa Rossa" weitergeführt. Das gewählte Organisationsformat einer Stiftung soll als resiliente Institution und nachhaltig optimistisches Vorhaben der Beteiligten wirken, die hoffen, dass ihre Sache Zukunft hat. Sie ist also eine Aktion in der Zeit: ein Versuch, Ressourcen der Veränderung auf Dauer zu stellen. Der Arbeitsschwerpunkt der Stiftung liegt im Projekt der Villa Rossa. In der Zwischenbilanz der 28 Veranstaltungen des BdWi und der Stiftung Gegenstand stehen mittlerweile ca. 1000 Teilnehmer*innen, von denen etwa die Hälfte an drei oder mehr Seminaren teilgenommen haben und die Hälfte Frauen sind, was für die Referent*innen jedoch nicht galt. Darunter sind insgesamt 213 Referent*innen,⁵ davon unter der neuen Trägerschaft der Stiftung GegenStand 17 Veranstaltungen mit 129 Referent*innen, mit Berufen aus der Gesellschafts- und Politikanalyse, Juristerei, den Ingenieur- und Umweltwissenschaften, der Friedensforschung, Geografie, Geschichte, Informatik oder, spät, dem Feminismus. Sie und die Mitwirkenden kamen überwiegend aus akademischen Berufen, dem Wissenschafts- und dem Gewerkschaftsbereich (insbesondere IGM, ver.di sowie GEW), aus Medien, Bewegungen und Politik. Einer von ihnen ist Hans-Jürgen Urban, der seit 2003 mit aktuell 14 Referaten die überlegene Position des Spitzenreiters in dieser Kategorie einnimmt. Mehr noch: Er nutzte die Gelegenheit der „Villa Rossa", diese zusätzlich auszuzeichnen mit seiner Erfindung des Begriffs „Mosaiklinke", die in einer naheliegenden religionstouristischen Bildermaschine stattfand.

Warum nur?

Doch wie kommt es, dass ein solches Vorhaben entstehen und auf Dauer gestellt werden konnte? Kann eine simple Seminarveranstaltung überhaupt mit dem bedeutungsschweren, völlig anders dimensionierten politischen Begriff „Mosaiklinke" gefasst werden – oder ergeben sich daraus sogar Hinweise für eine weitere Anreicherung des Begriffs? Vielleicht handelt es sich hier sogar schlicht um einen mehr oder weniger elitären Rückzugsort – etwa eine Art „science retreat", die sich immer mehr mächtige Hochschulen und Forschungseinrichtungen zulegen, um die Produktivität ihrer Köpfe zu stimulieren? Was bringt immer neu drei bis vier Dutzend Menschen dazu,

---

4 Seit 2012 in Kooperation mit dem ver.di-Bildungswerk Hessen. Das Seminar wurde von Beginn an auch von der Rosa Luxemburg Stiftung mit Zuschüssen für Honorar- und Reisekosten finanziell unterstützt und zudem auch von der solidarischen Neugier und Teilnahme diverser Beschäftigter getragen. Die gemeinnützige linke Wissenschaftsstiftung (Stiftung GegenStand) ist klein. Ihre Arbeit finanziert sich durch die geringen Erträge aus dem Stiftungskapital, aus Spenden für laufende Projekte sowie aus Förderungsmitteln Dritter. Die Erhöhung des Stiftungskapitals geschieht durch Zustiftung, wobei es sich um steuerlich abzugsfähige Zuwendungsformen handelt. Das einst notwendige Mindestkapital von 50.000 DM ist mittlerweile auf 57.855 € (2019) angewachsen. Ihre Veranstaltungen ermöglichen die Anerkennung der Teilnahme als Bildungsurlaub.

5 Eine Gesamtübersicht der Autoren und Autorinnen findet sich hier: http://www.s-gs.de/wordpress/?page_id=964.

weite Entfernungen zu einem einsamen Ort zurückzulegen, um sich für eine lange Augustwoche an Diskussionen zu beteiligen, die sie ebenso gut ohne solchen Aufwand und mit minimalem ökologischem Fußabdruck weit entfernt von der Toskana hätten führen können – und deren Themen in aller Regel mit dieser Region zumindest auf den ersten Blick nichts zu tun hatten?

Jenseits von Bilzingsleben

Wikipedia ist der Frage nach dem Mosaik nachgegangen und vermerkt: „Die wahrscheinlich älteste bisher nachgewiesene, von Menschen geschaffene mosaizierte Fläche stammt vom Homo erectus bilzingslebenensis, der offensichtlich dafür teilweise ortsfremde Steine und Knochen in den Löss eines fast kreisrunden Platzes mit einem Durchmesser von etwa 9 m eingedrückt haben muss. Der Fund dieses pflasterartigen Bereiches wird ca. 400.000 Jahre zurückdatiert."[6] Bilzingsleben liegt in Thüringen, dessen aktuelle Regierungskonstellation als mosaiklinks zu charakterisieren auf den ersten Blick natürlich naheliegt, aber zuweilen auch schwerfällt. Gleichwohl: Die Metapher „Mosaiklinke" setzt in das Politische um, dass durch das Verbinden und Zusammenfügen einer Menge verschiedener Splitter oder Elemente Veränderung bewirkt und Muster oder Bilder entstehen können. Ihre eigene, „große Transformation" entfaltet sie als Gesamtheit, obwohl und weil ihre Einzelteile als solche erkennbar bleiben. Eine Mosaiklinke ist daher kein „zusammenhangloses Ensemble",[7] sondern eine verbindende Assoziation von Subjekten verschiedenster Art. Ein Mosaik ist eben kein Puzzle, das Bekanntes wiederholt und fixiert. Dort entsteht nichts Neues. Dagegen besteht ein Mosaik zwar auch aus einzelnen Teilen, aber das Ergebnis ist nicht unabänderlich – Überraschungen sind immer möglich. Die Stärke etwa einer Mosaiklinken ist die Verschiedenheit, ihre Schwäche ist die Fragmentierung und Spaltung.[8] Ihr richtungspolitischer Sinn und ihre Hoffnung ist die gemeinsame Handlungsfähigkeit Vieler – auch etwa wie „nur ein Unkraut unter anderen".[9] Dabei geht es nicht um die Rückführung der Vielfältigkeit auf polarisierende Einheitlichkeit: Die Anerkennung der Differenzen soll ein Faktor der Sammlung und Einbeziehung sein, indem die Anerkennung der Unterschiede dabei Hand in Hand geht mit der Anerkennung der Ähnlichkeiten – ein Prozess der Vermittlung von Antagonismus und Kooperation also: „Es geht darum, Kontexte der Diskussion zu schaffen, in denen der Impuls für die Einheit und die Gleichartigkeit

---

6   https://de.wikipedia.org/wiki/Mosaik sowie https://de.wikipedia.org/wiki/Fundplatz_Bilzingsleben#Die_Vormenschenfunde_von_Bilzingsleben.

7   FAZ v. 17.4.2019.

8   Altvater, Elmar: Der große Krach. Oder die Jahrhundertkrise von Wirtschaft und Finanzen, von Politik und Natur, Münster 2010 S. 229, zit. n. Hans-Jürgen Urban: Vorlauf zu einem HKWM-Artikel 'Mosaik-Linke', in: Das Argument 331 (2019) S.24.

9   „Ich für mich: hoffen wir mal, dass der Sozialismus auch nur ein Unkraut unter anderen ist, das immer wieder durchkommt, ob sie wollen oder nicht." Peter Rühmkorf: Tabu I, Tagebücher 1989–1991, Reinbek 1995 S. 159, Eintrag vom 9.12.1989.

die gleiche Intensität erhält wie der für die Abgrenzung und den Unterschied."[10] Im Wechselspiel von Ähnlichkeit und Differenz bilden sich dabei ständig neue politische Spektren und Sinngeneratoren, werden hegemonial, vermischen sich in neuer Unordnung oder verschwinden, sind stabil oder bloß ein Gespenst in der Wunderkammer. Geht man nun im Falle Villa Rossa den realen Kontexten der Diskussion des Wochenseminars nach, ergeben sich einige unerwartete Resultate.[11]

Die Immobilie – aber welche?

Der zentrale Ort des Geschehens ist die Immobilie „Villa Palagione Centro Interculturale". Sie liefert auf ihrer Webpräsenz bereits eine Reihe von Stichworten: „Villa Palagione – vor 400 Jahren erbaut ... Die nachweisbare Geschichte der Villa Palagione beginnt 1598, die Blütezeit der Medici." Oder: „... inmitten der toskanischen Kulturlandschaft ... In kaum einer anderen Region der Welt konzentrieren sich kulturhistorisch interessante Stätten in einer solchen Dichte wie in der Toskana: Florenz, Pisa, Lucca, Volterra, San Gimignano, Siena, befinden sich in einem Umkreis von ca. 70 km", heißt es dort. Und endlich: Die Villa Palagione befindet sich etwa sieben Kilometer östlich von Volterra, was „eine Stadt mit einer über 3000-jährigen Geschichte ist: etruskisch, römisch und mittelalterlich geprägt... können Sie Bildung, Kultur und Urlaub miteinander verbinden... Unterkunft und Verpflegung im antiken Ambiente".[12] Tatsächlich durchzieht sich im bis zur Jahrhundertwende andauernden Aufbau der Lokation der Villa Palagione von Beginn an die Bemühung, durch Restauration und nicht bloß äußere Anmutung etwas, was vorhanden und dann verschwunden war, auf verschiedenste Weise zurückzuholen. Damit fügte sich das Palagione-Projekt in einen alten, aber dann seit den 70er und 80er Jahren förmlich explodierenden historischen Wandel insbesondere in Frankreich und Italien ein: Heterogene und scheinbar alleinstehende starke Ressourcen wie Grundeigentum, Landschaftsästhetik, Immobilienwesen, Gastronomie, Künste, Kultur, Kreativwirtschaft und vor allem Geschichtspflege und -narration werden zu einem eigenen, zunehmend gewinnbringenden Kräftefeld der vielfältigen Kulturalisierung und oftmals zugleich auch Historisierung verdichtet. Eine zentrale Rolle spielt dabei die „Patrimonialisierung", also der Bezug auf ein geschichtspralles, mit Tradition und Authentizität ausgestattetes kulturelles Erbe. Mit ästhetisch-sinnlichen, kulturellen Gehalten und Erzählungen („storytelling") bis hin zu den in Italien ver-

---

10 de Sousa Santos, Boaventura: „Entpolarisierte Pluralitäten", in: LuXemburg 1/2010 S. 128-135, hier: S. 131.

11 Die Felder, die in den 80er Jahren auch auf der „Herbstakademie" bestritten wurden, kamen zumeist mit den großen Stichworten Kapitalismus, Faschismus, Ökologie und Krieg/Frieden aus. Mit dem langen Verschwinden des Staatssozialismus entstand in den letzten Jahrzehnten im weiten linken Richtungsspektrum ein Kaleidoskop neuer Themen und Konstellationen mit eigenem politischen Sinn.

12 http://www.villa-palagione.org/d/villa/villa.htm. Zur Geschichte s. http://www.villa-palagione.org/d/lesestoff/lesestoff.htm.

breiteten Kostümfesten präsentiert es sich als Überbleibsel einer mehr oder weniger identitätsbildenden Vergangenheit („Heritage") und den Zeichen ihrer Zeit – und zuweilen wird auch mal und immer öfter nachgeholfen. Beispiele für derlei Aufwertungen der Vergangenheit und der Erinnerungskultur sind Legion. Die französischen Soziologen Luc Boltanski und Arnaud Esquerre haben in ihrer spannenden Studie von 2018[13] gezeigt, dass die ökonomischen Zentralakteure dieses neuen Kräftefelds eines „patrimonialen Kapitalismus" verklumpte Kohorten hochkonzentrierter Superreiche, Großinvestor*innen, Händler*innen, Großgrundbesitzeigentümer*innen, Konzerne der Luxusökonomie und Erb*innen sind. Es sind aber die Kultur- und Kreativwirtschaft und in erster Linie die riesige Dienstleistungsindustrie des millionenfachen Tourismus zu großen Vergangenheiten, außerordentlichen Landschaften, Agrotourismus, Gesundheit (Sport! Wasser! Berge!), Gastronomie, Hotellerie, Ferienwohnungen, Entertainment, angesagten Destinationen, Orten des Staunens, kulturellen Großevents oder Spektakels und vielfältigsten Arrangements aktiver Selbstbildung und -tätigkeit, welche heutzutage Menschenmassen in Bewegung und Kontakt bringen. Wer in dieser „Schwerindustrie der Bilder und des Gefühls"[14] agieren möchte, muss die Klaviatur dieses Feldes meistern.

Kontext und Lernort

In diesem Zusammenhang sind die Beschäftigten, Eigentümer*innen, Unterstützer*innen und manche Nutzer*innen des „Hauses" Villa Palagione unterwegs. Über die Jahre hinweg wurden nicht wenige Schlüsselelemente dieser Trends und Ressourcen aufgegriffen und entwickelt, wobei die Unterlegung mit einer Triade von auch historischem Wissen und wissenschaftlich untersetztem Bildungs- und Kulturkapital eine besondere Rolle spielt. Die Praxis hat gezeigt, dass ein wesentlicher Reiz des Seminarprojekts der seit Jahrzehnten durchgängig voll belegten „Villa Rossa" auch auf die Wirkung exakt dieser Faktoren zurückgeht und entsprechende Erwartungen bedient. Der „Lernort" (Urban) spielt eben auf jeden Fall eine Rolle, wird jedoch in der Debatte um die Mosaiklinke unterschätzt. Er ist aber ein Treiber eigener Art. Im konkreten Fall stellt er insbesondere räumliche, landschaftliche, historische und kulturelle Ressourcen zur Verfügung, also einen *Kontext* mit seinen besonderen Mengen, Mustern und Wirkungen. Dieser kann mehr oder weniger nachhaltig einen Diskurs des Commoning – der Entstehung oder Unterstreichung des Gemeinsamen – befördern, der konsensorientiert ist und faktisch polarisierenden Zuspitzungen entgegenläuft – auch durch „Bilder und Gefühle".

---

13 Boltanski, Luc/Esquerre, Arnaud, 2018: Bereicherung. Eine Kritik der Ware, Frankfurt a.M., S. 16. S.a. Rilling, Rainer, 2019: Enrichissement – Ökonomie der Bereicherung, in: Z 118, S. 91-98.

14 Groebner, Valentin: Die Aussicht von gestern. Tourismus, Alltag und das Unsichtbare, in: Gaberell, Daniel (Hrsg.), 2012; Luzern, Bern, S.2. https://www.unilu.ch/fileadmin/fakultaeten/ksf/institute/histsem/Dokumente/Groebner_Valentin/Die_Aussicht_von_Gestern.pdf.

Eine mosaiklinke Villa

Blues

Im Lauf der 28 Jahre der „Herbstakademie" und der „Villa Rossa" ging es durchgängig um Politik. Die Themen der Wochenseminare waren vielfältig. Nur die Entwicklungen in Europa und den USA sowie der Raum- und Geopolitik waren Thema von zwei oder drei Veranstaltungen und damit kleinere Schwerpunkte. Durchgängig aber ging es um Krisen, damit unterschiedlich verknüpfte Veränderung und abwesenden, aber offenen und vielfältig angestrebten Zukünften. „Deshalb braucht die Mosaik-Linke", formulierte Georg Bollenbeck 2009 in seinem Vortrag auf der Villa Rossa

> „einen imaginativen Sinngenerator, der ihren Energien eine neue Qualität verleiht, ... seine Aufgabe besteht darin, ihre große Erzählung mit Wahrheitsanspruch zu aktualisieren und schließlich eine Weltdeutung mit Handlungsanbindung zu befördern. Man könnte den Sinngenerator als eine regulative Idee bezeichnen. Ohne politische Akteure, die ihn nutzen, existiert er nicht. ... Doch alle Parteien, Bewegungen oder Institutionen brauchen motivierende Leitideen und weltdeutungsfähige Einsichten. Verlieren sie solch symbolische Überschüsse, so verlieren sie, wie es der Parteienforscher Franz Walter nennt, ihre 'Sinnzentrale'."[15]

Das Format der Seminarveranstaltung versucht, gestaltende Kommunikation und Kontext zu verknüpfen: verschiedene Disziplinen und übergreifende Schwerpunkte mit vier kontroversen und ergänzenden Themen am Tag, so dass am Ende der Seminarwoche ein beträchtliches Spektrum von Blickwinkeln und integrierendem, praxisbezogenen Gesamtbild zusammengekommen ist; geschützte Öffentlichkeit (keine Ton- oder Videoaufnahmen); wechselnde Moderation, Arbeit mit unterschiedlichen Medien an wechselnden Orten, lockeres Zeitregime (Siesta! offene Redezeit), themen- und kontextbezogene Exkursionen[16]; endlich zwischen 20 und 30 Texten umfangreiche sowie zuweilen seminarbezogene Konvolute und verfasste Bände[17], die zwei Monate zuvor elektronisch vorliegen; schließlich Abend- und Nachtzeit für romantische Blicke auf Landschaft (Wiesen und Hausberg – den Monte Voltraio), Lesungen, informelles Reden (Klatsch und Tratsch) unter Steineichen oder Magnolienbäumen, exzellentes italienisches Essen, Open-Air. Zusammengefasst: „Die Villa Rossa ist für mosaiklinke Menschen, was für den Rock der Blues ist. Es ist wie eine Batterie: von Zeit zu Zeit musst du zurück, um dich aufzuladen." (Frei nach Eric Clapton).

---

15 Bollenbeck., ebd. S. 93.

16 Etwa zu „Florenz: eine neoliberale Stadt" (2007) oder zur „Banca Monte dei Paschi di Siena" (2013).

17 S. etwa Linde, Godela: Die gute und die schlechte Regierung und ihre Auswirkungen in Stadt und Land, Marburg 2005, 192 S., dies.: Zu den alten Siena-Magnaten. Bankengeschichte und Bankenpaläste in Siena, Marburg 2013, 28 S.; weiter umfangreiche Materialzusammenstellungen zu den Themen Geopolitik (2012), Sprache, Macht, Politik (1992), Komplexe Welten – Turbulente Verläufe (1994) und Zeitalter der Extreme (1996).

Anhang

Veranstaltungen 1989–2020

1989:	Wissenschaft und Risiko
1990:	Ende der Geschichte?
1991:	Islam – Orient – Nord-Süd-Konflikt
1992:	Sprache – Macht – Politik
1993:	Markt und Moderne
1994:	Komplexe Welten – Turbulente Verläufe
1995:	Sustainable Rule
1996:	„Zeitalter der Extreme". Bilanz des 20. und Ausblick auf das 21. Jahrhundert.
1997:	Nach dem „Zeitalter der Extreme" – Im Übergang in das 21. Jahrhundert
1998:	Reichtum
1999:	Persönliches Handeln im nationalen Wettbewerbsstaat
2003:	Im Schatten des Imperiums I: USA.
2004:	Im Schatten des Imperiums II: Europa
2005:	Die gute und die schlechte Regierung
2006:	Was ist links?
2007:	Raum [Paradies: Standort: War Room]
2008:	Kleine Bilanzen der Demokratie.
2009:	Krise. Kunst. Kultur. Transformation
2010:	Wem gehört Italien?
2011:	Praktisch wäre es, wenn die Linke mehr über die Zukunft wissen würde
2012:	Geopolitik
2013:	Konzerne
2014:	Europa zerfällt?
2015:	Neue Ungleichheit
2016:	Europas politische Farbe ändert sich
2017:	Um + Welt + Brüche
2018:	Transformationen des Öffentlichen – Hegemonien & (Gegen-) Öffentlichkeiten
2019:	Stadt. Und Land
2020:	Aufruhr (abgesagt Juli 2020 wg. Covid -19)

> Sokrates *zugeeignet*
> Es ist schon so: Die Fragen sind es,
> aus denen das, was bleibt, entsteht.
> Denkt an die Frage jenes Kindes:
> „Was tut der Wind, wenn er nicht weht?"
> *Erich Kästner 2004: 18*

Juliane Hammermeister

Die Mosaik-Linke oder von der Frage nach dem verstrickten Subjekt

Soziale Polarisierung und zunehmende Prekarisierung, ökologische Destruktion und das Erstarken rechter Kräfte, um nur einige Stichworte zu nennen, bestimmen den Gegenwartskapitalismus. Der konzeptionelle Ansatz einer „Mosaik-Linken" will sich mit dem herrschenden gesellschaftlichen Katastrophenzustand und „der durchaus realen Gefahr eines historischen Endes der Linken nicht abfinden" (Urban 2019a: 21). Er will linke Debatten mit einem „kapitalismuskritische[n] Grundimpuls" verbinden und sucht – in der begrifflichen Abstraktion als Idealtypus eines breiten Bündnisses – nach politischen Strategien, wie trotz vielfältiger Spaltungen aus den fragmentierten kritischen Kräften ein Kooperationsverbund entstehen kann, der sich aus und über die Anerkennung von Differenz zu einem politischen Projekt zusammenfügt (vgl. Urban 2019a).

Mit der Metapher der „Mosaik-Linken" hat Hans-Jürgen Urban einen für die sozialwissenschaftliche und gesellschaftspolitische Debatte bedeutsamen Begriff geprägt, der über einzelne punktuelle Allianzen und Bündnisse hinausweist und komplexe Fragen nach den Möglichkeiten einer breiteren gesellschaftlichen Gegenmacht ins Zentrum rückt. Ein Ausgangspunkt der Überlegungen ist die Einsicht in die Schwäche und Defensive linker Politik: Die Krise des Fordismus in den ausgehenden 70er Jahren im Übergang zum globalisierten Finanzmarktkapitalismus hat die 'traditionelle' Linke entscheidend geschwächt und die Handlungsbedingungen emanzipativer Politik grundlegend verändert. Als ein Lebenselixier des modernen Kapitalismus erweist sich die weitgehend erfolgreiche Absorption der systemkritischen Opposition, auch wenn es sich dabei um einen „Pyrrhussieg" handeln könnte, wie Hans-Jürgen Urban in Anlehnung an Luc Boltanskis und Ève Chiapellos gesellschaftsanalytische Studie *Der neue Geist des Kapitalismus* darlegt (Urban 2019a: 20; vgl. auch Boltanski/Chiapello 2003: 75 ff.).

Der Neoliberalismus (in der Krise) hat „die Spaltung der Gesellschaft in kulturelle Milieus" vorangetrieben und die Menschen in eine erhöhte Konkurrenz um Arbeitsplatz, Bildungs- und Lebenschancen zueinandergesetzt (Urban 2019a: 21). Eine auf kollektive Handlungsfähigkeit zielende mosaiklinke Strategiedebatte muss die gesellschaftlichen Kräfteverhältnisse und die vielfältigen Widerspruchskonstellationen, in denen sich die

Akteur*innen bewegen, reflektieren. Sie akzeptiert, dass „kapitalistische Gesellschaften Prozessen der sozialen Differenzierung unterliegen, aus denen eigensinnige Kontexte in Form sozialer Felder hervorgehen" (Urban 2019a: 22) und versucht, die „Konstituierungsbedingungen und politischen Praxisstrategien progressiver, kapitalismuskritischer Bewegungen und Organisationen aus den Basisdynamiken des Gegenwartskapitalismus herzuleiten", mit denen sie dialektisch verwoben und die sie zugleich ändern will (Urban 2019b: i. E.). Im Vorhandenen gilt es das Mögliche aufzuspüren. In Opposition zu den herrschenden Vergesellschaftungsstrukturen müssen sich die mosaiklinken Kräfte in ihren jeweiligen Kontexten, „ob in korrektiver oder transformativer Absicht formuliert", in- und aneinanderfügen (Urban 2019a: 20), ohne 'eigene' Narrationen preiszugeben, um so getrennt und vereint eine linke gegenhegemoniale Perspektive zu entwickeln. Dieses fragile viel- und mehrstimmige Gefüge linker Gegenmacht bewegt sich dabei in einem Spannungsverhältnis: Kritik in „korrektiver Absicht" kann auf Forderungen nach Reformen in den bestehenden Hegemonialapparaten nicht verzichten, muss sich aber darüber hinaus ihres transformativen Potentials gewahr sein bzw. werden, „da innerhalb der Strukturen des gegenwärtigen Finanzmarktkapitalismus die Bewältigung der sozialen und ökologischen Existenzprobleme nicht erwartet werden kann" (Urban 2019a: 20). Umgekehrt darf Kritik in „transformativer Absicht" nicht verkennen, dass Widerstand im Sinne einer solidarischen Veränderung der gesellschaftlichen Verhältnisse insgesamt heterogen und ambivalent ist.

Die eindrucksvoll entworfene „Mosaik-Metapher" verweist auf die zentrale Problematik linker Hegemoniegewinnung und hat zu kontroversen Diskussionen geführt, die in diesem Beitrag weder nachgezeichnet werden können noch sollen.[1] Die folgenden Überlegungen fragen nach den Voraussetzungen und Vorbedingungen von (kollektiven) Lernprozessen, welche für die Konstituierung und Praxis mosaiklinker Strategien relevant sind, um in Anerkennung von Differenz zu einer vielstimmigen linken hegemonialen Kraft zu werden. Sich auf einen Weg voller Hindernisse und Rückschläge zu begeben, der zudem keine festgefügten Gewissheiten kennt, setzt Lern- und Selbstveränderungsprozesse voraus und beginnt, so meine These, in der Auseinandersetzung mit dem „Alltagsverstand" (Gramsci), dessen Bedeutung für die Diskussion hier hervorgehoben werden soll.

Die Argumentation gliedert sich wie folgt: Zunächst soll die Konzeption zur Mosaik-Linken skizziert (1) und im Rückgriff auf Antonio Gramscis Überlegungen zur (Gegen-)Hegemonie (2) bzw. zum „Alltagsverstand" (3) reflektiert werden. Eine politische und persönliche Wertschätzung schließt die Argumentation ab (4).

---

[1] So beschäftigte sich die Vierteljahreszeitschrift *LuXemburg. Gesellschaftsanalyse und linke Politik* unter dem Titel *Für ein linkes Mosaik* (Heft 1/2010) mit Fragen linker Hegemoniebildung und die 2019 vom *Berliner Institut für kritische Theorie* herausgegebene Zeitschrift *Das Argument* widmete einen eigenen Schwerpunkt der *Debatte zum Konzept Mosaik-Linke* (Heft 1/2019).

1. Die Mosaik-Linke oder von der Anerkennung von Differenz zur politischen Bündelung

„Der Betriebsratsvorsitzende eines Industrieunternehmens, die Aktivistin aus der Menschenrechts- oder Umweltbewegung und der Polit-Profi aus dem Attac-Koordinierungskreis kommen aus unterschiedlichen kulturellen Welten und sind von unterschiedlichen Milieus geprägt. Wollen sie sich gleichwohl zu gemeinsamen politischen Projekten zusammenfinden, müsste eine neue Kultur der wechselseitigen Toleranz und der Akzeptanz der spezifischen Bewegungs- und Organisationskulturen die Schlüsselressource eines solchen Bündnisses darstellen" (Urban 2009: 78).

Das skizzierte Mosaik thematisiert nicht nur die Vielfalt der gesellschaftlichen und politischen Linken, sondern nimmt die daraus resultierenden Spannungslinien und Konfliktachsen ernst. Demnach „könnte die mosaiklinke Perspektive in einem Kooperationsverbund kritischer Kräfte liegen, in dem unterschiedliche Individuen, Organisationen und Bewegungen kooperieren und die Spezifika ihrer Handlungspotenziale zu einem politischen Projekt zusammenfügen, ohne eigene Identitäten preiszugeben" (Urban 2019b: i. E.). Mosaiklinke Akteur*innen sind, so die weiteren Überlegungen, in „gesellschaftliche Felder mit spezifischen Funktionslogiken" eingebunden, die ihre Wünsche, Interessen und Handlungspräferenzen prägen (Urban 2019b: i. E.). In Anlehnung an Pierre Bourdieu geht Hans-Jürgen Urban von Feldern mit eigenen Gesetzmäßigkeiten und Regeln aus: Ein jedes Feld sei „ein autonomer Mikrokosmos innerhalb des sozialen Makrokosmos", „ein Universum, das seinen eigenen Gesetzen gehorcht, die sich von den Gesetzen der gewöhnlichen sozialen Welt unterscheiden" (Bourdieu 2001: 41 f., vgl. Urban 2019b: i. E.). Es sei gekennzeichnet von internen Machtverhältnissen und spezifischen Habitusformen bzw. „ein Kräftefeld und ein Kampffeld zur Veränderung der Kräfteverhältnisse" (Bourdieu 2001: 49, vgl. Urban 2019b: i. E.). Aber auch wenn jeder Mikrokosmos einer spezifischen Logik folge, über je eigene Gesetzmäßigkeiten und Regeln verfüge bzw. eine relative Autonomie gegenüber anderen besäße, sei er 'Teil' des Makrokosmos. Unter den Bedingungen des Gegenwartskapitalismus laste auf dem Makrokosmos ein „imperialer Ökonomisierungsdruck", der jeden Mikrokosmos erfasse und seinen Ursprung in der „finanzkapitalistischen Akkumulationsdynamik" finde (Urban 2019b: i. E.). Klaus Dörre bezeichne diese Dynamik als „kapitalistische Landnahme". Demnach könne die Dynamik moderner kapitalistischer Gesellschaften als krisenhafte Abfolge von Landnahmen verstanden werden. Von ihr gehe ein fortwährender Expansionsdrang aus, der kontinuierlich alle gesellschaftlichen Lebens- und Produktionsbereiche sowie Wissensbestände erschließe, die noch nicht oder noch nicht gänzlich dem kapitalistischen Warentausch unterworfen seien (vgl. Dörre 2009: 36; vgl. Urban 2019b: i. E.). „Die finanzkapitalistische Akkumulationsdynamik, die gleichsam als 'letzte Instanz' in alle Sektoren der Gesellschaft hineinwirkt", so Hans-Jürgen Urban weiter, bietet dabei „jenen Bezugspunkt, auf den sich die Mosaik-Linke als Gegenkraft beziehen kann und sollte" (Urban 2019b: i. E.). So könne die „Mosaik-Linke" – gerichtet wider die finanzkapitalistische Expansion – als „eine Assoziation von Feldakteuren" begriffen werden, welche „die Arbeit an der progressiven Veränderung im eigenen Feld nicht geringer achtet als die Bemühungen, feldübergreifende Handlungsfähigkeit hervorzubringen" (Urban 2019: i. E.). Sie konstituiere sich als „countervailing power" (Galbraith 1952), die in der Lage sei, den zerstörerischen Folgen des Finanzmarktkapitalismus entgegenzuwirken und in der zugleich „kein Feldakteur a priori feldübergreifende Handlungskompetenz für sich reklamieren" könne (Urban 2019: i. E.).

Anschaulich und nachvollziehbar, in je nach Kontext und Bezug variierenden Begrifflichkeiten widmet sich Hans-Jürgen Urban Fragen linker Hegemoniefähigkeit (vgl. Urban 2009, 2010, 2018, 2019a/b/c). Sein analytischer Blick richtet sich nicht 'nur' auf die *äußere* Ausstrahlungskraft des Mosaiks im „Kampf um Deutungshoheiten und Diskursverschiebungen in Gesellschaft und Staat" (Urban 2019b: i. E.). Aufmerksamkeit schenkt er insbesondere auch den *inneren* Konstituierungs- und Verständigungsprozessen, für die „diskursethisch reflektierte und deliberative Verfahren" von zentraler Bedeutung seien, wenngleich ein mosaiklinker Diskursraum nicht „frei von Verzerrungen durch Machtasymmetrien und Führungsambitionen" gedacht werden könne (Urban 2019b: i. E.). In Folge müssten „die internen Regeln der Meinungs- und Entscheidungsfindung" immer wieder neu ausgehandelt und reflektiert werden, um Ausschließungs- und Verdrängungsmechanismen (vorbeugend) entgegenzusteuern (Urban 2019b: i. E.). Umgekehrt schließe eine „herrschaftskritisch reflektierte Kultur" einen sachlich begründeten „temporären Federführungsanspruch" nicht aus (Urban 2019: i. E.). Entscheidend bleibe, ob es den mosaiklinken Akteur*innen in Anerkennung von Differenz und angesichts der vielfältigen Spannungslinien gelänge, sich zu einem gemeinsam handelnden Subjekt zusammenzufügen, um wirkmächtig korrektiv und transformativ intervenieren zu können (vgl. Urban 2009, 2010, 2018, 2019a/b/c).

2. Die Mosaik-Linke oder von der Frage nach den gegenhegemonialen Kräften

In seinem Ansatz zur Mosaik-Linken nimmt Hans-Jürgen Urban viele zentrale Aspekte der hegemonietheoretischen Überlegungen des marxistischen Philosophen Antonio Gramsci auf, die das widersprüchliche Feld von politischer Macht und gesellschaftlicher Emanzipation beschreiben und die sich aufgrund ihrer Spannweite, ihrer Viel- und Mehrdeutigkeit einer eindeutigen Definition entziehen. „Mit Recht ist Hegemonie ein zentraler Begriff materialistischer Theoriebildung geworden, weil er sowohl ökonomische und politische als auch kulturelle Perspektiven zu integrieren vermag" (Martin/ Wissel 2015: 220).[2] Erkenntnistheoretisch geht Gramscis Hegemonietheorie von einem aktiven Verhältnis wechselseitiger Beziehung aus, von einem pädagogischen Verhältnis, der dialektischen Einheit von Führenden und Geführten, Lehrenden und Lernenden,

---

2 Viele der im Folgenden zur Diskussion gestellten Überlegungen sind Bestandteile meines Dissertationsprojektes, in dem ich mich vor dem Hintergrund von Antonio Gramscis Kategorie des Alltagsverstandes mit der Genese und Kritik von alltäglichen Sinnbildern bei Lehrenden und Lernenden auseinandersetze. Auch nehme ich einzelne Teile eines in diesem Zusammenhang veröffentlichten Aufsatzes auf (vgl. Hammermeister 2021).

Die Mosaik-Linke oder von der Frage nach dem verstrickten Subjekt 47

welches als ein strukturelles Moment von Herrschaft gefasst wird (vgl. Gramsci 1991 ff.: 101 ff., vgl. auch Merkens 2004). Herrschaft beruhe auf der dynamischen Fähigkeit dominanter Kräfte, ihre Werte und Normen als führend durchzusetzen und schreibe sich in die Körper ein (vgl. Gramsci 1991 ff.: 101 ff.). Zwangsläufig ist die Hegemoniefrage so immer auch mit der Frage nach der eigenen Verstrickung in die herrschende Ordnung verknüpft (ebd., vgl. auch Barfuss/Jehle 2014: 28). Gramscis Überlegungen folgen damit den Marxschen *Thesen über Feuerbach*: „Das Ändern der Umstände" fällt mit der „Selbstveränderung" zusammen und situiert sich im Ensemble der gesellschaftlichen Verhältnisse (MEW 3: 6, vgl. Gramsci 1991 ff.: 1384). Dementsprechend kann sich der Kampf gegen die Hegemonie der herrschenden Kräfte nicht ‚nur' auf ökonomische und soziale Felder beschränken, sondern es ist zugleich ein ideologischer Kampf, der den gegenhegemonialen Kräften ein fortwährendes „Gespür für ‚Unterscheidung' und ‚Loslösung'" abverlangt (Gramsci 1991 ff.: 1384). Dabei wirke im Prozess des Herauslösens und Untergrabens alter Hegemonie bereits Gegenhegemonie (vgl. Gramsci 1991 ff.: 1384; vgl. auch Barfuss/Jehle 2014: 28). Die bestehende Hegemonie werde in dem Maße brüchig, in dem es gegenhegemonialen gesellschaftlichen Kräften gelänge, einen neuen „Alltagsverstand" zu etablieren, der nicht „von der Vergangenheit ererbt und ohne Kritik übernommen" worden sei (Gramsci 1991 ff.: 1384). Laut Gramsci kommt hier den „organischen Intellektuellen" (der Arbeiterklasse) eine besondere Aufgabe zu. Diese „Intellektuellen eines neuen Typs, [...] die direkt aus der Masse hervorgehen und gleichwohl mit ihr in Kontakt bleiben, um zu ‚Korsettstangen' derselben zu werden", müssten dem Gewebe der Alternativen, des Experimentierens, des Reflektierens und des Strebens nach kritischer Kohärenz Stabilität verleihen (Gramsci 1991 ff.: 1390). Auch wenn es dabei zunächst nur um ein bewussteres Leben in den Widersprüchen der bürgerlichen Gesellschaft gehen könne, müsse aber an den Möglichkeiten ihrer Überwindung festgehalten werden. Diese „neuen Intellektuellen" agieren laut Gramsci aus den gewachsenen, sozio-ökonomischen Strukturen und mischen sich aktiv „ins praktische Leben" ein, „als Konstrukteur, Organisator, ‚dauerhaft Überzeugender'" (Gramsci 1991 ff.: 1532).

Auch ein „mosaiklinker Formierungsprozess", so Hans-Jürgen Urban, benötigt „organische Intellektuelle" (Urban 2019b: i. E.). Allerdings könnten die Aufgaben, die sich den europäischen Links-Intellektuellen im Rahmen des skizzierten Mosaiks stellen würden, nicht mit jener Herausforderung verglichen werden, welche „Gramsci dem organischen Intellektuellen des Proletariats bei der Bildung eines gegenhegemonialen historischen Blocks zugedacht" habe (Urban 2019b: i. E.). Gleichwohl müsse auch ihre Konstituierung „mit der Herausbildung von Gegenhegemonie einhergehen" (Urban 2019b: i. E.). Im Unterschied zu Gramscis Betrachtungsweise jedoch, die sich aus einer historisch spezifischen Konstellation ergibt, konstituiert sich die Mosaik-Linke als eine heterogene Kollektivakteur*in, die „sich nicht auf *eine* gesellschaftliche Gruppe oder soziale Klasse" bezieht (Urban 2019: i. E.; Hervorhebung im Original). In Anlehnung an Elmar Altvater spricht Hans-Jürgen Urban hier von der „Verschiedenheit" als Stärke und der „politische[n] Fragmentierung" als „Schwäche" (Urban 2019 i. E., vgl. auch Altvater 2010: 229). Eine unhintergehbare Voraussetzung sei „die wechselseitige

Anerkennung der jeweiligen Bewegungs- und Organisationskulturen", die erst eine „kollektive[] Politikfähigkeit" ermögliche (Urban 2019: i. E.).

Trotz der vielfältigen systematischen Reflexionen auf die Bedingungen der Konstituierung einer Mosaik-Linken bleibt letztlich die Frage offen, wie die Mosaiksteinchen ihre Zersplitterung und Fragmentierung überwinden können. Was kann ihre interne Fähigkeit zum „Disput und Konflikt" stärken, um „etwas qualitativ Neues" zu schaffen, „das mehr ist als die Summe aller Einzelteile" (Dörre 2019: 38)? Wie können die parzellierten Alltagspraxen und Lebensweisen zu einem vielfältigen, solidarischen linken Mosaik mit entsprechender Handlungsfähigkeit werden und welche Bedeutung erlangt beispielsweise – wie Brigitte Aulenbacher aus einer intersektionalistischen Perspektive anmerkt – „das vielstimmige Feld des Feminismus" (Aulenbacher 2019: 65 ff.)? M. E. erweist sich hier Antonio Gramscis Kategorie des „Alltagsverstandes" als hilfreich.

3. Der Alltagsverstand als Ausgangspunkt kritisch (kollektiver) Lernprozesse

Ausgehend von den Erfahrungen, die Gramsci in der Turiner Rätebewegung in den Jahren 1919/1920 gewonnen hat, erklärt er die kritische Analyse des Alltagsverstandes zum wichtigsten Ausgangspunkt einer „Philosophie der Praxis" (vgl. Gramsci 1991 ff.: 1395). Diese methodische Forderung erkennt die im Alltagsverstand enthaltenen Erfahrungen und Einsichten an und basiert auf einem Verständnis kritisch-kollektiver Bildungsprozesse, welches die Blockierungen und Widersprüche ausfindig zu machen sucht, welche die alltäglichen Praxen und Selbstverständlichkeiten der Menschen bestimmen. Gramsci geht dabei davon aus, dass es „nicht einen einzigen Alltagsverstand" gibt, vielmehr ist er „eine Kollektivbezeichnung wie 'Religion'", „ein historisches Produkt und ein geschichtliches Werden", dessen massenhaft wirksamen Elemente es in kritisch-kollektiven Bildungsprozessen für jede Zeit neu zu bestimmen gilt (Gramsci 1991 ff.: 1377).

Der Alltagsverstand ist als „Philosophie der Nicht-Philosophen" (Gramsci 1991 ff.: 1393) „spontan die Philosophie der Volksmenge" (Gramsci 1991 ff.: 1395), „das heißt die unkritisch von den verschiedenen gesellschaftlichen und kulturellen Milieus aufgenommene Weltauffassung" (Gramsci 1991 ff.: 1393), die nicht nur das im Bewusstsein verankerte Selbst- und Weltverständnis umfasst, sondern auch alltägliche Handlungen und Praxen sowie unbewusste Dispositionen einschließt (vgl. Opratko 2014: 44). Ein entscheidendes Charakteristikum des Alltagsverstandes in der bürgerlichen Gesellschaft ist seine Widersprüchlichkeit, seine Inkohärenz. In der Regel ist die Weltauffassung des Alltagsverstandes „zufällig und zusammenhanglos", der einzelne gehört „gleichzeitig zu einer Vielzahl von Masse-Menschen, die eigene Persönlichkeit ist auf bizarre Weise zusammengesetzt: Es finden sich in ihr Elemente des Höhlenmenschen und Prinzipien der modernsten und fortgeschrittensten Wissenschaft, Vorurteile aller vorangegangenen, lokal borinierten geschichtlichen Phasen und Intuitionen einer künftigen Philosophie, wie sie einem weltweit vereinigten Menschengeschlecht zueigen sein wird" (Gramsci 1991 ff.: 1376).

Die Mosaik-Linke oder von der Frage nach dem verstrickten Subjekt 49

Der Alltagsverstand ist also „ein zweideutiger, widersprüchlicher, vielgestaltiger Begriff" (Gramsci 1991 ff.: 1397), „Ort einer spezifischen Widersprüchlichkeit" (Merkens 2004: 33). Er ist „auf borniert Weise neuerungsfeindlich und konservativ" (Gramsci 1991 ff.: 1397), zugleich können sich im Alltagsverstand Elemente von Marginalisierung, Ausbeutung und Unterdrückung verdichten, die zum „Ausgangspunkt des 'Bruches' und der emanzipatorischen Umgestaltung von Gesellschaft" werden (Merkens 2004: 33). „Aber die Existenz der objektiven Bedingungen oder Möglichkeiten oder Freiheiten reicht noch nicht aus: Es gilt, sie zu 'erkennen' und sich ihrer bedienen zu können. Sich ihrer bedienen zu wollen" (Gramsci 1991 ff.: 1341).

Im Alltagsverstand haben sich sowohl rationale Denk- und Handlungsweisen als auch „unterschiedliche historische Epochen wie Gesteinsschichten" und Überzeugungen sedimentiert (Rehmann 2008: 88), welche „von der Vergangenheit ererbt und ohne Kritik übernommen" wurden (Gramsci 1991 ff.: 1384). Neoliberale Projekte erlangen ihre Stabilität über den Alltagsverstand, in dem sich Selbstverständlichkeiten und gewohnte Praxen festschreiben, denn auf Dauer lässt sich kein Macht- und Herrschaftsverhältnis ausschließlich über Repression aufrechterhalten. Herrschaft beruht auf der dynamischen Fähigkeit hegemonialer Kräfte, ihre Werte und Normen als führend durchzusetzen, die nicht in einer binären Struktur, einem einfachen Befehls- und Gehorsamsschema, aufgehen. Hegemonie setzt eine hinlängliche Berücksichtigung gegnerischer und subalterner Interessen voraus. „Das hegemoniale Gegenüber von Herrschenden und Beherrschten, von Regierenden und Regierten, ist ein Verhältnis, das stets auf Kompromissen basiert, das durch Aushandlungskämpfe sowie das widersprüchliche Ringen der Subalternen um Partizipation und Teilhabe geprägt ist" (Merkens 2010: 195). Dabei kann ein „gewisses Gleichgewicht des Kompromisses […], dass also die führende Gruppe Opfer kooperativ-ökonomischer Art bringt […], nicht das Wesentliche betreffen" (Gramsci 1991 ff.: 1567). Hegemonie „kann […] nicht umhin ihre materielle Grundlage in der entscheidenden Funktion zu haben, welche die führende Gruppe im entscheidenden Kernbereich der ökonomischen Aktivität ausübt" (Gramsci 1991 ff.: 1567).

Sowie gesellschaftliche Gruppen des herrschenden Machtblocks danach trachten, ihrer Weltauffassung entsprechend, „einen bestimmten Alltagsverstand zu überwinden, um daraus einen anderen, zur Weltauffassung der führenden Gruppe besser passenden zu schaffen" (Gramsci 1991 ff.: 1395 f.), so müssen auch die auf Emanzipation zielenden gesellschaftlichen Kräfte fortwährend darum ringen, andere Weltauffassungen im Denken und Handeln des (eigenen) Alltagsverstandes zu etablieren. Emanzipatorische Lernprozesse werden nicht als aufklärerische Praxis verstanden, sondern sie finden ihre Basis im Alltagsverstand selbst, dessen Inkohärenzen Ausgangspunkt emanzipatorischer Lernprozesse sind. Eine notwendige Bedingung ist die Analyse der in lebensweltlichen Sozialisationsprozessen erworbenen Wahrnehmungs-, Denk- und Handlungsstrukturen, welche zu einem praktischen Element des gesellschaftlichen Lebens und seiner Veränderung werden: „Der Anfang der kritischen Ausarbeitung ist das Bewusstsein dessen, was wirklich ist, das heißt ein 'Erkenne dich selbst' als Produkt des bislang abgelaufenen Geschichtsprozesses, der in einem selbst eine Unendlichkeit von Spuren hinterlassen hat, übernommen ohne Inventarvorbehalt. Ein solches Inventar gilt es zu Anfang zu erstellen" (GH 6: 1376).

4. Politische und persönliche Wertschätzung

Sich aus Fremdbestimmung zu befreien und eingreifend die Welt zu verändern, erfordert die kritische Auseinandersetzung mit den gesellschaftlichen Verhältnissen, viel soziale Phantasie und die Einsicht in die eigenen vielfältigen Verstrickungen. Für dieses Unterfangen stehen nicht nur Hans-Jürgen Urbans Überlegungen zu einer Mosaik-Linken, sondern Hans als ganzer Mensch! Sein hohes Maß an politischer (Selbst-)Reflexivität, seine Bereitschaft, anderen Menschen wirklich zuzuhören und seine Fähigkeit im praktischen „Handgemenge" nicht die Orientierung zu verlieren, machen ihn zu einem außergewöhnlichen Menschen! Jegliche Form von Opportunismus ist ihm fremd! Hans' Denken und Handeln ist gelebtes linkes Mosaik, das Experimente ermöglicht, Differenz anerkennt und keine fertigen Rezepte liefert.

Persönlich als Lebensgefährtin möchte ich Dir danken für deine unglaubliche Solidarität und Unterstützung in schwierigen Lebenssituationen, deinen Humor, der mich oft zum Lachen bringt und deine Zärtlichkeit.

Literatur

Altvater, Elmar (2010): Der große Krach. Oder die Jahrhundertkrise von Wirtschaft und Finanzen, von Politik und Natur, Münster.
Aulenbacher, Brigitte (2019): There is no alternative ..., in: *Das Argument* 331, 61. Jg., 2019, Heft 1, S. 38-51.
Barfuss, Thomas/Jehle, Peter (2014): Antonio Gramsci zur Einführung. Hamburg.
Boltanski, Luc/Chiapello, Ève (2003): Der neue Geist des Kapitalismus, Konstanz.
Bourdieu, Pierre (2001): Das politische Feld. Zur Kritik der politischen Vernunft, Konstanz.
Dörre, Klaus (2009): Die neue Landnahme. Dynamiken und Grenzen des Finanzmarktkapitalismus, in: Klaus Dörre, Stephan Lessenich, Hartmut Rosa, Soziologie – Kapitalismus – Kritik – Eine Debatte, Frankfurt a.M., S. 21-86.
– (2019): Mosaik-Linke und demokratische Klassenpolitik – (un)vereinbar?, in: *Das Argument* 331, 61. Jg., 2019, Heft 1, S. 38-51.
Galbraith, John Kenneth (1952): American Capitalism. The Concept of Coruntervailing Power, Boston.
Gramsci, Antonio (1991 ff.): Gefängnishefte. Kritische Gesamtausgabe. Hrsg. v. Klaus Bochmann, Wolfgang Fritz Haug, Peter Jehle Hamburg.
Hammermeister, Juliane (2021): Vom Wunsch zu handeln. Überlegungen zu einer handlungsorientierten Politikdidaktik, in: Alexander Wohnig (Hrsg.), Politische Bildung als politisches Engagement. Überzeugungen entwickeln – sich einmischen – Flagge zeigen, Frankfurt a.M., S. 142-151.
Kästner, Erich (2004): Sokrates zugeeignet, in: Kurz und bündig. Epigramme (7. Aufl.), München.
Martin, Dirk/Wissel, Jens (2015): Fragmentierte Hegemonie. Anmerkungen zur gegenwärtigen Konstellation von Herrschaft, in: Dirk Martin, Susanne Martin, Jens Wissel (Hrsg.), Perspektiven und Konstellationen kritischer Theorie, Münster, S. 220-238.

Marx, Karl (1990): Thesen über Feuerbach, in: Marx Engels Werke (MEW), Institut für Geschichte der Arbeiterbewegung Berlin (Hrsg.), Band 3, Berlin/Ost, S. 5 ff.

Merkens, Andreas (2004): Erziehung und Bildung im Denken Antonio Gramscis. Eckpunkte einer intellektuellen und politischen Praxis, in: Ders. (Hrsg.), Antonio Gramsci. Erziehung und Bildung. Gramsci-Reader, Hamburg, S. 6-46.

– (2010): Hegemonie, Staat und Zivilgesellschaft als pädagogisches Verhältnis, in: Bettina Lösch, Andreas Thimmel (Hrsg.), Kritische Politische Bildung. Ein Handbuch, Schwalbach/Ts., S. 193-204.

Opratko, Benjamin (2014): Hegemonie, Münster (2., überarb. Aufl.).

Rehmann, Jan (2008): Einführung in die Ideologietheorie, Hamburg.

Urban, Hans-Jürgen (2009): Die Mosaik-Linke. Vom Aufbruch der Gewerkschaften zur Erneuerung der Bewegung, in: *Blätter für deutsche und internationale Politik*, 54. Jg., 2009, Heft 5, S. 71-78.

– (2010): Lob der Kapitalismuskritik. Warum der Kapitalismus eine starke Mosaiklinke braucht, in: *LuXemburg*, 3, S. 18-29.

– (2018): Epochenthema Migration: Die Mosaiklinke in der Zerreißprobe?, in: *Blätter für deutsche und internationale Politik*, 63 Jg., 2018, Heft 9, S. 101-122.

– (2019a): Vorlauf zu einem HKWM-Artikel Mosaik-Linke, in: *Das Argument* 331, 61. Jg., 2019, Heft 1, S. 19-32.

– (2019b): Mosaik-Linke, in: *Historisch-kritisches Wörterbuch des Marxismus* [im Erscheinen].

– (2019c): In der Bewährungsprobe. Replik auf die Kritik der Mosaik-Linken, in: *Das Argument* 332, 61. Jg., 2019, Heft 2, S. 169-182.

– (2019d): Gute Arbeit in der Transformation. Über eingreifende Politik im digitalisierten Kapitalismus, Hamburg.

Ulrich Brand

Wohlstand statt Wachstum!
Anregungen der Postwachstums-Perspektive für eine emanzipatorische Organisation der Arbeit

Hans-Jürgen Urban für seine enormen politischen und wissenschaftlichen Verdienste in den letzten Jahrzehnten zu würdigen, ist eine umfangreiche und schöne Aufgabe. In diesem Buch wird deutlich, wie umfassend und anregend Hans-Jürgens kritische Analysen und strategische Überlegungen für linke Politik hierzulande waren und sind. Seine intellektuelle Arbeit zeigt auch, wie wichtig Begriffsarbeit ist, um Perspektiven zu öffnen: Als Stichworte seien hier „Mosaik-Linke" oder „Ökologie der Arbeit" aber auch seine Aktualisierungen zum Thema Wirtschaftsdemokratie genannt. Dabei kann ich mich nur auf öffentliche Äußerungen von ihm beziehen und ahne gar nicht, welche Aktivitäten, Argumente und Begriffe „im Handgemenge" alltäglicher Gewerkschaftspolitik noch hinzukommen.

Ausgehend von seinen Einsichten und Problematisierungen möchte ich mich in diesem Beitrag mit einem Aspekt auseinandersetzen, der in unseren Diskussionen – so auch Anfang Februar 2021 in Frankfurt/M.[1] – immer wieder eine Rolle spielt und der mir gerade in Zeiten von Corona bzw. in der multiplen Krise des gegenwärtigen Kapitalismus zentral erscheint. Wie sieht eine zeitgemäße linke Position in Sachen Arbeits- und Arbeitszeitpolitik aus? Zur Beantwortung dieser Frage gibt es ungleich Berufenere – nicht zuletzt Hans-Jürgen selbst (vgl. Urban 2019) –, die zu dem Thema forschen und publizieren. Viele profilierte Kolleg*innen schreiben in diesem Band.

Meine nachfolgenden Überlegungen fokussieren sich auf einen Aspekt der Bedingungen eines notwendigen sozial-ökologischen Umbaus und selektiven Rückbaus industrieller Versorgungssysteme und kreisen nicht zuletzt um Fragen des Wirtschaftswachstums.[2]

Wie auch Hans-Jürgen vertrete ich die Position, dass es um den Ausbau bestimmter Bereiche der Daseinsvorsorge geht, wie Gesundheit, Bildung, Pflege, erneuerbare Energie, öffentliche Mobilitätssysteme, soziale, ökologische und regionale Lebensmittelproduktion und anderes.

---

1 „Bedingungsloses Wachstum und autoritäre Ökonomie – Wirtschaften wir uns in den Ruin?" Diskussion von Uta von Winterfeld, Hans-Jürgen Urban und Ulrich Brand in der Reihe „Gesellschaft im Corona-Kapitalismus – wie wollen wir leben und arbeiten", organisiert von Thomas Wagner, Haus am Dom, Frankfurt/M. https://www.youtube.com/watch?v=ruDsp_l5fuc&feature=youtu.be.

2 Juliane Hammermeister danke ich für Anmerkungen zu einem früheren Entwurf und für die sprachliche Verbesserung des Textes.

Aus meiner Sicht erweist sich hier die Postwachstums-Perspektive insofern als produktiv, weil sie – trotz aller Verkürzung und um die enormen Differenzen in der Diskussion wissend – wichtige Bedingungen und Ansatzpunkte für einen solidarischen sozial-ökologischen Umbauprozess von Wirtschaft und Gesellschaft klar benennt (vgl. auch Schmelzer/Vetter 2019, Brand 2020).[3]

Eine emanzipatorische Postwachstums-Perspektive und die sich daraus ergebenden Strategien sind m.E. auf der Höhe der Zeit einer Problemstellung, die wir in kollektiven Denk- und Diskussionsprozessen noch genauer verstehen müssen. Es geht bei den anstehenden sozial-ökologischen Transformationen – und insbesondere ihrer progressiven, herrschaftskritischen und den sozialen und ökologischen Problemen angemessenen Veränderungen – um eine kaum vorstellbare Eingriffstiefe in die existierenden Strukturen, Handlungsmuster und Vorstellungswelten dessen, was eigentlich ein gutes und auskömmliches Leben bedeutet, das im Prinzip nicht auf Kosten anderer und der Natur gelebt wird und gewollt ist, aber auch unter den entsprechenden Rahmenbedingungen gelebt werden kann.

Das hat enorme Implikationen für gute (Erwerbs-)Arbeit, anerkannte und leistbare nicht-bezahlte Reproduktionsarbeit sowie den damit einhergehenden Umbau der gesellschaftlichen (internationalen) Arbeitsteilung.

Meine Überlegungen folgen im Sinne des dem Abschnitt „Zur Zukunft der Mosaiklinken" vorangestellten Zitats von Hans-Jürgen: „Wir brauchen Aktivität, polarisierende Debatten, produktive Provokation." Gleichzeitig finde ich es wichtig, dass die Postwachstums-Perspektive nicht zu früh polarisiert und provoziert und dann ihre Kernaussagen und Anregungen in gewerkschaftlichen Diskussionen vorschnell beiseitegeschoben werden, was für Hans-Jürgen, der die Diskussionen produktiv aufeinander bezieht, nicht gilt.

Begriffe wie „Gutes Leben für alle" oder – bezogen auf spezifische gesellschaftliche Versorgungsfelder – „solidarische Mobilität", „Recht auf Stadt", „solidarische Landwirtschaft" und daraus folgende Strategien sind m.E. an gesellschaftspolitische Debatten anschlussfähig. Auf der strategischen Ebene sind es aktuelle Debatten um einen linken Green New Deal (Riexinger 2020) oder um einen grünen oder Neo-Sozialismus (Dörre/Schickert 2019).

Die *Argumente und Anliegen* der inzwischen breit aufgefächerten Postwachstums-Debatte und die damit einhergehenden Erfahrungen liefern wichtige Anregungen. Zudem macht die relative Nicht-Anschlussfähigkeit an die (Zukunfts-)Vorstellungen

---

3   Schmelzer und Vetter skizzieren sieben Stränge der Wachstumskritik, die in einen produktiven Austausch gebracht werden sollten: Eine ökologische Kritik (Stichworte etwa planetare Grenzen und Klimakrise), eine sozial-ökonomische Kritik (Stichworte sind Keynes' Verständnis von Bedürfnissen und Konsumkritik), eine kulturelle Kritik (Stichwort Entfremdung) und eine feministische Kritik (Stichwort Bedeutung reproduktiver Arbeit) sowie Kritiken mit Fokus auf Kapitalismus (Stichworte Akkumulation und Ausbeutung), auf Industrialismus (Stichwort Technik als Wachstumstreiber) und auf Nord-Süd-Verhältnisse (Stichworte hier imperiale Lebensweise und „Entwicklung" als Machtverhältnis).

der herrschenden politischen und wirtschaftlichen Akteur*innen – dazu zähle ich nicht die Gewerkschaften – den Postwachstumsbegriff sehr interessant. Das unterscheidet ihn von solchen wie Nachhaltigkeit, grüne Ökonomie und in gewisser Weise auch von Begriffen wie sozial-ökologische oder Große Transformation (Brand 2016).

Um ein Missverständnis auszuräumen: Postwachstum als analytische Perspektive, um zentrale Probleme der Gegenwartsgesellschaften zu benennen, und als Strategie bedeutet nicht, sich an wirtschaftlichen und gesellschaftlichen Krisen zu erfreuen, etwa den Rückgang des BIP per se zu begrüßen. Denn ein ungeplantes *change by desaster*, das zeigen unzählige historische Erfahrungen und auch die aktuelle Corona-Krise, wird meist auf dem Rücken der Schwächsten ausgetragen. Demgegenüber sucht Postwachstum im Sinne einer „systemischen Wachstumsunabhängigkeit der Wirtschaft" (Schmelzer/Vetter 2019) nach Einsatzpunkten eines *change by design*, eines strategischen, natürlich konfliktiven und in vielen Bereichen experimentellen Prozesses, in dem aktuelle dominante Sachzwänge und Vorstellungen gesellschaftlicher Entwicklung sowie die damit einhergehenden Kräfteverhältnisse zurückgedrängt werden und emanzipatorische sozial-ökologische Anliegen zentral sind. Im Kern geht es um ein anderes Verständnis von individuellem und gesellschaftlichem Wohlstand.

Postwachstum als analytische und strategische Perspektive

Im Hinblick auf das Thema Arbeit – im Sinne von Erwerbsarbeit und anderen Arbeiten – und Arbeitsteilung möchte ich folgende Aussagen der Postwachstumsdebatte unterstreichen (ausführlich und teilweise mit anderen Akzenten etwa Seidl/Zahrnt 2019):

Zum einen geht es nicht lediglich um die jährliche Zunahme von in Geld gemessenen Gütern und Dienstleistungen des Bruttosozialprodukts, sondern um den kapitalistisch angetriebenen, sich über das Profitprinzip manifestierenden Akkumulationszwang des Kapitals. Diese Eskalationslogik kapitalistischer Gesellschaften und insbesondere des industriell-fossilistischen Kapitalismus mit all ihren produktiven Anteilen, aber eben auch Verwerfungen, wurde unter anderem einige Jahre facettenreich im DFG-Kolleg Postwachstums-Gesellschaften an der Universität Jena (www.kolleg-postwachstum.de/), mit dem Hans-Jürgen und ich mit vielen anderen kooperierten, erforscht. Da Kapital ein soziales Verhältnis beschreibt und gesellschaftliche Arbeit für die Produktion von Tausch- und Gebrauchswerten zentral ist, sind auch die Lohnabhängigen Teil dieser tendenziell expansiven oder sonst krisenhaften Konstellation. Dem Kapital geht es zuvorderst um Kontrolle und Ausbeutung von Arbeitskraft und Natur. Die sozialen Kämpfe der Lohnabhängigen fokussieren Entlohnung, Arbeitsbedingungen u.a., also die Ausgestaltung des Kapitalverhältnisses –, weit weniger geht es um dessen Infragestellung. Zugespitzt: Kapitalistisches Wachstum und soziale Herrschaft sind zwei Seiten einer Medaille (Brand 2020: 109 ff.).

Zweitens zeigen viele Beiträge zur Postwachstums-Debatte, dass „Wachstum" keine neutrale Kategorie ist, die eine Zunahme von Wirtschaftsleistung mehr oder weniger neutral beschreibt. Vielmehr handelt es sich um eine tief verankerte Vorstellung (*imagination*) der kapitalistischen Moderne, die ausgehend von den Zentren auf die ganze Welt übertragen wurde (vgl. etwa Muraca 2014). „Mehr" (bzw. „größer") zu produzieren, zu konsumieren, zu haben, ist gesellschaftlich attraktiver als „besser" oder „anders" oder gar „weniger". Auch die Vorstellung, dass alles effizienter und produktiver wird, hinterfragt die Postwachstums-Perspektive. Das sollte so nicht sein, und: In einer Postwachstums-Gesellschaft wird mehr gearbeitet als weniger. Entscheidend ist dabei, was, für was und unter welchen Bedingungen gearbeitet wird (Mair u.a. 2020); ich komme am Ende darauf zurück.

Drittens lautet eine Grundeinsicht der Postwachstumsperspektive: Die Zunahme von Effizienz und Produktivität in Produktions- und Arbeitsprozessen und bei der Nutzung bio-physischer Inputs dafür ist nicht per se gut, sondern ambivalent. Die Zunahme an Effizienz und Produktivität unter Wachstumsbedingungen bedeutet nicht nur Stress und Arbeitsverdichtung, sondern auch zunehmenden Ressourcenverbrauch. Das häufig formulierte Ziel einer „Entkopplung" von Wirtschaftswachstum und Ressourcenverbrauch findet „relativ" durchaus statt, d.h. das monetär gemessene Wirtschaftswachstum nimmt stärker zu als der Ressourcenverbrauch. Doch die im Lichte der sozial-ökologischen Krise notwendige „absolute" Entkopplung findet, wenn überhaupt, sehr langsam und in den Industrieländern unter anderem durch die Verlagerung ressourcenintensiver Produktionsschritte in andere Länder statt (vgl. jüngst die Auswertung von 835 Fachpublikationen zum Thema in Haberl u.a. 2020). Zudem kommt es zu sog. „Rückpralleffekten" (*rebound*, Santarius 2015), indem nämlich die durch Effizienzgewinne eingesparten Kosten anderweitig eingesetzt werden. Das Auto oder der Flachbildschirm werden größer und kosten dasselbe wie ein kleineres Produkt fünf Jahre vorher. Es bedarf also der absoluten Reduktion des Ressourcenverbrauchs, um die formulierten Null-Emissionsziele in den kommenden Jahren zu erreichen.

Die wenn auch nicht von Hans-Jürgen geteilte, so doch in den Gewerkschaften häufig anzutreffende Fixierung auf Wachstum, Produktivität und Effizienz, dieses Argument hat Uta von Winterfeld in der erwähnten Diskussion in Frankfurt/M. betont, blenden Konsistenz und Suffizienz aus. Konsistenz bedeutet eine anzustrebende Vereinbarkeit der gesellschaftlichen Techniksysteme mit natürlichen Reproduktionskreisläufen. In Anlehnung an Ivan Illich wird in der Postwachstums-Debatte der Begriff der „konvivialen Technik" verwendet. Ein gutes Zusammenleben bedarf einer demokratischen Technikentwicklung: „Es geht um die Frage, welche Technik eingesetzt wird, wofür und wie viel davon – und wer das entscheidet." (Schmelzer/Vetter 2019: 194; Vetter 2021)

Eine Suffizienzperspektive bedeutet nicht nur, sich individuell und kollektiv zu fragen, „was genug ist", sondern insbesondere die bestehenden gesellschaftlichen Bedingungen zu politisieren, warum eine Gesellschaft nie genug haben kann. Daraus leitet sich ein Verständnis von Suffizienz ab, dass viele Menschen auch in wohlhabenden Gesellschaften prekär leben und auskömmliche individuelle wie kollektive Mittel zum Leben zur Verfügung haben sollten. Doch es geht eben auch darum, Gesellschaften so zu organisieren, dass viele Menschen nicht immer mehr haben müssen (von Winterfeld 2020). Entsprechend geht es darum, post-kapitalistische Vorstellungen aus den Erfordernissen eines tiefgreifenden sozial-ökologischen Umbaus und aus den bereits heute bestehenden Erfahrungen heraus zu fördern und gesellschaftlich zu verankern (am

Ende auch politisch, betrieblich etc.). Das ist ein Hauptanliegen von Postwachstum. Ein instruktives Beispiel ist die im letzten Jahr publizierte „Vision 2048" des Leipziger Konzeptwerks Neue Ökonomie (2020).

Viertens, und eng verbunden mit dem gerade genannten Aspekt, widersetzen sich Postwachstums-Strategien den neoklassisch-neoliberalen grünen Modernisierungsstrategien, die mittels vermeintlicher technologischer und Markteffizienz die ökologische Krise bearbeiten wollen. Hier gibt es sicherlich Schnittstellen mit den Gewerkschaften. Aus den genannten Gründen müssen aber auch grün-keynesianische Wachstumsstrategien kritisiert werden, die soziale und Verteilungsaspekte berücksichtigen und „grüne" Jobs schaffen wollen. Emblematische Beispiele für gewerkschaftliche Strategien, die nicht von Hans-Jürgen vertreten werden, sind solche, die lediglich den Verbrennungsmotor von PKWs, LKWs und Motorrädern durch Elektromotoren ersetzen wollen. Hier argumentieren Postwachstumsstrategien, dass es einer viel weitreichenderen Wirtschafts- und insbesondere Industriepolitik bedarf (vgl. am konkreten Beispiel Wissen u.a. 2020).

Fünftens geht es heute in einem breiten gesellschaftspolitischen Konsens um eine „Dekarbonisierung der industriellen Wertschöpfung" (Urban 2019). Doch die Postwachstums-Perspektive geht darüber hinaus und betont einen notwendigen Rückbau industrieller Versorgungssysteme insbesondere in den hochindustrialisierten Ländern. Bei der industriellen Landwirtschaft mit ihren enormen energetischen Inputs und ökologischen Folgeerscheinungen mag das unmittelbar einleuchten. Doch es geht eben auch um die Kernsektoren industrieller Wertschöpfung in einem Land wie Deutschland. Die damit einhergehenden, insbesondere beschäftigungspolitischen Dilemmata, sind Ausgangspunkt sozial-ökologischer Arbeitspolitik. Umbau und Rückbau sollten demokratisch und unter Einbezug der Beschäftigten erfolgen. Hier treffen sich Postwachstums-Perspektiven mit den in den Gewerkschaften vertretenen Perspektiven der Wirtschaftsdemokratie und den damit verbundenen Eingriffen in gesellschaftliche Macht- und wirtschaftliche Eigentumsverhältnisse (vgl. Urban 2019: 215 ff.).

Sechstens wird – zumindest in Teilen der Postwachstums-Debatte – die globale Dimension des Wirtschaftswachstums in einem Land wie Deutschland hinterfragt. Die tief verankerten Bedingungen eines (ökologisch) ungleichen Tausches (vgl. etwa Hornborg 2017), die mit der imperialen Produktions- und Lebensweise einhergehen, werden allzu oft in progressiven Analysen und Strategiedebatten ausgeblendet. Dies ist eine Aufgabe, die in den kommenden Jahren verstärkt bearbeitet werden muss. Insbesondere das unter globalen kapitalistischen Bedingungen tief verankerte und nicht von der Hand zu weisende Konkurrenzprinzip, das ja durchaus auch für Lohnabhängige ein materiell eher besseres oder eher desaströses Leben ermöglicht, müsste hinterfragt und verändert werden. Und ein globales Wirtschaftssystem wäre zu verändern, welches Hunderte Millionen Menschen zu schändlichen Löhnen in Weltmarktfabriken oder auf die Felder einer globalisierten Landwirtschaft zieht und ihnen individuell kaum Alternativen lässt – und den Volkswirtschaften auch nicht.

Ein eingängiges Wortspiel ist immer wieder im Postwachstums-Spektrum zu vernehmen, das natürlich konkretisiert werden muss: Es gehe darum, in den materiell

Wohlstand statt Wachstum!

wohlhabenden Ländern „einfacher zu leben, damit Menschen in anderen Ländern einfach (über-)leben können" (auf Englisch hört sich das besser an: *to live simple, so that others can simply live*). Dabei werden soziale Ungleichheiten nicht geleugnet, aber eben auch nicht als Argument gegen einen tiefgreifenden sozial-ökologischen Umbau verwendet.

Arbeiten in einer vom Wachstumszwang befreiten Gesellschaft

Diese Skizze führt zu einigen Anregungen für die Diskussionen um „Arbeit in der Transformation". Die Postwachstums-Perspektive ist unmittelbar kompatibel mit der Perspektive „Guter Arbeit", die sich als interessenpolitische Positionierung versteht, aber auch an Gebrauchswerten und der Naturverträglichkeit von Arbeit, Produktion und Produkten versteht (Urban 2019: 17 ff.).

Ein sozial-ökologischer Umbauprozess von Wirtschaft und Gesellschaft, darin treffen sich gewerkschaftliche und Postwachstums-Perspektiven ebenfalls, sollte den Zusammenhang von sich verschlechternden Arbeitsbedingungen und zunehmender Umweltzerstörung thematisieren. Der Transportsektor ist hier ein gutes Beispiel: Der stark zunehmende Gütertransport auf der Straße oder die Billig-Fluglinien sind nur deshalb konkurrenzfähig, weil sie schlechte Arbeitsbedingungen bieten.

Einige der oben genannten Punkte könnten Diskussionen anregen: Was bedeuten eine Abkehr von der Wachstumsfixierung und ein demokratisch verhandelter Umbau und Rückbau bestimmter Branchen für die dortigen Beschäftigten? Arbeitszeitverkürzung – mit Lohnausgleich für untere Einkommensgruppen – ist unmittelbar eingängig und ich halte sie für zentral. Wenngleich es dann eine offene Frage ist, wie sozial und ökologisch verträglich die zunehmende freie Zeit verbracht wird – tendenziell für mehrere Städtereisen pro Jahr mit dem Flugzeug oder für Eigenarbeiten. Diese Frage muss nicht nur individuell beantwortet werden, sondern es kann über ein Verbot von Kurzstreckenflügen, Kerosinsteuern und einem Ausbau des Zugsystems durchaus politisch gegengesteuert werden. In einem für die Postwachstums-Diskussion wichtigen Überblicksaufsatz von Kallis u.a. (2013) wurden zentrale Argumente für und gegen Arbeitszeitverkürzung zusammengefasst, die m.E. auch heute noch gelten. Auch wenn Arbeitszeitverkürzung vor allem kurzfristig eine Maßnahme gegen Arbeitslosigkeit sein kann, ist der Zugewinn an Lebensqualität für die Vollzeit-Beschäftigten das wichtigste Resultat. Die ökologischen Folgen wiederum hängen zentral an den gesellschaftlichen Bedingungen und subjektiven Einstellungen, was konkret in der mehr verfügbaren Zeit gemacht wird.

Und auch die Forderung nach einer grundsätzlichen Arbeitsplatzgarantie, kombiniert mit Umschulungen für Tätigkeiten in anderen Branchen, ist eine sinnvolle Richtungsforderung. Blake Alcott (2013) argumentierte vor einigen Jahren, dass Erwerbsarbeit gerade in einer Postwachstums-Gesellschaft nicht mehr eine rein wirtschaftliche Frage sein sollte, sondern ein politisches Recht bzw. eine Garantie für materielle gesellschaftliche Teilhabe. Die staatlich garantierte Kurzarbeit als Krisenmodus ist das in gewisser Weise auch. Das muss natürlich für einen Transformationsprozess anders gedacht und gemacht werden. Aber die aktuelle Coronakrise zeigt, dass bei entsprechendem politischem Willen der Staat durchaus stark in die Wirtschaft intervenieren kann. Warum sollte das nicht auch in Fragen von Konversion und Rückbau und mit einem politisch verbrieften Recht auf auskömmliche Erwerbsarbeit verbunden werden?

Es wäre zu überlegen, ob ein Ausbau der Daseinsvorsorge und sozialer Infrastrukturen mit guter Qualität und zu geringeren Preisen zunehmend ein auskömmliches Leben mit weniger individuellem Einkommen ermöglichen. Damit meine ich nicht jene Menschen mit geringen Einkommen, und mir ist klar, dass unter den gegebenen Kräfteverhältnissen geringere Einkommen von der Kapitalseite begrüßt werden. Aber in einem Prozess der Zurückdrängung von Kapitalmacht und profitorientierten Investitionen, aber auch von der Bedeutung individueller Einkommen bei gleichzeitigem Ausbau der Daseinsvorsorge wäre das eine wichtige, im Detail auszuformulierende Forderung.

Dabei ist nicht zu vergessen: Die Geschichte der Arbeiter*innen-Bewegung ist auch eine Geschichte des Kampfes um eine funktionierende Alltagsökonomie und darin spielt der öffentliche Sektor eine starke Rolle, der sinnvollerweise demokratisch und transparent organisiert ist.

Eine Postwachstums-Perspektive und hier insbesondere feministische Strömungen plädieren für ganz andere Formen gesellschaftlicher Arbeitsteilung: Innerhalb der Erwerbsarbeit, zwischen Erwerbsarbeit und nicht-bezahlten Arbeiten, zwischen den Geschlechtern, im internationalen Rahmen. Im Zentrum steht das Prinzip des Sorgens um sich selbst, um Mitmenschen, um Gesellschaft und um die Natur. Eine der Protagonistinnen der *Environmental Labour Studies*, Stefania Barca (2020), schlägt den Begriff der *earthcare labour* vor, also Tätigkeiten, die sich um die Erde und das Leben kümmern, um eben die vielfältigen Arbeiten des immer prekäreren Lebens und seiner Reproduktion in den Blick zu bekommen. In der Corona-Krise wird genau diese Prekarität des Lebens, wenn es nicht angemessen umsorgt ist, besonders deutlich.

In diesem Sinne plädieren in einem jüngeren Aufsatz Simon Mair, Angela Druckman und Tim Jackson (2020) für ein ganz anderes Verständnis von Arbeit in einer Postwachstums-Gesellschaft. Eine solche sei weniger produktiv und erfordere mehr bezahlte und unbezahlte Arbeit. Doch das kann von den tätigen Menschen durchaus als positiv empfunden werden, wenn die Bedingungen der Arbeit als gut und die Arbeitsteilung als gerecht empfunden werden. Die enge Verbindung von Erwerbsarbeit, der Produktion von Tauschwerten und individuellem Konsum sollte künftig weniger Bedeutung haben, sondern Arbeiten sollte sozial und materiell abgesichert sein, viel stärker als Beitrag zu einer guten Gesellschaft verstanden werden. Lohnarbeit wird es weiterhin geben, doch Sinn und Zweck sind andere – das würde auch die Bedingungen für die Auseinandersetzungen um gute Erwerbsarbeit deutlich verbessern.

Herzlicher Glückwunsch!

Ich breche meine Überlegungen aus Platzgründen hier ab und freue mich auf weitere Diskussionen mit Hans-Jürgen und vielen anderen, in denen es um Fragen geht, welche Einstiegs- und Leuchtturmprojekte die Verhältnisse politisieren und verändern könnten, was der Stellenwert emblematischer Transformationskonflikte und „nichtreformistischer Reformen" (André Gorz) wäre und was das alles bündnispolitisch bedeutet. Und schließlich, wie eine Welt gedacht und gemacht werden könnte, in der es nicht um Knappheit und die stetig falschen Versprechungen des Kapitalismus geht, diese Knappheit mit Schweiß, Tränen und Ausbeutung zu überwinden – sondern um die Fülle und Sinnhaftigkeit des Lebens, in der die notwendigen und nicht so angenehmen Tätigkeiten für ein auskömmliches Dasein gerecht und möglichst demokratisch verteilt werden, ohne die natürlichen Lebensgrundlagen zu zerstören.[4]

Die Freude, darüber gemeinsam nachdenken zu können, auch wenn die Themen selbst oft – im wahrsten Wortsinn – schwer sind, und damit positive Veränderungen mit zu bewirken, bringt uns auch weiterhin zusammen. In diesem Sinne: Alles Gute, Hans-Jürgen!

Literatur

Alcott, Blake (2013): Should degrowth embrace the Job Guarantee? In: Journal of Cleaner Production 38, 56-60.
Barca, Stefanie (2020): Forces of Reproduction. Notes for a Counter-Hegemonic Anthropocene. Cambridge.
Brand, Ulrich (2020): Post-Wachstum und Gegen-Hegemonie. Klimastreiks und Alternativen zur imperialen Lebensweise. Mit einem Beitrag zur Corona-Krise. Hamburg.
– (2016): „Transformation" as New Critical Orthodoxy. The Strategic Use of the Term „Transformation" Does Not Prevent Multiple Crisis. In: GAIA – Ecological Perspectives for Science and Society 25(1), S. 23-27.
Brand, Ulrich/Muraca, Barbara/Pineault, Éric/Sahakian, Marlyne/Görg, Christoph (2021): From Planetary to Societal Boundaries: An argument for collectively defined self-limitation. In: Sustainability. Science, Practice and Policy, im Erscheinen.
Haberl, Helmut/Wiedenhofer, Dominik u.a. (2020): A systematic review of the evidence on decoupling of GDP, resource use and GHG emissions, part II: synthesizing the insights. In: Environmental Research Letters, 15(6), 06500.
Hornborg, Alf (2017): Political ecology and unequal exchange. In: Spash, Clive L. (Hrsg.): Routledge Handbook on Ecological Economics. Nature and Society. London/New York, S. 39-47.
Kallis, Giorgos/Kalush, Michael/O'Flynn, Hugh/Rossiter, Jack/Ashford, Nicholas (2013): „Friday off": Reducing Working Hours in Europe. In: Sustainability 5, S. 1545-1567.
Konzeptwerk Neue Ökonomie (Hrsg., 2020): Zukunft für alle. Eine Vision für 2048. gerecht. ökologisch. machbar. München.
Muraca, Barbara (2014): Gut leben. Eine Gesellschaft jenseits des Wachstums. Berlin.
Santarius, Tilman (2015): Der Rebound-Effekt. Ökonomische, psychische und soziale Herausforderungen für die Entkopplung von Wirtschaftswachstum und Energieverbrauch. Marburg.

---

4 Vgl. der Vorschlag eines 28-köpfigen Autor*innen-Teams aus 14 Ländern, nämlich durch Kämpfe hindurch kollektiv gesellschaftliche Selbst-Begrenzungen zu setzen; Brand et al. 2021.

Schmelzer, Matthias/Vetter, Andrea (2019): Degrowth / Postwachstum zur Einführung. Hamburg

Seidl, Irmi/Zahrnt, Angelika (Hrsg., 2019): Tätigsein in der Postwachstumsgesellschaft. Marburg.

Urban, Hans-Jürgen (2019): Gute Arbeit in der Transformation. Über eingreifende Politik im digitalisierten Kapitalismus. Hamburg.

– (2020): Transformation als Bewährungsprobe. Warum eine sozial-ökologische Reformallianz eine unverzichtbare, aber schwierige Angelegenheit bleibt. In: Sozialismus, Heft 9; https://hans-juergen-urban.de/transformation-als-bewaehrungsprobe-warum-eine-sozial-oekologische-reformallianz-eine-unverzichtbare-aber-schwierige-angelegenheit-bleiben/ (15.2.2021).

von Winterfeld, Uta (2020): Von der Freiheit auf einem begrenzten Planeten, in: FactorY-Magazin, 1/2020, S. 59-62; https://www.factory-magazin.de/(Zugriff 15.2.2021).

Vetter, Andrea (2021): Konviviale Technik. Empirische Technikethik für eine Postwachstumsgesellschaft. Bielefeld.

Wissen, Markus/Pichler, Melanie/Maneka, Danyal/Krenmayr, Nora/Högelsberger, Heinz/Brand, Ulrich (2020): Zwischen Modernisierung und sozial-ökologischer Konversion. Konflikte um die Zukunft der österreichischen Autoindustrie. In: Dörre, Klaus/Holzschuh, Madeleine/Köster, Jacob (Hrsg.): Abschied von Kohle und Auto? Sozial-ökologische Transformationskonflikte um Energie und Mobilität. Frankfurt/M. und New York.

Ines Schwerdtner

Zur Zukunft einer Mosaiklinken

Was Hans-Jürgen Urban 2014 im Gespräch mit Thomas Mayer in den *Frankfurter Heften* zur Mosaiklinken und zur Notwendigkeit eines linken Bündnisses sagt, bleibt von ungebrochener Aktualität. Mehr noch: Vor dem Hintergrund der allen ins Bewusstsein stürzenden Klimakatastrophe und der Corona-Krise ist die Notwendigkeit einer arbeitsteiligen, mehrheitsfähigen Linken so deutlich hervorgetreten wie seit Jahren nicht. Wer sonst sollte die immense Aufgabe lösen, die Wirtschaft so umzubauen, dass sie lebenserhaltend und nicht zerstörend produziert?

Die Zustandsbeschreibung des real existierenden Mosaiks fällt im Verhältnis zur Dringlichkeit jedoch nüchtern aus. Klaus Dörre spricht von einer „bedrückenden Realität" (Jacobin Online, 12.01.2021), die von der Corona- und der sie überschattenden Klimakrise ausgeht. Wünschten sich zu Beginn noch einige Linke einen Aufbruch, eine Chance, warnten Dörre, Urban und andere bereits früh, dass nicht jede Krise eine Chance für die Linke ist – im Gegenteil. Auch kann mitnichten davon gesprochen werden, dass sich der Neoliberalismus von selbst erledigt hat.

Von der Aktivität, den polarisierenden Debatten und den produktiven Provokationen, die sich Urban wünscht, ist nur teilweise etwas zu spüren. Das mag vor allem darin begründet sein, dass der von ihm beschriebene „Mehltau" der Großen Koalition weiterhin auf den Parteien liegt. Die Ära Merkel hat sich durch alle Krisen hindurch als schier endlos erwiesen, auch wenn das Machtvakuum, das sie hinterlässt, immer deutlicher in der Union zu spüren ist. Der Linksschwenk der Sozialdemokraten blieb trotz einiger Signale der Mitglieder bei der Parteivorsitzendenwahl Ende 2019 aus. Der Kurs der SPD ist gemäßigt, mit einigen wenigen Akzenten. Und während sich die Grünen weiter in Richtung eines bürgerlich-konservativen Blocks (Schwarz-Grün) bewegen, befindet sich die Partei Die Linke im vorläufigen Stillstand, anstatt zum antikapitalistischen Angriff zu blasen.

Sicher hält eine Krise die Möglichkeiten offen, doch die Aussichten sind trüb. Wäre da nicht die Klimabewegung. Vor allem junge Menschen sind es, Schüler*innen, die im Mosaik die aktivste Rolle einnehmen. Sie haben die Fragen des „ökologischen Umbaus", die Urban bereits vor Jahren ins Zentrum stellte, auf eine neue Art politisiert. Zwar ist das „Wie" des geforderten *system change* nicht ausgemacht, doch die Kritik am fossilen Kapitalismus ist eine Grundlage, gewissermaßen die Arbeitsgrundlage, auf der ein neues Mosaik aufbauen müsste. Doch die Forderungen der Jugend drohen schneller vereinnahmt zu werden, als dass ein linkes Reformprojekt sich formieren kann.

Global drängen wir also klimatischen und sozialen Kipppunkten entgegen und auch die deutsche Politik im Besonderen, auf die ich die Debatte um eine Mosaiklinke der Zukunft vorrangig beziehe, ist an einem Scheideweg: Die Industrie ist von der Transformation massiv betroffen, an ihr hängen Arbeitsplätze und die wirtschaftliche Hegemonie in der Europäischen Union. An dieser wiederum hängt die verbleibende Stärke der „Volksparteien" und die relative Stabilität des Parteiensystems in Deutschland.

Doch: Die Ära Merkel wird enden und der politische Raum für andere Machtkonstellationen offen werden. Alle „objektiven" Faktoren drängen auf eine neue, dynamische linke Politik. So ist die Notwendigkeit eines Umbaus der Wirtschaft nicht mehr abzustreiten (selbst Konservative und Unternehmen sehen das ein), die Strategie unter den Akteur*innen der Mosaiklinken aber umstritten.

Zu dieser Strategiefrage möchte ich im Folgenden einen Beitrag leisten, weil ich glaube, dass eine Mosaiklinke der Zukunft ein hegemoniefähiges Reformprojekt braucht, das zugleich eine andere Gesellschaft utopisch aufscheinen lässt. Dafür müssen Leitplanken formuliert und eine Arbeitsteilung eingerichtet werden. Ich nehme Anregungen von Hans-Jürgen Urban dafür auf und versuche sie konkret auf einige wichtige Steine des Mosaiks und auf die bestehenden Debatten zu beziehen.

Sich widersprechende Interessen

Zunächst gilt es, sich den Widersprüchen eines solches Projektes gewahr zu werden. Eine marxistische Einsicht von objektiven und subjektiven Klasseninteressen gilt nämlich auch für den konkret vorliegenden Fall von Klima- und im weitesten Sinne Arbeiterbewegung: Es gibt einen Unterschied zwischen objektiver Notwendigkeit des ökologischen Umbaus für alle und der subjektiven Bedeutung für verschiedene Gruppen. Während die einen es kaum erwarten können, auch das letzte Braunkohlewerk zu schließen und am liebsten keine Autos mehr zu produzieren, sind die anderen auf die Arbeitsplätze angewiesen. Mehr noch, ganze Identitäten, Kulturen und Wohnviertel hängen zum Teil daran. *System change* fordern die einen, Erhalt und Sicherheit die anderen. Längst sind diese Trennlinien erfreulicherweise nicht mehr allzu scharf, denn auch unter Arbeiter*innen breitet sich ein Bewusstsein für ökologische Fragen aus, genauso bewegt sich die Klimabewegung auf Gewerkschaften und Sozialverbände zu, die soziale Frage erhält einen immer größeren Stellenwert.

Das Bündnis besteht also in Ansätzen, doch die Spannungen bleiben und sind nicht durch Rhetorik oder das gemeinsame übergeordnete Ziel einfach auszuräumen. In einem Interview, das wir für die dritte Ausgabe von *Jacobin* mit Hans-Jürgen Urban führten, sprach er von einer „Allianz, die es in sich hat" (Jacobin Nr. 3: 14). Denn, wenn es um Verteilungskämpfe geht, die wir künftig wieder vermehrt erleben werden, sobald das Ausmaß der wirtschaftlichen und sozialen Folgen der Pandemie ganz zutage tritt, werden die unmittelbaren Interessen wieder wichtiger. Es besteht die Gefahr, dass sowohl Klimabewegung als auch Gewerkschaften sich auf ihre „ökonomisch-korporativen Interessen" (Gramsci, H. 13, § 18) zurückziehen.

Ein erster Schritt hin zu einem funktionierenden Bündnis, und damit zu einem Mosaik, dessen Teile sich ineinanderfügen, ist laut Urban eine „reflexive Bündnis-Toleranz" (Jacobin Nr. 3: 14). Die Aufgabe bestehe darin, „Kompetenzen, Kulturen und natürlich Machtressourcen so zu bündeln, dass möglichst viel Kraft für die Realisierung eines gemeinsamen Projektes herauskommt" (ebd.). Während ich mit ihm vollkommen übereinstimme, dass es diese Toleranz braucht, würde ich es noch drastischer formulieren und behaupten, dass allen Akteur*innen die Dringlichkeit des Projektes gewahr werden muss. Das Bündnis müsste sich darauf einstellen und eine Arbeitsweise erlangen, die auch Angriffen von Gegnern trotzt und sich nicht auseinanderdividieren lässt.

Ein linkes Hegemonieprojekt

Notwendig ist ein Hegemonieprojekt, das seinen Namen verdient. Jenseits von Schlagworten muss es darum gehen, in entscheidenden gesellschaftlichen Bereichen und Debatten „führend" zu sein, was bedeutet, einen breiten Konsens bereits erreicht zu haben, bevor es ein neues Regierungsbündnis gibt. Antonio Gramsci schreibt zu diesem Verhältnis von „führen" und „herrschen": „Deswegen kann eine Klasse bereits bevor sie an die Macht kommt, ‚führend' sein (und muß es sein): wenn sie an der Macht ist, wird sie herrschend, bleibt aber auch weiterhin ‚führend'" (Gefängnishefte, Heft 1, § 44).

In vielen Hinsichten gibt es bereits einen breiten gesellschaftlichen Konsens: Einer Mehrheit der Deutschen ist Klimapolitik wichtig. Doch wie sie umgesetzt werden soll, ist keinesfalls klar. Führend zu sein hieße, die Leitplanken eines Hegemonieprojekts in ihrer Kombination bereits kommuniziert und sich vor einer möglichen Regierung bereits Legitimation verschafft zu haben.

Als Beispiel sind die nötigen Investionen nicht mit der schwarzen Null zu haben, diese ideologische Schallmauer müsste durchbrochen werden. In Ansätzen ist das zu erkennen (s. Beitrag von Reiner Hoffmann und Robert Habeck in der FAZ vom 05.01.2021), doch gibt es noch keinen parteilichen oder gesellschaftlichen Konsens über die Aufnahme von Schulden für Investitionen. Der Streit darum muss aber genauso leidenschaftlich geführt werden wie um eine Vermögensabgabe oder eine Vermögenssteuer, da auch der verteilungspolitische Aspekt der Krisenfinanzierung eine Rolle spielt. Nur wenn ein linkes Reformprojekt sich hier auf Leitplanken der Finanzierung einigen kann – auch wenn nicht jede*r Akteur*in jeden Punkt mit der gleichen Vehemenz vertritt –, kann der nötige Umbau überhaupt erst bei der Bevölkerung legitimiert werden.

Die Frage der Finanzierung ist aber nur ein Beispiel. Nötig ist ein ganzes Bündel an Forderungen, über das sich ein linkes Reformprojekt verständigen müsste, will es keine Zufallskoalition mit unglücklichem Ende sein. Ein solches Bündel an Forderungen wurde in Großbritannien und den USA unter dem Namen „Green New Deal" von progressiven Akteur*innen (weiter-)entwickelt. Es wird mittlerweile international diskutiert. Und obwohl die deutsche Debatte hinterherhinkt (sogar die Europäische Kommission hat mittlerweile einen vergleichsweise harmlosen European Green Deal vorgelegt), ist es dennoch auch für uns sinnvoll, daran anzuknüpfen.

Green New Deal

Historisch ist der Green New Deal dem New Deal unter dem US-amerikanischen Präsidenten Roosevelt entlehnt. Es handelte sich bei dem New Deal um „ein großes, noch nie dagewesenes Reformprojekt" (Lehndorff 2020: 83) und ist die politische Reaktion auf die Weltwirtschaftskrise, genauer einer Krise des Fordismus. Die Klimakatastrophe ist vermutlich noch eine größere Herausforderung. Was den New Deal auszeichnete, war „das Wechselspiel von Regierung und gesellschaftlichen Bewegungen, die Bereitschaft zum Experimentieren, die Lernfähigkeit, der Mut zum Konflikt mit mächtigen Interessengruppen (...)" (ebd.). Ich lese diese Haltung analog zu Urbans Vorschlag der Mosaiklinken, der letztlich genau dieses experimentelle Wechselspiel benennen will.

Der Green New Deal arbeitet unter anderen Bedingungen, doch in der Grundstruktur geht es ebenso um ein massives, staatlich orchestriertes Infrastruktur-, Arbeitsplatz- und Investitionsprogramm zum rapiden ökologischen Umbau der gesamten Produktions- und Lebensweise. Es geht darum, existierende Ansätze gegen den Notstand zu einer gesamtgesellschaftlichen Mobilisierung zu bündeln und die dafür nötigen umfangreichen Mittel zur Verfügung zu stellen.

Wie die Ökonomin Ann Pettifor darlegt, ist der Fluchtpunkt des Green New Deal eine Gesellschaft, die die begrenzten Bedürfnisse aller befriedigt, statt Infrastruktur und Wirtschaftspolitik auf die unbegrenzten Wünsche nach privatem Profit und Konsum auszurichten (2020). Diese Bedürfnisse umfassen ökonomische Sicherheit und gute Nahrungsmittel, sicheres Wohnen und gesunde Arbeitsumgebungen, Zeit und Raum für erfüllende soziale Beziehungen, die Versorgung von Kindern und alten Menschen und den Zugang zu Arbeit und Bildung. Der Green New Deal versteht, dass die Reorganisation unserer Lebensweise Kernstück der ökologischen Wende ist: nicht mehr privater Überfluss für wenige, sondern öffentlicher Wohlstand für alle.

Am Anfang des Prozesses stehen Maßnahmen, deren Notwendigkeit offensichtlich ist. Dazu gehört der Umstieg auf 100 Prozent erneuerbare Energien bis 2035. Um das zu erreichen, müsste an bereits bestehende, regionale Projekte angeknüpft und ihre Kapazitäten ausgebaut werden. Hans Thie nennt es einen „Green New Deal von unten". Dieser wiederum hat den Charme, dass er sich mit der gewerkschaftlichen Forderung nach Wirtschaftsdemokratie deckt: Auf regionaler und betrieblicher Ebene wären es die Mitarbeiter und Betroffenen, die den Umbau demokratisch planen und leisten würden. In diesem Sinne ist das Projekt des Green New Deal zwar groß und staatlich angelegt, die Ausführung ist aber viel regionaler und basiert auf Mitbestimmung. Hier könnten sich Gewerkschaften und Klimabewegung treffen. Eine Leitplanke des Green New Deal hätte damit bereits eine breite Unterstützung.

Staatliche Arbeitsplatzgarantie vs. Grundeinkommen

Eine andere schwierige Frage ist die nach der Arbeit. Eine der lähmenden und müßigen Debatten innerhalb der Linken ist die nach einem „Ja" oder „Nein" zum bedingungslosen Grundeinkommen. Wir verstricken uns in Gefechten, in denen die Linke weitgehend gespalten ist und Grabenkämpfe führt. Vielmehr müssten wir die Debatten in einer funktionierenden Mosaiklinken produktiv nach vorn führen: Was braucht es, um den Umbau wirklich umzusetzen? Und es ist offensichtlich, dass ein Programm wie dieses hier kurz umrissene vor allem eines bedarf: riesige Mengen an Arbeitskraft.

Der Green New Deal begegnet diesem Bedarf mit einer Arbeitsplatzgarantie: dem Recht auf eine sinnvolle, gut bezahlte Tätigkeit, staatlich finanziert und lokal eingerichtet. Es entsteht ein öffentlicher Arbeitsmarkt für gemeinwohlorientierte Tätigkeiten, die auf dem Niveau eines effektiven Mindestlohns vergütet werden und damit wirkungsvoll vor Altersarmut schützen. So können nicht nur die nötigen Arbeitskräfte für die genannten Großprojekte gewonnen werden, es wird zugleich auch ein bundesweiter Lohnstandard für die Privatwirtschaft gesetzt.

Die Option eines öffentlichen Arbeitsplatzes, ob in Voll- oder Teilzeit, gibt allen Beschäftigten eine soziale Absicherung. Wie die Ökonomin Pavlina Tcherneva in ihrem *Case for a Job Guarantee* darlegt, wirkt die Jobgarantie außerdem konjunkturpolitisch ausgleichend. In Wirtschaftskrisen entlassen Privatunternehmen Beschäftigte, was dem Binnenmarkt genau dann die Nachfrage entzieht, wenn ein Stimulus notwendig wäre. Mit der Arbeitsplatzgarantie wächst der öffentliche Arbeitsmarkt immer dann, wenn der private schrumpft – und umgekehrt. Denn die Arbeitsplätze werden zusätzlich und je auf Zeit geschaffen, sie sind kein Ersatz für qualifizierte Arbeit im öffentlichen und privaten Sektor.

Im Vergleich zum bedingungslosen Grundeinkommen wirkt die Arbeitsplatzgarantie ansprechend, weil sie an moralische Überzeugungen vieler arbeitender Menschen anknüpft: Man will keine Almosen vom Staat, sondern einen sinnvollen, produktiven Beitrag leisten – und diesen dann auch entlohnt bekommen. Die Arbeitsplatzgarantie gibt allen die Möglichkeit, für die gemeinsame Umwelt Verantwortung zu übernehmen.

Aus meiner Sicht müsste die Mosaiklinke genau diese Debatte offen führen, ohne Reflexe oder unnötige Angriffe. Denn es geht darum, einen programmatischen Entwurf zu machen, der tatsächlich breite Teile der Bevölkerung auch überzeugt, im besten Fall sogar begeistert. Leisten wir uns Debatten nur in kleinen Fachzirkeln, erreichen wir niemanden und sind von unseren Zielen weit entfernt. Eine polarisierende und leidenschaftliche Debatte müsste für eine Mosaiklinke der Zukunft bestimmend sein. Zielorientiert und mit einer gewissen Toleranz für die anderen Milieus.

Ein mögliches Grün-Rot-Rotes Bündnis

Der Green New Deal hat einen weiteren Vorteil, der im deutschen Kontext auf Rot-Rot-Grün bzw. mittlerweile eher für Grün-Rot-Rot die drei entscheidenden Politiktraditionen vereint: eine sozialdemokratisch-keynesianische, die die Pathologien des Kapitalismus durch staatliche Regulierung, das Versagen des Marktes durch staatliche Investitionen ausgleichen will; eine grüne, die auf den evolutionären Wandel von Mentalität und Lebensweise im Zuge eines umfassenden technologischen Umbaus setzt; und eine sozialistische, die die Zerstörung der Erde als Ausdruck eines grundsätzlichen Widerspruchs im Inneren der gegenwärtigen Produktionsweise versteht, der erst aufgelöst sein wird, wenn der private Profit, das private Eigentum und der private Konsum durch eine öffentliche demokratische Infrastruktur der Bedürfnisbefriedigung für alle ersetzt ist.

Würden also die drei Parteien, gemeinsam mit den Gewerkschaften, den Sozialverbänden und der Klimabewegung, sich auf die genannten Leitplanken und auf die Größe und Dringlichkeit ihres Projekts einigen, wäre eine Arbeitsteilung zwar immer noch schwierig, aber möglich.

Unter den gegenwärtigen Bedingungen scheint jedoch ein schwarz-grünes Bündnis wahrscheinlicher als ein moderat linkes. Das ist fatal, weil die Zeit fehlt und die Verteilungskämpfe härter werden.

Debatten nicht nur übersetzen, sondern sie auch führen

Als Redaktionskollektiv und als Einzelne wären wir nicht zu unserem Zeitschriftenprojekt von *Jacobin* gekommen, wenn uns die anglophone Linke nicht ein lebendiges Beispiel einer aufstrebenden, sozialistischen, jungen Linken gegeben hätte. 2011 in New York gegründet, entschieden wir, einen deutschen Ableger des jungen Magazins zu gründen. Inspiriert von der Klarheit, der Zuspitzung und auch der Radikalität, versuchen wir die Debatten für einen deutschsprachigen Kontext zu übersetzen. Und auch wenn die Vorhaben von Bernie Sanders und letztlich auch das des Ex-Labour-Vorsitzenden Jeremy Corbyn scheiterten, blieb etwas, das größer ist als sie: eine wache Linke, die sich nicht vor der Macht sträubt.

Um zu der Zustandsbeschreibung vom Beginn zurückzukehren. Die Mosaiklinke scheint gelähmt in mehreren Hinsichten. Zum einen in ihrer intellektuellen Inaktivität in Debatten: zu schnell werden inhaltliche Debatten eher als Streit um Funktionen oder gar um die Bedeutung des Linksseins „an sich" geführt. Zum anderen in ihrer Unfähigkeit, ganz praktisch Bündnisse auf einen Zielpunkt hin zu bündeln. Im Wesentlichen verharrt die politische Linke in lähmenden Debatten wie etwa die um Arbeit und Grundeinkommen oder jene um Klassen- und Identitätspolitik. Erstere müsste durch eine ernsthafte Debatte um den Umbau des Sozialstaates ersetzt werden, letztere kann ohnehin nur auf praktischer Ebene wirklich gelöst werden, indem verschiedene Milieus und politische Forderungen in einem gemeinsamen Projekt sinnvoll integriert sind. In beiden Fällen wird sich bis aufs Äußerste in der Theorie angegangen, anstatt im Konkreten politische Forderungen zu diskutieren.

Begriffe wie die „sozial-ökologische Transformation" sind im Zusammenhang eines Hegemonieprojekts zwar sachlich richtig, sie vermitteln jedoch ein technokratisches Kleinklein und nutzen nicht gerade zur politischen Mobilisierung. Auf der anderen Seite ist der Ruf nach einem "Systemwechsel" vermutlich nicht geeignet, um Mittelklassen mit Abstiegsängsten politisch zu begegnen. Beide Begriffe haben der Mehrheit der Bevölkerung also nicht sehr viel zu sagen. Wir müssten unsere Debatten also so führen, dass sie für andere nachvollziehbar und überzeugend sind. Es müsste sich letztlich also auch sprachlich um ein populares Projekt im besten Sinne handeln.

Ein Green New Deal als Projekt könnte zumindest Teile dieses Dilemmas auflösen, indem es den technokratischen Schleier löst und einige Leitplanken definiert, auf die sich das Mosaik in seinen Grundzügen geeinigt haben sollte. Damit ist die Zielrichtung und auch der zeitliche Rahmen vorgegeben. Der Nachteil besteht zweifelsohne in dem englischen Begriff und dem Resonanzboden, der im deutschen Sprachraum ein gänzlich anderer ist. Gleichwohl bietet er den Vorteil, sich in eine bestehende internationale Debatte einzuklinken. Von den Erfolgen und Fehlern der Bewegung der letzten Jahre zu lernen, könnte auch ein Vorbild für die Zukunft der Mosaiklinken sein.

Literatur

Dörre, Klaus (2021): Lockdowns sind kein Klimaschutz, in: *Jacobin Online*, 12.01.2021. https://jacobin.de/artikel/lockdowns-klimaschutz-corona-klimakrise-kapitalismus-klaus-doerre/
Gramsci, Antonio (2012): Gefängnishefte, Kritische Gesamtausgabe, Band 1, H. 1. Hamburg.
– (2012): Gefängnishefte, Kritische Gesamtausgabe, Band 7, H. 13/2012. Hamburg.
Lehndorff, Steffen (2020): Roosevelts New Deal: Vorbild und Verheißung, in: *Blätter für deutsche und internationale Politik*, H. 9/2020, S. 83-93.
Pettifor, Ann (2020): Green New Deal. Warum wir können, was wir tun müssen. Hamburg.
Tcherneva, Pavlina (2020): *The Case for a Job Guarantee*. Medford.
Urban, Hans-Jürgen [im Gespräch mit Thomas Mayer] (2014): Wir brauchen Aktivität, polarisierende Debatten, produktive Provokation, in: *Frankfurter Hefte*, H. 6 (online).
– (2020): Eine Allianz, die es in sich hat, in: *Jacobin Nr. 3*, 1. Jg. 2020, S. 10-15.

Steffen Lehndorff
Bewährungsproben als Lernprozesse

Es gibt kein anderes von Hans-Jürgen Urban in die Diskussion gebrachtes Wort, das so häufig zitiert wird wie „Mosaik-Linke". Die Botschaft, die er damit transportiert, ist keineswegs die eines hübsch zusammengesetzten Bildes, dessen Steinchen so bleiben, wie und wo sie sind. Vielmehr geht es um einen Prozess, der gerade aus der Vielfalt und Unterschiedlichkeit der Beteiligten und der Interessen, die sie vertreten, seine (Anziehungs-)Kraft gewinnt. Für das Gelingen eines als sozial-ökologische Transformation verstandenen „Grünen New Deals" wird das ausschlaggebend sein. Ganz in diesem Sinne hat Hans-Jürgen die dafür notwendigen „politischen Allianzen" als „fragile Angelegenheiten" bezeichnet, die nur durch „reflektierte Bündnis-Toleranz" entstehen und wachsen könnten (Urban 2020: 41).

Der Abschnitt des Aufsatzes, in dem er diese Überlegungen formuliert, trägt die Überschrift „Lernprozesse als Bewährungsproben". Umgekehrt stimmt das auch: Bewährungsproben können in Lernprozesse münden. Dies zeigt einer der erfolgreichsten innerkapitalistischen Reformprozesse des 20. Jahrhunderts, der New Deal in den USA der 1930er Jahre. Heute knüpfen vor allem die Verfechter*innen eines Green New Deal in den USA wieder an dieser Erfahrung an. Und in der Tat, es lässt sich viel daraus lernen.[1]

Um mit dem Nächstliegenden anzufangen: Es gab damals eine „Mosaik-Linke". Sie war wesentlich breiter gefächert, als das Wort „Linke" suggeriert, und gerade das macht sie interessant für die Allianzen, die heute einen sozial-ökologischen Umbau in Gang bringen müssen.

1. Vielfalt als Stärke

Nach anfänglicher Unterstützung der Roosevelt-Regierung durch Teile des Großkapitals drehte sich bald der Wind. Unterstützt von „anti-bolschewistischen" Kampagnen in führenden Medien gründeten Politiker der Demokratischen Partei zusammen mit Republikanern und Chefs von Großkonzernen eine „American Liberty League" gegen Mindestlöhne, Tarifverhandlungen und gewerkschaftliche Organisationsfreiheit. Zugleich wuchs eine mit dem europäischen Faschismus sympathisierende populistische Strömung heran, die eine Umverteilung „unseres Reichtums" forderte und Roosevelt als

---

[1] Die Rückblicke auf den New Deal in diesem Aufsatz basieren auf meinem Buch „New Deal heißt Mut zum Konflikt – Was wir von Roosevelts Reformpolitik der 1930er Jahre heute lernen können" (Lehndorff 2020). Auf die darin enthaltenen Quellenangaben wird hier aus Platzgründen verzichtet.

Angehörigen der reichen Ostküsten-Elite ebenso ablehnte wie die neue Gewerkschaftsbewegung. In dieser Situation entschlossen sich die New Dealer, den Fehdehandschuh aufzunehmen und gingen zu einer eigenen, offensiven *demokratischen* Polarisierungspolitik über. Ein Beispiel dafür war die Bildung einer „Roosevelt-Koalition" in Vorbereitung der Präsidentschaftswahlen von 1936.

Innerhalb der Demokratischen Partei war die Frauenorganisation energischster und aktivster Teil einer Graswurzel-Bewegung, denn die Führung der Partei unterstützte ja keineswegs einmütig den New Deal. Über die Partei hinaus bildeten Persönlichkeiten des öffentlichen und politischen Lebens (einschließlich prominenter Republikaner) ein „Progressive National Committee". Zahlreiche Bürgermeister unterschiedlicher Parteizugehörigkeit mobilisierten die Bevölkerung in Großstädten für die Wiederwahl von Roosevelt. Eine ebenso für riskant gehaltene wie erfolgreiche Initiative war die Bildung einer breitgefächerten „Good Neighbor League", in der sich Angehörige unterschiedlichster religiöser und ethnischer Minderheiten zusammentaten, die sich traditionell voneinander abschotteten – Katholik*innen, verschiedene protestantische Gruppierungen, jüdische Gemeinden und viele Einzelpersönlichkeiten. Ein besonders wichtiges Element war dabei die Gewinnung von Repräsentant*innen der afro-amerikanischen Bevölkerung, die ja – sofern sie überhaupt das Recht und die Möglichkeit zu wählen hatte – traditionell die Republikaner als Partei Abraham Lincolns unterstützt hatte.

Von großer Bedeutung war auch die aktive Teilnahme von Gewerkschaften. Einige Vorsitzende der verknöcherten traditionellen Berufsverbände unterstützten zwar weiterhin die Republikaner, aber führende Vertreter*innen der neu entstandenen und rasch wachsenden Industriegewerkschaften[2] gründeten eine nicht-parteigebundene „Labor's Non-Partisan League", die – da Spenden aus der Wirtschaft jetzt weitgehend ausblieben – den größten Beitrag zur Finanzierung des Wahlkampfs leistete und massive Öffentlichkeitsarbeit betrieb.

Nicht zuletzt muss die Rolle von Kulturschaffenden hervorgehoben werden. Die Förderung von bildender Kunst, Musik und Theatern in allen Teilen des Landes war ein fester Bestandteil der New Deal-Programme. Dies bot den Kulturschaffenden nicht allein eine materielle Existenzgrundlage, sondern es war Teil eines kulturellen und moralischen Aufbruchs, der auch das politische Klima prägte.

All diese Initiativen, Bündnisse und Aktivitäten trugen dazu bei, die ethnische, religiöse, kulturelle, regionale und soziale Vielfalt der US-Gesellschaft von einem Nebeneinander (häufig auch Gegeneinander) separater „communities" in ein Moment der Stärke zu verwandeln. Mit über 60 Prozent der Stimmen war der Erdrutschsieg Roosevelts 1936 noch größer als der von 1932 – mit den größten Mehrheiten in der Arbeiterschaft sowie in der afro-amerikanischen und der jüdischen Bevölkerung.

Man möge bitte nicht glauben, die kulturelle Kluft und die Unterschiede in den Interessenlagen zwischen diesen „communities" seien damals geringer gewesen als

---

2   Die Zahl der Gewerkschaftsmitglieder wuchs im Zuge der Streikbewegungen und Organizing-Kampagnen (berühmtester Slogan: „Der Präsident will, dass Du in die Gewerkschaft eintrittst!") von zwei Millionen 1932 auf zehn Millionen am Ende des Jahrzehnts.

heute die zwischen IG Metall-Betriebsräten und Fridays-for-Future-Aktivist*innen. Umso interessanter ist also die Frage, wie es zu dieser heterogenen „Koalition" kommen konnte.

2. Schlüsselprojekte

Der New Deal weckte von Beginn an neue Energien in der von wirtschaftlicher, sozialer und auch stimmungsmäßiger Depression geprägten Gesellschaft. Daraus entwickelte sich eine konfliktreiche Reformdynamik mit Wechselwirkungen zwischen Regierungspolitik und gesellschaftlichen Bewegungen. Typisch für den New Deal war das Experimentieren – und zwar voller Meinungsverschiedenheiten auch innerhalb der Regierung und ihrer Beraterkreise (z.B. über die Notwendigkeit eines ausgeglichenen Staatshaushalts). Die Bewährungsproben, denen sich die „New Dealer" stellten, waren ein Lernprozess bei allen Beteiligten.

Dies konnte nur funktionieren, weil es ein breit unterstütztes Zielbündel gab: die Überwindung von Massenarbeitslosigkeit und Armut, die Etablierung sozialer Mindeststandards sowie die Schaffung einer öffentlichen Infrastruktur, die allen zugutekommen sollte – und dies auf demokratischem Wege. Eine Schlüsselrolle dabei spielten identitätsstiftende Reformprojekte und Institutionen mit Symbolkraft.

Ein wichtiges Beispiel sind die riesigen Sozialhilfe- und Beschäftigungsprogramme: Innerhalb weniger Monate wurden über sechs Millionen bis dahin arbeitslosen Menschen für den Bau von Schulen, Spielplätzen, Kindergärten, Straßen, Grünflächen, für Aufforstung und Landschaftspflege eingesetzt. Die Menschen in Stadt und Land verbanden mit den dafür aus dem Boden gestampften Institutionen etwas Positives.

Ebenso identitätsstiftend war der gleichzeitig gestartete Versuch, mit Hilfe von Branchen-Vereinbarungen (Sozial-)Dumping zu bekämpfen. Er wurde mit einer breiten, öffentlichkeitswirksamen Kampagne unter dem patriotischen Erkennungszeichen des „Blue Eagle" begleitet, der in Großdemonstrationen mitgeführt und zum Symbol eines neuen Selbstbewusstseins wurde. Die immer rabiatere Blockadepolitik industrieller Großkonzerne gegen die betriebliche Umsetzung vereinbarter Sozialstandards löste eine machtvolle Gegenwehr von unten aus. Große Streikwellen und eine neue Basisbewegung industriegewerkschaftlicher Erneuerung gaben einem Umschwenken der Regierung zur Durchsetzung sozialer Mindeststandards per Gesetz starken Rückenwind – eine Neuorientierung, die maßgeblich von der ersten Ministerin in der Geschichte der USA, Arbeitsministerin Frances Perkins, vorangetrieben wurde.

Starke Symbolkraft erlangten auch die weiträumigen, von einer energischen Korruptionsbekämpfung begleiteten Infrastrukturprojekte, mit denen Staudamm-Systeme zur Bewirtschaftung, Bewässerung und Elektrifizierung ganzer Regionen geschaffen wurden. Ein Leuchtturmprojekt war hier die Tennessee Valley Authority (TVA), mit deren innovativer Verbindung von zentraler Planung und dezentraler Beteiligung es mehr und mehr gelang, Stromversorgung als eine *öffentliche* Aufgabe durchzusetzen. Bis dahin war Stromversorgung in den USA ausschließlich Sache privater Elektrizitätskartelle gewesen, was zu hohen Strompreisen bei gleichzeitiger Unterversorgung in als unprofitabel geltenden Regionen führte. Dem traten nun staatliche Versorgungsunternehmen entgegen.

Die Bundesbehörden hatten dabei viele Bürgermeister und andere lokale Akteur*innen auf ihrer Seite. Kommunen gründeten eigene Versorgungsunternehmen, die den Strom von den staatlichen Energieerzeugern bezogen, und versicherten sich vielfach durch Bürger*innen-Befragungen der Unterstützung durch die Mehrheit der Bevölkerung. In ländlichen Gebieten wurden non-profit-Kooperativen von Landwirten gegründet, die an das staatliche Stromnetz angeschlossen wurden. So wurden die bis dahin alles beherrschenden privaten Kartelle schmerzhaftem Konkurrenzdruck ausgesetzt – mit der Folge einer flächendeckenden und um 50 Prozent preisgünstigeren Stromversorgung.

Aus unseren aktuellen Erfahrungen in Deutschland wissen wir, dass die Energie- und die Verkehrswende nur gelingen werden, wenn staatliche Regulierung wieder Bürger-Energiegenossenschaften fördert oder zur Mobilisierung von Sachverstand und breiter Beteiligung von Betroffenen auf lokaler Ebene anregt, um Innenstädte autofrei zu gestalten und dadurch aufzuwerten. Der New Deal war diesbezüglich ein interessantes Experimentierfeld: Voraussetzung für alles war, dass die Prioritäten, Ziele und Ressourcen zentralstaatlich vorgegeben wurden durch – wie es in den USA genannt wird – „big government". Dieser „starke Staat" wurde aber erst mit Hilfe dezentraler Beteiligung zu einem *handlungsfähigen* Staat. Dies gelang, weil die lokalen Akteur*innen einen spürbaren Vorteil von der Teilnahme an diesem Beteiligungsprozess hatten – ebenso wie dies bei der Energie- und Verkehrswende heute erforderlich ist (Arbeitsgruppe Alternative Wirtschaftspolitik 2019: 80 und 2020: 130; Schickert 2021).

Darüber hinaus demonstrieren die Erfahrungen der TVA, dass sich in der Infrastrukturpolitik die Eigentumsfrage besonders früh stellt. In der Strompolitik hat der New Deal das Dogma „Privat vor Staat" spürbar angekratzt. Im Prozess einer sozialökologischen Transformation wird es voraussichtlich nicht beim Ankratzen bleiben können. Wo, wie und wann sich die Eigentumsfrage dabei konkret stellt, wird sich zeigen. Klar ist nur eines: Die *wechselseitige Stärkung von Regierungspolitik und gesellschaftlichem Veränderungsdruck* wird nicht allein über das Wie, sondern bereits über das Ob eines Grünen New Deal entscheiden. Diese besonders harte Bewährungsprobe können alle Beteiligten nur bewältigen, wenn sie zum Lernen – und auch zum *voneinander* Lernen – bereit sind.

3. Aus Erfolgen lernen

In einem Grundsatz-Artikel zur Zukunft der Linken hat Hans-Jürgen Urban einen sehr wichtigen Gedanken formuliert: „Was gegenwärtig ansteht, ist nicht weniger als eine analytische Durchdringung und normative Bewältigung der Altlasten gescheiterter nicht kapitalistischer Modellversuche" (Urban 2019: 132). Ich möchte dies – und zwar ausdrücklich ohne das Wort „aber" hinzuzufügen – mit einem Hinweis auf die andere Seite derselben Medaille linker Lernverweigerung ergänzen: Wir müssen auch Erfolge analysieren, die die Linke errungen hat. Und „Linke" ist hier im weitesten Sinne zu verstehen, denn Roosevelt hat sich selbst als „ein bisschen links von der Mitte" (Perkins 1946: 333) eingeordnet, während – entgegen einem heute gelegentlich noch zu hörenden Mythos – der Beitrag der (äußerst sektiererischen) Linksparteien zum New Deal gegen Null tendierte. Hätten wir heute eine Bundesregierung „ein bisschen links von der Mitte", wäre dies für eine Wende zur sozial-ökologischen Transformation in Deutschland und Europa ein Riesenschritt nach vorn. Eine solche Regierung dürfte allerdings ohne kooperations- und dialogfähige gesellschaftliche Linke weder zustande kommen noch durchsetzungsfähig sein.

Beim New Deal war vieles anders, als es bei einem Grünen New Deal sein wird. Aber einiges wird sich ähnlen. Das bedeutet *erstens*, dass politische und gewerkschaftliche Akteur*innen den Mut entwickeln müssen, Neuland zu beschreiten und dabei offen zu sein für neue Erfahrungen und zur Korrektur begangener Fehler. Dies wird nur mit der Mobilisierung von Sachverstand gelingen und zugleich die Fähigkeit erfordern, die Meinungsverschiedenheiten zwischen Fachleuten auszuhalten und sogar von solchen Kontroversen zu profitieren. Technologisch ist es im Prinzip noch möglich, die Pariser Klimaziele zu erreichen. Aber diese technologische Revolution in Wirtschaft und Gesellschaft voranzutreiben, erfordert „beispielloses politisches Handeln" (Wuppertal Institut 2020: 104). Angesichts der damit verbundenen Unsicherheiten und Kontroversen ist dies nur als energisches Erproben und Ausreizen von Möglichkeiten vorstellbar, auf dessen Basis dann weitere und höchstwahrscheinlich noch konsequentere Schritte zu gehen sein werden.

Eine wirtschaftspolitische Strategie, die vom „Zieldreieck Nachhaltigkeit, Beschäftigungssicherheit und (Verteilungs-)Gerechtigkeit" (Urban 2020: 39) geleitet wird, kann nur politisch umgesetzt werden, wenn sie – *zweitens* – zu greifbaren Reformprojekten mit Symbolkraft verdichtet wird. Wer etwa – um ein zentrales Beispiel zu nennen – sich in den nächsten Jahren darauf konzentrieren würde, alle bestehenden Industrie-Arbeitsplätze zu verteidigen, hätte schon verloren. Stattdessen muss konkret gezeigt werden, wie ein beschäftigungsintensiver Strukturwandel eingeleitet werden kann.[3] Was für die Großprojekte des New Deal galt, gilt umso mehr für einen Grünen New Deal: Er lebt von Schlüsselprojekten der Energie- und Verkehrswende und des Ausbaus öffentlicher Dienstleistungen, die sowohl nachhaltige als auch gute „grüne" und „weiße" Arbeitsplätze der Zukunft schaffen. Wenn dieses Vertrauen in die Veränderbarkeit der Verhältnisse nicht vermittelt wird, entsteht jenes Vakuum, in dem reaktionäre Klimaleugner-Initiativen und völkisch-populistische Parteien gedeihen.

---

3 „Der Weg in Richtung Klimaneutralität schafft Wirtschaftskraft und Arbeitsplätze – aber es wird Verschiebungen zwischen Branchen und Regionen geben. Es ist Aufgabe von Politik, Wirtschaft und Gesellschaft, vor diesem Strukturwandel nicht die Augen zu verschließen oder zu versuchen, ihn zu verlangsamen. Vielmehr geht es darum, die anstehenden wirtschaftlichen Veränderungen aktiv anzugehen, in den betroffenen Regionen neue Geschäftsmodelle und Arbeitsplätze der Zukunft anzusiedeln, und so allen Betroffenen neue Chancen zu eröffnen" (Prognos/Öko-Institut/Wuppertal-Institut 2020: 14).

Bewährungsproben als Lernprozesse

Dieser politische Wettlauf ist zu gewinnen, aber dazu gehört Mut. Insbesondere wird sich – *drittens* – noch drastischer als in den 1930er Jahren zeigen, dass beim sozial-ökologischen Um- und Ausbau von Wirtschaft und Infrastruktur das Mantra „Privat vor Staat" keine Zukunft hat. Der New Deal hat vor allem beim Ausbau des öffentlichen Stromnetzes die Eigentumsfrage bereits recht deutlich angekratzt. Beim Ankratzen wird es im Grünen New Deal nicht bleiben können. Industriekonzerne verlangen zu Recht Planungssicherheit, und die muss und kann der Staat ihnen geben: Durch energische und verbindlich terminierte Vorgaben, durch Ge- und Verbote, z.T. auch durch finanzielle Hilfen, um die Durststrecke bis zur Marktreife klimafreundlicher Produkte überstehen zu können (wodurch der Staat dann aber auch zum Miteigentümer werden muss). Dafür bedarf es konfliktbereiter, glaubwürdiger und demokratischer politischer Führungskraft – und sozialer Bewegungen, die solchen Regierungen dabei den Rücken stärken.

All dies erinnert – *viertens* – an das Lebenselixier des New Deal: die wechselseitige Verstärkung von entschlossener Regierungspolitik und gesellschaftlichem Veränderungsdruck. Damals war letzterer durch erstere motiviert, zukünftig mag das anders sein. Aber ebenso wie damals werden zu diesem gesellschaftlichen Veränderungsdruck nicht allein außerparlamentarische Bewegungen führen (deren Bedeutung ist unstrittig), sondern ebenso die Stärkung und Mobilisierung unterschiedlichster regionaler und lokaler Akteur*innen – von den Kommunen bis hin zu regionalen Transformationsräten. Der Vorrang des öffentlichen Stromnetzes im Rahmen der Staudammprojekte des New Deal gelang unter dem Motto der „grassroots democracy". Auch der Grüne New Deal wird dieses Leitbild brauchen – aber es funktioniert nur, wenn ein handlungsfähiger Staat mit klaren Vorgaben und massiven Investitionen vorangeht.

Welche Schlüsselrolle dabei den Gewerkschaften zukommt, hat Hans-Jürgen Urban immer wieder aufgezeigt. Auf seine Mahnung, sie müssten auf diesem Weg ebenso wie Umweltverbände und andere Akteur*innen einer Mosaik-Linken „reflektierte Bündnis-Toleranz" entwickeln, habe ich bereits hingewiesen. Ganz ähnlich argumentiert Jörg Hofmann (2020: 98), dass die Transformation „im öffentlichen Diskurs die Anerkennung immanenter Widersprüche" verlange. Diese Spannungen müssen auch innerhalb der Gewerkschaftsbewegung bewältigt werden. Die sozial-ökologische Transformation erfordert ein pro-aktives Herangehen sowohl der Industrie- als auch der Dienstleistungsgewerkschaften. Und zwar gemeinsam. Denn der Strukturwandel, der mit einer sozial-ökologischen Transformation einhergeht, ist umfassend. Die Zukunft der Automobilindustrie zum Beispiel ist nur als Teil einer radikalen Verkehrswende vorstellbar, die große Beschäftigungschancen bietet und eine erhebliche Ausweitung und Innovation öffentlicher Dienstleistungen beinhaltet (Boewe et al. 2020). Ein den Klimawandel stoppender Strukturwandel betrifft alle Sektoren und erfordert sektorenübergreifende Strategien.

Die Gewerkschaften können gewinnen, wenn sie zu konzeptionellen und politischen Vorreitern dieses Strukturwandels werden. Und dies werden sie müssen, wenn sie nicht zu dessen Verlierern werden wollen. Die Arbeit an der Mosaik-Linken beginnt innerhalb der DGB-Gewerkschaften. Je klarer und überzeugender das Bild ist, das hier entsteht, desto größer und bunter wird das ganze Mosaik, und desto ermutigender strahlt es auf die ganze Gesellschaft aus.

Literatur

Arbeitsgruppe Alternative Wirtschaftspolitik (2019): Memorandum 2019. Köln.
– (2020): Memorandum 2020, Köln.
Boewe, Jörn/Krull, Stephan/Schulten, Johannes (2020): Kein Ding der Unmöglichkeit. Warum Belegschaften einer Neuausrichtung der Autoindustrie offener gegenüberstehen als gedacht. Sozialismus 12/2020, S. 57-61.
Hofmann, Jörg (2020): Corona oder: Die Krise als Chance für eine sozial-ökologische Transformation. Blätter für deutsche und internationale Politik 9/2020, S. 94-100.
Lehndorff, Steffen (2020): New Deal heißt Mut zum Konflikt. Was wir von Roosevelts Reformpolitik der 1930er Jahre heute lernen können. Hamburg.
Perkins, Frances (1946): The Roosevelt I Knew. New York.
Prognos/Öko-Institut/Wuppertal-Institut (2020): Klimaneutrales Deutschland. Studie im Auftrag von Agora Energiewende, Agora Verkehrswende und Stiftung Klimaneutralität. Berlin/Wuppertal.
Schickert, Christine (2021): Ein lokaler Green New Deal? Überlegungen zu möglichen regionalen Ansätzen einer sozial-ökologischen Transformation. PROKLA 1/2021, S. 165-173.
Urban, Hans-Jürgen (2019): „Es fehlt uns was, das keinen Namen mehr hat". Perspektiven im Interregnum, in: Klaus Dörre/Christine Schickert (Hrsg.): Neosozialismus – Solidarität, Demokratie und Ökologie vs. Kapitalismus. München, S. 129-144.
– (2020): Transformation als Bewährungsprobe. Warum eine sozial-ökologische Reformallianz eine unverzichtbare, aber schwierige Angelegenheit bleibt. Sozialismus 9/2020, S. 34-41.
Wuppertal Institut (2020): CO_2-neutral bis 2035: Eckpunkte eines deutschen Beitrags zur Einhaltung der 1,5-°C-Grenze. Wuppertal.

2.
„Wer mich einen Linken nennt, der beleidigt mich nicht."
Hans-Jürgen Urban

Zum politischen Mandat der Gewerkschaften

Auf dem 21. ordentlichen Gewerkschaftstag der IG Metall 2007 kandidierte Hans-Jürgen Urban das erste Mal als geschäftsführendes Vorstandsmitglied der IG Metall. Seine Vorstellungsrede beschloss er mit folgenden Aussagen:

> „Wer meine bisherige Arbeit in der IG Metall, wer meine Art zu denken, zu argumentieren und zu handeln, und wer das, was ich mir für die IG Metall vorstelle, als 'links' bezeichnet – der beleidigt mich nicht! Ich fühle mich nicht beschimpft, wenn man mich in die Tradition der IG Metall-Linken stellt. Das Gegenteil ist der Fall!"

Hans-Jürgen Urban plädiert für ein offensives politisches Mandat der Gewerkschaften. Die nötigen Machtressourcen für eine autonome Politik müssen die Gewerkschaften in den Kernfeldern der Betriebs- und Tarifpolitik generieren und in den Rahmenfeldern der Wirtschafts-, Sozial- und Gesellschaftspolitik sichern und verstärken. Ohne Einflussnahme auf die gesellschaftlichen Rahmenbedingungen lassen sich nicht einmal die unmittelbaren Reproduktionsinteressen der Beschäftigten vertreten. Dies gilt insbesondere angesichts der großen Herausforderungen einer sozial-ökologischen Transformation. Zugleich sieht Hans-Jürgen Urban angesichts der Krise des Gegenwartskapitalismus einen Bedarf an postkapitalistischen Visionen, die allerdings auch die kritische Auseinandersetzung mit der Geschichte des Sozialismus und den vielfältigen Erfahrungen des „realen Sozialismus" erfordere. Beides gehört zum Selbstverständnis eines linken Gewerkschafters.

Detlef Hensche
Zum politischen Mandat der Gewerkschaften

> Nenne mir, Muse, den Mann, der beharrlich den Blick der Gewerkschaft auf
> ihren politischen Auftrag geschärft und Impulse gegeben zur
> Arbeit im Bündnis mit anderen Partnern – mit mehr Überzeugungskraft,
> Nachdruck und Klugheit als Hans-Jürgen Urban.

Einen Hans-Jürgen Urban zugeeigneten Beitrag über das politische Mandat der Gewerkschaften zu schreiben, ist vermessen, s.o. Doch sei's drum. Die Zeit rechtfertigt das Wagnis. Die Gewerkschaften sehen sich gleich mehrfach zu politischen Interventionen herausgefordert. Da mag jede Stimme von Nutzen sein.

An Krisen herrscht wahrlich kein Mangel. Die Corona-Pandemie schlägt mit Wucht auf Arbeit und Lebensweise der Menschen durch und wird die Gesellschaft am Ende vor harte Verteilungskonflikte stellen. Die Erderwärmung zwingt zur Neuausrichtung von Wirtschaft und Wohlstand. Das alles wird überschattet vom Verfall der realwirtschaftlichen Rendite und in deren Gefolge vom Rückgang an Sachinvestitionen und der Verlagerung von Gewinnen, Kapital und Macht in die Finanzmärkte.

Das politische Mandat weist in die Zukunft, muss jedoch, will man nicht Luftschlösser erträumen, auf den gegebenen Bedingungen aufsetzen – eine Binsenweisheit. Folglich stellt sich die Frage, ob und welche Brücken sich zwischen aktuellen wirtschaftlichen und politischen Weichenstellungen, dem öffentlichen Bewusstsein, gewerkschaftlicher Handlungsmacht einerseits und Reformnotwendigkeiten andererseits schlagen lassen. Dabei erschließen sich, schaut man genauer hin, durchaus Anknüpfungspunkte. Zum Beispiel:

Neue Wertschätzung des Sozialstaates – eine Momentaufnahme

Was der sozialistischen Regierung Griechenlands nicht vergönnt war und was die Mahnungen des französischen Präsidenten nicht vermochten, gelang unter dem Eindruck der Pandemie beinahe im Handumdrehen. Binnen weniger Wochen gab die Bundesregierung ihren Widerstand gegen gemeinsame Europäische Anleihen auf und befreite sich zumindest vorerst von der Obsession der „Schwarzen Null". Das kam nicht unvorbereitet. Schon zuvor hatten sich nicht wenige Mitglieder der wirtschaftswissenschaftlichen Zunft zugunsten europäischer, gemeinsam verbürgter Obligationen ausgesprochen. Die Kehrtwende fügte sich in eine auch hierzulande wachsende Kritik am Dogma der Austeritätspolitik.

Auch im Kreis der EU-Mitgliedsstaaten haben sich die Verhältnisse beinahe über Nacht gedreht. Die Einheitsfront restriktiver Haushaltspolitik, gestern noch von fast allen, z.T. widerwillig akzeptiert, zerfiel; übrig blieb der Club der „Sparsamen Vier", die selbst zu Corona-Zeiten am Joch auflagenbewehrter Kreditvorgaben festhalten wollen, doch die gemeinsame Corona-Hilfe nicht verhindern konnten. Kurzum, es zeigen sich Risse im Gebäude der neoliberalen Orthodoxie.

Schließlich betrachten wir seit geraumer Zeit einen Reputationsgewinn der öffentlichen, gemeinwohlorientierten Infrastruktur. Der Schlachtruf vom „schlanken Staat" und der gestern noch beifällig hingenommene Ausverkauf öffentlichen Eigentums dürften derzeit nicht mehrheitsfähig sein. Die sozial und wirtschaftlich desaströsen Schleifspuren sind zu offensichtlich, vom Gesundheitswesen bis zum Wohnungsbau.

Doch so erfreulich das alles klingt, es ist eine Momentaufnahme. Im Ringen um die schlussendliche Verteilung der Lasten dürfte die bekannte Schlachtordnung wiederhergestellt sein. Die Eigentümer und besser gestellten Kreise werden alles daransetzen, höhere Steuern und Abgaben zu verhindern. Zugleich werden sie, nun wieder im Schulterschluss mit der Mainstream-Ökonomie, nach allen Regeln der Demagogie die Rückkehr zu Austerität und schlankem Staat einfordern. Was das für die Renten, für soziale Leistungen, öffentliche Güter etc. bedeutet, kann man sich ausmalen. Potentiell Verbündete wie SPD und Grüne werden nach bekanntem Muster beim ersten medialen Gegenwind gegen eine angemessene Beteiligung der Einkommens- und Vermögens-Millionäre in Deckung gehen; „mit Verteilungsfragen gewinnt man keine Wahlen", heißt es ebenso reflexhaft wie unbestätigt; die Probe auf's Exempel wurde nie gemacht. Also wird es auf gesellschaftliche Initiativen und die Gewerkschaften ankommen. Und die stehen, wie dargelegt, aktuell nicht mit leeren Händen da. Die vorstehend skizzierten Dissonanzen im herrschenden Block und die wiedergewonnene Wertschätzung öffentlicher Einrichtungen dürfen nicht Episode bleiben und müssen vor dem Vergessen bewahrt werden.

Verständigung auf neue Verteilungskonzepte – jetzt!

Auf diesen, noch präsenten Erfahrungen sind die Forderungen nach einer gerechten, sozial und wirtschaftlich notwendigen Lastenverteilung aufzubauen. Vorschläge liegen auf dem Tisch, sei es die Anhebung des Spitzensteuersatzes, die Reform der Erbschaftssteuer und die Wiedereinführung der Vermögenssteuer, sei es die Erhebung einer Vermögensabgabe nach dem Vorbild des Lastenausgleichs nach dem Zweiten Weltkrieg. Noch sind diese Ideen über die Papierform von Parteibeschlüssen und über Wortmeldungen kritische Wissenschaftler nicht hinausgekommen. Was daher Not tut, ist die Verständigung auf ein Verteilungskonzept unter bevorzugter Heranziehung derer, deren Einkommen und Vermögen seit Jahren wachsen. Schon die Erarbeitung dieses Konzepts sollte als öffentliches Ereignis Auftakt einer Kampagne sein. Viel Zeit bleibt nicht, wenn die aktuellen Einsichten nicht verblassen sollen.

Raus aus der Klimakrise

Komplizierter sind die Herausforderungen, vor die uns die Klimakrise stellt. Mit der Umstellung auf klimaneutrale Produkte und Produktion stehen aller Voraussicht nach Arbeitsplätze in besorgniserregender Größenordnung auf dem Spiel. Kein Wunder, wenn sich Betriebsräte und Gewerkschaften zumindest in ersten Reaktionen verpflichtet sehen, die soziale Existenzgrundlage der Kollegen zu verteidigen. Dass die Klimapolitik vor allem in gewerkschaftlich gut organisierten Betrieben ihren Tribut fordert, macht die Sache nicht leichter. Da die Gewerkschaften andererseits nicht blind für ökologische Notwendigkeiten sind, wird der Konflikt in die eigenen Reihen getragen. Die Suche nach einem Ausgleich lastet nicht zuletzt auf ihren Schultern. Gewiss, am Reißbrett lassen sich rechnerisch überzeugende Beschäftigungs-Bilanzen erstellen. Die Arbeitsplatzverluste in der Industrie könnten durchaus durch den Zuwachs im Dienstleistungssektor, etwa der Gesundheits- und Pflegeberufe kompensiert werden, vorausgesetzt, es gelingt, die Finanzklemme in diesem Bereich aufzubrechen. Doch arbeitsmarktpolitische Rechengrößen werden den um Arbeit und Beruf bangenden Facharbeiter, etwa der Metallindustrie, kaum dazu ermuntern, seine Zukunft als Pfleger im Seniorenheim zu suchen.

Doch ungeachtet aller Dramatik betreten die Gewerkschaften vergleichsweise vertrautes Gelände. Die Tarifpolitik erinnert sich der Arbeitszeitverkürzung. In Gestalt von Wahlarbeitszeiten sind, wenn auch unter anderer Zielsetzung, erste Schritte getan. Bezogen auf die Automobilindustrie hat der IG-Metall-Vorsitzende unlängst die Vier-Tage-Woche ins Gespräch gebracht, die nunmehr in die bevorstehende Tarifrunde Eingang gefunden hat. Vermutlich werden bei weiteren Schritten der Arbeitszeitverkürzung Qualifizierungsangebote wachsende Bedeutung erlangen. Jenseits der Tarifpolitik sollen Beteiligungs- bzw. Transformationsfonds helfen, z.B. bei der Umstellung der Zulieferindustrie auf die Elektromobilität. Wer dagegen die Transformation der Anarchie der Märkte überlässt, provoziert menschliches Leid und vermeidbare volkswirtschaftliche Schäden.

Die vorstehenden Lösungsansätze atmen freilich, so wichtig sie sind, den konservativen Geist einer industriepolitischen Modernisierung mit dem Ziel, Industriezweige von volkswirtschaftlicher Bedeutung tunlichst zu erhalten. Was aber, wenn z.B. die Elektromobilität nicht hält, was sie ökologisch verspricht? Wenn am Ende der Individualverkehr, wie wir ihn gewohnt sind, nicht fortsetzungsfähig ist? Nicht genug damit, könnte es sein, dass die die kapitalistische Entwicklung klassenübergreifend begleitende Erwartung permanenten Wachstums nicht mehr aufgeht, sei es, dass die profitable Landnahme auf Grenzen stößt, sei es, dass das unausweichliche Ende des Raubbaus an Mensch und Natur den Weizen verhagelt? Fragen wie diese gehören nicht allein in die Seminarräume der Wissenschaft. Die Gewerkschaften dürfen ihnen nicht ausweichen, wollen sie eines Tages böse Überraschungen vermeiden. Dabei ist zu beherzigen: Je tiefgreifender die auferlegte Umstellung und je breitflächiger die Auswirkungen auf Arbeitsplätze und soziale Existenzen, desto mehr stößt die repräsentative Interessenwahrnehmung der Gewerkschaften und Betriebsräte auf Grenzen; und desto notwendiger wird die demokratische Beteiligung der Betroffenen selbst. Sie sind es, die als Akteure über ihre berufliche Zukunft zu bestimmen haben. Die Vielfalt ihrer Erfahrungen, ihrer Sorgen und Hoffnungen sollte den Horizont der Umsteuerung erweitern. Überhaupt muss der Aufbruch zu einer umweltschonenden Wirtschaft, wenn er mehrheitliche und konfliktbereite Unterstützung finden soll, die Betroffenen ermächtigen, von Stufe zu Stufe die nächsten Schritte selbst zu bestimmen.

Neues Wohlstandsmodell

Die Eindämmung der Erderwärmung zwingt nicht allein die Produktion zu Umstellungen. Sie stellt zugleich das über Jahrzehnte gewachsene Wohlstandsmodell in Frage. Verkehr, Ernährungsgewohnheiten, weltumspannte Urlaubspräferenzen gelten als nicht unerhebliche, dem privaten Verhalten zuzurechnenden CO_2-Treiber. Folglich erstreckt sich der Klima-Diskurs auch auf den in den nördlichen Industriestaaten gepflegten Lebensstil und dessen Änderung. Wenn in diesem Zusammenhang das politische Mandat der Gewerkschaften ins Spiel gebracht wird, bedarf dies der Erklärung. Was geht die Gewerkschaft die individuelle Lebensführung an? Das Bild der Privatsphäre, die erst den geschützten Raum der Freiheit bietet, tut ein Übriges, jeden Versuch politischer Steuerung zu tabuisieren. Vorwürfe wie Bevormundung, Blockwartmentalität und staatliche Übergriffe auf die persönliche Autonomie sind schnell bei der Hand. Die Grünen wissen ein Lied davon zu singen.

Doch so berechtigt die Freiheitsemphase ist, so ideologisch und paradox ist die Trennung von individueller Freiheit und kollektiver Gewährleistung. Was wäre das Ferienerlebnis ohne tarifvertraglichen Urlaubsanspruch? Was bliebe von der Freizeitgestaltung ohne tarifvertragliche Arbeitszeitbegrenzung und -verkürzung? Wie wäre es um die Konsumfreiheit bestellt ohne tarifvertragliche Lohn- und Gehaltsansprüche und – auf bescheidener Ebene – ohne den gewerkschaftlich erstrittenen gesetzlichen Mindestlohn? Ohne kollektivvertraglichen Fortschritt und ohne sozialstaatliche Sicherung wäre es um die allgemeine Wohlstandsteilhabe schlecht bestellt. Überdies wird gerne ausgeblendet, dass die vorschnell als „Demokratisierung des Konsums" gefeierte individuelle Kaufkraft neue, politisch korrekturbedürftige Ungleichheiten entstehen lässt – nach oben in Gestalt exklusiver Luxuszonen, nach unten durch Teilhabeverweigerung in Gestalt von Arbeitslosigkeit und Prekarisierung. Gravierender noch: die in den Industriestaaten des Nordens erreichte Verallgemeinerung des Wohlstands wäre ohne Ausbeutung, Unterdrückung und Not in den Rohstoff- und Produktionsstätten und den Abfallrevieren des globalen Südens nicht denkbar. Unsereins lebt auf Kosten anderer.

Und auf Kosten der Natur. Doch solche Einsichten sind, für sich genommen, kaum in der Lage, das herrschende Wohlstandsmodell zu delegitimieren und den täglich aufs Neue erstrahlenden Glanz individueller Freiheit zu verdunkeln. Je stressbeladener der Arbeitsalltag, desto attraktiver das Erlebnis privater Bewegungs- und Konsumfreiheit; desto überzeugender deren Rückführung auf die eigene Anstrengung mit all ihren Perversionen permanenter Selbstoptimierung und der Jagd nach Distinktion und albernen Statussymbolen; und desto stabiler die Hegemonie der kapitalistischen Konkurrenz- und Leistungsgesellschaft.

So ist es kein Zufall, dass die privaten Freiheiten gleich ihren kommerziellen Schwestern, den Markt- und Gewerbefreiheiten, den über die Jahrzehnte ausgefeilten Schutz der liberalen Grundrechte genießen; anders als ihr Gegenpol, die verfassungsrechtlich spätgeborenen sozialen Grundrechte einschließlich der staatlichen Schutzpflicht zu Gunsten grundrechtlich geschützter Güter. Konkret: will sich der Bürger hoheitlicher Eingriffe in seine Grundrechte – aktuell etwa die Berufs-, Versammlungs-, Bewegungs- oder Eigentumsfreiheit – erwehren, kann er sich auf ein engmaschiges Netz rechtlicher Kontrollen verlassen. Erwartet er dagegen, dass der saumselige Staat zum Schutz von Verfassungsgütern – etwa von Leben und Gesundheit – tätig wird, betritt er das weite Feld politischen Ermessens, das sich nur in Grenzfällen zu staatlicher Handlungspflicht verdichtet.[1] Hier zeigt sich der liberale Rechtsstaat zugeknüpft und geizt mit Instrumenten wirksamer Rechtsverfolgung und -kontrolle. Den besser gestellten Kreisen gefällt's. Sie wissen, warum. Soziale Freiheit- und Beteiligungsrechte rühren an Privilegien und wirtschaftliche Macht. Sie zielen auf Teilhabe und auf die sozialstaatlich gebotene Gewährleistung von Rahmenbedingungen, die es den Bürgern in ihrer übergroßen Mehrheit erst ermöglichen, erhobenen Hauptes von ihren Rechten Gebrauch zu machen. Sie stehen damit für einen anderen als den auf Marktvermittlung, Konkurrenz und Verdrängung reduzierten Wohlstand; für einen Wohlstand, der individuell und gesellschaftlich notwendige Güter und Leistungen dem Regime der Kaufkraft entzieht und stattdessen allen Bürgern gleiche Zugangs- und Teilhaberechte garantiert.

Schöne Worte, gewiss. Mit ihnen ist es nicht getan. Die ebenso realen wie erlebnisstarken privaten Freiheiten sind im individuellen und gesellschaftlichen Bewusstsein fest verankert. Der Spielraum für frontale, durch Verbote zu bewirkende Umsteuerung ist eng. Schon vergleichsweise harmlose und überfällige Vorschläge wie Geschwindigkeitsbegrenzungen, City-Maut und autofreie Innenstädte oder die Abkehr von flächenbezogenen Agrarsubventionen, sind bisher auf leicht mobilisierbare Protestwellen gestoßen. Auch die gewerkschaftliche Überzeugungskraft ist begrenzt. Dem Versuch, die Kollegen, die hinsichtlich Arbeitsplatz und Beruf einer ungewissen Zukunft entgegensehen, auch noch mit Verboten und Eingriffen in ihre Lebensgewohnheiten zu konfrontieren, kann man nur gutes Gelingen wünschen.

Setzt man dagegen auf indirekte Verhaltenssteuerung über Preise und Abgaben, handelt man sich das soziale Problem ein, dass die Überwindung des Öko-Dumpings mit Wucht die trifft, deren mehr oder weniger bescheidener Lebensstandard sich nicht zuletzt jenen Dumpingpreisen verdankt. Im politischen Raum werden daher Kreislaufmodelle diskutiert, die das Aufkommen aus Umweltsteuern und -abgaben

---

1 Eine vergleichbare Asymmetrie offenbart die Berichterstattung von der Corona-Front: Das Schicksal der Erkrankten und vom Tode Bedrohten verschwindet hinter den Zahlen der täglichen Statistik. Die Lage der mittelbar betroffenen Gastwirte, Hoteliers, Einzelhändler, Touristikunternehmer, Eventmanager etc. erfreut sich dagegen breiter Aufmerksamkeit, begleitet von täglichen Interviews und alarmistischen Kommentaren.

wieder an die Verbraucher, etwa der unteren Einkommensklassen zurückfließen lassen oder, besser noch, dazu genutzt werden, äquivalente öffentliche Dienstleistungen in Qualität und Preis attraktiver zu machen. Die Gewerkschaften sollten sich in dieser Verteilungsfrage nicht von politischen Parteien den Schneid abkaufen lassen.

Vom Wollen zum Handeln

Mit der Benennung und – zunächst gedanklichen – Überwindung der Hürden sind freilich noch keine Mehrheiten gewonnen. Dies wird wohl nur gelingen, wenn sich über den ökologischen Imperativ die Vision eines alternativen, ja reicheren Wohlstands legt. Utopisch? Mag sein. Nicht jedoch, wenn sich in der Gegenwart plausible Anknüpfungspunkte für mehrheitsfähige Alternativen finden lassen.

Die Notwendigkeit und Dringlichkeit entschlossener klimapolitischer Umsteuerung wird jedenfalls von der Mehrheit nicht mehr in Abrede gestellt. Entscheidenden Anteil haben die unterschiedlichen Initiativen, darunter die mit Abstand überzeugendste Bewegung des „friday for future". Der Schülerstreik hat mit der Protestform des schulischen Ungehorsams mehr an Überzeugung der Jugend und in deren Gefolge der älteren Generation beigetragen, als viele noch so kluge Memoranden. Die Gewerkschaftsjugend wird Probleme haben, den Streik in die Betriebe zu tragen; die Toleranz des Bildungsbürgertums gegenüber schulischem Ungehorsam ist weitherziger, als die von Arbeitgebern gegenüber Arbeitsniederlegungen. Dessen ungeachtet sollten die Gewerkschaften die Verbindungen zu den aktiven Schülern und Studenten suchen und unterhalten und bei öffentlichen Demonstrationen Präsenz zeigen.

Der in den nördlichen Industriestaaten erreichte Wohlstand fußt, wie dargelegt, zu einem guten Teil auf der Ausbeutung der Menschen im globalen Süden. Der Tatbestand ist hinlänglich bekannt, wurde jedoch in der Vergangenheit vor allem moralisch skandalisiert – mit begrenztem Einfluss auf das individuelle Konsumverhalten. Erst als der Ruf von Dritte-Welt-Initiativen nach einem Lieferkettengesetz Verbreitung fand und inzwischen die Bundesregierung erreicht hat, besteht die Chance einer gesetzlichen Haftungsregelung für Menschenrechtsverstöße und inhumane Arbeitsbedingungen in ausgelagerten Produktionsstätten. Die Debatte hat vielen die Augen geöffnet. Zu alledem kam jüngst Hilfe von unerwarteter Seite. Die Corona-Krise hat an den Tag gebracht, wie störanfällig das weltumspannende Netz der Ausbeutung ausgelagerter Arbeit und Lagerstätten ist. Plötzlich fiel der Dumpingwettlauf den Unternehmen in Gestalt von Engpässen und Lieferausfällen auf die Füße. Das hohe Lied der Globalisierung wurde dissonant. Dieser Corona-Schock sollte genutzt werden, um für eine gerechte Weltwirtschafts-Ordnung zu werben, in der nicht mehr unter dem Schlachtruf des Freihandels den wirtschaftlich überlegenen Ländern und Unternehmen die halbe Welt zur Ausplünderung ausgeliefert wird – langfristig zum volkswirtschaftlichen Schaden aller. Die Gewerkschaften sollten den Schulterschluss mit den in solchen Fragen hoch kompetenten Initiativen nutzen.

Einige Zeitgenossen berichten im Zusammenhang mit der Corona-Pandemie von Anzeichen einer reflektierten Lebensweise. Kontaktreduzierungen und Lockdown hätten zur allgemeinen Entschleunigung beigetragen; die Arbeit im Homeoffice habe mehr disponible Zeit verschafft und das Verkehrsaufkommen vermindert. Doch ob solche Erscheinungen die Pandemie überdauern, ist fraglich. Wichtiger erscheint die mehrheitlich an den Tag gelegte wechselseitige Rücksichtnahme. Auch sie wird, entfällt der Anlass, kaum noch den Alltag prägen. Doch die Erfahrung von Hilfsbereitschaft und Selbstorganisation sollte vor dem Vergessen bewahrt werden. Sie beweist, dass die Menschen sich im Ernstfall mehr zuzumuten bereit sind, als man ihnen in normalen Zeiten zutraut.

Nachhaltiger als die Corona-Reaktion dürften die schon vor Coronazeiten vereinbarten Wahlarbeitszeiten und deren Inanspruchnahme sein; hier drückt sich ein gewachsenes Bedürfnis nach einem selbst bestimmten Leben aus, nach Zeitwohlstand eben, der über das Laufband der Konsumfreiheit hinausweist.

Der wohl wichtigste Aktivposten, die Konturen eines alternativen Wohlstands aufscheinen zu lassen, liegt in der bereits oben erwähnten Aufwertung öffentlicher Einrichtungen und Leistungen. Die Paradoxie lässt sich kaum verdrängen: Die in den Industriestaaten dank wirtschaftlicher Prosperität und durchsetzungsstarker Gewerkschaften gefeierte vermeintliche Konsumenten-Demokratie kehrt sich im Zuge der Privatisierung und der Entkernung des Staates in eine Entdemokratisierung lebenswichtiger Leistungen um. Die Erwartung reichhaltiger privatwirtschaftlicher Angebote pervertiert zur Verknappung öffentlicher Versorgung. Mittlerweile wächst die Wertschätzung gemeinwohlorientierter Einrichtungen, von Gesundheitsdiensten bis zum Wohnungswesen. In Chile hat die Bevölkerung jüngst für eine neue Verfassung votiert, in der Erkenntnis, dass der gleiche Zugang zu gesellschaftlich und individuell notwendigen Leistungen ein Unterpfand der Demokratie ist.

Hierzulande hat die Corona-Krise neben dem Gesundheitswesen einen weiteren Aspekt öffentlicher Gewährleistung in den Vordergrund gerückt: den für alle gleichen Anspruch auf schulische Bildung, unter besonderer Zuwendung zu den Kindern bildungsferner Eltern. Wir sollten die Politik beim Wort nehmen, insbesondere die Zeitgenossen, die sonst mit Eifer auf Erhalt und Vererbbarkeit ihrer Bildungsprivilegien beharren. Der Einsatz für eine emanzipatorische Bildung ohne Barrieren der Herkunft gehört seit eh und je zum traditionellen Auftrag der Gewerkschaften.

Auch die Gewerkschaften sind gefordert

Es wird im Übrigen Aufgabe unterschiedlicher Initiativen und der Gewerkschaften sein, sich in einem öffentlichen Prozess auf die Sektoren zu verständigen, die aus Gründen der Versorgungsgerechtigkeit ganz oder zu einem erheblichen Teil in gesellschaftliche Regie gehören. Wie diese Regie auszusehen hat, als staatliche oder kommunale Einrichtungen, als Genossenschaften etc. ist gleichfalls öffentlich zu diskutieren. Zukunftsdebatten dürfen insbesondere die Verfassung öffentlichen Eigentums nicht ausklammern. Die Privatisierungsinitiativen waren ja nicht nur deshalb erfolgreich, weil Staat und Kommunen durch Sparhaushalte sturmreif geschlagen worden waren; vielmehr hatten manche öffentlichen Betriebe durch bürokratische Strukturen, Filz und obrigkeitlichen Umgang mit den Bürgern Vertrauen verspielt.

Die Gewerkschaften dürfen sich aus dieser Debatte nicht ausschließen. Es geht um gewerkschaftliche Themen. Ja, sie hätten sogar in der Betriebs- und Tarifpolitik Hebel, auf das Angebot öffentlicher Leistungen Einfluss zu nehmen. Der betrieblich oder tarifvertraglich vereinbarte Anspruch auf Job-Tickets kann, breitflächig durchgesetzt, einen Beitrag zur Qualitätsverbesserung des öffentlichen Nahverkehrs leisten. Der Konflikt um Arbeitsbedingungen und Stellenpläne erweist sich in manchen Sektoren wie etwa Bildung und Gesundheit zugleich als Kampf um bessere Leistungen für Kinder, Schüler und Patienten. Die Beschäftigten und ihre Gewerkschaften streiten damit für allzugängliche commons, also darum, Gemeingütern und öffentlichen Leistungen gegen das ökonomische Verwertungsdiktat Raum zu schaffen. Nebenbei eröffnet sich hier ein wichtiges Potential zur Unterstützung von Tarifkonflikten.

Über all dem steht die Erkenntnis, dass die Gewerkschaften im Ringen um öffentlichen Wohlstand auf die Kooperation mit vielfältigen Initiativen im gesellschaftlichen Raum angewiesen sind. Aus eigener Autorität werden sie wenig bewirken, erst recht nicht, wenn sie mit der Attitüde auftreten, Ziel und Weg für alle vorzugeben. Hinhören und wechselseitige Lernprozesse sind angesagt. Wem fällt da nicht das Bild von der Mosaiklinken ein?

Klaus Dörre

Der Machtressourcenansatz – Zwischenbilanz, Reformulierung, Ausblick

Wer zu Arbeitsbeziehungen forscht, wird früher oder später auf den Jenaer Machtressourcenansatz stoßen. Ausgearbeitet wurde dieses Konzept aber nicht allein in Jena. Hans-Jürgen Urban hat nicht nur an der Namensgebung, sondern auch an der Begriffsbildung und der Entwicklung der damit verbundenen Forschungsstrategie maßgeblich mitgewirkt. 15 Jahre nach den ersten Überlegungen ist es Zeit für eine knappe Zwischenbilanz. Sie wird zeigen, dass eine Teilrevision, in jedem Fall aber eine Reformulierung und Erweiterung des Machtressourcenansatzes sinnvoll ist. Dies vor allem, weil der Arbeitsbegriff, mit dem der Jenaer Machtressourcenansatz ursprünglich operierte, deutlich zu eng gefasst war. Vor dem Hintergrund der gegenwärtigen ökonomisch-ökologischen Zangenkrise genügt es nicht, Machtressourcen ausschließlich auf Lohn- und Erwerbsarbeit zu beziehen. Stattdessen, so meine These, ist es sinnvoll, Machtressourcen mit Arbeit als lebensspendendem Prozess zu verbinden. Das führt zum Begriff der metabolischen Macht, aus dem sich strategische Optionen ergeben, die geeignet sind, der hegemonialen Unternehmens- und Staatsmacht nicht allein auf der Achse von Lohnarbeit und Kapital wirksam entgegen zu treten. Die notwendig skizzenhafte Begründung dieses Vorschlags erfolgt in vier Schritten. Zunächst gehe ich auf die Entstehung des Jenaer Machtressourcenansatzes ein (I), benenne noch einmal die elementaren Bausteine des Konzepts (II), mache sodann Vorschläge für dessen Neujustierung (III) und schließe mit Umrissen eines Transformationsziels ab (IV).

I Geschichten und Geschichte

Beginnen wir mit der noch sehr jungen Geschichte des Jenaer Machtressourcenansatzes. Die Initialzündung für dessen Entwicklung liegt 15 Jahre zurück. Damals erreichte mich ein Telefonanruf meines damaligen Mitarbeiters Ulrich Brinkmann – und zwar an einem Swimmingpool mit Blick auf die mittelalterlichen Wolkenkratzer des kleinen toskanischen Städtchens San Gimignano. Zur Sprache kam, was dann ungeahnte Folgen haben sollte. Hans-Jürgen Urban hatte gelesen, viel gelesen. Er war vor allem im angelsächsischen Sprachraum auf eine wahre Fülle an Literatur gestoßen, die sich, statt nur die Krise der Gewerkschaften zu beklagen, mit *strategic choice* befasste. Gewerkschaften haben selbst in tiefen Krisensituationen stets eine strategische Wahl. Sie können verfügbare Machtressourcen optimal kombinieren oder Quellen von Lohnabhängigenmacht versiegen lassen. Zwischen beiden Polen gibt es eine Vielzahl an strategischen Optionen, die den Gewerkschaftsaktiven selbst in schwierigen Situationen Handlungsmöglichkeiten eröffnen. Von dieser Botschaft inspiriert stellte der Büroleiter des damaligen IG-Metall-Vorsitzenden Jürgen Peters jene Frage, die uns Jenaer Soziologen eine Menge Arbeit bescheren sollte. Wäre es nicht sinnvoll, so Hans-Jürgen Urban damals, die angelsächsische Literatur zur Erneuerung der Gewerkschaften systematisch auszuwerten, um sie mit ihren Ergebnissen auf die Arbeitsbeziehungen in der Bundesrepublik zu beziehen?

Gefragt, geantwortet, getan. Im ersten Schritt entstand ein von der Hans-Böckler-Stiftung geförderter Literaturbericht, der, 2007 im Rahmen einer wissenschaftlichen Konferenz erstmals zur Diskussion gestellt, in eine Buchveröffentlichung mündete, zu der Hans-Jürgen Urban ein Vorwort beigesteuert hatte. Der belesene Gewerkschaftsintellektuelle sparte nicht mit Lob, äußerte aber auch Kritik. Neben der starken Fokussierung auf *Organizing*-Ansätze und einer Vernachlässigung von *Varieties of Trade Unionism* monierte Urban vor allem die Basis- und Bewegungsorientierung des Jenaer Literaturberichts. „Weite Passagen der Studie" seien „vor allem zwischen den Zeilen, von einer mitunter etwas überschwänglichen Wertschätzung für Strategien einer permanenten Basismobilisierung" geprägt. Problematisch werde das, „wenn dabei die Machtpotenziale, die aus der gewerkschaftlichen Verankerung in 'starren' institutionellen Gefügen resultieren, unter die Räder geraten."[1]

In dieser Kritik äußert sich ein latentes Spannungsverhältnis, das bis heute anhält und analytisch wie politisch fruchtbar gemacht werden kann. Hans-Jürgen Urban ist politisch links positioniert, als Vorstandsmitglied der IG Metall aber auch Realist. Er weiß sehr genau, was in gewerkschaftlichen Spitzengremien möglich ist und was nicht. Den Jenaer Ansatz zeichnete hingegen von Beginn an das überschießende Moment eines *Social Movement Unionism* aus.[2] Diese Bewegungsorientierung war folgenreich, denn sie bewog uns dazu, nach Beispielen für die Erneuerung der Gewerkschaften vor allem dort zu suchen, wo es um die Stärkung gewerkschaftlicher Organisationsmacht auf dem Weg direkter Beschäftigten- und Mitgliederpartizipation ging. Innerorganisatorische Dynamiken, wie sie in der stilbildenden Arbeit von Kim Voss und Rachel Sherman stark gewichtet wurden[3], spielten in den Jenaer Forschungen allenfalls eine untergeordnete Rolle. Das schützte unsere Forschungen nicht davor, von Teilen der gewerkschaftlichen Führungsgruppen kritisch beäugt zu werden. Mit dem Namen Urban verbunden witterte man in der Umgebung einflussreicher Spitzengewerkschafter*innen offenbar die

---

1 Urban, Hans-Jürgen (2008): Vorwort. in: Brinkmann, Ulrich/Choi, Hae-Lin/Detje, Richard/Dörre, Klaus/Holst, Hajo/Karakayali, Serhat und Schmalstieg, Catharina: Strategic Unionism: Aus der Krise zur Erneuerung? Umrisse eines Forschungsprogramms. Wiesbaden, S. 10.

2 Dörre, Klaus (2020): Social Movement Unionism: Theoretical Foundation and Empirical Evidence. In: Zajak, Sabrina und Haunss, Sebastian (Hrsg.): Social Stratification and Social Movements. Theoretical and Empirical Perspectives on an Ambivalent Relationship, S. 30-47.

3 Voss, Kim und Sherman, Rachel (2000): Breaking the Iron Law of Oligarchy. Union Revitalization in the American Labor Movement. In: American Journal of Sociology 106 (2): S. 303-349.

Bildung eines Braintrusts, der als intellektueller Zulieferer für eine sich erneuernde Gewerkschaftslinke fungieren könnte.

Die Bedenkenträger*innen haben recht behalten – freilich in völlig anderer Weise als sie selbst vermuteten. Denn außerwissenschaftliche Ziele lagen völlig außerhalb des Jenaer Interesses. Es ging uns vor allem darum, der Gewerkschaftsforschung im wissenschaftlichen Feld überhaupt wieder einen Platz zu schaffen. Gedacht war an Forschungsprojekte. Deshalb lautete der Untertitel der Studie „Umrisse eines Forschungsprogramms" und sie endete mit Empfehlungen für eine Forschungsstrategie. Weil sich unsere Vorschläge nicht verwirklichen ließen, hat sich die Jenaer Gewerkschaftsforschung vor allem über Qualifizierungsarbeiten entwickelt. Der Arbeitskreis „Strategic Unionism", inzwischen von Stefan Schmalz geleitet, wurde zu einem Netzwerk vorwiegend junger Wissenschaftler*innen. Mit dem Band „Comeback der Gewerkschaften?"[4] sorgte er für eine Weiterentwicklung des Machtressourcenansatzes. Mittlerweile sind aus dem Umfeld des Arbeitskreises mehr als ein Dutzend Dissertationen hervorgegangen, die, durch Stipendien der Hans-Böckler- (HBS) und der Rosa-Luxemburg-Stiftung (RLS) unterstützt, der Gewerkschaftsforschung ein beträchtliches Themenspektrum erschlossen haben. Von kleineren Studien bei der Otto-Brenner-Stiftung/Stiftung Neue Länder (OBS, SNL) abgesehen[5], waren empirische Forschungsprojekte allerdings nicht zu realisieren. Jena war, so wurde uns von Stiftungsseite bedeutet, in Sachen Gewerkschaftsforschung nicht akquisitionsfähig.

Dafür stellte sich eine andere, ursprünglich gar nicht intendierte Dynamik ein. Die Debatten um den Machtressourcenansatz motivierten Fanny Zeise und die RLS zu ihren Streikkonferenzen, deren größte 2019 in Braunschweig stattfand.[6] Dort artikulierte sich ein Diskussionsbedarf vieler Gewerkschaftsaktiver, der offenbar in den offiziellen Strukturen ihrer jeweiligen Organisationen nicht zu befriedigen war. Die Kritik an vielen Facetten offizieller Gewerkschaftspolitik kommt von Haupt- und Ehrenamtlichen und sie bezieht sich auf den Jenaer Machtressourcenansatz. Spontan und ungeplant ist damit eine Verbindung entstanden, über die es nachzudenken gilt. Zuvor muss jedoch geklärt werden, was den Jenaer Machtressourcenansatz ausmacht.

---

4 Schmalz, Stefan und Dörre, Klaus (Hrsg.) (2013): Comeback der Gewerkschaften? Machtressourcen, innovative Praktiken, internationale Perspektiven. Frankfurt a.M./New York.

5 Dörre, Klaus/Goes, Thomas/Schmalz, Stefan und Thiel, Marcel (2017): Streikrepublik Deutschland. Die Erneuerung der Gewerkschaften im Osten. Frankfurt a.M./New York (2. Aufl.).

6 Fanny Zeise hat mich unmittelbar vor der Verschriftlichung dieses Beitrags auf diese Wirkung aufmerksam gemacht.

II Der Machtressourcenansatz – das analytische Fundament

In seiner ursprünglichen Fassung sind für dieses Konzept drei Bausteine elementar.[7] *Erstens* beruht es auf einem gesellschaftstheoretischen Deutungsrahmen, der mit dem Begriff der kapitalistischen Landnahme bezeichnet wird. In seiner soziologischen Verwendung thematisiert das Landnahmetheorem die Tendenz kapitalistischer Gesellschaften, fortwährend nicht-kapitalistische Milieus zu okkupieren. Die Jahrzehnte vor dem Crash an den Weltfinanzmärkten 2007–2009 wurden von inneren wie äußeren Landnahmen „zweiter Ordnung" geprägt. Diese setzten an den Selbststabilisierungsmechanismen institutioneller Kapitalismen an. Sie zielten auf jene Bereiche, die durch organisierte Arbeitsbeziehungen und wohlfahrtsstaatliche Einbettung vor Marktmechanismen einigermaßen geschützt waren. Über eine Vielzahl feldspezifischer Bewährungsproben durchgesetzt, stärkten ihre Protagonisten, insbesondere große Unternehmen und der Staat, privatkapitalistische Eigentumsrechte, sie forcieren die Re-Kommodifizierung von zuvor dem Markt entzogenen Sektoren und Lebensbereichen und sie bewirken eine Unterordnung ökonomischer Aktivitäten unter die Regeln von liberalisierten Finanzmärkten und restriktiven Haushaltspolitiken. Der Modus Operandi dieser Landnahmen bedingte, dass die institutionelle Verknüpfung von abhängiger Beschäftigung mit einem Sozialeigentum, das kollektiver Statussicherung diente, aufgebrochen und Lohnarbeit schrittweise aus ihrer wohlfahrtsstaatlichen Einbettung herausgelöst wurde.[8] Diese Landnahme war und ist für die organisierten Arbeitsbeziehungen höchst folgenreich, denn sie unterminiert wichtige Quellen von Lohnarbeitsmacht.

Dies zu erkennen, erlaubt der *zweite* Baustein des Jenaer Ansatzes, der eine Systematisierung von Machtressourcen lohnabhängiger Klassen beinhaltet. Die eigens entwickelte Heuristik von Machtressourcen lässt sich für Analysen gewerkschaftlicher Erneuerungsprozesse nutzen. In einem allgemeinen Sinne bezeichnet Macht „jede Chance, innerhalb einer sozialen Beziehung, den eigenen Willen auch gegen Widerstreben durchzusetzen".[9] Lohnabhängigenmacht ist ihrem Ursprung nach eine heterodoxe Machtform, die sich in Relation zu den Machtressourcen dominanter kapitalistischer Akteure (Unternehmen, Wirtschaftsverbände, Staat) entfaltet. Ihre Anwendung setzt ein gemeinsames Interesse von Lohnabhängigen voraus, Asymmetrien in den Austauschbeziehungen von Kapital und Arbeit mittels kollektiver Erschließung besonderer Machtressourcen zu korrigieren oder zu überwinden. *Strukturelle Macht* von Lohnabhängigen erwächst aus einer besonderen Positionierung am Arbeitsmarkt oder im Produktionsprozess.

---

7   Dörre, Klaus (2017): Gewerkschaften, Machtressourcen und öffentliche Soziologie. Ein Selbstversuch. In: Österreichische Zeitschrift für Soziologie. 42 Jg., H. 2, S. 105-128.

8   Zuletzt: Dörre, Klaus (2019): Risiko Kapitalismus. Landnahme, Zangenkrise, Nachhaltigkeitsrevolution. In: Dörre, Klaus/Rosa, Hartmut/Becker, Karina/Bose, Sophie/Seyd, Benjamin (Hrsg.): Große Transformation? Zur Zukunft moderner Gesellschaften. Sonderband des Berliner Journals für Soziologie. Wiesbaden, S. 3-34.

9   Weber, Max. (1980 [1921]): Wirtschaft und Gesellschaft. Grundriss der verstehenden Soziologie. 5. revidierte Aufl. Tübingen, S. 28.

Labour unrest, sprich: Absentismus, Bummelei, Sabotage, spontane Aktionen bis hin zu situativen Empörungen, Revolten und Aufständen stellen Varianten struktureller Macht dar, die auch Gruppen ohne Spezialqualifikationen oder besondere Positionierung in Produktionsprozessen ausüben können.

Von diesen Ressourcen unterscheidet sich *Organisationsmacht*, die aus dem Zusammenschluss zu Gewerkschaften, Genossenschaften oder politischen Parteien entsteht. Sie erschöpft sich nicht in Organisationsgraden, sondern setzt Konfliktbereitschaft, Mobilisierungsfähigkeit und innere Bindung von Mitgliedern voraus. Anders als strukturelle Macht, die häufig spontan ausgeübt wird, ist Organisationsmacht auf eine bewusste, teilweise strategisch geplante Erschließung durch kollektive Akteure angewiesen. *Institutionelle Macht* fixiert und normiert Resultate von Aushandlungen oder Konflikten. Sie präformiert Handlungsstrategien von Betriebsräten, Gewerkschaften, Kapitalverbänden und politischen Akteuren, die auch dann noch als wahrscheinlich, naheliegend und verbindlich gelten, wenn sich gesellschaftliche Kräfteverhältnisse gravierend verändert haben. Gewerkschaften können institutionelle Ressourcen, die ihnen das Arbeitsrecht, die Mitbestimmung oder der Tarifvertrag bieten, selbst in Zeiten rückläufiger Organisationsmacht nutzen. Selbiges setzt voraus, dass die Lohnabhängigenorganisationen trotz nachlassender Bindefähigkeit seitens der dominanten kapitalistischen Akteure weiterhin als authentische Repräsentanten kollektiver Arbeitsinteressen akzeptiert werden.

Ob Lohnabhängigenmacht öffentlich anerkannt wird, hängt wesentlich von der Erschließung einer vierten Machtquelle ab, die in der Literatur wahlweise als *assoziierte, kommunikative* oder *gesellschaftliche* Macht bezeichnet wird.[10] Während die Kategorie der assoziierten Macht vor allem auf die Bündnisfähigkeit von Gewerkschaften und Lohnabhängigenorganisationen zielt, thematisiert kommunikative Macht die Diskursfähigkeit und den Kampf um kulturelle Hegemonie. Die Kategorie der gesellschaftlichen Macht sucht beiden Handlungsfeldern Rechnung zu tragen. In Zeiten der Digitalisierung, so lässt sich hinzufügen, ist der Klassenkampf mehr denn je auch ein Kampf um die „Kontrolle über die Öffentlichkeit" und die „Kontrolle über die Gemeingüter".[11] Die Pointe dieser Unterscheidung besteht darin, dass mit ihrer Hilfe Wechselbeziehungen zwischen Machtressourcen beschrieben werden können. Schwindet gewerkschaftliche Organisationsmacht, ist wahrscheinlich, dass dies früher oder später auch zu einer Infragestellung institutioneller Machtressourcen führen wird.

Um gewerkschaftliche Erneuerung auch in schwierigen Situationen untersuchen zu können, ist als ein *dritter* Baustein die Verbindung der Machtressourcen-Heuristik mit dem Paradigma einer organischen öffentlichen Soziologie hinzugekommen. Public Sociology beinhaltet den Versuch, die Interaktionen zwischen Wissenschaftler*innen und der Praxis auf eine neue Grundlage zu stellen. Im Unterschied zur traditionellen

---

10 Arbeitskreis Strategic Unionism (2013): Jenaer Machtressourcenansatz 2.0. In: Schmalz, Stefan und Dörre, Klaus (Hrsg.), S. 345–375.

11 Gorz, André (2004): Wissen, Wert und Kapital. Zur Kritik der Wissensökonomie. Zürich, S. 69 f.

Public Sociology agiert deren „organische" Variante in enger Verbindung mit Gegenöffentlichkeiten.[12] Auf diese Weise vermag sie Alltagswissen zu generieren, das sich Forscher*innen nur erschließt, wenn sie vertrauensvolle Beziehungen zu beherrschten sozialen Gruppen und Akteuren aufbauen können. Soziologische Forschung findet daher in unserem Fall in engem Austausch mit diversen gewerkschaftlichen Teilöffentlichkeiten, aber auch mit Aktivist*innen aus sozialen Bewegungen und anderen zivilgesellschaftlichen Organisationen statt. Kooperationen können auch mit kleineren Basisgewerkschaften, oppositionellen gewerkschaftlichen Strömungen, unkonventionellen Allianzen wie der Frauenstreikbewegung oder Protestbewegungen außerhalb der Gewerkschaften eingegangen werden. Ein solches Vorgehen ermöglicht es, privilegierte Zugänge zu verborgenen Wissensbeständen samt der darin angelegten Alltagskritik von Herrschaftsverhältnissen für Forschungen zu erschließen, um sie in bearbeiteter und verdichteter Form an die kooperierenden Teilöffentlichkeiten zurückzuspielen. Dies geschieht, ohne dass die Wissenschaftler*innen selbst zur Partei werden. Im optimalen Fall ist der Effekt ein doppelter. Die soziologischen Forschungen werden besser und interessanter. Zugleich erhält die alltägliche Sozialkritik durch wissenschaftliche Aufbereitung eine öffentliche Stimme, die umso heller zu erklingen vermag, je hochwertiger die ihr zugrunde liegenden Forschungen sind.

III Reformulierung: Quellen metabolischer Macht

Hans-Jürgen Urban hat den Jenaer Machtressourcenansatz in mehrfacher Hinsicht konzeptuell erweitert. Zu seinen Leistungen gehört, dass er den ursprünglichen Deutungsrahmen (finanzkapitalistische Landnahme) auf das Feld sozialstaatlicher Regulierung ausgedehnt und damit den aus der Wohlfahrtsstaatsforschung bekannten, skandinavischen Machtressourcentheoremen zu neuem Glanz verholfen hat.[13] Damit eng verbunden ist ein Transfer des Machtressourcenansatzes in die europäische Arena.[14] Hinzu kommt eine kluge Auseinandersetzung mit der wechselseitigen Abhängigkeit von wissenschaftlicher Sozialkritik einerseits und der gesellschaftlichen Relevanz von organisierten Arbeitsbeziehungen andererseits.[15] Auch der Begriff der kommunikativen

---

12 Burawoy, Michael (2015): Public Sociology. Öffentliche Soziologie gegen Marktfundamentalismus und globale Ungleichheit. Herausgegeben von Brigitte Aulenbacher und Klaus Dörre mit einem Nachwort von Hans-Jürgen Urban. Weinheim/Basel, S. 57.

13 Urban, Hans-Jürgen (2013): Der Tiger und seine Dompteure. Wohlfahrtsstaaten und Gewerkschaften im Gegenwartskapitalismus. Hamburg.

14 Urban, Hans-Jürgen (2018): Ausbruch aus dem Gehäuse der European Governance. Überlegungen zu einer Soziologie der Wirtschaftsdemokratie in transformatorischer Absicht, in: Berliner Journal für Soziologie Jg. 28, H. 1-2/2018, S. 91-122; https://doi.org/10.1007/s11609-018-0358-6).

15 Urban, Hans-Jürgen (2012): Sozialkritik und Gewerkschaften. Konturen einer schwierigen Beziehung, in: Dörre, Klaus/Sauer, Dieter und Wittke, Volker (Hrsg.): Kapitalismustheorie und Arbeit. Neue Ansätze soziologischer Kritik. Frankfurt a.M./New York, S. 421-445.

Macht ist von Hans-Jürgen Urban vorgeschlagen worden.[16] Es ist in höchstem Maße erstaunlich, dass dem Wissenschaftler-Gewerkschafter diese innovativen Arbeiten neben seiner eigentlichen Tätigkeit als hauptamtliches Mitglied der IG-Metall-Führungsspitze gelungen sind. Doch so kreativ diese Überlegungen auch sind – sie reichen nicht aus, um die Gewerkschaftsforschung auf der Grundlage eines in seinen Grundzügen unveränderten Machtressourcen-Konzepts weiter zu führen. Dies vor allem aus Gründen, die eng mit Veränderungen zusammenhängen, die alle genannten Bausteine des Jenaer Ansatzes betreffen.

Erstens verändert sich mit dem Kapitalismus auch der gesellschaftstheoretische Deutungsrahmen. Die expansive Landnahme-Dynamik hat eine ökonomisch-ökologische Zangenkrise ausgelöst, die mittlerweile das Herzstück auch der europäischen Industrie- und Wirtschaftsmodelle erreicht hat. Unter den Bedingungen dieser langwierigen Krise, deren Zentrum eine grundlegende Veränderung der Gesellschaft-Natur-Beziehungen bildet, wie sie im Begriff des Anthropozäns oder – kontrastierend – des Kapitalozäns anklingt, wird der alte industrielle Klassenkonflikt mehr und mehr zum sozialökologischen Transformationskonflikt. Beide Konfliktachsen verschwinden nicht, aber die Überlappungszonen werden größer. Das bedeutet auch: Gewerkschaften, die primär auf der Kapital-Arbeit-Achse agieren, können interessenpolitisch nicht mehr erfolgreich sein, ohne den ökologischen Gesellschaftskonflikt in ihre Überlegungen einzubeziehen.

Damit ist *zweitens* gesagt, dass sich eine Machtressourcentheorie nicht ausschließlich auf Lohnarbeit oder bezahlte Erwerbsarbeit beziehen darf. Das Gesellschafts-Natur-Verhältnis wird von Arbeit als lebensspendendem Prozess reguliert. Dazu gehören verschiedenste Tätigkeiten und Arbeitsvermögen jenseits der bezahlten Lohnarbeit – etwa die Eigenarbeit, die zweckfreie Tätigkeit in der Freizeit, die unbezahlten Sorgearbeiten, die Arbeit von Konsument*innen sowie die Koordinationsarbeit, die nötig ist, um die verschiedenen Lebensbereiche auszubalancieren. Zu diesem erweiterten Arbeitsbegriff passt das Konzept der metabolischen Macht. Es bezeichnet eine Machtform, die aus der Stellung bewusster Interessengruppen in der Reproduktion von Naturverhältnissen hervorgeht.

Strukturelle metabolische Macht gründet sich auf ursprüngliche Verfügungsrechte über Naturressourcen oder die Bodennutzung (beispielsweise Haus- und Grundstücksbesitz in einer Gemeinde, die einem Tagebau weichen soll) oder auf die Fähigkeit, wirtschaftliche Eingriffe in Naturverhältnisse über symbolische Aktionen und zivilen Ungehorsam zu skandalisieren (Castor-Blockaden, Besetzung von Förderbrücken im Braunkohlerevier, Proteste der Klimabewegung während der Internationalen Automobilausstellung). *Organisierte metabolische Macht* entsteht aus der Fähigkeit, sich zu sozialen Bewegungen (Fridays for Future, Ende Gelände), Interessenverbänden (BUND, NABU) oder Nichtregierungsorganisationen (Greenpeace) zusammen zu schließen, die auf der Achse des ökologischen Gesellschaftskonflikts agieren. Grün-

---

16 Gerst, Detlef/Pickshaus, Klaus und Wagner, Hilde (2011): Revitalisierung der Gewerkschaften durch Arbeitspolitik? In: Haipeter, Thomas und Dörre, Klaus (Hrsg.): Gewerkschaftliche Modernisierung. Wiesbaden, S. 163-163.

alternative Parteien verkörpern ebenfalls eine Variante organisierter metabolischer Macht. *Politisch-institutioneller* Machtmetabolismus konstituiert sich auf der Naturachse aus gesetzlichen Regelungen ebenso wie aus (halb-)staatlichen Formalisierungen naturbasierter Interessen (Umweltbundesamt, Umweltdezernate, SDGs). Wie Kapital und Arbeit benötigt auch die heterodoxe metabolische Macht Zugang zu (Gegen-) Öffentlichkeiten, um *diskursiv* wirken zu können. Die immer auch gesellschaftlich reproduzierte Natur konstituiert Lagen und Interessen, die ohne Öffentlichkeit durch entsprechende Interessenallianzen im politischen Raum unberücksichtigt bleiben.

Metabolische Macht kann mit Kapitalmacht, aber auch mit Lohnabhängigenmacht in Konflikt geraten. Akteure, die sich schon in ihrer ursprünglichen Ausrichtung sowohl auf die Klassen- als auch auf die Naturachse beziehen, sind in der Bundesrepublik ausgesprochen selten. Es gibt Organisationen wie die Naturfreunde, die sich als sozialistische Umwelt-, Kultur-, Freizeit- und Touristikorganisation verstehen und ihre Wurzeln in der Arbeiterbewegung des späten 19. Jahrhunderts haben. Ökosozialistische Gruppierungen bemühen sich ebenfalls, auf beiden Konfliktachsen präsent zu sein. Solch organisierte Brückenschläge spielen jedoch in den Transformationskonflikten der Gegenwart eine untergeordnete Rolle. Anders ist das bei Initiativen und Bewegungen, die unter gewerkschaftlicher Federführung bewusst auf eine Politisierung ökologischer Nachhaltigkeitsziele setzen. Hier wird organisierte Lohnarbeitsmacht gezielt eingesetzt, um ökologischen Nachhaltigkeitszielen gewerkschafts- und klassenpolitisch Nachdruck zu verleihen. Die jüngste ver.di-Tarifrunde im Öffentlichen Personennahverkehr (ÖPNV), die bewusst als klimapolitische Aktion angelegt war und einen gut ausgestatteten ÖPNV als Teil einer Nachhaltigkeitswende im Verkehr präsentierte, ist ein solches Beispiel. Solidaritätskomitees, die sich aus der Klimabewegung heraus in 25 Städten gebildet hatten, sind ein anderes Exempel, das Bündnisse auf der Grundlage metabolischer Machtressourcen anstrebt.

Die *dritte* Veränderung ergibt sich aus der neuen Rolle, die einer organischen öffentlichen Soziologie in der sozial-ökologischen Transformation zufällt. Die besondere gesellschaftliche Bedeutung von Gewerkschaften, die der Jenaer Machtressourcensatz hervorhebt, wurzelt letztendlich im Marx'schen Paradigma vom Proletariat als allgemeiner Klasse. Mit Löhnen, Arbeitsbedingungen und Arbeitszeiten werden, so die Implikation, letztendlich die Interessen dieser allgemeinen Klasse verteidigt. Ralf Dahrendorf, aufmerksamer soziologischer Beobachter des „demokratischen Klassenkampfs", hatte schon vor der Jahrtausendwende Zweifel an der Existenz dieser allgemeinen Klasse angemeldet:

> „Marx glaubte, die von der Bourgeoisie geprägte Gesellschaft sei die erste, in der die unterdrückte Klasse […] die herrschende Minderheit von ihrem Sockel stoßen könne. In gewisser Weise ist das genaue Gegenteil geschehen […]. Jedenfalls haben die meisten Lebenschancen entdeckt, von denen ihre Eltern und Großeltern kaum zu träumen wagten. Aber sie sind keineswegs sicher, dass die guten Zeiten für immer andauern werden. So fangen sie an, Grenzen zu ziehen, die einige draußen in der Kälte lassen. Wie frühere herrschende Klassen vor ihnen haben sie alle möglichen Gründe für solche Grenzziehungen; auch sind sie bereit, diejenigen hereinzulassen, die ihre Werte akzeptieren und praktizieren. Überdies argumentieren sie im Brustton der Überzeugung, wenn auch nicht sehr überzeugend, daß

es Klassenschranken nicht mehr geben sollte. Sie wollen sie beseitigt sehen; aber sie sind nicht bereit zu tun, was nötig ist, um sie zu beseitigen."[17]

Dahrendorfs Diagnose vereinseitigt. Ein wahrer Kern ist ihr dennoch nicht abzusprechen. Eine organische öffentliche Soziologie, die nach Auswegen aus der Zangenkrise sucht, wird sich daher nicht mehr allein auf die Sozialkritik von Arbeiter- und Gewerkschaftsbewegungen beziehen können. Sie benötigt ein universelleres normatives Fundament, um transformierende von lediglich konservierenden Interessenpolitiken unterscheiden zu können. Die 17 von den Vereinten Nationen beschlossenen Sustainable Development Goals, die sowohl soziale als auch ökologische Nachhaltigkeitsziele beinhalten, könnten, aller Widersprüchlichkeit und Unverbindlichkeit zum Trotz, ein solches Fundament bilden.

IV Die Utopie betrieblicher Klimastreiks

Was bedeuten die Veränderungen für eine Reformulierung des Jenaer Machtressourcenansatzes? Ohne Anspruch auf Vollständigkeit lassen sich doch einige zukunftsträchtige Vorhaben benennen. Zunächst dürfte es sinnvoll sein, die Quellen von Lohnarbeits- und metabolischer Macht im Rahmen einer erneuerten Klassentheorie moderner kapitalistischer Gesellschaften zu betrachten. An die Stelle einer bloßen Betrachtung von Klassenkonflikten muss die Analyse sozial-ökologischer Transformationskonflikte treten. In diesen Konflikten geht es nicht mehr nur um die Größe des Kuchenstücks, das zu verteilen ist, sondern auch um dessen Rezeptur, die Zutaten, das Backverfahren, den Geschmack – und letztendlich um die gesamte Bäckerei. Zwar kann von einer Konvergenz der sozialen und der ökologischen Konfliktachse nicht die Rede sein, die Auseinandersetzungen zwischen Kapital und Arbeit einerseits und um die Regulation gesellschaftlicher Naturverhältnisse andererseits entwickeln sich noch immer eigendynamisch, doch die Überlappungszonen zwischen beiden Konfliktachsen werden größer. Selbst in einer tiefen Rezession lassen sich Maßnahmen wie die einer Kaufprämie für auf Halde stehende PKW, die noch während der globalen Finanzkrise als unverzichtbar galten, nicht mehr durchsetzen. Umgekehrt bedeutet dies, dass sich auch gewerkschaftliche Beschäftigungssicherungs-, Verteilungs- und Interessenpolitik im Kontext der im Gange befindlichen sozial-ökologischen Transformation verorten muss, um gesellschaftlich mit Unterstützung rechnen zu können.

Sich dies einzugestehen, bedeutet in einem weiteren Schritt, das Hauptaugenmerk auf solche Konflikte, Allianzen und Bündnisse zu richten, die das Gemeinsame von Gewerkschafts-, ökologischen und Klimabewegungen in den Mittelpunkt stellen. Auszuloten ist, ob und auf welchen Feldern ein *climate turn* der Gewerkschaften und ein *labour turn* der ökologischen Bewegungen gelingen kann, um in Gang zu setzen, was allein eine Überwindung der Zangenkrise mit sich bringen kann – eine soziale und

---

17 Dahrendorf, Ralf (1994): Der moderne soziale Konflikt. Essay zur Politik der Freiheit, München, S. 227 f.

ökologische Nachhaltigkeitsrevolution. Eine entsprechend ausgerichtete Forschungsstrategie legt nahe, auch die Transformationsziele in die Analyse einzubeziehen. Dabei geht es vor allem um gesellschaftliche Machtressourcen, um Bündnis- und Kommunikationsfähigkeit. In Anwendung des von Hans-Jürgen Urban geprägten Begriffs der Mosaiklinken plädiert beispielsweise der Gewerkschafter Dierk Hirschel für „ein breites gesellschaftliches Bündnis", das einen sozial-ökologischen Umbau anstreben soll.[18]

> „Gewerkschaften, Umwelt- und Sozialverbände, soziale Bewegungen, Sozialdemokratie, B 90/Die Grünen und die Linke eint inhaltlich mehr, als sie trennt. Allein verfügt keiner dieser Akteure über die Ressourcen, eine sozial-ökologische Transformation durchzusetzen. Deswegen sind sie alle gut beraten zusammenzuarbeiten",

fügt der ehemalige ver.di-Vorsitzende Frank Bsirske hinzu.[19]

Hirschl und Bsirske haben recht. Die längst überfällige Wende zur Nachhaltigkeit lässt sich nur mit neuen Allianzen, durch Ausbau von Bündnisbeziehungen der Gewerkschaften zu ökologischen und Klimaschutz-Bewegungen wie Fridays for Future, also mittels Ausbaus gesellschaftlicher und diskursiver Machtressourcen auch der Gewerkschaften erreichen. Wird dieser Weg konsequent beschritten, kann er, ähnlich wie etwa im Gefolge der 1968er-Bewegungen, zur Stärkung von gewerkschaftlicher Organisationsmacht beitragen. Konfliktfähige Gewerkschaften haben solch belebende Impulse aus den Klimaschutzbewegungen jedenfalls bitter nötig; auch die Umwelt- und Klimabewegungen würden ebenfalls profitieren, wenn sie soziale Nachhaltigkeit stärker als bisher zum ureigenen Thema machen würden.

Ob dergleichen gelingt, ist auch eine Forschungsfrage. Für die Industriegewerkschaften ist es schon ein Fortschritt, dass sie nicht mehr für eine Korrektur europäischer Emissionsziele nach unten eintreten. Der Aufruf des ver.di-Vorsitzenden Bsirske an die Mitglieder seiner Organisation, sich mit eigenen Aktionen am Klimastreik von Fridays for Future zu beteiligen, geht einen deutlichen Schritt weiter. Noch besser wäre es freilich, wenn in Sachen Klimawandel und Klimagerechtigkeit möglichst rasch Streikfähigkeit in Betrieben hergestellt würde. Betriebliche Streiks für Klimagerechtigkeit sind gegenwärtig eine Utopie. Gewerkschaftsforschung, verstanden als organische *Public Sociology* sozial-ökologischer Nachhaltigkeit, kann untersuchen, was deren Realisierung blockiert, aber auch, welche Schritte zu gehen sind, um solche Formen der Machtausübung eines Tages zu verwirklichen.

---

18 Hirschl, Dierk (2020): Das Gift der Ungleichheit. Wie wir die Gesellschaft vor einem sozial und ökologisch zerstörerischen Kapitalismus retten können. Bonn, S. 211.
19 Bsirske, Frank (2020): Vorwort. In: ebd., S. 8.

Jörg Köhlinger / Jakob Habermann
Das politische Mandat der Gewerkschaften im 21. Jahrhundert: Ein Zwischenruf zur Debatte

Helmut Kohl – seinerzeit noch Ministerpräsident von Rheinland-Pfalz und Vorsitzender der CDU – verstieg sich im Jahr 1974 in einer Rede anlässlich des 25-jährigen Bestehens des Deutschen Gewerkschaftsbundes zu der Aussage, die Stärke der Gewerkschaften beruhe „in der weisen Selbstbeschränkung ihrer Aufgaben".[1] Die Reaktionen der Anwesenden auf dieses – wenn man so möchte – christdemokratische Gewerkschaftsverständnis sind nicht überliefert. Es ist aber davon auszugehen, dass sie nicht allzu positiv ausfielen. Denn Kohl redet mit dieser Konzentration auf das – nach seiner Meinung – „Wesentliche" einer Selbstbeschränkung das Wort, die Wesentliches ausklammert, schließlich sind alle gewerkschaftlichen Handlungsfelder – einschließlich der Tarif- und Betriebspolitik – in gesellschaftliche Machtverhältnisse eingebettet und können nicht losgelöst von diesen betrachtet werden.

Gesellschaftliche Debatten, Entwicklungen und Prozesse haben stets auch Auswirkungen auf das gewerkschaftliche Handeln im Betrieb. Eine Gewerkschaft, die es unterlässt, Einfluss auf die gesellschaftlichen Rahmenbedingungen zu nehmen, wird die Interessen ihrer Mitglieder daher auch auf betrieblicher Ebene nur unzureichend vertreten können.[2] An der Wahrnehmung des politischen Mandats führt daher für die Gewerkschaften kein Weg vorbei.

Mit dem politischen Mandat und dessen Reichweite verbinden sich jedoch unterschiedliche – zum Teil auch divergierende und konträre – Vorstellungen, Haltungen und Konzepte. Was das politische Mandat der Gewerkschaften im Kern ausmacht, auf welche Politikfelder und Forderungen es sich beziehen oder auch nicht beziehen und welche Reichweite es haben sollte, kann daher durchaus als strittig bezeichnet werden.

Der vorliegende Beitrag setzt sich thesenartig und eher fragmentarisch als mit Anspruch auf Vollständigkeit mit der Frage auseinander, was charakteristisch für ein dezidiert linkes Verständnis des politischen Mandats sein könnte. Der Konjunktiv „könnte" wurde bewusst gewählt, da auch der Begriff „links" bekanntermaßen aufnahmefähig für unterschiedliche – ja sogar gegensätzliche – Positionen ist, weshalb

---

1 Kohl, Helmut (1974): Die Stellung der Gewerkschaften in Staat und Gesellschaft, in: Gewerkschaftliche Monatshefte, 25 (1974), H. 10, S. 628.
2 Vgl. Hans-Jürgen Urban (2015): Mosaik-Linke in Beutelsbach. Das politische Mandat der Gewerkschaften, in: Dieter Knauß (Hrsg.): Debattenkultur jenseits von Gremien. 25 Jahre Mosaik-Linke in Beutelsbach: Das Walter Kuhn Forum, S. 72.

wir gar nicht erst den Eindruck entstehen lassen wollen, es könnte in diese Sache ein absoluter Wahrheitsanspruch geltend gemacht werden.

Aspekte einer Positionsbestimmung

Auch wenn das interessen- und machtpolitische Selbstverständnis nicht an den Grenzen der Kohl'schen Selbstbeschränkung enden soll, bleibt die Frage nach zentralen Elementen, die eine „Selbstmandatierung und Reformulierung"[3] des politischen Mandats umfassen könnte. Aus unserer Sicht sollten dabei folgende Aspekte beachtet werden:

Organisationsmacht ist nicht alles, aber ohne Organisationsmacht ist alles nichts

Gewerkschaften sind als politische Mitgliederorganisationen vom Einsatz und von den Beiträgen ihrer Mitglieder abhängig. Das ist eine Binsenweisheit, aber trotzdem nicht trivial. Der Einfluss in den verschiedenen politischen Arenen – und damit auch die wirksame Wahrnehmung des politischen Mandats – sind entscheidend davon abhängig, ob wir in unserem zentralen Handlungsort, dem Betrieb, stark und handlungsfähig sind. Die Verankerung in den Betrieben bildet gewissermaßen das Faustpfand, um sich wirksam Gehör verschaffen zu können. Denn „ohne die Fähigkeit zur autonomen Mobilisierung von Machtressourcen bleiben politische Einflussmöglichkeiten immer geliehen".[4]

(Groß-)Organisationen, deren eigene Basis erodiert, enden im politischen Kräftespiel in etwa so wie die Episoden in Cervantes Don Quichotte: als glanz- und erfolgslose „Ritter von trauriger Gestalt". Völlig losgelöst von der Frage, ob man Gewerkschaften als systemimmanente „Friedenswächter des Bestehenden" (Helga Grebing) oder als gesellschaftliche Gegenmacht begreift: die Mitgliederfrage – der Aufbau neuer und die Festigung bestehender gewerkschaftlicher Strukturen in den Betrieben und, nicht zuletzt, die Gewinnung von Mitgliedern – sind elementare Voraussetzungen, um politisch wirksam sein zu können. Für die Durchsetzung eines politischen Mandates, das auch auf die Veränderung gesellschaftlicher Strukturen abzielt, gilt dies erst recht. Wer im Bereich der Betriebs-, Tarif- und Organisationspolitik Federn lässt, der wird auch gesellschaftspolitisch nur wenig bewirken können.

Beteiligung statt Stellvertretung

In vielen Belegschaften und Betriebsratsgremien wird Verantwortung noch immer gerne an diejenigen delegiert, die in der ersten Reihe stehen: an die Betriebsratsspitzen und an die hauptamtlichen Vertreter der IG Metall. Diese klassische Stellvertreterpolitik

---

3 Hans-Jürgen Urban (2013): Der Tiger und seine Dompteure. Wohlfahrtsstaat und Gewerkschaften im Gegenwartskapitalismus, Hamburg, S. 194.

4 Hans-Jürgen Urban (2010): Niedergang oder Comeback der Gewerkschaften, in: Aus Politik und Zeitgeschichte, H. 13-14/2010, S. 4.

wurde zum Teil über Jahrzehnte eingeübt und praktiziert. Sie ist für die Mehrzahl der Beteiligten überaus bequem und zeitigte in der Vergangenheit durchaus auch Erfolge. Dieses traditionelle Vertretungsmodell stößt jedoch zunehmend an Grenzen. Die Erfahrungen aus zahlreichen kleinen und größeren betrieblichen Auseinandersetzungen zeigen: Wenn es gelingt, Belegschaften wirksam an Entscheidungsprozessen zu beteiligen und aus Beobachtern Beteiligte zu machen, kann dies Handlungsspielräume erweitern. Zudem wird Gewerkschaft in solchen kollektiven Momenten für Mitglieder und Noch-nicht-Mitglieder unmittelbar erfahr- und erlebbar. Zugleich stärken solche Prozesse auch die politische Mündigkeit und Autonomie der Beschäftigten.

Schlussfolgerungen wären: Passivität durch offensiv ausgetragene Konflikte in Aktivierung und Mobilisierung überführen und im Zuge dessen Beteiligungsansätze weiter ausbauen. Gewerkschaft noch stärker als Bewegung denken. Sich weniger „kümmern", sondern Kolleginnen und Kollegen – wo immer möglich – zum eigenen Handeln ermächtigen: ein solches Verständnis von gewerkschaftlicher Arbeit im Betrieb ist – zugegebenermaßen – ambitioniert, aber nach unserer Auffassung vorwärtsweisend.[5]

Partei ergreifen ohne Partei zu werden

Die Abendrothsche Warnung an die Gewerkschaften, „weder selbst politische Partei zu werden, noch sich mit einer Partei voll zu identifizieren"[6], hat noch immer ihre Berechtigung und leitet sich für uns folgerichtig aus dem Prinzip der Einheitsgewerkschaft ab. Der Ausspruch Abendroths steht dabei nicht in Widerspruch zur korporatistischen Einflussnahme auf die politischen Entscheider. Es besteht kein Anlass, die Reichweite von Gewerkschaften zu überschätzen und einer ausschließlichen Orientierung auf soziale Mobilisierung und Protestpräsenz das Wort zu reden; das Wirken im parlamentarischen und im außerparlamentarischen Raum sollte in einem ausgewogenen Verhältnis zueinander stehen. Wir sehen Gewerkschaften in der Rolle eines konstruktiven Vetospielers, der sich bietende Einflusskanäle im Bewusstsein dafür nutzt, dass es sich hierbei um eine fragile Form der Politikbeeinflussung handelt, deren Erfolgsaussichten eingeschränkt sind.[7]

---

5 Dass die Besinnung auf die Selbstinitiative und Selbstorganisation mitgliederwirksam ist, zeigte sich in Nordamerika bereits in den 1980er Jahren. Dort gelang es der „Service Employees International Union" (SEIU) unter Führung von John Sweeney mit einem solchen Ansatz gegen den generellen Trend zu wachsen. Siehe: Kim and Rachel Sherman (2000): Breaking the Iron Law of Oligarchy: Union Revitalization in the American Labor Movement, American Journal of Sociology 106 (2).

6 Wolfgang Abendroth (1975): Arbeiterklasse, Staat und Verfassung. Materialien zur Verfassungsgeschichte und Verfassungstheorie der Bundesrepublik, S. 43.

7 Zum Begriff des „konstruktiven Vetospielers" siehe: Hans-Jürgen Urban (2010): Niedergang oder Comeback der Gewerkschaften, in: Aus Politik und Zeitgeschichte, H. 13-14/2010, S. 5.

Internationale Solidarität und Antirassismus

Angesichts der internationalen Verflechtung von Unternehmen, Märkten und Kapitalströmen darf sich das politische Mandat der Gewerkschaften nicht auf den Nationalstaat fixieren, sondern muss darüber hinaus gehen. Denn der Ausbau und die Verteidigung sozialer Rechte und die gerechte Verteilung von Wirtschaftsgütern lassen sich nur global erreichen. Die internationale Solidarität und das konsequente Eintreten gegen alle Formen von Rassismus, sind für das politische Mandat daher mehr denn je von fundamentaler Bedeutung.

Sozialstaatliche Flankierung

Sozialpolitische Fragen spielen bei der erfolgreichen Wahrnehmung des politischen Mandats eine entscheidende Rolle. Da im sozialpolitischen Feld über zentrale Fragen der "sozialen Reproduktion der Arbeitskraft" entschieden wird, wäre es fatal, in diesem Bereich auf eine aktive Interessenpolitik zu verzichten.[8] Wir verstehen die IG Metall in diesem (wie auch in allen anderen Feldern) als eine gesellschaftspolitische Gestaltungsmacht, und nicht als eine Instanz, die, wie Detlef Hensche es einmal beschrieb, „unbeweglich und betonköpfig" an sozialpolitischen Vorstellungen aus der industriellen Welt von vorgestern festhält.[9] Nicht nur verteidigen, sondern eigene Konzepte für die Zukunft des Sozialstaats vorlegen und dabei eine Balance zwischen „Verteidigung, Fortentwicklung und Veränderung"[10] finden – das wird der Sozialpolitik als gewerkschaftlicher Kernaufgabe gerecht. Konstitutiv hierfür ist ein Sozialstaatsverständnis, dass – dem Sozialstaatsgebot des Grundgesetzes folgend – der sozialstaatlichen Regulierung gegenüber der Vertariflichung des Sozialstaatlichen prinzipiell den Vorzug gibt.[11] Mit dem Rentenkonzept und den Überlegungen für eine solidarische Bürgerversicherung zeigt die IG Metall, wie die Sozialversicherungssysteme langfristig gestärkt werden können. Kerngedanke ist in beiden Fällen eine Universalisierung

---

8 Vgl. Hans-Jürgen Urban/Christoph Ehlscheid (2016): Sozialpolitik als Gesellschaftspolitik. Anmerkungen zum politischen Mandat der Gewerkschaften, in: dies.: Das (sozial)politische Mandat der Gewerkschaften. Horst Schmitthenner zum 75. Supplement der Zeitschrift „Sozialismus", S. 2 f.

9 Detlef Hensche, zitiert nach: Klaus Mehrens (2004): Die IG Metall zwischen Tradition und Moderne: Eine Standortbestimmung, in: Jörg Köhlinger/Klaus Mehrens (Hrsg.): Die IG Metall im Aufbruch? Beiträge zur gewerkschaftlichen Standort- und Kursbestimmung, S. 15.

10 Bäcker, Gerhard (2004): Bewahren, ausbauen, neu konzipieren? Das Ringen um den Sozialstaat als gewerkschaftliche Utopie, in: Köhlinger, Jörg/Mehrens, Klaus (Hrsg.): Die IG Metall im Aufbruch? Beiträge zur gewerkschaftlichen Standort- und Kursbestimmung, S. 72.

11 Kritisch zum Trend der Vertariflichung der Sozialpolitik Fröhler Norbert/Fehmel, Thilo: Tarifsozialpolitik im transformierten Sozialstaat: Entwicklung, Stand und Perspektiven, in: Industrielle Beziehungen 4/2020, S. 389-414.

von Beitragspflicht und Leistungsansprüchen.[12] Die sich abzeichnenden finanziellen Defizite der Sozialversicherungen im Zuge der Corona-Pandemie dürfen nicht dazu führen, dass die Schutzwirkung der Sozialversicherungssysteme eingeschränkt wird. Hier wird Widerstand angezeigt sein.

Nachhaltigkeit und Ökologie

Die ökologische Frage spielt in den Debatten der IG Metall schon seit Längerem eine Rolle.[13] Angesichts der besorgniserregenden klimatischen Entwicklungen und sich abzeichnender planetarer Grenzen, stellt sich die Frage nach der sozialen und ökologischen Verantwortbarkeit von Produkten und Herstellungsprozessen jedoch mit neuer Dringlichkeit. Ein Wachstum um jeden Preis, ein fossiles Weiter-so, verbietet sich.

Dieser Befund stellt die IG Metall als Industriegewerkschaft vor erhebliche Herausforderungen. Die gute Beschäftigungsentwicklung der Metall- und Elektroindustrie in den Jahren 2011-2018 und die damit einhergehende positive Mitgliederentwicklung der IG Metall hätte es ohne eine der längsten Wachstumsphasen der Nachkriegsära vermutlich nicht gegeben. Gleiches gilt für die im selben Zeitraum erzielten Tarifabschlüsse, die ohne die wachstumsbedingten Verteilungsspielräume kaum vorstellbar gewesen wären. Zugleich war industrielles Wachstum bislang immer auch eine wichtige Determinante für das Steueraufkommen der öffentlichen Hand und damit auch für die Bereitstellung der sozialen Infrastruktur.

Trotz aller Widrigkeiten: Eine Debatte über den ökologischen Umbau der Industrieproduktion ist nötig. Es bedarf eines neuen Entwicklungs- und Wachstumsmodells, welches das bislang vorherrschende Wachstumsparadigma in Frage stellt, ohne dabei die berechtigten sozialen Interessen der Beschäftigten aus den Augen zu verlieren oder einer Deindustralisierung das Wort zu reden.[14] Der bisher strukturprägende Klassenkonflikt wandelt sich sukzessive zu einem sozial-ökologischen Transformationskonflikt.[15] Wenn der Status und die materielle Sicherheit der Beschäftigten im Zuge dieser Auseinandersetzung nicht gesichert werden, wird dies erhebliche Verwerfungen nach sich ziehen. Zugleich sind gesellschaftliche Mehrheiten für einen ökologischen Umbau der Industrie ohne die Einbeziehung von Gewerkschaften und Beschäftigten illusorisch.

---

12 Vgl. Urban, Hans Jürgen/Ehlscheid, Christoph (2020): Grenzen und Potenziale eines sozialpolitischen Kernbegriffs, in: Aus Politik und Zeitgeschichte, H. 52–53/2020, S. 29.

13 Erinnert sei beispielhaft an die 1992 stattgefundene verkehrspolitische Konferenz der IG Metall mit dem Deutschen Naturschutzring.

14 Vgl. Hofmann, Jörg (2020): Corona oder: Die Krise als Chance für eine sozial-ökologische Transformation, in: Blätter für deutsche und internationale Politik 9/2020, S. 99.

15 Vgl. Dörre, Klaus (2020): Gesellschaft in der Zangenkrise. Von der Klassen- zum sozial-ökologischen Transformationskonflikt, in: Dörre, Klaus/Holzschuh, Madeleine/Köster, Jakob/Sittel, Johanna (Hrsg.): Abschied von Kohle und Auto? Sozial-ökologische Transformationskonflikte um Energie und Mobilität (2020), S. 24.

Schon Brechts Peachum wusste: „Wir wären gut, anstatt so roh, doch die Verhältnisse, die sind nicht so."[16] In den Unternehmenszentralen spielen kurzfristige Renditeinteressen eine (deutlich) größere Rolle als der sozial-ökologische Umbau der Industrie. Zu übertriebenem Gestaltungsoptimismus besteht daher kein Anlass. Wenn die Umgestaltung gelingen und die Interessen der Beschäftigten gesichert werden sollen, wird dies organisierten Widerstand erforderlich machen.

Die praktische Dimension: Solidarisch in die Offensive

Im IG Metall Bezirk Mitte bündeln wir unsere Aktivitäten unter dem Motto „Solidarisch in die Offensive". Der Offensivbegriff mag im ersten Moment irritieren und an das sprichwörtliche Pfeifen im Walde erinnern, schließlich befinden wir uns unbestritten in einer Defensivsituation. Unternehmen geraten in wirtschaftliche Schieflagen, versuchen Produktionslinien zu verlagern, Standorte zu schließen und tarifliche Bedingungen sowie Arbeitsschutzstandards zu verschlechtern. Auseinandersetzungen um abweichende Tarifregelungen, Massenentlassungen, Betriebsschließungen, gar Insolvenzen ganzer Unternehmen sind die Folge.

Das Narrativ „Solidarisch in die Offensive" ist trotzdem bewusst gewählt, denn ob wir gestärkt oder geschwächt aus der Krise hervorgehen, ist noch nicht ausgemacht und liegt – nicht zuletzt – auch an uns. Denn durch betrieblichen Druck ist es an vielen Stellen gelungen, vorgefasste Entscheidungen der Kapitalseite zu revidieren. Dazu bedarf es einer konfliktfähigen Betriebspolitik, die Mitbestimmungsrechte offensiv nutzt und auf einem Solidaritätsanspruch fußt, der alle Beschäftigtengruppen einschließt.[17]

Es muss außerdem auch (und gerade) in einer Defensivsituation möglich sein, über eine offensive Reformperspektive und weitergehende Ziele zu sprechen. Wir denken hierbei vor allem an die verschiedenen Konzepte der Wirtschaftsdemokratie und an den Ausbau der Betriebs- und Unternehmensmitbestimmung. In Anbetracht des Wandels der Arbeitswelt und der vielfältigen Herausforderungen, mit denen unsere Interessensvertreter tagtäglich konfrontiert sind, wirkt das Betriebsverfassungsgesetz – dessen letzte kosmetische Reform nunmehr 20 Jahre zurückliegt – geradezu aus der Zeit gefallen. Insbesondere erweiterte Mitbestimmungsrechte der Betriebsräte bei der Personalbedarfsplanung und der Ausbau der Mitbestimmung von Betriebsräten bei Betriebsänderungen würden uns in den aktuellen Abwehrkämpfen und bei der Bewältigung der Transformation enorm helfen. In den Aufsichtsräten verhindert die ungleiche Machtverteilung zugunsten der Kapitalvertreter eine wirksame Durchsetzung der Interessen der Beschäftigten. Das Doppelstimmrecht für Aufsichtsratsvorsitzende

---

16 Brecht, Bertolt (1955): Die Dreigroschenoper, Stücke, Band 3, S. 61.
17 Siehe hierzu: Jörg Köhlinger/Jakob Habermann (2020): Was kommt nach der Pandemie? Herausforderungen für die gewerkschaftliche Betriebs-, Tarif- und Organisationspolitik der IG Metall, in: WSI-Mitteilungen 73 (6), S. 508-512.

in Aktiengesellschaften gehört daher auf den Prüfstand. Gerade bei Standortentscheidungen reicht es nicht aus, nur nach den Interessen der Aktionäre zu handeln.

Eine Offensive, die ihren Namen verdient, kann sich jedoch nicht nur auf die Demokratisierung von betrieblichen und wirtschaftlichen Entscheidungsvorgängen beschränken, sondern muss zugleich auch der ungleichen Verteilung von Einkommen, Vermögen und letztlich auch Lebenschancen entgegenwirken. Kurzum: es geht um eine progressive Gewerkschaftspolitik, die nicht weniger als eine umfassende Demokratisierung von Wirtschaft und Gesellschaft zum Ziel hat. Das mag hochfliegend, möglicherweise auch utopisch erscheinen. Aber vielleicht liegt genau darin ein Teil des Problems: Den fortschrittlichen gesellschaftlichen Kräften scheint angesichts der vielgestaltigen Herausforderungen der Gegenwart der utopische Überschuss ein Stück weit abhandengekommen zu sein. Utopien bilden jedoch „die Kraftquellen politischen Handelns" (Oskar Negt). Auch Ernst Bloch stritt für utopisches Denken und appellierte an das „Träumen nach Vorwärts".

Wir glauben, dass Gewerkschaften und soziale Bewegungen auf eine Gesellschaftsutopie nicht verzichten können. Ohne Visionen und ohne grundlegende Debatten über die Veränderung gesellschaftlicher Strukturen, wird sich auch das pragmatische Alltagsgeschäft nicht bewältigen lassen.[18] Anknüpfend an Blochs Philosophie der „konkreten Utopie" kann utopisches Denken allerdings nur dann „konkret" werden, wenn sie die objektiv-realen Verhältnisse nicht aus den Augen verliert.

Ausblick: Bündnispolitik als gesellschaftspolitische Schlüsselressource

Gesellschaftsverändernde Konzepte mit kapitalismuskritischem Impetus lassen sich nicht am Reißbrett konzipieren. Unstrittig ist sicherlich auch, dass politische Lobbyarbeit bei der Verwirklichung eines weitgehenden Reformprogramms schnell an Grenzen stoßen würde. Die leidvollen Erfahrungen während der Kohl-Ära zeigen indes auch, dass eine außerparlamentarische Einflussnahme, die allein auf unsere eigene Kraft und auf die „Straße" als Mittel der Politikbeeinflussung setzt, nicht zwangsläufig Erfolge mit sich bringt. In Anbetracht der gesellschaftlichen Kräfteverhältnisse wird sich eine ambitionierte politische Agenda ohne Bündnisse und Kooperationen mit sozialen Bewegungen kaum verwirklichen lassen.[19] Ein politisches Mandat im eingangs skizzierten Sinne, muss solche Bündniskonstellationen und den Ausbau der Bewegungs- und Konfliktorientierung daher mitdenken. Denn es fehlt nicht an Alternativen, sondern an Mehrheiten für solche alternativen Konzepte.

---

18 Vgl. Strasser, Johano (2004): Welche Visionen und Utopien braucht die IG Metall? Geschichte und Aktualität einer gesellschaftskritischen Orientierung, in: Köhlinger, Jörg/ Mehrens, Klaus (Hrsg.): Die IG Metall im Aufbruch? Beiträge zur gewerkschaftlichen Standort- und Kursbestimmung, S. 53.

19 Verwiesen sei in diesem Zusammenhang auf die nicht zuletzt von Hans-Jürgen Urban angestoßene Debatte um die Konstituierung einer „Mosaiklinken".

Literatur

Abendroth, Wolfgang (1975): Arbeiterklasse, Staat und Verfassung. Materialien zur Verfassungsgeschichte und Verfassungstheorie der Bundesrepublik.

Bäcker, Gerhard (2004). Bewahren, ausbauen, neu konzipieren? Das Ringen um den Sozialstaat als gewerkschaftliche Utopie, in: Köhlinger, Jörg/Mehrens, Klaus (Hrsg.): Die IG Metall im Aufbruch? Beiträge zur gewerkschaftlichen Standort- und Kursbestimmung, S. 68-79.

Brecht, Bertolt (1955): Die Dreigroschenoper, Stücke, Band 3.

Dörre, Klaus (2020): Gesellschaft in der Zangenkrise. Von der Klassen- zum sozial-ökologischen Transformationskonflikt, in: Klaus Dörre, Madeleine Holzschuh, Jakob Köster, Johanna Sittel (Hrsg.): Abschied von Kohle und Auto? Sozial-ökologische Transformationskonflikte um Energie und Mobilität, S. 23-69.

Hofmann, Jörg (2020): Corona oder: Die Krise als Chance für eine sozial-ökologische Transformation. Blätter für deutsche und internationale Politik. 2020, 9/2020, S. 94-100.

Kohl, Helmut (1974): Die Stellung der Gewerkschaften in Staat und Gesellschaft, in: Gewerkschaftliche Monatshefte 10, S. 621-629.

Köhlinger, Jörg/Habermann, Jakob (2020): Was kommt nach der Pandemie? Herausforderungen für die gerwerkschaftliche Betriebs-, Tarif- und Organisationspolitik der IG Metall, in: WSI-Mitteilungen 73 (6), S. 508-512.

Mehrens, Klaus (2004): Die IG Metall zwischen Tradition und Moderne: Eine Standortbestimmung, in: Köhlinger, Jörg/Mehrens, Klaus (Hrsg.): Die IG Metall im Aufbruch? Beiträge zur gewerkschaftlichen Standort- und Kursbestimmung, S. 15-20.

Strasser, Johano (2004): Welche Visionen und Utopien braucht die IG Metall? Geschichte und Aktualität einer gesellschaftskritischen Orientierung, in: Köhlinger, Jörg/Mehrens, Klaus (Hrsg.): Die IG Metall im Aufbruch? Beiträge zur gewerkschaftlichen Standort- und Kursbestimmung, S. 51-59.

Urban, Hans-Jürgen (2010): Niedergang oder Comeback der Gewerkschaften, in: Aus Politik und Zeitgeschichte, S. 13-14.

– (2015): Mosaik-Linke in Beutelsbach. Das politische Mandat der Gewerkschaften, in: Knauß, Dieter (Hrsg.): Debattenkultur jenseits von Gremien. 25 Jahre Mosaik-Linke in Beutelsbach: Das Walter-Kuhn-Forum, S. 71-74.

Urban, Hans-Jürgen/Ehlscheid, Christoph (2016): Sozialpolitik als Gesellschaftspolitik, in: dies.: Das (sozial)politische Mandat der Gewerkschaften. Horst Schmitthenner zum 75. Supplement der Zeitschrift „Sozialismus", S. 1-11.

– (2020): Generationengerechtigkeit Grenzen und Potenziale eines sozialpolitischen Kernbegriffs. Aus Politik und Zeitgeschichte, S. 52-53.

Voss, Kim/Sherman, Rachel (2000): Breaking the Iron Law of Oligarchy: Union Revitalization in the American Labor Movement, in: The American Journal of Sociology 106 (2), S. 303-349.

Dieter Knauß / Otto König / Gerhard Wick

Debatten und Anstöße „jenseits von Gremien"

Der Ton zwischen der IG Metall und dem Arbeitgeberverband Gesamtmetall wird rauer. Zwar wird die „Sozialpartnerschaft" noch als Modell industrieller Beziehungen beschworen, doch das „goldene Jahrzehnt" ist vorbei. Es ist eine Zeitenwende, die sich gegenwärtig auf verschiedenen Ebenen vollzieht. Mit Wucht hat sich die ökonomische Krise – verschärft durch die Corona-Pandemie – nach einem Jahrzehnt zurückgemeldet. Welch ein Unterschied: In der Finanzkrise 2008/2009 war man auf der Kapitalseite noch auf rasche Absprachen mit den Gewerkschaften aus gewesen, um Massenentlassungen zu verhindern. Damals herrschte eine gewisse Schockstarre angesichts der Blockade des Finanzsystems und der manifesten Gefahr des Abgleitens in eine Weltwirtschaftskrise, die noch jene der 1930er Jahre in den Schatten gestellt hätte.

Dies stellt sich in der Corona-Krise des Jahres 2020 anders dar. Auf Krawall gebürstete Verbandsvertreter wittern Morgenluft. Es mag sein, dass es noch Unternehmer gibt, die in den Betrieben den „Geist der gemeinsamen Lösungssuche" in schwerer werdenden Zeiten propagieren. Doch es wachsen die Kreise jener, die einer Strategie des „Durchziehens ohne Rücksicht auf Verluste" den Vorzug geben. Schon im Mai 2020 formulierte Gesamtmetall einleitend zu seinen „Vorschlägen für die 2. und 3. Phase der Corona-Krise" unverblümt, dass die Pandemie genutzt werden soll, um geltende betriebsverfassungsrechtliche Regelungen und Tarifbestimmungen einzuschränken oder zu schleifen. Angesichts der bevorstehenden Verteilungskämpfe – auch um die Finanzierung der Corona-Folgen – lautet das marktradikale Kredo: Eine „Entfesselungsoffensive" – weniger Belastungen, weniger Mitbestimmung, weniger Bürokratie, weniger Steuern – ist angesagt. Gleichzeitig werden die Erfahrungen mit dem Homeoffice genutzt, um – insbesondere bei Angestelltentätigkeiten – arbeitsorganisatorische Veränderungen voranzutreiben und damit bestehende Regelungen für Arbeitsstätten zu umgehen. „Homeoffice" bedeutet nicht per se „Gute Arbeit".

Während der Sozialstaat in der Corona-Krise ein Comeback in der öffentlichen Wertschätzung erfahren hat, da er die Folgen der Krise sichtbar sozial abfedert, treten Arbeitgeber- und Wirtschaftsverbände erneut die Debatte um die angeblich zu hohen Kosten und zu großzügigen Leistungen des Sozialstaats los. Die Bundesrepublik sei „wieder an dem Punkt wie zu Beginn der 2000er Jahre, als Deutschland als kranker Mann Europas galt", orakelte Gesamtmetall-Präsident Stefan Wolf und forderte eine „Reform analog zur Agenda 2010". Die gewerkschaftliche Antwort darauf kann nur lauten: Widerstand leisten gegen diese tarif- und sozialpolitische Abrissbirnen-Politik, denn „der Kampf um die Zukunft des Sozialstaates ist der Kampf um die Zukunft unserer Gesellschaft" (Hans-Jürgen Urban).

Die aktuellen Herausforderungen können nicht durch Anpassung, sozialpartnerschaftliche Kooperation und den Verzicht auf gesellschaftspolitische Alternativen bewältigt werden. Es bedarf jetzt erst recht einer stärkeren gesellschaftskritischen Positionierung der Gewerkschaften. Die Verteidigung der Tagesinteressen muss in eine Perspektive gesamtgesellschaftlicher und politischer Transformation eingebettet werden. Diese Erkenntnis ist es, die uns – als Kollegen vor Ort – mit Hans-Jürgen Urban, den kapitalismuskritischen Gewerkschaftslinken im Vorstand der IG Metall verbindet. In der gewerkschaftlichen Arbeit haben sich unsere Wege vielfach gekreuzt, sei es in Versammlungen in den Geschäftsstellen, auf Gewerkschaftstagen und im Vorstand der IG Metall. Uns verbindet das Ziel, die Widersprüche, Gegensätze und Sackgassen der neoliberalen Konterreform zu überwinden. Und das Streben nach einer Perspektive jenseits des Kapitalismus, der die Welt in Menschen mit und ohne Lebenschancen spaltet, also einer Welt in der Demokratie, Solidarität und Naturverträglichkeit im Vordergrund stehen.

Mit Hans-Jürgen teilen wir die Einsicht, dass Gewerkschafter*innen der Gefahr der strategischen Planlosigkeit nur entgehen können, wenn sie bereit sind, immer wieder ihre Praxis kritisch zu reflektieren, um die autonomen Handlungsmöglichkeiten der Gewerkschaften zu stärken. Es gilt, sich nicht auf die Felder der Betriebs-, Tarif- und Organisationspolitik zu beschränken, sondern auch die politisch-ökonomischen Fragestellungen ins Visier zu nehmen. Als Praktiker vor Ort wissen wir sehr wohl, dass erfolgreiche Tarifpolitik gewerkschaftliche Durchsetzungsmacht voraussetzt. Und dass diese nicht nur aus guten Argumenten erwächst, sondern aus einer starken Verankerung in den Betrieben sowie aus der Einbeziehung qualifizierter und konfliktbereiter Betriebsräte und Vertrauensleute und aus der Konfliktbereitschaft und -fähigkeit der Organisation und ihrer Führung selbst.

Die tarifpolitischen Fragen sind zugleich Machtfragen und sind stets eingebettet in einen Rahmen von gesellschaftlichen und politischen Machtverhältnissen. Da zu diesen Machtverhältnissen auch immer „ideologische Macht", die „Deutungsmacht über die Köpfe" gehört, müssen Gewerkschaften – durch Interventionen in der Öffentlichkeit, in Bündnissen mit sozialen Bewegungen, durch Großdemonstrationen, Streiks usw. – immer dazu beitragen, in der Auseinandersetzung mit der 'herrschenden Meinung' (die bekanntlich die 'Meinung der Herrschenden' ist) das Bewusstsein ihrer Mitglieder und Funktionäre zu entwickeln. (Frank Deppe) Eine wichtige Voraussetzung dafür ist eine aufklärerische, gewerkschaftspolitische Bildungsarbeit für unsere Betriebsräte, Jugend- und Ausbildungsvertreter*innen sowie Vertrauensleute, die Wissen über wirtschaftliche und gesellschaftspolitische Zusammenhänge aber auch über Zukunftsentwürfe für eine Gesellschaft ohne Ausbeutung vermittelt und zum konfliktorientierten Handeln befähigt.

Wie schwer das gerade unter pandemiebedingte Kontaktbeschränkungen zu realisieren ist, zeigt in den Jahren 2020/21 der Zwang zum Abstand halten. Der weitgehende Wegfall von Präsenzveranstaltungen und der ersatzweise digitale Austausch ist kein gleichwertiger Ersatz für das persönliche Gespräch mit Betriebsräten und Vertrauensleuten sowie Mitgliedern und Beschäftigten. Dies erschwert nicht zuletzt auch die

Mobilisierung der Mitglieder in den Tarifrunden 2021. Es ist eine Binsenweisheit: Nur wenn Gewerkschaften Massen mobilisieren, wenn sie Betriebe lahmlegen können – nur dann haben sie Verhandlungs- und Durchsetzungsmacht. Nur dann findet – wenn überhaupt – ansatzweise ein Ausgleich der unterschiedlichen Interessen von Arbeitgebern und Arbeitnehmer*innen statt.

Um die Debatte über die Verknüpfung von Organisationsmacht und politökonomischer Intervention zur Veränderung gesellschaftlicher Verhältnisse führen zu können, braucht es Orte, in denen losgelöst von Hierarchien und offiziellen Zuständigkeiten also „jenseits von Gremien" über Perspektiven diskutiert werden kann. Räume für gewerkschaftliche Selbstverständigungsprozesse, in denen Fragestellungen bearbeitet werden können, die sich nicht mit dem schnellen Blick in ein gewerkschaftliches Handbuch lösen lassen.

Zu diesen „Räumen" gehören unseres Erachtens zum einen das *Walter Kuhn Forum* im schwäbischen Beutelsbach[1] und zum anderen das *Forum Gewerkschaften* in der Zeitschrift *Sozialismus*. Beide Foren, von manchen in der Organisation durchaus mit gewissem Unbehagen beäugt, sind für uns Ausdruck lebendiger Debatten und einer guten Streitkultur. Hier konnten und können wir gemeinsam mit Hans-Jürgen und weiteren kritischen Gewerkschafter*innen aus vielen Ecken der Republik unsere eigenen Argumente schärfen und immer wieder prüfen, ob wir noch richtige Antworten auf die Fragen unserer Kolleginnen und Kollegen in den Betrieben geben können.

Die gemeinsame Suche nach angemessenen gewerkschaftlichen Antworten führte beispielsweise im *Walter-Kuhn-Forum* (zuvor: Göppinger Forum) über Jahrzehnte hinweg durch ein breites Spektrum an Themen: Ob Einschränkung der gewerkschaftlichen Arbeitskampffähigkeit, Erosion des Tarifsystems durch Tarifflucht, Prekarisierung von Arbeit und Ausweitung des Niedriglohnsektors, Wirtschafts- und Finanzkrise sowie die Krise in Europa – immer haben wir uns auf dem Landgut Burg mit den jeweils aktuellen politischen Herausforderungen auseinander gesetzt. Es wurden Debatten geführt, die dazu beigetragen haben, dass neue Wege in der Tarifpolitik sowie bei tarifbegleitenden Aktionen („24-Stunden-Streiks") und in der Beschäftigungs- und Strukturpolitik bezirksübergreifend gegangen werden konnten.

Organisatorisch war und ist es ein Anliegen des *Walter-Kuhn-Forums*, durch externe Inputgeber*innen den Blick über den gewerkschaftlichen Tellerrand hinaus zu richten.

Gerade Hans-Jürgen Urban hat in den zurückliegenden Jahren durch seine zahlreichen kritischen Impulse immer wieder Anstöße gegeben – nicht zuletzt zu Themen wie Wirtschaftsdemokratie, Weiterentwicklung des Sozialstaats und Aktualisierung eines offensiven politischen Mandats der Gewerkschaften. Mit dem *Forum Gewerkschaften* haben wir mit dem Abdruck von kritischen Artikeln und Kommentaren nicht unwesentlich zu Debatten über eine zukunftstaugliche politisch-strategische Grundorientierung der Gewerkschaftspolitik beigetragen. Indem wir unter anderem gegen einen

---

1 Dieter Knauß (Hrsg.): Debattenkultur jenseits von Gremien, 25 Jahre Mosaik-Linke in Beutelsbach: Das Walter Kuhn-Forum, Hamburg 2015.

Modernisierungs-Pragmatismus, der für die Revision programmatischer Positionen im DGB und in der IG Metall eintritt, intervenierten.

Hans-Jürgen Urban hat den Begriff der „Mosaik-Linken" geprägt, der für Kooperationen und Diskurse der Gewerkschaften mit anderen zivilgesellschaftlichen Bewegungen steht. Sozialer Wohnungsbau und bezahlbare Mieten, Klima- und Umweltschutz und das entschlossene Entgegentreten gegen Neo-Nazis und die AfD bilden eine breite Klammer.

Gerade die Friedensbewegung braucht in Zeiten weltweiter Krisenherde dringend eine Unterstützung aus den Reihen der Gewerkschafter*innen. Um gegen die Hegemonie des Kapitals angehen zu können, brauchen Gewerkschaften gesellschaftspolitische Debatten in den eigenen Reihen, um die Deutungsmacht über die Köpfe herzustellen. Nur so ist es möglich, zu gemeinsamem Handeln zu kommen und entsprechende Veränderungsprozesse in der IG Metall, aber auch innerhalb der DGB-Gewerkschaften zu befördern.

Wie wichtig dabei politische Persönlichkeiten sind, hatte Wolfgang Abendroth in Anmerkungen zu einer Abschlussarbeit von einem der Autoren an der Akademie der Arbeit verdeutlicht. Hans-Jürgen ist ohne Zweifel eine dieser „politischen Persönlichkeiten". Die Kombination von wissenschaftlicher Fundiertheit und der Kenntnis um die Arbeits- und Lebensbedingungen der Arbeiterklasse, gepaart mit großer Empathie sind ein unschätzbarer Gewinn für die Linke und die Gewerkschaftsbewegung. Diese Fähigkeiten sind heute mehr denn je gefragt. Mit der Transformation stehen wir vor einem gewaltigen industriellen Strukturwandel verbunden mit enormen Veränderungen der Arbeits- und Lebensverhältnisse der abhängig Beschäftigten. Umso wichtiger ist es, die Erfahrungen der haupt- und ehrenamtlichen Kolleg*innen, die in den 1970er/80er Jahren sozialisiert worden sind, an die nächste Generation weiter zu vermitteln. Dazu zählen die Erfahrungen, die in zahlreichen Kämpfen gegen Sozialabbau und die Agenda 2010, aber auch beim Entwickeln neuer Ansätze in der Strukturpolitik und Alternativen der Beschäftigungssicherung wie Beschäftigungsgesellschaften gewonnen werden konnten.

Wir hoffen, gemeinsam mit Hans-Jürgen, dem wir ganz herzlich zu seinem 60. Geburtstag gratulieren, beide Foren als Orte lebendiger Debatten und einer guten Streitkultur weiterentwickeln zu können. Die Themen werden uns gewiss auch künftig nicht ausgehen. So müssen wir gerade in der Nach-Corona-Zeit die Debatte über das herrschende, naturzerstörende und auf Gewinnmaximierung ausgerichtete Wirtschaftssystem verstärken, um Ungleichheit und Armut zu beseitigen. Eine zentrale Voraussetzung ist die Demokratisierung der Wirtschaft und die Teilhabe der abhängig Beschäftigten an der Entscheidungsmacht. Denn: Ohne demokratische Wirtschaft wird es keine gerechte und demokratische Gesellschaft geben.

Was ist (heute) eigentlich Links?
Eine dialogische Suchbewegung mit Roland Hamm, Horst Schmitthenner und Walter Vogt

„Wer mich einen Linken nennt, der beleidigt mich nicht." Dieses Zitat stammt aus der Bewerbungsrede von Hans-Jürgen Urban zum geschäftsführenden Vorstandsmitglied auf dem Gewerkschaftstag 2007. Roland Hamm, Horst Schmitthenner und Walter Vogt sind langjährige hauptamtliche Funktionäre und gehören auch zu dem Typus von Gewerkschaftern, der landläufig gerne als „links" bezeichnet wird.

Frage: Hans-Jürgen Urban hat sich selbst als linken Gewerkschafter bezeichnet. Es ist kein Geheimnis, dass auch ihr als Linke geltet und euch wohl als solche selbst bezeichnen würdet. Doch was ist eigentlich für euch „links"? Oder anders formuliert? Welchen Typus von Gewerkschaftspolitik könnte man heute mit dem Adjektiv „links" bezeichnen?

Roland Hamm: Ich erinnere mich, wie unter dem damaligen Bezirksleiter von Stuttgart, Walter Riester, Ende der 1980er Jahre die Debatte begann, sich auf das vorgebliche gewerkschaftliche Kerngeschäft zu reduzieren. Das waren damals schwierige Zeiten für die Beschäftigten und für ihre IG Metall. Strukturkrisen, Angst um den Arbeitsplatz und eine konservative gesellschaftliche und politische Hegemonie machten uns das Leben schwer. Da kann man schon mal auf die Idee kommen, sich von „Randthemen" wie Friedenspolitik, antifaschistischer Arbeit oder ähnlichem zu verabschieden. Ich habe das aber immer für falsch gehalten und ich glaube, das ist Resultat meiner linken gewerkschaftlichen Überzeugung: Wir sind nicht nur die Interessenvertreter bestimmter Gruppen und wir sind nicht nur für bestimmte Themen zuständig. Linke Gewerkschaftspolitik hat immer einen *ganzheitlichen Interessenvertretungsanspruch* – wir vertreten die ganze soziale Klasse der Lohnabhängigen und wir sind für alle ihre Arbeits- *und* Lebensinteressen zuständig. Was hilft es uns, wenn wir Löhne aushandeln, daneben aber die Freiheit verlieren. Die bitterste Erfahrung in unserer Geschichte ist doch das Versagen der Arbeiterbewegung im Kampf gegen den Faschismus. Die Illusion Gewerkschaft bleiben zu können, wenn die Nazis die Macht ergreifen, ist Teil dieser Niederlage.

Walter Vogt: Als junger Metaller, schon mit 13 Jahren in einer DGB-Jugendgruppe, habe ich an den Wochenenden viel Zeit auf Campingplätzen und in Landschulheimen verbracht. Wir wollten wissen, wie Wirtschaft und Gesellschaft funktionieren. Studenten haben mit uns die politische Ökonomie des Kapitalismus diskutiert und die Macht- und Ausbeutungsverhältnisse analysiert. Ich habe das nie für graue Theorie gehalten. Für mich war diese Theorie immer ein Kompass für die Praxis. Und ganz wichtig – nie Selbstzweck! Es ging und geht immer darum, die gesellschaftlichen Verhältnisse zu verstehen, um sie zu verändern – und dieses Ziel bei der Tagespolitik immer im Auge zu haben. Als linker Gewerkschafter sehe ich mich in dieser *kapitalismuskritischen* und *gesellschaftsverändernden* Traditionslinie.

Horst Schmitthenner: Ich kann an Roland und Walter anknüpfen. Die Orientierung an einem ganzheitlichen Interessenvertretungsanspruch und das Selbstverständnis ein gesellschaftsverändernder Akteur zu sein, verlangen nach einer *bewussten politischen Selbstmandatierung.* Um es mit Otto Brenner zu sagen: Für Gewerkschaften darf es „keine politische Enthaltsamkeit" geben. Sie sind „verpflichtet, zu den großen Fragen der Zeit Stellung zu nehmen". Tun wir das nicht und reduzieren uns als Gewerkschaften auf die Kernfelder der Betriebs-, Tarif- und Organisationspolitik, dann laufen wir Gefahr zur Lobby einiger Beschäftigtengruppen zu degenerieren. Und Hans-Jürgen hat uns immer wieder darauf hingewiesen, dass wir nicht mal erfolgreich deren Lebensinteressen vertreten können, solange die politische Sphäre außer Acht bleibt. Aktueller Beleg: ohne das arbeitsmarktpolitische Instrument der Kurzarbeit hätten wir in der Corona-Krise ein Millionenheer von Arbeitslosen. Ohne unseren Einfluss auf die Sozialpolitik hätten doch die neoliberalen Hardliner den Sozialstaat längst zerschlagen. Mein Fazit: *Ohne (sozial-)politisches Mandat keine erfolgreiche Gewerkschaftspolitik!*

Frage: Das hättet ihr drei sicher auch alles schon vor zehn Jahren so formuliert. Was sollten heute bedeutende Schlüsselprojekte gewerkschaftlicher Politik sein?

Horst Schmitthenner: Wenn wir uns an einer ganzheitlichen Interessenpolitik orientieren, dann steht kurzfristig die Bewältigung der Corona-Krise ganz oben auf der Tagesordnung. Die Gesundheit unserer Kolleginnen und Kollegen und die Überwindung der Pandemie sind zentral. Doch ich möchte uns vor einer Illusion bewahren und an einen Hinweis von Hans-Jürgen aus einem Beitrag in der Frankfurter Rundschau erinnern: „Der deutsche Vorkrisen-Kapitalismus taugt nicht als konkrete Utopie fortschrittlicher Politik". Die Bewältigung der *Klimakrise* und der *industrielle Strukturwandel* müssen die Bezugspunkte unserer Politik sein.

Walter Vogt: Wenn ich da gleich einhaken darf, Horst. Das sehe ich auch so. Aber uns sollte klar sein, dass der nötige soziale und ökologische Umbau ein riesiges Projekt ist, das auch die Kräfte einer mächtigen IG Metall übersteigt. Wer die soziale, ökologische und demokratische Umgestaltung der Gesellschaft auf sein Schild schreibt, der braucht *Bündnispartner.* Und mit denen wird es nur etwas werden, wenn wir die Bereitschaft aufbringen, unsere Interessenlagen, Sichtweisen und politischen Prioritäten wechselseitig anzuerkennen. Besonders im Dialog mit der Umweltbewegung steht das jetzt auf der Tagesordnung. Die Umweltaktivisten müssen die Zukunftsängste der Industriebeschäftigten wahrnehmen und deren Beschäftigungs- und Einkommensinteressen anerkennen. Und umgekehrt müssen wir Gewerkschaften uns wohl etwas glaubwürdiger für eine nachhaltige Konversion einsetzen. Irritationen mit Kaufprämien für Verbrenner sind da sicherlich kontraproduktiv und zumindest erklärungsbedürftig.

Horst Schmitthenner: Nur einen kurzen Zwischenruf: Nach meiner Zeit als geschäftsführendes Vorstandsmitglied habe ich das „Verbindungs*büro Soziale Bewegungen*" beim Vorstand der IG Metall geleitet. Das war wichtig, um Kontakte zu halten, Verständnis für einander zu entwickeln und die Toleranz zu haben, die nötig ist, alle an einen Tisch zu bekommen. Leider schien irgendwann der direkte Draht zur Kanzlerin dem damaligen Vorsitzenden wichtiger zu sein, als mit Umweltaktivisten, ATTAC und Arbeitslosenverbänden zu reden.

Roland Hamm: Die Bündnisarbeit muss ich nicht noch einmal betonen. Da stimme ich mit Walter und Horst überein und sicher auch mit Hans-Jürgen, der ja mit dem Begriff der „*Mosaiklinken*" einen Impuls für unsere Bündnis- und Strategiedebatte ausgesendet hat. Ich möchte noch einmal auf die betriebliche Situation hinweisen und die Mitgliederperspektive stark machen: Nehmen wir die Kolleginnen und Kollegen in der Kurbelwellenfabrik oder in der Schmiede. Deren soziale Existenz hängt am „Verbrenner". Wenn die die AfD-Plakate mit „*Rettet den Diesel*" sehen, könnten sie den Eindruck haben, dass die Parole ihre Interessen zum Ausdruck bringt. Und dass „Friday-For-Future-Aktivisten" ihnen mit ihren Slogans gerade die soziale Existenz rauben. Für uns als IG Metall ist das eine schwierige Lage. Ich habe kein Patentrezept, aber was wir unbedingt beherzigen sollten, ist folgendes: „Die Ausbeutung der Natur und die Ausbeutung des Menschen sind zwei Seiten der gleichen Medaille" (Franz Steinkühler 1988: 80). Das muss man immer wieder deutlich machen. Soziale Sicherheit und ökologischen Nachhaltigkeit sind keine nachrangigen Ziele, sondern bilden eine Einheit. Und ganz praktisch heißt das für mich, dass wir für eine nachhaltige Konversionspolitik qualitative Forderungen entwickeln und an Unternehmen, Arbeitgeberverbänden und Staat richten müssen. Unsere Kolleginnen und Kollegen wissen doch, wie man ökologische Produkte entwickelt und einen nachhaltigen Produktionskreislauf organisiert. Wir sollten sie ermuntern, darüber zu diskutieren.

Walter Vogt: Und Arbeitgeber und Staat sind in der Verantwortung, die Zeit und die Mittel für den Umbau zur Verfügung zu stellen, damit keiner unserer Kolleginnen und Kollegen ins „Bergfreie fällt". Damit hat die ganze Sache auch eine verteilungspolitische Seite: Der nachhaltige Umbau wird teuer und das kann und darf nicht zu Lasten der betroffenen Kolleginnen und Kollegen gehen. Aber wenn es um die Profitinteressen des Kapitals geht, hört der „Spaß" dann auf. Da geht es für die Gewerkschaften um Konfliktbereitschaft und Konfliktfähigkeit! Und wenn wir nicht zeigen, dass wir Willens und in der Lage sind diese Konflikte zu führen, dann suchen sich möglicherweise noch mehr unserer Kolleginnen und Kollegen den scheinbar erfolgversprechenderen Weg und rennen der Partei hinterher, die die Plakate aufhängt, von denen Roland sprach.

Horst Schmitthenner: Ich will die Rolle eines ausgebauten Sozialstaates im Transformationsprozess auch noch mal unterstreichen. Das muss alles durch eine ausgebaute Arbeitsmarkt- und Sozialpolitik flankiert werden. Und ich fürchte, dass der *Kampf um den Sozialstaat* erst begonnen hat. Arbeitgeberlobbyisten und neoliberale Politiker bereiten schon die nächsten Angriffe vor. Den Konflikt werden wir führen müssen!

Frage: Der Anlass unseres Gesprächs ist der 60. Geburtstag von Hans-Jürgen. Ihr seid Hans-Jürgen freundschaftlich verbunden. Wenn ihr noch ein paar persönliche Sätze dazu sagen könntet, was für euch die Zusammenarbeit mit Hans-Jürgen bedeutet.

Horst Schmitthenner: Da gäbe es viel zu sagen. Ich war Hans-Jürgens Bevollmächtigter in Neuwied, dann als geschäftsführendes Vorstandsmitglied sein „Chef" und später war er mein „Chef" als ich im „Verbindungsbüro Soziale Bewegungen" war – und er ist mein Freund. Das ist im Rahmen solcher Art der Arbeitsbeziehungen und im politischen Geschäft nicht selbstverständlich und das hat viel mit dem Menschen Hans-Jürgen Urban zu tun, der immer hart an der Sache arbeitet und zugleich Kollegialität lebt.

Walter Vogt: Da kann ich mich nur anschließen. Hans-Jürgen hat die Fähigkeit, sich auf die Kolleginnen und Kollegen einzustellen. Der denkt strategisch und konzeptionell, spricht aber so, dass ihn unsere Leute verstehen. Für viele ist er immer noch der „Hansi" – und das sagt viel über ihn aus.

Roland Hamm: Ich habe Hans-Jürgen als Funktionär kennengelernt, der lebt, was er redet und redet, was er lebt. Das macht ihn zu einem sehr authentischen Menschen, ja zum politischen Vorbild – für mich und viele andere. Und viele lieben ihn für die Nähe zu den Menschen.

Mit ihnen sprach Christoph Ehlscheid.

Literatur, auf die im Gespräch verwiesen wird

Brenner, Otto: Ausgewählte Reden 1946–1971, hrsg. v. Jens Becker und Harald Jentsch, Frankfurt a.M. 2007.

Urban, Hans-Jürgen: Corona-Pandemie: Eine Krise als Chance zur Beschreitung neuer Wege, in Frankfurter Rundschau v. 19.04.2020, https://bit.ly/3cFOuFc.

Steinkühler, Franz (1988): Ökologisches Wirtschaften – Herausforderungen an die Politik der Gewerkschaften, in: IG Metall (Hrsg.): Umweltschutz zwischen Reparatur und realer Utopie, Materialband 1 der Diskussionsforen „Die andere Zukunft: Solidarität und Freiheit", Köln, S. 75-88.

Zukunftsaufgaben der IG Metall in Zeiten von Corona-Krise und Transformation
Ein Gespräch mit Garnet Alps, Clarissa Bader und Kerstin Klein

Frage: Seit März 2020 wird das gesellschaftliche und politische und damit auch das gewerkschaftliche Leben von der Corona-Pandemie bestimmt. Ob nach der dritten Infektionswelle noch weitere folgen werden, hängt derzeit maßgeblich von Impffortschritten ab. Bis eine Immunität auch gegen Viren-Mutationen hergestellt ist, steht Prävention im social distancing ganz oben auf der Tagesordnung. Ist damit Gesundheitsschutz zum Top Thema in den Betrieben geworden?

Kerstin Klein: Ich nehme das nicht so wahr. Mein Eindruck ist, dass sich die Betriebsparteien nur gezwungenermaßen mit dem Gesundheitsschutz befasst haben. Hauptsache der Laden läuft weiter, das ist das wahre Top-Thema.

Frage: Also Sicherung der Arbeitsplätze, des Umsatzes, der Gewinne ...

Kerstin Klein: Ja. Die Frage lautet zumeist nicht, was mit Blick auf die Beschäftigten die aus einer Gefährdungsbeurteilung resultierenden Präventionsmaßnahmen sind. Stattdessen werden – ich nenne das mal so – „Killefitz-Maßnahmen" verordnet: Fiebermessen, Maskentragepflicht auch im Einzelbüro, usw. Ich will nicht falsch verstanden werden – das ist schon mal besser als nichts. Aber das Thema Gesundheit am Arbeitsplatz geht doch weiter, gerade auch unter Pandemiebedingungen. Da müsste doch noch an anderen Stellschrauben gedreht werden, gerade auch bei Fragen der Arbeitsorganisation, der Arbeitszeiten, des Leistungsdrucks z.B. im „Homeoffice".

Clarissa Bader: Ich kann dem folgen. Denn was im Lockdown passiert, erleben wir ja gerade. Restaurants und Non-Food-Geschäfte sind geschlossen, die Industrie hingegen wird offengehalten. Werksschließungen erfolgten allenfalls aufgrund von Absatzproblemen oder gestörten Lieferketten und natürlich bei heftigem Infektionsgeschehen, wie wir es zu Beginn der Pandemie in der Fleischindustrie gesehen haben. Ansonsten hält sich die Politik zurück. Die Grundsatzfragen bleiben liegen: Welchen Einfluss hat der Staat auf systemrelevante Bereiche oder wenn er Subventionen vergeben hat? Welche Schlussfolgerungen ziehen wir dahingehend aus den Pandemieerfahrungen? Wie sieht ein Wirtschaftssystem aus, das mehr am Gemeinwohl orientiert ist? Auch: Wie kann man die Spaltung der Gesellschaft eindämmen? Oder wenn wir die auf uns zukommenden Verteilungsfragen in den Blick nehmen: Wieso werden die Reichen nicht zur Finanzierung der Pandemiefolgen herangezogen? Jetzt wäre der richtige Zeitpunkt alle diese Fragen zu stellen und sie auch zu beantworten. Man hat aber den Eindruck, dass die maßgeblichen politischen Kreise sehr darauf bedacht sind, auf gar keinen Fall in die Unternehmensentscheidungen einzugreifen. Das zeigt doch, dass im Zweifelsfall immer die wirtschaftlichen Interessen im Vordergrund stehen und erst dann über Gesundheitsschutz geredet wird.

Frage: Wir haben in einer Befragungsstudie die Erfahrung gemacht, dass viele Betriebs- und Personalräte im Pandemie-Regime gleichsam überrollt wurden.[1] *Maßnahmen wurden auch ohne Rücksicht auf Mitbestimmungsrechte angeordnet oder sie unterblieben aus Wirtschaftlichkeitsgründen. Der Patriarch bestimmte vielfach das betriebliche Geschehen.*

Kerstin Klein: Da wäre aus meiner Sicht erst einmal die Frage zu stellen, ob es überhaupt noch Patriarchen gibt. Die meisten „Geschäftsführer" sind ja selbst nur kleine Marionetten in großen Konzernen. Aber ja, die Betriebsräte wurden anfangs überrumpelt. Das geht von unbezahlten Quarantäneanordnungen, die einseitig vom Arbeitgeber verfügt wurden, bis hin zur Einführung von Videoüberwachung. Bei Betriebsräten auch Eingriffe in deren Rechte, z.B. wenn die Teilnahme an Seminaren verboten wurde. Dass dies dann auch noch mit Argumenten des Gesundheitsschutzes begründet wird, ist ein Witz.

Frage: Es wäre doch Aufgabe der Interessenvertretung, das nicht geschehen zu lassen, Mitbestimmung offensiv ins Spiel zu bringen.

Garnet Alps: Viele Betriebsräte haben gut und offensiv reagiert und auch sofort die dringenden Regelungsbedarfe erkannt. Die Umsetzung war und ist allerdings unterschiedlich. Es gibt Betriebe, in denen gute Hygienekonzepte vereinbart werden konnten, aber eben auch jene, bei denen das nicht erreicht wurde. Zum Teil haben auch Selbstverständlichkeiten der Mitbestimmung in der Pandemie plötzlich Debatten mit dem Arbeitgeber ausgelöst. Nicht alle unserer Kolleginnen und Kollegen stellen sich den Konflikten und das Pandemiegeschehen hat darüber hinaus für Verunsicherung gesorgt.

Kerstin Klein: Das Thema Gesundheitsschutz ist in der Praxis eigentlich immer mit Konflikten behaftet. Weil gute Maßnahmen eben auch Geld kosten. Das rentiert sich zwar im Laufe der Jahre über weniger Fehlzeiten und höhere Leistungsfähigkeit, aber so langfristig wird in der Wirtschaft ja nicht geplant. Mit Beginn der Pandemie sind viele im Thema gut geschulte Betriebsräte auch von ihren eigenen Gremien überstimmt worden. So nach dem Motto: „Jetzt mach hier keinen Aufstand, Hauptsache wir behalten unsere Arbeit." Deshalb war es wichtig, dass wir als IG Metall zu einem frühen Zeitpunkt gute Handlungshilfen veröffentlicht und Schulungen angeboten haben.

Garnet Alps: In der Corona-Krise sind neue, sehr komplexe Fragen aufgeworfen worden, die man nicht aus der Hüfte heraus beantworten kann. Das erfordert hohes fachliches Knowhow. Vor allem aber kommt es darauf an, ob einzelne Ereignisse und kritische Situationen in einen politischen Zusammenhang eingeordnet werden können und die Kolleginnen und Kollegen mit ihrem gewerkschaftlichen Kompass auch in Ausnahmesituationen, wie aktuell in der Pandemie, stark und handlungsfähig sind. Die politische Grundlagenbildung im Rahmen unserer Bildungsarbeit ist und bleibt dafür eine wichtige Voraussetzung.

Frage: Eine Schwierigkeit in der interessenpolitischen Bearbeitung der gegenwärtigen Krise besteht darin, dass sich mit den Pandemiefolgen eine Reihe grundlegender Trans-

---

1 Vgl. Richard Detje/Dieter Sauer: Corona-Krise im Betrieb. Empirische Erfahrungen aus Industrie und Dienstleistungen. Hamburg 2021.

formationsprozesse verbinden, was die eben angesprochene Komplexität der Lage noch erhöht ...
Kerstin Klein: ... und die Entwicklung noch beschleunigt, so dass wir Sorge haben, möglicherweise häufiger nicht mehr mitzuhalten. Digitalisierung, mobiles Arbeiten, agile Arbeitsmethoden, Umstellung auf CO_2-freie Produktion sind Anforderungen, die noch weiter an Bedeutung gewinnen. Auch das gehört zu einem erweiterten Verständnis von Gesundheitsschutz. Durch die Mechanismen der indirekten Steuerung und die Zunahme anderer, damit verbundener psychischer Belastungen – Entgrenzung der Arbeit, fehlende Qualifikationen, wachsende Verantwortung, soziale Isolation – besteht ein erhöhtes Risiko für die Gesundheit der Beschäftigten. Dagegenzuhalten erfordert, die bestehenden Mitbestimmungsrechte auch mal im Konflikt durchzusetzen.
Garnet Alps: Wir wissen alle: Globalisierung, Digitalisierung und (neue) Mobilität verändern die Arbeitswelt zum Teil fundamental. Mitbestimmung, Flächentarifverträge und sozialstaatliche Absicherung bleiben zentrale Faktoren für gute Arbeit und gutes Leben. Um sie zu erhalten und auszubauen, ist gewerkschaftliche Organisationsmacht nötig – nicht nur in den traditionell starken Bereichen, sondern künftig verstärkt auch in den wachsenden Feldern von Entwicklungs- und Office-Tätigkeiten. Die gewerkschaftliche Organisierung und Mobilisierung der Kolleginnen und Kollegen aus den Angestelltenbereichen gehört deshalb aus meiner Sicht zu den wichtigsten strategischen Aufgaben der IG Metall und der Gewährleistung ihrer Zukunftsfähigkeit. Damit das gelingen kann, ist eine langfristige, investive und auf Vertrauen angelegte Mitgliederentwicklung und -bindung notwendig, die mit Strukturaufbau, gewerkschaftlicher Bildungsarbeit, Beteiligung und thematischer Glaubwürdigkeit verbunden ist. Beispiele für eine erfolgreiche systematische gewerkschaftliche Angestelltenarbeit sehe ich unter anderem bei der Volkswagen Financial Service AG oder bei Siemens Mobility in Braunschweig, der zweit- und drittgrößte Betrieb in der Geschäftsstelle. In dem einen arbeiten ausschließlich und in dem anderen mehrheitlich Angestellte. Dort kommen wir gewerkschaftlich gut voran.[2]
Clarissa Bader: Garnet hat da berechtigterweise eines unserer Zukunftsthemen angesprochen und meine Erfahrung zeigt, dass man gerade auch in den Angestelltenbereichen mit gesellschafts- und sozialpolitischen Themen auf hohe Zustimmung stößt. Die Forderung nach der Stärkung des politischen Mandats wird ja innerhalb der IG Metall seit Jahren kontrovers diskutiert. Die einen wollen das politische Mandat vorrangig nutzen, um die gesellschafts- und sozialpolitischen Fragen in den Vordergrund zu rücken – dafür steht ja auch Hans-Jürgen Urban als Person und der Geschäftsbereich, für den er zuständig ist. Andererseits gibt es starke Kräfte, die sich auf die sogenannten Kernbereiche – die Tarif- und Betriebspolitik – konzentrieren wollen. Ich denke, wir tun gut daran, die Themen zu verknüpfen. Das Beispiel #fairwandel hat gezeigt, dass

---

2 Vgl. hierzu Garnet Alps/Johannes Katzan: Solidarität ist kein Projekt. Nachhaltige Organisations- und Mitgliederentwicklung im Angestelltenbereich der IG Metall, in: Sozialismus Nr. 11-2020, S. 28-33.

wir inhaltlich ohne Probleme in der Lage sind, die Politikfelder zusammenzudenken und dass die Mitglieder dem auch folgen. Es darf dann allerdings nicht nur bei Überschriften bleiben. Wenn man auf der einen Seite als IG Metall eine sozialökologische Transformation fordert, dann aber zum Beispiel auf der anderen Seite im Rahmen der Corona-Hilfen nach einer Autokaufprämie ruft, kann man schon mal in Erklärungsnot kommen. Ich würde mir wünschen, dass wir wieder viel mehr ganz konsequent in Zusammenhängen denken und handeln. Damit würden wir unsere politische Wirkungsmacht stärken und wären auch in den Betrieben durchsetzungsfähiger.

Frage: Seht ihr da Fortschritte in der Debatte und in der Praxis der IG Metall?

Garnet Alps: Ich bin schon der Auffassung, dass die IG Metall in den letzten Jahren politisch einiges erreicht hat. Das heißt nicht, dass es ausreicht. Die Anträge auf dem letzten Gewerkschaftstag zu Wirtschaftsdemokratie zeigen in die richtige Richtung. Für eine soziale, ökologische und demokratische Gestaltung der Gesellschaft müssen wir stark und durchsetzungsfähig sein. Solidarität ist die Voraussetzung. Wir müssen darüber sprechen, wie wir sie auch zukünftig erhalten und ausbauen. Die Erfahrung zeigt: Solidarität ist kein Einzelprojekt, das man mal schnell auflegt, sondern Ergebnis einer kontinuierlichen und langfristig angelegten Arbeit auf den verschiedenen Ebenen. Dazu gehört es, zu ertragen, dass nicht jede Maßnahme direkt und kurzfristig mitgliederwirksam ist. Langfristige Mitgliedergewinnung und -bindung bleiben aber unstrittig nötig zur Stärkung unserer Organisations- und Durchsetzungsmacht. Ansätze, bei denen mit kurzfristig angelegten Aktivitäten versucht wird, schnelle Mitgliederzuwächse zu erzielen, haben ihre Grenzen. Eine alleinige Fokussierung auf derartige Erschließungsstrategien wird einer nachhaltigen Mitgliederentwicklung letztlich entgegenstehen. Solidarität heißt betriebs- wie gesellschaftspolitisch: Einheit in Vielfalt.

Kerstin Klein: Mosaiklinke würde Hans-Jürgen Urban an dieser Stelle wohl sagen!

Clarissa Bader: Zu Recht, denn damit ist ja der Zusammenhang von gewerkschaftlicher und gesellschaftlicher Linker angesprochen. Gewerkschaften sind im Moment weit davon entfernt, einen gemeinsamen Diskurs zur Lösung der von uns diskutierten Fragen zur führen. Deshalb sind übergreifende Kooperations- und Bündnisperspektiven auf Augenhöhe nötig.

Frage: Mit Solidarität als zentraler Gegenmachtressource sind die Zukunftsperspektiven nicht nur der IG Metall, sondern aller DGB-Gewerkschaften angesprochen. Deshalb abschließend die Frage: Wie ist es darum aus eurer Sicht bestellt?

Garnet Alps: Wenn es der IG Metall gelingt – und nur wenig spricht dem entgegen –, sowohl für die Beschäftigten in der Produktion als auch in der Forschung und Entwicklung und den Office-Bereichen als Interessenvertretung anerkannt zu sein, kann es um die Zukunft nicht schlecht bestellt sein. Eine solche Solidar-Perspektive muss auf Dauer angelegt sein. Klar: Andere Rahmenbedingungen erfordern andere Ansätze. Die gewerkschaftliche Arbeit mit Kolleg*innen, die im Homeoffice arbeiten, gehört ebenso dazu, wie die Positionen zu guter Arbeit in der Fertigung. Auch örtliche Strukturen, Betriebskultur und regionale Besonderheiten prägen die Arbeit und brauchen ihren Platz. Wir müssen die Dinge im Kleinen differenziert betrachten, die Klammer bilden und dann im Großen gemeinsam vorangehen.

Kerstin Klein: Auch ich bin da nicht skeptisch. Gerade mit Blick auf die „Kultur" der jüngeren Generationen: Klimaschutz geht vor eigenen Bedürfnissen, selbstbestimmte Zeit ist im Tarif wichtiger als Geld, gute Arbeit muss auch klimapolitisch nachhaltige Arbeit sein. Auch in der Mitgliedschaft der IG Metall weicht das, was früher einmal als Gegensatz von Ökonomie und Ökologie bestimmend war, heute immer mehr einem Zusammenhangsdenken. Hans-Jürgen Urban hat das noch einmal gegenüber der doch recht unglücklichen Kontroverse zwischen Jörg Hofmann und der SPD-Spitze deutlich gemacht.[3] Wenn wir als die „Betonköpfe der Autogewerkschaft" wahrgenommen werden, verspielen wir auf jeden Fall wichtige und richtige Allianzen.

Clarissa Bader: Es wäre meines Erachtens wichtig, eine gemeinsame Utopie oder ein übergeordnetes Ziel zu haben, statt sich wie so oft in Details zu verlieren. Ich denke, das ist unabdingbar für eine gemeinsame Vision, die attraktiv und stark genug ist, sich in den politischen Entscheidungen wiederzufinden. Dafür bedarf es aber konkreter Räume, z.B. Zukunftskongresse, Diskussionsforen, Befragungen der Mitglieder und Hauptamtlichen, Seminarangebote.

Das Gespräch mit den Kolleginnen führten Richard Detje und Klaus Pickshaus.

---

3 Vgl. Hans-Jürgen Urban: Transformation als Bewährungsprobe. Warum eine sozialökologische Reformallianz eine unverzichtbare, aber schwierige Angelegenheit bleibt, in: Sozialismus 9-2020, S. 34-41.

Michael Erhardt / Axel Gerntke

Ein linker Gewerkschafter
Warum es gut ist, so genannt zu werden

Was im Einzelnen als „Links" bezeichnet werden kann, war im Verlaufe der Geschichte und auch zwischen den vielen linken Gruppen oft strittig. Welche Rolle die materielle Basis, welche Rolle politische und zivilgesellschaftliche Fragen spielen und welches Gewicht ihnen zuzumessen ist, ist Gegenstand einer nie endenden Diskussion. Im Folgenden soll es aber um linke Gewerkschaftstätigkeit gehen. Als Mitglied einer Klassenorganisation nehmen wir einen Blickwinkel ein, der zuvörderst die materielle Basis, die Klassenfrage, in den Mittelpunkt rückt. Linke Gewerkschaftspolitik also, nimmt den Interessengegensatz zwischen Kapital und Arbeit zum Ausgangspunkt. Bei allen Veränderungen innerhalb der Arbeitsgesellschaft müssen die Beschäftigten und die Erwerbslosen auch heute von ihrer Arbeitskraft leben und haben keine Verfügungsgewalt über die Produktionsmittel. Diese Erkenntnis mag banal sein. Aber nicht überall in den Gewerkschaften, geschweige denn in den betrieblichen Interessenvertretungen werden die Probleme als Resultat von (zumeist) antagonistischen Klasseninteressen aufgefasst.

Die Interessen der Beschäftigten materialisieren sich in der Eigentums-, Verfügungs- und Verteilungsfrage. Das hat erhebliche Konsequenzen für die Durchsetzung unserer Interessen. Und es hat wiederum Konsequenzen, wenn es darum, geht, wie die durch unser aller Arbeit geschaffenen Werte verteilt werden.

Diese Fragen werden von den Gewerkschaften in der Betriebs- und Tarifpolitik bearbeitet. Das ist auch gut so. Manche meinen, dass es angesichts geringer Ressourcen sogar erforderlich sei, sich auf diese Felder zu konzentrieren. Linke Gewerkschaftspolitik konstatiert, dass dies nicht ausreicht, um die Interessen der abhängig Beschäftigten durchzusetzen. Das gilt ebenso für die Vielen, die nicht in bezahlter Lohnarbeit sind, die Jugend, die Menschen, die unbezahlte Carearbeit leisten sowie die Rentner/-innen, die Erwerbslosen. All diese Gruppen sind ebenso Bestandteil der arbeitenden Klassen, sind sie doch abhängig von ihrer eigenen Arbeitskraft oder der ihrer Angehörigen. Und wenn wir die Folgen dieses Wirtschaftssystems für die Umwelt und für Menschen in anderen Ländern einbeziehen, greifen Tarif- und Betriebspolitik erst recht zu kurz.

Linke Gewerkschaftspolitik muss ein gesellschaftspolitisches Mandat für sich reklamieren und in konkrete Politik umsetzen. Dies beinhaltet zum einen die öffentlichkeitswirksame Auseinandersetzung um Sozial- und Steuerpolitik; zum anderen auch in Zusammenarbeit mit dem DGB und anderen Gewerkschaften und im Widerstand gegen kapitalistische Strukturen den Kampf um den Erhalt und den Ausbau der öffentlichen Infrastruktur auf kommunaler, nationaler, europäischer und internationaler Ebene. Dazu gehört auch der Kampf um die Gleichstellung von Frauen, um Frieden sowie für den sozial-ökologischen Umbau, für Demokratie und Selbstbestimmung.

Dabei stellt sich die Frage: Schaffen wir es als Plattform wahrgenommen zu werden, die die Menschen nutzen, um sich selbst zu organisieren und als Bewegung in die Aktion zu kommen. Und es stellt sich die Frage nach möglichen Bündnispartner*innen, die wir angesichts der Machtverhältnisse brauchen, um gemeinsame Interessen durchzusetzen. Was also sind die Politikfelder, die dafür geeignet erscheinen? Die Fragen stellen sich in allen Gewerkschaften im Prinzip gleich. Als IG Metaller wollen wir dies in einer Festschrift für einen Metaller beispielhaft am Organisationsbereich der IG Metall darstellen.

Antirassismus

Wenn die Grundlage gewerkschaftlichen Handels der Gegensatz zwischen Kapital und Arbeit ist, heißt das, dass Gewerkschaften sich gegen alle Spaltungslinien – und angesichts der aktuellen Lage insbesondere gegen den Rassismus – wenden müssen. Das ist in der Theorie im gewerkschaftlichen Funktionärskörper Konsens. Doch in der Praxis hat sich die rechtspopulistische, zum Teil faschistische Ideologie in Teilen der Belegschaften eingenistet und es ist schwer damit umzugehen. Vordergründig erscheint es einfacher, die Probleme zu ignorieren und keine zusätzlichen Auseinandersetzungen innerhalb der Mitgliedschaft zu führen. Langfristig würde ein solches Umgehen aber zur Zersetzung der gewerkschaftlichen Grundlagen führen.

Notwendig ist daher eine offensive Auseinandersetzung mit Rassismus, Neofaschismus und ihren parteipolitischen Repräsentanten auch wenn dies nicht bei allen Gewerkschaftsmitgliedern unmittelbar auf Zustimmung trifft. Wir zeigen gegenüber rechten Ideologen klare Kante. Gleichzeitig versuchen wir, anfällige Kolleg*innen für unsere Politik zu gewinnen, ohne Kompromisse in der Sache zu machen. Hierzu müssen wir uns auch mit den Motiven dieser Kolleg*innen auseinandersetzen. Erforderlich sind Schulungen, Aufklärungsmaterialien und vor allem direkte Ansprache.

Zugleich müssen wir unsere eigene Arbeit als Gewerkschaft in betrieblichen wie in politischen Fragen kritisch reflektieren. Wir müssen unsere Entscheidungen transparent machen. Wir müssen unserer Mitglieder und derjenigen, die wir für uns gewinnen wollen noch mehr Angebote zur Beteiligung machen. Wir müssen konfliktbereit sein und uns deutlich von den „Bossen" und dem politischen Establishment abgrenzen.

Für eine sozialökologische Wirtschafts- und Strukturpolitik

Aus Klima- und Umweltschutzgesichtspunkten heraus muss die Wirtschaft zwingend sozialökologisch umgebaut werden. Dieser Umbau ist ebenso erforderlich, um weiterhin hochwertige und weltmarktfähige Produkte und Dienstleistungen zu verkaufen, zu entwickeln und herzustellen. Dies ist auch zur Sicherung und Schaffung von Arbeitsplätzen unerlässlich. Der Investitionsbedarf für den Umbau ist enorm. Klar ist auch, dass mittel- und langfristig Arbeitsplätze gefährdet und vernichtet werden, wenn der Umbau nicht angegangen wird und die Konzerne weiter auf Technologien und Produktionsweisen setzen, die den Klimawandel und die Gefährdung unserer natürlichen

Lebensgrundlagen ignorieren. Wir müssen die Unternehmen in die Pflicht nehmen. Es muss Schluss sein damit, dass die Profite privat eingestrichen werden und Umwelt und Soziales auf der Strecke bleiben. Dabei müssen wir dafür Sorge tragen, dass die erhebliche Produktivkraftentwicklung durch die Digitalisierung positiv genutzt wird, anstatt sie dafür zu missbrauchen, den Ausbeutungsgrad der Beschäftigten weiter zu erhöhen.

Inakzeptabel ist es, dass die Exportorientierung mit einer immensen Importschwäche einhergeht. In der Folge entstehen Handelsungleichgewichte, die zu krisenhaften Entwicklungen innerhalb und außerhalb Europas führen. Offensive ökologische und nachhaltige Gewerkschaftspolitik muss dem entgegenwirken. Zum einen durch Stärkung der Massenkaufkraft (Tarif-, Steuer- und Sozialpolitik), auch durch die Zurückdrängung prekärer Arbeitsverhältnisse. Zum anderen durch eine offensive Wirtschafts- und Strukturpolitik auf nationaler und internationaler Ebene und einen handlungsfähigen Staat. Daher sind bilaterale Handelsabkommen wie TTIP, CETA und TISA abzulehnen, wenn sie auf Deregulierung und Senkung der Sozial- und Umweltstandards durch eine reine Marktsteuerung abzielen. Wir wollen eine demokratische Weltwirtschaftsordnung ohne die Ausbeutung von Mensch und Natur.

Dazu muss sich Europa neu begründen. Wir brauchen eine grundlegende Revision der europäischen Finanzarchitektur und der darauf basierenden Regeln innerhalb der EU. Nicht zuletzt, um Strukturprogramme auflegen zu können, die einen Beitrag gegen die ökonomische, ökologische und politische Schieflage in Europa leisten. Makroökonomische Steuerung und wirtschaftsdemokratische Elemente können dabei helfen. Wir brauchen dafür aber auch mehr Zusammenarbeit der Gewerkschaften in Europa.

Auch auf nationaler Ebene stehen in den Betrieben große technologische, ökonomische und beschäftigungspolitische Veränderungen an, die eine Begleitung durch eine aktive Wirtschafts- und Strukturpolitik verlangen. Dies beinhaltet unbedingt auch mehr Demokratie in der Wirtschaft. Die Interessen der Beschäftigten an gesunder Umwelt, gesellschaftlich sinnvollen Produkten und guter Arbeit müssen dabei im Mittelpunkt stehen.

Beispielhaft sei für die Automobil- und Zulieferindustrie und den Verkehrssektor für den Organisationsbereich der IG Metall benannt, was daraus folgt:
- Ganzheitliche Verkehrskonzepte (von der Verkehrsvermeidung zu einem anderen modalen Split bis zu carbonfreien Antrieben ...) verbunden mit einer regenerativen Energiewende (bei Verzicht auf Atomkraft und fossile Energieträger),
- Demokratisierung der Automobilindustrie durch stärkere öffentliche Beteiligung und
- Ausbau der Mitbestimmung auf der Betriebs- und Unternehmensebene und
- Schaffung von mehr Beteiligungsrechten der Beschäftigten in der Transformation
- Erneuerung der vorhandenen industriellen Basis in allen Wertschöpfungsstufen zur Sicherung von Beschäftigung (Batterie, Wasserstoff, autonomes Fahren ...),
- Industriepolitik zur Unterstützung der Transformation durch Innovations- und Investitionsförderung und Qualifizierungsprogramme sowie staatliche Beteiligungen
- Umbau der Automobilindustrie hin zur Mobilitätsindustrie mit E-Autos (oder Wasserstoff), Sharing-Modellen, Koppelung mit öffentlichen Verkehrsmitteln,

- Industriepolitik zur Stärkung der Bahnindustrie und anderer klimafreundlicher Verkehre,
- Stärkung des öffentlichen Sektors, im schienengebundenen Nah- und Fernverkehr, bei der Verkehrsinfrastruktur sowie bei der Gas-, Wasser und Energieversorgung,
- keine Privatisierung und/oder Forcierung des Neubaus von Autobahnen.

Steuer- und Sozialpolitik

Eine zentrale Funktion der Steuer- und Sozialpolitik ist es, die ungleiche Marktverteilung zu korrigieren. In den letzten Jahrzehnten haben sie dazu beigetragen, die Schieflage bei der Verteilung zu verschärfen. Die Programmatik der IG Metall zielt dagegen auf internationaler, europäischer und nationaler Ebene auf eine stärkere Belastung der finanziell Leistungsfähigen (z.B. durch Vermögensteuer, Anhebung von Erbschaftsteuer- und Spitzensteuersätzen, Kapitalertragsteuer, Finanztransaktionsteuer, Gewerbesteuer, Stopfen von Steuerschlupflöchern ...). Mehr Steuergerechtigkeit und eine breitere Finanzierungsbasis für öffentliche Investitionen ist das Ziel gewerkschaftlicher Steuerpolitik. Um den internationalen Wettlauf zur Senkung der Unternehmensbesteuerung zu durchbrechen, ist zumindest auf der europäischen Ebene eine Harmonisierung der Körperschaftsteuer mit der Vereinbarung von Mindeststeuersätzen notwendig.

Die Programmatik der IG Metall zielt zudem auf den Ausbau der Sozialversicherungen, eine Verbesserung ihrer Leistungsfähigkeit und eine gerechtere Finanzierung durch stärkere Einbeziehung der Kapitalseite sowie die Einführung einer einheitlichen Erwerbstätigenversicherung in der Rente und einer Bürgerversicherung in der Kranken- und Pflegeversicherung. Dabei ist unerlässlich, dass jede Form der Erwerbsarbeit sozialversicherungspflichtig wird. In der Arbeitsmarktpolitik muss eine Kehrtwende hinsichtlich des Hartz IV-Regimes her: Der Ausbau des Niedriglohnsektors begünstigt die Unternehmen, schwächt die Kampfkraft der Gewerkschaften und führt zu unwürdigen Zuständen für die Betroffenen. Notwendig ist die Verlängerung des Arbeitslosengeldes für Ältere, die Wiederherstellung des Berufsschutzes, die deutliche Anhebung der Regelsätze sowie ein Sanktionsverbot, sofern das Existenzminimum unterschritten wird.

In der Praxis der IG Metall werden zum einen allerdings teilweise Maßnahmen protegiert, die dieser Programmatik entgegenstehen. Beispielsweise die Förderung von Entgeltumwandlung im Rahmen der Altersversorgung, die faktisch die zweite oder gar die die dritte Säule der Alterssicherung zu Lasten der ersten Säule (Gesetzliche Rente) sowie der anderen Sozialversicherungszweige privilegiert. Zum anderen wird politischen Rahmenbedingungen, die die gewerkschaftliche Handlungsfähigkeit massiv beeinflussen, nicht die erforderliche Aufmerksamkeit zu teil.

Linke Gewerkschaftspolitik muss die eigene steuer- und sozialpolitische Programmatik aktiv, mit der Kraft der ganzen Organisation, in die politischen Auseinandersetzungen einbringen. In offenen Diskussionen ist diese Programmatik weiter zu präzisieren (z.B. ein Niveau in der gesetzlichen Rentenversicherung, mindestens in Höhe von

53 Prozent Netto vor Steuern). Erforderlich ist ebenso der Verzicht auf den Versuch, gesetzlichen Sozialabbau durch tarifpolitische Maßnahmen zu kompensieren.

Frieden und Abrüstung

Die IG Metall ist nach der Satzung auch für die Beschäftigten in der Rüstungs- bzw. Waffenindustrie zuständig.

Da gesellschaftspolitisch und auch in der IG Metall die friedenspolitische Debatte in den Hintergrund getreten ist, müssen wir unseren gewerkschaftlichen Anspruch nach Frieden und Abrüstung und Fragen der Rüstungskonversion neu beleben. Friedenspolitische Vorstellungen müssen gegenüber Beschäftigungsinteressen innerhalb der Rüstungsindustrie Vorrang haben. Gleichwohl muss das Interesse der zurzeit in der Rüstungsindustrie Beschäftigten an guter und gut bezahlter Arbeit berücksichtigt werden. Wir brauchen wieder mehr Konversionsinitiativen, die auf andere (zivile) Produktion abzielen.

Dazu ist es auch notwendig, die wirtschaftspolitische Dimension der Rüstungsindustrie zu bewerten und europäische Entwicklungen der Rüstungskonzentration einzuschätzen: Einerseits die Fusion der Panzerbauer KMW (Krauss-Maffei-Wegmann) mit dem französischen Staatskonzern Nexter und andererseits die Absicht Italiens und Frankreichs, ihre Marine-Werften zusammen zu führen.

Bundesweit sind 80.000 bis 100.000 Arbeitsplätze von der Rüstung abhängig. Die meisten Unternehmen in dieser Branche sind Mischkonzerne, die sowohl zivile, als auch Rüstungsgüter produzieren.

Die 2015 auf dem Gewerkschaftstag beschlossenen Anträge positionieren die IG Metall
– gegen Rüstungsexporte,
– gegen die Ausweitung des Rüstungsetats,
– gegen direkte oder indirekte Unterstützung von Kriegen oder von kriegsähnlichen Handlungen,
– für Rüstungskonversion und einen Konversionsfonds.
In diesem Sinne ist es notwendig, die öffentliche und gewerkschaftsinterne Debatte wieder stärker zu führen, die Akteure stärker zu vernetzen und Alternativen zur Rüstung und für den Frieden zu formulieren und die bestehende Programmatik stärker zur Praxis werden zu lassen.

Tarif- und Betriebspolitik

Die Tarifpolitik der IG Metall hat in den letzten Jahren dazu geführt, dass im Bereich der Metall- und Elektroindustrie der verteilungsneutrale gesamtgesellschaftliche Spielraum ausgeschöpft werden konnte. Es gelang in den vorangegangenen Tarifrunden Abschlüsse zu erzielen, die über die Summe von Zielinflationsrate und Trendproduktivität hinausgingen. Dies führte allerdings kaum zu nennenswerten Verteilungsfortschritten, weil die reale Produktivitätsentwicklung in der Branche in den letzten zehn Aufschwungjahren meist höher lag als in der gesamten Gesellschaft. In der Folge entwickelten sich auch die Gewinne weiter nach oben.

Durch die Hartz-Gesetzgebung und durch Optimierungs- und Verlagerungsdruck haben gleichzeitig Ausgliederungen sowie Leiharbeit und Werkverträge zu Lasten der Stammbelegschaften zugenommen. Dies hat den Druck auf die Tarif- und Betriebspolitik erhöht und die Handlungs- und Durchsetzungsfähigkeit der Gewerkschaften geschwächt. In der Krise versuchen die Unternehmen alles, um die Lasten auf die Beschäftigten abzuwälzen. Kosten und Verluste werden sozialisiert, Gewinne privatisiert.

Der Druck auf die Betriebs- und Tarifpolitik erhöht sich auch durch neue Steuerungsformen im Unternehmen, in deren Folge neue, vor allem psychische Belastungen auftreten und die Beschäftigten immer länger arbeiten. Hieraus ergeben sich weitere Herausforderungen für eine gewerkschaftliche Arbeits-, Arbeitszeit- und Leistungspolitik.

Aufgabe der Tarifpolitik ist es, der umfassenden Vermarktlichung der Arbeitsbeziehungen und der einzelnen Beschäftigten entgegen zu wirken. Dies zielt auch auf die stärkere Vereinheitlichung der Lebensverhältnisse in ganz Deutschland, insbesondere auch die Angleichung zwischen West- und Ostdeutschland. Es zielt zugleich auf die Stärkung der Tarifbindung im ganzen Land.

Aufgabe der Tarifpolitik muss es zudem sein, die tarifpolitischen Auseinandersetzungen in ein gesamtgesellschaftliches Umverteilungskonzept (Umverteilung von Arbeitszeiten, Einkommen, Verfügungsrechten ...) einzuordnen.

Tarifpolitik hat ferner die Aufgabe, vorhandene gesetzliche Regelungen zu verbessern. Abzulehnen sind tarifdispositive Regelungen, wie sie beispielsweise im sogenannten Betriebsrentenstärkungsgesetz enthalten sind, durch die Tarifverträge verschlechtert werden können. Handlungsoption muss dabei immer sein, Umverteilung gemeinsam mit gesellschaftlicher Bewegung gegebenenfalls auch im Wege des Arbeitskampfes durchzusetzen.

Aufgabe der Tarif- und Betriebspolitik ist es zudem, der Spaltung von Belegschaften entgegen zu wirken und prekäre Beschäftigungsformen (Werkverträge, Leiharbeit, sachgrundlos befristete Beschäftigung, Minijobs) zurückzudrängen. Gewerkschaftliche Interessenvertretung heißt die Vertretung aller Beschäftigten und nicht nur der Kernbelegschaften.

Linke Betriebspolitik muss einen Beitrag dazu leisten, die Tarifergebnisse auch tatsächlich vor Ort umzusetzen. Hierfür ist es notwendig, mit den Beschäftigten gemeinsam zu handeln. Dazu gehört der systematische Aufbau gewerkschaftlicher Strukturen durch die Nutzung von Mitgliederversammlungen und die Bildung von Vertrauenskörpern und Aktivenkreisen in den Betrieben. Die Mitglieder und ihre Interessen stehen im Mittelpunkt des gewerkschaftlichen Handelns. Sie entwickeln mit Unterstützung der Organisation gemeinsame Ansätze und Aktivitäten zur Durchsetzung ihrer Interessen und handeln danach.

Internationale Gewerkschaftsarbeit

Für das Kapital spielen Grenzen und Nationalstaaten bei der Durchsetzung der eigenen Profitinteressen eine untergeordnete Rolle. Internationale Konzerne treffen ihre Entscheidungen fast immer unabhängig von sozialen Erwägungen oder Verbundenheit mit regionalen oder nationalen Belegschaften. Die nationale Wirtschafts-, Sozial-, Finanz- und Steuerpolitik und natürlich auch die Höhe und Entwicklung von Löhnen, Produktivität und Arbeitszeiten in den Ländern der Welt beeinflussen Investitionsströme und Standortentscheidungen.

Eine linke Gewerkschaftspolitik kann daher nicht an Staatsgrenzen enden. Internationale Zusammenarbeit von Gewerkschaften ist nicht nur eine Aufgabe von Spitzengremien Und schon gar nicht darf sie sich in sonntäglichen Reden erschöpfen. Internationale Solidarität braucht, wenn sie wirksam werden soll, ein Gesicht und muss von der Basis her wachsen und gestärkt werden. Hierfür sind unmittelbare und persönliche Kontakte zwischen betrieblichen Gewerkschaftsaktivist*innen – insbesondere in länderübergreifenden Konfliktfällen – aus Betrieben verschiedener Länder zu fördern und zu systematisieren.

Darüber hinaus ist jenseits von nationalen Egoismen die Koordinierungs- und Entscheidungskompetenz der europäischen und internationalen Gewerkschaftszusammenschlüsse in tarifpolitischen Fragen auszubauen.

Nicht Lohn- und Arbeitszeit-Dumping – und auch nicht dauernde „Förderung der Wettbewerbsfähigkeit" – kann die Antwort auf die menschenfeindliche koordinierte Profitmaximierung des internationalen Kapitals sein. Linke Gewerkschaftspolitik muss den solidarischen gewerkschaftlichen Zusammenschluss der abhängig Beschäftigten aller Länder in der täglichen Arbeit erfahrbar voranbringen.

Organisationspolitik

Die Organisationspolitik der Gewerkschaften muss darauf ausgerichtet werden, Betriebe nachhaltig zu erschließen, indem Mitglieder beteiligt und dadurch befähigt werden, für ihre Interessen im Betrieb und in der Gesellschaft einzutreten. Zugleich muss das Spannungsverhältnis zwischen betrieblichen und gewerkschaftlichen Interessen mit Blick auf die gesamte Branche und darüber hinaus transparent gemacht werden, um reale Beteiligung möglichst weitgehend zu realisieren (und Scheinbeteiligung zu vermeiden).

In den letzten Jahren ist in der IG Metall die Mitgliederentwicklung immer stärker in den Fokus gerückt worden. Dies hatte und hat seine unbedingte Berechtigung. Mitgliederstarke Organisationen haben bekanntermaßen politisch deutlich mehr Durchschlagskraft.

Die organisationspolitische Aufgabe linker Gewerkschaftspolitik ist es, das Verhältnis von Mittel und Zweck in den richtigen Zusammenhang zu stellen. Mitgliederstärke ist kein Selbstzweck, sondern dient dem Ziel, die Interessen der Beschäftigten wirksamer durchzusetzen. Dazu braucht es Beteiligung und eine klare Aktionsorientierung. Die Interessen von Frauen, der jungen Generation und von Angestellten sowie des Handwerks und von prekär Beschäftigten müssen bei der Durchsetzung offensiver

Gewerkschaftspolitik hoch gewichtet werden. Das hat Konsequenzen für die Organisationspolitik der IG Metall. Erfolgreiche Mitgliederentwicklung gelingt mit einer offensiven und konfliktorischen Ausrichtung der gewerkschaftlichen Betriebs-, Tarif- und Gesellschaftspolitik.

Der Erfolg von Projekten und die Aufgaben der Geschäftsstellen dürfen nicht auf Zahlen reduziert werden. Die Geschäftsstellen und Projekte haben auch eine gesellschaftspolitische Funktion. Die daraus resultierenden Strukturen müssen unter Beteiligung der Haupt- und Ehrenamtlichen systematisch entwickelt werden.

Bei aller Unterschiedlichkeit der Geschäftsstellen muss die IG Metall als Ganzes deutlich machen, wofür sie steht, in der Betriebs- und Tarifpolitik genauso wie in der Gesellschaftspolitik. Eine erfolgreiche Arbeit in den Betrieben greift ohne klare gesellschaftspolitische Ziele und Aktionen zu kurz.

Die gewerkschaftliche Bildungsarbeit der IG Metall muss sich an den hier definierten gewerkschaftlichen Aufgaben orientieren. D.h., sie muss wieder stärker den Interessengegensatz zum Ausgangspunkt nehmen und gesellschaftspolitische Fragen in den Fokus rücken. Sie darf sich nicht auf die Weiterbildung der Betriebsräte, JAVis, Schwerbehindertenvertrauensleute und Aufsichtsräte reduzieren, sondern muss die Arbeit mit Vertrauensleuten und Aktiven ebenso in den Mittelpunkt stellen.

Bündnis- und Lobbypolitik

Die Lobbykontakte der IG Metall zu Ministerien und Parlamenten sind gut ausgebaut und effizient. Gleichwohl stoßen sie an ihre Grenzen, wenn die Anliegen der IG Metall nicht durch gesellschaftliche Bewegungen und die eigene organisationspolitische Kraft unterlegt werden.

Aufgabe ist es, Kontakte auf allen Ebenen (von lokal bis international) zu allen demokratischen Parteien (insbesondere zu denen, die sich konstruktiv auf gewerkschaftliche Programmatik beziehen) sowie zu NGOs, Sozialverbänden, Wissenschaft, Religionsgemeinschaften, Bürgerinitiativen etc. weiter zu entwickeln, gesellschaftliche Bewegungen aufzugreifen und auf Augenhöhe im Bündnis mit allen, die am Erhalt und Ausbau des Sozialstaates und einem wirksamen Schutz unserer Lebensgrundlagen interessiert sind, öffentlichkeitswirksam zu agieren. Das stärkt uns nicht nur in quantitativer Hinsicht. Zugleich können intellektuelle Ressourcen besser gemeinsam genutzt werden. Im Prozess der Zusammenarbeit wird gemeinsam politisch gelernt.

Dabei muss der DGB als Zusammenschluss der Gewerkschaften auf allen Ebenen eine wichtigere Rolle spielen. Er muss politisch, finanziell und personell gestärkt werden. Die großen gesellschafts- und sozialpolitischen Aufgaben lassen sich, trotz manchmal unterschiedlicher organisationspolitischer Interessen der einzelnen Gewerkschaften, nur gemeinsam bewältigen.

Die IG Metall muss hierbei als eine der stärksten Gewerkschaften im DGB und als außerparlamentarische Kraft ein Sammelpunkt des gesellschaftlichen Widerstands werden und sich offensiv für eine Politik einsetzen, die die Interessen der Mehrheit der Menschen und nicht des Profits in den Mittelpunkt des politischen Handelns rückt.

Jürgen Kerner

Schritte in die ökosoziale Industriegesellschaft – Herausforderung für die IG Metall

Gesellschaftspolitische Postulate haben es nicht leicht bei Gewerkschafter*innen in der IG Metall. Bei ständig steigenden Ansprüchen in der täglichen betrieblichen Arbeit bleiben gesellschaftliche Perspektiven schnell auf der Strecke. Das gilt gerade für die extremen Krisensituationen, an denen es in diesem Jahrhundert bisher nicht mangelt. Das gilt für die aktuelle Pandemie, aber auch für die schon historische „Finanzkrise", auslöst durch den Zusammenbruch einiger Großbanken im Herbst 2008 – eben dem Momentum, das Anstoß zur Idee der „Mosaiklinken" gab. Und es gilt ganz besonders für eine Krise, die in ihrer Bedeutung für die Menschen alle anderen überflügeln wird: den Klimawandel.

Wurden und werden mit dem betrieblichen „Kleinklein" möglicherweise Chancen auf große gesellschaftliche Veränderungen vertan? Es liegt viel Wahrheit in einem Satz, den Antonio Gramsci, inhaftiert von den italienischen Faschisten, in seinen berühmten „Gefängnisheften" schreibt: *„Ausgeschlossen kann werden, dass die unmittelbaren Wirtschaftskrisen von sich aus fundamentale Ereignisse hervorbringen".*[1] Im entscheidenden zweiten Halbsatz zeigt Gramsci eine Herausforderung, mit der die Gewerkschaftsbewegung fast 100 Jahre nach der Niederschrift immer noch konfrontiert ist: *„sie können nur einen günstigeren Boden für die Verbreitung bestimmter Weisen bereiten, die für die ganze weitere Entwicklung des staatlichen Lebens entscheidenden Fragen zu denken, zu stellen und zu lösen."*[2] Auch wenn in der Finanzkrise und in der Covid-19-Pandemie die „entscheidenden Fragen" durchaus gedacht werden; es gibt wenig Anzeichen, die eine Hegemonie – um bei Gramsci zu bleiben – dieser „Weisen" erkennen lassen.

Der Spagat zwischen Tageskampf und großen Zielen

Progressive Gewerkschafter*innen üben einen täglichen Spagat. Zwischen dem Wertesystem, das sich aus den Kämpfen der Arbeiterbewegung ergeben hat und auf eine „weitere Demokratisierung von Wirtschaft, Staat und Gesellschaft" drängt – so Paragraph 2 der Satzung der IG Metall – und den aktuellen Ansprüchen der Beschäftigten, die sich gerade durch die historischen Erfolge entwickeln konnten. Krisen verstärken offenbar

---

1 Gramsci, Antonio: Gefängnishefte, Heft 13, §17, hrsg. v. Klaus Bochmann und Wolfgang Fritz Haug, Hamburg 2012.

2 Ebenda.

nicht das Bedürfnis nach Wandel, sondern das Bedürfnis nach sozialer Sicherheit. Ganz konkret nach guter Arbeit, guten Einkommen und einer Perspektive.

Man kann den Eindruck gewinnen, dass diese Erkenntnis ein Privileg für Gewerkschafter*innen zu sein scheint und in allzu akademisch angehauchten Debatten zu einer Randnotiz verkommt. Davor kann man nur warnen – wenn man nicht will, dass mögliche Allianzen für den ökosozialen Wandel an den Elfenbeintürmen der Orthodoxie scheitern. Das Pendel schlägt in der gewerkschaftlichen Arbeit zwangsläufig in eine pragmatische Richtung aus und besinnt sich auf Willi Bleicher. Die Feststellung des legendären Metallers und Widerstandskämpfers gilt beileibe nicht nur für Tarifrunden: *„Tariffragen sind Machtfragen – es kommt nicht darauf an, was wir wollen, sondern was wir durchzusetzen in der Lage sind."*³

Das bedeutet nicht, die Idee von Allianzen und Kooperationen, die Hans-Jürgen Urban „Mosaiklinke" nennt, als intellektuelle Spielerei abzutun. Hans-Jürgen Urban ist ja nicht nur habilitierter Soziologe, sondern auch leidenschaftlicher Gewerkschafter. Seine These in einem Interview mit der Zeitschrift „Jacobin" vom September 2020, die in direktem Zusammenhang mit der ökologischen Bewegung steht, sollte vertieft werden: *„Hier geht es um komplexe Beziehungen von sozialer Lage, Macht und Kultur – und hier braucht es das Zusammenwirken unterschiedlicher Bewegungen mit ihren Kompetenzen."*⁴

Als IG Metall bringen wir viele Stärken mit, um die Herausforderungen anzugehen. Sachverstand und Erfahrung, die Nähe zu unseren Betriebsräten und Belegschaften, starke Wurzeln, klare Werte und Entschlossenheit. Mit all ihren Kompetenzen können Gewerkschaften selbstbewusst agieren. Und offen bleiben für Anregungen, neue Ideen und Inspiration. Selbstbewusst – das darf nicht selbstgerecht bedeuten. Sondern das Zusammenwirken unterschiedlicher Kompetenzen zu initiieren und zu fördern, die umfassende Debatte über gesellschaftspolitische Entwicklungspfade eröffnen und verbreitern.

Allianzen für einen ökosozialen Umbau?

Es ist klar, dass eine Allianz mit „Bewegungen" alleine für einen ökosozialen Umbau unserer Gesellschaft und unserer Ökonomie nicht reichen wird. Zu groß sind die Aufgaben, zu umfassend die Herausforderungen: der klimaneutrale Umbau unserer Industrie und unserer Energiesysteme und ein die Ressourcen schonender, in die Zukunft gerichteter Umbau unserer Mobilität. Um einen ökosozial nachhaltigen Entwicklungspfad erfolgreich zu beschreiten, müssen viele gesellschaftliche Gruppen, Organisationen und Institutionen mitwirken. Selbstverständlich soziale und ökologische Bewegungen, aber auch Wirtschaftsverbände und Industrieunternehmen sowie deutsche und europäische Politik. Streit, Diskussionen und Auseinandersetzungen sind ständige Begleiter auf der

---

3 Zitiert nach Fürst, Franz: Gut gesagt Willi! In: Und wenn die Welt voll Teufel wär'. Willi Bleicher – ein Porträt, Stuttgart, o.J.

4 Urban, Hans-Jürgen, Eine Allianz, die es in sich hat, in: Jacobin No. 2, 2020)

Wegstrecke. Auch wenn die Wirtschaft die Notwendigkeit von Klimaschutz erkennt und anerkennt, setzt dies die kapitalistische Verwertungslogik nicht außer Kraft.

Es geht um *„komplexe Beziehungen von sozialer Lage, Macht und Kultur"*, wie Hans-Jürgen Urban schreibt.[5] Und es geht um divergierende Interessen. Reale Interessen- und Zielkonflikte lassen sich nicht einfach durch den Verweis auf ein wie auch immer postuliertes Allgemeinwohl aufheben. Dennoch muss sich Hegemonie im neogramscianen Sinne verschieben – weg von den seit Jahrzehnten dominierenden neoliberalen Konstrukten, hin zu einem – noch auszubuchstabierenden – ökosozialen Entwicklungspfad.

Als Gewerkschaften formulieren wir deutlich: Niemand darf zurückbleiben, niemand darf übersehen werden. Nicht junge Menschen, die sich berechtigte Sorgen um unseren Planeten machen. Nicht unsere Kolleginnen und Kollegen in den betroffenen Branchen, die nicht wissen, wie ihre berufliche Zukunft aussehen wird. Wir müssen einen gemeinsamen Blick in die Zukunft werfen. Nur ein breiter gesellschaftlicher und ökonomischer Konsens wird diese Transformation zum Erfolg machen. Wir müssen beweisen, dass mitbestimmte und gut bezahlte Industriearbeit und konsequenter Klimaschutz kein Widerspruch sind. Weder in Deutschland noch in anderen Ländern.

Als IG Metall können wir bei dieser entscheidenden Frage nicht nur ein gewichtiges Wort mitreden, sondern Gestalterin sein. Wenn wir die Erwartungen anderer gesellschaftlicher Gruppen wahrnehmen, ihnen zuhören, ihre Kompetenzen anerkennen und mit ihnen diskutieren; wenn die IG Metall Bündnisse einfordert und eine Koalition der Gutwilligen schmiedet. Das wird gelingen, wenn wir als Industriegewerkschaft gesellschaftspolitisch agieren und uns dem Diskurs stellen. Die IG Metall lässt sich weder auf Lobbyismus noch auf Tarifmaschine reduzieren. Die IG Metall ist eine progressive, gesellschaftliche Kraft, die gemeinsam mit den Beschäftigten in den Betrieben und Unternehmen unsere Zukunft gestalten kann; mutig, visionär und durchsetzungsfähig. Als diese Kraft muss sie wieder sichtbarer werden.

Chancen für einen Dialog

Wir suchen den gesellschaftspolitischen Dialog mit allen gesellschaftlichen Gruppen, wenn nötig auch im Konflikt. Offenheit darf nicht willfährig werden. Eine ökologische Transformation, die uns einen vielversprechenden Weg in die Zukunft ebnen kann, muss sozial, demokratisch und vielfältig sein. Wir stellen den selbstbestimmten, freien Menschen in den Mittelpunkt, der sich in einer gerechten und solidarischen Arbeitswelt und einer offenen Gesellschaft bewegt. Diese Werte machen uns stark, diese Werte leben wir. Wir haben, was wir brauchen, um auch bei Zukunftsfragen zu bestehen und zu überzeugen. Die Grundwerte der Gewerkschaftsbewegung bleiben nicht nur für uns modern und zukunftsweisend.

Chancen für diesen progressiven Dialog sind durchaus vorhanden. Die Corona-Pandemie hat die marktradikalen Ich-Gesellschaften in ihrem Glauben erschüttert. Eine

---

5 Ebenda.

Epoche, die sich von Reagan und Thatcher über Schröder und Blair bis ins Heute zieht, hinterfragt sich zunehmend selbst. Die schon von Milton Friedman propagierte These, dass individuelle Leistung sich letztendlich für alle lohne, wurde in ihrem Stresstest ad Absurdum geführt. Nicht Investmentbanker mit immensen Gehältern und Boni haben das tägliche Überleben unserer Gesellschaften ermöglicht; es waren die „Frontline Worker", die nicht einmal von Bruchteilen dieser Gehälter träumen können.

Es zeigt sich immer deutlicher, dass sich epochale Krisen nur gemeinschaftlich lösen lassen. Kein Egotrip wird uns voranbringen, sondern gemeinsame Ideen und Lösungen. Eine zu optimistische Idee? Vielleicht. Aber die beiden Ökonomen Paul Collier und John Kay machen Hoffnung. Ihr kurz vor Beginn der Covid-19-Pandemie veröffentlichtes Essay „Greed is Dead" (Die Gier ist tot) schließt mit dem folgenden Satz: "Bald werden wir entweder den Wert der Gemeinschaft feiern oder über die schrecklichen Folgen ihres Verlustes nachdenken."[6]

Das gilt ganz besonders für die ökologischen Herausforderungen. Es sollte sich herumgesprochen haben, dass die von den Apologeten des radikalen Marktes propagierte individuelle Gier den Klimawandel nicht stoppen wird. Hier gilt es, neue Wege zu beschreiten. Unsere Industrie muss klimaneutral und wirtschaftlich zukunftsfähig werden.

Anforderungen einer klimaneutralen Industriepolitik

Als IG Metall haben wir uns einer weitestgehend klimaneutralen Industriepolitik verpflichtet. Wir stehen zu den Beschlüssen des Pariser Klimaabkommens. Der europäische „Green Deal" steht für eine umfassende Modernisierung der europäischen Wirtschaft mit dem Ziel, bis 2050 klimaneutral zu arbeiten. Das bedeutet für uns nichts weniger als die weitestgehende Dekarbonisierung unserer Industrie und unserer Mobilität. Das im Dezember 2019 verabschiedete Klimaschutzgesetz der Bundesregierung hat für alle Wirtschaftssektoren verbindliche Emissionsreduzierungen festgelegt. Bis 2030 sind für die in die IG Metall relevanten Sektoren – im Vergleich zum Jahr 1990 – ambitionierte Ziele zu erreichen: In der Industrie müssen Emissionen um 51 Prozent, im Verkehr um 42 Prozent reduziert werden.

Beides trifft die IG Metall in ihren Kernbereichen; in der Automobilindustrie, der Bahnindustrie und der Luft- und Raumfahrtindustrie, im Maschinenbau und in der Stahlindustrie. Unsere Aufgabe und unser Ziel liegen klar auf der Hand: Die IG Metall wird treibende und gestaltende Kraft beim ökologischen Umbau unserer Industrien. Wir stehen für umweltfreundliche und innovative Technologien, die maßgeblich dabei helfen werden, die angestrebten Klimaziele zu erreichen und Industrieproduktion und damit Arbeitsplätze in Deutschland zu erhalten und zu schaffen.

Eine Mammut-Aufgabe von einer solchen Komplexität, die die IG Metall trotz aller Stärke und all ihren Möglichkeiten nicht allein lösen kann. Nicht einmal En-

---

6 Übersetzung durch den Autor. Originalsatz: „Soon, we will either be celebrating the value of community, or contemplating the awful consequences of its loss."

gagement, Einfluss und Kompetenz unserer Vertrauensleute, Betriebsrät*innen und aktiven Kolleg*innen wird das schaffen können. Diese gewaltige Herausforderung werden wir nur als Gemeinschaft lösen. Das bedingt eine klare Voraussetzung: Die Menschen müssen eine neue, ökologische Wirtschaftspolitik in ihrer großen Mehrheit akzeptieren. Das heißt auch, dass wir erst dann die Defensive verlassen, wenn wir über die Betriebe und Unternehmen hinaus konflikt- und durchsetzungsfähig sind. Erst dann können wir Transformation und Zukunftsfelder offensiv gestalten.

Um hier als IG Metall glaubwürdig und ehrlich zu agieren, müssen wir zunächst interne Bedenken überwinden. Dekarbonisierung kann sich als ein zentrales Arbeitsfeld in der IG Metall durchsetzen, wenn wir die Diversität der verschiedenen Branchen anerkennen und berücksichtigen und wenn wir einen direkten Nutzen für diese Branchen formulieren können. Konkrete Beispiele in Branchen, Unternehmen und Betrieben können überzeugen, wenn wir sie als IG Metall zu unserer gemeinsamen Sache machen. Wenn wir Chancen nutzen, ohne die Risiken zu verschweigen. Wenn wir für eine ökologische Wende stehen, die unsere Industrie nach vorne bringt und Arbeit und Standorte sichert; eine Wende, vor der niemand die Angst haben muss zurückzubleiben. Diese Strategie üben wir in der Wasserstoffinitiative der IG Metall – einer Technologie, die Schlüsselelement in der Energiewende sein kann. Zentrale Branchen der IG Metall wie Stahl, Schiffbau, Bahn, Maschinenbau und auch Automobilbau können von dieser Technologie massiv profitieren.

Auf die eigene Kraft vertrauen

Sich hier als IG Metall zu engagieren, erscheint aus mehreren Gründen sinnvoll und notwendig. Zum einen bewegen wir uns in einem zentralen gewerkschaftlichen Umfeld, zum anderen zeigen wir unsere Fähigkeit, innovativ, offen und gesellschaftspolitisch zu handeln. Die anstehende ökologische Transformation allein den Unternehmen und ihren Verbänden zu überlassen, wäre fahrlässig für die Interessen und Bedürfnisse unserer Kolleg*innen. Es wäre fatal, hier auf die Prinzipien des Marktes zu vertrauen.

Zentral ist und bleibt auch hier unsere Kompetenz in Sachen Arbeit, die wohl niemand anzweifeln wird. Wir haben Gestaltungsmacht in den Unternehmen und Branchen. Wir werden Strategien einfordern und begleiten, die ein ökologisches Wirtschaften für unsere Industrien zum Erfolgsfaktor machen werden. Unsere Betriebsräte und die Kolleg*innen in den Betrieben können ausreichend Druck aufbauen, neue Technologien und Produkte in Deutschland zu etablieren, die über Lippenbekenntnisse hinausgehen. Nicht nur als Bekenntnis zum Standort, sondern als Beispiel für erfolgreiche, faire, sichere und mitbestimmte Arbeit.

Als alleinige Treiberin wäre auch die IG Metall überfordert. Notwendig sind der Druck und die Unterstützung durch die Politik in Deutschland und Europa. Ohne den politischen Willen und entsprechende Förderung wird es nicht gehen. Auch wenn wir hier durch unsere etablierten Gremien in der überbetrieblichen Gewerkschaftspolitik ein einflussreiches Netzwerk aufgebaut haben, stehen dem Kapitalinteressen gegenüber. Unsere Forderungen werden nur dann gehört, wenn fachlich fundiert und überzeugend argumentiert wird. Dazu brauchen wir zusätzliche Kompetenzen. Ein Schulterschluss mit Wissenschaft und Forschung erscheint unerlässlich. Auch wenn manche Erkenntnisse unbequem werden dürften.

Und auch das wird noch nicht für einen Erfolg reichen. Eine ökosoziale Industriepolitik braucht die Unterstützung der gesellschaftlichen Öffentlichkeit. Diese Unterstützung können wir erreichen, wenn wir wieder stärker an die gesellschaftspolitischen Traditionen der Gewerkschaftsbewegung anknüpfen. Als einer Bewegung, die sich als progressive gesellschaftliche Kraft präsentiert und deren Wertesystem überzeugende Antworten auf die Fragen unserer ökonomischen und ökologischen Zukunft hat. Eine Bewegung, die offen ist für Veränderungen, ohne ihre roten Linien aufzugeben. Um es zu wiederholen: Der selbstbestimmte Mensch in einer vielfältigen und offenen Gesellschaft steht im Mittelpunkt. Diese freie Gesellschaft endet nicht am Werkstor. Mitbestimmte, faire und sichere Arbeit sind ein entscheidender Teil dieser Gesellschaft.

All das muss noch deutlicher werden. Dann erreicht die IG Metall eine Durchsetzungs- und Konfliktfähigkeit, die über die traditionellen betrieblichen Ebenen hinausreicht. Und damit eine große Chance, in der Transformation nicht nur zu reagieren, sondern aktiv zu werden. Nicht nur als Verteidigerin gewerkschaftlicher Erfolge, sondern als Gestalterin unserer gemeinsamen Zukunftsfelder. Und gerade jetzt ist die Stimme der IG Metall in der gesellschaftspolitischen Diskussion notwendiger denn je. Es wäre fatal, diese Chance nicht zu nutzen.

Die kulturelle Hegemonie der neoliberalen Idee, die seit Jahrzehnten politisches und ökonomisches Handeln bestimmt, wird gerade von den jungen ökologischen Bewegungen zunehmend hinterfragt. Wer die Universalität dieser vom Markt gesteuerten Interessen wirklich brechen will, braucht realistische soziale und ökonomische Alternativen. Ökologische und soziale Interessen begegnen sich hier auf Augenhöhe. Und hier gibt es noch viel Bedarf an Diskussion.

Ganz abgesehen davon, dass aktuell nur wenig gesellschaftlicher Elan zu tiefgreifenden Veränderungen zu erkennen ist – die Gräben zwischen Gewerkschaftsbewegung, Unternehmen, Politik und den neuen ökologischen Bewegungen sind immer noch tief. Dennoch gibt es keine Alternative zum offenen und wenn nötig konfliktorischen Diskurs. Veränderungen und Transformationen brauchen in einer Demokratie Mehrheiten. Nur dann werden sie langfristig tragen und akzeptiert werden. Nur das gegenseitige Verständnis unterschiedlicher habitueller und kultureller Hintergründe wird zu einem Klima führen, das die ökologische Reform unserer aktuellen Wirtschaftsweise mehrheitsfähig machen wird; zu einem Wandel, der sozial, ökologisch und fair ist.

Transformation der Stahlindustrie braucht starke Mitbestimmung
Ein Gespräch mit Hasan Cakir und Matthias Wilhelm

Frage: Die wirtschaftliche Lage in der Stahlindustrie ist von Krisen geprägt. Investitionsschwäche, Modernisierungsrückstand, Sparprogramme und Beschäftigungsabbau lauten die wiederkehrenden Stichworte. Im Standortvergleich weisen die Stahlwerke der Salzgitter AG allerdings Zukunftsperspektiven auf. Was macht die Unterschiede aus?

Hasan Cakir: Um es auf einen Punkt zu bringen: dass wir eigenständig handeln können, dass wir die Entscheidungsgewalt bei uns haben.

Frage: Das musst Du erläutern.

Hasan Cakir: Zunächst einmal haben wir es mit einem Unternehmen zu tun, das mit der Kapitalbeteiligung des Landes Niedersachsen zum Teil im öffentlichen Besitz ist. Hinzu kommt eine starke Arbeitnehmerbank im Rahmen der Unternehmensmitbestimmung. Die IG Metall spielt mit ihrem stellvertretenden Aufsichtsratsvorsitzenden Hans-Jürgen Urban in Konflikt- und Entscheidungssituationen immer wieder eine entscheidende Rolle.

Was die Zukunftsperspektiven betrifft: Selbstverständlich achten wir darauf, dass die sozialen Standards eingehalten werden. Aber nicht weniger wichtig ist, dass die Investitionspolitik des Konzerns stimmt. Darüber wird oft lange verhandelt, doch am Ende mit einem Ergebnis, dass nicht nach drei Tagen bereits wieder mit einem Investitionsstopp infrage gestellt wird, weil ein neues Sparprogramm im Anmarsch ist. Wir können uns als IG Metall und Betriebsrat zugutehalten, immer wieder Zukunftsinvestitionen eingefordert zu haben, mit dem Ergebnis, dass wir technologisch auf einem guten Weg sind, was uns am Ende Wettbewerbsfähigkeit und Arbeitsplatzsicherheit bringt.

Frage: Das klingt sozialpartnerschaftlich – Vorstand, Aufsichtsrat, Betriebsrat und das Land Niedersachsen im strategischen Gleichlauf. Zu verhindern, dass es zu einem Modernisierungsstau kommt, schließt jedoch ein, Rationalisierungspotenziale auszuschöpfen. Das muss nicht, kann aber beschäftigungs- wie arbeitspolitisch negative Folgen haben.

Hasan Cakir: Die letzten zwei größeren Investitionen hatte das Management versucht auszusitzen. Da haben wir es mit vereinten Kräften hinbekommen, den Aufsichtsratsvorsitzenden auf unsere Seite zu ziehen. Hans-Jürgen hat maßgeblich mit dafür gesorgt, dass nicht Sparpolitik die Oberhand bekam.

Alles spielt sich letztlich im Rahmen der finanziellen Möglichkeiten ab, dann jedoch weitgehend im Konsens. Dass neue Anlagen letztlich produktiver sind, ist klar. Doch die Art der Steigerung der Produktivität ist Verhandlungssache. Ein tragfähiger Kompromiss erweist sich letztlich daran, dass es gelingt, bei der Modernisierung der Anlagen nicht nur das technische Niveau, sondern auch die Arbeitsplätze im Blick zu haben.

Frage: Wie stellt sich dieses kooperative Modell aus der Sicht der IG Metall dar? Mitbestimmung als gemeinsame Verantwortung oder als konflikthafte Interessenpolitik?

Matthias Wilhelm: Die spezifische Diskussionskultur in der Salzgitter AG hat zur Voraussetzung einen hohen Organisationsgrad der Beschäftigten. Hinzu kommt: In kritischen Auseinandersetzungen es hinzubekommen, den Druck auch auf die Straße zu bringen, die Politik in die Verantwortung zu nehmen, die Region an der Seite zu haben – das macht letztlich den Erfolg aus. Und das schon sehr lange: beim Widerstand gegen die Demontage 1947 bis 1951 ebenso wie beim Widerstand gegen die Privatisierung des Konzerns. Ein Beispiel: Anlässlich der 70-Jahr-Feier der Stadt Salzgitter – die Stadt entstand mit der Hütte 1937 – sagte 2012 Gerhard Schröder – gerne als „Genosse der Bosse" bezeichnet –, er habe die Rettung der Salzgitter AG gegen seine eigenen Parteigenossen in der Landesregierung durchsetzen müssen und fügte hinzu: Ihm blieb keine andere Wahl angesichts des Drucks der IG Metall. Bei Gefahr im Verzug ist es in Salzgitter so, dass nicht nur die Beschäftigten des einzelnen Betriebes um den Erhalt ihrer Arbeitsplätze kämpfen, sondern dass die Betroffenen eine breite solidarische Unterstützung über die Grenzen des Betriebes hinaus auch von den Beschäftigten aus den umliegenden Betrieben oder gar aus der ganzen Region erhalten. Das, was Hasan zum Alleingangskonzept des Konzerns gesagt hat, basiert auf dieser Kraft, solidarisch zusammenzustehen.

Frage: Nun gab es ja Überlegungen, aus der Salzgitter AG, ThyssenKrupp und Saarstahl eine Deutsche Stahl AG zu bilden, um im globalen Wettbewerb stärker zu sein und mithalten zu können. Diese Pläne sind ad Acta gelegt worden. Am 31. Dezember 2020 erklärte Niedersachsens Ministerpräsident Weil: „Die Deutsche Stahl AG bringt eigentlich nichts. Wir werden sehen, wer die Stärksten sind und wer nachher seine Stärke am besten ausspielen kann." Das ist, hart gesprochen, eine Wettbewerbsstrategie gegen die Konkurrenten Saarstahl und Thyssenkrupp. Auch das scheint zum Alleingangskonzept in Salzgitter zu gehören.

Matthias Wilhelm: Die Annahme in der Frage stimmt nicht. Ein Zusammenschluss würde keinen Global Player formen. Auch eine Deutsche Stahl AG wäre nur eine kleine Größe auf dem Weltmarkt. Der Markt wird mengenmässig von China dominiert, da kommen wir lange nicht heran.

Auch die zweite Annahme ist falsch. Ein Zusammenschluss bedeutet nicht zwangsläufig, stärker zu werden. Etwas zugespitzt: Wir haben über Jahrzehnte die Erfahrung gemacht, dass die meisten oder fast alle, die sich mit Thyssenkrupp eingelassen haben, über kurz oder lang von der Bühne verschwunden sind. Da braucht man sich nur mal die Entwicklung in Dortmund anzuschauen: In der Spitze gab es dort mal über 30.000 Stahlarbeiter, von denen heute mit ein paar Feuerverzinkungsanlagen nicht mehr als 1.400 Beschäftigte übriggeblieben sind.

Thyssenkrupp muss zunächst einmal eine ganze Menge Hausaufgaben machen, nachdem jahrelang nicht in die Stahlsparte investiert worden war. Ob das Unternehmen dazu bereit und überhaupt noch in der Lage ist, kann ich nicht beurteilen. Was ich jedoch sagen kann: Ein Zusammenschluss unter den heutigen Bedingungen würde für Salzgitter mit 25.000 Beschäftigten möglicherweise das Ende bedeuten.

Aus IG Metall-Sicht kommt hinzu: Ein Zusammenschluss muss ein mehr an Mitbestimmung bringen, müsste die Arbeitsplätze auch politisch absichern und verhindern, dass der eine über die anderen entscheiden kann, nur weil er größer ist. Zudem müssten alle drei Länder – Niedersachsen, Saarland, NRW – sich beteiligen. Davon ist aktuell keine Rede.

Frage: Ergibt sich ein Zwang zu einer unternehmensübergreifenden Kooperation – in welcher Form auch immer – nicht aber aus der Notwendigkeit der ökologischen Transformation? Stichwort: grüner Stahl. Kein einzelner Konzern ist in der Lage, die Investitionen zu stemmen.

Matthias Wilhelm: Das ist im Grundsatz richtig. Aber dann müsste es ein klares politisches Signal geben: Ihr bekommt die Unterstützung für den grünen Stahl nur, wenn ihr das gemeinsam macht. Das wäre aktienrechtlich wahrscheinlich sehr schwierig umzusetzen. Aber ein solches Signal gibt es von Seiten des Bundeswirtschaftsministeriums nicht.

Frage: Im Juni 2020 hat Salzgitter eine Machbarkeitsstudie für eine Eisenerz-Direktreduktionsanlage mit Standort in Wilhelmshaven in Auftrag gegeben. Und im November wurde für das Werk Peine die erste grüne Stahlbramme aufgestellt. Ist der Konzern damit im Alleingang in Richtung grünen Stahl gut aufgestellt?

Hasan Cakir: In Peine wird Schrott zu Stahl verarbeitet. Das ist etwas ganz anderes, als die Stahlerzeugung selbst. Das hat mit dem CO_2-Thema wenig zu tun.

Ergebnis der Machbarkeitsstudien wird wohl sein, dass es sehr große Chancen gibt, beim grünen Stahl kräftig voranzukommen. Dabei wurde auch allen anderen Stahlunternehmen offengehalten, sich zu beteiligen. Wir wollen natürlich, dass die neuen Anlagen vor Ort in den bestehenden Stahlwerken stehen, weil wir in der Perspektive schon befürchten, eine Menge an Arbeitsplätzen zu verlieren.

Frage: Gibt es konkrete Berechnungen hinsichtlich der Beschäftigungsfolgen?

Hasan Cakir: Nein, das Thema wurde seitens des Vorstands lange ausgeklammert. Wir haben das als Betriebsrat mit Hans-Jürgen immer wieder thematisiert und in den letzten Monaten verstärkt auf die Tagesordnung gebracht. Doch bislang haben wir da keine verlässlichen Informationen. Auch nicht darüber, was an Qualifizierung für die Betroffenen erforderlich wäre. Möglicherweise geht es in nächster Zeit um bis zu 1 200 Arbeitsplätze. Eine Direktreduktionsanlage vor Ort könnte da schon 300 bis 400 neue Arbeitsplätze bringen. Das wäre zumindest eine Teilalternative.

Matthias Wilhelm: Ich komme noch mal auf die Frage zurück, wer die enormen Investitionsvolumina schultern kann und in welcher Höhe öffentliche Zuschüsse erforderlich sind. Dafür streiten die IG Metall und die Wirtschaftsvereinigung Stahl seit 2016 gemeinsam unter dem Kampagnentitel „Stahl ist Zukunft!". Zuerst haben wir dafür gestritten, dass wir vor unfairem internationalen Wettbewerb, also Preisdumpingwettbewerb, geschützt werden. Dann gab es die Forderung nach Schutz vor umweltpolitischen Auflagen, weil die Auffassung vertreten wurde, Stahl ließe sich nicht umweltfreundlicher herstellen. Und dann hieß es plötzlich, es lässt sich doch CO_2-neutraler oder zumindest CO_2-reduzierter Stahl herstellen. Wenn das so ist, müssen wir diesen Weg jetzt antreten, und zwar mit Hochdruck. Das unterstützen wir als Arbeitnehmervertreter im Sinne des Klimas und Umweltschutzes und einer sozialen Ausgestaltung der Transformation, was heißt, dass die Betroffenen ein Recht auf

Ersatzarbeitsplätze und Schutz ihrer erworbenen Arbeitsbedingungen haben müssen. Da gibt es eine Reihe kritischer Fragen. Unter anderem, was machen wir am Standort noch selber, was machen andere? Wenn wir da nicht aufpassen, stellen wir möglicherweise schnell fest, dass die entscheidenden Arbeitsschritte nicht mehr in Salzgitter stattfinden, oder nicht mehr von Salzgitter aus gesteuert werden. Wir haben im Stahl relativ geschlossene und gut organisierte Belegschaften, einen Tarifvertrag, gut geregelte Arbeitsbedingungen, hohe soziale Absicherungen usw. Das darf im Transformationsprozess nicht infrage gestellt werden.

Frage: Der Zeithorizont für eine CO_2-neutrale Stahlproduktion reicht bis 2050. Sind das auch die Planungsprozesse in Salzgitter?

Hasan Cakir: Das hängt maßgeblich von den politischen Vorgaben ab. Für die Transformation der Stahlindustrie sind über den gesamten Zeitraum 30 Milliarden Euro vorgesehen, davon sieben Milliarden für die Entwicklung der Wasserstofftechnologie. Das sind zehn Milliarden pro Jahrzehnt. Würde man die gesamten Mittel ab sofort zur Verfügung stellen, hätten wir die komplette Umstellung in den nächsten fünf bis zehn Jahren.

Frage: Das ist eine Ansage.

Hasan Cakir: Die Technologie ist da. Wenn die finanziellen Mittel zur Verfügung stünden, könnte man die Umstellung viel, viel schneller machen. Doch das sehen Altmeiers Planungen nicht vor. Die entsprechenden Signale der Politik fehlen, so bleibt es bislang immer nur bei Bekenntnissen.

Und in dieser Lücke fischen zum Beispiel Energiekonzerne die Fördermittel für die Erzeugung des Wasserstoffes ab, als Energieträger und Energiespeicher. Damit verbauen sie die eigenständige Entwicklung der Stahlindustrie. Da kommen wir dann wieder zum Ausgangspunkt: Machen wir wirklich ein Alleingangskonzept oder sind wir auf Kooperation mit anderen Unternehmen angewiesen? Alleine schon den grünen Stahl im Markt zu platzieren ist teuer, weil allein der Herstellungsprozess teurer ist. Wenn wir also weitere Baustellen aufreißen und den Stoffkreislauf der Stahlindustrie auch noch zerreißen, dann wird die Wirtschaftlichkeit der Transformation noch zusätzlich strapaziert. Man kann den ganzen Prozess auch leicht gegen die Wand fahren.

Frage: Damit sind wir wieder beim Thema der Erweiterung der Mitbestimmung, der Demokratisierung der Wirtschaft. Belegschaften und Gesellschaft müssen mitentscheiden können, denn es geht um ihre Zukunft.

Hasan Cakir: Ja, und da komme ich noch einmal auf Hans-Jürgen zu sprechen. Ein Gewerkschafter durch und durch. Der hat nicht nur das Herz an der richtigen Stelle, dem kann man auch nicht mit Sprüchen kommen. Man muss ihn schon von der Sache überzeugen, dass es wichtig und richtig ist. Der will was durchsetzen, und wenn dann am Ende ein Kompromiss steht, dann deshalb, weil er weiß, wie hart er unsere Interessen vertreten muss. Er ist stark im Überzeugen, aber wenn das Reden nicht mehr reicht, dann kann er ein verdammt harter Hund sein, nicht mit uns, sondern mit der Gegenseite.

Mit ihnen sprachen Richard Detje und Klaus Pickshaus

Frank Deppe
Einige Anmerkungen zu den Jahrhundertbilanzen des Sozialismus[1]

Vorbemerkung

Hans-Jürgen Urban hat zur neueren Debatte über „Neosozialismus" unter dem Titel „Es fehlt uns was, das keinen Namen hat"[2] einen bemerkenswerten Beitrag geliefert. Er verweist dort mit Recht darauf, die „Krisenphänomene und Nachhaltigkeitsdefizite des Gegenwartskapitalismus" sorgten „für einen Bedarf an postkapitalistischen Visionen". (129) Die Debatte über Aktualität und Zukunft des Sozialismus erfordert allerdings auch die kritische Auseinandersetzung mit der Geschichte des Sozialismus und den vielfältigen Erfahrungen des „realen Sozialismus" – im Sinne einer Katharsis. Auch das unterstreicht Urban mit Nachdruck: Die Notwendigkeit, „über neue Modelle der Gesellschaftlichen Entwicklung nachzudenken" (131), erfordere zwingend auch „die Aufarbeitung der gescheiterten Sozialismusversuche" (132). Dieser Problematik ist der nachfolgende Beitrag gewidmet. Urban bezieht sich gelegentlich auf einen Text „Einheit und Spaltung der Arbeiterbewegung", den ich 1981 veröffentlicht habe.[3] Die Fragestellung nach Bilanz und Zukunft des Sozialismus wird auch in dem nachfolgenden Text wieder aufgegriffen.

Die Jahrhundertbilanzen für den Sozialismus stehen am Ende des 20. Jahrhunderts natürlich im Zusammenhang einer recht klaren hegemonialen Konstellation. Konservative und liberale Positionen, die sich als politische und ideologische Repräsentanz der kapitalistischen Wirtschaft- und Gesellschaftsordnung verstehen, triumphierten im Verweis auf die Trümmer des „realen Sozialismus", die namentlich in der ehemaligen Sowjetunion (oder in der DDR) zunächst als Anschauungsmaterial für das Scheitern des Sozialismus instrumentalisiert wurden. Mit der Konzentration auf die Unterdrückung der individuellen Freiheit im Rahmen der Parteidiktatur (die als Diktatur im Auftrag des Proletariats bezeichnet wurde) sollten zugleich die Vorzüge des westlichen Demokratiemodells (das seinerseits auf einer funktionierenden Zivilgesellschaft beruht) hervorgehoben werden. Relative Armut und politische Unterdrückung sollen sich als Merkmale sozialistischer Regime im Bewusstsein vor allem der nachwachsenden Generationen verfestigen. Mit dem Aufschwung rechtspopulistischer Bewegungen im frühen

---

1 Auszug aus einem längeren Manuskript, das 2021 unter dem Titel „Sozialismus" erscheinen soll. Auf Literaturhinweise aus dem Gesamtmanuskript wurde weitgehend verzichtet.

2 Hans-Jürgen Urban: Es fehlt uns was, was keinen Namen hat, in: Klaus Dörre/Christine Schickert (Hrsg.): Neosozialismus, München, 2019, S.129-144)

3 Frank Deppe: Einheit und Spaltung der Arbeiterklasse, nachgedruckt in: Mario Candeias (Hrsg.): Klassentheorie, Berlin, 2021 [1981], S.149-180.

21. Jahrhundert erleben freilich auch jene Denkweisen von Freikorpsmördern und Faschist*innen eine Renaissance, die im frühen 20. Jahrhundert die gewaltsame Ausrottung und Vernichtung des Sozialismus/Kommunismus – seiner Repräsentant*innen ebenso wie des ersten sozialistischen Staates – als Programm verfolgten und auch in die Praxis umzusetzen suchten.

Donald Sassoon[4] befasst sich in seiner Geschichte der westeuropäischen Linken im 20. Jahrhundert überwiegend mit den sozialdemokratischen Parteien und Gewerkschaften sowie mit den von ihnen geführten Regierungen. Nach 100 Jahren existiert das sozialistische Projekt einer gesellschaftlichen Umgestaltung im Sinne der klassischen Forderungen nach der Vergesellschaftung der Produktionsmittel und der „Zurücknahme des Staates in die Gesellschaft" – als entwickelte Form der sozialistischen Demokratie/Selbstverwaltung – nicht mehr als das Projekt einer proletarischen Klassenbewegung sowie von Massenparteien der Arbeiter*innenbewegung. Ob sich aus dem „großen Chaos" im Übergang ins 21. Jahrhundert eine neue Zukunftsperspektive für dieses Projekt eröffnen wird, lässt Sassoon bewusst offen:

> „Diejenigen, die mit dem sozialistischen Projekt sympathisiert hatten, seine Hoffnungen und seine Werte teilten, und die ungeduldig waren wegen der endlosen Vorwürfe, der nicht endenden Kompromisse und wegen des lähmenden Zögerns der Parteien, mögen dann, wenn alles gesagt und getan ist, daran erinnert werden, dass diese Parteien vielleicht das einzige sind, was von der Linken übrig geblieben ist."[5]

Was bleibt vom sozialistischen Projekt?

Immerhin belegt das Werk von Sassoon recht genau, welchen Einfluss sowohl die sozialdemokratisch dominierte Arbeiter*innenbewegung als auch die Existenz kommunistisch regierter Staaten und Parteien auf die entwickelten kapitalistischen Gesellschaften Westeuropas ausübten. Sozialist*innen kämpften für die Demokratie und gegen autoritäre Regime – gegen die alten spätfeudalen Monarchien, die bis zum Ende des Ersten Weltkrieges Bestand hatten, ebenso wie gegen die Welle der faschistischen Regime in der Zwischenkriegsperiode. Sie kritisierten die imperialistische Politik und Ideologie des Kolonialismus, waren jedoch nicht immer (z.B. in Großbritannien) unbedingte Gegner des Kolonialsystems. Allerdings unterstützten sie die antikolonialen Befreiungsbewegungen und – in der Regierung – immer auch den Weg in die Unabhängigkeit (z.B. für Indien im Jahre 1949). Sozialist*innen kämpften für die Verbesserung der Arbeits- und Lebensbedingungen der arbeitenden Menschen, für sozialpolitische Reformen, für die Gleichstellung der Geschlechter, für gleiche Bildungschancen und für erweiterte Mitbestimmungsrechte der Lohnabhängigen und der Gewerkschaften. Im Ergebnis der langen Periode des Friedens nach 1945 setzten sie einen Teil ihrer Forderungen – sowohl in der Wirtschaft als auch auf dem Felde der Politik – durch die Kooperation mit Parteien

---

4 Donald Sasson: One Hundred Years of Socialism. The West European Left in the Twentieth Century, London, 1996.

5 Ebenda: S. 777.

und Verbänden durch, die die Interessen der Kapitaleigner*innen repräsentierten. Der dabei erreichte „Klassenkompromiss" erstreckte sich auf die Bereitschaft der Kapitalseite, a) die Gewerkschaften anzuerkennen und b) sozial- und gesellschaftspolitische Reformen zu akzeptieren. Diese wurden freilich immer daran gemessen, ob sie a) der Wettbewerbsfähigkeit des nationalen Kapitalismus zuträglich waren (z.B. über die geringe Streikbereitschaft der Gewerkschaften und deren Kooperationsbereitschaft in den Leitungsgremien der Konzerne als auch in Regierungskommissionen) und sie b) die auf Profitabilität ausgerichtete Verfügungsmacht des Kapitals nicht wesentlich einschränkten. Auf der Seite der zum Klassenkompromiss (weitergehend noch: zur Sozialpartnerschaft) bereiten Arbeiter*innenbewegung setzte dieser die Anerkennung der privatkapitalistischen Eigentumsverhältnisse voraus, die in der Periode des Golden Age und des Kalten Krieges dazu noch in den antikommunistischen Grundkonsens der „westlichen Welt" eingebunden war.

Die Erfolge dieser Politik in den Zeiten des „Wirtschaftswunders" und der Vollbeschäftigung waren zweifellos eine der Voraussetzungen für die „politische De-Mobilisierung" der Arbeiter*innenklasse und für die sinkende Attraktivität des sozialistischen Projektes als einer Politik des Bruchs mit den herrschenden Verhältnissen. Gleichzeitig leistete diese Politik jedoch einen wichtigen Beitrag zur Zivilisierung des Kapitalismus sowie zur Schaffung eines breiten öffentlichen Sektors, der nicht nur durch die repressiven Staatsapparate (Polizei, Justiz, Armee), sondern durch breite Bildungsangebote sowie durch soziale Sicherungen gegen die Risiken des Kapitalismus (Wirtschaftskrisen, Arbeitslosigkeit, Berufskrankheiten, Armut im Alter), aber auch die verschiedenen Formen demokratischer Teilhabe (und Ansätze der Wirtschaftsdemokratie) gekennzeichnet ist. Den CEOs US-amerikanischer Konzerne, die in Westeuropa investieren, erscheinen solche Verhältnisse (zu denen auch Tarifverträge und starke gewerkschaftliche Gegenmacht auf der Ebene der Betriebe gehören) als reiner „Sozialismus".[6] Mit dem Ende des Golden Age und dem Übergang in die Krisenprozesse der „Großen Transformation" seit Mitte der 1970er Jahre wurde freilich deutlich, dass der „Klassenkompromiss" des „demokratischen Kapitalismus" mit den Erfolgen der Politik des Neoliberalismus von Seiten der herrschenden Klasse aufgekündigt wurde. Verlaufsformen und Ergebnisse dieses Konfliktes waren in den Mitgliedstaaten der EU sehr unterschiedlich.

Dabei wiederholen sich die Erfahrungen früherer Krisenperioden, dass mit Pleitewellen, Massenarbeitslosigkeit und staatlicher Austeritätspolitik immer die Gefahr des sozialen Abstiegs für Gruppen der Lohnabhängigen verbunden war. Damit werden auch

---

6 Die britische Premierministerin Margaret Thatcher, Ikone des Neoliberalismus, begründete Ende der 80er Jahre des vergangenen Jahrhunderts ihre Ablehnung der Pläne des EU-Kommissionspräsidenten Jacques Delors (Mitglied der Sozialistischen Partei in Frankreich) für einen gemeinsamen Binnenmarkt, der auch moderate soziale Sicherungen für Arbeitnehmer*innen garantieren sollte, mit dem Satz, dass sie nicht den Sozialismus in Großbritannien besiegt habe, damit er über die EU wieder eingeführt werde. Solche Argumente werden bis heute von den Brexit-Anhänger*innen wiederholt.

Einige Anmerkungen zu den Jahrhundertbilanzen des Sozialismus

von Seiten der kapitalorientierten gesellschaftlichen und politischen Kräfte bisherige Errungenschaften infrage gestellt, die die Politik des sozialistischen Gradualismus in Perioden günstiger Konjunktur (und des Drucks der Systemkonkurrenz von außen) durchzusetzen vermochte. Zur Bilanz des demokratischen Sozialismus gehört in diesem Zusammenhang auch das Scheitern der Illusionen vom „parlamentarischen Sozialismus", die Ralph Miliband schon früh am Beispiel der Politik und der Regierungen der britischen Labour Party kritisiert hatte. Leo Panitch (1945–2020), der seit Mitte der 1980er Jahre das Socialist Register zusammen mit Ralph Miliband herausgab, eröffnete einen Beitrag zur Suche nach dem Sozialismus des 21. Jahrhunderts mit einem Satz, in dem sich noch einmal diese Erfahrungen des Reformsozialismus zusammenfassten: „Die erste große Wirtschaftskrise des 21. Jahrhunderts (2008 ff.) hat überall die sozialdemokratischen Parteien destabilisiert: die Annahme, dass der Kapitalismus mit Regierungen koexistieren und diese sogar unterstützen könne, die dem sozialen Fortschritt und einer weit gefassten ökonomischen Gleichheit verpflichtet sind, hat sich schließlich als Illusion erwiesen."[7]

Eine zwiespältige Bilanz

Die Bilanz des Kommunismus ist äußerst zwiespältig. Die Oktoberrevolution löste Wellen der Begeisterung und der Hingabe aus und entfesselte doch zugleich die Gewaltpotenziale einer Gegenrevolution, die schließlich bis zum Ende des 20. Jahrhunderts siegte. Die Sowjetunion behauptete sich lange gegen massiven Druck, gegen die schrecklichen Verwüstungen des Zweiten Weltkrieges und stieg nach 1945 mit dem militärischen Sieg über den Faschismus zur Welt- und Führungsmacht eines Systems sozialistischer Staaten auf. Die chinesische Revolution, die 1949 siegte, war von der Oktoberrevolution inspiriert und wurde durch die Sowjetunion (und in den davor liegenden Jahrzehnten durch die Kommunistische Internationale) unterstützt. In der Epoche des Kalten Krieges waren die Erfolge des nicht-kapitalistischen Entwicklungsweges der Sowjetunion und der Staaten des Rats für gegenseitige Wirtschaftshilfe (RGW), mit „Volkseigentum" und zentraler staatlicher Planung bei der ökonomischen Entwicklung Vorbild für zahlreiche Parteien und Führungsgruppen der antikolonialen und antiimperialistischen Befreiungsbewegungen in der sog. Dritten Welt, die die Staatsmacht erobert hatten (von China, Vietnam bis Kuba). Die kommunistischen Regime waren einerseits zur militärischen Hochrüstung gezwungen und gleichzeitig mit enormen Entwicklungsaufgaben konfrontiert: Industrialisierung, Transformation der Landwirtschaft, Kultur- und Bildungsrevolution und (später) Bewältigung der „wissenschaftlich-technischen Revolution". In den Betrieben wurden große Teile der

---

7 Leo Panitch/Colin Leys: Searching for Socialism. The Project of the Labour New Left from Benn to Corbyn, London/New York, 2020, S. 5.

Arbeiter*innenklasse durch die Teilnahme an der Bewältigung der Produktionsaufgaben in Organisationen der Partei und der Gewerkschaft im Betrieb selbst qualifiziert.[8]

In den sozialistischen Staaten gab es keine Arbeitslosigkeit[9] und Massenarmut – gleichzeitig waren das Bildungs- und Wissenschaftssystem, das Gesundheitswesen, der Kulturbereich für alle – wenn auch oft auf niedrigem Niveau – kostenlos zugänglich. Millionen von Menschen wurden aus Massenelend, Analphabetismus, mangelnder Gesundheitsversorgung befreit. Nicht nur im Bereich des Sports wurden hohe Leistungen erzielt. Die Verteidigung des Sozialismus war aber auch mit enormen Widersprüchen verbunden, die schließlich auch den Niedergang dieser Systeme einleiteten. Der wirtschaftliche Rückstand (als Ausgangspunkt) gegenüber den entwickelten kapitalistischen Staaten wurde nie überwunden. Die Leistungen, die nach den Prinzipien der Egalität erbracht wurden, blieben oft auf einem niedrigen Niveau. Die Diktatur der Partei war zudem auch mit einem System von Privilegien verbunden, die insbesondere leitenden Angestellten der Staatsklasse vorbehalten waren. Das System machte sich nie von jenen Methoden der Repression, Überwachung und der Unterdrückung von Kräften der Zivilgesellschaft frei. Dies wäre aber notwendig gewesen, um die Produktivkräfte – als Entfaltung individueller und kollektiver Kreativität – zu entwickeln. Auf diese Weise wurde auch die notwendige Modernisierung der Methoden der starren zentralistischen Wirtschaftsplanung (die in der Epoche der extensiv erweiterten Reproduktion erfolgreich waren) blockiert.

---

8   Nach der Wende suchte ein Unternehmer aus einer benachbarten Stadt, mit dem ich als Musiker befreundet war, das Gespräch mit mir. Er war nach der Wende im Osten, in Erfurt, gewesen und wollte über die Treuhand einen Betrieb (für einen Euro) kaufen. Er berichtete erstaunt, dass DDR-Betriebe u.a. einen Kindergarten, eine Bibliothek, ein Ferienheim, Sportanlagen, verschiedene Kultureinrichtungen usw. betrieben. Dazu kamen Frauenförderung, Qualifizierung von Mitarbeiter*innen für die Universität und Weiterbildung und andere gesellschaftliche wie kulturelle Verpflichtungen mehr. Er war darüber völlig überrascht und fügte hinzu: „Kein Wunder, dass dieses System ökonomisch zusammengebrochen ist." Das war genau die Logik des Profitmachens als erstem Zweck der Produktion, die im Westen (und bei ihm als Unternehmer) als quasi-Naturverhältnis und Naturgesetz anerkannt war.

9   Es gab im sozialistischen Wirtschaftssystem eine „verdeckte Arbeitslosigkeit", die dann mit der kapitalistischen Schock-Therapie offen zutage trat. Die niedrige Arbeitsproduktivität war oft auch Ausdruck der Tatsache, dass es in den Betrieben zum Teil eine zu hohe Beschäftigung gab. Dazu kam das Problem, dass aufgrund von Mängeln in der zentralen Planung oftmals die Produktion unterbrochen werden musste, weil z.B. die Zulieferung von Rohstoffen und Ersatzteilen für defekte Maschinen stockte. Oftmals mussten Betriebsleiter*innen mit illegalen Geschäften auf solche Unterbrechungen reagieren. Bei den Arbeiter*innen in den Betrieben setzte sich der verletzte Produzent*innenstolz nicht selten in Unzufriedenheit mit dem System bzw. der Regierung um. Allerdings galt auch für diese Widersprüche bzw. Mängel des sozialistischen Systems, dass diese in letzter Instanz nicht auf dem Rücken der Arbeiter*innen – in Form von Massenarbeitslosigkeit – ausgetragen wurden. Die verschiedenen Reformprogramme der 1960er Jahre wollten solche Mängel durch die Einführung von markt- und gewinnorientierten Elementen bei der Erreichung der Planziele überwinden.

Einige Anmerkungen zu den Jahrhundertbilanzen des Sozialismus

Das Schicksal der (meisten) kommunistischen Parteien im Westen war mit Aufstieg und Niedergang der Sowjetunion verbunden. Kommunistische Massenparteien – wie in Italien und Frankreich – waren im Kalten Krieg Objekte antikommunistischer Propaganda und Repression. Ihre Stärke beruhte darauf, dass sie in der Arbeiter*innenklasse ihres Landes verankert waren. Im Kampf gegen die deutsche Besatzung während des Zweiten Weltkrieges (Resistance, Resistenza) hatten sie – auch unter Intellektuellen und bürgerlich-demokratischen Kräften – ein hohes Ansehen erworben. Ihre Treue zur Sowjetunion wurde freilich in dem Maße zur Belastung, wie das Ansehen der Sowjetunion und ihrer Verbündeten im Bewusstsein breiter Massen verfiel. Dies war einerseits eine Folge der positiven wirtschaftlichen Entwicklung im Westen („Wirtschaftswunder") und der damit verbundenen Attraktivität eines Konsumkapitalismus („American Way of Life"), und andererseits eine Reaktion auf die gewaltsamen Interventionen der sowjetischen Armee gegen Proteste und Reformbewegungen in den sozialistischen Ländern (Berlin 1953, Ungarn 1956, Prag 1968, Warschau 1980). Die kommunistischen Massenparteien unterstützten vor allem die Koexistenz- und Friedenspolitik der sozialistischen Länder und waren dabei von der Überzeugung geleitet, dass die Menschheit sich in einer Epoche des Übergangs vom Kapitalismus zum Sozialismus im Weltmaßstab befinde – angetrieben von den sozialistischen Ländern unter der Führung der Sowjetunion, den antiimperialistischen Kräften in der Dritten Welt und den demokratischen Kräften der Arbeiter*innen- und Friedensbewegungen in den Kapitalmetropolen des Westens. Dieser Glaube musste mit der zunehmenden Krise der Sowjetunion, die dann mit der Reformpolitik von Michail Gorbatschow an die Oberfläche trat, zerfallen.

Relativ früh, nämlich seit 1956 hatte sich die Kommunistische Partei Chinas unter Mao Zedong von der Führung durch die Sowjetunion und die KPdSU abgekoppelt und ist eigene – höchst widersprüchliche – Wege gegangen. Die Politik der KPdSU nach dem XX. Parteitag (1956) wurde jetzt als „revisionistisch" gebrandmarkt. Im Ergebnis tiefer Krisen und heftiger innerer Auseinandersetzungen setzte sich schließlich seit 1978 die Reformpolitik des alten Kommunisten Deng Xiaoping[10] durch und öffnete den Weg zum Aufstieg Chinas zur führenden Macht auf dem Weltmarkt und auf der Bühne der Weltpolitik. Dieser Aufstieg des bevölkerungsreichsten Lands der Erde war mit tiefgreifenden Reformen im Innern verbunden, bei denen der erfolgreiche Kampf gegen die Massenarmut an der ersten Stelle stand. Die Geschichte des Sozialismus ist also mit dem Übergang ins 21. Jahrhundert nicht zu Ende, zumal es nach wie vor Staaten gibt, die aus den Kämpfen des 20. Jahrhundert hervorgegangen sind und die sich – auch nach dem Ende der Sowjetunion – nach wie vor zu den Zielen des Sozialismus bekennen.

---

10 Deng Xiaoping (1904–1997) war seit den frühen 1920er Jahren einer der führenden Funktionäre der KP Chinas und wurde in den nahezu sechs Jahrzehnten seiner politischen Karriere mehrfach gestürzt und wieder rehabilitiert. Nach dem Tod Maos übernahm er 1978 die Führung der Partei und leitete die Reformpolitik ein, die China in historisch kurzer Zeit zu einer politischen und wirtschaftlichen Großmacht werden ließ.

Die Geschichte des Sozialismus des 20. Jahrhunderts vermittelt schließlich die Lehre, dass sowohl die Wege zum Sozialismus als auch die praktischen Versuche, Sozialismus – mit einer Orientierung auf die Vergesellschaftung der Wirtschaft, d.h. auf die Überwindung des Privateigentums an den Produktionsmitteln und auf demokratische Selbstverwaltung – aufzubauen, nicht auf ein einheitliches und allezeit gültiges Modell des Sozialismus reduziert werden können. Alle Bewegungen und Parteien, die im Kampf um diese Ziele Erfolge erzielten, wurden mit einer grundlegenden Gesetzmäßigkeit konfrontiert, die mit den unterschiedlichen Handlungsbedingungen in der Gesellschaft und im politischen Raum verbunden ist. Die Impulse einer starken Klassenbewegung entstehen in den Kämpfen um Arbeit, Leben und Anerkennung. Sie werden inspiriert von epochenspezifischen Großereignissen wie zum Bespiel den großen Revolutionen von 1789 und 1917,[11] die die Botschaften der universellen Menschenrechte verkündeten und den Verhältnissen des Ancien Regimes den Kampf ansagten. Mit solchen Bewegungen verbündeten sich Intellektuelle, Wissenschaftler*innen und Künstler*innen, die ihnen Erkenntnisse über die Bedingungen und Perspektiven ihres Kampfes und jenes Selbstbewusstsein vermittelten, dass sie ihren Gegner*innen nicht nur moralisch überlegen sind, sondern zugleich als Agent*innen des geschichtlichen Fortschritts wirken. Um aber den Forderungen und Programmen dieser Bewegungen – von den Alltagsproblemen der Subalternen bis hin zur Durchsetzung der Demokratie und der Umwälzung der Eigentums- und Aneignungsverhältnisse – Geltung zu verschaffen, dazu bedarf es der politischen Macht. Zur Klassenformierung gehört deshalb auch notwendig die Gründung von Organisationen (Parteien, Gewerkschaften), die sich für die Eroberung der Staatsmacht oder von Mehrheiten in den Institutionen demokratischer Systeme einsetzen. In der Entwicklung der sozialistischen Bewegungen sind mithin stets zwei Phasen zu unterscheiden: eine Phase der Konstitution mit dem Primat der Klassenbewegungen, die übergeht in eine zweite Phase mit dem Primat der Organisation und Institutionalisierung im Rahmen der Auseinandersetzung um die Staatsmacht.

Zwei „Modelle" des Sozialismus

Dabei wird die Geschichte des Sozialismus von zwei grundlegend verschiedenen „Modellen" geprägt. Einerseits erkämpfte die sich formierende Arbeiter*innenbewegung über Wahlrechtsreformen und die Durchsetzung der Koalitionsfreiheit ihren Platz in einem politischen System der parlamentarisch-repräsentativen Demokratie, in dem über Wahlen (aber auch durch Koalitionsbildungen im Parlament) Mehrheiten für die Regierungsgewalt und die Gesetzgebung entschieden werden. In autoritären Regimen, die die sozialistischen Organisationen verbieten und Klassenbewegungen mit Gewalt unterdrücken, wird andererseits der Zugang zur Staatsmacht erst im Ergebnis eines Zusammenbruchs der Alten Ordnung (wie in Russland am Ende des Ersten Weltkrieges), im Ergebnis eines langen Bürgerkrieges (wie in China) oder auch eines

---

11 Man könnte sogar 1945 (Sieg über den Faschismus) und das Jahr 1968 hinzufügen.

langen Krieges gegen die Kolonialmacht (wie z.B. in Vietnam) möglich. Daraus folgt, dass die politischen Führungsgruppen durch diese Kriege und die Rolle der Befreiungsarmee geprägt sind. Daraus wiederum entstehen gegensätzliche Vorstellungen von Politik und von der Rolle der Gewalt. Auf dem Felde politischer Entscheidungen wiederum polarisieren sich stets innerhalb der Organisationen (und dann auch zwischen ihnen) die Positionen jener, die sich auf konkrete Problemlösungen im Interesse ihrer Anhänger*innen (und Wähler*innen) konzentrieren und jenen, die mit Blick auf die Erwartungen revolutionärer Zusammenbrüche und Zuspitzungen im Klassenkampf a) eine konsequente Opposition gegen die herrschende Politik, sowie b) die Vorbereitung auf die revolutionäre Eroberung der Staatsmacht ins Zentrum stellen. Die Konflikte zwischen Reformist*innen und Revolutionär*innen, zwischen Theoretiker*innen und Pragmatiker*innen, zwischen (so hieß es dann später einmal) „Realos" (Realpolitiker*innen) und „Fundis" (Fundamentalist*innen) führen immer wieder zu heftigen innerparteilichen Konflikten und Spaltungen. Auch bei der Umsetzung von großen Entwicklungsprojekten in den sozialistischen Gesellschaften wird es immer unvermeidlich unterschiedliche Auffassungen und demnach auch Konflikte über die Methoden der Durchsetzung und Ausgestaltung der Politik geben. Diese Spannungen und Konflikte sind völlig normal und sie verschärfen sich notwendig mit dem Übergang von der Phase der Bewegung in die der Konsolidierung der Organisationen im politischen Feld. Sie reflektieren ja nur den Sachverhalt, dass es auch im Sozialismus unterschiedliche Interessen und Interessengruppen gibt und dass es niemals nur eine gültige Antwort auf die Frage gibt, welches die „richtigen" Lösungen für die gesellschaftlichen und politischen Herausforderungen sind. Und auch die unterschiedlichen Perspektiven und Handlungsebenen der Systemkritik und der Systemtransformation, der Tagespolitik und des „Endziels" werden im Hinblick auf die Prioritätensetzung in der Politik der Partei unterschiedlich gewertet werden. Auch die Differenzierungen und Spaltungen, die daraus erwachsen, sind unvermeidlich. Entscheidend wird dabei die Frage, wie in den sozialistischen Bewegungen und Organisationen mit solchen objektiven Widersprüchen in der Gesellschaft wie im politischen Prozess umgegangen wird, ob sie überhaupt zur Kenntnis genommen und anerkannt werden.

Solche Erkenntnisse beziehen sich dann auch auf Prozesse der Integration und Anpassung an die herrschenden Verhältnisse, die mit dem Eindringen der sozialistischen Parteien in die Parlamente – mehr noch mit der Eroberung der Staatsmacht und der Errichtung der „Diktatur des Proletariats" – eine zunehmende „Institutionalisierung" und Verrechtlichung der Politik wie des Klassenkampfes befördern. Diese schließt sowohl die Prozesse der Machtbildung in den Apparaten und Bürokratien (von Staatsapparaten, Parlamentsfraktionen, Parteien und Gewerkschaften) ein als auch die Anpassung an die Regeln und Zwänge der parlamentarischen Ordnung. Dabei löst sich der Zusammenhang (cleavage) zwischen Klassenformierung und parteipolitischer Repräsentanz bzw. Staatsmacht, aber auch der Zusammenhang zwischen Tagespolitik und Endziel, zunehmend auf. „Vollständige innerparteiliche Demokratie" – und: Anerkennung der Widersprüche im Prozess der sozialistischen Entwicklung – waren Forderungen, um solche Tendenzen zu bearbeiten und zu begrenzen. Dagegen pochten die Bolschewiki unter W. I. Lenin auf das Prinzip eines „demokratischen Zentralismus", der freilich mit der Verschmelzung der Macht der Partei mit der des Staates mehr und mehr die gewaltsame Unterdrückung abweichender Meinungen in der Partei (aber auch in der Gesellschaft) legitimierte. August Bebel, der Führer der deutschen Sozialdemokratie vor 1914, hatte diese Problematik früh und klar erkannt – und doch bezeugte die Geschichte seiner SPD, dass sich Bebels Position gegenüber dem immer stärker werdenden, rechten reformistischen Flügel der Partei (und in den Gewerkschaften) nicht durchzusetzen vermochte.

> „Sobald die Prinzipienfrage bei unserer praktischen Tätigkeit in den Hintergrund tritt ... vielleicht geradezu verleugnet wird, verlässt die Partei den festen Boden, auf dem sie steht und wird eine Fahne, die sich dreht, wie der Wind weht. Der prinzipielle Maßstab muss allen unseren Forderungen auch in der Praxis angelegt werden, er muss den Prüfstein bilden, ob wir auf dem richtigen Weg sind oder nicht."

Die Rolle des Anarchismus

Auch die Anhänger des Anarchismus und Anarchosyndikalismus, die den Staat als ihren Hauptgegner betrachteten und den Kampf der Parteien um Sitze in den bürgerlichen Parlamenten ablehnten, wurden mit diesen objektiven Widerspruchskomplexen im politischen Raum konfrontiert. In den Konstitutionsphasen mit dem Primat der Klassenbewegung konnten sie vielfach an der Frontlinie des Klassenkampfes (in den Massenstreikbewegungen ihrer Zeit) wirken. Sie waren auch an der Gründung von Genossenschaften beteiligt und propagierten die Idee eines politischen Föderalismus als Alternative zum Zentralstaat. Die Idee der Sowjets bzw. der Räterepublik am Ende des ersten Weltkrieges konnten sie partiell unterstützten. Der Gedanke an die Schaffung von Freiräumen, Räumen der „Autonomie", in denen auch in kapitalistischen Klassengesellschaften die Entfaltung von freier Individualität, Kreativität und Selbstbestimmung möglich sein soll, fand und findet in den sozialen Bewegungen bis in die Gegenwart immer wieder neue Anhänger*innen. Unter diesen dominieren freilich oft Intellektuelle, deren Denken von einem (mit dem Liberalismus verwandten) radikalen Anti-Etatismus sowie von einem radikalen Individualismus, d.h. von der Ablehnung kollektivistischer Organisationsformen bestimmt wird. Allerdings schwanken solche Ideen oft unter dem Eindruck realer Kämpfe – die Karikaturen solcher Traditionen waren gewiss jene antiautoritär-revolutionären Strömungen (zum Beispiel um Rudi Dutschke) in den Bewegungen der Jahre nach 1968, die als Reaktion auf das schnelle Scheitern ihrer Illusionen extrem zentralistische „kommunistische Kaderparteien" in der stalinistischen Tradition gründeten. Gleichwohl wurden die wirklich ernsthaften praktischen Ansätze und Experimente anarchistischer Politik in der Geschichte des Sozialismus immer wieder mit der Tatsache konfrontiert, dass a) die Befreiung im Mikrokosmos (eines befreiten Gebietes bzw. einer autonomen Zone) immer wieder mit den Machtverhältnissen des umgebenden Makrokosmos – ökonomisch und politisch – konfrontiert wurde und meist nicht überleben konnte. Dazu kam, dass (seltene) anarchistische Massenorganisationen natürlich auch mit den objektiven politischen

Einige Anmerkungen zu den Jahrhundertbilanzen des Sozialismus 143

Widersprüchen von unterschiedlichen Meinungen und Strömungen, von fraktionellen Auseinandersetzungen und von Kämpfen um Führungspositionen beeinflusst wurden. Die „autonomen Inseln" im Meer inhumaner Ausbeutungs- und Herrschaftsverhältnisse hatten meist keine längere Lebenszeit – oder sie mussten sich als Genossenschaften auch den Gesetzen ihrer Umwelt (Märkte, Konkurrenz, politisches Umfeld) wenigstens partiell anpassen. So hat die Geschichte des Sozialismus im 20. Jahrhundert nun doch auch die Einsicht vermittelt, dass ohne Einwirkung auf die Staatsmacht keine Veränderung der gesellschaftlichen und politischen Machtverhältnisse zugunsten der subalternen Klassen möglich ist und dass es dazu – auch um die Kontinuität in unterschiedlichen Konjunkturen des Kampfes zu gewährleisten – einer kollektiven, disziplinierten Organisation bedarf, die sich über die Bedingungen und Ziele der Kämpfe in demokratischen Verfahren verständigt.

„Sozialismen"

Es ist also richtig, von „Sozialismen" als verschiedenen Konzepten und (praktischen) Entwicklungsmodellen zu sprechen.[12] Diese verfolgen einerseits eine Reihe von gemeinsamen Zielen, die sich auf die Interessen der subalternen Klassen beziehen und gegen die Kräfte des jeweils „herrschenden Blocks" (Kapitalist*innen, Großgrundbesitzer*innen, Spitzen von Armee, Polizei, Justiz und Wissenschaft, organische Intellektuelle des Alten Regimes etc.) durchgesetzt werden müssen. Die Methoden des Kampfes (Reform-Revolution), die Vorstellungen über Demokratie, über das Tempo der Transformation usw. unterscheiden sich allerdings erheblich. Dabei spielen nicht allein die politisch-ideologischen Überzeugungen, sondern die Geschichte, die religiösen Traditionen und die politischen Kulturen in den jeweiligen Regionen der Welt eine wichtige Rolle. Die „Kunst der politischen Führung" besteht gerade darin, die allgemeinen Ziele mit der „genauen Erkundung des Terrains" (Gramsci) zu vermitteln, auf dem die Kräfte des Sozialismus wirken. Dabei folgt aus der Geschichte des modernen Sozialismus eine weitere Lehre. Sein Weg führt durch verschiedene Länder und Kontinente (und dabei folgt er auch den expansiven Tendenzen des Kapitals). Seine Entwicklungsepochen sind dadurch gekennzeichnet, dass bestimmte Länder bzw. Regionen, die jeweils als Zentren der Kämpfe für Sozialismus – dann auch für den „realen Sozialismus" – wirken, auch Orientierungspunkte für die sozialistischen Bewegungen im Weltmaßstab bilden. Das „Socialist Manifesto" von Bashkar Sunkara – 2019 in New York veröffentlicht – verfolgt daher die Entwicklung des Sozialismus seit der industriellen Revolution und der „Geburt" des Sozialismus in Großbritannien und Frankreich vor 1848, über das Deutsche Reich (nach 1871) und die am Marxismus orientierte Massenpartei SPD von August Bebel, die russische Revolution und die Entwicklung der Sowjetunion nach dem Ersten Weltkrieg (von Lenin zu Stalin) bis hin zur Politik der Sozialdemokratie in Westeuropa nach 1945 (am Beispiel Schweden). Dann wendet sich sein Interesse

---

12 Vgl. u.a. Joachim Becker/Rudy Weissenbacher (Hrsg.): Sozialismen. Entwicklungsmodelle von Lenin bis Nyerere, Wien 2000.

den „Dritte-Welt-Revolutionen" (einschließlich Chinas) zu. Die Revolution wanderte also vom Westen nach Osten und dann in den „Süden". Im letzten Kapitel behandelt Sunkara den „Sozialismus in den Vereinigten Staaten von Amerika" und bezieht sich dabei nicht allein auf die – wenn auch noch bescheidenen – Ansätze eines „demokratischen Sozialismus" in den USA.[13] Er sieht darin freilich auch die These von Marx bestätigt, dass der Sozialismus schließlich dort siegen würde, wo die Entwicklung der Produktivkräfte auf dem Boden der kapitalistischen Produktionsweise ihr höchstes Niveau erreicht hat. Wie die neueren Ereignisse in den USA zeigen, werden dieser Perspektive allerdings gewaltige Kräfte entgegentreten.

---

13 Bashkar Sunkara: The Socialist Manifesto. The Case for Radical Politics in an Era of Extreme Inequality, New York/London, 2019, S. 159 ff. Die Philosophin Nancy Fraser (What should Socialism mean in the Twenty-First Century?, in: Leo Panitch/Greg Albo (Hrsg.): Socialist Register 2020, London/New York, S. 282-294) schrieb 2020 „Socialism is Back": „Allenthalben wird wieder über 'Sozialismus' gesprochen. Über Jahrzehnte war das Wort verpönt – es stand für ein schreckliches Scheitern, war Relikt längst vergangener Zeiten. Damit ist es vorbei! Heute tragen Politiker*innen wie Bernie Sanders und Alexandria Ocasio-Cortez das Label 'sozialistisch'" mit Stolz und stoßen damit auf Zustimmung. Organisationen wie die 'Democratic Socialists of America' können sich kaum vor neuen Mitgliedern retten."

3.

„Weniger Kapitalismus, mehr Demokratie"
Hans-Jürgen Urban

Transformation, Rechtspopulismus und
Wirtschaftsdemokratie im 21. Jahrhundert

Der Kapitalismus ist (nicht erst seit der Corona-Pandemie) in der Krise. Während sich der Reichtum in den Händen einiger weniger konzentriert, nimmt die soziale Ungleichheit innerhalb von und zwischen Nationalstaaten weiter zu. Unter kapitalistischer Konkurrenz das bewahren zu wollen, was man hat, führt viele in die Arme rechtspopulistischer Meinungsführer*innen. Dort, wo Wohlstand kapitalistisch erwirtschaftet wird, passiert das zudem meist zulasten der Natur.

Die kapitalistische Produktionsweise, die Natur und Mensch als maximal auszubeutende Ressource begreift, kann die Herausforderungen dieser sozial-ökologischen Transformationskrise nicht bewältigen – sie hat eben diese hervorgebracht und verschärft sie zusehends. Die Abkehr vom Wachstums*zwang* hin zu einem sozial wie ökologisch *nachhaltigen* Wachstum, lässt sich, so Hans-Jürgen Urban, nur mit einer umfassenden Demokratisierung von Wirtschaft und Arbeit durchsetzen. Die Reorganisation betrieblicher Machtstrukturen kann eine an Nachhaltigkeitszielen orientierte Politik ermöglichen und Alternativen zum zunehmend autokratisch durchgesetzten, an Profitmaximierung orientierten Wirtschaften darstellen. Es gilt ökologischen Umbau mit gesellschaftlicher Solidarität zu verbinden. Die Transformationskrise in Richtung *guter Arbeit* mitzugestalten, heißt für die Gewerkschaften also: weniger Kapitalismus, mehr Demokratie! „Dabei geht es", so Hans Jürgen Urban „um mehr als etwas mehr Mitbestimmung. Es geht um Einfluss auf das Was, Wie und Wofür der Produktion und damit um Einfluss auf den Pfad, den die Transformation in den Betrieben einschlägt."

Christiane Benner

Die „Initiative Mitbestimmung" – ein gewerkschafts- und gesellschaftspolitisches Reformprojekt

Industrie in der Transformation erhalten

„How Dare You – Wie könnt Ihr es wagen!", mit diesem prägnanten Satz vor dem UN-Klimagipfel 2019 unterstrich Greta Thunberg die entscheidende globale Herausforderung. Wie kann der Kohlendioxid-Ausstoß so weit reduziert werden, dass auch nachfolgende Generationen ein lebenswertes Leben führen können? Der Schulstreik der couragierten 18-jährigen Schwedin hat nicht nur eine Massen-Protestbewegung ausgelöst, sondern mit dazu beigetragen, dass die gesamte Wirtschaft zumindest in ihren Erklärungen auf Nachhaltigkeit orientiert. Das darf aber nicht nur zu einem neuen kapitalistischen Innovationsschub mit grünem Anstrich werden, inklusive zahlreicher Verlierer*innen in den Kernen unsere Industrie, wie dem Fahrzeug-, dem Maschinenbau, dem Schiffbau oder der Luftfahrtindustrie. Deshalb orientiert sich die IG Metall an dem bekannten Zitat des (von Hans-Jürgen und mir gleichermaßen geschätzten) linken Regisseurs Ken Loach: „The most depressing thing is the political slogan: there is no alternative. But there is." Wir brauchen eine echte ökologische *und* soziale Transformation. Das erreichen wir nur mit einer Demokratisierung der Wirtschaft oder Elementen einer Wirtschaftsdemokratie.

Auf dem 24. Ordentlichen Gewerkschaftstag der IG Metall wurden zwei Anträge zum Thema Wirtschaftsdemokratie beschlossen[1]. Verkürzt heißt es da: Die Herausforderungen der Veränderungen unserer Arbeitswelt können nur mit mehr Wirtschaftsdemokratie, mehr Mitbestimmung und dem Ziel guter Arbeit im Sinne der Beschäftigten und nicht zu ihren Lasten gestaltet werden. Dazu gehört auch eine aktive Industriepolitik. Dieses Ziel durchzusetzen ist anspruchsvoll und wird auf Widerstand stoßen. Viele Beschäftigte erleben die Transformation in erster Linie als Bedrohung. Auch, weil über die Hälfte von ihnen eine Strategie ihrer Arbeitgeber vermisst, wie die Transformation gestaltet werden kann, wie die Beschäftigtenbefragung 2020 der IG Metall ergab.[2] Mit diagnostiziertem Strategiedefizit korreliert die Angst um den Arbeitsplatz. Viele Arbeitsplätze etwa bei der Entwicklung und Produktion von Verbrennungsmotoren stehen ebenso zur Disposition wie ihre gesellschaftliche Anerkennung. Das trifft den Produzentenstolz vieler Facharbeiter*innen hart.

---

1 Anträge E2.129 (Geschäftsstelle Frankfurt) und E2.130 (Geschäftsstelle Hannover).
2 Kurze Zusammenfassung der Ergebnisse unter https://www.igmetall.de/im-betrieb/beschaeftigtenbefragung-2020.

Die Corona-Pandemie wird zudem von vielen Arbeitgebern missbraucht, um Beschäftigte zu entlassen. Aber in vielen Konzernen formiert sich Widerstand gegen den Abbau. Das zeigt die Bereitschaft der Belegschaften, Konflikte um ihre Arbeitsplätze und Standorte zu führen. Allerdings sind auch Teile der Belegschaft in dieser zugespitzten Lage anfällig für rechtspopulistische Positionen. Deshalb sind erfolgreiche Kämpfe wichtig, in denen aus berechtigtem Widerstand gegen Arbeitsplatzabbau in der Transformation neue Perspektiven gewachsen sind. So etwa bei Bosch in Homburg und Bamberg, wo für wegfallende Produkte künftig Teile für mobile Brennstoffzellen produziert werden. Der IG Metall muss es gelingen, eine zuversichtliche Geschichte der Transformation zu erzählen.

Die Herausforderung für die IG Metall ist also klar: nur, wenn soziale und ökologische Nachhaltigkeit gewährleistet sind, kann die Transformation gelingen. Dafür mischen sich Gewerkschaften im Zusammenspiel mit anderen Akteuren wie Parteien, Verbänden oder sozialen Bewegungen in die gesellschaftliche Gestaltung dieser Jahrhundertaufgabe ein. Sie erfordert auch erhebliche Investitionen. Soll etwa die deutsche Stahlerzeugung auf Wasserstoff umgestellt werden, müssen 180 Milliarden Euro für Forschung, Energie-Infrastruktur oder Anlagenbau investiert werden. Ähnlich verhält es sich bei der Elektromobilität, die zwingend auf einen massiven Ausbau regenerativer Energie und weitere Innovationssprünge bei der Batterietechnologie angewiesen ist. Überspitzt formuliert: Mit staatlich geförderten Elektrofahrzeugen, deren Rohstoffgewinnung für Batterien auf ausbeuterischer Kinderarbeit in Afrika fußt und die mit Strom aus Kohlekraftwerken betrieben werden, dürfen wir uns nicht zufriedengeben. Auch das sollte uns anspornen, eine sozialökologische Transformation ernsthaft umzusetzen. Einen wichtigen Beitrag dafür kann die vom Vorstand der IG Metall im Oktober 2020 beschlossene „Initiative Mitbestimmung" leisten, in die auch Vorschläge für ein Konzept zur Demokratisierung der Wirtschaft eingeflossen sind. Bevor ich diese weiter unten erläutere, werde ich wichtige Veränderungen am Beispiel der Automobilproduktion darstellen, die für das Verständnis des politischen Ansatzes der Initiative wichtig sind.

Der Wandel am Beispiel der Automobilindustrie

Wir haben es in der Autoindustrie mit einer Transformation auf mehreren Ebenen zu tun. Da wäre der bereits erwähnte ökologisch induzierte Wandel durch die Ziele der Klimaregulation. Hinzu kommt, dass die Industrialisierung von neuen Komponenten für die Elektromobilität verstärkt in den osteuropäischen Ländern stattfindet. Darüber hinaus geraten die sogenannten Zentralbereiche stärker in den Fokus von Einsparungen, insbesondere in der Forschung und Entwicklung. Diese toxische Kombination von Einspar- und Verlagerungstrends könnte zu einem Verlust von produktionswissensbasierter Produktinnovation führen.[3] Die Corona-Krise wirkt zusätzlich wie ein Brand-

---

3 Vergleiche auch Standortperspektiven in der Automobilzulieferindustrie, HBS Study Nr. 409, Februar 2019.

Die "Initiative Mitbestimmung"

beschleuniger auf diese Strukturveränderungen. Immer mehr Arbeitgeber nutzen die Situation, um Arbeitsplätze zu verlagern oder abzubauen. Als weitere Dimension führt vor allem die Digitalisierung der Autos zu massiven Umwälzungen. Inzwischen werden alle Fahrdaten etwa bei den Autos des aufstrebenden US-Konzerns Tesla in Echtzeit gemessen. Dadurch können technische Veränderungen wie etwa bei Bremssystemen auf der Basis von realem Fahrverhalten permanent angepasst werden. Selbst Prämien einer Autoversicherung sollen künftig auf dieser Basis berechnet werden.

Diese weitreichenden Veränderungen forcieren auch den Strukturwandel in den Belegschaften noch stärker hin zu mehr Angestellten, Ingenieur*innen, ITler*innen. Gerade das Thema Software wird aktuell stärker in traditionelle Unternehmen reintegriert oder in diesen aufgebaut, so z.B. bei der Car.Software Org bei VW. Darüber hinaus ist noch nicht ausgemacht, ob die System-Komponenten für die digitale Konnektivität und das teilassistierte oder autonome Fahren, wie Sensoren, Radare, Kameras oder Hochleistungsrechner, bei den Zulieferern, Autoherstellern oder neuen Anbietern entwickelt, produziert und konfiguriert werden. Etwa 1,5 Millionen Arbeitsplätze werden in Deutschland durch die Digitalisierung bis 2035 neu definiert, so das Ergebnis einer Studie des Instituts für Arbeitsmarkt- und Berufsforschung (IAB). Diese Arbeitsplätze werden nicht wegfallen, aber sie werden sich durch Digitalisierung massiv verändern. Da die Auswirkungen dieser Berufsfeldverschiebung regional sehr unterschiedlich sind, benötigen wir regionale und örtliche Bündnisse, an denen sich Kammern, Arbeitsagenturen, Hochschulen, Wirtschaftsförderer, Arbeitgeberverbände sowie Gewerkschaften beteiligen. Um diesen Ansatz auch bei den Beschäftigten zu verankern, wurde beim Vorstand der IG Metall ein Projekt[4] entwickelt, bei dem Vertrauensleute der IG Metall zu so genannten Weiterbildungsmentor*innen ausgebildet werden. In mindestens 50 Betrieben sollen so Strukturen einer arbeitnehmernahen Weiterbildungsberatung geschaffen werden. Die Hauptaufgabe des Projekts besteht in der umfassenden Qualifizierung und Ausbildung von rund 200 Vertrauensleuten für Aktivitäten in den Themenfeldern Weiterbildungsförderung, Weiterbildungsberatung und Begleitung betrieblicher Qualifizierungsprozesse.

Neben den fachlichen Anforderungen für die Beschäftigten verändern sich auch die Geschäftsmodelle der Unternehmen. Gefragt sind z.B. nicht mehr nur Automobile als Produkt, sondern Mobilität als Dienstleistung und individualisierte Konzepte dafür. Dabei formulieren Unternehmen auch neuartige Anforderungen an die Art, wie wir arbeiten. Agiles Arbeiten rückt hierbei immer stärker in den Mittelpunkt. Denn steigender Wettbewerbsdruck erfordert kürzere Innovationszyklen und Produktentwicklung, die sich stärker an den Kundenbedürfnissen orientiert. Es entstehen neben diesen neuen

---

4 BMBF Transferprojekt Bildungsberatung und -begleitung durch innerbetriebliche Weiterbildungsmentor*innen (WBM), an dem die Bereiche Arbeitsgestaltung und Qualifizierungspolitik und Betriebspolitik beim Vorstand der IG Metall beteiligt sind.

Formen von Arbeitsorganisation auch neue Arbeitsformen wie Crowdworking.[5] Diese beschriebenen Phänomene führen zu einer mehrdimensionalen Herausforderung. Für Unternehmen, Beschäftigte, Betriebsräte aber auch Gewerkschaften. Für diese neuartigen Felder müssen Gewerkschaften Antworten entwickeln, damit sie mobilisierungs- und durchsetzungsfähig bleiben.

Arbeits- und Gesundheitsschutz: Gestaltungsaspekte und Schutzfunktionen

Hierbei handelt es sich neben der Sozialpolitik um einen der Kernbereiche von Hans-Jürgen. Er betont immer die Gestaltungsaspekte und Schutzaspekte gleichermaßen. Wir beide haben nicht selten Diskussionen darüber, ob etwa in agilem Arbeiten eine Chance für mehr selbstbestimmteres, hierarchiefreieres Arbeiten steckt oder eine erhöhte Ausbeutungsgefahr. Ich betone eher die Gestaltungsaspekte, auch für die Ansprache von Angestellten. Und ich frage nach mehr Mitbestimmung für Betriebsräte und Beteiligungsrechte für Beschäftigte. Das liegt auch an meiner Verantwortung für den Bereich der Gewinnung von Angestellten und der Betriebspolitik. Hans-Jürgen argumentiert vor dem Hintergrund seiner Erfahrung im Bereich des Gesundheitsschutzes. Die Herausforderungen und Ambivalenzen können produktiv in der Zusammenarbeit aufgelöst werden.

Schwerpunkte sind einerseits neue, flexible Freiheitsgrade, andererseits Schutz vor umfassender Verfügbarkeit und dem Missbrauch digital generierter Daten. Unsere Erfahrungen und Studien bestätigen auch den Zusammenhang zwischen vielfältig zusammengesetzten Teams und Innovationsfähigkeit von Unternehmen. Gewerkschaftspolitisch orientieren wir deshalb auf Vielfalt und gleiche Teilhabe. Wir setzen uns ein für die berufliche Förderung von Frauen auf allen Ebenen bis hin zu einer Quote für Vorstände, für Entgelttransparenz und partnerschaftliche Arbeits- und Lebensgestaltung. Wir leben Einheit in Vielfalt. Deshalb engagiert sich die IG Metall auch gegen Rechtspopulismus und Rassismus im Betrieb und Gesellschaft.

Begriffe wie Diversity oder Selbstbestimmung sind auch bei vielen Arbeitgebern en vogue. So sollen einerseits die Geschäftsmodelle optimiert, andererseits ideologisch geschickt die Entgrenzung der Arbeits- und Privatsphäre in den Belegschaften verankert werden. Wer wegen dieser berechtigten Kritik aber gleichzeitig die in Themen wie Vielfalt oder Flexibilität innewohnenden Emanzipationspotentiale ignoriert, verpasst eine wichtige Chance für die Weiterentwicklung gewerkschaftlicher Kampfkraft.

In letzter Zeit gelingt erfreulicherweise häufiger der Brückenschlag zwischen klarer Schutzfunktion und emanzipatorischen Elementen, so etwa bei der Debatte über Regelungen für die in der Corona-Pandemie schlagartig angestiegene Zahl von Beschäftigten

---

5 Das Thema ist in der Politik und in der Rechtsprechung angekommen. Siehe Faire Arbeit in der Plattformökonomie, Eckpunkte des Bundesministeriums für Arbeit und Soziales vom 27.11.2020, sowie Urteil des Bundesarbeitsgerichts zum Arbeitnehmerstatus eines Crowdworkers (9 AZR 102/20 vom 01.12.2020).

Die „Initiative Mitbestimmung"

im Homeoffice. Die IG Metall unterstützt sie in ihrer jeweils konkreten Arbeits- und Lebenssituation mit Schutz- und Gestaltungsmöglichkeiten. Wir befürworten deshalb ein Recht auf Homeoffice und ein entsprechendes Mitbestimmungsrecht des Betriebsrats über den Ort der Arbeit und dessen Ausgestaltung.[6] Auch eine aktuelle Befragung IG Metall zeigt, dass sich die Beschäftigten auch für die Zeit nach Corona eine Mischung aus Arbeit im Büro und zuhause wünschen. Die zwischen Hans-Jürgens und meinem Bereich vor vielen Jahren entwickelte Initiative „Gute Arbeit im Büro" könnte sich gut zu einer Initiative „… und auch im Homeoffice" fortschreiben lassen.[7] Dass gute Betreuungsstrukturen für Kinder notwendig sind, um Homeoffice nicht zum Albtraum werden zu lassen, ist selbstverständlich.

Das Thema Arbeit- und Gesundheitsschutz hat durch die Pandemie eine echte Renaissance erfahren. Die gewerkschaftlichen Gestaltungshinweise und deren Umsetzungstipps sind eine wertvolle Hilfe für Betriebsräte. Das Arbeiten unter den Bedingungen der Pandemie bleibt für viele Beschäftigte eine Belastung. Die Anreise ins Werk, das Arbeiten mit Maske sowie das Fehlen von Umkleide- und Waschmöglichkeiten ist für viele Beschäftigte eine echte Zumutung. Aufgabe der Betriebsparteien ist es, für diese Beschäftigten einen Ausgleich durch freie Zeit oder finanzielle Leistungen zu schaffen. Bei ihnen steht der Gesundheitsschutz im Vordergrund. Gute Arbeit für alle – das bleibt der gewerkschaftliche Auftrag.[8]

Beteiligung als Schlüssel zu mehr Demokratie in der Arbeitswelt

Nur mit einer breiten Angebotsvielfalt schafft die IG Metall eine Perspektive für die gesamte Bandbreite der von uns vertretenen Beschäftigten. Klaus Dörre hat die Pluralität lohnabhängiger Klassen, wie er es formuliert, 2019 mit drei Gruppen beschrieben: Arbeiter und kleine Angestellte, akademisch gebildete Lohnabhängige ohne Kontrollmacht (früher „neue Arbeiterklasse") und die Angehörigen der neuen Unterklasse, die teils prekär, teils informell beschäftigt sind.[9] Die IG Metall wird nur dann erfolgreich bleiben, wenn sie alle genannten Beschäftigtengruppen erfolgreich in soziale Kämpfe einbinden kann. Entscheidend dafür ist, diese zu beteiligen. Durch Beteiligung erfolgt nachhaltigere, besser verankerte Entscheidungsfindung. Das ist politisch und mitgliederrelevant gerade bei betrieblichen (Tarif)Auseinandersetzungen. Ein gutes Beispiel ist die Tarifrunde in der Metall- und Elektroindustrie 2018, in der die Ergebnisse aus einer

---

6 Siehe Gesetzesinitiative für eine gesetzliche Regelung zur mobilen Arbeit des Bundesministeriums für Arbeit und Soziales vom 04.10.2020.

7 Vgl. hierzu Christiane Benner/Andrea Fergen: Gute Arbeit im Büro – Eine Initiative der IG Metall, in: Lothar Schröder/Hans-Jürgen Urban (Hrsg.): Gute Arbeit – Handlungsfelder für Betriebe, Politik und Gewerkschaften, Frankfurt a.M. 2010, S. 214 ff.

8 Vgl. auch Christiane Benner/Vanessa Barth: Wieso die IG Metall das Homeoffice jetzt mag, Frankfurter Allgemeine Sonntagszeitung vom 15.11.2020.

9 Vgl. Klaus Dörre: Mosaik-Linke und demokratische Klassenpolitik – unvereinbar?, in: Das Argument 331/2019.

großen Beschäftigtenbefragung unter über 680.000 Mitgliedern mit den Erfahrungen der bewährten repräsentativen Tarifkommissionen und den 24-Stunden-Warnstreiks verbunden wurden.

Die Bearbeitung und Realisierung des Themas Beteiligung wird auch darüber entscheiden, wie die Verankerung kollektiver repräsentativer Interessenvertretung aussieht. Es gibt verschiedene Formen von Beteiligung, mit denen wir herkömmliche repräsentative Formen stärken und diese öffentlich legitimieren können. Immer mehr Unternehmen geben sich zudem Mühe, die Meinung ihrer Beschäftigten einzubeziehen. Das „demokratische Unternehmen"[10] bietet Arbeitsformen und Entscheidungsfindungen, die die Beschäftigten oft vermeintlich, bisweilen aber auch real besser beteiligen und sie selbstbestimmter arbeiten lassen.

Für Gewerkschaften gibt es hingegen eine demokratische Triebfeder für Beteiligung. Allerdings würde eine reine Stellvertreterpolitik von Seiten der Betriebsräte oder der IG Metall im Vergleich zu den neuartigen Arbeitgeber-Konzepten altbacken aussehen. Das hat auch die Leipziger Autoritarismusstudie vom November 2020 attestiert. Partizipative Mitbestimmungskulturen sind ihr zufolge zu selten vorhanden.[11] Darum stellt sich die drängende Frage: Wie können wir zu echten Beteiliger*innen werden? Auch dafür bietet die „Initiative Mitbestimmung" der IG Metall vielfältige Anknüpfungspunkte.

Die „Initiative Mitbestimmung" – für betriebliche und politische Durchsetzungskraft auf der Höhe der Zeit

Ein erstes unmittelbares Ziel der „Initiative Mitbestimmung"[12] ist die Modernisierung von zwei veralteten Gesetzen, die für die Arbeit der Gewerkschaften und ihre betrieblichen Repräsentanten*innen entscheidend sind. Die letzte große Reform des Betriebsverfassungsgesetzes ist aus dem Jahr 1972, auch wenn es 2001 noch weitere Verbesserungen gab. Das Mitbestimmungsgesetz stammt aus dem Jahr 1976. Seitdem ist die Globalisierung weiter vorangeschritten, Digitalisierung und die Bedeutung von Nachhaltigkeit habe ich schon erwähnt. Eine soziale, ökologische und demokratische Gestaltung der Transformation erfordert deshalb eine grundlegende Runderneuerung der Mitbestimmung.[13] Die „Initiative Mitbestimmung" der IG Metall versteht sich deshalb auch als Teil eines programmatischen Gestaltungsentwurfs, den die IG Metall

---

10 Vgl. auch Andreas Boes, Isabell M. Welpe und Thomas Sattelberger: Das demokratische Unternehmen: Neue Arbeits- und Führungskulturen im Zeitalter digitaler Wirtschaft (2015).

11 Siehe dazu: Elmar Brähler und Oliver Decker (Hrsg.): Autoritäre Dynamiken. Alte Ressentiments – neue Radikalität (2020).

12 Beschluss IG Metall Vorstand vom 13.10.2020: Initiative Mitbestimmung – Runderneuerung statt Facelift.

13 Natürlich wird es auch darum gehen müssen, den schleichenden Geltungsschwund bestehender Mitbestimmungsrechte zu begegnen. Darauf weist Christoph Ehlscheid hin. Ders.: Mitbestimmung in der Transformation, in: Christoph Schmitz/Hans-Jürgen Urban (Hrsg.):

Die "Initiative Mitbestimmung"

mit der Initiative „#FairWandel – sozial, ökologisch, demokratisch" verfolgt. Auch wenn die aktuelle Krise und die Erosionstendenzen in der Mitbestimmungsfrage eine strukturell schwierige Ausgangslage schaffen, ist eine offensive Mitbestimmungsinitiative wichtig und machbar:

- Eine proaktive Betriebs- und Unternehmenspolitik stärkt die Mitbestimmung und die Voraussetzungen für eine Weiterentwicklung. Öffentlichkeitswirksam kann ihre demokratische Bedeutung für die Arbeitnehmer*innen und positive Wirkung in Betrieb, Unternehmen und Gesellschaft sichtbar gemacht werden.
- Gute Zukunftsvereinbarungen erbringen den Nachweis, dass durch betriebliche und tarifliche Regelungen Lösungen entwickelt wurden. Durch mitbestimmte Regelungen werden nicht nur mehr Arbeitsplätze gesichert. Die Unternehmen investieren zudem mehr und nachhaltig und sind auch produktiver.
- Unternehmerische Mitbestimmung – so die Erfahrung aus der Wirtschafts- und Finanzkrise 2009 – leistet einen wichtigen Beitrag, um mögliche Risiken von strategischen Transformationsprozessen abzufedern und einen notwendigen Ausgleich zu schaffen zwischen den Arbeitnehmerinteressen und den Anforderungen an die Leistungsfähigkeit der Unternehmen. Mitbestimmte Unternehmen haben wirksame Kontrollinstanzen.
- Die Mitbestimmungsinitiative fördert ein gesellschaftspolitisches, wirtschaftsdemokratisches und positives gesellschaftliches Zukunftsbild sowie einen Gegenentwurf zu gescheiterten marktliberalen Modellen oder negativen Zukunftsszenarien.
- Gesellschaftliche Megatrends wie Feminisierung der Arbeit und vielfältigere Belegschaften machen es Arbeitgebern auch aufgrund von Fachkräftemangel schwerer, diese Entwicklungen zu ignorieren.
- Mit Blick auf die Erfordernisse der Klimapolitik und der Transformation in eine dekarbonisierte Ökonomie (Wasserstoffstrategie in der Stahlindustrie, Energie- und Mobilitätswende) müssen ökologische Nachhaltigkeit und sozialer Ausgleich miteinander verbunden werden. Dies kann nur über eine weiter entwickelte Mitbestimmung gewährleistet werden.
- Notwendige Diversität in der Arbeitspolitik, die unterschiedliche passgenaue betriebliche Regelungen sicherstellt, braucht neben der tariflichen Regulation durch die IG Metall als Pendant eine beteiligungsorientierte und gut funktionierende betriebliche Mitbestimmungspraxis. Eine wesentliche Säule eines zukunftsorientierten sozialstaatlichen Arrangements für die Ausgestaltung zunehmend diverser werdender Arbeitsverhältnisse ist eine in der Fläche wirkende betriebliche Mitbestimmung.

Mit mehr Mitbestimmung für mehr Demokratie

So viel zu den grundlegenden Überlegungen. Vier unserer Forderungen aus unserer „Initiative Mitbestimmung" will ich beispielhaft nennen:

Demokratie in der Arbeit. Eine vergessene Dimension der Arbeitspolitik? Frankfurt a.M. 2021, S. 128 ff.

- Auf der Ebene der Unternehmensmitbestimmung steht im Vordergrund, die Absenkung der Schwellenwerte für paritätische Mitbestimmung und Schlupflöcher im Mitbestimmungsgesetz zu schließen. Aktueller Auslöser für eine Forderung nach Abschaffung des Doppelstimmrechts des Aufsichtsratsvorsitzenden war der Schließbeschluss des profitablen Continental Reifenwerkes in Aachen zum 31.12.2021. Gerade, weil transformationsbedingt viele grundlegenden Veränderungen sozial und demokratisch gestaltet werden müssen, ist eine Debatte über die Erweiterung wirtschaftlicher Mitbestimmung erforderlich. Das kann auch bedeuten, für Entscheidungen über Standortschließungen im Aufsichtsrat eine Zweidrittelmehrheit, wie bei VW, vorzusehen oder die Montanmitbestimmung auf mehr Unternehmen zu erstrecken. Es ist eine stärkere Berücksichtigung von Beschäftigten- und Allgemeinwohlinteressen erforderlich. Eigentum verpflichtet.
- Korrespondierend zu der Ebene der Unternehmensmitbestimmung brauchen wir echte Mitbestimmungsmöglichkeiten der Betriebsräte bei strategischen Unternehmensentscheidungen. Deshalb fordern wir eine Erweiterung des Paragraphen 92 a im Betriebsverfassungsgesetz. Auch bei Fragen wie der Qualifizierung brauchen wir ein echtes Mitbestimmungsrecht.
- Megatrends wie Globalisierung oder Digitalisierung machen es möglich, dass immer mehr Beschäftigte gar nicht mehr im klassischen Sinn Mitarbeiterinnen oder Mitarbeiter des Unternehmens sind. Sie arbeiten mit Werkverträgen oder als Solo-Selbstständige bzw. als sogenannte Crowdworker. Betriebsrätinnen und Betriebsräte müssen auch diese Beschäftigten wirksam vertreten können!
- Wegen einer Rechtslücke können große Unternehmen das Mitbestimmungsgesetz umgehen. Sie tragen eine Europäische Aktiengesellschaft als Zwei-Personen-Garagenbetrieb ein und werden dann rechtlich dauerhaft so behandelt, selbst wenn sie die für paritätische Mitbestimmung relevante Größe von 2.000 Beschäftigten längst überschritten haben. Da brauchen wir Änderungen. Andernfalls könnten wir sehr bald mit Tesla einen großen Automobilproduzenten in Deutschland haben, dessen Chef Elon Musk von Mitbestimmung bekanntermaßen wenig hält und darum auch jede rechtliche Lücke ausnutzt.

Diese und viele andere Fragen müssen unbedingt gesetzlich geregelt werden. Deshalb werden wir auch gegenüber den Parteien deutlich machen, dass wir nach der Bundestagswahl 2021 deutliche Verbesserungen bei der Mitbestimmung erwarten. Wir demonstrieren damit außerdem besondere und öffentliche Wertschätzung für unsere betrieblichen Aktiven. Für die DGB-Gewerkschaften erfolgreiche Betriebsratswahlen 2022 brauchen bereits in 2021 eine vorkommunikative Schwerpunktsetzung. Sie kann nur gelingen, wenn wir rechtzeitig selbst relevante Themen platzieren.

Ein solches Thema könnte die Bedeutung einer erweiterten Mitbestimmung für unser gesamtes demokratisches System sein. Funktionierende Mitbestimmungsstrukturen stabilisieren zugleich die Demokratie, weil der Staat durch Rahmensetzungen einer demokratischen Wirtschaftsverfassung weniger eingreifen muss und die Macht der Unternehmen kontrolliert wird. Wie wichtig Mitbestimmung für das gesamte demokratische System ist, hat die bereits erwähnte „Leipziger Autoritarismus-Studie"

Die „Initiative Mitbestimmung"

im letzten Jahr sogar empirisch belegt. Sie hat den Zusammenhang zwischen Mitbestimmung von Arbeitnehmerinnen und Arbeitnehmern mit deren Einstellung zu Demokratie repräsentativ untersucht. Das Ergebnis ist eindeutig: Erfahrungen von Beteiligung, Solidarität und Anerkennung in der Arbeitswelt führen zu einer positiveren Einstellung zur Demokratie. Außerdem führen sie zu deutlich geringerer rechtsextremer Einstellung und zu einer deutlich geringeren Neigung, gruppenbezogene Abwertungen vorzunehmen (z.B. gegen Flüchtlinge, Arbeitslose etc.). Ich bin überzeugt. Die Umsetzung unserer „Initiative Mitbestimmung" würde deshalb auch einen entscheidenden Beitrag zur Stabilität der Demokratie leisten. Sie bietet zudem gute Möglichkeiten für Bündnisse mit anderen gesellschaftlichen Gruppen.

Das ist gerade in der aktuellen politischen Lage, in der Verschwörungstheorien um sich greifen und die politischen Repräsentant*innen verstärkt vor Legitimationsproblemen stehen, äußerst wichtig. Diejenigen Arbeitgeber, die aktuell auf renditegetriebene Kahlschlagpolitik, Arbeitsplatzabbau, Einkommenseinbußen und Verlagerungen setzen, gefährden dagegen die Demokratie in ihrer kritischsten Phase seit Gründung der Bundesrepublik. Wenn sie, wie der neue Gesamtmetall-Präsident Stefan Wolf, außerdem noch Tarifautonomie, Sozialleistungen und wesentliche Rechte der Betriebsverfassung schleifen wollen, werden wir bald auf einem gesellschaftspolitischen Pulverfass sitzen. Vertrauen in ein demokratisches System gibt es nur mit mehr Mitbestimmung, nicht mit weniger.

Beflügelt von diesem Zusammenhang und unterstützt von zahlreichen betrieblich Aktiven wird sich die IG Metall mit der „Initiative Mitbestimmung" engagiert in den gesellschaftlichen Diskurs einmischen. Ich bin trotz aller Widrigkeiten optimistisch, dass es gelingt. Entscheidend wird sein, dass wir unter Wahrung unserer spezifischen Rolle und Mitgliederinteressen ein wichtiger Teil eines breiten Reformbündnisses für eine sozialökologische Transformation werden.

Michael Burawoy[1]
Publikumswirksamkeit von Polanyi in der Ära Trump*

Was sind die Implikationen von *The Great Transformation* (1944) von Karl Polanyi für die öffentliche Soziologie in der Ära Trump? Diese Frage bedarf einer Definition der Ära Trump, der Bedeutung der öffentlichen Soziologie und der Frage, wie The Great Transformation beides miteinander verbinden kann.

Traditionelle öffentliche Soziologie in der Ära Trump

Was sollen wir unter der „Ära Trump" verstehen? Man könnte sich die Ära Trump als die Ära vorstellen, die durch Trump und sein Bestreben „Make America Great Again" und „America First" geschaffen wurde. Sicherlich könnte er als weißer Rassist im Weißen Haus die nationalistischen Bewegungen der Weißen mobilisiert haben. Aber solche Bewegungen hat es immer gegeben, auch wenn sie nicht unbedingt von den höchsten Machtebenen gefördert wurden. Trumps Versuch, die Rechtsstaatlichkeit zu untergraben, seine diktatorischen Anmaßungen und isolationistische Außenpolitik mögen eine gewisse politische Turbulenz erzeugt haben, aber es ist ihm nicht gelungen, die Welt nach seinem eigenen Bild zu gestalten. Tatsächlich hat er die Opposition dazu gebracht, die liberale Demokratie und Rechtsstaatlichkeit zu definieren und zu verteidigen.

Ein weiteres Merkmal der Trump-Ära ist die politische Nutzung der sozialen Medien. Trump hat seinen Twitter-Feed – mit seinen 63 Millionen Anhänger*innen weniger als die 108 Millionen Anhänger*innen des ehemaligen Präsidenten Obama – durch falsche Behauptungen und abrupte 180-Grad-Drehungen, die größtenteils dazu dienen, die Unterstützer*innen aufzuheizen und die Opposition zu provozieren, d.h. die Politik zu polarisieren, durch Beschluss zur Regel gemacht. Im weiteren Sinne können wir sagen, dass Soziale Medien zwar die öffentliche Soziologie beeinflussen, aber nicht ganz so,

---

1 Ich hatte einige Male das Vergnügen Hans-Jürgen Urban zu treffen – immer großzügig und aufmerksam, immer daran interessiert, was andere zu sagen haben. Am einprägsamsten war vermutlich einmal in Jena, als ich ihn für eine Stunde ganz für mich hatte und er mir seine Lebensgeschichte erzählt hat – was für eine außergewöhnliche und inspirierende Biografie.

* Der Beitrag geht auf einen Vortrag von Michael Burawoy zurück, den er im Kontext des Kollegs „Postwachstumsgesellschaften" der Friedrich-Schiller-Universität Jena gehalten hat, an dem Hans-Jürgen Urban als Fellow mitgewirkt hat (Vortrag am 27.9.2019 auf der Konferenz „Great Transformation? Die Zukunft moderner Gesellschaften", Abschlusskonferenz der DFG-Kollegforscher*innengruppe „Landnahme, Beschleunigung, Aktivierung. Zur (De-)Stabilisierung moderner Wachstumsgesellschaften" und 2. Regionalkonferenz der Deutschen Gesellschaft für Soziologie DGS, 23.–27.9.2019, Friedrich-Schiller-Universität Jena).

wie man es erwarten würde. Während immer mehr Soziolog*innen soziale Medien zur Verbreitung ihrer Forschungsergebnisse nutzen, stellt Kieran Healy (2017) fest, dass Soziolog*innen zunehmend in der Öffentlichkeit schreiben, fragt aber, wer hört zu? Es mag eine intensivere Kommunikation unter den Soziolog*innen selbst geben, aber diese wird nicht unbedingt über ihre Disziplin hinaus übermittelt. Soziale Medien neigen dazu, fragmentierte Öffentlichkeiten gleichgesinnter Gläubiger zu konsolidieren, was ein Hindernis für die Übermittlung von Forschung an mehr als eine kleine Gruppe von Konvertit*innen darstellt. Soziolog*innen machen sich selbst etwas vor, wenn sie glauben, dass digitale Medien ihnen Zugang zu Öffentlichkeiten verschaffen.

Allein anhand der Stichwortsuche in der New York Times zeigt Healy die Marginalität der Präsenz der Soziologie, geringer als die konkurrierender Disziplinen wie Psychologie, Politikwissenschaft und natürlich viel geringer als die der Wirtschaftswissenschaften. Selbst wenn wir denken, dass wir öffentliche Soziologie betreiben, reden wir dann in der Öffentlichkeit nur mit uns selbst? Wir müssen sicherstellen, dass wir tatsächlich mit der Öffentlichkeit außerhalb der akademischen Welt sprechen.

Bisher habe ich nur einen Typus der öffentlichen Soziologie betrachtet, die vermittelte öffentliche Soziologie oder das, was ich traditionelle öffentliche Soziologie nenne, die von digitalen Medien oder Printmedien erfasst wird. In diesem Beitrag werde ich mich einer anderen Form der öffentlichen Soziologie zuwenden, der organischen öffentlichen Soziologie, kurz OÖS, bei der sich Öffentlichkeiten und Soziolog*innen auf unvermittelte Weise gegenüberstehen. Hier erreichen wir definitiv eine Öffentlichkeit, eine, die eher dick als dünn, eher aktiv als passiv, eher eng als breit, eher homogen als heterogen, oft eher oppositionell als mainstream ist. Um das Potenzial von OÖS zu verstehen, müssen wir den gegenwärtigen politischen und sozialen Kontext, in dem wir die Öffentlichkeit und ihre Unzufriedenheit ansprechen, spezifizieren. Hier kommt Polanyis The Great Transformation ins Spiel.

Kommodifizierung und die Gegenbewegung

Warum ist *The Great Transformation*, 1994 veröffentlicht, nützlich, um das Potential von OÖS zu durchdenken? Erstens bietet sie eine Möglichkeit, die gelebte Erfahrung, die OÖS macht, einerseits mit ihrem Ursprung in der nationalen und globalen politischen Ökonomie und andererseits mit den sozialen Bewegungen, die sie hervorbringt, zu verbinden. Zweitens befasst sich Polanyi mit den politischen Folgen des Marktfundamentalismus. Er argumentiert, dass unregulierte Märkte dazu neigen, die Gesellschaft zu zerstören, die politisch mit Selbstverteidigung reagiert und Regulierungssysteme einrichtet: von der Sozialdemokratie und dem New Deal bis hin zu Stalinismus und Faschismus. Mit anderen Worten, er entwirft Antworten auf die Vermarktlichung sowohl von rechts als auch von links. *The Great Transformation* mag ein kanonisches Werk mit tiefer Resonanz auf die gegenwärtige Weltkonjunktur sein, doch Resonanz ist nicht genug. The Great Transformation erfordert Wiederaufbau.

Polanyi war der Meinung, dass die Menschheit nie wieder mit einer so gefährlichen Intervention wie dem Marktutopismus experimentieren würde. Nun ja, er hatte Unrecht, und zwar in erster Linie, weil Marktfundamentalismus ein wirksames Mittel ist, um den Kapitalismus vor sich selbst zu retten und wiederkehrende Krisen von Überproduktion und Rentabilität vorübergehend hinauszuzögern (Streeck 2014). Seit 50 Jahren sind wir Zeug*innen einer dritten Welle der Vermarktlichung, gewöhnlich als Neoliberalismus bezeichnet, die von solch selbstbewussten politischen Führer*innen wie Reagan, Thatcher und Pinochet vorangetrieben, von Ökonom*innen in der Tradition von Hayek gerechtfertigt, durch den Zusammenbruch des Kommunismus angeheizt und durch die wirtschaftliche Rezession von 2008 beschleunigt wurde. Diese dritte Welle der Vermarktlichung zeigt keine Anzeichen eines Nachlassens, auch wenn sie unterschiedliche Reaktionen von sozialen Bewegungen und politischen Regimes hervorgerufen hat.

Polanyi untersucht die erste Welle der Vermarktlichung im England des 19. Jahrhunderts als einen Prozess der Kommodifizierung von Produktionsfaktoren – Arbeit, Boden und Geld. Er nennt sie fiktive Waren – Entitäten, die, wie er sagt, nie einem unregulierten Marktaustausch unterworfen werden „sollten". Hier haben wir es in der Tat mit einer tiefen Wahrheit zu tun, die wir in einer Welt, in der die Kommodifizierung als selbstverständlich vorausgesetzt wird, allzu leicht übersehen. Wir sind zu der Annahme gelangt, dass die Arbeitskraft existiert, um gekauft und verkauft zu werden. In der Tat wollen wir unbedingt unsere Arbeitskraft verkaufen, auch wenn es uns so oft herabwürdigt. Wir vergessen allzu leicht, dass es bei der Arbeit sowohl um das menschliche Gedeihen als auch um das menschliche Überleben geht. Wir sind zu der Annahme gelangt, dass es auch Boden gibt, der gekauft und verkauft werden kann, auch wenn sein Preis in die Höhe schießt und so viele dazu zwingt, um ein Grundstück zu kämpfen um ein Dach über dem Kopf zu behalten. Wir vergessen, dass Boden einst das Fundament der Gemeinschaft war. Wir gehen davon aus, dass Geld zu einem Zins gekauft und geliehen werden muss, und dass aus Krediten Schulden werden. Finanzkapital, Geldverdienen mit Geld in gigantischem Umfang ist trotz aller Verzerrungen, die es mit sich bringt, wie das Wetter Teil unserer Umgebung; die meisten seiner Machenschaften sind für die Bevölkerung, die durch sie unterjocht wird, vollkommen unsichtbar. Die Regierungen, zumindest die mächtigen, machen sich keine Sorgen über Schuldenfinanzierung, auch wenn sie schwächere Länder zerstört. Und als Einzelpersonen lieben wir unsere Kreditkarten. Wir vergessen, dass Geld lediglich dazu gedacht war, den Tausch zu erleichtern, und nicht als Vehikel, um zur Zerstörung von Arbeit und Natur beizutragen.

Die Verletzung des wesentlichen Zwecks der fiktiven Ware hat das Potential, eine tiefe moralische Empörung hervorzurufen, wenn sie nicht normalisiert würde. Die Empörung wird greifbar, wenn wir entdecken, dass sich die Kommodifizierung auf neue Entitäten ausdehnt, sei es wissentlich (Körperorgane) oder unwissentlich (persönliche Daten). Tatsächlich sollten wir die Liste der fiktiven Waren um Wissen erweitern, das einst als öffentliches Gut geteilt wurde, jetzt aber als „Verhaltensüberschuss", wie Shoshana Zuboff (2019) es nennt, über unsere digitalen Erweiterungen extrahiert und dann in ein privates Gut umgewandelt wird, das an Unternehmen, Regierungen, Parteien verkauft wird, die Macht über uns erhalten.

Neben dem essentialistischen Konzept gibt es zwei weitere Möglichkeiten, sich fiktiven Waren zu nähern. Die erste ist das, was ich als strukturelles Konzept bezeichne, bei dem das Streben nach Tauschwert zur Zerstörung des Gebrauchswertes führt. Die unregulierte Kommodifizierung der Arbeitskraft bedeutet, dass der Arbeiter so missbraucht und ausgebeutet wird, dass die Löhne das für die menschliche Existenz notwendige Niveau unterschreiten. Und wie Silvia Federici (2004) gezeigt hat, erforderte die Kommodifizierung der Arbeitskraft auch die Unterwerfung der Frauen innerhalb des Haushalts, was wiederum ihren Gebrauchswert einschränkt. Nancy Fraser (2013) hat diese Perspektive der „sozialen Reproduktion" herausgearbeitet, indem sie zeigt, wie die Kommodifizierung der Arbeitskraft Frauen dazu bringt, in den Arbeitsmarkt einzutreten, wodurch ein Versorgungsdefizit entsteht. Dasselbe lässt sich über Boden sagen, dessen Gebrauchswert durch unregulierte Kommodifizierung verkümmert, beispielsweise bei Bodenerosion, Wüstenbildung und Vergiftung (Sassen 2014). Auch Geld verliert, wenn es einer unregulierten Kommodifizierung unterworfen wird, seinen Gebrauchswert, wie im postsowjetischen Russland, als der Wert des Rubels so sprunghaften Veränderungen unterzogen war, dass Tauschbeziehungen wiederhergestellt wurden. In gleicher Weise bedeutet die Kommodifizierung von Wissen, dass es für engstirnige Interessen produziert wird, wodurch es seinen öffentlichen Charakter verliert.

Die Kommodifizierung fiktiver Waren führt, wenn sie an ihre Grenzen stößt, vom begrenzten Gebrauchswert zur Erschöpfung und Zerstörung, d.h. die Ware wird zum Abfallprodukt, ein Prozess, den ich als Entkommodifizierung bezeichne. Arbeitskraft wird redundant, zum Abfallprodukt, verstoßen in die industrielle Reservearmee. Boden wird so geplündert, dass er nutzlos oder gefährlich wird, und im Extremfall kann sogar Geld wertlos werden. Und wenn Wissen so zielgerichtet für bestimmte Zwecke eingesetzt wird, ist es nicht mehr kumulativ wie in relativ autonomen Forschungsprogrammen, nicht mehr öffentlich verfügbar, nicht mehr konventionellen Wahrheitstests unterworfen. Die Universität als Motor der Wissensproduktion verliert ihren Wert, Abschlüsse werden zunehmend wertlos und zu inhaltsleeren Empfehlungen.

Die Entkommodifizierung kann ihre eigenen Proteste hervorrufen, die aber oft schwer zu organisieren sind, weil sie auf Erniedrigung und Abfall beruhen. Es ist schwierig, aber nicht unmöglich, gegen Arbeitslosigkeit und Bodenvernichtung zu protestieren. Der Protest muss neue Formen annehmen. So beschreibt Alex Barnard (2016) die Freegan-Bewegung in New York als eine Bewegung, die öffentlich auf recht dramatische Weise gegen die systemische Überproduktion von Lebensmitteln protestierte, die Restaurants, Bäckereien und Supermärkte täglich anhäufen. In ihren öffentlichen Ritualen zeigten die Freeganer, wie es möglich war, von den Exkrementen des Kapitalismus zu leben, bis der Zugang zu ihnen gewaltsam unterbunden wurde.

Zusätzlich zu den essentialistischen und strukturellen Konzepten der fiktiven Ware gibt es einen dritten Begriff der fiktiven Ware, den ich das genetische Konzept nenne. Polanyi betont nicht genug, was mit der Produktion der fiktiven Ware verbunden ist. Er schreibt über die englischen Einfriedungsgesetze, die den Bauern und Bäuerinnen den Zugang zu den entscheidenden Mitteln des Lebensunterhalts verwehren, aber er stellt dies in gradualistischer oder evolutionärer Weise dar. Eine der bedeutendsten

Entwicklungen in der politischen Ökonomie während dieser Periode der dritten Welle der Vermarktlichung stützt sich auf Marx' Vorstellung der primitiven Akkumulation; aber anstatt sie auf die Genese des Kapitalismus zu beschränken, wird sie als ein ewiges Merkmal des Kapitalismus betrachtet. Rosa Luxemburg (1968[1913]) war die erste, die dies zum Mittelpunkt ihrer Theorie der kapitalistischen Akkumulation erhob, die den Kapitalismus dazu bringt, sich geographisch neue Märkte zu suchen, die letztendlich nichts mehr hergeben würden. Wie sich herausstellte, hatte sie eine begrenzte Sicht auf das, was sich zur Ware machen ließ. David Harvey (2003) arbeitet diese Vorstellung aus und nennt sie Akkumulation durch Enteignung, Klaus Dörre (et al. 2015) nennt sie Landnahme, Saskia Sassen (2014) sieht denselben Prozess als „Vertreibung". Ein neutraleres Konzept ist die „Entbettung", d.h. die Trennung von Boden, Arbeit, Geld und Wissen von den sozialen Beziehungen, in die sie eingebettet sind, sodass sie kommodifiziert werden können. Dies ist oft ein gewalttätiger Prozess, der heftige Proteste auslöst, wobei der Prototyp der Bauernprotest gegen Landenteignung ist. Aber er muss nicht gewalttätig sein, die Aneignung persönlicher Daten durch unsere enthusiastische Teilnahme an digitalen Welten ist still und unsichtbar. Wenn Enteignung so weit verbreitet ist und in so unterschiedlichen Modalitäten erfolgt, müssen wir das entwickeln, was Mike Levien (2018) als Enteignungsregime bezeichnet, den Modus der Enteignung.

Demokratie und Kapitalismus

In seinem Bericht über das Großbritannien des 19. Jahrhunderts konzentriert sich Polanyi weitgehend darauf, wie die Kommodifizierung der Arbeitskraft eine Reihe von sozialen Bewegungen hervorbringt, die versuchen, eine zerstörte Gesellschaft instand zu setzen – die Fabrikbewegung, die versuchte, die Länge des Arbeitstages zu regulieren, die Entwicklung einer kollektiven Kontrolle der Produktion durch Genossenschaften, den Aufbau selbstorganisierter Gemeinschaften wie den Owenismus, den Vormarsch der Gewerkschaften, den Aufstieg der Chartistenbewegung für politische Rechte und schließlich das Aufkommen der Labor Party. Wir haben eine präzisere und nuanciertere Vorstellung von der essentialistischen, strukturellen und genetischen fiktiven Ware vorgeschlagen, um diesen reaktiven sozialen Bewegungen Rechnung zu tragen.

Wenn es jedoch um das 20. Jahrhundert geht, bietet Polanyi eine andere Antwort auf das, was wir als zweite Welle der Vermarktlichung bezeichnen können, die nach dem Ersten Weltkrieg einsetzt. Er verfolgt die Entwicklung der staatlichen Marktregulierung, aber eigenartigerweise ohne Volksbewegungen viel Aufmerksamkeit zu schenken (Dale und Desan 2019). Die Dialektik von Kommodifizierung und Gegenbewegung wird nun zur Dialektik von Kapitalismus und Demokratie. Es gibt zwei mögliche Ergebnisse: Entweder der Kapitalismus setzt die Demokratie außer Kraft und wir erhalten eine Form von „Faschismus" oder das Gegenteil, die Demokratie setzt den Kapitalismus außer Kraft und wir erhalten eine Form von „Sozialismus". Was Polanyi nicht voraussehen konnte, war ein Gleichgewicht des Kompromisses von Kapitalismus und Demokratie, das in den fortgeschrittenen kapitalistischen Ländern während dieser drei glorreichen Jahrzehnte nach dem Zweiten Weltkrieg aufrechterhalten wurde. Wir müssen erstens verstehen, warum Polanyi diese große Versöhnung nicht vorausgesehen hat, und zweitens, warum sie sich jetzt auflöst, so dass seine ursprüngliche Diagnose immer relevanter wird.

Der erste Schritt besteht darin, die Bedeutung von Polanyis Abkehr von der Ausbeutung zur Kommodifizierung, die Abkehr von der Produktionssphäre zur Austauschsphäre, vom Arbeitsprozess zum Markt nachzuvollziehen. Die Theorie der Klassenbildung von Karl Marx beruhte auf der Vorstellung der Abhängigkeit des Kapitals von der Arbeit, selbst wenn und weil sie ausgebeutet wurde. Obwohl die Arbeiter*innenklasse innerhalb des Produktionsprozesses Degradierung, Despotismus und Homogenisierung unterworfen ist, ist das Kapital zur Erzielung von Gewinn immer noch von ihr abhängig. Die Arbeiter*innenklasse hat ein Druckmittel gegenüber dem Kapital, so dass der Entzug der Arbeit das Überleben des Kapitalismus bedroht. Selbst wenn einzelne Kapitalist*innen nicht erkennen, dass ihre Zukunft in Kompromissen liegt, hat der Staat solche Kompromisse um des Überlebens der kapitalistischen Ordnung willen erzwungen. In der Tat kann man argumentieren, dass die Arbeiter*innenklasse durch ihre Organisation den Staat zwang, den Kapitalismus zu regulieren – mit anderen Worten, die Arbeiter*innenklasse war nicht der „Totengräber", sondern der „Retter" des Kapitalismus.

Heute hat die Arbeiter*innenklasse ihren Einfluss auf das Kapital verloren. Die Situation ist nun genau entgegengesetzt, denn die Arbeit wird immer abhängiger vom Kapital, macht Zugeständnisse an das Kapital und befürchtet Entlassungen. Das ist die Bedeutung von Guy Standings Abkehr vom Proletariat zum Prekariat (2011) – die Arbeitskraft, die sich durch Dekommodifizierung bestimmte Garantien gesichert hatte, wurde rekommodifiziert und dann entkommodifiziert. Zumindest in den USA ist die Arbeiter*innenschaft mit Ausnahme einiger Beschäftigter des öffentlichen Sektors, wie z.B. Lehrer*innen, auf dem Rückzug. Wie in anderen Ländern sind Streiks so gut wie verschwunden und werden allzu leicht in Aussperrungen umgewandelt. Wo es Arbeitskämpfe gegeben hat, wurden sie von der Kommodifizierung der Arbeitskraft wie bei lokalen politischen Kämpfen um einen existenzsichernden Lohn angetrieben. Die Kämpfe am Arbeitsplatz haben sich zu umfassenderen Kämpfen für Dekommodifizierung entwickelt.

Die Ermächtigung des Kapitals und die Entmachtung der Arbeit, unterstützt und begünstigt durch eine Offensive des Staates, hat die liberale Demokratie als Vehikel der Umverteilung geschwächt. Die beherrschten Klassen waren in die demokratische Politik hineingezogen worden, weil sie die Möglichkeit hatten, ihre materiellen Interessen durchzusetzen (Przeworski 1985). Wenn sich diese Möglichkeit verflüchtigt und die Demokratie vom Kapital gekapert wird, um seine kurzfristigen Interessen durchzusetzen, wird die Demokratie zum Vehikel der Umverteilung nach oben, was Streeck (2016) als oligarchische Umverteilung bezeichnet. Die Kämpfe von unten bewegen sich daher von der parlamentarischen Politik in das außerparlamentarische Terrain, wo sich die Positionen um linke und rechte Populismen verdichten. Politische Parteien sind nicht irrelevant, sondern werden selbst zum Terrain der Auseinandersetzung zwischen einem bürokratischen Konsens der üblichen Politik, die sich konventionell in Richtung Mitte bewegt hat – und einer Politik, die in sozialen Bewegungen verwurzelt ist, die sich in entgegengesetzte Richtungen bewegen.

Chantal Mouffe (2018), Nancy Fraser (2019) und andere erkennen die Bedeutung des Kampfes zwischen Rechtspopulismus und Linkspopulismus durch den Appell an eine abstrakte, radikale Demokratie an, aber sie bieten eine unvollständige Analyse der materiellen Kräfte, die diesen Populismus antreiben, nämlich der Kräfte der Kommodifizierung. Während die marxistische Fokussierung auf Ausbeutung zu einer imaginären Einheit der Arbeiter*innenklasse führte, führt Polanyis Fokussierung auf die Kommodifizierung von Natur, Geld, Arbeit und Wissen zu einer Fragmentierung der Kämpfe. Ihre Einheit hat ihren Ursprung in der dritten Welle der Kommodifizierung, aber diese Einheit ist trügerisch und für die Beteiligten oft unsichtbar. Sobald man die Ausbeutung hinter sich lässt und Kommodifizierung zur unmittelbaren Bedrohung wird, sei es in Bezug auf Arbeit, Bildung, Wohnen, Umwelt, Gesundheit usw., ist jede Vorstellung von Solidarität schwer aufrechtzuerhalten. Die Spaltungen verfestigen sich um zwei unterschiedliche Politiken, das heißt um die, die sich in vertikaler Richtung gegen die Macht der Klasse hinter der Rekommodifizierung richten, und die, die unter der Entkommodifizierung leiden und ihre Ressentiments auf die „Außenseiter" der Invasion konzentrieren – den so genannten „großen Austausch".

Die Herausforderung der dritten Welle der Vermarktlichung

Bisher haben wir auf die zentrale Bedeutung fiktiver Waren, insbesondere der Arbeitskraft, in Polanyis Darstellung der lokalen Gegenbewegungen zur ersten Welle der Vermarktlichung im England des 19. Jahrhunderts hingewiesen, Bewegungen, die sich schließlich in dem Staat niederlassen würden, der dem Kapital Grenzen setzte. In der zweiten Welle führte die Kommodifizierung des Geldes in Form des Goldstandards dazu, dass sich die Staaten auf eine autarke Regulierung der Kommodifizierung zurückzogen. Es war nun das Spannungsfeld zwischen Demokratie und Kapitalismus, das die Gegenbewegung prägte, die als Formen staatlicher Regulierung verstanden wurde und vom Stalinismus und Faschismus bis zum New Deal reichte.

Ich habe argumentiert, dass die dritte Welle der Vermarktlichung zu einer Vertiefung und Ausweitung der Kommodifizierung des Geldes bei der Entwicklung des Finanzkapitals, der Arbeit bei der Entwicklung eines Prekariats, der Natur (Boden, Luft, Wasser) bei der drohenden ökologischen Katastrophe und des Wissens in Form eines Überwachungskapitalismus geführt hat. Während es auf lokaler und nationaler Ebene Reaktionen gibt, wird der Kapitalismus der dritten Welle letztlich nur auf globaler Ebene eingedämmt werden können.

Die Frage, ob eine solche globale Gegenbewegung Erfolg haben wird, ist nach wie vor offen. Die autarken Antworten der Ära Trump – bestenfalls Antworten der zweiten Welle auf die dritte Welle der Vermarktlichung – sind nicht vielversprechend. Ein Scheitern in Richtung globaler Lösungen könnte zu der Art von kumulativem Verfall führen, die Wolfgang Streeck (2016) erwartet, obwohl mich sein zutiefst deprimierendes Szenario der Anomie – der Zusammenbruch der Systemintegration und das Vertrauen auf Prozesse von Ad-hoc-Mikroprozessen der sozialen Integration – eher an das Interregnum der 1990er Jahre in Russland nach dem postsowjetischen Zusammenbruch oder an Aspekte von Südafrika nach der Apartheid oder an Mona Abazas (bevorstehende) Beschreibungen von Kairo nach der Januarrevolution erinnert. Solche Anomiezustände können leicht in aufgezwungener diktatorischer Herrschaft enden, wie es in Russland und Ägypten der Fall war. Wenn es eine erfolgreiche globale Gegenbewegung gäbe, dann wäre sie im Sinne Polanyis ebenso reaktionär wie fortschrittlich, geschweige denn demokratisch-sozialistisch.

Was sollen wir in diesem Zusammenhang als Soziolog*innen tun? Wir können mit einer neo-polanyischen Vision bewaffnet in die Gesellschaft hinausgehen und spezifische Öffentlichkeiten ansprechen, die mit der Kommodifizierung ringen, was ich als organische öffentliche Soziologie bezeichnet habe. Ich werde zwei Ausprägungen betrachten: eine, die auf den Rechtspopulismus abzielt und die ich hier als empathische öffentliche Soziologie bezeichne, vertreten durch Arlie Hochschilds Engagement mit Tea-Party-Anhänger*innen in Louisiana, und die andere, die auf den Linkspopulismus abzielt und die ich hier als affirmative öffentliche Soziologie bezeichne, vertreten durch Erik Wrights Engagement mit Aktivist*innen, die die Flut der Kommodifizierung eindämmen.

Hochschilds empathische öffentliche Soziologie

Arlie Hochschild verbrachte fünf Jahre in ausführlichen Gesprächen mit Tea-Party-Anhänger*innen in Louisiana. Sie begann ihre Forschung 2011 am Ende der ersten Regierung Obama und beendete ihre Forschung 2016, als Trump republikanischer Präsidentschaftskandidat wurde. Ihr Buch *Strangers in Their Own Land*, das 2016, kurz vor der Wahl von Trump, veröffentlicht wurde, fand ein großes Publikum im In- und Ausland, was es zu einem sehr erfolgreichen Werk der traditionellen öffentlichen Soziologie machte. Ich möchte mich hier weniger auf die Rezeption von Strangers in Their Own Land konzentrieren als vielmehr auf die Entstehung einer organischen öffentlichen Soziologie, die in Zusammenarbeit mit Menschen rechter Überzeugungen entstanden ist und die Trump, der bei den Wahlen 2016 in Louisiana 58 % der Stimmen erhielt, wahrscheinlich unterstützt haben.

Hochschild wandte ein von ihr als „keyhole issue" (Schlüsselloch-Problem) bezeichnetes Thema an – ein Thema, das den politischen Habitus ihrer Gesprächspartner*innen offenbaren würde: die Zerstörung der Umwelt. In Louisiana, einem der ärmsten Bundesstaaten der USA, wird die Wirtschaft von der Ölindustrie beherrscht, die sich bei den lokalen und staatlichen Eliten eine mächtige Position geschaffen hat und dadurch eine günstige Besteuerung und eine begrenzte Regulierung sicherstellt. In einem klassischen Fall der Abhängigkeit von Ressourcen wird die Entwicklung Louisianas durch die Abhängigkeit von der Ölindustrie verzerrt. Man könnte sogar sagen, dass Louisiana eine interne Kolonie innerhalb der USA ist, Geisel des Öls, aber auch des Bundesstaates, zu dessen Haushalt Öl über 40% beiträgt. Das Ergebnis ist eine Umweltkatastrophe, da die Ölgesellschaften mit der scheinbar uneingeschränkten und unregulierten Förderung fortfahren.

Hochschilds Bericht hinterfragt das Bewusstsein und das Verständnis ihrer Gesprächspartner*innen für die sehr realen Verwüstungen in ihrer eigenen Region: die petrochemische Verschmutzung des Lake Charles, die Einleitung von Giftmüll in den Bayou, die den Lebensunterhalt der vom Fischfang lebenden Menschen vernichtet, die von BP verursachte enorme Ölkatastrophe im Golf, oder – von eher lokaler Bedeutung – die Bohrungen von Texas Brine, die einen Erdfall schufen, der die Atmosphäre mit Methan belastete und die Gemeinde zur Flucht zwang. Für Hochschild besteht das „große Paradoxon" darin, dass sich die Gemeinde gegen Vorschriften wehrt, die die Umweltzerstörung begrenzen würden. Die Anhänger*innen der Tea Party sehen den Staat nicht als Lösung, sondern als Problem. Mehr Regulierung, mehr Eingriffe behindern nur die Wirtschaft und das Wohlergehen der Bevölkerung. Wenn der Staat den Ölkonzernen nur den Rücken freimachen würde, wäre die Umwelt besser geschützt.

In Mouffes (2018) theoretischem Rahmen wird dieser Rechtspopulismus der liberalen Seite der liberalen Demokratie zugeschrieben – der Reduktion des Staates und der Ausweitung der Freiheit, d.h. der Freiheit des Einzelnen und des Marktes. Die andere Seite dessen, was Hochschild ihre „Tiefengeschichte" (deep story) nennt, ist die Kritik an der demokratischen Seite der liberalen Demokratie, an der Umverteilungsrolle des Staates. Ihrer Ansicht nach erleichtert es der Staat Außenstehenden – rassifizierten Minoritäten, Einwanderer*innen, Schwulen – sich in die vorderste Reihe zu stellen. Sie werden zurückgedrängt, um Platz für die zu machen, die es nicht verdient haben; sie werden Teil des „großen Austauschs". Es ist eine Tiefengeschichte, denn wie in Evans-Pritchards (1976[1937]) Bericht über die Hexerei unter den Azande, sät jeder Versuch, ihre Überzeugungen zu verdrängen, nicht nur keinen Zweifel, sondern bestätigt sogar ihre Überzeugungen. Die Tiefengeschichte wird zu einer ideologischen Linse des gesunden Menschenverstandes, durch die die Welt gesehen wird. Hochschild versucht unermüdlich, den Panzer ihrer Gesprächspartner*innen zu durchbohren und bringt dabei die Architektur ihres Glaubenssystems zum Vorschein, die individuelle Freiheit, religiöse Überzeugung und Gefühl der Verletzung miteinander verbindet. Manchmal gelingt es ihr, Dissens unter ihren Gesprächspartner*innen zu erzeugen, wenn sie ihnen die Schuld der Ölindustrie vor Augen hält, wenn die Zerstörung vor ihrer Haustür stattfindet. Doch sie bezweifeln immer noch, dass der Staat ihnen jemals zu Hilfe kommen wird oder erst dann kommt, wenn es zu spät ist. Auf der Suche nach örtlichen Verbündeten entdeckt Hochschild General Russell Honore, einen begeisterten Umweltschützer, der im Rahmen von Katrina berühmt wurde, der aber auch frustriert ist, weil seine Green Army nur sehr begrenzt in den Anti-Umweltschutz der örtlichen Gemeinden eingreifen kann.

Hochschild sucht nach Cross-over-Themen, bei denen die Unterschiede zwischen ihrem eigenen Liberalismus und dem Rechtspopulismus überwunden werden könnten, wenn sich beide auf gemeinsame Interpretationen der Destruktivität, die auf Prozesse der Kommodifizierung und Entkommodifizierung folgt, zubewegen könnten. Da es ihrer Meinung nach einen Weg zu einer gemeinsamen Perspektive geben müsste, wählte sie als „keyhole issue" die Kommodifizierung von Boden und Wasser mit ihren offensichtlich destruktiven Folgen für lokale Gemeinschaften. Indem sie in Louisiana eintaucht und die von ihr als solche bezeichnete Mauer der Empathie erklimmt, erfährt sie, wie belastbar die „Tiefengeschichte" ist, die ihr Deutungsuniversum definiert. Sie zeigt, warum Trumps Botschaft des weißen Nationalismus, der Feindlichkeit gegenüber Einwanderern, der Fremdenfeindlichkeit und der Nostalgie von „Making America Great Again" zutiefst mit den Gefühlen der Ausgrenzung und des Leidens resoniert, die durch die dritte Welle der Vermarktlichung entstehen.

Noch besteht Hoffnung. Immerhin entdeckt Hochschild einige Risse in der Tiefengeschichte und an ihrem Beispiel sehen wir, wie sich eine empathische organische öffentliche Soziologie auszahlt, die in Welten eindringt, die sich so sehr von ihrer eigenen unterscheiden.

Erik Wrights affirmative öffentliche Soziologie

Es ist nicht überraschend, dass in *Strangers in Their Own Land* nur in begrenztem Maße Kritik am Standpunkt des Rechtspopulismus und seiner Anhänger*innen geübt wird. Da ihr Projekt andauert und sie immer wieder in ihre Gemeinden in Louisiana zurückkehrt, muss sie sich als empathische Deuterin präsentieren. Ein alternativer Ansatz besteht darin, von einer kapitalismuskritischen Perspektive und dessen Inkarnation in der dritten Welle auszugehen. Hier ordne ich Erik Wrights Projekt zu realen Utopien ein. Man mag Erik Wright nicht als einen organischen öffentlichen Soziologen betrachten, aber er war ein solcher, vor allem in den letzten beiden Jahrzehnten seines Lebens.

In *Envisioning Real Utopias* (2010) verwurzelte er reale Utopien in der kollektiven Selbstorganisation der Zivilgesellschaft – soziales Empowerment gegenüber dem Staat oder der Wirtschaft. In *How to be an Anticapitalist in the Twenty First Century* (2019) setzt er reale Utopien in Beziehung zu einer Reihe von Werten, die den Kapitalismus herausfordern: Gleichheit/Gerechtigkeit, Demokratie/Freiheit und Gemeinschaft/Solidarität. Diese möchte ich hier in Bezug zur Gegenbewegung zur dritten Welle der Vermarktlichung und der Kommodifizierung von Arbeit, Natur, Geld und Wissen setzen. So könnte man sagen, dass die Gewährung des universellen Grundeinkommens die Kommodifizierung von Arbeitskraft in Frage stellt, öffentliche Banken und Bürgerhaushalte die Kommodifizierung von Geld in Frage stellen; direkte Kooperation, Wikipedia und Open-Access-Software die Kommodifizierung von Wissen, landwirtschaftliche Genossenschaften die Kommodifizierung von Boden in Frage stellen.

Für Wright besteht das Ziel realer Utopien darin, den Kapitalismus herauszufordern. In Envisioning Real Utopias betrachtet er dieses Ziel in Form von drei Transformationsstrategien, nämlich einer rupturalen, einer interstitiellen und einer symbiotischen. Einer rupturalen Transformation, bei der die alte Ordnung „zerschlagen" wird, steht er skeptisch gegenüber – wie kann man aus den Ruinen der alten Ordnung etwas aufbauen? Die zweite, die interstitielle Transformation, bezieht sich auf Institutionen, die in Räumen entstehen, die innerhalb des Kapitalismus geschaffen werden, während die symbiotische Transformation mehr kooperative Arrangements auf der Grundlage von Klassenkompromissen beinhaltet, bei denen sowohl das Kapital als auch die Arbeit profitieren, zum Beispiel das allmähliche Vordringen der Monopolkontrolle des Kapitals in Investitionen durch die Einrichtung von Fonds für Lohnempfänger. In *How to be an Anticapitalist in the Twenty First Century* untersucht er vier Strategien. Zwei Strategien von oben – die „Demontage" des Kapitalismus (Installation von Elementen des demokratischen Sozialismus von oben) und die „Zähmung" des Kapitalismus (Neutralisierung seiner Schäden) werden durch zwei Strategien von unten ergänzt: dem Kapitalismus „widerstehen" und dem Kapitalismus „entkommen". Die Artikulation dieser vier Strategien bewirkt die „Erosion" des Kapitalismus.

Wright bietet Aktivist*innen, die versuchen, bestimmte reale Utopien voranzubringen, einen breiten Rahmen, man kann auch sagen, eine Ideologie, mit der sie ihre eigenen alltäglichen Kämpfe mit denen anderer und mit der breiteren Transformation des Kapitalismus verbinden können. Er stellt die Transformation dessen, was er als kapitalistisches Ökosystem bezeichnet, als einen allmählichen Prozess der Erweiterung und Neuartikulierung realer Utopien dar, der sich langsam in Richtung eines demokratischen Sozialismus bewegt. Anstatt jedoch reale Utopien als im Sinne der ansprechenden aber abstrakten Vorstellung von Antikapitalismus zu formulieren, schlage ich vor, sie als von der konkreten kapitalistischen Erfahrung der Kommodifizierung fiktiver Waren zu formulieren, und ich schlage Strategien der Dekommodifizierung vor, die der Rekommodifizierung und Entkommodifizierung entgegenstehen.

In dieser weit gefassten Vision finden wir den Ursprung für Unzufriedenheit und potenzielle Lösungen, aber wer werden die Akteur*innen der Transformation sein? Wright (2019) gibt die Vorstellung einer von der Arbeiter*innenklasse vorangetriebenen Transformation auf, die für sein Frühwerk so entscheidend war. Sie ist zu schwach, zu gespalten und zu defensiv, um auf eine Vorstellung von demokratischem Sozialismus hinzuarbeiten, die verbündete Klassen einbezieht. Anstatt sich auf einen bestimmten Akteur oder eine bestimmte Kombination von Akteuren zu stützen, analysiert Wright die Bedingungen für einen solchen Kampf – die Bedeutung von Identitäten, die Solidaritäten schmieden können, von Interessen, die zu realistischen Zielen führen, und von Werten, die politische Einheit über verschiedene Identitäten und Interessen hinweg schaffen können. Anstelle eines bestimmten Akteurs der Transformation bietet er eine Vision an, die ihre eigenen Akteur*innen der Verwirklichung schaffen wird – eine Ideologie im Sinne Gramscis (1971: 126), „die weder in Form einer kalten Utopie noch als gelehrte Theorie ausgedrückt wird, sondern vielmehr durch die Schaffung einer konkreten Phantasie, die auf ein zerstreutes und zerschlagenes Volk einwirkt, um seinen kollektiven Willen zu wecken und zu organisieren". Das ist es, was Wrights Programm disparaten sozialen Bewegungen, die gegen die Kommodifizierung kämpfen, bietet – eine vereinheitlichende Vision.

Es gibt jedoch ein Dilemma: Ist die Ausarbeitung realer Utopien ein Mechanismus zur Transformation des Kapitalismus oder zur Rettung des Kapitalismus? Wir wissen, dass der Kapitalismus immer wieder von oppositionellen Kräften gerettet wird. Die Kämpfe der Arbeiter*innenklasse haben zum Beispiel nicht nur die materiellen Bedingungen der Arbeiter*innenklasse verbessert, sie haben nicht nur die Organe der Arbeiter*innenklasse dazu gebracht, Gewinne innerhalb des Kapitalismus anzuerkennen und für sie zu kämpfen, indem sie den Reformismus gefördert haben, sondern sie haben auch, indem sie mehr vom Überschuss absorbiert haben, den Kapitalismus vor seinen selbstgeschaffenen Krisen der Überproduktion gerettet und die Kapitalist*innen dazu angetrieben, neue arbeitssparende Technologien zu erfinden.

Wie Marx erklärte, sind Genossenschaften an sich weit davon entfernt, eine Bedrohung für den Kapitalismus zu sein, sondern sie unterstützen den Kapitalismus, bieten ein Sicherheitsventil für verärgerte Arbeiter*innen und fördern die Selbstausbeutung. Auf der anderen Seite können Genossenschaften, wenn sie Teil einer sozialen Bewegung zur Überwindung des Kapitalismus sind, tatsächlich eine ernsthafte Herausforderung für Privateigentum und entfremdete Arbeit darstellen. Wir kommen auf die Bedeutung einer Ideologie zurück, die reale Utopien um die Herausforderungen der Kommodifizierung herum zusammenführt. Die Bereitstellung einer solchen Ideologie war Wrights Rolle als affirmativer, organischer öffentlicher Soziologe.

Schlussfolgerung

Wir leben in der Ära der dritten Welle der Vermarktlichung, in der die Ausbeutung fortgesetzt wird, sich sogar vertieft, aber nicht mehr die Kämpfe prägt. In der Tat ist es nach Ansicht von vielen zu einem Privileg geworden, stabil ausgebeutet zu werden. Arbeiter*innen in der Gig Economy fordern zum Beispiel als Lohnarbeiter*innen angestellt und keine unabhängigen Auftragnehmer*innen zu sein. Die liberale Demokratie, die die schwindende Stärke der Arbeit nährt, wird vom Kapital vereinnahmt und zum Vehikel für die Bereicherung derer, die bereits reich sind. Dadurch verliert die Demokratie ihre Legitimität und die breite Masse wendet sich außerparlamentarischen Bewegungen zu. Sie polarisieren zwischen den Antworten des linken und rechten Flügels auf die Kommodifizierung von Arbeit, Natur, Geld und Wissen – Antworten auf die Enteignung, die notwendig ist, um Waren zu produzieren, oder auf die Vertreibungen, die sich aus der Kommodifizierung ergeben. Bewegungen gegen Enteignung kämpfen für die Dekommodifizierung, während Bewegungen gegen Entkommodifizierung paradoxerweise eine Rückkehr zur Kommodifizierung, d.h. zur Rekommodifizierung, fordern.

In diesem Zusammenhang schlage ich vor, dass die öffentliche Soziologie mit einer Theorie der Kommodifizierung arbeitet, die auf der Rekonstruktion von Karl Polanyis *The Great Transformation* basiert. Rechtsextreme Bewegungen, die sich auf die Ausgrenzung von empathischer, organischer öffentlicher Soziologie konzentrieren, haben mit markt- und staatsfeindlichen Dispositionen zu kämpfen. Linke Bewegungen, die sich gegen die organische Soziologie der Kommodifizierung wenden, entwickeln reale Utopien im Rahmen einer umfassenderen antikapitalistischen Vision. Angesichts des gemeinsamen Ursprungs ihrer Unzufriedenheit gibt es eine gewisse Fluidität, eine Bewegung zwischen Populismen – sowohl von links nach rechts als auch von rechts nach links. In der Tat könnte man sagen, dass das Scheitern der antikapitalistischen Bewegungen des Jahres 2011, substanzielle Gewinne zu verbuchen, ihre Anhänger*innen und Sympathisant*innen veranlasst hat, sich von der Rechten einnehmen zu lassen, so wie erneuerte sozialistische Projekte heute diejenigen einnehmen könnten, die von der Politik des Autoritarismus desillusioniert sind.

Auch wenn ihr Publikum begrenzt ist, bleibt die traditionelle öffentliche Soziologie in der Ära Trump wichtig, da sie Verzerrungen in einer Welt von Fake News korrigiert und breitere und tiefergehende Darstellungen der Verwüstungen des Alltagslebens liefert. Aber diese traditionelle öffentliche Soziologie entwickelt eine überzeugende alternative Politik, wenn und nur wenn sie auch in der gelebten Erfahrung konkreter Gemeinschaften verwurzelt ist. Solche organischen Verbindungen verleihen der Soziologie auch neue Aufgaben, indem sie ihre Forschungsprogramme mit der Realität verbindet und eine blühende Disziplin aufrechterhält.

Literatur

Abaza, Mona. *Forthcoming. Cairo Collages*. Manchester.

Barnard, Alex. 2016. *Freegans: Diving into the Food Waste of America*. Minneapolis.

Dale, Gareth and Mathieu Desan. 2019. Fascism. In: Dale, Gareth, Christopher Holmes und Maria Markantonatau (Hrsg.), *Karl Polanyi's Political and Economic Thought*. Newcastle, UK: 151-170.

Dörre, Klaus, Stephan Lessenich und Hartmut Rosa. 2015. *Sociology, Capitalism, Critique*. London and New York.

Evans-Pritchard, E.E. 1976[1937]. *Witchcraft, Oracles and Magic Among the Azande*. New York.

Federici, Silvia. 2004. *Caliban and the Witch: Women, the Body and Primitive Accumulation*. New York.

Fraser, Nancy. 2013. A Triple Movement? Parsing the Politics of Crisis after Polanyi. In: *New Left Review* 81: 119-132.

–. 2019. *The Old is Dying and the old Cannot be Born*. London and New York.

Gramsci, Antonio. 1971. *Selections from Prison Notebooks*. New York.

Harvey, David. 2003. *The New Imperialism*. New York.

Healy, Kieran. 2017. Public Sociology in the Age of Social Media. In: *Reflections* 15(3): 771-80.

Hochschild, Arlie. 2016. *Strangers in Their Own Land*. New York and London.

Levien, Michael. 2018. *Dispossession without Development*. New York.

Luxemburg, Rosa. 1968[1913]. *The Accumulation of Capital*. New York.

Mouffe, Chantal. 2018. *For a Left Populism*. New York and London.

Polanyi, Karl. 1944. *The Great Transformation: The Political and Economic Origins of Our Time*. Boston.

Przeworski, Adam. 1985. *Capitalism and Social Democracy*. Cambridge, UK and New York.

Sassen, Saskia. 2014. *Expulsions: Brutality and Complexity in the Global Economy*. Cambridge, Mass. and London.

Standing, Guy. 2011. *The Precariat: The New Dangerous Class*. London.

Streeck, Wolfgang. 2014. *Buying Time: The Delayed Crisis of Democratic Capitalism*. New York and London.

–. 2016. *How will Capitalism End?* New York and London.

Woodruff, David. 1999. *Money Unmade: Barter and the Fate of Russian Capitalism*. Ithaca, N.Y.

Wright, Erik Olin. 2010. *Envisioning Real Utopias*. London and New York.

– 2019. *How to be an Anti-Capitalist in the Twenty-First Century*. London and New York.

Zuboff, Shoshana. 2019. The Age of Surveillance Capitalism. New York: Public Affairs.

Ulrich Brinkmann

„… sich mit dem Kapitalismus anlegen müssen …" –
dem Soziologen, Gewerkschafter und Mosaiklinken
Hans-Jürgen Urban zum 60.

(1)

Mitte des letzten Jahrhunderts erschien mit „Citizenship and Social Class" ein bahnbrechender und vielzitierter Aufsatz. Sein Autor, Thomas H. Marshall, skizzierte darin – aus englischer Perspektive – eine geschichtliche Linie in der Rechteentwicklung von bürgerlichen Rechten (18. Jahrhundert) über politische Rechte (19. Jahrhundert) bis hin zu sozialen Rechten (20. Jahrhundert). Er geht sogar so weit, potentielle „wirtschaftliche Staatsbürgerrechte" als eine Weiterentwicklung der anderen drei Rechtebündel zu erwägen (Marshall 1992 [1950]: 64), bleibt hier – nicht ohne Grund – aber etwas vage.

Der Grundidee seines Textes einen gewissen Geschichtsoptimismus zu unterstellen, ist fast schon eine Untertreibung, denn die Stufenleiter des Rechteausbaus ist nahezu umfassend: Immer mehr gesellschaftliche Felder werden mit Anspruchs- und Absicherungsrechten strukturiert, deren Niveau zusehends steigt. Vor allem: Immer mehr Anspruchsberechtigte werden von ihnen erfasst und begünstigt – das sind die Ansagen des Textes. Normativ war damit die Messlatte hoch gelegt, empirisch mitnichten immer erfüllt: So ist die Etablierung eines Sozialstaats im internationalen Vergleich nicht unbedingt erst eine Entwicklung der Zeit nach dem Zweiten Weltkrieg und auch die Einführung des allgemeinen Wahlrechts nicht eine des 19. Jahrhunderts, wenn man bedenkt, dass Frauen in England erst 1918 wählen durften, sofern sie 30 Jahre alt waren und erst ein Jahrzehnt später durften sie (wie die Männer schon zuvor) mit 21 Jahren wählen.

Trotz und wegen dieser fehlenden Übereinstimmungen von Norm und Wirklichkeit ist der teleologische Fortschrittsgedanke des Textes erklärungsbedürftig. Manche vermuten, dass Marshalls Grundthesen noch von einem „Victorianischen Optimismus" getragen werden (Santoro 2012: 27), der aus den Erfahrungen mit sozial(strukturell)en Umbrüchen, dem Auftauchen einer neuen Mittelklasse, der Machbarkeitsideologie der kapitalistischen Industrialisierung mit ihren Fabriken, Eisenbahnen, Dampfschiffen, bis hin zu den touristischen Ballonaufstiegen für Begüterte – aber auch dem militaristischen Gebaren und imperialistischen Ansprüchen der Weltmacht England gespeist wurde: „Let us cry 'All good things are ours'", dichtete Robert Browning.

Vermutlich ist diese Interpretation falsch. Marshall war sich des Klassenbias' eines Victorianischen Optimismus' gewiss bewusst. Als historisch versierter Soziologe kannte er die riesige Kluft, die sich zwischen der „Great Exhibition", also der ersten Weltausstellung 1851 im Crystal Palace und dem „Great Stink of London" im gleichen

Jahrzehnt auftat, der nur ein Ausdruck für die dramatischen Hygienebedingungen der wildwüchsigen Urbanisierung vor allem der industriellen Slums war (Halliday 2001). Es war also weniger ein trüber idealistischer Blick als vielmehr – so ist zu vermuten – eine strategische Haltung des Labour-Parteigängers Marshall, der den Aufbau des Sozialstaats in Großbritannien ab 1946 (v.a. der National Insurance und des National Health Service) durch die Attlee-Administration in eine Art historischer Logik einsortieren und diskursiv absichern wollte, kurz: kein Victorianischer Optimismus, sondern eher ein „Optimismus des Willens" (Gramsci, Gefängnishefte, H. 28, §11).

(2)

1845 und 1867	2014 und 2020
„Schöne Freiheit, wo dem Proletarier keine andere Wahl bleibt, als die Bedingungen, die ihm die Bourgeoisie stellt, zu unterschreiben oder – zu verhungern, zu erfrieren, sich nackt bei den Tieren des Waldes zu betten! (...) 'Die Wohnungen der ärmeren Klasse sind im allgemeinen sehr schmutzig und augenscheinlich nie auf irgendeine Weise gereinigt; sie bestehen in den meisten Fällen aus einem einzigen Zimmer, das, bei der schlechtesten Ventilation, dennoch wegen zerbrochener, schlecht passender Fenster kalt ist – zuweilen feucht und teilweise unter der Erde, immer schlecht möbliert und durchaus unwohnlich, so daß ein Strohhaufen oft einer ganzen Familie zum Bette dient, auf dem Männer und Weiber, Junge und Alte in empörender Verwirrung durcheinanderliegen.' (...) Schutthaufen, Abfall und Unflat überall; stehende Pfützen statt der Rinnsteine, und ein Geruch, der es allein jedem einigermaßen zivilisierten Menschen unerträglich machen würde, in einem solchen Distrikt zu wohnen. (...) Vor den Türen überall Schutt und Unrat; daß eine Art von Pflaster darunter	„Such dir eine Mulde im Boden, über die der Wind hinwegweht und dich nicht erreicht. Such dir einen Ort, an dem viele Bäume eng nebeneinanderstehen, sodass kein Mensch hindurchschauen kann. Stülpe Plastiksäcke über deine Hosenbeine. Zieh alles an, was du hast. Hab keine Angst vor der Dunkelheit. Hab keine Angst vor Tieren. Das sind Emilians Regeln. Man müsse sie befolgen, sagt er, sonst könne man im niedersächsischen Wald nicht überleben. So redet Emilian, ein Arbeiter aus Rumänien, mit Fremden, die nichts wissen über diese Gegend in Niedersachsen. (...) Ich zeige dir die Straßen, sagt er, auf denen ich nachts mit dem Rad hin- und herfahre, immer nur hin und her, damit ich nicht friere. Bis morgens um halb fünf mache ich das so, sagt Emilian, dann muss ich in den Schlachthof: Puten die Brust aufschneiden, Fett herausholen. In dieser Gegend, wo die Orte Oldenburg heißen, Garrel, Essen, Visbek oder Badbergen, haben Männer wie Emilian einen Namen. Waldmenschen. Sie schlafen in Mulden unter Bäumen, ohne Dächer und ohne Schutz, sie decken sich mit Blättern zu. Sie liegen da zusammengekauert wie wilde Tiere.

sei, war nicht zu sehen, sondern bloß hie und da mit den Füßen herauszufühlen. Der ganze Haufen menschenbewohnter Viehställe (...)

Wie sollten sich die Leute waschen, wo sie nur das schmutzige Irkwasser nahebei haben und Wasserleitungen und Pumpen erst in honetten Stadtteilen vorkommen! Wahrhaftig, man kann es diesen Heloten der modernen Gesellschaft nicht zurechnen, wenn ihre Wohnungen nicht reinlicher sind als die Schweineställe, die hier und da mitten dazwischen stehen! (...)

Der Arbeiter ist gezwungen, solche verkommene Cottages zu bewohnen, weil er keine besseren bezahlen kann oder weil keine besseren in der Nähe seiner Fabrik liegen, vielleicht auch gar, weil sie dem Fabrikanten gehören und dieser ihn nur dann in Arbeit nimmt, wenn er eine solche Wohnung bezieht. (...)

Der ganze Unterschied gegen die alte, offenherzige Sklaverei ist nur der, daß der heutige Arbeiter frei zu sein scheint, weil er nicht auf einmal verkauft wird, sondern stückweise, pro Tag, pro Woche, pro Jahr, und weil nicht ein Eigentümer ihn dem andern verkauft, sondern er sich selbst auf diese Weise verkaufen muß. (...)

Die Bourgeoisie dagegen steht sich bei dieser Einrichtung viel besser als bei der alten Sklaverei – sie kann ihre Leute abdanken, wenn sie Lust hat, ohne daß sie dadurch ein angelegtes Kapital verlöre, und bekommt überhaupt die Arbeit viel wohlfeiler getan, als es sich durch Sklaven tun läßt. (...)

Eine andre Quelle der Demoralisation unter den Arbeitern ist die Verdammung zur Arbeit. Wenn die freiwillige produktive Tätigkeit der höchste Genuß ist, den

'Wir haben es hier mit einer Schattenwelt zu tun, bei der die meisten wegsehen. Eine Geisterarmee haben wir erschaffen.' So spricht ein Geistlicher über Menschen wie Emilian. (...)

Männer wie Emilian erkenne man an blauen Plastikkörben, die im Wald neben den Schlafmulden liegen und die alle Söldner tragen müssen, wenn sie morgens in einen der Schlachtbetriebe ziehen, die wie Gefängnisse gesichert sind, mit Kameras, Wächtern und Zäunen aus Stahl. (...)

Die Gegend ist auch eine Brutstätte für multiresistente Keime, gegen die manchmal keine Antibiotika mehr wirken. Es ist ein System, das krank machen kann. (...)

Nachmittags schläft Emilian, traumlos und tief, bis die Kälte der hereinbrechenden Nacht ihn weckt. (...)

Joana und Darian haben viele Narben, sie schneiden sich ständig, während sie tote Tiere zerlegen. Es ist wahrscheinlich, dass beide mit multiresistenten Keimen infiziert sind, die in der Tiermast so häufig zu finden sind, wegen des enormen Einsatzes von Antibiotika. (...)

Joana ist eine zähe, kämpferische Frau. Der Vorarbeiter werde manchmal zudringlich, sagt sie. Sie widersetze sich, aber das gelinge nicht allen Frauen. Joana glaubt, dass sie deswegen neuerdings auch die schweren Kisten mit den Hähnchenkeulen schleppen muss. (...)

Darian wohnte in einem umgebauten Stall. Abends wurden die Rinder in den Stall nebenan getrieben, die am nächsten Morgen geschlachtet werden sollten. Seite an Seite übernachtete Darian neben ihnen, wie seine Kollegen. 200 Euro hat wir kennen, so ist die Zwangsarbeit die härteste, entwürdigendste Qual. Nichts ist fürchterlicher, als alle Tage von morgens bis abends etwas tun zu müssen, was einem widerstrebt. (...)

Wie ist es möglich, daß unter solchen Umständen die ärmere Klasse gesund sein und lange leben kann? Was läßt sich da anderes erwarten als eine übermäßige Proportion von Sterbefällen, eine fortwährende Existenz von Epidemien, eine sicher fortschreitende körperliche Schwächung der arbeitenden Generation? (...)

Der Fabrikant ist auch in dieser Beziehung Herr über den Leib und die Reize seiner Arbeiterinnen. Die Entlassung ist Strafe genug, um in neun Fällen aus zehn, wo nicht in neunundneunzig aus hundert, alles Widerstreben bei Mädchen, die ohnehin keine große Veranlassung zur Keuschheit haben, niederzuschlagen. Ist der Fabrikant gemein genug – und der Kommissionsbericht erzählt von mehreren Fällen – so ist seine Fabrik zugleich sein Harem (...)

Die Kommissäre erzählen von einer Menge Krüppel, die ihnen vorgekommen seien und die entschieden der langen Arbeitszeit ihre Verkrüppelung zu verdanken hätten. Diese Verkrüppelung besteht gewöhnlich aus Verkrümmung des Rückgrats und der Beine (...) Ich bin selten durch Manchester gegangen, ohne drei bis vier Krüppeln zu begegnen, die gerade an denselben Verkrümmungen des Rückgrats und der Beine litten wie die beschriebenen, und ich habe oft genug gerade hierauf geachtet und achten können. (...).

Dazu kommt noch, daß die Weiber an allgemeinen Schwäche leiden und, wenn

er für sein Bett im Monat bezahlt. Das Geld wurde ihm vom Lohn abgezogen. Sein Gehalt hat er jeden Monat bar auf die Hand bekommen. Wie viel es war, wusste er im Voraus nie, mal 500, mal 600 Euro. Wichtige Papiere wurden oft verbrannt. (...)

Darian war einer zu viel in dem engen Zimmer. Darians Vorarbeiter sagte ihm vor einer Kontrolle durch das Amt, er müsse sein Bett wegschaffen. 'Wo schlafe ich dann?', fragte Darian. Abgewechselt hat er sich mit einem Kollegen. Der eine schlief immer dann, wenn der andere arbeitete. (...)

In den Schlachthöfen hat sich eine soziale Hierarchie gebildet. Oben stehen die Polen und Ungarn. Sie sind häufig selbst Anwerber, Subunternehmer oder Vorarbeiter, die die eigenen Verwandten bevorzugen. Dann kommen die Rumänen. Auch unter ihnen gibt es Vorarbeiter, die ihre Landsleute schikanieren. Dann die Bulgaren. Sie werden noch schlechter behandelt. Am härtesten hat es die Sinti und Roma getroffen. Die anderen Arbeiter sagen über sie, sie ließen alles mit sich machen, könnten nicht lesen, nicht schreiben, schufteten für drei Euro in der Stunde. (...)

'Die geht zu oft aufs Klo. Die muss weg.' 'Der hat gestern Nacht gesoffen. Der muss auch weg.' So sprach T. über Söldner zu den Vorarbeitern der Subunternehmen. (...)

T. ist einer von denen, die das System der Subunternehmer in der Firma mit aufgebaut haben. Dass das System auf Ausbeutung beruht, hat T. schnell gemerkt. 'Uns war das scheißegal. Hauptsache, es funktioniert', sagt T. Er nennt die Menschen an den Bändern 'Zwangsarbeiter' und sie schwanger sind, bis zur Stunde der Entbindung in den Fabriken arbeiten – natürlich, wenn sie zu früh aufhören, so müssen sie fürchten, daß ihre Stellen besetzt und sie selbst entlassen werden – auch verlieren sie den Lohn. (...)

Ich hörte einmal, wie ein Fabrikant einen Aufseher fragte: Ist die und die noch nicht wieder hier? – Nein. – Wie lang ist sie entbunden? – Acht Tage. – Die hätte doch wahrhaftig längst wiederkommen können. Jene da pflegt nur drei Tage zu Hause zu bleiben. – Natürlich; die Furcht, entlassen zu werden, die Furcht vor der Brotlosigkeit treibt sie, trotz ihrer Schwäche, trotz ihrer Schmerzen in die Fabrik". (Engels 1845: 268, 283, 284, 291, 307, 310, 327, 346, 373, 376f., 384)

„Zu Doveholes hat man eine Anzahl kleiner Aushöhlungen in einem großen Hügel von Kalkasche gemacht. Diese Höhlen dienen den Erd- und andren am Eisenbahnbau beschäftigten Arbeitern zur Wohnung. Die Höhlen sind eng, feucht, ohne Abzug für Unreinigkeiten und ohne Abtritte. Sie entbehren aller Ventilationsmittel, mit Ausnahme eines Lochs durch die Wölbung, das zugleich als Schornstein dient. Die Pocken wüten und haben schon verschiedne Todesfälle." (Marx 1867: 694f., Fußnote 131)

die Subunternehmer 'Menschenhändler' oder 'Sklaventreiber'. Mit den Subunternehmern hat T. eng zusammengearbeitet. Seine Wünsche, wer ausgewechselt werden soll, hat T. den Vorarbeitern einfach durchtelefoniert. Vor der Tür standen ja die Nächsten. (...)

Es stinkt. An den Wänden stockt der Schimmel. 'Die Leute müssten halt lüften', sagt Ebbrecht, 'aber die haben natürlich andere Sauberkeitsstandards als wir.'

Imposante Villen mit ausladenden Veranden sind in dieser Gegend entstanden. Sklavenhaltervillen. Hier wohnen die Subunternehmer. (...)

Eine Frau, die sich nicht traut, ihrem Vorarbeiter zu sagen, dass sie schwanger ist. Sie glaubt, dass sie sonst sofort aussortiert wird. Ein Mann, dem schon der Finger abfault, den der Vorarbeiter aber nicht zum Arzt lässt – weil der Kranke keine Krankenversicherung hat." (Kunze 2014)

„Deutsche Schlachthöfe entwickeln sich zunehmend zu Corona-Brennpunkten. Im April brach die Krankheit bereits in einem Fleischwarenwerk in Birkenfeld in Baden-Württemberg aus. Jetzt sind Belegschaften in Coesfeld und Oer-Erkenschwick (Nordrhein-Westfalen) sowie Bad Bramstedt in Schleswig-Holstein betroffen (...) 'Sie wohnen zu eng aufeinander.' Zu kleine Wohnungen, zu viele Leute darin, zu wenig Sanitärräume – 'ein Riesenproblem'." (Tagesspiegel 2020)

(3)

Nimmt man sich die Zeit und vergleicht diese beiden Spalten in Ruhe, so scheinen die immerhin ca. 170 Jahre zu verschwinden, die die beschriebenen Phänomene trennen. Das liegt keineswegs an einer einseitigen Auswahl der Facetten. Es liegt vor allem an der gleichen Ursache kapitalistischen Wirtschaftens, dessen Prinzipien im entstehenden Industriekapitalismus genauso gelten wie heute, auch „der digitalisierte Kapitalismus bleibt auf absehbare Zeit vor allem Kapitalismus" (Urban 2019: 11).

Die Zustände in den Großschlachtereien heute verweisen auf die Grundstruktur einer Produktionsweise, die heute oft fälschlicherweise in anderen Zeiten und an anderen Orten gewähnt wird, wo sie „die Verkümmerung der menschlichen Arbeitskraft", ihre „vorzeitige Erschöpfung und Abtötung" produziert (MEW 23: 281). Sie verweisen auf die Wolfsgesetze einer deregulierten Branche, die vor keiner Entmündigung, Zurichtung und Entwürdigung ihrer abhängig Beschäftigten zurückschreckt. Und sie verweisen darauf, wie sich in der kapitalistischen Produktionsweise die einmal erreichten gesellschaftlichen Sicherheiten und zivilisatorischen Errungenschaften ins Nichts auflösen, wenn die Gesellschaft selbst wegschaut (Brinkmann/Nachtwey 2017: Kap. 4.3) oder die Politik diesen Rückschritt erst befördert – gleichsam: Marshall mit negativem Vorzeichen.

Gewiss, man könnte nun erwidern: Hans-Jürgen Urban, dem dieser kurze Text gewidmet ist, ist geschäftsführendes Vorstandsmitglied einer Gewerkschaft, die für andere Branchen zuständig ist. Mit dem „Zuständigkeitsargument" jedoch würde man ihm nicht gerecht, denn in punkto Solidarität gilt für ihn Luhmanns Prinzip der funktionalen Differenzierung *gerade nicht* – im Gegenteil: Hans-Jürgen ist die Verkörperung der wunderbaren Idee einer subsystemübergreifenden Solidarität – das konnte man schon immer wissen, wenn man mit ihm diskutieren durfte, ist aber spätestens 2018 mit seiner bewegenden Rede vor einer Viertelmillion („Unteilbar"-) Demonstrant*innen in Berlin unüberhörbar geworden.

Aber zurück zum Branchenargument: Als an Marx geschulter Sozialwissenschaftler würde er vermutlich mit diesem warnend antworten, dass ein pharisäerhaft abschätziger Blick auf andere Branchen nicht nur unsolidarisch, sondern auch unklug ist: „De te fabula narratur!" schleuderte Marx nämlich jenen Kritiker*innen entgegen, die meinten, dass „in Deutschland die Sachen noch lange nicht so schlimm stehn" wie im Manchesterkapitalismus, über den Marx Zeugnis ablegte. Denn – so schrieb dieser zornig im Vorwort zur ersten Auflage des „Kapital": „Das industriell entwickeltere Land zeigt dem minder entwickelten nur das Bild der eignen Zukunft." (Marx 1867: 12)

Es gehört zum Werkzeugkasten des *soziologisch geschulten Gewerkschafters Urban*, diesen strukturellen Zusammenhang, die Entwicklungsrichtung genauso wie die Gefahr ihrer Umkehr zu kennen, den Blick über den Betriebs-, Branchen-, und Gesellschafts-Tellerrand zu werfen, um dann – etwa in seiner eindrucksvollen Intervention vom „Tiger und seinen Dompteuren" (Urban 2013) – die Mosaiklinke programmatisch zu unterfüttern. Das schützt vor Voluntarismus und macht ihn zu so einem wertvollen, auch geschichtlich informierten Gesprächspartner.

Auf der anderen Seite gehört es zum Werkzeugkasten des *gewerkschaftlich geschulten Soziologen Urban*, nicht nur die Strukturlogik des Kapitalismus, sondern auch die politischen Interventionschancen zu kennen und zu suchen, die der Korporatismus ermöglicht. Der Arbeits- und Gesundheitsschutz etwa, der als Teil des von Hans-Jürgen Urban verantworteten Geschäftsbereichs Sozialpolitik nicht nur prägende Figuren wie Andrea Fergen, Klaus Pickshaus und Christoph Ehlscheid vereint, sondern auch eine enorme Strahlkraft entwickeln konnte, gibt davon Auskunft. Und wer nun denkt, da würden sozialpolitische Peanuts verhandelt, der sollte sich obige Tabelle nochmal durchlesen. Schon Marx wusste bei allen Einschränkungen um die große Bedeutung des „Gegengewichts der Fabrikgesetze", die manchen Proletarier*innen, manchen Kindern wenigstens ein Überleben sicherten. Den Gewerkschafter Hans-Jürgen Urban schützt eine besondere teilnehmende Beobachtung vor strukturalistischem Determinismus; seine eigene Industrial-Relations-Ethnografie, eine buchstäbliche Verankerung im Betrieb und eine damit verbundene, fast schon neidisch stimmende Wertschätzung durch die Kolleg*innen bezeugen dies. Übrigens: Am Begriff der „teilnehmenden Beobachtung" kann man sich den Doppelcharakter seines Dabei-Seins und zugleich seines Anteilnehmens gut klarmachen – genau hier liegt der Schlüssel zum Verständnis seiner Authentizität. Wenn man dies im Hinterkopf hat, lernt man Hans-Jürgens großartige Wahlergebnisse auf den Gewerkschaftstagen der IG Metall zu verstehen.

Sucht man nach dem archimedischen Punkt in Hans-Jürgen Urbans politischer Weltsicht, so landet man ziemlich zielsicher bei der Demokratiefrage, die er – hier folgt er dem Pfad seines Lehrers Frank Deppe – umfassend definiert. Demokratie erstreckt sich für ihn als Gewerkschafter nicht nur auf die gesetzlich vorgeschriebenen Inseln im kapitalistischen Wirtschaftssystem, sondern strebt als Postulat in alle anderen Felder: durch den shop-floor, die Arbeitsgestaltung, Leistungspolitik, den Arbeits- und Gesundheitsschutz, betriebliche Investitionsentscheidungen, die Unternehmenspolitik, die Sozialversicherungen, regionale Strukturpolitik bis hin zu gesellschaftspolitischen Fragen, bei denen er sich – auch hier ganz „Marburger" – keineswegs auf symbolische Enklaven einengen lässt – das wissen seine Diskussionspartner*innen, die ihn dafür gleichermaßen schätzen und fürchten.

Nach einer Ausweitung von Demokratie zu streben, heißt für ihn, „einen grundlegenden sozialökonomischen Pfadwechsel" einzuschlagen, der zumindest auf mittlere Sicht die „Domestizierung des Gegenwartskapitalismus" (Urban 2013: 13) erreichen muss. Daran ist nichts Ehrenrühriges, schon Marx hatte die Abkürzung und Milderung der „Geburtswehen" einer neuen Formation für erstrebenswert gehalten. Langfristig aber – hier gibt es für Hans-Jürgen Urban keinen Zweifel – steht fest: „Wer die Demokratie erhalten will, wird sich mit dem Kapitalismus anlegen müssen." (Urban 2014: 394)

Dafür ist ein langer Atem nötig und das führt uns zum Schluss noch mal zu Gramscis und Marshalls Optimismus zurück, den Hans-Jürgen Urban durchaus teilt, wenn er seine „Grundhaltung eines zurückhaltenden, aber letztlich doch optimistischen Realismus" formuliert (Urban 2013: 13).

Literatur

Brinkmann, Ulrich/Oliver Nachtwey (2017): Postdemokratie und Industrial Citizenship: Erosionsprozesse von Demokratie und Mitbestimmung. Weinheim.

Engels, Friedrich (1845): Die Lage der arbeitenden Klasse in England. In: Marx-Engels-Werke 2. Berlin.

Gramsci, Antonio (1991ff.): Gefängnishefte. Hamburg/Berlin.

Halliday, Stephen (2001): The Great Stink of London: Sir Joseph Bazalgette and the Cleansing of the Victorian Metropolis. Stroud. Gloucestershire.

Kunze, Anne (2014). Die Schlachtordnung. In: DIE ZEIT 51/2014. S. 21-23)

Marshall, Thomas H. (1992 [1950]): Bürgerrechte und soziale Klassen. Zur Soziologie des Wohlfahrtsstaates. Frankfurt a.M./New York.

Marx, Karl (1867): Das Kapital. Kritik der politischen Ökonomie. Erster Band. In: Marx-Engels-Werke 23. Berlin.

Santoro, Emilio (2012): A historical perspective: from social inclusion to excluding democracy. In: Council of Europe (Hrsg.): Redefining and Combating Poverty: Human Rights, Democracy and Common Goods in Today's Europe. Strasburg, S. 21-58.

Tagesspiegel (2020): Corona-Ausbruch in Schlachthof-Unterkünften. „Coesfeld wird nicht der letzte Fall sein". https://www.tagesspiegel.de/gesellschaft/panorama/corona-ausbruch-in-schlachthof-unterkuenften-coesfeld-wird-nicht-der-letzte-fall-sein/25816942.html, zuletzt abgerufen am 03.03.2021.

Urban, Hans-Jürgen (2013): Der Tiger und seine Dompteure. Wohlfahrtsstaat und Gewerkschaften im Gegenwartskapitalismus. Hamburg.

– (2014): Der Tiger und seine Dompteure. Wohlfahrtsstaat und Gewerkschaften im Gegenwartskapitalismus. In: Dörre, Klaus; Jürgens, Kerstin, Matuschek, Ingo (Hrsg.): Arbeit in Europa. Marktfundamentalismus als Zerreißprobe. Frankfurt a.M./New York, S. 381-395.

– (2019): Gute Arbeit in der Transformation. Über eingreifende Politik im digitalisierten Kapitalismus. Hamburg.

Richard Detje / Dieter Sauer / Michael Schumann

Nach den Banken nun die Arbeit?
Systemrelevanz in der Corona-Krise

1.

In der Finanzkrise 2008 war die Sache klar: Der Ball lag im Spielfeld des Kapitals. Um eine ökonomische Kernschmelze zu verhindern, stand Bankenrettung ganz oben auf der Agenda – „whatever it takes", wie der damalige Präsident der Europäischen Zentralbank, Mario Draghi, versicherte. Die „Systemrelevanz" der Finanzmärkte als Steuerungszentrum der kapitalistischen Wirtschaft stand derart außer Frage, dass zur Sicherung ihrer Funktionsweise auch massive soziale Beschädigungen in Kauf genommen und die Polarisierung in der Verteilung des gesellschaftlichen Reichtums noch dynamisiert wurde (Piketty 2020). Dabei zeigen Untersuchungen, dass der Strukturwandel in Richtung eines finanzmarktgetriebenen Kapitalismus eine Fehlsteuerung von Ressourcen in großem Maßstab einschließt: Das Gros der Bankkredite wird in Vermögens- und Immobilienanlagen gesteckt, nicht für langfristige Realinvestitionen genutzt (Mazzucato 2020).

Welch anderes Bild in der Corona-Krise 2020/21! Nicht von der Finanzwirtschaft wurde ein Lösungsbeitrag erwartet, sondern von der Aktivierung von Beschäftigtengruppen – bei den Arbeitskräften lagen die Hoffnungsperspektiven. Pfleger*innen in Krankenhäusern und Altersheimen, Verkäufer*innen an den Discounterkassen, Paketbot*innen der Internetkonzerne und viele weitere sorgten dafür, dass die individuelle und gesellschaftliche Reproduktion auch inmitten des Pandemiegeschehens sichergestellt blieb. Statt Hedgefonds-Manager erwiesen sich die „Held*innen der Arbeit" als unverzichtbar. Damit verändert sich die soziale Perspektive: „Die Menschen, die uns halfen, die Gesellschaftsordnung aufrechtzuerhalten, befinden sich am unteren Ende der Skala, während diejenigen, die am oberen Ende angesiedelt sind, im Großen und Ganzen nutzlos waren" (Illouz 2020: 53).

Im Frühjahr 2020 wurden die Verhältnisse gleichsam vom Kopf auf die Füße gestellt. Nicht private Kapitalverwertung, sondern Arbeit an den Schnittstellen der gesellschaftlichen Reproduktion erlangte jene Relevanz, die das System zu retten versprach. Zumindest war diese Einschätzung in der ersten Welle der Pandemie in weiten Teilen öffentliches Selbstverständnis, vorher nicht gekannte Wertschätzung zum Ausdruck bringend. Auch wenn bald realisiert werden musste, dass damit die realen sozialen Verhältnisse noch nicht umgewälzt wurden: Immerhin lag der Ball für politisches Handeln allseits erkennbar im Feld der Arbeit (Detje/Sauer 2021). Diese Wahrnehmungsverschiebung sollte als Impuls für eine neue Politik aufgegriffen werden – durch veränderte Akteursgruppen besetzt.

2.

Der deutsche Industriekapitalismus ist auf einer extrem wettbewerbsfähigen High Road erfolgreich. Doch das war nie das ganze Bild. Bereits früh hatte Burkart Lutz (1984) auf eine Kumulation von Negativzuschreibungen hingewiesen: Hochgradig belastende Arbeitsbedingungen werden nicht nur mit Armutslöhnen quittiert, sondern auch mit gesellschaftlicher Außerwertsetzung; Arbeit, die kein Ansehen, keine Achtung genießt, der keine Würde abgerungen werden kann, über die man im Alltag auch aus Scham hinwegsieht, die oft im Verborgenen geleistet wird. In der später erfolgreichen Auseinandersetzung um einen gesetzlichen Mindestlohn, in der das vereinte Unternehmerlager noch den Kollaps wenn nicht gleich des gesamten Abendlandes so doch großer Teile des Arbeitsmarktes an die Wand gemalt hatte, konnte eine erste Schneise in die zur High Road komplementären Welt verteilungs- und arbeitspolitischer Dumpingstrategien geschlagen werden. Mit den in der Pandemie erkennbaren Wahrnehmungsverschiebungen könnte ein neuer Möglichkeitsraum entstanden sein, in dem prekäre Arbeit breitflächig neu bewertet wird.

Zwar ist das Feld der „systemrelevanten Berufe" weit gespannt und heterogen: vom Klinikarzt bis zur Pflegerin auf der Intensivstation, vom IT-Administrator bis zum Paketboten, von der Logistik-Fachkraft bis zur Kassiererin an der Discounterkasse (Tolios 2021). Was vielen jedoch in der Pandemie-Krise bewusst geworden ist: Die Aufrechterhaltung der lebensnotwendigen Versorgung der Gesellschaft ist das verbindende Band. Neben Spezialist*innen und Expert*innen schließt dies maßgeblich auch Arbeitsfelder unterhalb der Zone der „Respektabilität" ein. Hochbelastete Jedermanns- und vor allem Jederfrauarbeiten erweisen sich im Lockdown als überlebensnotwendig, nachdem man jahrzehntelang kostensenkendes Cost-Cutting und Outsourcing ebenso wie das Anwerben von Dienstleistungspersonal aus Billiglohnländern (sei es für private Krankenhauskonzerne oder als „dienstbare Geister" im Privathaushalt) als Non plus ultra wirtschaftlicher Rationalität gepredigt hatte. Die in der Pandemie neu ausgeleuchteten Schattenseiten des deutschen Effizienzkapitalismus gilt es zu überwinden.

Es geht um die Umkehrung der Verhältnisse vom Feld der Finanzmärkte auf das der Arbeit, von maßloser Kapitalverwertung zum Primat sozialer Reproduktion. Man kann das positiv ausdrücken: „Die Corona-Pandemie hat damit die tradierte Hierarchie der Berufe für alle sichtbar auf den Kopf gestellt" (Lübker/Zucco 2020: 472). Felder notorisch unterbezahlter und oft auch ungeschützter, zudem in hohem Maße flexibilisierter Dienstleistungsarbeit werden nicht mehr länger mit symbolischer Honorierung (Bonus) abgespeist, Berufsfelder werden aufgewertet. Leiharbeit und Werkverträge sind in der Fleischindustrie mittlerweile untersagt. Die Arbeit unter Sub-Sub-Sub-Verträgen ist skandalisiert.

3.

Die Frage ist: Reicht die Schubkraft von Pandemieerfahrungen und entsprechenden Wahrnehmungsverschiebungen aus, um neue Perspektiven durchzusetzen? Denn es kann keinen Zweifel geben: Negative Strukturmerkmale sind weiterhin wirkungsmächtig. Weite Felder „systemrelevanter" Arbeit verfügen über sehr geringe Machtressourcen. Produzent*innenmacht ist kaum vorhanden, die Arbeitskräfte können bei geringem Qualifikationsprofil leicht ausgetauscht werden. Temporäre und geringfügige Arbeit lässt Solidarzusammenhänge kaum entstehen, gewerkschaftliche Organisationsmacht ist allenfalls rudimentär vorhanden.

Es war nicht allein „der Markt", der dieses Regime geschaffen hat. Es wurde politisch propagiert und durchgesetzt, institutionell erweitert und fortgeschrieben. Noch zu Beginn des Jahrhunderts leitete ein sozialdemokratischer Bundeskanzler daraus Legitimation ab und rühmte sich, den größten Niedriglohnsektor in Westeuropa geschaffen zu haben. Doch der Bogen war bereits überspannt. Schon aus den Erfahrungen der Vor-Pandemie-Zeit wissen wir: Soziale Spaltung wirkt zurück. Die Kumulation sozialer Nöte im arbeitsweltlichen und gesellschaftlichen Unten hat keine Isolationsschicht nach Oben, sondern droht die sozialen Verhältnisse auch für „Mittelschichten" nach Unten zu ziehen. Die Folgen: Industrielle Stammarbeiter*innen, die sich zunächst durch „Randbelegschaften" geschützt sahen, erfahren, dass auch sie der Billig-Konkurrenz ausgesetzt sind – spätestens da wird exklusive Solidarität zu einer Art Vabanque-Spiel. Ebenso werden Austerität und Steuersenkungen spätestens dann zum Ärgernis, wenn soziale und kulturelle Dienstleistungen wegen Arbeitskräftemangel aufgrund eklatanter Unterbezahlung trotz hoher Arbeitsbelastung notorisch defizitär sind. Wie sich in der Pandemie gezeigt hat, hat auch das „Kapital" keine Vorteile davon, wenn der Zugriff auf die gesellschaftlichen Voraussetzungen für private Kapitalakkumulation erschwert und im Lockdown suspendiert wird. Die individuelle Überforderung von Eltern im Homeschooling ihrer Kinder spricht ebenso wie der gesellschaftliche Verlust an Bildungskapital mit jedem weiteren Monat im Lockdown Bände.

Dennoch bestehen Chancen auf Progress. Die „Zone der Verwundbarkeit" – in die Robert Castel die meisten der „Held*innen der Arbeit" eingeordnet hätte – kann überwunden, kann verlassen werden. Soziale Spaltungen zwischen Stamm- und Randbelegschaften können auf der Basis der in der Pandemie gemachten Erfahrungen mit erweitertem Interessenbezug überbrückt werden. Und tut sich nicht auch etwas beim Leistungsbegriff? Wird er nicht – auch hier in ersten Ansätzen – neu gerahmt als gesellschaftlich notwendige Leistung, statt allein von der Logik privater Kapitalakkumulation her bestimmt zu sein? Die Akteur*innen, die die notwendigen Veränderungen in der Arbeitswelt ebenso wie die Auseinandersetzungen über eine zukunftsfähige soziale Infrastruktur vorantreiben können, hat Hans-Jürgen Urban als „Mosaiklinke" bezeichnet. Dieses Konzept könnte durch die beschriebenen Wahrnehmungsverschiebungen neu begründet werden. Gruppen, Initiativen, Verbände aus Arbeitswelt und Gesellschaft können – zusammengebracht – aus sich heraus ein neues Bild des sozialen Lebens schaffen.

4.

„Systemrelevanz" im Sinne der Aufrechterhaltung der gesellschaftlichen Reproduktion wird in doppelter Weise sogleich wieder in Frage gestellt.

Erstens dadurch, dass für das ökonomische Leben und das fiskalische Überleben des Staates wichtige Sektoren von vornherein vom Lockdown ausgenommen sind. So fiel die Antwort auf die Frage, ob auch Industrieunternehmen, in denen große Menschenmassen zusammenkommen, administrativ heruntergefahren werden sollten, wiederholt eindeutig negativ aus. Der industrielle Sektor mit einem Gewicht von einem Viertel an der nationalen Wertschöpfung (BIP) bleibt sakrosankt, während Gaststätten mit einem Anteil von 0,8 % ebenso wie andere Dienstleistungsbereiche ein ums andere Mal und für längere Zeit geschlossen wurden. Hier ist es also nicht nur die gesellschaftliche Reproduktion, die zählt, es sind ökonomische Interessen, die sich durchsetzen. Damit wird deutlich, dass auch in der Pandemie-Politik Kapitalmacht privilegiert wird. Hinter dieser Art der Systemrelevanz wirkt altbekannte Herrschaft fort.

Zweitens wird „Systemrelevanz" mit unterschiedlichem Maß bewertet: Die Pflegekraft ist es und erfährt materielle und ideelle Aufwertung – die Kassiererin an der Discounter-Kasse ist es auch, geht aber letztlich leer aus. Bei gleicher Relevanz für die individuelle und gesellschaftliche Reproduktion macht etwas anderes den Unterschied aus: der Zugriff auf eigene Machtressourcen. Die Pflegekraft verfügt über zwei: Marktmacht und Organisationsmacht – ersteres, weil das Angebot auf dem Arbeitsmarkt weit unterhalb der Nachfrage liegt, das Zweite, weil Pflegekräfte es in vorangegangenen Auseinandersetzungen auf gewerkschaftliche Organisationserfahrungen und Widerstandsfähigkeit gebracht haben – Machtressourcen, die im Einzelhandel, beim Gros der Logistikunternehmen oder im Reinigungsgewerbe nicht vorhanden sind. Hier zeigt sich ebenso wie bei der Aktualisierung der „Kragenlinie" – Homeoffice für indirekte Bereiche, betriebliche Präsenz der Produktionsarbeiter –, dass es schwerfallen wird, neue Fragmentierungen zu verhindern.

Banken retten, um den Kapitalkreislauf zu sichern, oder Arbeit aufzuwerten, um die lebensnotwendige gesellschaftliche Versorgung zu sichern, sind beides staatliche Interventionsperspektiven, die der gesellschaftlichen Stabilisierung in Krisenzeiten dienen. Auch wenn die Krisen unterschiedliche Ursachen haben, stehen sie in einem systemischen Wirkungszusammenhang, der auf die Dynamik einer Kapitalverwertung auf erweiterter Stufenleiter verweist. Die Ablösung des Finanzkapitals vom Realkapital als produktiver Basis und eine an immer schnellerer Kapitalverwertung ausgerichtete Globalisierung, die mit schwindender Biodiversität in angegriffenen Ökosystemen einher geht, untergraben die Grundlagen der ökonomischen und gesellschaftlichen Reproduktion.

Die Corona-Krise markiert gleichwohl wichtige Unterschiede: In der Pandemiebekämpfung geht es um den Schutz vor viraler Ansteckung und die gesundheitliche Versorgung von Infizierten. Das erfordert im Zweifelsfall, das private und öffentliche Leben herunterzufahren und nur noch lebensnotwendige Funktionen aufrechtzuerhalten. Daraus resultiert dann die Auswahl systemrelevanter Institutionen und Arbeit. Aber keiner sollte sich täuschen: Systemrelevant zu sein ist für die Beschäftigten eine zwiespältige Angelegenheit. Sie erhalten größere gesellschaftliche Aufmerksamkeit und manchmal auch kleine monetäre Zuwendungen. Sie galten als „Held*innen der Arbeit", weil sie sich gesundheitlichen Gefahren aussetzen, sich über Grenzen hinaus belasten, große Leidensfähigkeit zeigen und sich für andere – den Kunden, die Patientin, die Allgemeinheit – einsetzen, wenn nicht aufopfern.

Der Preis für das Held*innentum ist hoch und es bleibt fraglich, ob daraus eine „Held*innendividende" erwächst. Auch deswegen erscheint es uns zwingend, die Option der Wahrnehmungsverschiebungen politisch zu nutzen. Wir hoffen, dass die Erfahrungen, in einer Ausnahmesituation kollegialen Zusammenhalt und gemeinsame Sinnstiftung erlebt zu haben, nachwirken. Gerade in den prekären Beschäftigtenfeldern könnten sich diese Solidarerfahrungen als eine besondere Ressource für politische Gegenwehr erweisen.

5.

Die Dienstleistungsgewerkschaft ver.di hat im Pandemiejahr 2020 in der Tarifauseinandersetzung im Öffentlichen Dienst (Bund und Kommunen) erfolgreich eine Aufwertung einer Reihe traditionell schlechter gestellter Tätigkeitsbereiche und Professionen durchsetzen können. Die gesellschaftliche Wertschätzung von „systemrelevanter Arbeit" in der sozialen Infrastruktur in den Monaten der Pandemie war dabei hilfreich. Bereits im Einzelhandel ist das schwerer zu realisieren. In der Tarifauseinandersetzung in der Metall- und Elektroindustrie stand die Mobilisierung ökonomischer Macht unter dem Damoklesschwert wachsender Arbeitsplatzunsicherheit; Unternehmerverbände propagieren eine offensive Roll-back-Strategie (Gesamtmetall 2020). Dies zeigt: Die Mobilisierung einzelner herausragender Bereiche von Systemrelevanz beispielsweise im Gesundheitssystem kommt schnell an Schranken.

Ein anderer Ausweis von Systemrelevanz ist weiterführender: Statt allein auf die für die gesellschaftliche Reproduktion im unmittelbaren Sinne relevanten Beschäftigtengruppen zu fokussieren, sollte das System gesellschaftlicher Arbeit in transformativer Perspektive insgesamt stärker in den Blick genommen werden. Systemrelevant sind dann nicht nur die Arbeitsvorgänge gleichsam „end of the pipe" (mit unmittelbarem „Kundenbezug"), sondern die herstellenden und logistischen Bereiche ebenso wie die gesellschaftliche Infrastruktur. Deren oft desaströser Zustand verweist auf die im neoliberalen Regime ignorierten öffentlichen Bedarfe – die Kreditanstalt für Wiederaufbau beziffert den Investitionsrückstau in den Kommunen (für Schulen, Bäder, Brücken etc.) auf 147 Mrd. Euro; jedes Jahrzehnt ist die Zahl der Sozialwohnungen zwischen 1990 und 2018 um ca. eine Million gesunken: von 3 Mio. auf 1,18 Mio. Und da verfällt der Bundeswirtschaftsminister auf die famose Idee, öffentliche Verschuldung künftig durch Einnahmen aus der Privatisierung öffentlichen Eigentums und damit auch öffentlicher Daseinsvorsorge abzubauen.

In einem umfassenden sozialen und ökologischen Transformationsprojekt Arbeit neu einzubringen, kann starke Reformpotenziale in demokratischer Perspektive eröffnen. Umso stärker wird der Widerstand der Profiteure der alten Ordnung sein. Dagegenhalten ließe sich im Feld der Gewerkschaften mit einer Politik der Stärkung von Organisationsmacht in einem umfassenderen Zugriff. Machttheoretisch gesprochen: Relevant wird die Organisation von Wertschöpfungsketten und Funktionszusammenhängen. Die verlaufen quer zu den tradierten Organisationsgrenzen, sind jedoch sehr viel kompatibler mit einem anderen gewerkschaftlichen Organisationsansatz: der Einheitsgewerkschaft. Neben der sektoralen Kompetenz sollte die engere Kooperation der Einzelgewerkschaften energischer vorangetrieben werden. Es ist ein Anachronismus, dass zeitlich nah beieinander liegende Tarifauseinandersetzungen in höchstmöglicher Nichtkooperation der beteiligten Gewerkschaften stattfinden und damit Organisationsmacht wie kommunikative Machtressourcen liegengelassen werden.

Doch mit erweitertem und erneuertem Organisationszuschnitt allein ist es nicht getan. Empowerment muss am Arbeitsplatz selbst erfolgen. Überwindung von Unmündigkeit und Subalternität erfordert, den Beschäftigten einen erweiterten Zugriff auf die Arbeitsbedingungen und -organisation zu ermöglichen. Gute und ökologisch verträgliche Arbeit geht mit demokratisierter Arbeit zusammen.

Wie bei der „Mosaiklinken" hat auch hier Hans-Jürgen Urban vorgedacht und die Demokratiefrage neu in die gewerkschaftlichen Strategiedebatten eingebracht (Urban 2021). Dabei geht es um „ein starkes langsames Bohren von harten Brettern mit Leidenschaft und Augenmaß zugleich". Nach wie vor steht eine „doppelte Sackgassenanalyse" an, nachdem der autoritäre Staatssozialismus im Gefolge von 1917 weltweit implodiert ist und der „demokratische Sozialismus, das einstige Erfolgsprojekt der europäischen Sozialdemokratie ..., fast ohne Gegenwehr dem Neoliberalismus zum Opfer" fiel (Urban 2019: 223). Doch ohne strategische Perspektive geht es nicht, nachdem das deutsche Modell der Mitbestimmung seine ursprünglich angedachte systemische Widerständigkeit und utopischen Perspektiven gänzlich eingebüßt und sich im sozialpartnerschaftlichen Klein-Klein verloren hat. Wirtschaftsdemokratie muss neu in die Debatten um die Transformation der ökonomischen, ökologischen und gesellschaftlichen Verhältnisse eingebracht werden: als „ein kategoriales Zieldreieck aus Effizienz, Demokratie und Naturverträglichkeit", auf der Grundlage einer „Mixed Economy ... aus privatem, staatlichem, öffentlichem und genossenschaftlichem Eigentum", die in der Lage ist, gemäß den Fragen nach dem Wofür und dem Wie der Produktion gesellschaftliche Bedarfe zu identifizieren und – auch ohne Verwertungsimpuls – zu befriedigen sowie neue Akteure der Zivilgesellschaft neben Unternehmer*innen, abhängig Beschäftigten und Staat in die ökonomischen und sozialen Entscheidungen einzubringen (ebd.: 225ff.).

Auch hier gilt es aus den Fußstapfen der *alten* Arbeiter*innenbewegung herauszutreten. Die Strategie, privilegierte Repräsentanzstrukturen im politischen System zu pflegen, ist verbraucht. Politische Einflussnahme hat sich vielfach in Lobbyarbeit degeneriert – wobei die großen Verbände von Kapital und Arbeit in asymmetrischer Konkurrenz zueinanderstehen. Gewerkschaften ziehen dabei meist den Kürzeren. Die Hoffnung, dass das mobilisierte Kollektiv der großen Zahl tatsächlich in der transformativen Perspektive des Bohrens „harter Bretter" in der Lage ist, die Macht des großen Geldes auszuhebeln, konnte nicht eingelöst werden. Hinzu kommt: Lobbyarbeit gerät leicht in den Verdacht, dass über Interessendivergenzen hinweg intransparente Deals verabredet werden. Gerade unter „Arbeitern" ist die Entfremdung gegenüber dem professionalisierten politischen Feld traditionell groß und der Vorbehalt, von den „Eliten" missachtet und „über den Tisch gezogen zu werden", durchaus erfahrungsgesättigt.

Es darf auch nicht übersehen werden: Der „starke Staat", der in der Corona-Krise Handlungsfähigkeit erwiesen hat, ist bei weitem nicht „ihr" Staat.

Vielleicht bewirken die Pandemieerfahrungen und ein neues Einheitsverständnis einen kollektiven Perspektivwechsel, das politische Mandat auch der Gewerkschaften neu durchzubuchstabieren.

Literatur

Detje, Richard/Sauer, Dieter (2021): Corona-Krise im Betrieb. Empirische Erfahrungen aus Industrie und Dienstleistungen. Hamburg.

Gesamtmetall (2020): Wiederhochfahren und Wiederherstellung – Vorschläge für die 2. und 3. Phase der Corona-Krise. Berlin.

Illouz, Eva (2020): Acht Lehren aus der Pandemie, in: DIE ZEIT vom 18.06.2020, S. 53.

Lutz, Burkard (1984): Der kurze Traum immerwährender Prosperität. Frankfurt a.M.

Lübker, Malte/Zucco, Aline (2020): Was ist wichtig? Die Corona-Pandemie als Impuls zur Neubewertung systemrelevanter Sektoren, in: WSI-Mitteilungen H. 6, S. 472-484.

Mazzucato, Mariana (2020): Capitalism After the Pandemic. Getting the Recovery Right, in: Foreign Affairs, October 2, https://www.foreignaffairs.com/articles/united-states/2020-10-02/capitalism-after-covid-19-pandemic, zuletzt zugegriffen am 25.02.2021.

Piketty, Thomas (2020): Kapital und Ideologie. München.

Tolios, Philipp (2021): Systemrelevante Berufe. Sozialstrukturelle Lage und Maßnahmen zu ihrer Aufwertung, Studie der Rosa Luxemburg Stiftung 3-2021. Berlin.

Urban, Hans-Jürgen (2019): Gute Arbeit in der Transformation. Über eingreifende Politik im digitalisierten Kapitalismus. Hamburg.

– (2021): Corona, Kapitalismus, Demokratie. Demokratische Arbeitspolitik für ein neues Entwicklungsmodell, in: Schmitz, Christoph/Urban, Hans-Jürgen (Hrsg.): Demokratie in der Arbeit. Eine vergessene Dimension der Arbeitspolitik? Jahrbuch Gute Arbeit, Ausgabe 2021. Frankfurt a.M.

André Leisewitz / Klaus Pickshaus / Jürgen Reusch
Ausweiten, vereinheitlichen, zuspitzen

In ganz anderer Dimension als noch vor wenigen Jahrzehnten stehen die Gewerkschaften heute vor der Frage, wie sie auf die globalen Krisen des Kapitalismus reagieren sollen und können – dies gilt insbesondere für die Herausforderungen der Klima- und Ökokrise. Zu deren Verursachern gehören Schlüsselbranchen der Industrie in der Bundesrepublik mit ihrem hohen Ressourcenverbrauch und ihren klimaschädigenden Treibhausgasemissionen im Produktionsprozess wie bei den von ihnen hergestellten Gütern. Bei näherem Hinsehen zeigt sich, dass diese Frage im Grunde im Mittelpunkt heutiger gewerkschaftlicher Betriebs- und Gesellschaftspolitik stehen muss. Die Klimakrise erzwingt in Branchen wie der Energiewirtschaft oder Automobilindustrie – vermittelt über ökonomisch-politische Vorgaben zur „Dekarbonisierung" – eine massive ökologische Kapitalentwertung. Sie ist damit eine entscheidende Ursache ausgeprägter Strukturkrisen und weitreichender Umbauprogramme des Kapitals. Deren Dynamik und Verwerfungen treffen die Lohnabhängigen mit voller Wucht. Ohne eigenständige, klassenautonome Alternativen werden sie ihre aktuellen Reproduktions- und ihre Zukunftsinteressen aber kaum zur Geltung bringen können – so unsere These. Hans-Jürgen Urban hat in diesem Kontext den ökologischen Umbau der Industrie „eine Schlüsselaufgabe" genannt, „eine überlebensrelevante Anforderung, an der Gewerkschaften und mit ihnen die Gesellschaft scheitern könnten".[1] Er hat in diesem Zusammenhang auch auf „verschüttete Diskussionsstände" in seiner eigenen Gewerkschaft verwiesen, auf die heute zurückzugreifen sei. Diese Anregung wollen wir aufnehmen und einen Rückblick auf Erfahrungen mit Strukturkrisen im Bereich der Metallwirtschaft mit einer nüchternen Bestandsaufnahme aktueller Konfliktfelder in der gegenwärtigen „Transformationskrise" der Automobilbranche verbinden.

I. Strukturkrisen und Anforderungen an gesamtgesellschaftliche Politik der Gewerkschaften

Weite Bereiche von Grundstoffindustrien und verarbeitendem Gewerbe sind in den entwickelten kapitalistischen Ländern wie der Bundesrepublik seit Jahren von einschneidenden Strukturkrisen erfasst. Strukturkrisen gehören genauso wie konjunkturelle Krisen zur Normalität des kapitalistischen Akkumulationsprozesses. Betroffen waren

---

1 Hans-Jürgen Urban: Ökologie der Arbeit. Ein offenes Feld gewerkschaftlicher Politik? In: Lothar Schröder/Hans-Jürgen Urban (Hrsg.): Ökologie der Arbeit – Impulse für einen nachhaltigen Umbau. Gute Arbeit, Ausgabe 2018, Frankfurt a.M., 2018, S. 329-350, hier S. 335.

in der alten und sind in der jetzigen Bundesrepublik u.a. Kohle und Stahl, Werften, die Kfz-Industrie und deren Zulieferer, aber z.B. auch große Teile der Elektroindustrie, also Schlüsselbranchen mit traditionell stark organisierten Teilen der Lohnabhängigen und ihren Gewerkschaften. Dies gilt gerade auch für die IG Metall.

Während konjunkturelle Krisen durch partielle Kapitalentwertung und Rückgang der Produktion gelöst werden bis zu dem Punkt, wo die Nachfrage und damit die Konjunktur wieder anziehen, stellen sich in den großen Strukturkrisen viel weitreichendere, gesamtgesellschaftliche Probleme. Es geht um die Entwertung großer Kapitalmassen und die Neustrukturierung von Schlüsselbereichen der Wirtschaft und Gesellschaft, verbunden mit der Frage, in wessen Interesse, zu wessen Nutzen und nach wessen Vorstellungen dies erfolgen soll.

Große Strukturkrisen – wie die Krise des Steinkohlebergbaus, der Eisen- und Stahlindustrie oder der Werftindustrie in den 1980er Jahren oder heute der Umbau der Energiewirtschaft und die sog. „Transformationskrise" der Automobilindustrie – zeichnen sich zugleich dadurch aus, dass es hier nicht um rein wirtschaftliche Krisen einzelner Unternehmen oder Branchen geht, sondern um Umbruchkrisen mit gesamtgesellschaftlicher Dimension, in denen einzelne Belegschaften oder die Beschäftigten einzelner Branchen verloren sind, wenn sie auf sich allein gestellt bleiben.

Die IG Metall hatte in der Vergangenheit für solche Umbrüche und die in ihnen steckenden gesamtgesellschaftlichen Herausforderungen ein großes Gespür. Zu erinnern ist an die Automations-Konferenzen der IG Metall in den 1960er Jahren (1963, 1965, 1968) oder an die noch von Otto Brenner initiierte Oberhausener Tagung „Aufgabe Zukunft: Verbesserung der Lebensqualität" von 1972, bei der, wie Eugen Loderer es im Vorwort zur (zehnbändigen) Tagungsdokumentation formulierte, „die Frage nach der gesellschaftspolitischen Struktur von technisch hochentwickelten Ländern" gestellt und mit internationalen Experten aus den verschiedensten Wissenschafts- und Politikbereichen diskutiert wurde.[2] Gerade bei dieser Konferenz war das Bemühen unübersehbar, mit Blick auf die Verbesserung der gesellschaftlichen Lebensverhältnisse in solchen Bereichen wie Bildung, Verkehr, Umwelt, Gesundheit, Regionalentwicklung u.a.m. die Interessen der Lohnabhängigen gegen die Zwänge privater Kapitalverwertung zur Geltung zu bringen und nach gesellschaftlich-politischen Koalitionen zu suchen, die für deren Durchsetzung unabdingbar sind. Gerade letzteres – die breite öffentliche Diskussion, die Gewinnung von sachkompetenter Beratung von Expert*innen aus den verschiedensten Gesellschafts- und Wissenschaftsbereichen, die über den Tellerrand privatwirtschaftlicher Kapitalverwertung hinausblicken und damit gesamtgesellschaftliche Vernunft zur Sprache bringen, sowie die Gewinnung von Bündnispartner*innen aus gesellschaftlichen Bewegungen, um Einfluss auf die öffentliche Debatte zu gewinnen, also der Kampf um gesellschaftliche Hegemonie – war ein Hauptziel dieser Veranstal-

---

2 Vgl. Aufgabe Zukunft. Qualität des Lebens. Beiträge zur vierten internationalen Arbeitstagung der Industriegewerkschaft Metall für die Bundesrepublik Deutschland, 11. bis 14. April 1972 in Oberhausen. Redaktion: Günter Friedrichs, Frankfurt a.M., 1973.

tungen. Das wäre auch mit Blick auf die heutigen Struktur- und Umbruchprobleme notwendig, vor denen die Lohnabhängigen und ihre Gewerkschaften stehen.

II. Kampfzyklus 1980er Jahre: Vom Widerstand zur Reformbewegung?[3]

Strukturkrisen in mehreren Branchen als Elemente technologischer Veränderungen und eines Nachfragerückgangs bildeten in den 1980er Jahren die Ausgangslage für heftige betriebliche Widerstandsaktionen, aber auch für neue konzeptionelle Impulse aus den Gewerkschaften. Solche Strukturkrisen betrafen seit Ende der 1970er Jahre die Werftindustrie, danach besonders stark die Stahlbranche und waren auch schon sichtbar im Bereich der Automobilproduktion. Im Falle des Ruhrgebiets mündeten sie zugleich in eine Regionalkrise.

Im Unterschied zu den gegenwärtigen Transformationskonflikten war der Kampfzyklus der 1980er Jahre durch ein politisiertes Umfeld geprägt. Dazu zählten zum einen die zahlreichen Abwehrkämpfe gegen Arbeitsplatzvernichtung mit militanten Widerstandsaktionen wie zum Beispiel Werftbesetzungen (HDW 1983), aber auch die politische Widerstandsbewegung gegen die Änderung des § 116 des Arbeitsförderungsgesetzes (AFG). Zum anderen gehörten dazu mehrere Tarifkämpfe, insbesondere der Arbeitskampf 1984 um die 35-Stunden-Woche, in denen die Gewerkschaften Erfolge erringen konnten.[4]

Diese vielfältigen Kampferfahrungen erleichterten eine Vernetzung der zeitlich und regional disparaten Widerstandsaktionen gegen Standortschließungen in der Stahlindustrie, die sich in den 1980er Jahren zuerst mit der Maxhütte in der Oberpfalz, danach dann 1987 mit der Henrichshütte in Hattingen und schließlich mit dem Kruppstahl-Werk in Duisburg-Rheinhausen fortsetzten und im ersten Halbjahr 1988 einen Höhepunkt fanden. Auch wenn in keinem Fall eine Standortsicherung erreicht werden konnte, vermittelten die große Dynamik der Aktionen, die Breite der damals schon sichtbaren „mosaiklinken" Bündnisse sowie die innovative Entwicklung von Alternativkonzepten eine enorme Ausstrahlung auch in die Gewerkschaft, in diesem Fall die IG Metall, hinein.

---

3 Die Ausführungen basieren auf einer Studie mehrerer Autor*innen aus dem Jahr 1988. Harry van Bargen et al. (IMSF): Vom Widerstand zur Reformbewegung? Soziale Bewegungen in Krisenregionen und -branchen, Frankfurt a.M., 1988. Ferner auf Klaus Pickshaus/Gero von Randow: Ein Jahr nach Rheinhausen. Strategiedebatte in Krisenregionen, in: Sozialismus 12/1988, S.50-55. Siehe: https://klaus-pickshaus.de/wp-content/uploads/2017/04/Ein%20 Jahr%20nach%20Rheinhausen%20-%20Pickshaus,%20Randow%20-%20Sozialismus%20 -%20Dezember%201988.pdf, zuletzt zugegriffen am 18.02.2021.

4 Vgl. eine Bilanz der 1980er Jahre: Klaus Pickshaus: Arbeitskampf im Umbuch. Probleme künftiger Streikstrategien, in: Frank Deppe/Klaus Dörre/Witich Rossmann (Hrsg.): Gewerkschaften im Umbruch. Perspektiven für die 90er Jahre, Köln, 1989, S. 90-111, hier S. 90. Siehe: https://klaus-pickshaus.de/wp-content/uploads/2018/05/pickshaus_klaus_1989_gewerkschaften_im_umbruch.pdf, zuletzt zugegriffen am 18.02.2021.

Eine Schlüsselrolle gewannen für Verlauf und Perspektive der Abwehrkämpfe eigene Gegenkonzepte der Belegschaften zur „Sachzwanglogik" der Konzerne. Solche Alternativkonzepte wurden meist zu einem späten Zeitpunkt in der Defensivphase vorgelegt, in denen sie keinen bestimmenden Einfluss mehr erlangten. Dies hängt mit dem notwendigen Erarbeitungsprozess zusammen, aber auch damit, dass die Diskussion über Stellenwert, Zielrichtung und Reichweite solcher Alternativkonzepte noch in den Kinderschuhen steckte.

Die von der IG Metall damals in die Diskussion gebrachte Idee der „Beschäftigungsgesellschaften" – vielleicht das wichtigste Resultat des Hattinger Kampfes – ist faktisch eine Forderung nach demokratischer Wirtschaftsprogrammierung.[5] Dabei handelt es sich um paritätisch mitbestimmte Unternehmen, die neue Beschäftigungsfelder dort erschließen sollen, wo dominierende Konzerne Produktionsstandorte beseitigen wollen. Die Arbeitsverträge der bisherigen Belegschaften sollen auf die Beschäftigungsgesellschaften übertragen werden. Kapitalausstattung und Know-how sollen von den jeweils verantwortlichen Konzernen kommen.

Dieser Prozess wurde Ende der 1980er Jahre durch die völlig veränderte ökonomisch-politische Konstellation im Kontext des DDR-Anschlusses abgebrochen. Die wirtschaftsdemokratischen Konzeptimpulse könnten für die gegenwärtigen Transformationskonflikte aber genutzt werden. Theo Steegmann, der damalige stellvertretende Betriebsratsvorsitzende in Rheinhausen, prognostizierte 1988: „Wenn es den Stahlunternehmern – obwohl wir in diesem Bereich die weitestgehenden Mitbestimmungsregeln und sozialen Vereinbarungen haben – gelingt, Standorte einfach plattzumachen, wird es den Automobilarbeitern wohl ähnlich an den Kragen gehen."[6] Und, so darf ergänzt werden, alsdann den Belegschaften der Elektroindustrie, der Elektronikindustrie ... überall dort, wo neu geordnet und rationalisiert wird, und das ist eben überall.

Eingreifendes, veränderndes Handeln beginnt mit dem Widerstand gegen die konservative Modernisierungsstrategie des Kapitals; es erfordert jedoch eigene Vorstellungen für eine ökologische und sozialorientierte Modernisierung und stoffliche Umbauprogramme, mithin die Bündelung der Alternativen in einem Reformentwurf. Hier berühren sich Industrie-, Regional- und Gesellschaftspolitik. Denn die Frage nach neuen Produktionslinien enthält die Bestimmung gesellschaftlichen Bedarfs und sie ist ein normatives Problem. Es zu lösen verlangt, sich über die Interessen Rechenschaft zu geben, entlang derer der gesellschaftliche Bedarf definiert werden soll. Darin liegt zugleich die Chance, den Widerstand gegen die Zerschlagung von Standorten zu einer Bewegung fortzuleiten, die nicht nur die unmittelbar sozial Betroffenen einbezieht: Bewegung für eine neue Wirtschafts- und Gesellschaftspolitik.

Die Bilanz der Widerstandsaktionen in den 1980er Jahren zeigt: Ausweiten, vereinheitlichen, zuspitzen: Die Politisierung der Bewegungen muss der nächste Schritt sein.

---

5 Vgl. Heinz Bierbaum: „Beschäftigungsgesellschaften" als betrieblicher und gesellschaftlicher Gestaltungsansatz, in: IMSF (Hrsg.): Zukunft von Arbeit und Technik, Frankfurt a.M., 1988, S. 159 ff.
6 Interview mit Theo Steegmann, in: Sozialismus 1/1988, S. 4.

Dies wäre auch heute angesichts der Transformationskonflikte in der Automobil- und Zulieferindustrie die Aufgabe. Allerdings zeigt die Bilanz auch, dass die Bewegungen in den Krisenregionen weitgehend isoliert voneinander waren. Sie unterschieden sich nicht nur hinsichtlich ihrer Bedingungen, sondern fanden auch ungleichzeitig statt. Sie entwickelten sich nicht zu einer wirkungsmächtigen Reformbewegung. Erst die Werften, dann die Maxhütte, dann Hattingen, dann Rheinhausen – dann Osnabrück, dann Dortmund, und dann die Automobilindustrie?

Immerhin haben die Widerstandsaktionen innovative Konzeptdiskussionen ausgelöst. Dies gilt im Übrigen auch im Hinblick auf die Automobilindustrie, deren krisenhafte „Transformation" heute im Mittelpunkt steht. Im Jahr 1990 veranstaltete die IG Metall gemeinsam mit dem Deutschen Naturschutzring eine verkehrspolitische Konferenz „Auto, Umwelt, Verkehr: umsteuern, bevor es zu spät ist". Dass danach diese innovative Debatte zum Erliegen kam, ist ein anderes Thema.

III. Konflikte heute: Auseinandersetzung um sozialökologischen Umbau

Die Notwendigkeit eines gesamtgesellschaftlichen Zugriffs zeigt sich besonders in der aktuellen Umbruchkrise der Automobilindustrie. Das von der Privatmotorisierung dominierte Mobilitätssystem der Bundesrepublik ist mit seinem Ressourcen- und Flächenverbrauch und seinen ökologischen Folgelasten längst an seine Grenzen gestoßen; das war ansatzweise schon 1990 auf der Konferenz von IG Metall und Naturschutzring deutlich zur Sprache gebracht worden. Es muss in gesamtgesellschaftlichem Interesse umgebaut werden.[7] Daraus resultiert ein starker Entwertungsdruck auf das private Automobilkapital. Die Unternehmen versuchen jedoch systematisch, sich diesem Entwertungsdruck zu entziehen, Umweltstandards zu unterlaufen und den Umbau des Mobilitätssystems in ihrem Interesse profitabel zu steuern und zu gestalten. Sie kämpfen darum, ihr Verwertungsmodell – Privatmotorisierung mit weltweiter Ausweitung der Flotte von im Schnitt immer größeren und technisch höherwertigen Kraftfahrzeugen – zu erhalten und sich dessen „ökologische" Umgestaltung (insbesondere Antriebselektrifizierung) gesellschaftlich finanzieren zu lassen.[8] Zugleich setzen sie – konkurrenzgetrieben – die Belegschaften ihrer Betriebe mit dem Ziel der Effizienz- und Renditesteigerung unter massiven Druck (Drohung mit Beschäftigungsabbau, internationale Standort-/Lohnkonkurrenz auch im Rahmen der Unternehmen, Erpressung durch

---

7 Vgl. z.B. Hendrik Auhagen et.al.: Klimagerechte Mobilität für alle. Attac Basis Texte 57, Hamburg, 2020.

8 Die Autoindustrie hat in den vergangenen Jahren Subventionen in Milliardenhöhe erhalten, wie aus der Antwort des Wirtschaftsministeriums auf eine Anfrage der Linken im Bundestag hervorgeht (BT Drs. 19/13556, 30.10.2019): So flossen seit 2009 allein 3,1 Milliarden Euro aus dem Bundeshaushalt an einzelne Unternehmen für Forschung und Entwicklung sowie Investitionen. In ähnlicher Größenordnung wurden Verbundprojekte mit jeweils mehreren Beteiligten gefördert. Hinzu kamen verschiedene Kaufprämien und mehr als 80 Milliarden Euro Steuervergünstigung für Dieselsprit.

Ausweiten, vereinheitlichen, zuspitzen 189

Androhung von Standortverlagerung usf.). Dabei nutzen sie ihre ökonomisch-politische Macht[9] und verkaufen die durch ihre privatwirtschaftlichen Verwertungsinteressen geprägten Mobilitätskonzepte als alternativlos im gesamtgesellschaftlichen Interesse („Sachzwanglogik").[10]

In den Betrieben der Automobilbranche stehen die Angst der Belegschaften vor dem Verlust ihrer Arbeitsplätze und Einkommen (vor allem der Stammbelegschaften), die Forderung nach Qualifizierung und das Ringen um Schadensbegrenzung im Mittelpunkt. Dazu nur drei Beispiele:

(1) Daimler: Vor allem die Umstellung vom Verbrennungsmotor auf Elektroantriebe befeuert umfassende Personalabbaupläne des Managements. Im Pkw-Werk Untertürkheim gelten 4.000 von 19.000 Stellen als gefährdet, in Berlin weitere 5.000. In der Lkw-Sparte sieht es ähnlich aus. Die Belegschaft wird erpresst mit angedrohten Produktionsverlagerungen ins Ausland und soll Verschlechterungen in Kauf nehmen. Der Betriebsrat initiierte Protestaktionen unter dem Motto „Transformation fair gestalten". Konzernbetriebsratsvorsitzender Michael Brecht kündigte an, man werde sich gegen den angedrohten Kahlschlag wehren. Er äußerte die Sorge, das Management setze das sozialpartnerschaftliche Verhältnis im Unternehmen aufs Spiel und erklärte, der Wandel zu einem „klimaneutralen Fahrzeughersteller" könne „nur im Schulterschluss mit der Belegschaft" gelingen.[11] Damit solle das Produktionsvolumen früherer Jahre wieder erreicht werden. Selbst wenn das gelänge, wären Arbeitsplatzverluste unvermeidlich.

(2) Continental: Wie zahlreiche andere Automobilzulieferer reagiert Continental mit einem rigorosen Kurs des Stellenabbaus und des Konzernumbaus. Von derzeit weltweit 240.000 Beschäftigten, davon knapp 60.000 in Deutschland, sollen binnen zehn Jahren 13.000 ihren Job verlieren. Werke sollen geschlossen, Investitionen zurückgestellt und rund eine Milliarde Euro jährlich eingespart werden. Widerstandsaktionen der Belegschaften und der IG Metall konnten bisher einzelne Werksschließungen verhindern oder aufschieben. Die Gesamtproblematik aber bleibt. Gleichzeitig hielt der Konzern daran fest, 600 Millionen Euro Dividende an die Aktionäre auszuschütten. Konzernbetriebs-

---

9 Vgl. Willi Sabautzki: Wer beherrscht die „Nationale Plattform Zukunft der Mobilität"? https://www.isw-muenchen.de/2020/01/wer-beherrscht-die-nationale-plattform-zukunft-der-mobilitaet/, zuletzt zugegriffen am 18.02.2021.

10 Stefan Wolf, Vorsitzender von Gesamtmetall: „Die Transformation in der Mobilität ist ein gesamtgesellschaftliches Projekt. Wenn wir gemeinsam diesen Wandel schaffen wollen, dann ist auch der Staat gefragt, nicht nur die Industrie mit ihren hohen Investitionen in neue Technologien." Die Transformation erfolgt also unter Regie der Industrie, der Staat darf mit Subventionen helfen. Wolf verknüpft dies mit der Verteilungsfrage: „Wir können nicht auf der einen Seite Fördermilliarden für die Transformation erhalten und diese auf der anderen Seite dann auch für Lohnerhöhungen in einer Branche ausgeben, die sich eh schon auf einem hohen Lohnniveau befindet. Das wäre gesellschaftlich nicht vereinbar, das würde zu Recht beim Steuerzahler für Ärger sorgen." Frankfurter Allgemeine Sonntagszeitung vom 22.11.2020, S. 21.

11 Handelsblatt vom 23.11.2020, S. 18.

ratsvorsitzender Hassan Allak forderte eine „faire Lastenverteilung", ein „vernünftiges und ausgewogenes Paket für die Transformation und Krisenbewältigung".[12]

(3) VW Kassel-Baunatal: Das Werk hat 17.000 Beschäftigte und ist nach Wolfsburg das zweitgrößte Werk des Konzerns in Europa. Der Betriebsratsvorsitzende Carsten Bätzold schätzt, dass die Umstellung auf Elektromobilität 5.000 bis 8.000 Arbeitsplätze kosten wird – durch sozialverträglichen Beschäftigungsabbau, jedoch auch mit negativen Auswirkungen auf die Region. Bätzold sieht kritisch, dass jeder Konzern um „seine" Wettbewerbsvorteile kämpft. Tatsächlich sei die Krisenbewältigung aber eine gesamtgesellschaftliche Aufgabe. „Das Geschäftsmodell, jährlich bis zu 70 Millionen Autos weltweit in den Markt zu schieben, steht am Scheideweg. Ich glaube, dass das nicht mehr so geht." Es gebe „zu viele Autos für den Individualverkehr, und zwar weltweit." Wenn man die Autoproduktion „über acht oder zwölf Wochen" herunterfahre, sehe man: „Es ist kein systemrelevantes Produkt." Deswegen sollten die „Impulse" der Krise genutzt werden, um gesellschaftliche, politische Lösungen zu finden. Bätzold nennt Stichworte wie alternative Mobilitätskonzepte und Aufwertung von Berufen im Care-Sektor mit hohem Arbeitskräftebedarf. Dieser Sektor müsse der Profit-Logik entzogen werden. Im gewerblichen Bereich gehe es zukünftig nicht mehr „nur" um Lohn und Jobs, sondern auch um Qualität und Umfang der Arbeit, um Arbeitszeitverkürzung und Qualifizierung.[13]

In den betroffenen Betrieben gibt es lebendige Widerstandsaktionen (Warnstreiks, örtliche kleinere Demos, größere Protestkundgebungen, Autokorsos, Mahnwachen u.ä.) – gemessen am Ausmaß der gegenwärtigen und zu erwartenden Probleme aber erst in Ansätzen. Es überwiegt das Bemühen um Verhandlungen mit den Unternehmer*innen um die Sicherung der jeweiligen Betriebe, von denen jeder im Konkurrenzkampf um Wettbewerbsvorteile ringt.

Die Krise drängt viele Betriebsräte und Beschäftigte dazu, alles von der Sorge um den Erhalt „ihres" Standorts her zu betrachten. Der erste Schritt ist also der Widerstand der Belegschaften mit Unterstützung ihrer Gewerkschaft. Die Dialektik besteht heute aber gerade darin, dass sichere Arbeit und Einkommen für alle auf längere Sicht nur gerettet oder neu geschaffen werden können, wenn ein anderer gesellschaftlicher Entwicklungspfad, ein radikaler sozialökologischer Umbau erkämpft wird.

Die Stellungnahme von Carsten Bätzold bringt diesen Zusammenhang zum Ausdruck – neben dem unmittelbaren Kampf um Erhalt von Arbeitsplätzen muss die Suche nach gesamtgesellschaftlich vernünftigen Alternativen der Produktivkraftentwicklung treten, gegen das Bestreben der Kapitalseite, ihre Interessen systematisch durchzuset-

---

12 Handelsblatt vom 1.9.2020, siehe: https://www.handelsblatt.com/unternehmen/industrie/autozulieferer-30-000-jobs-weltweit-statt-20-000-conti-schockiert-mitarbeiter-mit-verschaerftem-sparkurs/26147536.html, zuletzt zugegriffen am 18.02.2021.

13 Siehe Carsten Bätzold/Michael Lacher: „Die Autoindustrie am Scheideweg", Working Paper, Interview im Denknetz, Mai 2020, https://www.denknetz.ch/wp-content/uploads/2020/05/Baetzold_Autoindustrie_Scheideweg.pdf, zuletzt zugegriffen am 18.02.2021.

zen. Hans-Jürgen Urban prognostiziert zu Recht, dass in dieser Auseinandersetzung „beinharte Interessen- und Zielkonflikte ... unvermeidbar" sind.[14] „Am Ende", so Urban, „wird über den gesellschaftlichen Entwicklungspfad über machtbasierte Gesellschaftskonflikte entschieden."[15]

Hier steht die Frage nach den gesellschaftlichen Kräfteverhältnissen. Diese haben sich – im Vergleich zu den 1980er Jahren und im Ergebnis mehrerer Jahrzehnte des neoliberalen Rollback – zu Lasten der Arbeit und zu Gunsten des Kapitals verschoben. Die Gewerkschaften stehen nach einem langen Prozess der Erosion ihrer Machtressourcen schwächer da als noch in der alten Bundesrepublik der 1980er Jahre. Ganz besonders der Crash der Jahre 1989/90 ff. und der Schwenk der damaligen SPD-Führung unter Schröder auf neoliberale Positionen haben klassenautonome Strömungen in den Gewerkschaften weiter zurückgedrängt. Auch die Krise von 2008 ff. hat korporatistischen Positionen des Co-Managements in den Gewerkschaften Auftrieb gegeben.[16] So finden sich die bedrängten Belegschaften in den Betrieben der Automobilindustrie heute in einer Situation, in der „Häuserkämpfe" und die Sorgen um den jeweiligen „Standort" überwiegen. Dabei werden auch Teilerfolge errungen. Zugleich sind die Gewerkschaften aber herausgefordert, die unmittelbaren Interessen der Beschäftigten in den einzelnen Betrieben zu einer breiteren Bewegung zu verbinden und in eine gesamtgesellschaftliche Reformkonzeption zu integrieren. Dazu existiert in der kritischen Wissenschaft durchaus eine entfaltete Debatte. In die gewerkschaftliche Politik hat sie bisher aber kaum Eingang gefunden.

Es zeigt sich in den Strukturkrisen und Transformationskonflikten aber auch, dass die Kapitalseite den Strukturwandel – selbst in der von ihr forcierten Richtung – nicht aus eigener Kraft bewerkstelligen kann. Hierin drückt sich der heutige Vergesellschaftungsgrad der Wirtschaft aus. Sie verlangt nach staatlicher Industriepolitik im Sinne massiver Subventionen („Entlastungen" der verschiedensten Art, Förderung von Forschung und Entwicklung, Infrastrukturinvestitionen, Absatzförderung usw.), verwahrt sich aber gegen jede demokratische Kontrolle und Einflussnahme auf ihre Entscheidungen – seitens der Belegschaften wie seitens des Staates, also der Öffentlichkeit, die zur Kasse gebeten wird. Urban stellt hierzu fest: „Vieles spricht dafür, dass hier die Stunde der Demokratie schlagen muss", und er konkretisiert: „(Wirtschafts-)Demokratie (wird) zum archimedischen Punkt von Konversionskonzepten, die eine naturverträgliche Produktions- und Konsumtionsweise mit sozialen und Beschäftigungsinteressen und der Überwindung der Shareholder-Value-Orientierung in den Unternehmen ausba-

---

14 Hans-Jürgen Urban: Impulse aus der Tiefe. Marx und die Gewerkschaften heute, in: Nicole Mayer-Ahuja et al. (Hrsg.): Karl Marx – Ratgeber der Gewerkschaften?, Hamburg, 2019, S. 89-112, hier S. 103.

15 Ebenda, S. 107.

16 Vgl. hierzu Hans-Jürgen Urban: Sind Gewerkschaften (noch) Klassenorganisationen?, in: Zeitschrift Marxistische Erneuerung Nr. 116, Dezember 2018, S. 81-95, hier S. 92.

lancieren wollen."[17] Dies, so Urban weiter, werden die Gewerkschaften „alleine nicht bewerkstelligen können. Die Gründung und Stärkung von handlungsfähigen Allianzen, die den Pfadwechsel nach links drängen, wird zur Schlüsselaufgabe."[18] Auch in den heutigen Struktur- und Transformationskrisen stellen sich für die Gewerkschaften also die Fragen, die schon Ende der 1980er Jahre in den Betrieben und in der Linken diskutiert wurden. Und die Aufgabe, die betrieblichen und gesellschaftlichen Kämpfe auszuweiten, zu vereinheitlichen und zuzuspitzen.

---

17 Ebenda, S. 104.

18 Hans-Jürgen Urban: Corona, Kapitalismus, Demokratie. Demokratische Arbeitspolitik für ein neues Entwicklungsmodell, in: Christoph Schmitz/Hans-Jürgen Urban (Hrsg.): Demokratie in der Arbeit. Eine vergessene Dimension der Arbeitspolitik. Gute Arbeit, Ausgabe 2021, Frankfurt a.M., 2021, S. 27-46, hier S. 44.

Richard Hyman

Sozialismus, Barbarei und die zunehmenden Widersprüche der „freien Arbeit"

> „Ein Beharren in der kapitalistischen Zivilisation ist unmöglich; es heißt entweder vorwärts zum Sozialismus oder rückwärts in die Barbarei."
>
> Karl Kautsky, *Das Erfurter Programm*, Kapitel 4, Artikel 6, 1892

Einleitung

Rosa Luxemburg hat bekanntermaßen behauptet, „die bürgerliche Gesellschaft steht vor einem Dilemma: entweder Übergang zum Sozialismus oder Rückfall in die Barbarei" (da sie dies 1915 im Gefängnis schrieb, war sie nicht in der Lage, die korrekte Quelle dieses Epigramms zu verifizieren). Zu den aktuellen Debatten über die Zukunft der Arbeit passt die These, die Gesellschaft stünde vor der Wahl zwischen einem Fortschritt hin zu „guter Arbeit" (und sozial nützlicher Arbeit) oder einem Rückfall in die Barbarei der zunehmend unfreien Arbeit. Ich möchte diesen Punkt näher ausführen, indem ich das paradoxe Konzept der „freien Arbeit" anspreche und argumentiere, dass die Unfreiheit bei der Arbeit gegenwärtig zunimmt und droht, den jahrzehntelangen Fortschritt hin zu „zivilisierten" Arbeitsverhältnissen zu untergraben.

Fiktive Waren und reale Kommodifizierung

Marx (1867: 189) beschrieb den Arbeitsmarkt ironisch als „ein wahres Eden der angebornen Menschenrechte". Was allein hier herrscht, ist Freiheit, Gleichheit, Eigentum und Bentham. Er betonte die Widersprüche zwischen der Form des „freien Vertrags" und der Realität der asymmetrischen Abhängigkeit. Gleichheit vor dem Gesetz bedeutete nicht Gleichheit in der Praxis. Arbeitnehmer*innen standen oft miteinander im Wettbewerb um Arbeitsplätze, was einen Druck auf die Löhne nach unten zur Folge hatte; und wegen ihrer begrenzten Mittel konnte selbst eine kurze Zeit ohne Arbeit schwere Entbehrungen, ja sogar Hungersnot nach sich ziehen. Umgekehrt verfügten die Arbeitgeber oft über ausreichendes Kapital, um längere Zeit ohne Arbeiter*innen zu überleben; und es war leichter für sie, kollektiv zu handeln.

Darüber hinaus stand es den Arbeiter*innen zwar *frei*, ihre Arbeitskraft *zu verkaufen*, doch *mangelte* es ihnen zunehmend an jeglichen alternativen Möglichkeiten zur Existenzsicherung. So kam es zum Beispiel bei den „*Highland Clearances*" zu Beginn des 18. Jahrhunderts zur gewaltsamen Enteignung und Vertreibung von Kleinbäuer*innen, um den Boden für ertragreichere Schafzucht zu nutzen (Devine 2018). Ein solcher erzwungener Wandel wurde durch die kulturelle Gewalt einer aufkommenden Ideologie unterstützt, die wirtschaftliches Eigeninteresse über soziale Verpflichtungen stellte. Die Gewalt des Kolonialismus brachte noch mehr gewaltsame und systematische Enteignung mit sich.

Für Polanyi (1944) zwang der Aufstieg des industriellen Kapitalismus im späten achtzehnten und frühen neunzehnten Jahrhundert den Arbeiter*innen den Status einer Ware auf; er argumentierte jedoch, dass die daraus resultierende soziale Verwerfung notwendigerweise eine Gegenbewegung durch „eine spontane Reaktion" (1944: 149) auslöste und schließlich einen neuen Rahmen sozialer Rechte schuf. In der Folge schrieb Esping-Andersen (1990) von der „Dekommodifizierung", dem Schutz der Arbeitnehmer*innen vor den Launen der Marktkräfte (und den Ungleichgewichten der gesellschaftlichen Macht, die diese mit sich brachten).

Im Nachkriegseuropa wurde durch eine Reihe von Regelungen sichergestellt, dass „Arbeitsmärkte" nur in begrenzter Hinsicht Märkte darstellten. In den Ländern der späteren EU führten unterschiedliche institutionelle Strukturen dazu, dass die Arbeitgeber*innen-Arbeitnehmer*innen-Beziehung nicht mehr primär von den Marktkräften bestimmt wurde. Die Arbeit wurde als kollektiver „Interessenträger" mit Rechten anerkannt, die denen der Kapitalist*innen und Aktionär*innen entsprachen.

Die Dekommodifizierung wurde häufig durch eine ausführliche arbeitsrechtliche Gesetzgebung durchgesetzt, die eine Vielzahl von substanziellen Beschäftigungsstandards wie Mindestlöhne, Urlaubsansprüche und Höchstarbeitszeiten sowie umfangreiche Bestimmungen zum Arbeits- und Gesundheitsschutz vorschrieben. Ebenso schränkte die Gesetzgebung das Recht des Arbeitgebers „to hire and fire" ein, im Gegensatz zu der seit langem etablierten US-Doktrin des „jederzeit kündbaren Arbeitsverhältnisses". Im Wesentlichen wurde das Arbeitsverhältnis als *Status* und nicht als bloßer *Vertrag* behandelt und konnte nur aus wichtigem Grund und durch ein ordentliches Verfahren beendet werden.

Die Politik unterstützte in der Regel Tarifverhandlungen, und Tarifverträge hatten üblicherweise Vorrang vor individuellen Arbeitsverträgen, wodurch die „Freiheit" individueller Akteure auf dem Arbeitsmarkt weiter eingeschränkt wurde. Darüber hinaus führten zentralisierte Vereinbarungen und in einigen Ländern gesetzliche Erweiterungsmechanismen (wie z.B. Allgemeinverbindlicherklärungen) zu einem hohen Grad an Abdeckung durch Tarifverhandlungen (selbst bei niedrigen Organisationsgraden). Und fast überall gab es standardisierte nationale Systeme der betrieblichen Interessenvertretung, die zumindest teilweise von der Geschäftsleitung unabhängig waren: Eine Widerspiegelung des Prinzips, dass ein Unternehmen nicht einfach das Privateigentum seiner Eigentümer*innen ist, sondern dass die Beschäftigung durch ein Unternehmen auch die Zugehörigkeit zu einer betrieblichen Gemeinschaft beinhaltet und eine Form der „industriellen Staatsbürgerschaft" mit demokratischem Charakter erfordert.

Dieser Prozess wurde durch umfassende Sozialsysteme verstärkt. Nach Ansicht von Marshall wurde dadurch eine „soziale Staatsbürgerschaft" geschaffen, indem das Recht auf wenigstens Mindeststandards für „wirtschaftlichen Wohlstand und Sicherheit" und damit auf ein „Leben als zivilisiertes Wesen" (1950: 10 f.) festgeschrieben wurde. Das „soziale Sicherheitsnetz" diente dazu, alle Arbeitnehmer*innen in ihrer Beziehung zum Arbeitgeber zu stärken.

Woher kamen diese Arbeitnehmer*innenrechte? Urban (2013) setzt sich kritisch und umfassend mit diesem Prozess auseinander. Obwohl Polanyi eine „Gegenbewegung" zur Kommodifizierung für unvermeidlich hielt, wäre es sehr verfehlt anzunehmen, nationale arbeitsrechtliche Bestimmungen seien das Ergebnis eines historischen Konsenses über die Struktur von Regulierungen der Arbeitswelt gewesen. Im Allgemeinen wurden die Arbeitnehmer*innenrechte in einem ungleichmäßigen, sedimentierten und umstrittenen Prozess festgelegt, wobei es sowohl Rückschläge als auch Fortschritte bei der Dekommodifizierung gab. Die in den einzelnen Ländern entstehenden Systeme spiegelten ein bedingtes historisches Gleichgewicht der Klassenkräfte wider: Die Rechte wurden in der Regel als ausgehandelter Ausgleich zwischen den Klasseninteressen oder als eine Reihe von Zugeständnissen der Mächtigen erreicht, um den Protest von unten zu dämpfen.

Die Institutionalisierung der Arbeitnehmer*innenrechte in einer Zeit, in der die Arbeiter*innenbewegungen durch das Gleichgewicht der Klassenkräfte besonders begünstigt wurden, war eine große soziale Errungenschaft. Doch dies konnte einen Rückschritt nicht verhindern, wenn sich die Umstände änderten. Ein Grund dafür ist, dass formale Rechte erst durch einen Prozess der Interpretation und Anwendung Substanz erhalten, und diese Kompromisse beinhalteten immer eine widersprüchliche und daher instabile Synthese von Status und Vertrag, wie viele Autor*innen vor langer Zeit feststellten (Fox 1974; Hyman 1987; Supiot 1990). Die Bedeutung der Regeln, die diese Rechte verkörpern, wird ständig neu gestaltet und neu verhandelt, und es ist oft einfacher, diese Rechte zu schwächen, indem man ihre praktische Wirkung aushöhlt, als sie frontal anzugreifen (Crouch 2004; Streeck 2009).

Die Ära der Postdekommodifizierung und die Wiederentdeckung der „Zwangsarbeit"

Obwohl die Dynamik und die institutionellen Ergebnisse landesspezifisch waren, beinhalteten die Regulierungssysteme der Nachkriegszeit in allen Fällen einen Ausgleich zwischen den *nationalen* Arbeiter*innenbewegungen und ihren Gesprächspartner*innen. Arbeitgeber*innen waren in Bezug auf Unternehmenseigentum und Produktionsstrategien in erster Linie national aufgestellt und in den meisten Ländern bereit, gemeinschaftlich zu handeln. Die Regierungen waren in der Sozial- und Wirtschaftspolitik weitgehend autonom und förderten den Aufstieg des keynesianischen Wohlfahrtsstaates.

Die Welt hat sich verändert. Erstens hat die Globalisierung – von der die europäische wirtschaftliche Integration ein wichtiger Bestandteil ist – die dominierenden kapitalistischen Ballungsräume der nationalen Kontrolle entzogen (Urban 2019a). Die Liberalisierung der Finanzmärkte hat eine Reihe exotischer fiktiver Waren hervorgebracht, die sich Polanyi nie hätte vorstellen können: Derivate, Sekundärmärkte, Hedgefonds, Private Equity, Leveraged Buyouts (LBO, Unternehmensübernahme mit

Fremdkapital), Kreditausfallversicherungen etc. machen es jetzt möglich und sogar effektiver, einen Mehrwert zu erzeugen, ohne Wert zu produzieren. Die Geldmenge kann ohne Produktion von Waren im traditionellen Sinne erhöht werden: Ein Prozess, den McMurtry (1998) als das Krebsstadium des Kapitalismus bezeichnet. Unternehmen selbst sind zu Waren geworden, die zunehmend gekauft und verkauft werden und neue Formen der Unsicherheit schaffen: Für eine wachsende Zahl von Arbeitnehmer*innen (und ihre Gewerkschaften) ist nicht einmal mehr klar, *wer* der Arbeitgeber ist (Standing, 2011: 35).

Eine damit verbundene Transformation beinhaltet die Neugestaltung des Staates. In den letzten Jahrzehnten hat die neoliberale Globalisierung ein Alibi geliefert für antisoziale Politiken von Regierungen, die beharrlich behaupten, dass es keine Alternative zur Unterwerfung unter die internationalen Märkte gibt. Einerseits war die Politik der Regierungen darauf ausgerichtet, dass sich der Staat „zurückzieht" und die sozialen Schutzmechanismen auf diejenigen beschränkt, die aus Gründen der Produktivität und der Wettbewerbsfähigkeit zu rechtfertigen sind; andererseits waren neue und repressive Formen der Intervention erforderlich, um den Einfluss der Marktkräfte durchzusetzen. Die EU, einst oft als Verfechterin der Dekommodifizierung angesehen, ist zu einer der wichtigsten Triebkräfte dieses Prozesses geworden: Ihre „New Economic Governance" zielt zunehmend auf die soziale Wohlfahrt und den Beschäftigungsschutz ab, während die den „Programmländern" auferlegte „Schocktherapie" eine eskalierende Rekommodifizierung erzwungen hat. Das keynesianische makroökonomische Management, eine der wichtigsten Grundlagen der Nachkriegsordnung, setzte die Fähigkeit zur wirtschaftspolitischen Steuerung durch den Nationalstaat voraus; die makroökonomische Steuerung der Nachfrage wurde nun der angenommenen Unausweichlichkeit der nationalen „Wettbewerbsfähigkeit" untergeordnet. Dort, wo sich bedeutende produktive und infrastrukturelle Vermögenswerte in öffentlicher Hand befanden, sind diese in den meisten Ländern weitgehend privatisiert worden.

Diese Tendenzen können im Sinne von Polanyi als eine *Gegen*-Gegenbewegung verstanden werden, eine *dritte* Phase, in der das in den vergangenen Jahrzehnten aufgebaute Regulierungsnetz bewusst aufgelöst wird. Die Norm der Unsicherheit, von der weithin angenommen wird, dass sie in der Mitte des zwanzigsten Jahrhunderts überwunden wurde, wird zunehmend wieder durchgesetzt. Für viele (und in einigen Ländern die meisten) Neueinsteiger*innen in den Arbeitsmarkt sind die einzig verfügbaren Beschäftigungsmöglichkeiten prekär: Kurzzeitverträge, Scheinselbständigkeit, Leiharbeit, Null-Stunden-Verträge. Was einst als „atypische" Beschäftigung galt, ist heute zunehmend typisch, während der Aufstieg der „Platform Economy" eine Rückkehr zu Abschlüssen von Spotverträgen auf dem Arbeitsmarkt mit sich gebracht hat. Dies ist eine der Ursachen für die zunehmende Einkommensungleichheit und den wachsenden Anteil der Erwerbsbevölkerung, der einerseits von der strukturellen Gewalt der Nichterwerbstätigkeit, andererseits von Arbeitsüberlastung, von zunehmend prekärer Arbeit und oft von sittenwidriger Arbeit in ihren vielen Erscheinungsformen betroffen ist.

„Zwangsarbeit" ist ein beliebter Forschungsgegenstand: Google Scholar bietet über eine Million Fundstellen. Die ILO (2019) definiert sie als

„Arbeit, die unfreiwillig und unter Androhung einer Strafe verrichtet wird. Sie bezieht sich auf Situationen, in denen Personen durch den Einsatz von Gewalt oder Einschüchterung oder durch subtilere Mittel wie manipulierte Schulden, das Zurückhalten von Ausweispapieren oder die Androhung einer Denunziation gegenüber den Einwanderungsbehörden zur Arbeit gezwungen werden."

Obwohl die ILO schätzt, dass „weltweit mindestens 12,3 Millionen Menschen Opfer von Zwangsarbeit sind" (2005: 10), wird unfreie Arbeit gemeinhin als peripher zu „normalen" kapitalistischen Arbeitsbeziehungen betrachtet, z.B. im Zusammenhang mit Menschenhandel für Sexarbeit oder für landwirtschaftliche Arbeit in nicht-industrialisierten Ländern.

Doch ist unfreiwillige Arbeit so weit vom „fortgeschrittenen" Kapitalismus entfernt? Es wird zunehmend anerkannt, dass es keine binäre Trennung zwischen freiwilliger und unfreiwilliger oder freier und unfreier Arbeit, sondern Grade der (Un-)Freiheit gibt. Dementsprechend gibt es viele Arten von Gewalt und Zwang. Physische Gewalt ist relativ einfach zu identifizieren; die Androhung von Zwang weniger, und die weiter gefasste Kategorie der psychischen Gewalt ist noch diffuser (Giaccone und Di Nunzio 2015; Lawrence 1970; Milczarek 2010). Darüber hinaus können Zwang und Gewalt im sozialen Rahmen verankert sein, in dem sich zwischenmenschliche Beziehungen abspielen.

Galtung (1990: 291-293) insistierte, dass „zur Diskussion der Kategorien struktureller Gewalt ein Bild einer Gewaltstruktur und ein Vokabular, ein Diskurs" erforderlich sind, um die zugrunde liegende Dynamik interpretieren zu können. Er analysierte insbesondere die „kulturelle Gewalt", die, wie er argumentiert, „direkte und strukturelle Gewalt richtig aussehen lässt, ja sie sogar richtig – oder zumindest nicht falsch – anfühlen lässt". Wie Bauman geschrieben hat (2001: 212), „verschmilzt der Zwang, wenn er fest institutionalisiert ist, mit dem Hintergrund des täglichen Lebens und gerät aus dem Blickfeld". Diese Institutionen der „symbolischen Gewalt" (Bourdieu 1984) erhalten kognitive Strukturen aufrecht, die bestärken, dass Herrschaftssysteme und soziale Schäden als natürlich und unvermeidlich wahrgenommen werden. Wir können von „sanfter Gewalt" (Schroer 2000: 449) oder dramatischer von „den unsichtbaren Handschellen des Kapitalismus" (Perelman 2011) sprechen.

Wann und wie stellt schlechte Arbeit Zwangsarbeit dar? Barrientos (2013: 1037 f.), insistiert, dass es ein Kontinuum von „Beziehungen und Bedingungen der Unfreiheit" gibt. In ähnlicher Weise betont Phillips (2013: 173-177), dass „Formen unfreier Arbeit theoretisch und empirisch als ... das extreme Ende eines Kontinuums ausbeuterischer Arbeitsbeziehungen zu verstehen sind, die die Grundlage der globalen Produktion bilden". Dieses Kontinuum reicht von Formen der Arbeitsbeziehungen, die eindeutig als „Sklaverei" oder „Zwangsarbeit" zu bezeichnen wären, die einen völligen Entzug der Freiheit und des freien Willens einer Person beinhalten, bis hin zu jenen, die fließender sind und deutliche Dimensionen der Unfreiheit mit Elementen der Freiheit verbinden."

Wie Phillips argumentiert (2013: 178), „mag der Eintritt in unfreie Arbeitsbeziehungen technisch gesehen 'freiwillig' sein, aber der entscheidende Punkt ist die (Il-)Legitimität der Optionen, die einer Person zu einem bestimmten Zeitpunkt zur Verfügung stehen". In der heutigen globalen Produktion wird Unfreiheit in erster Linie nicht durch den Zwang zum Eintritt, sondern durch die Verhinderung des Austritts geschaffen. Diese Bedingungen beruhen oft auf Verschuldung und/oder Einbehaltung von Lohn bis zum Vertragsende, was mit Missbräuchen wie Inhaftierung und Einschränkung der physischen Bewegungsfreiheit, angedrohter oder tatsächlicher Gewalt (sowohl psychischer als auch physischer Art und sowohl gegen eine Arbeitnehmerin als auch gegen ihre Familie oder Mitarbeiter*innen) und/oder Beschlagnahme von Dokumenten und Eigentum kombiniert werden kann.

Unfreiheit ist oft eng mit der Rolle der Vermittler*innen auf dem Arbeitsmarkt verbunden.

> „Es wird zunehmend erkannt, dass Subunternehmerketten zunehmen und dass deren schlimmste Formen mit zunehmend unfreier Arbeit in der heutigen globalisierten Produktion verbunden sind. Lohnunternehmer*innen verlangen von migrantischen Arbeiter*innen oft hohe Honorare für Transport, Ausbildung, Bereitstellung von 'Dokumenten' und verlangen auch hohe 'Zinsen' auf Darlehen für diese 'Dienstleistungen'. Diese werden oft zusätzlich zu hohen Zahlungen an Vermittler*innen für 'Reisen' in das Zielland verlangt. Undokumentierte migrantische Arbeiter*innen haben nur wenige Möglichkeiten, um ihre Rechte geltend zu machen, und fürchten den Verlust ihrer Arbeit und ihre Abschiebung, wenn sie sich beschweren" (Barrientos 2013: 1059 f.).

Daher ist „Zwangsarbeit" weder einfach ein historisches Problem der Dritten Welt, noch ist sie in „entwickelten" Ländern lediglich mit Menschenhandel und Menschenschmuggel in Verbindung zu bringen. Vielmehr ist „unfreie Arbeit ... ein stabiles Merkmal der heutigen globalen Wirtschaft" (LeBaron und Phillips 2018: 1). Wie Strauss betont (2012: 137 f.),

> „bedeuten die Globalisierung von Produktion und Kapitalströmen und die De- und Re-Regulierung nationaler Beschäftigungssysteme zur Schaffung flexibler Arbeitsmärkte, dass es immer mehr Verflechtungen zwischen der Nachfrage nach flexiblen, kostengünstigen Arbeitskräften in den industrialisierten Volkswirtschaften und einem Angebot an Arbeitnehmer*innen gibt, die ihre Arbeitskraft nicht zu Hause kommodifizieren können .... Weit entfernt von einer rudimentären Form der vorkapitalistischen Ausbeutung ist die unfreie Arbeit Teil des Kontinuums der Ausbeutung."

„Unfreie Arbeit ist nicht nur mit relativ fortgeschrittenen Produktivkräften vereinbar, sondern erfüllt auch die gleiche Rolle wie die Technologie im Klassenkampf: Das Kapital nutzt beides, um die Arbeit zu verbilligen, zu disziplinieren oder als Ersatz für freie Lohnarbeit" (Brass 1999: 9).

LeBaron und Phillips (2018), die sich empirisch auf jüngste Erfahrungen in den USA stützen, konzentrieren sich auf die Frage, wie staatliche Politik durch Handlungen oder Unterlassungen unfreie Arbeit erleichtern kann, indem sie sowohl den Pool an gefährdeten Arbeitskräften vergrößert als auch die Anreize zur Anwendung eines auf Zwangsarbeit basierenden Geschäftsmodells erhöht. Beides sind vorhersehbare Ergebnisse des Neoliberalismus, eines Projekts, das auf der auf den ersten Blick paradoxen Vermischung von „freier Wirtschaft und starkem Staat" (Gamble 1988) beruht. Die „Modernisierung" der Arbeitsmärkte und der sozialen Sicherungssysteme durch

Schwächung oder Abschaffung der Kündigungsschutzgesetze und der sozialen Sicherheitsnetze und ihre Ersetzung durch Rekommodifizierung und Workfare schränkt die Möglichkeiten der Arbeitnehmer*innen drastisch ein und zwingt viele in unerwünschte Arbeitssituationen.

Neoliberale Politiken, die den Sozialschutz durch „Workfare" ersetzen und die Anspruchsberechtigung und den Wert der Sozialleistungen kürzen, fördern unweigerlich die Zunahme von „unanständiger Arbeit". Wie O'Connell Davidson (2014: 528) es in Anspielung auf einen Kommentar von Marx in seinen *Manuskripten von 1844* ausdrückt: „In einem Kontext, in dem sich immer mehr Menschen der sozialen Absicherung beraubt sehen und auf schwach regulierte oder völlig unregulierte Arbeitsmärkte geschleudert werden, beginnt die Prostitution wieder einmal wie nur 'ein spezifischer Ausdruck der allgemeinen Prostitution des Arbeiters'" auszusehen. Laut dem Bericht des UN-Sonderberichterstatters für extreme Armut und Menschenrechte (Alston 2018) haben die kumulativen Auswirkungen des sukzessiven Sozialabbaus in Großbritannien dazu geführt, dass viele Menschen in die Sexarbeit getrieben wurden. Dies veranlasste das *Work and Pensions Select Committee* des Unterhauses (2019), eine Untersuchung über den möglichen Zusammenhang zwischen Veränderungen im Sozialleistungssystem und der Zunahme von „Survival Sex" einzuleiten. Änderungen am System der Studienfinanzierung – die Ersetzung von Stipendien durch Darlehen und der starke Anstieg der Gebühren – scheinen zu ähnlichen Ergebnissen zu führen (Roberts et al. 2013; Sagar et al. 2015). Laut Simpson und Smith (2019: 709 f.) „schätzt man, dass derzeit etwa jeder zwanzigste Studierende an einer Universität im Vereinigten Königreich in irgendeiner Form an Sexarbeit beteiligt ist ... Angesichts drastischer Erhöhungen der Studiengebühren ... bei gleichzeitig steigenden Lebenshaltungskosten der Studierenden ist es nicht überraschend, dass Studierende durch finanziellen Druck motiviert sind, in die Sexarbeit einzusteigen".

In Richtung „Gute Arbeit"?

Ist Zwangsarbeit die neue Norm oder kann der finanzialisierte globale Kapitalismus neu reguliert werden? Das Wiederaufleben der Zwangsarbeit ist ein Aspekt des Zerfalls des modernen Kapitalismus in Barbarei, der sich auch in politischer Unterdrückung, Umweltzerstörung und militärischer Aggression niederschlägt. Jede neue Gegenbewegung muss sich das Prinzip zu eigen machen, dass „der Kapitalismus die Realität, aber nicht unsere Perspektive ist" (Urban 2014: 41). Um wirksam zu sein, müssen sich verschiedene Arten des Widerstands gegenseitig unterstützen und von der Vision einer Alternative geprägt sein.

Der Neoliberalismus überlebte die Krise 2007–2008 zum Teil, weil er mächtigen Partikularinteressen dient, aber auch, weil es selbst unter seinen Gegner*innen an einer weit verbreiteten Überzeugung mangelt, dass es eine Alternative gibt, die sowohl praktisch als auch inspirierend ist. Es ist in unserem Denken eingemeißelt: Der Neoliberalismus ist zum „gesunden Menschenverstand" unserer Zeit geworden. Es bedarf einer radikal anderen Logik der Nachhaltigkeit, Solidarität, Gerechtigkeit und

Würde. Wie könnte dies propagiert werden? Konkret *stellen* die meisten Menschen das gegenwärtige Wirtschaftssystem *in Frage*, aber anschwellende Wut in der Bevölkerung und Verzweiflung kommen oft der extremen Rechten zugute.

Die Forderung nach „guter Arbeit" (Urban 2019b) ist sicherlich ein wichtiger Bestandteil jeder Antwort: Dennoch bedeutet dies nicht nur eine Verlagerung von Beschäftigung mit „niedrigen Standards" zu einer Beschäftigung mit „hohen Standards", sondern auch eine Herausforderung für das, was Pietrykowski (2019) als Beschäftigung „ohne Standards" bezeichnet. Dies erfordert einen Übergang von der gegenwärtigen politischen Ökonomie zu einer moralischen Ökonomie (Thompson 1971). Die Schaffung einer strategischen Vision, die dem Vormarsch der Unfreiheit entgegenwirken könnte, ist eine gewaltige Herausforderung. Sie erfordert neue Formen des Engagements mit denjenigen, die am stärksten von der Vernichtung einstmals sicher scheinender Freiheiten und Möglichkeiten betroffen sind. Sie erfordert aber auch die Bereitschaft, die Grenzen des Pragmatismus zu überschreiten und sich den Möglichkeiten der Utopie zuzuwenden. Dabei kommt öffentlich wirksamen Intellektuellen und engagierten Wissenschaftlern eine entscheidende Rolle zu, als „moralische Unternehmer" (Abercrombie 2020: 123) zu handeln, um aufzuzeigen, dass es eine Alternative zur neuen Normalität der zunehmenden Zwangsarbeit *gibt*.

Literatur

Abercrombie, Nicholas (2020): Commodification and its Discontents. Cambridge.
Alston, Philip (2018): Statement on Visit to the UK. https://www.ohchr.org/EN/NewsEvents/Pages/DisplayNews.aspx?NewsID=23881, letzter Zugriff: 11.03.2021.
Barrientos, Stephanie Ware (2013): Analysing the Role of Labour Contractors in Global Production Networks, in: Journal of Development Studies 49(8), S. 1058-1071.
Bauman, Zygmunt (2001): The Individualized Society. Cambridge.
Bourdieu, Pierre (1984): Distinction. London.
Brass, Tom (1999): Towards a Comparative Political Economy of Unfree Labour. London.
Crouch, Colin (2004): Post-Democracy. Cambridge.
Devine, Thomas Martin (2018): The Scottish Clearances. London.
Esping-Andersen, Gøsta (1990): The Three Worlds of Welfare Capitalism. Cambridge.
Fox, Alan (1974): Beyond Contract. London.
Galtung, Johan (1990): Cultural Violence, in: Journal of Peace Research 27(3), S. 291-305.
Gamble, Andrew (1988): The Free Economy and the Strong State. The Politics of Thatcherism. London.
Giaccone, Mario und Di Nunzio, Daniele (2015): Violence and harassment in European workplaces. Dublin.
Hyman, Richard (1987): Strategy or Structure? Capital, Labour and Control, in: Work, Employment and Society 1(1), S. 25-55.
ILO (2005): Global Report on Forced Labour 2005. Geneva.
ILO (2019): What is forced labour, modern slavery and human trafficking. https://www.ilo.org/global/topics/forced-labour/definition/lang--en/index.htm, letzter Zugriff: 11.03.2021.
Lawrence, John (1970): Violence, Social Theory and Practice 1(2), S. 31-49.

LeBaron, Genevieve and Phillips, Nicola (2018): States and the Political Economy of Unfree Labour, in: New Political Economy: S. 1-21, doi.org/10.1080/13563467.2017.1420642, letzter Zugriff: 11.03.2021.

Marshall, Thomas Humphrey (1950): Citizenship and social class and other essays. Cambridge.

Marx, Karl (1867): Das Kapital, Band I. Hamburg.

McMurtry, John (1998): The Cancer Stage of Capitalism. London.

Milczarek, Malgorzata (2010): Workplace, Violence and Harassment. Luxemburg.

O'Connell Davidson, Julia (2014): Let's go outside: Bodies, Prostitutes, Slaves and Worker Citizens, in: Citizenship Studies 18(5), S. 516-532.

Perelman, Michael (2011): The Invisible Handcuffs of Capitalism. New York.

Phillips, Nicola (2013): Unfree Labour and Adverse Incorporation in the Global Economy, in: Economy and Society 42(2), S. 171-196.

Pietrykowski, Bruce (2019): Work. Cambridge.

Polanyi, Karl (1944): The Great Transformation. New York.

Roberts Ron; Jones, Amy und Sanders, Teela (2013): Students and sex work in the UK, in: Sex Education 13(3), S. 349-363.

Sagar, Tracey; Jones, Debbie; Symons, Katrien and Bowring, Jo (2015): The Student Sex Work Project: Research Summary. Swansea: Centre for Criminal Justice and Criminology.

Schroer, Markus (2000): Gewalt ohne Gesicht, in: Leviathan 28(4), S. 434-451.

Simpson, Jessica and Smith, Sarah (2018): Sarah's experience of being a student sex worker, in: Work, Employment and Society 33(4), S. 709-718.

Standing, Guy (2011): The Precariat: The New Dangerous Class. London.

Strauss, Kendra (2012): Coerced, Forced and Unfree Labour: Geographies of Exploitation in Contemporary Labour Markets, in: Geography Compass 6(3), S. 137-148.

Streeck, Wolfgang (2009): Re-Forming Capitalism. Oxford.

Supiot, Alain (1999): Au-delà de l'emploi. Paris.

Thompson, Edward Palmer (1971): The Moral Economy of the English Crowd in the Eighteenth Century, in: Past and Present 50(1), S. 76-136.

Urban, Hans-Jürgen (2013): Der Tiger und seine Dompteure. Hamburg.

– (2014): Zwischen Defensive und Revitalisierung, in: Sozialismus 11/2014, S. 35-41.

– (2019a): Polanyi and the digital transformation of labour: on fictitious commodities and real conflicts, in: Atzmüller, Roland; Aulenbacher, Brigitte; Brand, Ulrich; Décieux, Fabienne; Fischer, Karin und Sauer, Birgit (Hrsg.): Capitalism in Transformation. Cheltenham, S. 289-305.

– (2019b): Gute Arbeit in der Transformation. Hamburg.

Work and Pensions Committee (2019): Universal Credit and Survival Sex. https://publications.parliament.uk/pa/cm201919/cmselect/cmworpen/83/83.pdf.

Rebecca Gumbrell-McCormick

„Was ist unser Ziel?": Gewerkschaften und ihre politischen Projekte

Einführung

In einer von mir zusammen mit Richard Hyman verfassten Studie zu Gewerkschaften in Westeuropa (Gumbrell-McCormick und Hyman 2013, 2018) haben wir eine Analyse mit vielen Parallelen zu der Studie von Hans-Jürgen Urban entwickelt, den wir für eben diese Studie interviewen durften. Wir kamen zu dem Schluss, dass die strukturelle und Organisationsmacht der Gewerkschaften in den meisten Ländern abgenommen hat und ihre institutionellen Machtressourcen daher nicht mehr sichergestellt sind. Wir waren uns einig, dass die Gewerkschaften, um diesen Trend aufzuhalten, ihre gesellschaftlichen Machtressourcen stärken und im Rahmen dieses Prozesses Allianzen mit anderen progressiven Kräften eingehen müssen. Urbans Arbeit konzentriert sich in erster Linie auf Deutschland und in gewissem Maße auf die Europäische Union als Einheit. Und in der Tat zeigt die deutsche Erfahrung viele Merkmale und Herausforderungen, die wir in den Gewerkschaftsbewegungen auf dem ganzen Kontinent finden. Diese Muster werden deutlicher, wenn wir unsere Perspektive erweitern. In diesem Beitrag gehe ich auf einige der allgemeineren Themen in Bezug auf Ideologie und Zielsetzung von Gewerkschaften ein, auf ihre traditionelle politische Rolle und schließlich auf die jüngsten Entwicklungen bei der Koalitionsbildung und den Weg nach vorn, den Urban als Bildung einer *Mosaik-Linken* bezeichnet hat.

Unterschiedliche Zielsetzungen von Gewerkschaften

Gewerkschaften müssen ein Ziel verfolgen. George Woodcock, Generalsekretär des britischen Gewerkschaftsverbands Trades Union Congress (TUC) in den 1960er Jahren, fragte regelmäßig: *„Was ist unser Ziel?"* (Taylor 2000). Urban hat die vorherrschende Orientierung der deutschen Gewerkschaften in Frage gestellt und eine offenere antikapitalistische Positionierung gefordert (Urban 2019). Dies bringt uns zurück zu den historischen Ursprüngen der Arbeiter*innenbewegung und der frühen politischen Haltung der Gewerkschaften. Inwieweit haben die Gewerkschaften jemals eine antikapitalistische Ideologie vertreten? Marx betonte in seiner Rede auf dem Eröffnungskongress der Ersten Internationalen im Jahr 1865:

> „Gewerkschaften tun gute Dienste als Sammelpunkte des Widerstands gegen die Gewalttaten des Kapitals. ... Sie verfehlen ihren Zweck gänzlich, sobald sie sich darauf beschränken, einen Kleinkrieg gegen die Wirkungen des bestehenden Systems zu führen, statt gleichzeitig zu versuchen, es zu ändern, statt ihre organisierten Kräfte zu gebrauchen als einen Hebel zur schließlichen Befreiung der Arbeiterklasse, d.h. zur endgültigen Abschaffung des Lohnsystems." (Marx: 152)

Dieser reaktive Kampf war unerlässlich, aber nicht ausreichend. Die Gewerkschaften tendierten dazu, als reaktive oder „intermediäre" Organisationen zu fungieren (Müller-Jentsch 1985), da ihre Hauptaufgabe als kollektive Akteure normalerweise darin besteht, die kollektiven Ressourcen der Arbeiter*innen in Interaktion mit jenen einzusetzen, die Macht über sie ausüben. Dennoch gab es innerhalb der frühen Arbeiter*innenbewegungen eindeutig revolutionäre Strömungen, und diese Strömungen bestehen bis zum heutigen Tag fort. Urban und andere argumentieren, dass die aktuellen Herausforderungen des Neoliberalismus, der Klimakatastrophe und des Aufstiegs der extremen Rechten eine erneute Stärkung dieser Strömung in der Gewerkschaftsbewegung erfordern, die nach Flanders (1970) als „Schwerter der Gerechtigkeit" agierten. Dazu bedarf es konzertierter Anstrengungen zur Zusammenarbeit mit anderen, ohne die das ehrgeizigere Projekt der Bekämpfung der Ursachen und nicht nur der Wirkungen unmöglich ist.

In den meisten Teilen Europas wird als selbstverständlich angesehen, dass Gewerkschaften politische Akteure sind, aber einige Gewerkschafter*innen (und politische Denker*innen) argumentieren weiterhin, dass sie ein enger gefasstes wirtschaftliches Ziel verfolgen sollten. Eine solche Sichtweise wird traditionell mit den USA in Verbindung gebracht, obwohl diese in den letzten Jahren und als Reaktion auf die jüngste Krisenserie zunehmend in Frage gestellt wird. Aber selbst innerhalb der Gewerkschaften in Europa kritisieren heute viele Mitglieder die Bindungen ihrer Organisationen an Politik, und einige Arbeitnehmer*innen geben diese als Grund für ihre Nichtmitgliedschaft an.

Warum sollten Gewerkschaften politische Akteure sein? Taylor (1989: xiv) sagt kurz und bündig, „dass Gewerkschaften zwangsläufig *politisch* sind, ob es ihnen oder Politikern gefällt oder nicht; dass sie innerhalb der kapitalistischen Industriestaaten relativ *machtlos* sind; und dass die Gewerkschaften in ihrem politischen Verhalten hauptsächlich *reaktiv* und *defensiv* sind". Wie Hyman (2001: 13-15) feststellt: „Die Regulierung des Arbeitsmarktes beinhaltet politische Fragen [...]. Der Staat ist nicht einzig der ultimative Verantwortliche für Verträge, einschließlich Arbeitsverträgen; durch aktives Eingreifen oder durch Unterlassung schafft er ein bestimmtes (Un-) Gleichgewicht zwischen den Beziehungen der verschiedenen Marktteilnehmer. Das Mindeste, was Gewerkschaften daher tun müssen, ist die Art und Weise beeinflussen, wie der Staat die Spielregeln auf dem Arbeitsmarkt gestaltet, einschließlich ihrer eigenen Existenzberechtigung, ihres Rechts zur Führung von Tarifverhandlungen und Mobilisierung für kollektives Handeln." Im Einklang mit der keynesianischen Transformation von Wirtschaftstheorie und Wirtschaftspolitik in der Nachkriegszeit erkannten die Gewerkschaften, dass die Parameter von Angebot und Nachfrage und damit das gesamte Terrain der Tarifverhandlungen dem Einfluss staatlicher Eingriffe unterliegen. Außerdem geht es den Arbeitnehmer*innen nicht nur um ihre Nominallöhne oder -gehälter: Ihr Interesse erstreckt sich weiter auf ihren tatsächlichen Reallohn unter Berücksichtigung der Preisentwicklungen, den Nettolohn nach Steuern und sozialen Gütern, die aus den vom Sozialstaat bereitgestellten Transfers und Dienstleistungen bestehen. In Ländern mit Institutionen und Traditionen tripartistischer Verhandlungen auf höchster Ebene sind alle diese Elemente Teil einer Gesamtagenda, die komplexe Kompromisse beinhaltet – „politischer Austausch", wie es in Italien heißt – und selbst wenn es derartige institutionelle Regelungen nicht gibt, versuchen die Gewerkschaften überall, Einfluss auf die Sozial- und Steuerpolitik zu nehmen. Darüber hinaus müssen sich Gewerkschaften, die Beschäftigte des öffentlichen Dienstes vertreten, die in vielen Ländern die Mehrheit der Mitgliedschaft bilden, zwangsläufig mit der Politik des Staates auseinandersetzen. Und schließlich müssen Gewerkschaften, wie oben erwähnt, als „Schwert der Gerechtigkeit" ein moralisches Ziel haben, um Arbeitnehmer*innen zum Beitritt und ehrenamtliche Aktivist*innen zum Handeln zu bewegen.

Inwieweit Gewerkschaften enge wirtschaftliche im Gegensatz zu breiteren sozialen Interessen verfolgen, ändert sich im Laufe der Zeit und unterscheidet sich erheblich sowohl zwischen als auch innerhalb von Ländern. Diese Unterschiede sind in hohem Maße mit dem unterschiedlichen Verständnis der Gewerkschaften und ihren primären Zielen und Handlungsweisen verbunden. In seinem Buch *Understanding European Trade Unionism* identifizierte Hyman (2001) ein „Dreieck" von Institutionen, an denen sich die Gewerkschaften orientieren: Markt, Klasse und Gesellschaft. Die drei von ihm untersuchten Länder Deutschland, Italien und Großbritannien stellten jeweils eine andere Konstellation in Bezug auf dieses Dreieck dar.

Italienische und französische Gewerkschaften haben viel von ihrer radikaleren Orientierung in Bezug auf Klasse und Gesellschaft behalten und betonen ihre Rolle als Vertretung der gesamten Arbeiter*innenklasse, nicht nur ihrer eigenen Mitglieder, und nicht nur in dem, was britische oder amerikanische Gewerkschaften als ihre „normale" Rolle der Vertretung der wirtschaftlichen Interessen ihrer Mitglieder im Tagesgeschäft ansehen könnten. In unserem kürzlich erschienenen Buch (Gumbrell-McCormick und Hyman 2018: 63 f.) diskutieren wir die jüngste Arbeit von Gewerkschaften in beiden Ländern bei der Vertretung von undokumentierten migrantischen Arbeitnehmer*innen – eine Arbeit, die beispielhaft für eine breitere politische Orientierung ist, die auf einem Sinn für soziale Gerechtigkeit und einem Vertretungsanspruch für die gesamte Gesellschaft beruht. Während solche umfassenden Aktionen für Gewerkschaften mit einer „radikalen" Tradition charakteristisch sind, haben Gewerkschaften in anderen Ländern, die diese Orientierung zuvor nicht teilten, zunehmend in ähnlicher Weise bei der Vertretung von Arbeitsmigrant*innen gehandelt, insbesondere in Deutschland, als Teil dessen, was Urban und andere als Neuausrichtung auf ein breiteres soziales und politisches Projekt gesehen haben, obwohl – wie Connolly et al. (2014) in Anlehnung an Hymans Schema zeigen – die Beziehung der Gewerkschaften zu marginalisierten Arbeitnehmer*innen je nach länderspezifischen Traditionen und Identitäten unterschiedlich ist.

In ganz Europa machte die Wirtschaftskrise von 2007–2009 den Staat zu einem wichtigen Gesprächspartner, selbst in Ländern, in denen die Gewerkschaften ihren Schwerpunkt traditionell auf „wirtschaftliche" im Gegensatz zu „politischer" Interessenvertretungsarbeit legten. Finanzielle Unterstützung für wirtschaftlich geschwächte Arbeitgeber*innen, spezielle Subventionen zur Einkommenssicherung bei Kurzarbeit und Ausweitung der aktiven Arbeitsmarktpolitik – alles weit verbreitete Forderungen der Gewerkschaften – erforderten zwangsläufig Engagement in der politischen Arena. Umgekehrt haben Versuche der Regierung, zur Bekämpfung der Haushaltsdefizite eine Austeritätspolitik zu verfolgen, selbst zurückhaltende Gewerkschaften in scharfe politische Konflikte verwickelt.

Gewerkschaften und Parteien

Wichtiger Bestandteil der politischen Orientierung von Gewerkschaften ist seit langem ihr Verhältnis zu politischen Parteien, das abhängig von der historischen Entwicklung der Industrialisierung, der Gewerkschaften selbst und der Parteien stark unterschiedlich ist (Crouch 1994). Es hat viele Versuche gegeben, ihre Wechselbeziehung zu klassifizieren. Hayward (1980: 5 f.) zum Beispiel identifiziert vier Typen: *erstens* ein „leninistisches Modell", bei dem die Partei versucht, die Politik und die Aktionen der ihr angeschlossenen Gewerkschaft zu kontrollieren; *zweitens* und eher die Ausnahme, der britische Fall, bei dem die Gewerkschaften selbst die Labour Party gründeten und ihre Aufgabe zunächst darin sahen, deren Politik zu bestimmen; *drittens* ein allgemeineres sozialdemokratisches Muster, das „Interdependenz und Symbiose" beinhaltet; schließlich *viertens* eine Position, in der die Gewerkschaften, auch wenn sie sich politisch engagieren, jede Allianz mit politischen Parteien ablehnen. Während sich die meisten Autor*innen auf die Verbindungen der Gewerkschaften mit sozialdemokratischen oder kommunistischen Parteien konzentriert haben, ist es wichtig festzuhalten, dass die Beziehung zwischen christlich-demokratischen Gewerkschaften und Parteien in mehreren Ländern von großer Bedeutung war. Ebbinghaus (1995) bezeichnete in Weiterentwicklung der bahnbrechenden Arbeit von Rokkan (1970) alle vier Modelle als Ergebnisse des grundlegenden Gegensatzes zwischen Arbeit und Kapital, stellt aber auch andere Konfliktlinien fest.

Diese und andere Autor*innen haben die unterschiedlichen Zeitpunkte von Konfliktlinien und anderen wichtigen Veränderungen untersucht. Wo es zum Beispiel historisch eine scharfe Konfrontation zwischen Kirche und Staat gab, führten Spaltungen zwischen säkularen (meist sozialistischen) und religiösen Identitäten zu einer ideologischen Segmentierung von Gewerkschaften und Parteien, die um die Gefolgschaft der Arbeiter*innenklasse kämpften. Diese Spaltungen wiederum waren oft ein fruchtbarer Boden für eine dritte Konfliktlinie zwischen reformistischen und revolutionären Gewerkschaften und Parteien. Vor allem in Südeuropa war die daraus resultierende Fragmentierung der Arbeiter*innenbewegung eine Quelle organisatorischer Schwäche und verstärkte die Ausrichtung auf politischen Protest statt auf Verhandlungen.

Obwohl derartige Beziehungen zwischen Gewerkschaften und Parteien viele Jahrzehnte bis in die Mitte des zwanzigsten Jahrhunderts Bestand hatten, sind sie nicht unveränderlich. Beziehungen enger gegenseitiger Abhängigkeit sind größtenteils lockeren Bindungen und manchmal vollständiger Trennung gewichen. Historische Beispiele sind die Ablehnung der Hegemonie der Parteien durch die sozialdemokratischen Gewerkschaften zu Beginn des 20. Jahrhunderts; später in mehreren Ländern die wachsende Unabhängigkeit der christlichen Gewerkschaften von der Kontrolle durch Kirche oder

Partei; schließlich die Loslösung der kommunistisch orientierten Gewerkschaften von ihren Mutterparteien beginnend in den frühen 1970er Jahren in Italien. Aber die formale Abgrenzung kann immer noch enge informelle Verflechtungen zulassen. Mit der formalen Verbindung von Gewerkschaft und Partei bleibt Großbritannien der Sonderfall, allerdings mit zunehmenden Konflikten zwischen den führenden Gewerkschaften und der Labour Party während und nach den Labour-Regierungen von 1997–2010 (Hamann und Kelly 2004: 95-6). In den meisten westeuropäischen Ländern sollte man die Lockerung der Verbindungen von Gewerkschaft und Partei jedoch nicht überbewerten: Es bestehen weiterhin enge informelle Verbindungen, durch die viele ehemalige Gewerkschafter*innen Funktionen in Partei (und Regierung) übernehmen und in ihrem lokalen Aktivismus eine doppelte Funktion wahrnehmen.

Die Gewerkschaften haben dennoch oft viel von ihrem traditionellen Einfluss innerhalb der ehemaligen „Schwesterparteien" verloren. Ein Grund ist der Rückgang der Gewerkschaftsmitgliedschaft, zusammen mit dem Schwinden der traditionellen Arbeiter*innenklasse, die die Basis für die Wähler*innenschaft der meisten linken und sozialdemokratischen Parteien bildete. Ein weiterer Grund ist das Spannungsfeld, in dem sich diese Parteien seit langem bewegen, wenn sie an der Regierung sind: Sie vertreten nicht mehr nur ihre eigene Kernwähler*innenschaft, was ihnen nicht nur ein Gefühl der Autonomie von ihrer Basis gibt, sondern auch ein Motiv zur Lockerung dieser Verbindungen bietet, um eine oft unpopuläre Politik zu verfolgen. Dieses Problem hat sich mit dem Aufkommen des Neoliberalismus deutlich verschärft. Wahlpolitischer Eigennutz zum Machterhalt oder einfach eingeschränkter Handlungsspielraum bei der Steuerung der nationalen Volkswirtschaften innerhalb der globalen wirtschaftlichen Unordnung bringt sozialdemokratische Parteien auf Kollisionskurs zu Gewerkschaftsbewegungen, zu deren eigenen Verpflichtungen die Verteidigung der Arbeitnehmer*inneneinkommen und der sozialen Errungenschaften der vergangenen Jahrzehnte gehört (Piazza 2001). In den Niederlanden führte ein solcher Konflikt 2009 quasi zum Zusammenbruch des wichtigsten Gewerkschaftsbundes und anschließendem Wegbrechen der Unterstützung der Sozialdemokratie durch die Wähler*innenschaft (Gumbrell-McCormick und Hyman 2018, 128 f.).

Parallel zu schwindender Mitgliedschaft in Gewerkschaften und abnehmendem Einfluss haben ihre traditionell verbündeten Parteien die Unterstützung ihrer Wähler*innenschaft verloren, sodass selbst eine lockere Verbindung für die Gewerkschaften möglicherweise nicht ausreicht, um ihren politischen Einfluss zu behalten, geschweige denn auszuweiten. Es gab einen weit verbreiteten Rückgang der sozialdemokratischen Vertretung in Parlamenten (und „progressiver" Varianten der Christdemokratie) mit steigender Unterstützung für alternative linke und/oder grüne Parteien in einer Reihe von Ländern. Gleichzeitig haben rechtsnationalistische Parteien beträchtliche Unterstützung von Wähler*innen aus der Arbeiter*innenklasse erhalten, vor allem in Deutschland, Italien und Frankreich. Noch vor einem Jahrzehnt waren linksgerichtete Parteien in allen bis auf zwei der zehn in unserer Studie 2013 untersuchten Länder in der Regierung und stellten in fünf von ihnen die Regierungsspitze. Heute ist die Situation umgekehrt: Die linke Mitte ist in sechs dieser Länder in der Opposition. Die weit verbreitete Unzufriedenheit mit den etablierten politischen Parteien führte zum Sieg der „Nein"-Stimmen beim Brexit-Referendum 2016 in Großbritannien. In vielen Ländern haben sich Rechtspopulist*innen als erfolgreicher erwiesen, um Wähler*innen aus der Arbeiter*innenklasse anzuziehen, als die Gewerkschaften und ihre traditionellen politischen Verbündeten.

Die Suche nach neuen Verbündeten: Eine *Mosaik-Linke*?

Der geschwächte Einfluss der Gewerkschaften auf ihre traditionellen „verbrüderten" Parteien zusammen mit dem allgemeinen Rückgang ihrer eigenen Vertretungsmacht und ihrer Fähigkeit zur Mobilisierung hat sie veranlasst, zunehmend nach neuen Machtressourcen an anderer Stelle zu suchen: durch Koalitionen mit externen Organisationen und durch eine erneute Bekräftigung ihres Ziels, soziale Gerechtigkeit für die Gesellschaft als Ganzes und nicht nur für ihre eigenen Mitglieder zu verfolgen. Urban hat diese neue breitere Koalition als *„Mosaik-Linke"* bezeichnet, wobei er anmerkt (2019b), dass Hyman (2016) vorgeschlagen hat, dass dieser Begriff vielleicht zu statisch sei und Kaleidoskop eine bessere Metapher sein könnte. Um diese neue Koalition aufzubauen, müssen die Gewerkschaften mit der Tradition brechen und riskieren, die Kernbeziehung zu ihren Mitgliedern zu gefährden. Das zentrale Dilemma besteht darin, dass sie die Arbeitsplätze ihrer Mitglieder verteidigen müssen, viele dieser Arbeitsplätze aber ohne radikale sozial-ökologische Veränderungen nicht erhalten bleiben können. Diese Veränderungen beinhalten auch die Infragestellung des aktuell dominierenden Shareholder-Value-Modells des Kapitalismus, das immer noch von vielen traditionellen Parteien geteilt wird. Dies erfordert eine Transformation der Konzepte und Kategorien im traditionellen strategischen Reservoir der Gewerkschaften. Die ökonomischen und politischen Interessen der finanzmarktkapitalistischen Eliten und ihrer politischen Verbündeten in Frage zu stellen, erfordert die Politisierung breiter sozialer Bewegungen, Akteur*innen und Kräfte. Das Streben nach sozial-ökologischer Transformation und Demokratisierung der Wirtschaft erfordert die breite Einbindung zivilgesellschaftlicher Akteur*innen und neuerer politischer Formationen, um einen *„gegenhegemonialen Block"* zu bilden (Urban 2009).

Frege et al. (2004: 139-141) nennen fünf Hauptgründe, warum Gewerkschaften Allianzen mit anderen Organisationen oder Gruppen anstreben. Dazu gehören der Zugang zu neuen Wähler*innengruppen, zu Fachwissen, zusätzliche Legitimität für Gewerkschaftskampagnen und eine größere Kapazität zur Mobilisierung (Gumbrell-McCormick und Hyman 2018, 145-148). In einigen Fällen arbeiten Gewerkschaften mit anderen als gleichberechtigte Partner*innen zusammen (was die meisten Gewerkschaften als äußerst schwierig empfinden); häufiger unterstützen sie NGOs, die Ziele und Taktiken bereits festgelegt haben. Frege et al. treffen in Anlehnung an McIlroy (2000: 3) eine weitere Unterscheidung zwischen der Zusammenarbeit mit institutionalisierten und respektablen „Insider"-NGOs, um „Einflusskoalitionen" innerhalb der Mainstream-Politik zu schaffen, und der Zusammenarbeit mit radikaleren „Outsider"-Gruppen, um „Protestkoalitionen" zu bilden. Die *Mosaik-Linke* priorisiert Letzteres.

Die Beziehungen zu externen Organisationen und Gruppen können ernsthafte Spannungen beinhalten. Gewerkschaften sehen sich nach Webb und Webb (1894) als „kontinuierliche Vereinigungen von Lohnempfängern", während es vielen NGOs an Kontinuität fehlt. Sie betrachten sich selbst als (zumindest theoretisch) demokratisch geführt mit klaren Organisationsstrukturen, die NGOs oft fehlen. Aus Sicht vieler NGOs – insbesondere „Außenseiter"-Gruppen – gehören Gewerkschaften zum Establishment und zögern, sich an radikalen Aktionen zu beteiligen, die ihren institutionellen Status gefährden könnten. Beide Ansichten sind bis zu einem gewissen Grad wahr, aber nur wenige Gewerkschafter*innen oder NGO-Aktivist*innen sind in der Lage, zu erkennen, dass beide Perspektiven Wahrheit beinhalten. Ein österreichischer Interviewpartner für unser Buch von 2013 sagte: „NGOs können spontan handeln, sind nicht verpflichtet, sehr korrekt und seriös zu sein, sie können mehr Fantasie und Visionen haben" (Gumbrell-McCormick und Hyman 2018: 149). Dies ist die Art des toleranten und fantasievollen Ansatzes, den Urban (2009: 78) fordert, wenn er schreibt: „Wollen sie [die Gewerkschaften] sich gleichwohl zu gemeinsamen politischen Projekten zusammenfinden, müsste eine neue Kultur der wechselseitigen Toleranz und der Akzeptanz der spezifischen Bewegungs- und Organisationskulturen die Schlüsselressource eines solchen Bündnisses darstellen. Die Bewahrung der organisationskulturellen Autonomie der Kooperierenden muss der Attraktivität einer solchen Bewegung keineswegs abträglich sein." Anders ausgedrückt: Gewerkschaften und „neue" soziale Bewegungen sind unweigerlich *sowohl* Rivalen *als auch* Verbündete (Hyman und Gumbrell-McCormick 2017).

Aber es gibt immer noch rückwärtsgewandte Traditionen auf Seiten der Gewerkschaften und Misstrauen auf beiden Seiten. Beides muss überwunden werden, damit eine effektive Koalitionsbildung funktioniert. Im Extremfall zögern die meisten Gewerkschaften, sich mit Gruppen zusammenzuschließen, die sich in außergesetzlichen (wenn auch gewaltfreien) direkten Aktionen engagieren, aber selbst der Zusammenschluss mit gemäßigteren externen Gruppen kann zu Spannungen führen. Die eigene Ideologie und Identität der Gewerkschaften dreht sich oft um ihre Rolle als „Sozialpartner", zumindest in den nordeuropäischen Ländern, in denen dies nach wie vor die Norm ist. Auch in Ländern ohne diese Tradition können Koalitionen zu Spannungen führen. Reibungen können aus Situationen, in denen die Gewerkschaften nicht das Gefühl haben, dass sie die Kontrolle behalten können, aus Zuständigkeitskonflikten (haben z.B. Gewerkschaften oder Frauengruppen das primäre Recht, die besonderen Interessen von Arbeitnehmerinnen zu vertreten?), oder aus der Notwendigkeit entstehen, personelle und finanzielle Ressourcen zu priorisieren. Wie aus vielen Bemühungen um die Organisierung von Arbeitsmigrant*innen und anderen prekär Beschäftigten (z.B. in der Gig Economy) ersichtlich wird, ist soziale Gerechtigkeit oft die Hauptbegründung, da die Kampagnen enorme Gewerkschaftsressourcen in Anspruch nehmen, aber selten zu großen Erfolgen bei Tarifverhandlungen oder zu einem Anstieg der Mitgliederzahlen führen (Gumbrell-McCormick und Hyman 2018). Traditionelle Gewerkschaftsführer*innen sind in Zeiten knapper Mittel oft misstrauisch gegenüber einem solch riskanten Einsatz von finanziellen und personellen Ressourcen. Aber wenn die Gewerkschaften nicht versuchen, die Unorganisierten zu organisieren, die in vielen Ländern einen wachsenden Teil der Arbeiter*innenschaft ausmachen, werden sie bald keine Mitglieder mehr haben. Und wenn sie nicht versuchen, den Neoliberalismus in Politik und Wirtschaft in Frage zu stellen, werden sie, wie Marx voraussah, immer wieder auf dem falschen Fuß erwischt werden, indem sie eher die Wirkungen als die Ursachen der Ohnmacht und Verelendung der Arbeiter*innenklasse angreifen. Daher können sie ihre traditionellen Ziele nur erreichen, wenn sie einfallsreicher werden und über ihre traditionellen Aktionsmethoden, Allianzen und Ideologien hinausgehen.

Fazit

Was *ist* unser Ziel? Der Grundgedanke einer *Arbeiter*innenbewegung* impliziert ein Ziel, eine Vision, die über die unmittelbare Aufgabe der Vertretung am Arbeitsplatz hinausgeht, so wichtig diese auch sein mag. Die Gewerkschaften haben zunehmend versucht – wenn auch in unterschiedlichem Ausmaß und mit unterschiedlichem Erfolg – neue politische Ressourcen zu entwickeln, indem sie Allianzen mit anderen fortschrittlichen Organisationen und Gruppen kultivierten und die Notwendigkeit ernster nahmen, eine soziale Vision zu definieren und eine wirksame Sprache zu entwickeln, um sie zu verbreiten. „Die Gewerkschaftsbewegung könnte durch eine solchermaßen radikalisierte Politik zugleich in ihren Bemühungen um eine politische Revitalisierung voranschreiten", schrieb Urban in seinem einflussreichen Aufsatz (2009: 78). Die Ereignisse seither haben die Dynamik und das Potenzial einer „Kaleidoskop"-Linken in vielen Ländern – und nicht nur in Europa – gezeigt, die Gewerkschaften, Frauen-, Migranten-, Umwelt- und Menschenrechtsorganisationen, Teile politischer Parteien und autonomer Bürger*innen im Kampf um demokratische Erneuerung umfasst. Aber wenn sie sich weiterhin nur auf ihre traditionellen Ressourcen verlassen, laufen sie Gefahr, für immer die Symptome und nicht die Ursachen dieser Symptome zu bekämpfen.

Literatur

Connolly, Heather/Marino, Stefania und Martínez Lucio, Miguel (2014): Trade union renewal and the challenges of representation, in: *European Journal of Industrial Relations* 20(1), S. 5-20.

Crouch, Colin (1994): *Industrial Relations and European State Traditions.* Oxford.

Ebbinghaus, Bernhard (1995): The Siamese Twins: Citizenship Rights, Cleavage Formation, and Party-Union Relations in Western Europe, in: *International Review of Social History* 40 (Supplement 3), S. 51-89.

Flanders, Allan (1970): *Management and Unions.* London.

Frege, Carola/Heery, Edmund und Turner, Lowell (2004): The New Solidarity? Trade Unions and Coalition Building in Five Countries. In Frege, Carola und Kelly, John (Hrsg.): *Varieties of Unionism.* Oxford, S. 137-58.

Gumbrell-McCormick, Rebecca and Hyman, Richard (2013, 2018): *Trade Unions in Western Europe: Hard Times, Hard Choices.* Oxford.

Hamann, Kerstin und Kelly, John (2004): Unions as Political Actors: A Recipe for Revitalization? In Frege, Carola und Kelly, John (Hrsg.): *Varieties of Unionism*, Oxford, S. 93-116.

Hayward, Jack E. S. (1980): Trade Union Movements and their Politico-Economic Environments. In Hayward, Jack E.S. (Hrsg.): *Trade Unions and Politics in Western Europe*, S. 1-9. London.

Hyman, Richard (2001): *Understanding European Trade Unionism: Between Market, Class and Society*. London.

– (2016): The Very Idea of Democracy at Work, in: *Transfer* 1/16, S. 1-14.

Hyman, Richard and Gumbrell-McCormick, Rebecca (2017): Resisting labour market insecurity: Old and new actors, rivals or allies?, in: *Journal of Industrial Relations* 59(4), S. 538-561.

Marx, Karl (1865): Lohn, Preis und Profit, in: MEW 16, Berlin 1962.

McIlroy, John (2000): New Labour, New Unions, New Left, in: Capital & Class, Vol 24, Issue 2, S. 11-45.

Müller-Jentsch, Walther (1985) Trade Unions as Intermediary Organizations, in: *Economic and Industrial Democracy* 6, S. 3-33.

Piazza, James (2001): De-Linking Labor: Labor Unions and Social Democratic Parties under Globalization, in: *Party Politics* 7(4), S. 413-35.

Rokkan, Stein (1970): *Citizens, Elections Parties. Approaches to the Comparative Study of the Processes of Development*. Oslo.

Taylor, Andrew J. (1989): *Trade Unions and Politics: A Comparative Introduction*. Basingstoke.

Taylor, Robert (2000): *The TUC*. Basingstoke.

Urban, Hans-Jürgen (2009): Die Mosaik-Linke. Vom Aufbruch der Gewerkschaften zur Erneuerung der Bewegung, in: *Blätter für deutsche und internationale Politik* 5/2009, S. 71-78.

– (2019a): Impulse aus der Tiefe. In Majer-Ahuja, Nicole/Bierbaum, Heinz/Deppe, Frank/Dörre, Klaus und Urban, Hans-Jürgen: *Karl Marx: Ratgeber der Gewerkschaften?* Hamburg, S. 89-109.

– (2019b): Vorlauf zu einem HKWM-Artikel ›Mosaik-Linke‹, in: *Das Argument* 331, S. 19-32.

Webb, Sidney/Webb, Beatrice (1894): *History of Trade Unionism*. London.

4.
„Der Sozialstaat ist und bleibt eine unverzichtbare Institution zur Humanisierung und Demokratisierung unserer Gesellschaft!" *Hans-Jürgen Urban*

Zur Aufgabe der sozialstaatlichen Erneuerung

Die Botschaft des Zitates in der Kapitelübersicht mag wie eine Floskel erscheinen. Schließlich zeigt die aktuelle Corona-Pandemie welche Bedeutung ein handlungsfähiger und aktiver Sozialstaat für alle Lebensbereiche hat. Doch diese neue Wertschätzung kann nicht darüber hinwegtäuschen, dass wohlfahrstaatliche Institutionen seit Jahrzehnten im Kreuzfeuer neoliberaler Kritik standen und stehen. Und Hans-Jürgen Urban hatte 2007 bei seiner Bewerbungsrede für den Vorstand der IG Metall – der der Satz entstammt – diese gesellschaftlich und politisch wirkmächtige Distanzierung von den Institutionen und Leitbildern des keynesianischen Wohlfahrtsstaates ebenso vor Augen wie die lange Reihe von Gesetzen, die im Geiste der „Agenda-Politik" den marktradikalen Um- und Abbau vorangetrieben haben.

Das Bekenntnis zur humanisierungs- und demokratiepolitischen Unentbehrlichkeit des Sozialstaats ist zweifelsohne eines jener starken Leitmotive, die prägend für das gewerkschaftliche Handeln und wissenschaftliche Arbeiten von Hans-Jürgen Urban sind. Dass damit keine restaurative Sehnsucht nach seligen „Vor-Agenda-Zeiten", sondern eine Politik der solidarischen Modernisierung verbunden sein muss, hat er immer wieder betont. Sein politisches Handeln und seine Reformvorschläge sind Wegmarken hin zum Sozialstaat der Zukunft.

Gerhard Bäcker

Problemverursacher oder Problemlöser?
Der Sozialstaat vor aktuellen und zukünftigen Herausforderungen

1. Der Sozialstaat in der Dauerkrise?

Wenn in Deutschland in den zurückliegenden Jahren über den Sozialstaat politisch diskutiert und wissenschaftlich veröffentlicht wurde, dann immer wieder verbunden mit einer Krisenrhetorik. Spätestens seit dem Ende der 1970er Jahre – nach dem Auslaufen des Nachkriegsbooms, den ersten konjunkturellen Rezessionen und dem Anstieg der Arbeitslosigkeit – häufen sich, periodisch anschwellend und wieder abflachend, die Krisendiagnosen. Schaut man sich allein einige Buchtitel an, ist die Dramatik unübersehbar: „Sozialstaat in der Krise", „Der Sozialstaat in der Krise?", „Sozialstaat in der Krise – Hat die Soziale Marktwirtschaft noch eine Chance?", „Wozu brauchen wir noch den Sozialstaat?", „Der erschöpfte Sozialstaat", „Der Sozialstaat vor dem Offenbarungseid", „Der bankrotte Sozialstaat", „Krise und Zukunft des Sozialstaats", „Aufstieg und Fall des Sozialstaats".

Konfrontiert man diese Überschriften (die diversen Artikel in Zeitungen und Fachzeitschriften sind hier noch nicht einmal berücksichtigt) mit der quantitativen Empirie des deutschen Sozialstaats, so könnte Entwarnung gegeben werden: Der im Sozialbudget der Bundesregierung ausgewiesene Anteil aller Sozialleistungen am Bruttoinlandsprodukt schwankt langfristig um den Wert von etwa 30%. Es gibt weder einen signifikanten Rückgang noch einen Anstieg. Was soll also das andauernde Krisengerede?

Für Gelassenheit besteht allerdings kein Anlass. Denn die rein quantitativen Dimensionen des Sozialbudgets[1] geben keine Auskunft darüber, wie sehr die Krisendiagnosen die Sozialpolitik geprägt haben und wie stark die Strukturelemente des Sozialstaats verändert worden sind. Verantwortlich für diese grundlegenden Weichenstellungen war die neoliberale Sozialstaatskritik. Danach beschädigt oder gar zerstört der ausgebaute Sozialstaat die Flexibilität und Dynamik der Marktwirtschaft, ist verantwortlich für Konjunktur- und Wachstumseinbrüche und hat Massenarbeitslosigkeit zur Folge. Kurz gesagt: Der Sozialstaat löst keine Probleme, sondern ist selbst ein Problem, da er die ökonomischen Grundlagen einer modernen Gesellschaft gefährdet und letztlich zerstört

---

1 Gemessen werden nur die monetären Leistungsströme Die Strukturelemente des Sozialstaates im umfassenden Sinne greifen allerdings weit darüber hinaus: Sie reichen u.a. von den rechtlichen Regelungen von Arbeitsmarkt, Arbeitsverhältnissen und Arbeitsbedingungen, der Betriebs- und Unternehmensverfassung und dem Tarifvertragswesen bis hin zur schulischen und beruflichen Ausbildung, zur kommunalen Daseinsvorsorge und zur Ausgestaltung des Steuerrechts.

und deshalb abgebaut und neu ausgerichtet werden muss. In eine andere, sozialkritische Richtung wurde und wird aber auch argumentiert, dass sich der Sozialstaat in einer Krise befinde, da er seine primären Ziele, nämlich den Schutz bei sozialen Risiken, Vermeidung von Armut und Ausgrenzung und Absicherung von Bedarfslagen längst nicht mehr erfülle und von daher grundlegend umgebaut werden müsse. Die populäre Forderung nach einem sogenannten bedingungslosen Grundeinkommen zielt in diese Richtung einer Überwindung des „hergebrachten" Sozialstaatsmodells.

So oder so: Über Jahre hinweg, noch über die Phase der Agenda-Politik der rotgrünen Koalition hinaus, hat die Kritik am Sozialstaat die öffentliche wie wissenschaftliche Debatte geprägt. Nun sind kritische Analysen von herrschenden Strukturen und Systemen eine zentrale Aufgabe der Wissenschaft und auch immer Gegenstand von politischen Kontroversen. Sie können dazu dienen, auf neuere Herausforderungen angemessen zu reagieren, Reformen anzustoßen, für Leistungsverbesserungen zu sorgen und eine höhere Zielgenauigkeit der Maßnahmen zu erreichen.

Die Fragen jedoch, was der Sozialstaat tatsächlich leistet, welche positiven Auswirkungen er hat, welche Probleme er löst, wie er die Gesellschaft gestaltet, wie er das kapitalistische Wirtschaftssystem flankiert und stabilisiert, sind an den Rand der Diskussion gedrängt oder ganz aus den Augen verloren worden. Erst seit der globalen Finanzkrise und dann vor allem in der Phase der Corona-Pandemie ist anscheinend wieder ins öffentliche Bewusstsein gelangt, welche Bedeutung ein handlungsfähiger, aktiver (Sozial)Staat für die Lebenslage der Bevölkerung, für den Zusammenhalt der Gesellschaft und für ein funktionsfähiges Wirtschaftssystem hat. Die politische, mediale und wissenschaftliche Debatte über den Sozialstaat hat sich insofern gedreht. Wenn über Krisen geredet wird, dann über die Frage, wie und in welchem Maße der Sozialstaat in der Lage ist, die Auswirkungen ökonomischer und (jetzt auch) gesundheitlicher Krisen zu begrenzen. Die Kritik ist von der Zustimmung abgelöst worden; den Rufen nach einem „weniger Staat" stehen jetzt die Forderungen nach einem „mehr Staat" gegenüber. Dax-Konzerne, mittelständische Betriebe, Handwerker*innen, Solo-Selbstständige und Künstler*innen – alle sind auf finanzielle Unterstützung durch den Staat angewiesen.

Aber der Glaube, dass dieser Stimmungsumschwung auch nach dem Ende der Pandemie ungebrochen anhält, wäre naiv. Gerade diejenigen, die jetzt Zuwendungen in Milliardenhöhe einfordern, werden bald für Kürzungen bei den Sozialausgaben eintreten. Die Grundsatzkritik am Sozialstaat war nicht nur dessen konstanter Begleiter, sondern sie wird sich auch in Zukunft fortsetzen.

2. Funktionen und Grenzen des Sozialstaats

Verfolgt man die Geschichte der staatlichen Sozialpolitik seit dem Ende des vorletzten Jahrhunderts, so zeigt sie sich einerseits als Ergebnis von sozio-ökonomischen Umbrüchen, hat andererseits aber auch zu Veränderungen der Gesellschaft und Wirtschaft geführt (vgl. ausführlich Bäcker/Naegele/Bispinck 2020: 17 ff.): Sie reagiert auf die Herausbildung veränderter Lebensverhältnisse und auf die sozialen Verwerfungen des

Wirtschaftssystems und fördert neue Lebensformen wie auch den ökonomischen Strukturwandel. Allerdings: Sie hebt die Funktionsprinzipien einer marktwirtschaftlich-kapitalistischen Wirtschaftsordnung nicht auf. Ihre Bedeutung liegt gerade darin, dass durch sozialpolitische Interventionen, die auf eine langfristige Perspektive angelegt sind und gesamtwirtschaftliche und gesamtgesellschaftliche Belange berücksichtigen, erst die Voraussetzungen für die Stabilität, Entwicklungsdynamik und politische Akzeptanz der Marktökonomie geschaffen und gesichert werden.

Bei den Leistungen von Sozialpolitik und Sozialstaat lassen sich unterschiedliche Aufgaben bzw. Funktionen unterscheiden. Es geht vor allem um
- den Ausgleich entfallender Arbeitseinkommen beim Eintritt sozialer Risiken (Sicherungsfunktion),
- die Garantie des sozial-kulturellen Existenzminimums (Teilhabefunktion),
- Bereitstellung bedarfsgerechter gesundheitlicher und sozialer Dienste (Bedarfsdeckungsfunktion),
- die Regulierung von Arbeitsmarkt und Arbeitsverhältnissen zur Sicherstellung von guter und existenzsichernder Arbeit (Ordnungsfunktion),
- die Verbesserung der Beschäftigungsfähigkeit und der qualifikatorischen Leistungsfähigkeit (Beschäftigungsfunktion),
- die partielle Abkopplung der Einkommensverfügung von der Erwerbsbeteiligung; Lockerung des unbedingten Angebotszwangs auf dem Arbeitsmarkt (Autonomiefunktion),
- die Abfederung des wirtschaftlichen Strukturwandels und die Begleitung ökonomischer und gesellschaftlicher Transformation (Innovationsfunktion),
- die Stabilisierung der privaten Nachfrage bei gesamtwirtschaftlichen Einbrüchen (konjunkturelle Stabilisierungsfunktion),
- die Änderung der marktlichen Einkommensverteilung durch Abzüge von Steuern und Beiträge einerseits und durch die Zahlung von Sozialeinkommen andererseits für jene, die kein oder kein ausreichendes Markteinkommen (mehr) erzielen (Umverteilungsfunktion),
- die Begrenzung sozialer und politischer Konflikte in Wirtschaft und Gesellschaft und damit die Sicherung des „sozialen Friedens" (Integrationsfunktion).

Sicherlich ist mit dieser theoretisch-analytisch angelegten Auflistung noch nichts darüber ausgesagt, in welchem Maße diese Funktionen auch tatsächlich zur Wirkung kommen. Dies muss – immer bezogen auf die einzelnen Teilfelder des Sozialstaats – empirisch geprüft werden. Und es kann wenig Zweifel daran geben, dass es hier in vielen Bereichen mehr oder minder große Defizite gibt. An dieser Stelle soll ein Beispiel genügen (vgl. Bäcker/Naegele/Bispinck 2020: 201 ff.): Die empirischen Befunde über die Einkommensverteilung zeigen, dass es dem Sozialstaat zwar gelingt, die Ungleichverteilung der Erwerbseinkommen (Bruttoentgelte) zu verringern, dass aber im Zeitverlauf auf der Ebene der verfügbaren Pro-Kopfhaushaltseinkommen (Nettoäquivalenzeinkommen) die Schere zwischen oben und unten zugenommen und die Armutsrisikoquoten zugenommen haben. Zentral ist hierbei der Befund, dass die Umverteilungsfunktion des Sozialstaates in den zurückliegenden Jahren vor allem deshalb unter Druck geraten ist, da die Ungleichheit der Bruttoeinkommen stark zugenommen hat und es immer aufwändiger wird, einen nachträglichen Ausgleich zu erreichen. Dieses Beispiel lässt erkennen, dass die Aufgabe von Sozialstaatlichkeit nicht auf diesen eher kompensatorischen, nachsorgenden Ansatz beschränkt werden darf. Es geht auch darum, auf die Ordnung des Arbeitsmarktes und damit auf die Verteilung der Bruttoeinkommen einzuwirken.

Der Ansatz einer solchen vorbeugenden Sozialpolitik ist nicht neu, hat aber vor dem Hintergrund des beschleunigten ökonomischen, demografischen und sozialstrukturellen Wandels, dem die modernen Gesellschaften unterliegen, eine besondere Bedeutung gewonnen. Im Mittelpunkt der nächsten Jahre steht dabei die Aufgabe, wie die sozialen Folgen der Pandemie bewältigt werden können und wie zugleich die anstehende ökologische Transformation von Wirtschaft und Gesellschaft zu unterstützen und zu fördern ist.

Gleichwohl gibt es Grenzen der Vorsorge- und Gestaltungsfunktion des Sozialstaates: Die Krisenhaftigkeit des globalen Finanzkapitalismus kann er nicht außer Kraft setzen; Konjunktureinbrüche und Massenarbeitslosigkeit fallen dem Sozialstaat gewissermaßen „auf die Füße", während zugleich die Finanzierungsbasis infolge der Lücke zwischen steigenden Ausgaben und rückläufigen Beitrags- und Steuereinnahmen gefährdet wird. In einer solchen Konstellation kann der Sozialstaat schnell in eine Situation der Überforderung geraten.

3. Die neoliberale Diagnose: Sozialpolitik als Problemverursacher

Die neoliberalen Denkmuster und Politikempfehlungen und deren Umsetzung in die konkrete Sozialpolitik haben dazu geführt, dass die skizzierten Funktionen des Sozialstaates eingeschränkt und geschwächt worden sind. Denn staatliche Interventionen und die gewachsenen sozialpolitischen Regime werden ja grundsätzlich in Frage gestellt, d.h. es geht dabei nicht allein um das Pro und Kontra hinsichtlich einzelner Regelungen und Leistungen im tradierten System, sondern um einen Richtungswechsel, der grundsätzlich von der Einschätzung ausgeht, dass sich die Interventionen des Staates allgemein und des Sozialstaates im Besonderen vom Problemlöser zum Problemverursacher entwickelt haben.

Die Krisendiagnose liest sich wie folgt: Die offenen Märkte, vor allem die globalisierten Finanzmärkte, verschärfen nicht nur die Konkurrenz auf der Ebene der Unternehmen, sondern verändern auch die ökonomischen Rahmenbedingungen ganzer Volkswirtschaften und verengen die politischen Handlungs- und Gestaltungsspielräume auf nationaler Ebene. Steuer-, Finanz-, Arbeitsmarkt- und Sozialsysteme der Staaten sehen sich im internationalen Standortwettbewerb einem ständigen Anpassungsdruck ausgesetzt. Der in Prosperitätsphasen ausgebaute Sozialstaat sei aufgrund seines überzogenen Niveaus sowie seiner leistungs- und wachstumshemmenden Strukturen und Finanzierungsprinzipien nicht überlebensfähig. Sozialpolitik gefährde die Zukunftschancen der deutschen Wirtschaft. Richtschnur der geforderten Umgestaltung sind deshalb ein Rückzug des Staates und marktförmige oder marktkonforme Lösungen

der Wohlfahrtsproduktion. Die politischen Schlussfolgerungen aus dieser Diagnose münden in einer Reihe von Forderungen, die auf einen quantitativen Abbau und qualitativen Umbau der Sozialpolitik zielen. Dazu zählen vor allem die Vorstellungen,
- auf dem Arbeitsmarkt Regulierungen aller Art einzuschränken oder ganz abzubauen,
- das Leistungsspektrum und -niveau der umlagefinanzierten Sozialversicherung in Richtung einer Basissicherung zu reduzieren, um privaten, kapitalbasierten Vorsorgeformen und -produkten den Vorrang zu geben,
- die soziale Sicherung wie auch die Anbieter sozialer und gesundheitlicher Dienste marktlich zu organisieren und Wettbewerbsstrukturen einzurichten,
- die Belastung der Unternehmen durch Lohnnebenkosten (Sozialversicherungsbeiträge) nachhaltig zu reduzieren,
- Arbeitslose durch nur noch knapp bemessene und bedürftigkeitsgeprüfte Transfers zur Arbeitsaufnahme zu veranlassen.

Sozialpolitik soll demnach auf einen flexiblen Arbeitsmarkt hin orientieren, den Selbststeuerungskräften des Marktes vertrauen, die Einkommensumverteilung begrenzen und die freie Entfaltung der Kräfte fördern. Die Hinnahme eines höheren Maßes an Unsicherheit und Ungleichheit gilt als unabdingbar, um über diesen Weg die Leistungs- und Konkurrenzfähigkeit der Volkswirtschaft zu verbessern, das dynamische Entwicklungspotenzial der Marktkräfte zu mobilisieren und die Arbeitslosigkeit abzubauen. Leitbild ist ein Sozial- und Gesellschaftsmodell, das die Eigenverantwortung des Einzelnen für seine soziale Sicherung und seine Einkommens- und Lebenslage betont und die Verantwortung des Staates entsprechend zurücknimmt.

Es ist nun nicht nur bei dieser Kritik geblieben; in der Politik wurde eine ganze Reihe der geforderten Maßnahmen des Abbaus und Umbaus auch umgesetzt. Eine schwer überschaubare Vielzahl von Eingriffen in Sozialleistungsgesetze und auch von grundsätzlich neuen Regelungen lässt sich bis etwa 2014 feststellen. Es ist nicht möglich, ein dominantes oder gar einziges Strukturmuster aufzuzeigen, dafür handelt es sich bei der Sozialpolitik um ein zu vielschichtiges Politikfeld mit je unterschiedlichen Zielsetzungen, Adressat*innen, Instrumenten, Funktionen, Wirkungen und Institutionen. Aber charakteristisch für die Politik sind die Stichworte „Hartz-Gesetze" und „Riester-Rente", die in den Bereichen der Absicherung von Arbeitslosen und der Altersabsicherung zu einem Paradigmenwechsel geführt haben.

Teilprivatisierung der Alterssicherung
Im Bereich der Rentenversicherung kommt es seit Einführung der Riester-Rente zu einer deutlichen Reduktion des Leistungsniveaus (Rentenniveau), weil Rentenberechnung und Rentenanpassung nicht mehr voll der Lohnentwicklung folgen. Das lange Jahre vorherrschende Leistungsziel der Lebensstandardsicherung gilt nur noch sehr eingeschränkt, das Ziel einer Minimal- oder Mindestsicherung durch die Rentenversicherung gewinnt an Bedeutung. Eine ersetzende private, kapitalgedeckte Vorsorge durch Produkte des Versicherungs- und Finanzmarktes wird ausgebaut und gefördert, um über diesen Weg die aufklaffenden Versorgungslücken auszugleichen. Die Absiche-

rung im Alter wird damit schrittweise privatisiert und auf die Kapitalmärkte verlagert. Grundlegend ist die Auffassung, dass die umlagefinanzierte Rente angesichts des demografischen Umbruchs nicht mehr finanzierbar sei und der Ausbau der kapitalbasierten Altersvorsorge die einzige Alternative darstelle.

Aktivierung und Förderung von Arbeitslosen
Das Ziel von Sozialpolitik, soziale Sicherheit vor den Risiken des Marktes zu gewährleisten und Einkommensungleichheiten zu begrenzen wird zurückgedrängt. In den Vordergrund schiebt sich das Ziel, alle Arbeitsfähigen in den Arbeitsmarkt zu integrieren – und dies auch zu den schlechtesten Konditionen. Es kommt zu einer Re-Kommodifizierung der Arbeitskraft, d.h. die Begrenzung des Warencharakters der Arbeitskraft durch sozial- und arbeitsrechtliche Schutzregelungen wird ausgedünnt. Durch die Abschaffung der Arbeitslosenhilfe sowie durch die gleichzeitige Erschwerung und Verkürzung des Anspruchs auf die Versicherungs- und Lohnersatzleistung Arbeitslosengeld wird die Existenzsicherung des größten Teils der Arbeitslosen auf die fürsorgerechtlich konstruierte Leistung Grundsicherung für Arbeitsuchende/Arbeitslosengeld II verlagert. Der Leistungsbezug wird an die strenge Kondition geknüpft, eine Erwerbstätigkeit oder Arbeitsgelegenheiten auch dann aufzunehmen, wenn mit der neuen Stelle ein sozialer Abstieg verbunden ist. Jede Arbeit ist besser als keine, lautet das Motto. Andernfalls greifen scharfe Sanktionen.

4. Mythen und Fakten

Konfrontiert man diese Argumentationsmuster mit den Ergebnissen der (internationalen) Sozialstaatsforschung, lässt sich zwischen Mythen und Fakten unterscheiden. Richtig ist, dass ein ausgebauter Sozialstaat kein „billiger" Staat sein kann. Soziale Leistungen, Einrichtungen und Dienste müssen über Abzüge vom Markteinkommen finanziert werden. Nur das kann verteilt werden, was auf dem Markt auch produziert und erwirtschaftet worden ist. Ein hohes Einkommens- und Wohlfahrtsniveau setzt eine hohe Effizienz im Wirtschaftsprozess voraus. Im Gegensatz zur neoliberalen Gedankenwelt einer durch den Sozialstaat induzierten Problemverursachung hat sich aber gerade für Europa gezeigt, dass Länder mit ausgebauten sozialstaatlichen Systemen keinesfalls ökonomisch bedroht sind. International vergleichende Analysen lassen erkennen, dass es zwischen den Variablen Sozialleistungsniveau einerseits, Wachstumsrate, Beschäftigungs- und Arbeitslosigkeitsniveau andererseits keine negativen Zusammenhänge gibt. Die These, ein möglichst niedriges Niveau an sozialen Leistungen und Standards mit einer entsprechend geringen Steuer- und Abgabenbelastung sowie ein flexibler und deregulierter Arbeitsmarkt verbunden mit einer großen Ungleichverteilung von Einkommen und Vermögen seien die besten Voraussetzungen für ein hohes Beschäftigungsniveau, hält einer empirischen und theoretischen Überprüfung nicht stand.

Gleichwohl wird bis heute immer noch die Auffassung vertreten, dass gerade die sozialen Einschnitte durch Hartz-IV Erfolge gezeigt hätten und letztlich für den Abbau der

Arbeitslosigkeit verantwortlich seien. Die günstige Entwicklung auf dem Arbeitsmarkt wird dafür als Beweis angeführt. Die vorliegenden ökonomischen Analysen und Daten weisen indes darauf hin, dass es sich sowohl bei der Zunahme der Arbeitsnachfrage und des Arbeitsvolumens als auch beim Rückgang von Arbeitslosigkeit und Unterbeschäftigung primär um gesamtwirtschaftliche Niveaueffekte handelt (vgl. u.a. Bäcker 2019). Diese sind bereits vor dem Inkrafttreten der Hartz-Gesetze eingetreten und haben sich seitdem über Jahre hinweg fortgesetzt. Ein sich selbst verstärkender Dauer-Effekt der Hartz-Gesetze, der bis hin zum aktuellen Rand für den kontinuierlichen Beschäftigungsaufbau kausal verantwortlich ist, lässt sich nicht erkennen. Der anhaltende Aufschwung wie auch die schnelle Überwindung der internationalen Finanzkrise waren im Wesentlichen von der Zunahme des Exports aus dem verarbeitenden Gewerbe getragen. Nicht die Niedriglöhne, die abgesenkten Leistungen bei Arbeitslosigkeit und der Druck auf die Arbeitslosen, sondern vor allem die Entwicklung innovativer Produkte, die hohe Lieferzuverlässigkeit und Fertigungsqualität, im Kern also die Erfolge in der Innovations- und Qualifizierungspolitik, dienten als Treiber für die Überwindung der Probleme auf dem Arbeitsmarkt. Wenn aber Arbeitsplätze fehlen und Arbeitslose um offene Stellen konkurrieren müssen, führen auch die stärkste Arbeitsmotivation, die größten finanziellen Arbeitsanreize und die umfassendste Mobilität nicht zu einem Beschäftigungsaufbau. Die immer noch sehr hohe Arbeitslosigkeit in einzelnen Regionen erklärt sich aus der regionalen Wirtschaftsstruktur. Auch Sanktionen können erst auf die Weigerung gegenüber einem konkreten Vermittlungs- oder Eingliederungsangebot erfolgen. Es gibt keine Anhaltspunkte dafür, dass Arbeitsmotivation und Arbeitsanreize in jenen Regionen gering sind, die durch hohe Arbeitslosenquoten gekennzeichnet sind.

Greift man im Feld der Alterssicherung auf die Fakten zurück, so ist mittlerweile unstrittig, dass die sog. „Drei-Säulen"-Strategie gescheitert ist. Die (mit hohen Summen) geförderte private und betriebliche Altersvorsorge hat die in der Rentenversicherung aufgerissenen Versorgungslücken nicht ausgleichen können; von den zwei grundlegenden Zielen einer Alterssicherung, nämlich Lebensstandardsicherung und Vermeidung von Altersarmut, sind wir weiter denn je entfernt. Auch das neoliberale „Mantra", eine kapitalbasierte Altersvorsorge sei der Umlagefinanzierung überlegen und könne die demografischen Herausforderungen ohne steigende Beitrags- und/oder Steuerbelastungen bewältigen, beruht auf einem Irrtum (vgl. Bäcker 2020). Denn der demografische Umbruch belastet auch diese Systeme, es gibt keine Finanzierung der Alterssicherung, die „demografieimmun" ist. Die steigende Lebenserwartung führt auch in diesen kapitalfundierten Alterssicherungssystemen zwangsläufig dazu, dass der für die Altersphase angesammelte Kapitalstock nun für eine längere Zeit reichen muss. Entweder sinken die monatlichen Auszahlungen bzw. Renten oder aber der Kapitalstock muss durch höhere Spar- bzw. Prämienzahlung erhöht werden. Zugleich hat die Verschiebung der Altersstruktur Einfluss auf die Renditen einer kapitalfundierten Altersvorsorge. Zu dem Zeitpunkt, an dem die stark besetzten älteren Jahrgänge ihr Kapital auflösen, müssen die weniger werdenden Jüngeren stärker sparen, um den Kurswert der Anlagen nicht absinken zu lassen. Denn wenn es bei einer schrumpfenden Bevölkerungszahl nicht genügend Käufer*innen für die aufzulösenden Vermögenstitel einer wachsenden

Zahl von Rentner*innen gibt, fallen deren Kurs und damit deren Wert. Die kleiner werdende Gruppe der Erwerbstätigen muss also ihren Konsum einschränken, wenn der Konsum der größer werdenden Gruppe der Älteren wächst. Tun dies die Jüngeren nicht, müssen die Älteren mit geringeren Erträgen rechnen. Es bleibt die Einsicht, dass sich das realwirtschaftliche Problem, dass mehr Ältere durch weniger Jüngere versorgt werden müssen, nicht durch die Wahl einer anderen Finanzierungsform umgehen lässt. Vielmehr kommt es darauf an, dass das Sozialprodukt in Zukunft hoch genug ist und gerecht verteilt wird, um den Prozess der intergenerationalen Umverteilung solidarisch realisieren zu können.

5. Finanz- und Corona-Krise: Der Sozialstaat als Rettungsanker

Wenn Deutschland die weltweite Banken- und Finanzkrise der Jahre 2008/2009 bemerkenswert schnell überwunden hat und die Auswirkungen auf den Arbeitsmarkt in Form steigender Arbeitslosigkeit begrenzt worden sind, so ist dies darauf zurückzuführen, dass der Staat gerade nicht (mehr) die vom Neoliberalismus zugewiesene Rolle eines zurückhaltenden Beobachters angenommen, sondern mit einer expansiven Finanz- und Wirtschaftspolitik als aktiver und interventionistischer Akteur gehandelt hat. Drohende Massenentlassungen sind durch die umfassende Anwendung des Instrumentariums der Kurzarbeit vermieden worden, dies im gemeinsamen Interesse von Unternehmen, die ihre Fachkräfte nicht verlieren wollen, und der Beschäftigten, die ihren Arbeitsplatz behalten wollen. Diese Interessenüberschneidungen, die auch in der Nutzung tarifvertraglichen Regelungen zu Arbeitszeitkonten zum Ausdruck kommen und die ebenfalls zu den temporären Arbeitszeitverkürzungen beigetragen haben, sind ein Merkmal eines kooperativen, „rheinischen" Kapitalismus, der seine Überlegenheit gegenüber dem reinen Marktmodell eindrucksvoll unter Beweis gestellt hat. Zugleich wurde sichtbar, dass sich die systematisch „schlecht" geredete und geschriebene umlagefinanzierte Rentenversicherung gerade in Krisenzeiten als stabil und zuverlässig erwies, während seitdem die von den Turbulenzen des Kapitalmarkts abhängigen Vorsorgeformen durch die Einbrüche auf den internationalen Börsen und die Reaktion der Notenbanken in Richtung einer andauernden Niedrigzinspolitik mit Verlusten und mageren Renditen zu kämpfen haben.

Gleichwohl wird gleichzeitig eine rigorose Austeritätspolitik gegenüber jenen süd/ost-europäischen Euro-Staaten durchgesetzt, die von der Finanzkrise und deren Folgen für die Staatsverschuldung und die Lage der öffentlichen Haushalte wie auch des Finanzsektors besonders hart betroffen waren. Die von der EU, der Weltbank und dem IMF diktierten Maßnahmen basieren auf dem neoliberalen Glaubenssatz, dass Defizite in den öffentlichen Haushalten durch Ausgabenkürzungen beantwortet werden müssen. Rigorose Kürzungen von Sozialleistungen und Einschränkungen von Arbeitnehmer*innenrechten haben tiefe Spuren hinterlassen: Einkommens- und Rentenverluste, Armut, Massenarbeitslosigkeit und Unterversorgungen im Gesundheits- und Sozialsektor haben weite Teile der Bevölkerung betroffen, während es mit der wirtschaftlichen Entwicklung nur langsam wieder aufwärts geht.

Bereits aktuell lässt sich erkennen, dass die Covid-19-Pandemie im Vergleich zur Finanzkrise mit ungleich tiefgreifenderen und länger andauernden ökonomischen, gesellschaftlichen und sozialen Folgewirkungen verbunden ist. Der „Markt" richtet oder löst hier gar nichts, sondern der Staat (mit all seinen Gliederungen und Verwaltungen) muss handeln, um die Gesundheit der Bevölkerung so gut es geht zu schützen, eine unkontrollierbare Massenausbreitung des Virus zu verhindern und die Erkrankten bestmöglich zu versorgen. Diese Aufgabe stellt sich weltweit und macht ein „Herunterfahren" des gesellschaftlichen Lebens und der Wirtschaft unumgänglich. Die Gefahr eines extremen ökonomischen Einbruchs – verbunden mit Massenarbeitslosigkeit und Verarmung breiter Bevölkerungsschichten – kann nur dadurch vermieden werden, dass Umsatzverluste von Unternehmen und Selbstständigen sowie Einkommensverluste von Arbeitnehmer*innen und privaten Haushalten durch staatliche Ausgleichs- und Entschädigungszahlungen (zumindest teilweise) aufgefangen werden. Dies und auch die Finanzierung all dieser Maßnahmen über eine steile Erhöhung der staatlichen Neuverschuldung ist in Deutschland vergleichsweise schnell und gut sowie im breiten gesellschaftlichen Konsens gelungen (vgl. Dullien/Tober/Truger 2020). Die Überwindung des Dogmas der „schwarzen Null", d.h. der stets ausgeglichenen öffentlichen Haushalte, kommt einem radikalen Bruch mit der bisherigen Ideologie gleich. Und einmal mehr hat sich gezeigt, welche Bedeutung stabile und handlungsfähige sozialpolitische Institutionen und Leistungssysteme haben, wenn es beispielsweise darum geht, Massenentlassungen durch eine massive Ausweitung und Erleichterung von Kurzarbeit und die Zahlung von Kurzarbeitergeld zu verhindern oder Familien finanziell zu entlasten. Aber offengedeckt worden ist auch, dass die vorangegangenen Versäumnisse und Defizite im Gesundheits- und Sozialwesen – insbesondere im Hinblick auf die Personalausstattung in der Pflege – in der Pandemie zu einer gefährlichen Lage in der gesundheitlichen Versorgung geführt haben (Blank 2020b).

Diese Versorgungslücken in der Daseinsvorsorge müssen dauerhaft gefüllt und die sozialpolitischen Leistungen in ihrer Dauer und Höhe ausgeweitet werden, um die von den Corona-Einschränkungen und deren Folgen Betroffenen besser zu unterstützen. Das gilt insbesondere für von der Grundsicherung abhängige Menschen. Die entscheidenden politischen Kontroversen stehen aber noch an: Denn schon bald ist zu entscheiden, wie die aufklaffenden Defizite in den Haushalten von Bund, Ländern und Gemeinden sowie in den Haushalten der Bundesagentur für Arbeit, der Rentenversicherung sowie der Kranken- und Pflegeversicherung finanziert werden sollen. Es geht um Grundsatzentscheidungen: Der Position, auf den wirtschaftlichen Aufschwung zu setzen und die Kreditfinanzierung durchaus mittelfristig fortzusetzen, um über diesen Weg wieder zu steigenden Steuer- und Beitragseinnahmen und einer sinkenden Neuverschuldung zu kommen, steht – wieder einmal – die Position von Austerität und Ausgabenkürzungen gegenüber. Man braucht nicht viel Phantasie, um sich die Agenda der Nach-Corona-Zeit vorzustellen: Steuerfinanzierte Sozialleistungen wie auch die Geld-, Sach- und Dienstleistungen der Sozialversicherung sollen vermindert, Zuzahlungen und Zusatzbeiträge erhöht, Unternehmen von steigenden Beiträgen befreit und öffentliche Aufgaben privatisiert werden. Der als „Rettungsanker" gelobte Sozialstaat wird erneut unter Druck geraten, während Forderungen nach einer Wiedererhebung der Vermögensteuer und Solidarabgaben von Superreichen und Corona-Gewinnern als „leistungs- und wachstumsfeindlich" abgewiesen werden. Man muss wissen, was die aktuell diskutierte Forderung bedeutet, einen maximalen Gesamtsozialversicherungsbeitragssatz von 40 % im Grundgesetz (!) festzuschreiben: Angesichts der demografisch bedingten Ausgabenzuwächse in der Renten-, Pflege- und auch Krankenversicherung erzwingt eine solche Festschreibung rigorose Leistungskürzungen und/oder eine Finanzierung allein durch die versicherten Arbeitnehmer*innen.

6. Zukunftsaufgabe des Sozialstaats: Flankierung der ökologischen Transformation

Auch wenn verhindert werden sollte und kann, dass in diesem zu erwartenden Verteilungskonflikt vor allem die Beschäftigten und die sozial benachteiligten Bevölkerungsgruppen den Preis der Pandemiekosten tragen müssen, so kann es dennoch keinen Weg zurück in die Vor-Corona-Zeiten geben. Sicherlich ist die Sehnsucht nach einer schlichten Rückkehr in die „Normalität" übergroß, aber die Bewältigung der ökologischen Krise lässt keine „Atempause" zu. Eine Reihenfolge „erst Wiederherstellung des alten Wachstums- und Entwicklungspfads" und dann „ökologischer Umbau" wird der epochalen Herausforderung eines Kampfs gegen den Klimawandel und für eine Energie-, Produktions-, Mobilitäts- und Konsumwende keinesfalls gerecht. Oder wie es Hans-Jürgen Urban (2020) treffend formuliert hat: „Die romantische Sehnsucht nach den alten Zuständen ist fatal. Offenbar verklärt der Blick aus dem Auge des Orkans die Vergangenheit. Der deutsche Vorkrisenkapitalismus taugt nicht als konkrete Utopie fortschrittlicher Politik. Soziale Ungleichheit, Klimakrise, Rechtspopulismus und andere Missstände sollten auch im Angesicht der Krise nicht so schnell in Vergessenheit geraten."

Der Sozialstaat kann bei der Bewältigung der Zukunftsaufgaben keine Zuschauerrolle einnehmen; er ist zwar nicht allmächtig und allzuständig, aber er kann und muss die sozial-ökologische Transformationen im Sinne eines Problemlösers flankieren und fördern (vgl. u.a. Blank 2020a). Denn unweigerlich wird der Umbau in Richtung Klimaneutralität mit einer ökonomischen Umstrukturierung und mit einem Verlust von bestimmten Arbeitsplätzen einhergehen. Der Prozess der durch Corona vorangetriebenen Digitalisierung von Leben und Arbeiten verstärkt diesen Umbruch noch zusätzlich. Kommt es hier zu einem Zustand von sozialer Unsicherheit sowie zu Angst vor Arbeitslosigkeit und sozialem Abstieg, dann behindert das Abwehrverhalten die erforderliche Transformation. Deswegen kommt es zwingend darauf an, nicht nur die sozialen Folgen abzufedern, sondern neue und qualifizierte Beschäftigungsfelder sowohl in der Industrie als auch im Bereich sozialer und persönlicher Dienstleistungen zu schaffen. Dafür bedarf es vor allem einer breit angelegten und den Erwerbsverlauf begleitenden Ausbildung und Qualifizierung aller Beschäftigten. Ein so angelegter Sozialstaat ist ein kompensierender und investiver Sozialstaat zugleich, er verbindet den sozialen Schutz mit Sozialinvestitionen für die Zukunft.

Literatur

Bäcker, Gerhard (2019): Arbeitslosenversicherung stärken! Sozialgesetzbuch III und II harmonisieren! in: Wirtschaftsdienst 04/2019, S. 252-255.

– (2020): Rentenversicherung oder Kapitalmarkt?, in: Blank, Florian/Hofmann, Markus/Buntenbach, Annelie (Hrsg.): Neustart in der Rentenpolitik, Baden-Baden, S. 25-46.

Bäcker, Gerhard/Naegele, Gerhard/Bispinck, Reinhard (2020): Sozialpolitik und soziale Lage in Deutschland, 6. Auflage, Wiesbaden.

Blank, Florian (2020a): Sozialpolitik und Klimanotstand – allgemeine Zusammenhänge, in: Soziale Sicherheit 03/2020, S. 94-97.

– (2020b): Die Unordnung der Wohlfahrtsproduktion in Zeiten von Corona, in: WSI (Hrsg.): Blog-Serie: Soziale Ungleichheit in der Corona-Krise 09/2020.

Dullien, Sebastian/Tober, Silke/Truger, Achim (2020): Wege aus der Wirtschaftskrise: Der Spagat zwischen Wachstumsstabilisierung und sozial-ökologischer Transformation, in: WSI-Mitteilungen 06/2020, S. 403-410.

Urban, Hans-Jürgen (2020): Corona-Pandemie: Eine Krise als Chance zur Beschreitung neuer Wege, in: Frankfurter Rundschau vom 19.04.2020.

Michael Kittner

Die Rolle der Gerichte bei der Implementierung des Sozialstaatsprinzips

Vorbemerkung

Als geschäftsführendes Vorstandsmitglied der IG Metall, dabei für Sozialpolitik und Rechtsschutz zuständig, ist *Hans Jürgen Urban* ein herausragender Protagonist unseres „Sozialstaats". Mit seiner fachlichen Kompetenz und als Repräsentant der größten Einzelgewerkschaft der Welt ist er prägend an der Selbsthilfe-Komponente unseres Sozialstaats beteiligt. Dass er sich auf diesem Feld auch literarisch-konzeptionell betätigt hat, versteht sich für *Hans Jürgen* von selbst.[1] Als jemand, der zu diesen Themen ebenfalls viele Jahre lang in der Kombination Gewerkschaftspolitik-Wissenschaft aktiv war,[2] sende ich ihm einen Gruß zu seinem runden Geburtstag: über Rolle und Bedeutung der Gerichte für die inhaltliche Konkretisierung und praktische Entfaltung des Sozialstaats.

Begriffe und Geschichte: Armenfürsorge, Arbeiterpolitik, Wohlfahrtsstaat, Sozialstaat

Am Anfang sollen einige Klärungen zur Begrifflichkeit stehen – nicht um in dieser Hinsicht Gültigkeit zu beanspruchen, sondern nur um deutlich zu machen, wovon ich reden möchte. Den besten Anknüpfungspunkt dafür liefert *Hans Jürgen Urban* selbst mit seinem Werk über den „Wohlfahrtsstaat". Davon – im Sinne von: staatliches Handeln für die soziale Sicherheit der Bürger und ihre Wohlfahrt – will auch ich im Folgenden handeln, aber erweitert um zwei Komponenten, die sich beim Blick in die (deutsche) Geschichte als essentielle Stränge unseres heutigen „Sozialstaats" zeigen: Staatsinterventionen zum Schutze der Arbeitnehmer als typischerweise unterlegener Vertragspartei und deren Selbsthilfe durch kampffähige Koalitionen (Gewerkschaften).

Mit diesem weiten Inhalt wird die lange Tradition sozialstaatlicher Politik in Deutschland deutlich:[3] von den Schutzmechanismen der Zunftzeit über die „Armen-

---

1   Vgl. Urban, Der Tiger und seine Dompteure. Wohlfahrtsstaat und Gewerkschaften im Gegenwartskapitalismus, 2013.
2   Vgl. Kittner in Denninger/Ridder/Simon/Stein, Alternativkommentar zum GG, 1. Aufl. 1984, Art. 20 Abs. 1-3, V „Sozialstaat". Auf dieser Grundlage entstand auf Antrag der IG Metall die erste grundlegende Entschließung „Verwirklichung des Sozialstaats" des 13. ord. DGB-Bundeskongresses 1986.
3   Zum Folgenden vgl. Schiek, in Denninger/Hoffmann-Riem/Schneider/Stein, Hrsg., AG-GG, 3. Aufl. 2001, Art. 20 Abs. 1-3, „Sozialstaat", Rn. 15 ff.

fürsorge" am Vorabend der Industrialisierung zur „Arbeiterpolitik" einschließlich der gesetzlichen Sozialversicherung, die das materielle Rückgrat dessen werden sollte, was im 20. Jahrhundert zum weit ausgreifenden „Wohlfahrtsstaat" werden sollte. Die Weimarer Republik brachte dann, maßgeblich basierend auf dem Stinnes-Legien-Abkommen[4] und der Reichsverfassung vom 11. August 1919[5] den kompletten Set dessen, was wir auch für die Bundesrepublik von heute zu den Kernelementen ihrer Sozialstaatlichkeit zählen – freilich mit dem verfassungsrechtlichen Defizit, dass all die schönen Dinge in der Verfassung *„durchgängig nur Gesetzgebungsprogramm, also Zukunftsrecht"* sein sollten.[6]

„Sozialstaatsprinzip" als Staatsziel

Mit der Gründung der Bundesrepublik wurde eine neue Seite im Buch der Sozialstaatsgeschichte Deutschlands aufgeschlagen. Das Grundgesetz, das in vielem, insbesondere hinsichtlich der staatlichen Strukturen, eine „Lehre aus Weimar" ziehen wollte, ging auch in dieser Hinsicht einen neuen Weg: der neue „Sozialstaat" sollte ein valideres rechtliches Fundament erhalten.[7] Zwar bediente sich das Grundgesetz gar nicht ausdrücklich dieses Begriffs, sondern sprach in 20 Abs. 1 „nur" vom *„sozialen Bundesstaat"*, doch stellte das BVerfG schon in seiner ersten Entscheidung zu dieser Materie klar:

> „Wenn auch die Wendung vom 'sozialen Bundesstaat' nicht in den Grundrechten sondern in Art. 20 des Grundgesetzes (Bund und Länder) steht, so enthält sie doch ein Bekenntnis zum Sozialstaat, das bei der Auslegung des Grundgesetzes wie bei der Auslegung anderer Gesetze von entscheidender Bedeutung sein kann."[8]

Die Substanz dieses „Sozialstaatsprinzips" brachte das BVerfG 1954 im KPD-Verbots-Urteil auf die Formel: *„Es besteht das Ideal der 'sozialen Demokratie in den Formen des Rechtsstaates'".*[9] Dazu äußerte es sich besonders zum Bereich der abhängigen Arbeit, offenkundig als Kontrastprogramm zum eingehend dargestellten Sowjetkommunismus:

> „Darüber hinaus entnimmt die freiheitliche demokratische Grundordnung: – dem Gedanken der Würde und Freiheit des Menschen die Aufgabe, auch im Verhältnis der Bürger untereinander für Gerechtigkeit und Menschlichkeit zu sorgen. Dazu gehört, daß eine Ausnutzung des einen durch den anderen verhindert wird. Allerdings lehnt die freiheitliche Demokratie es ab, den wirtschaftlichen Tatbestand der Lohnarbeit im Dienste privater Unternehmer als solchen allgemein als Ausbeutung zu kennzeichnen. Sie sieht es aber als ihre Aufgabe an, wirkliche Ausbeutung, nämlich Ausnutzung der Arbeitskraft zu unwürdigen Bedingungen und unzureichendem Lohn zu unterbinden. Vorzüglich darum

---

4 Vgl. Kittner, Soziales Recht (SR) 2019, 118.
5 RGBl. 1383.
6 So der führende Kommentar von Anschütz, Die Verfassung des Deutschen Reichs, 11. Aufl. 1929, Art.165, Anm. 1.
7 Zum Folgenden vgl. Schiek, a.a.O., Fn. 3, Rn. 35 ff.
8 BVerfG 21.12. 1951 – 1 BvR 220/51, BVerfGE 1, 95, 195.
9 BVerfG 17.8.1956 – 1 BvB 2/51, BVerfGE 5, 85, 198.

ist das Sozialstaatsprinzip zum Verfassungsgrundsatz erhoben worden; es soll schädliche Auswirkungen schrankenloser Freiheit verhindern und die Gleichheit fortschreitend bis zu dem vernünftigerweise zu fordernden Maße verwirklichen."[10]

Von da an gehört die Berufung auf das Sozialstaatsprinzip zum Grundrepertoire des BVerfG bei Fragestellungen zur sozialen Gerechtigkeit, vor allem natürlich im Bereiche der sozialen Sicherung.[11]

Konkretisierungsbedürftigkeit des Sozialstaatsprinzips: Einfacher Gesetzgeber und Gerichte

Schon in seiner fundamentalen Beschreibung des Sozialstaatsprinzips wies das BVerfG auf eine mit einem Rechtsprinzip von solcher Abstraktionshöhe verbundene Zwangsläufigkeit hin:

„Wenn als ein leitendes Prinzip aller staatlichen Maßnahmen der Fortschritt zu 'sozialer Gerechtigkeit' aufgestellt wird, eine Forderung, die im Grundgesetz mit seiner starken Betonung des 'Sozialstaats' noch einen besonderen Akzent erhalten hat, so ist auch das ein der konkreten Ausgestaltung in hohem Maße fähiges und bedürftiges Prinzip."[12]

Das kann nach Lage der Dinge nur durch die dazu berufene Legislative erfolgen, was das BVerfG folgerichtig bereits in seiner allerersten Entscheidung zum Sozialstaatsprinzip, nur einen Satz nach der Statuierung des „Bekenntnisses zum Sozialstaat", feststellte: *„Das Wesentliche zur Verwirklichung des Sozialstaates aber kann nur der Gesetzgeber tun".*[13]

Die Alternative wäre ja schlicht die Fixierung all dessen, was der zeitgenössische Verfassungsgeber als sozialstaatlich geboten erachtet, in der Verfassung selbst. Das wäre unter vielen Aspekten ein Ding der Unmöglichkeit. Dazu kam bei den Vertretern der SPD im Parlamentarischen Rat die Grundhaltung, nicht allzu viel in die Verfassung selbst zu schreiben zu müssen, weil man sich vorstellte, Konkretes später mit der als

---

10 BVerfG, a.a.O., 206.

11 Zu erinnern ist freilich an die Mahnung der Verfassungsrichterin Rupp-von Brünneck in einem Minderheitsvotum, dass das Sozialstaatsprinzip außerhalb dieses Bereich nur ein „Schattendasein" führe (BVerfGE 36, 237, 247; vgl. auch Benda, RdA 1979, 2).

12 BVerfG 17.8.1956 – 17.8.1956 – 1 BvB 2/51, BVerfGE 5, 85, 198.

13 BVerfG 21.12. 1951 – 1 BvR 220/51, BVerfGE 1, 95, 195. Das BVerfG sprach in diesem Zusammenhang auch davon, dass dem Einzelnen „*nur wenn der Gesetzgeber diese Pflicht willkürlich, d.h. ohne sachlichen Grund versäumte, möglicherweise ... mit der Verfassungsbeschwerde verfolgbarer Anspruch erwachsen (könnte)*." Ein solcher Fall ereignete sich erstmals 1954, als das BVerwG aus Art. 1 GG in Verbindung mit dem Sozialstaatsprinzip einen originären Anspruch auf Sozialhilfe anerkannte (vgl. BVerwG 24.6.1954 – V C 78/54, BVerwGE 1, 159). Das sollte ein Einzelfall bleiben. 1961 wurde diese legislative Lücke mit dem BSHG geschlossen. Für die Auslegung des Sozialhilferechts sind seit dessen Eingliederung in das SBG ab 2005 die Sozialgerichte zuständig (§ 51 Abs. 6a SGG).

Die Rolle der Gerichte bei der Implementierung des Sozialstaatsprinzips 227

sicher unterstellten, eigenen parlamentarischen Mehrheit regeln zu können – der gleiche Irrtum wie 1919![14]

Diese – in einem demokratischen Staat ja durchaus angemessene – Überweisung der Sozialstaats-Konkretisierung an den einfachen Gesetzgeber, brachte zwangsläufig die staatlichen Gerichte ins Spiel: Sie entscheiden im Streitfall, wie diese Gesetze auszulegen sind. Mit anderen Worten: Der sozialstaatliche Alltag entscheidet sich in den Gerichtssälen.

Dazu hat der Gesetzgeber bereits eine erste, fundamentale sozialstaatliche Organisationsentscheidung getroffen: Mit der Schaffung einer Arbeits- und Sozialgerichtsbarkeit gibt es leicht zugängliche, kostengünstige Gerichte für Arbeitnehmer und Sozialleistungsempfänger.[15] Das mag uns, weil wir es seit langem gewohnt sind, trivial erscheinen. Das ist es aber ganz und gar nicht, wie z.B. ein Vergleich mit den USA zeigt.[16]

In Deutschland wurden 2018 in der Arbeitsgerichtsbarkeit 320.094 und in der Sozialgerichtsbarkeit 400.000 Klagen eingereicht.[17] Davon erreichten in beiden Gerichtsbarkeiten nur weniger als 0,1 % die Revisionsinstanz. Von den durch Urteil erledigten Verfahren waren die Kläger in der Sozialgerichtsbarkeit zu etwa 23 % voll oder teilweise erfolgreich; in den Verfahren vor dem BSG waren es stolze 45 %.[18] Für die Arbeitsgerichtsbarkeit weist die Bundesstatistik derartige Zahlen nicht aus. Aber die Erfolgsbilanz des DGB-Rechtsschutzes für von ihm vertretene Gewerkschaftsmitglieder vermittelt eine grobe Vorstellung, wenn er zuletzt für 2919 von 126.741 neuen Verfahren und einem „Erfolgswert" von 247 Mio. Euro berichtet.[19]

Zum Vergleich ein Blick auf die USA: Dort haben ca. 60 Mio. oder 54 % aller nichtgewerkschaftlich organisierten Arbeitnehmer[20] überhaupt keinen Zugang zu staatlichen Gerichten. Sie unterliegen einer „mandatory arbitration", d.h., bei Streitfällen

---

14 SPD und USPD erreichten bei der ersten Wahl zur Nationalversammlung am 19.1.1919 zusammen nur einen Stimmenanteil von 45 %. Die erste Bundestagswahl 1949 brachte 29,2 % für die SPD und 5,7 % für die KPD.

15 Im Grundgesetz sind ausdrücklich nur das BAG und BSG als oberste Bundesgerichte garantiert (Art. 95 Abs. 1). Daraus leitet zwar eine heute wohl überwiegende Meinung ab, dass das auch den Bestand jeweils eigener Fachgerichtsbarkeiten bis hinunter zu den Arbeits- und Sozialgerichten einschließt (vgl. Düwell in Düwell/Lipke, ArbGG, 5. Aufl. 2019, Grundlagen, Rn. 19).

16 Ganz selbstverständlich ist das auch in Deutschland nicht. In den Jahren 2003 bis 2005 gab es Bestrebungen, die Arbeitsbarkeit wieder in die ordentliche Gerichtsbarkeit zu integrieren (vgl. Rieble, Hrsg., Zukunft der Arbeitsgerichtsbarkeit, 2005).

17 Statistisches Bundesamt, Fachserie 10 Reihe 2.7 und 2.8., 2019.

18 Aus den Zahlen des Statistischen Bundesamts ist nicht abzuleiten, wie sich Erfolg und Nichterfolg in den sonst erledigten Verfahren verteilen. Z.B. kann sich hinter einer Klagerücknahme ein den Kläger zufriedenstellendes Arrangement mit der Gegenseite verbergen.

19 https://www.dgbrechtsschutz.de/aktuelles/zahlen-fakten. In Sozialgerichtsverfahren ist der DGB-Rechtsschutz nur deutlich weniger aktiv.

20 Aktuell sind in den USA nur noch etwa 13 % der Arbeitnehmer gewerkschaftlich organisiert.

entscheiden von den Arbeitgebern bestellte Schiedsrichter.[21] Und wenn die Anrufung eines Gerichts möglich ist, droht ein existenzbedrohendes Kostenrisiko, so dass das im Wesentlichen nur für höhere Angestellte gegen Erfolgshonorar ihres Anwalts in Frage kommt. Nur die organisierten Arbeitnehmer kommen dort, wo die Gewerkschaft das durchsetzen kann,[22] in den Genuss eines fairen Verfahrens aufgrund einer von der Gewerkschaft vereinbarten Schiedsklausel.

Allein dieser Vergleich macht die sozialstaatliche Substanz der deutschen Arbeits- und Sozialbarkeit so richtig deutlich! Dabei hat es natürlich nicht mit den – für sich beeindruckenden – Zahlen für die Anrufung der Gerichte und deren Entscheidungen in den vielen Einzelfällen sein Bewenden. Die Tatsache, dass das möglich ist, sorgt als „fleet in being" für einen nicht messbaren, aber unbestreitbaren präventiven Effekt.

Inhaltliche Leitmaximen: Kollektive Selbsthilfe und Parität

Von Anfang an war klar, dass das Sozialstaatsprinzip des Grundgesetzes mehr enthalten sollte als staatliche Hilfe für Benachteiligte, also den klassischen „Wohlfahrtsstaat". Neben ihr steht als unverzichtbare prozedurale Komponente die Ermöglichung von Selbsthilfe. Der Schlüsselsatz findet sich ebenfalls schon im KPD-Urteil:

> „Um seiner Würde willen muß ihm eine möglichst weitgehende Entfaltung seiner Persönlichkeit gesichert werden. Für den politisch-sozialen Bereich bedeutet das, daß es nicht genügt, wenn eine Obrigkeit sich bemüht, noch so gut für das Wohl von 'Untertanen' zu sorgen; der Einzelne soll vielmehr in möglichst weitem Umfange verantwortlich auch an den Entscheidungen für die Gesamtheit mitwirken. Der Staat hat ihm dazu den Weg zu öffnen."[23]

Konsequenterweise hat das BVerfG die für das Arbeitsleben wichtigste, bereits in der Tradition der Weimarer Republik angelegte Ausprägung kollektiver Selbsthilfe, die Koalitionsfreiheit, als Element des Sozialstaatsprinzips gesehen:

> „Die Auffassung, daß die Vereinigung selbst in den Schutz des Grundrechts der Koalitionsfreiheit mit einzubeziehen sei, trifft auch für das Grundgesetz zu. ... Entscheidend für die hier gefundene Auslegung des Art. 9 Abs. 3 GG ist das ausdrückliche Bekenntnis des Grundgesetzes zum sozialen Rechtsstaat (Art. 20 Abs. 1, 28 Abs. 1 Satz 1 GG)."[24]

---

21 Colvin, The growing use of mandatory arbitration, Economic Policy Institute, 2018. Diese Entwicklung wird vom Supreme Court der USA seit der grundlegenden Entscheidung i.S. Gilmer im Jahre 1991 gebilligt (vgl. Kittner/Kohler, Kündigungsschutz in Deutschland und den USA, Betriebs-Berater (BB) 2000, Beilage 4, S. 17.

22 Das ist in vielen Fällen hart umkämpft und endet nicht selten erfolglos für die Gewerkschaft (vgl. „VW-Arbeiter lassen US-Gewerkschaft abblitzen" (ZEIT-online 15.6.2019).

23 BVerfG 17.8.1956 – 1 BvB 2/51, BVerfGE 5, 85, 204 f.

24 BVerfGE 18.11.1954 – 1 BvR 629/52, BVerfGE 4, 96, 109; bestätigt in BVerfG 30.11.1965 – 2 BvR 54/6, BVerfGE 19, 303, 319.

Damit sind die beiden den Sozialstaat der Bundesrepublik kennzeichnenden Komponenten verfassungsfest gewährleistet: soziale Sicherung durch den Staat und Selbsthilfe durch Tarifverträge (einschließlich des durch staatliche Gesetze eingerichteten System der Mitbestimmung).

Wenn man auf das Werden der westdeutschen Gesellschaft nach Gründung der Bundesrepublik blickt, ist zunächst wenig von verfassungsrechtlicher Aufladung dieser Selbsthilfe-Komponenten zu spüren. Die Koalitionsfreiheit erfuhr zwar zunächst eine denkbar stark klingende Fundierung mit der Entscheidung des BVerfG vom 18. November 1954:

> „Wenn also die in Art. 9 Abs. 3 GG garantierte Koalitionsfreiheit nicht ihres historisch gewordenen Sinnes beraubt werden soll, so muss im Grundrecht des Art. 9 Abs. 3 GG ein verfassungsrechtlich geschützter Kernbereich auch in der Richtung liegen, dass ein Tarifvertragssystem im Sinne des modernen Arbeitsrechts staatlicherseits überhaupt bereitzustellen ist und dass Partner dieser Tarifverträge notwendig frei gebildete Koalitionen sind."[25]

Diese eigentlich sehr klaren Worte wurden aber von BVerfG in der Folgezeit umfunktioniert zu der Festlegung, dass die Koalitionsfreiheit überhaupt nur in einem *„Kernbereich"* geschützt sei – eine unfassbare Anders- und Schlechterbehandlung gegenüber allen anderen Grundrechten![26] Das betraf Koalitionsbetätigungen einzelner Gewerkschaftsmitglieder durch das Verbot von Gewerkschaftswerbung für Betriebsrats- und Personalratsmitglieder, aber auch strategisch hochrangige Themen wie das Verbot von Differenzierungsklauseln[27] oder von Solidaritätsstreiks.[28] Auch das Arbeitskampfrecht wurde seit den ersten Entscheidungen des BAG ausschließlich als Frage der Auslegung des § 823 BGB behandelt. Folgerichtig wurden Gewerkschaften und Arbeitgeberverbände als von Natur aus ebenbürtige Kontrahenten nach dem Prinzip einer „formalen" Parität behandelt und Streik und Aussperrung als adäquate, komplementäre Kampfmittel behandelt.[29]

Verfassungsrechtliche Aufladung des Arbeitsrechts

Diese Rechtsprechungslandschaft änderte sich seit den 1980er Jahren grundlegend: Zunächst bekannte sich das BAG in mehreren Entscheidungen vom 10. Juni 1980 zu einer Behandlung der Aussperrung nach Kriterien einer „materiellen" Parität und begrenzte sie auf ihren Einsatz als nach Quoten begrenztes Abwehrmittel zur Wiederherstellung einer durch den Streik etwa gestörten Parität.[30] 1990 statuierte das BVerfG

---

25 BVerfGE 18.11.1954 – 1 BvR 629/52, BVerfGE 4, 96, 106.
26 Zur Kritik Gester/Kittner, RdA 1971, 172.
27 Vgl. BAG-GS 29.11.1967 – GS 1/67, BAGE 20, 175 (hierzu Kittner, 50 Urteile, S. 258).
28 Vgl. BAG 5.3.1987 – 1 AZR 468/83, BAGE 48, 160.
29 Vgl. BAG-GS 28.1.1955 – GS 1/54, BAGE 1, 292 (hierzu Kittner, 50 Urteile, S. 281).
30 Vgl. BAG 10.6.1980 – 1 AZR 822/79 BAGE 33, 140; 1 AZR 168/79, 33, 185; 1 AZR 690/79, BB 1980, 1525. Die neue BAG-Rechtsprechung zur Aussperrung wurde vom BVerfG

eine staatliche Schutzpflicht zur Ermöglichung freier Vertragsgestaltung durch alle Beteiligten, ebenfalls zu „*Wiederherstellung einer gestörten Vertragsparität*". Das wurde zunächst zur Beurteilung von Konkurrenzschutzklauseln für Handelsvertreter[31] und anschließend von Bürgschaften mitteloser Personen[32] entwickelt. In seiner Entscheidung zum Nachtarbeitsverbot für Frauen begründete das BVerfG daran anschließend einen geradezu kanonischen Sozialstaats-Imperativ für das Arbeitsrecht:

> „Das dem Vertragsrecht zugrundeliegende Prinzip der Privatautonomie kann hinreichenden Schutz nur gewährleisten, soweit die Bedingungen freier Selbstbestimmung gegeben sind. Wo es an einem annähernden Kräftegleichgewicht der Beteiligten fehlt, ist mit den Mitteln des Vertragsrechts allein kein sachgerechter Ausgleich der Interessen zu gewährleisten. Das ist bei Abschluß von Arbeitsverträgen typischerweise der Fall. In einer solchen Lage sind die objektiven Grundentscheidungen der Verfassung im Grundrechtsabschnitt und im Sozialstaatsgebot durch gesetzliche Vorschriften, die sozialem und wirtschaftlichem Ungleichgewicht entgegenwirken, zu verwirklichen."[33]

Und schließlich gab das BVerfG 1995 seine verfehlte „Kernbereichs"-Rechtsprechung auf.[34] Seither werden alle von einer Koalition für sachdienlich gehaltenen Koalitionsbetätigungen zunächst dem Schutz des Art. 9 Abs. 3 GG unterstellt und dann gefragt, ob sie Beschränkungen nach allgemeine Regeln unterliegen. Das führte zu weitreichenden Folgen sowohl für das Individual- als auch das kollektive Arbeitsrecht:
- durch Begrenzung einseitiger Arbeitgebermacht bei der Gestaltung von Arbeitsbedingungen, zunächst über § 242 BGB durch die Arbeitsgerichte, dann durch Gesetze wie das BetrAVG und §§ 305 ff. BGB (s. u. 5),
- im Tarifrecht durch teilweise Zulassung von Differenzierungsklauseln[35] und
- im Arbeitskampfrecht durch grundsätzliche Zulassung von Solidaritätsstreiks.[36]

Man kann sagen: In den Jahren zwischen 1980 und 1995 beginnt die verfassungsrechtliche Aufladung des Arbeitsrechts erst wirklich und damit eine neue Etappe von Sozialstaatlichkeit (ungeachtet natürlich aller Fälle, in denen man sich im Ergebnis „Mehr" oder „Besseres" erhofft hätte).[37]

---

gebilligt (vgl. BVerfG 26.6.1991 – 1 BvR 779/85, BVerfGE 84, 212; hierzu Kittner, 50 Urteile, S. 297).

31 Vgl. BVerfG 7.2.1990 – 1 BvR 26/84, BVerfGE 81, 242 (hierzu Kittner, 50 Urteile, S. 148).

32 Vgl. BVerfG 19.10.1993 – 1 BvR 567, 1044/89, BVerfGE 89, 214.

33 Vgl. BVerfG 28.1.1992 – 1 BvR 1025/84, BVerfGE 85, 191 (hierzu *Kittner*, 50 Urteile, S. 154).

34 Vgl. BVerfG 14.11.1995 – 1 BvR 601/92, BVerfGE 93, 352 (hierzu *Kittner*, 50 Urteile, S. 241).

35 Vgl. BAG 18.3.2009 – 4 AZR 64/08, BAGE 130, 43; 23. 3.2011 – 4 AZR 366/09, BAGE 137, 231 (hierzu Kittner, 50 Urteile, S. 263 f.).

36 Vgl. BAG 19.6.2007 – 1 AZR 396/06, BAGE 123, 134.

37 Auch an dieser Stelle sollte nicht verschwiegen werden, welche Richterpersönlichkeiten maßgeblich an diesen Entscheidungen beteiligt waren: Thomas Dieterich und Jürgen Küh-

Die Rolle der obersten Gerichte

Eine ganz andere Rolle spielen die Bundesgerichte. Da sind einmal als Revisionsinstanzen das BAG und BSG. Sie sorgen für eine präzisierende Rechtsauslegung, wo das Gesetz selbst nicht hinreichend klar ist. Und sie setzen Recht, wo das Gesetz schweigt. Für solches „Richterrecht" qua „Rechtsfortbildung" sind sie ausdrücklich ermächtigt (§§ 45 Abs. 4 ArbGG und 41 Abs. 4 SGG). Es kann sogar sein, dass eine Materie ganz ausschließlich durch „Richterrecht" geregelt ist, wie z.B. das Arbeitskampfrecht, wenn der Gesetzgeber aus welchen Motiven auch immer „die Finger davon lässt". Ersichtlich kann das hier auch nicht annähernd aufgerollt werden, aber einige strukturprägende Aspekte sollen doch beleuchtet werden.

Da ist zunächst die Intensität der Bindung an das geschriebene Recht. Sie ist am höchsten beim Sozialrecht, insbesondere dem Sozialversicherungsrecht, wo das Allermeiste in vielen Verästelungen gesetzlich geregelt ist, und dem Individualarbeitsrecht. Hier können die Gerichte sich im Wesentlichen ihrer Hauptaufgabe, der Streitbeilegung durch Rechtsauslegung widmen. Es gibt zwar keine formelle Bindung der Instanzgerichte an eine BAG- bzw. BSG-Entscheidung. Aber da alle potenziellen Betroffenen davon ausgehen, dass künftig alle dorthin gelangenden Fälle ebenso entschieden werden, fügt man sich darein – und so wirkt die jeweilige Entscheidung gesetzesgleich.[38] Das bedeutet offenkundig, dass es materielle Wirkungen weit über den entschiedenen Einzelfall hinaus geben kann, speziell im Falle von Sozialrechtsstreitigkeiten hohe Folgekosten für die Haushalte von Staat und Sozialversicherungsträger (ein Umstand, der wohl nicht selten dazu führt, dass die beteiligten Richter ins Grübeln geraten, ob sie das wohl vertreten können, eine Art von „Rechtsfolgenabschätzung" besonderer Art).[39]

Insbesondere im Arbeitsrecht gibt es seit Jahrzehnten geradezu klassische Rechtsfragen, die der Gesetzgeber den Gerichten praktisch völlig überlässt, z.B. das Recht der Arbeitnehmerhaftung[40] und Rückzahlungsklauseln.[41] Andere große Bereiche, vor allem im Zusammenhang mit den Grenzen der Freiwilligkeit von Arbeitgeberleistungen, hat er erst vielen Jahren einer sich mehr und mehr verdichtenden Judikatur durch

---

ling (vgl. Dieterich, Ein Richterleben, 2016; Dieterich, Die Ära Kühling in Karlsruhe, AuR 2001, 81; hierzu Kittner, 50 Urteile, S. 14 f.).

38 Das funktioniert aber nicht durchweg. Offenkundig unhaltbaren Entscheidungen wird nicht selten die Gefolgschaft durch die Instanzgerichte versagt, bis es doch zu einer Korrektur kommt (vgl. zum Fall der Vorbeschäftigungsentscheidung des 7. Senats des BAG, vgl. Kittner, 50 Urteile, S. 338).

39 Brisanz in dieser Hinsicht enthält z.B. ein Gerichtsverfahren, das aktuell mit Rechtsschutz durch die IG Metall als Verfassungsbeschwerde gegen die Entscheidung des BSG vom 20.5.2020 (B 13 R 23/18 R) am BVerfG anhängig ist: die Klärung der Frage, ob der Gesetzgeber Zeiten der Arbeitslosigkeit unmittelbar vor Renteneintritt von einer Anrechnung ausnehmen darf (vgl. „Mit der IG Metall bis vors höchste Gericht", metallzeitung 11/2020, S. 16).

40 Vgl. Kittner, 50 Urteile. Arbeitsgerichte schreiben Rechtsgeschichte, 2. Aufl. 2020, S. 88.

41 Vgl. Kittner, 50 Urteile, S. 102.

gesetzliche Kodifikation aufgegriffen, z.B. das Recht der Betriebsrenten durch das BetrAVG[42] und die Kontrolle allgemeiner Arbeitsbedingungen durch die §§ 305 ff. BGB.[43] Relativ dicht ist die Regulierung im Bereich der Mitbestimmung, am weitesten bei der Unternehmensmitbestimmung, auf den ersten Blick auch in der Betriebsverfassung (und Personalvertretung). Aber wer sich die Kommentare zum BetrVG ansieht, muss tief beeindruckt davon sein, sehen, in welch hohem Masse diese Materie vom BAG geprägt ist. Man denke z.B. an

- die Wirksamkeitsvoraussetzung der Mitbestimmung gem. § 56 BetrVG 1952 (heute § 87),[44]
- die Kostenübernahme für gewerkschaftliche Betriebsratsschulungen gem. §§ 37 Abs. 6 und 40,[45]
- die Behandlung von Computerprogrammen für die Mitbestimmung nach § 87 Abs. 1 Nr. 6[46] oder
- den Unterlassungsanspruch des Betriebsrats gegen mitbestimmungswidriges Verhalten des Arbeitgebers.[47]

Wenn man sich genötigt sähe, eine kursorische Bewertung all dessen vorzunehmen, käme man nicht umhin, dem BAG eine im ganzen mitbestimmungsfreundliche Grundhaltung zu bescheinigen und ebenso die grundsätzliche Bereitschaft, die Gesetzespraxis auf der Höhe der technologischen Entwicklungen des IT-Zeitalters zu halten.

Noch wesentlich weniger als im Betriebsverfassungs- und Personalvertretungsrecht gibt es im Koalitions- und Tarifrecht für die Gerichte Anhaltspunkte im geschriebenen Recht. Art. 9 Abs. 3 GG und die ersten vier Paragrafen des TVG sind alles – oder nichts! Hier haben wir ein weites Feld von richterrechtlichen „Setzungen" oder „Erfindungen": vom Verbot von Differenzierungs- und Effektivklauseln[48] bis zur Tarifeinheit.[49] Ganz zu schweigen vom Arbeitskampfrecht!

Mit diesen Themen ist bereits die nächste Ebene in der Hierarchie unserer Gerichte angesprochen; das Bundesverfassungsgericht. Es kann angerufen werden zur Überprüfung der Verfassungsmäßigkeit von Gesetzen und Gerichtsentscheidungen, und es gibt kaum noch wesentliche Themen, die nicht wenigstens einmal bei ihm gelandet sind

---

42 Vgl. Kittner, 50 Urteile, S. 107.

43 Vgl. Kittner, 50 Urteile, S. 71.

44 Vgl. BAG 1.2.1957 – 1 AZR 521/54, BAGE 3, 266. In dieser Hinsicht unterscheidet sich das Betriebsverfassungsrecht seit 1952 kategorisch zum Besseren von dem des BRG 1920. Damals hatte der Betriebsrat ohnehin nur ganz schwache Mitbestimmungsrechts, doch der Arbeitgeber konnte sich ungestraft auch darüber hinwegsetzen (vgl. Däubler/Kittner, Geschichte der Betriebsverfassung, S. 191 f.).

45 Vgl. BAG 31.10.1972 – 1 ABR 7/72, BAGE 24, 459.

46 Vgl. BAG 14.9.1984 – 1 ABR 32/82, BAGE 46, 367 (hierzu Kittner, 50 Urteile, S. 197).

47 Vgl. BAG 3.5.1994 – 1 ABR 24/93, BAGE 76, 364 (hierzu Kittner, 50 Urteile, S. 215).

48 Vgl. Kittner, 50 Urteile, S. 258 und 265.

49 Vgl. Kittner, 50 Urteile, S. 243.

Die Rolle der Gerichte bei der Implementierung des Sozialstaatsprinzips 233

(im Koalitions- und Arbeitskampfrecht ist das besonders intensiv).[50] Aus „Karlsruhe" kommen denn immer wieder spektakuläre Entscheidungen, mit denen das BVerfG sei es den Gesetzgeber, sei es (seltener) das BAG als Ersatzgesetzgeber korrigiert, z.B.
– zum Berechnungsmodus der „Hartz IV"-Sätze[51] oder
– zur Vorbeschäftigungszeit bei sachgrundlosen Befristungen.[52]
Dazu kommen das Recht der EU mit dem EuGH als „Hüter der Verträge", des Europarats mit dem Europäischen Gerichtshof für Menschenrechte (EGMR) und die Abkommen der ILO – eine das nationale Recht überwölbende eigene supranationale Welt von Sozialstaatlichkeit.[53]

Vor über 50 Jahren hat einer der berühmtesten deutschen Arbeitsrechtswissenschaftler, *Franz Gamillscheg*, einen seither immer wieder zitierten Satz gesprochen: *„Der Richter ist der wahre Herr des Arbeitsrechts"*.[54] Das erschien in der Angangsphase der Bundesrepublik vielleicht angemessen. Heute würde er das so nicht mehr sagen. Zum einen hat die Zahl der arbeits- und sozialrechtlichen Gesetze, in denen alle möglichen Einzelfragen detailliert geregelt werden, exponentiell zugenommen.[55] Zum anderen aber gibt es inzwischen prominente Beispiele dafür, dass der Gesetzgeber jederzeit auf ihm unliebsame Gerichtsentscheidungen mit einem anders lautendes Gesetz reagieren kann. Die drei spektakulärsten Fälle im Arbeits- und Sozialrecht betrafen die Korrektur von BAG- bzw. BSG-Entscheidungen
– zum Recht der sachgrundlosen Befristung,[56]
– zu § 116 AFG[57] und
– über die Tarifeinheit.[58]
Solche Entscheidungen bleiben freilich seltene Ausnahme. In der Regel scheuen die Akteure die politischen Kosten für einen solchen Akt. So bleibt der zweite, mildere

---

50 Vgl. Kittner, Die Rechtsprechung des Bundesverfassungsgerichts zu Tarifautonomie und Arbeitskampf, in Festschrift für Renate Jaeger, 2010, S. 483 ff.
51 Vgl. BVerfG 9.2.2010 – 1 BvL 1/09, BVerfGE 125, 175.
52 Vgl. BVerfG 6.6.2018 – 1 BvL 7/14, BVerfGE 149, 126.
53 Vgl. Schiek, a.a.O., Fn. 3, Rn. 41 ff.
54 Archiv für civilistische Praxis 1964, 385, 388.
55 Man vergleiche die Entwicklung der „Arbeits- und Sozialordnung": von 754 Seiten der 1. Auflage 1976 auf 2050 Seiten der 45. Auflage im Jahre 2020!
56 Vgl. BAG 12.10.1960 – GS 1/59, BAGE 10, 65 und „Beschäftigungsförderungsgesetz" 1985 (vgl. Kittner, 50 Urteile, S. 95).
57 Vgl. BSG 9.9.1975 – 7 Rar 5/73, BSGE 40, 190 und „Gesetz zur Sicherung der Neutralität der Bundesanstalt für Arbeit in Arbeitskämpfen" 1986 (vgl. Kittner, 50 Urteile, S. 314).
58 Vgl. BAG 7.7.2010 – 4 AZR 549/08, BAGE 135, 80 und „Tarifeinheitsgesetz" 2015 (vgl. Kittner, 50 Urteile, S. 243).

Satz vom *Gamillscheg* wohl in Geltung, wonach das „*Richterrecht unser Schicksal*" ist (und bleibt).[59]

Schlussfolgerungen

Ein verfassungsrechtliches „Sozialstaatsprinzip" bedarf der Konkretisierung durch den einfachen Gesetzgeber, und das bringt zwangsläufig die Gerichte in eine Schlüsselrolle für sein Wirksamwerden. Wir sehen sie in zweifacher Rolle:
- als diejenigen, die „soziale Gerechtigkeit" im Einzelfall gegen Behörden und Arbeitgeber Wirklichkeit werden lassen, und
- auf der generalisierenden Höhe des Gesetzgebers – von Auslegung über Rechtsfortbildung zu „Richterrecht" ohne gesetzlichen Anhaltspunkt.

Entsprechend sind die gewerkschaftlichen Aufgaben auf diesem Feld: Rechtsschutz für die Mitglieder und politische und wissenschaftliche Arbeit am „sozialen Recht"[60] – wichtige Arbeitsfelder für einen wie *Hans Jürgen Urban*. Viel Freude und Erfolg dabei!

---

59 A.a.O., Fn. 54. Zu den Auslegungsproblemen nach der BVerfG-Entscheidung zur Vorbeschäftigung setzte prompt eine entsprechende Diskussion über eine nun daraus folgende „Rechtsunsicherheit" ein (vgl. *Kittner*, 50 Urteile, S. 340).

60 Zu diesem auf Hugo Sinzheimer zurückgehenden Begriff vgl. Deinert/Krause, Editorial, SR 2011, 1.

Sebastian Kramer / Christoph Ehlscheid / Jan-Paul Grüner

Sozialpolitik in der Transformation
Auf dem Weg zum sozial-ökologischen Wohlfahrtsstaat

Über die Notwendigkeit und Dringlichkeit einer klimapolitischen Wende besteht ein weitgehender gesellschaftlicher und politischer Konsens. Die Appelle aus der Gesellschaft werden angesichts der drohenden Klimakatastrophe immer lauter und die Signale aus der Politik die Botschaften verstanden zu haben, immer deutlicher.[1] Doch Zweifel, ob es am Ende zur klimapolitisch gebotenen ökologischen Nachhaltigkeitsrevolution kommt, sind berechtigt. Zu tief ist der Raubbau an der Natur in das fossilistische Wirtschaftsmodell eingeschrieben, zu groß die Abhängigkeit der westlichen Lebensweise von einer extensiven Nutzung der natürlichen Ressourcen und zu stark die Verbindung von Wirtschaftswachstum und sozialstaatlicher Wohlfahrtsproduktion. Interessenkonflikte und Transformationsblockaden sind vorprogrammiert. Wer hier nicht scheitern will, darf seine Konzepte nicht nur aus der Perspektive einer ökologischen Umbaukonzeption heraus entwickeln, sondern wird soziale Nachhaltigkeitsziele nicht ignorieren dürfen. Dafür sprechen eine Reihe sozial-emanzipatorischer Gerechtigkeitsvorstellungen. Die Überwindung prekärer Lebenslagen, die Schaffung sozialer Gleichheit und demokratischer Teilhabe haben als normative Zielperspektive keineswegs an Aktualität verloren. Das Gegenteil ist der Fall: im globalen Gegenwartskapitalismus ist die soziale Spaltung größer, sind die Lebenslagen prekärer und die Chancen auf demokratische Teilhabe geringer geworden. Soziale Verteilungskonflikte bleiben auf der Tagesordnung. Zugleich kommt aber der Beantwortung der sozialen Fragen auch eine politisch-praktische Rolle im ökologischen Transformationsprozess zu. Denn der Erfolg der Klimawende wird nicht zuletzt von der Akzeptanz der zu treffenden Maßnahmen in der Bevölkerung abhängen. Wenn aber die Gefahr besteht, dass der nötige Strukturwandel auf dem Rücken von Beschäftigten, Arbeitslosen und Rentner*innen ausgetragen wird und sich für die Betroffenen keine tragfähigen Zukunftsperspektiven eröffnen, wachsen die sozialen Widerstände und es besteht die Gefahr, dass sich „Konservierungs-Allianzen" formieren, die den Transformationsprozess aufhalten wollen. Welche gesellschaftliche und politische Brisanz eine solche Konstellation haben kann, in der jene Kräfte, die die soziale und jene, die die ökologische Achse bearbeiten, gegeneinander arbeiten, hat Klaus Dörre am Beispiel des Lausitzer Braunkohlereviers eindrucksvoll gezeigt: Im

---

1 Zur drohenden Klima-Katastrophe vgl. u.a. Wallace-Wells 2019.

Ergebnis verlieren die demokratischen Konfliktparteien, „während sich die radikale Rechte anschickt, als eigentlicher Triumphator" vom Platz zu gehen.[2] (Dörre 2020: 296)

Die Schlussfolgerung liegt auf der Hand: Ökologischer Umbau ist ohne soziale Flankierung nicht zu haben. Die ökologische Wende muss zwingend eine sozial-ökologische Wende sein. Sozialpolitik und Umweltpolitik müssen in Zukunft zusammen gedacht und umgesetzt werden, wenn man nicht riskieren will, einen bestimmten Teil der Bevölkerung abzuhängen und sie dadurch zu Gegnern des ökologischen Umbaus zu machen.

Was eine solche Verknüpfung konkret bedeutet, bleibt im politischen Diskurs bislang meist unklar. Im Umfeld ökologischer Bewegungen und linker Politikzusammenhänge wird zwar vermehrt über die Verknüpfung von ökologischer und sozialer Gerechtigkeit debattiert, es fehlt aber häufig eine genauere Vorstellung davon, was daraus für konkrete Politikansätze eigentlich folgt. Wie sieht eine Politik aus, die ökologische und soziale Erneuerung nicht nebeneinander denkt, sondern ihre Verknüpfung in den Mittelpunkt stellt, den Fokus also auf den unscheinbaren Bindestrich zwischen sozial-ökologisch legt? Wir wollen uns dieser Frage in dem vorliegenden Beitrag widmen, in der Hoffnung einen Impuls für weitere Debatten zu liefern. Im gewerkschaftlichen Umfeld – insbesondere aus der Perspektive einer Industriegewerkschaft – ist die Beantwortung dieser Frage ganz unmittelbar mit der Zukunftsperspektive der eigenen Organisationspolitik und Mobilisierungsfähigkeit verknüpft (vgl. Hofmann 2020; Urban 2019). Stehen doch die kurzfristigen Interessen von Beschäftigten oftmals im Konflikt mit Maßnahmen des ökologischen Umbaus. Wer jedoch von der Notwendigkeit der ökologischen Wende überzeugt ist und dabei die mittel- und langfristigen Interessen von Beschäftigten mitdenkt, kommt um die Beantwortung der Frage nach der konkreten Ausgestaltung der sozial-ökologischen Transformation von Wirtschaft und Arbeitswelt nicht herum.

Sozialstaat in der Transformation

Will man Tempo und Entwicklungsrichtung des nötigen wirtschaftlichen und gesellschaftlichen Umbaus nicht der Anarchie der Märkte überlassen und sollen die anstehenden Transformationskonflikte, die die klimagerechte Erneuerung der industriellen Produktionsbasis und den Umstieg von einer energieintensiven und ressourcenverbrauchenden Produktions- und Lebensweise hervorbringen, nicht zu Lasten breiter Teile der Bevölkerung entschieden werden, bedarf es auf der Grundlage *demokratisch legitimierter Verfahren eines aktiven, eingreifenden Wirtschafts- und Sozialstaates*. Doch der Sozialstaat selbst ist reformbedürftig. Der seit fast drei Jahr-

---

2 Verwiesen sei an dieser Stelle auch auf die Gelbwestenproteste in Frankreich. Ihre sozialen Ursachen liegen wahrscheinlich tiefer und die politische Bewertung ihrer Forderungen, der sozialen Zusammensetzung und der ideologischen Ausrichtung verlangen zweifelsohne nach einer differenzierten Bewertung. Klar ist aber auch, dass ihre Auslöser im Zusammenhang mit Maßnahmen der französischen Regierung zur Energiewende und den sozialen Folgen dieser Maßnahmen standen. Vgl. zum Zusammenhang von Sozialpolitik und Maßnahmen zur Klimawende Blank (2020).

zehnten andauernde Umbau vom ehemals keynesianischen Wohlfahrtstaat, mit seiner Arbeitskraft schützenden und umverteilenden Funktion[3], hin zum aktivierenden und marktschaffenden Wettbewerbsstaat hat schwere soziale Verwüstungen hinterlassen. Dabei beschränken sich die Veränderungen nicht auf die Implementierung eines neuen Modells mit vermindertem Leistungsumfang. Vielmehr findet ein paradigmatischer Wechsel in der Sozialstaatsentwicklung statt. Als wesentliche Dimensionen des Umbaus sind – neben einer generellen Ausgabenkürzung – die Kapitalisierung und (Teil-)Privatisierung von sozialstaatlichen Leistungen und öffentlichen Gütern, die Durchsetzung von Marktprinzipien in sozialpolitischen Feldern sowie eine arbeitsmarktpolitische Aktivierungsstrategie in der wissenschaftlichen Debatte benannt worden (vgl. u.a. Butterwegge 1999). In der deutschen Arbeitsmarkt- und Sozialpolitik ist diese Entwicklung vor allem mit den Hartz-Reformen der Agenda-Periode, dem Umbau des Gesundheitssystems und der Umstellung von der lebensstandardsichernden, dynamischen gesetzlichen Rente hin zu einem Drei-Säulen-Modell aus gesetzlicher, betrieblicher und privater Vorsorge verbunden.

Dabei bliebe das Bild des Um- und Abbaus sozialstaatlicher Institutionen unvollständig, wenn nicht zugleich darauf hingewiesen würde, dass seit der Finanzkrise 2009ff und auch in der Corona-Krise der Sozialstaat in den gesellschaftlichen Diskursen eine neue Wertschätzung erfahren hat (Lehmann 2020). Zudem ist es in langen sozialen Auseinandersetzungen Gewerkschaften und Sozialverbänden gelungen, zumindest einen Teil der Agenda-Politik rückgängig zu machen und eine Phase sozialstaatlicher Leistungsverbesserungen einzuleiten.

Doch bei der hier vorgenommenen Standortbestimmung geht es um mehr als die eine oder andere Sozialreform: Der Umbau des Sozialstaates muss als Teil eines tiefgreifenden Umbruches der ökonomischen, sozialen und politisch-regulatorischen Grundlagen des Gegenwartskapitalismus verstanden werden. In der sozialwissenschaftlichen Debatte wird dieser Prozess als kapitalistischer Formationswechsel interpretiert (Brinkmann/Dörre 2005). Diese neue Formation wird von der ökonomischen und politischen Dominanz international agierender Finanzmarktakteure geprägt, mit weitreichenden Folgen für Wettbewerb, Unternehmensführung, -kontrolle und -steuerung. Aber auch mit Folgen für die sozialstaatliche Regulierung und die Arbeits- und Sozialverfassung: Die „Entbettung" des Marktes aus staatlicher Regulierung, die Auflösung institutioneller Settings, sozialer Schutzrechte und die Förderung der Finanzmärkte sind wesentliche Elemente. Unter diesen Bedingungen ist der Umbau des Sozialstaates Treiber und Getriebener dieser neuen Formation. Dieser neue Kapitalismus vergrößert die Kluft zwischen Arm und Reich, schafft prekäre Lebenslagen und lässt die soziale Unsicherheit in die Gesellschaft zurückkehren. Und sein ökonomisches Wachstumsmodell ist dabei vom „Problemlöser zum Problemtreiber mutiert" (Urban/Ehlscheid 2020: 28). Wäh-

---

3   Der keynesianische Wohlfahrtstaat hat keinesfalls ausschließlich positive soziale Effekte hervorgebracht. Insbesondere seine problematische Rolle bei der Zementierung von Geschlechterverhältnissen, sollte auf dem Weg zum sozial-ökologischen Wohlfahrtstaat kritisch mitgedacht werden (vgl. hierzu u.a. Fraser 1994 und Lewis 1992).

rend Wirtschaftswachstum traditionell zur Wohlstandsmehrung für alle beitrug und auch über sozialstaatliche Umverteilung soziale Verteilungskonflikte abmilderte, treibt es heute Ungleichverteilung und „vernutzt" Mensch und Natur, ohne die menschlichen und natürlichen Grenzen der Regenerationsfähigkeit anzuerkennen. Offensichtlich hat sich der Gegenwartskapitalismus in eine *„ökologisch-ökonomischen Zangenkrise"* (Dörre 2019: 20ff.) hineinmanövriert.

Für den Transformationsdiskurs und den weiteren Gang unserer Argumentation bleiben drei Dinge festzuhalten:

Erstens wird künftig ein funktionierender Sozialstaat als bedeutende *„Transformationsagentur"* gebraucht. Seine (noch) vorhandenen Institutionen und Leistungen bieten ein Fundament, das nicht unterschätzt werden darf. Welche Bedeutung etwa einer vorausschauenden Arbeitsmarktpolitik in Krisen- und Umbruchphasen zukommen kann, zeigt die jüngste Entwicklung in der Corona-Krise. Verwiesen sei auch auf im weitesten Sinne wohlfahrtstaatliche Dienstleistungen und öffentliche Güter, deren Rolle für den Umstieg in eine nachhaltige Arbeits- und Lebensweise nicht unterschätzt werden darf. Bereits vor Corona umfassten in westlichen Wohlfahrtsstaaten sozialstaatliche Dienste, in den Bereichen soziale Arbeit, Bildung, Gesundheit und Kultur häufig mehr als die Hälfte der volkswirtschaftlichen Tätigkeit. (vgl. Opielka 2017)

Zweitens ist die Finanzierung sozialstaatlicher Leistungen bislang eng an das bestehende Wachstumsmodell gekoppelt. Somit wirken sich Fragen ökologischer Nachhaltigkeit indirekt auf die nachhaltige Finanzierung des Sozialstaates aus.[4] Für eine Arbeitsmarkt- und Sozialpolitik, die sich traditionell vor allem aus den Wertschöpfungszuwächsen einer expandierenden Ökonomie bedient, bringt dies erheblich Probleme mit sich. Denn ein sozial und ökologisch nachhaltiges Wachstum würde zweifelsohne flacher ausfallen müssen als in der Vergangenheit. Die unverzichtbare Ökologisierung des gegenwärtigen Entwicklungsmodells verändert auch die Finanzierungsbedingungen und die verteilungspolitischen Anforderungen an den Sozialstaat grundlegend.

Drittens ist die Verortung der Sozialstaatsentwicklung in den beschriebenen Wandel der kapitalistischen Formation nicht nur von akademischem Interesse, sondern hat weitreichende Folgen für eine anzustrebende solidarische Erneuerungskonzeption: Unter diesen Bedingungen kann es eben nicht nur darum gehen, die eine oder andere Maßnahme des Sozialabbaus rückgängig zu machen oder innerhalb eines Sozialversicherungssystems eine Reformstrategie zu entwickeln. Sozialstaatliche Erneuerung muss als ein ganzheitliches Reform-Projekt verstanden werden, das sich auch den Veränderungen in Wirtschaft, am Arbeitsmarkt, in der Gesellschaft und in der Lebensweise stellt, eine normative Ziel-Perspektive benennt und die Rolle des Sozialstaats im Transformationsprozess bestimmt. Das schließt auch die Bereitschaft zum sozialen Konflikt mit jenen gesellschaftlichen Kräften ein, die den Pfad einer kapitalmarkt- und profitorientierten Transformation weitergehen wollen.

---

4 Der Zusammenhang zwischen finanzieller Nachhaltigkeit von Wohlfahrtsstaaten und ihrer ökologischen Nachhaltigkeit wurde bislang kaum systematisch erforscht. Als Überblick: Bailey (2015).

Essentials eines sozial-ökologischen Wohlfahrtstaates – Normative Leitbilder

Auch wenn die empirischen Erkenntnisse zum Klimawandel einen möglichst schnellen und radikalen sozial-ökologischen Umbau notwendig erscheinen lassen und in dieser Hinsicht in Zukunft ein gewisser Reformdruck entsteht, sollten die Beharrungskräfte etablierter Institutionen nicht unterschätzt und die gesellschaftliche Flexibilität nicht überschätzt werden. Es bedarf daher der Ausformulierung einer strategischen Reformperspektive, die Essentials eines mittel- und langfristigen Umbaus benennt und gleichzeitig einen schrittweise umsetzbaren Reformweg beschreibt.

Der hier skizzierte Reformpfad geht von der Prämisse aus, dass institutioneller Wandel sich in der Regel pfadabhängig vollzieht.[5] Radikaler institutioneller sozialstaatlicher Wandel ist möglich, findet jedoch nur in historischen Ausnahmesituationen statt, in denen die Wirksamkeit geltender institutioneller Arrangements in Frage gestellt wird. Dies war zuletzt in der Gründungsphase der Bundesrepublik nach dem 2. Weltkrieg bzw. beim Anschluss der DDR an die BRD der Fall. Abgesehen von solchen historischen Ausnahmesituationen („critical junctures") vollzieht sich sozialstaatlicher Wandel in der Regel inkrementell und in Wellenbewegungen (vgl. u.a. Pierson 2011, Streeck/Thelen 2005, Thelen 2004).

Die hier diskutierten Essentials eines sozial-ökologischen Wohlfahrtsstaates sind als normative Leitlinien zu verstehen, an denen sich konkrete Reformvorschläge orientieren sollten:

Eine neue, erweiterte Zielbestimmung: Ökologische und soziale Nachhaltigkeit

Dem keynesianischen Wohlfahrtsstaat, wie er sich in Westeuropa nach dem zweiten Weltkrieg herausgebildet hat, werden traditionell verschiedene Zielstellungen zugewiesen: Er soll mit seinen Institutionen soziale Sicherheit garantieren, soziale Gleichheit befördern, soziale Freiheit schaffen und demokratische Teilhabe ermöglichen. Die ökologische Nachhaltigkeit spielte in der Vergangenheit sowohl bei der Sozialstaatsbestimmung als auch in den einzelnen Politikfeldern, wenn überhaupt, eine untergeordnete Rolle. Staatliche Politik und öffentliche Investitionsentscheidungen wurden in erster Linie nach Kriterien der wirtschaftlichen Effizienz und der sozialen Folgekosten und nur in seltenen Ausnahmefällen nach ihren ökologischen Auswirkungen beurteilt. Die Bewältigung des Klimawandels erfordert demgegenüber eine radikale Prioritätenverschiebung: Um den notwendigen ökologischen Umbau von Wirtschaft und Gesellschaft zu bewältigen, muss das Kriterium sozial-ökologischer Nachhaltigkeit ins Zentrum staatlichen Handelns gestellt werden.

Gleichzeit darf diese neue Zielbestimmung im Kanon der Sozialstaatsziele nur *ergänzend* und *nicht ersetzend* gedacht werden. Dafür sprechen sowohl grundlegende Gerechtigkeitsprinzipien als auch politisch-pragmatische Gründe. So wird der ökologische Umbau

---

5 Zum Begriff des Entwicklungspfades vgl. Lux (2018).

nur dann gelingen, wenn die bevorstehenden Strukturumbrüche sozial abgefedert werden und möglichst keine Verlierer des Wandels entstehen. Soziale und ökologische Nachhaltigkeit sind daher gleichberechtigte Prinzipien des sozial-ökologischen Wohlfahrtstaates der Zukunft.

Wie sich eine solche Verbindung zwischen ökologischer und sozialer Nachhaltigkeit auf eine erweiterte Aufgabenbestimmung des Wohlfahrtsstaates der Zukunft auswirken sollte, haben Jakob und Edenhofer (2014) beschrieben: Mittels staatlicher Regulierung (Regelungen, Steuern, Abgaben) sollen negative Umwelteffekte aktiv beseitigt und dadurch entstehende staatliche Einnahmen (etwa über Ökosteuern) an mögliche „Verlierer" des klimapolitischen Umbaus umverteilt und für den Ausbau öffentlicher Güter genutzt werden. Dabei sollte keineswegs verschwiegen werden, dass der Finanzbedarf für den sozial-ökologischen Umbau enorm ist und sich Verteilungsfragen in Zukunft verschärft stellen werden.

Verteilungsgerechtigkeit – Die Verteilungsfrage neu stellen

Soll eine solche Zielbestimmung mehr als ein heute allzu häufig formuliertes wohlfeiles Lippenbekenntnis sein, wird sich sozialstaatliche Politik ihre Strategien zur Maximierung der Wohlfahrt heutiger und zukünftiger Generationen unter Einbeziehung wissenschaftlicher Erkenntnisse über ökologische Grenzen und kritische Schwellenwerte formulieren müssen. Das bedeutet auch, dass sich politische Entscheidungen mehr an der Befriedigung von Grundbedürfnissen für alle ausrichten müssen und weniger an der größtmöglichen durchschnittlichen Wohlfahrtssteigerung oder den Luxusbedürfnissen weniger. Letztlich markieren die planetarischen Grenzen der Vernutzung zugleich die Grenzen der materiellen Wertschöpfung und damit den Rahmen, innerhalb dessen sich Verteilungsprozesse bewegen müssen.[6]

Auch wenn das „*Nie wieder wachsen*"-Paradigma der De-Growth-Bewegung mit seinen eingepreisten Wohlstandsverlusten und den damit drohenden sozialen Verwerfungen und zugespitzten Verteilungskonflikten keine sozial nachhaltige Leitlinie für den Wohlfahrtsstaat der Zukunft darstellen kann, wird gleichwohl das Wachstum geringer ausfallen müssen. (vgl. Urban 2018) Aus dieser Erkenntnis folgt dreierlei: Erstens werden gesellschaftliche Diskurse und in Folge demokratische Entscheidungen darüber nötig sein, was wachsen soll und was nicht.[7] Zweitens werden Naturgebrauch und -verbrauch als gerechtigkeits- und verteilungsrelevante Dimensionen sozialstaatlicher Interventionen einzubeziehen sein. Und drittens wird die Bedeutung des Sozialstaates als umverteilender Wirtschafts- und Sozialstaat wachsen, da nicht mehr aus Zuwächsen verteilt werden kann, sondern aus Besitzständen umverteilt werden muss. Dass

---

6 Zur intergenerationellen Dimension der Verteilungspolitik siehe Urban/Ehlscheid (2020).

7 Darauf, dass die Entscheidung darüber wer zum „Wachstumsgewinner" und wer zum „-verlierer" wird, wirtschaftsdemokratische Entscheidungsstrukturen zum „archimedischen Punkt von Konversionskonzepten macht", hat Urban verwiesen (vgl. Urban 2018: 345).

Sozialpolitik in der Transformation 241

ein solcher Ansatz weder mit neoliberalen Schrumpfstaatskonzepten noch mit einer radikalen Markt- und Wettbewerbsorientierung kompatibel sein wird, ist offensichtlich.

Für ein neues soziales Sicherungsversprechen in der Transformation

Sicherheit gehört zu den Grundprinzipien des Sozialstaates. Lebenslagen zu sichern oder gar zu verbessern, sozialen Risiken und Problemen vorzubeugen, sie auszugleichen oder zu bewältigen, sind dabei wichtige Aspekte. Gerade in Zeiten des Umbruchs hilft Sicherheit, Ängste zu nehmen und sich auf Veränderung einzulassen. Je radikaler die bevorstehenden Umbrüche, desto zuverlässiger muss das Sicherheitsversprechen des Sozialstaates sein. Es bedarf eines glaubwürdigen Versprechens des sozial-ökologischen Wohlfahrtsstaates, dass der ökologische Umbau von Wirtschaft und Gesellschaft nicht zu Lasten derer geht, die ihren Lebensunterhalt heute in energie- und ressourcenintensiven Branchen verdienen.

Das verlangt nach einer Konzeption, die die sozialen Folgerisiken eines ökologischen Umbaus nicht vernachlässigt und die Arbeitsplatzinteressen der abhängig Beschäftigten systematisch einbezieht. „Hauptsache-Arbeit-Strategien", die auf die schnelle Vermittlung in alle möglichen Varianten prekärer Arbeitsverhältnisse orientieren, sind dabei wenig geeignet, die Angst vor sozialem Abstieg bei den Betroffenen des ökologischen Umbaus zu nehmen. Wenn am „Ende des Geländes" auf den Baggerfahrer im Braunkohlebergbau ein schlecht bezahlter Mini-Job und am Ende des Erwerbslebens Altersarmut wartet, wird er sich als „ökologischer Transformationsaktivist" nicht gewinnen lassen – und das gleiche gilt sicherlich auch für seine Gewerkschaft. Mit dem Versprechen auf ein bedingungsloses Grundeinkommen dürfte es sich ähnlich verhalten: auf Sozialtransfers dauerhaft angewiesen und von Erwerbsarbeit ausgeschlossen zu sein, ist für die meisten Beschäftigten keine hinreichende Zukunftsperspektive. Stattdessen könnte ein *„Recht auf Gute Arbeit"* zur Schlüsselkategorie einer sozial-ökologischen Transformationsperspektive werden.

Mit dem Appell für eine Politik des *„Rechts auf Gute Arbeit"* ist aus unserer Sicht keine konservierende, sondern eine transformierende Sozialstaatskonzeption verbunden, die dem notwendigen Wandel der Arbeitswelt eine sozial-ökologische Richtung gibt, Übergänge in hochdynamischen Arbeitsmärkten sozialstaatlich absichert, eine Entprekarisierungs-Strategie verfolgt und einer demokratischen Arbeits- und Sozialverfassung den Weg bereitet.

Arbeitsmarkt- und sozialpolitische Schlüsselprojekte

Die benannten Leitlinien betreffen alle Sphären sozialstaatlicher Politik und stellen normative Landmarken etwa für die Ausrichtung der Wirtschafts- und Strukturpolitik, die demokratische Weiterentwicklung der Arbeits- und Sozialverfassung bis hin zur Steuerpolitik dar. Für eine an den zuvor beschriebenen Leitlinien orientierte Arbeitsmarkt- und Sozialpolitik ließen sich folgende Schlüsselprojekte benennen:

Für eine ökosoziale Arbeitsmarktpolitik

Im beschleunigten Strukturwandel wächst nicht nur die Verantwortung der Unternehmen, Beschäftigung auch über eine längere Phase der Konversion und möglicherweise niedrigerer Renditen sicherzustellen. Auch die Arbeitsmarktpolitik wird neu ausgerichtet werden müssen. Um neue und qualifizierte Beschäftigungsfelder in einer ökologisch ausgerichteten Industrie oder in Dienstleistungsbereichen zu eröffnen, wird die Arbeitsmarktpolitik *präventiver* und *nachhaltiger* werden müssen als sie es bislang ist. Statt an einer schnellen Integration wäre die Arbeitsförderung an der Qualität von Arbeitsangeboten, der nachhaltigen Verbesserung der Beschäftigungsstruktur und der Vermeidung unterwertiger Beschäftigung auszurichten. Dass sich eine solche Politik nicht mit dem Zumutbarkeits- und Sanktionsregime und dem Hartz-IV-System verträgt, ist offensichtlich. Doch was zu tun ist, erschöpft sich gleichwohl nicht in der Hartz-IV-Kritik. Die Neujustierung führt auch über die Entwicklung „arbeitsmarktpolitischer Brückeninstrumente", die im Falle transformationsbedingter Arbeitsausfälle Entlassungen verhindern und zugleich über Qualifizierung neue Beschäftigungsperspektiven eröffnen. Der von der IG Metall vorgelegte Vorschlag eines „*Transformations-Kurzarbeitergeldes*" knüpft etwa die Bereitstellung öffentlicher Mittel der Arbeitsmarktförderung an die Vereinbarung entsprechender Qualifizierungspläne im Unternehmen.[8] Ein solcher Ansatz hätte sicherlich Modellcharakter und könnte für weitere Regelungen Pate stehen, bei denen die Gewährung sozialstaatlicher Leistungen und Maßnahmen der Wirtschaftsförderung auch an ökologische Kriterien gebunden werden könnten. Zu diskutieren wäre auch, in wie weit Jobgarantien für Langzeitarbeitslose und der Aufbau eines Sektors öffentlich geförderter Beschäftigung, wie sie etwa in Österreich oder im Umfeld der demokratischen Sozialisten in den USA geführt werden, neue Perspektiven für eine *investive* Arbeitsmarktpolitik eröffnen können (vgl. u.a. Paul/Darity/Hamilton 2017, Picek 2020).

Soziale Sicherheit für Alle

Das deutsche Sozialversicherungssystem ist mit einem am Arbeitnehmerstatus orientierten Versicherungsschutz und den im Kern am Normalarbeitsverhältnis ausgerichteten Versicherungsleistungen auf die Pluralisierung von Lebensstilen und dynamische Erwerbsverläufe nur unzureichend vorbereitet. Auch wenn eine solidarische Neuordnung des Arbeitsmarktes den Sumpf prekärer und niedrig entlohnter Arbeit irgendwann trockengelegt und die daraus resultierenden sozialen Sicherungslücken beseitigt haben sollte, werden differenzierte Lebensentwürfe, der Wechsel von Lebenslagen und der Wunsch nach mehr Selbstbestimmung eine Herausforderung für die Sozialsysteme bleiben. Vor dem Hintergrund dieser Konstellation erhalten Konzepte, die die Weiterentwicklung der klassischen Arbeitnehmerversicherung hin zu einer universellen

---

8 Zum Transformations-Kurzarbeitergeld vgl. Bieback (2019).

Bürger- und Erwerbstätigenversicherung ausbauen wollen, eine neue Aktualität und Dringlichkeit.

Hinzukommt, dass ein Mehr an erwerbs- und lebensbiografischer Flexibilität auch gesellschaftlich durchaus erwünscht ist – und zwar nicht nur in einer Phase der Transformation. Der sozial abgesicherte Wechsel zwischen Ausbildung, Erwerbsarbeit, Weiterbildung, Sorgearbeit etc. gehört zu den normativen Leitbildern einer modernen Arbeitsgesellschaft. Entsprechend wären auch Leistungsniveau, Anspruchsvoraussetzungen und Bezugsbedingungen der sozialen Sicherungssysteme auf eine autonomieorientierte Erweiterung hin zu prüfen. Auf diesen Prüfstand gehören etwa die Anerkennung von bestimmten versicherungsrechtlichen Ausfallzeiten (Kindererziehung, Weiterbildung, Pflege etc.) ebenso wie die Suche nach einer neuen Balance zwischen Elementen der Mindestsicherung und äquivalenzbasierten Leistungen in den Sozialversicherungen. Dass diese Balance in gesellschaftlich und politisch langwierigen Aushandlungsprozessen erst gefunden werden muss, zeigt die Debatte um die Grundrente.[9]

Für eine Neuverteilung der Tragelasten

Eine sozial-ökologische Modernisierungsstrategie muss auch eine gerechte Verteilung der Tragelasten zum Ziel haben. Das gelingt nur durch eine stärkere Einbeziehung der Unternehmen und eine ausgeglichenere Verteilung der Tragelasten innerhalb der Klasse. Das schließt auch steuerpolitische Fragen mit ein. Bezogen auf die Finanzierung der Sozialversicherungssysteme sollte das Prinzip der Parität die verteilungspolitische Leitlinie bilden. Das ist sachgerecht und zugleich bergen das Prinzip der Parität respektive der Verstoß gegen jenes erhebliches Mobilisierungspotenzial. Alleine damit wird sich aber die drohende Schieflage der Sozialsysteme nicht verhindern lassen. Nötig werden moderate Beitragserhöhungen und ein Ausbau der Steuerfinanzierung sein, im Sinne eines neuen Mixes aus Beiträgen und Steuern.

Zudem wären mit den Modellen der Bürger- und Erwerbstätigenversicherung, der Einbeziehung weiterer Einkommensarten und der Anhebung der Beitragsbemessungsgrenzen Projekte benannt, die zu einer gerechteren Verteilung der Sozialstaatsfinanzierung innerhalb der Klassen beitragen können.

Das Potenzial für eine stärkere Verknüpfung von Ökologie und Umverteilungspolitik ergibt sich außerdem immer dort, wo die Einnahmen ökologischer Regulierung – ob nun bei Ökosteuern, Abgaben oder Zertifikathandel – mit einer Umverteilung der Mittel in die soziale Flankierung de ökologischen Wende verbunden werden. Hierdurch werden nicht nur neue Einnahmequellen für die Sozialstaatsfinanzierung erschlossen, sondern gleichzeitig wird die Akzeptanz der ökologischen Wende gestärkt.

---

9 Zur neuen Balance zwischen Mindestsicherung und Äquivalenzsystem vgl. auch Bödeker/Ehlscheid/Janczyk (2020).

Ausblick – Eine neue Qualität der sozialen Auseinandersetzung ist nötig

Ob ein Pfadwechsel hin zu einer ökologisch nachhaltigen, sozial gerechten und demokratischen Gesellschaft gelingen oder scheitern wird, darüber wird in sozialen und politischen Auseinandersetzungen entschieden, die in vielerlei Hinsicht von globalem Ausmaß sind.[10] Dem Kampf um den Umbau des Sozialstaates und seiner sozialen Sicherungssysteme kommt dabei auf nationalstaatlicher Ebene eine besondere Bedeutung zu. Arbeitgeberlobbyisten, wirtschaftsnahe Wissenschaftler und neoliberale Hardliner haben längst die Eckpunkte ihres Um- und Abbauplanes formuliert. Auf der Agenda ihrer Modernisierungsstrategie stehen die weitere Entfesselung von Marktkräften durch den forcierten Umbau der Arbeits- und Sozialverfassung, die Abwälzung der Krisen- und Transformationskosten und die Verbesserung der Bedingungen der Profitproduktion. Die jüngsten Vorschläge von Gesamtmetall zur Bewältigung der Corona-Krise oder die Forderungen der BDA-Kommission „Zukunft der Sozialversicherung" geben die Marschrichtung vor (Bundesvereinigung der Arbeitgeber 2020).

Kurzum: Der Streit um die Zukunft des Sozialstaates, seine Aufgaben, seine institutionelle Ausgestaltung und seine Finanzierung ist in vollem Gange. Das Ergebnis wird wesentlich davon abhängen, ob es gelingen wird, jene „mosaiklinken Reformallianzen" zu formieren, auf die Hans-Jürgen Urban uns hingewiesen hat. Der Platz der Gewerkschaften liegt in diesen Allianzen und nicht in Branchen- und Industriekoalitionen mit Unternehmer- und Industrieverbänden.

Literatur

Bundesvereinigung der Deutschen Arbeitgeber (2020): Zukunft der Sozialversicherungen: Beitragsbelastung dauerhaft begrenzen. Bericht der BDA-Kommission. https://bit.ly/2O766Sr.

Bödeker, Sebastian/Ehlscheid, Christoph/Janczyk, Stefanie (2020): Perspektiven der sozialstaatlichen Erneuerung. Leitlinien einer solidarischen Modernisierungsstrategie, in: Stache, Stefan/von Matzenau, Wolf (Hrsg.): Was heißt Erneuerung der Linken? Sozial-ökologischer Umbau und ein Sozialstaat für das 21. Jahrhundert. Hamburg, S. 73-94.

Blank, Florian (2020): Sozialpolitik und Klimanotstand – allgemeine Zusammenhänge, in: Soziale Sicherheit 03/2020, S. 94-97.

Bailey, Daniel (2015): The Environmental Paradox of the Welfare State: The Dynamics of Sustainability, in: New Political Economy 20 (6), S. 793-811.

Brinkmann, Ulrich/Dörre, Klaus (2005): Finanzmarkt-Kapitalismus: Triebkraft eines flexiblen Produktionsmodells? In: Windolf, Paul (Hrsg.): Finanzmarkt-Kapitalismus. Analysen zum Wandel von Produktionsregimen. Kölner Zeitschrift für Soziologie und Sozialpsychologie, Sonderheft 45. Wiesbaden, S. 85-116.

Butterwegge, Christoph (1999): Wohlfahrtsstaat im Wandel: Probleme und Perspektiven der Sozialpolitik. Pladen.

---

10 Weder darf der relative soziale Wohlstand im Norden mit Ausbeutung und bitterer Armut im Süden bezahlt werden, noch ist dem Überleben auf unserem Planeten gedient, wenn die Industrienationen ihre Ökobilanz verbessern, indem energieintensive Industrien einfach in den globalen Süden exportiert werden.

Dörre, Klaus (2019): Risiko Kapitalismus. Landnahme, Zangenkrise, Nachhaltigkeitsrevolution, in: Dörre, Klaus/Rosa, Hartmut/Becker, Karina/Bose, Sophie/Seyd, Benjamin (Hrsg.): Große Transformation? Zur Zukunft moderner Gesellschaften. (Sonderband des Berliner Journals für Soziologie), S. 3-33.

– (2020): In der Warteschlange. Arbeiter*innen und die radikale Rechte. Münster.

Fraser, Nancy (1994): After the family wage: Gender equity and the welfare state. In: Political Theory 22(4), S. 591-618.

Hirvilammi, Tuuli/Koch, Max (2020): Sustainable Welfare beyond Growth. In: Sustainability 12 (5), S. 1824.

Hofmann, Jörg (2020): Corona oder: Die Krise als Chance für eine sozial-ökologische Transformation. Blätter für deutsche und internationale Politik 9/2020, S. 94-100

Jakob, Michael/Edenhofer, Ottmar. (2014): Green growth, degrowth, and the commons. In: Oxford Review of Economic Policy 30 (3), S. 447-468.

Lehmann Anna (2020): Der Sozialstaat ist zurück. https://bit.ly/2PkN1fV.

Lewis, Jane (1992): Gender and the Development of Welfare Regimes. In: Journal of European Social Policy 2(3), S. 159-173.

Lux, Julia (2018): Krisendiskurse und kapitalistische Entwicklungspfade. Arbeits- und sozialpolitische Projekte in Deutschland und Frankreich. Wiesbaden.

Opielka, Michael (2017): Der Wohlfahrtsstaat in der Postwachstumsgesellschaft, in: Diefenbacher, Hans/Held, Benjamin/Rodenhäuser, Dorothee (Hrsg.): Ende des Wachstums – Arbeit ohne Ende? Arbeiten in einer Postwachstumsgesellschaft. Marburg, S. 127-156.

Paul, Mark/Darity, William/Hamilton, Darrick (2017): Why we need a federal job guarantee? Jacobin online: https://bit.ly/3rC4iyv.

Picek, Oliver (2020): Eine Jobgarantie für Österreichs Langzeitarbeitslose. In: Momentum Quarterly Vol. 9, No. 2, S. 50-126.

Pierson, Paul (2011): Politics in time: History, institutions, and social analysis. Princeton.

Scheidel, Walter (2017): The Great Leveler. Violence and the History of Inequality from the Stone Age to the Twenty-First Century. Princeton: Princeton University Press (The Princeton Economic History of the Western World Ser).

Streeck, Wolfgang/Thelen, Kathleen Ann (2005): Beyond continuity: Institutional change in advanced political economies. Oxford University Press.

Thelen, Kathleen (2004): How institutions evolve: The political economy of skills in Germany, Britain, the United States, and Japan. Cambridge University Press.

Urban, Hans-Jürgen (2018): Ökologie der Arbeit Ein offenes Feld gewerkschaftlicher Politik?, in: Schröder, Lothar/Ders. (Hrsg.): Gute Arbeit 2018. Frankfurt a.M., S. 329-351.

Urban, Hans-Jürgen (2019), Gute Arbeit in der Transformation. Über eingreifende Politik im digitalisierten Kapitalismus. Hamburg.

Urban, Hans-Jürgen/Ehlscheid, Christoph (2020): Generationengerechtigkeit. Grenzen und Potenziale eines sozialpolitischen Kernbegriffs. In: APuZ 52-53, S. 25-30.

Wallace-Wells, David (2019): Ausblick auf das Höllenjahrhundert. Warum wir im Kampf gegen die Klimakrise keine Sekunde mehr verlieren dürfen. In: Blätter für deutsche und internationale Politik 11'19, S. 47-57.

Thilo Fehmel

Vertariflichung sozialer Sicherung als sozialpolitisches Mandat der Gewerkschaften?

Innerhalb einer Gesellschaft liberal-ökonomischer Prägung darf der demokratische Sozialstaat durchaus als linkes Projekt gelten. Weit davon entfernt, ihn zu verklären, kann dem deutschen Sozialstaat doch attestiert werden, ganz wesentlich „zur Humanisierung und Demokratisierung unserer Gesellschaft" (Hans-Jürgen Urban) beigetragen zu haben. Das gilt zweifellos nicht von seinen Anfängen an; und auch am aktuellen Rand der Entwicklungsgeschichte des deutschen Sozialstaates lassen sich Tendenzen beobachten, die aus einer linken Perspektive beunruhigen müssen. Aber zumindest im rückblickend ungemein prägenden dritten Viertel des 20. Jahrhunderts konnte sich in Deutschland ein demokratischer Rechts- und Interventionsstaat etablieren, dem „in einem historisch ungekannten Maße die gleichzeitige Realisierung der vier normativen Güter Sicherheit (innerer und äußerer Friede), demokratische Legitimität, Rechtsstaatlichkeit und Wohlfahrt" gelang (Rothgang et al. 2012: 176). Das Erfolgsrezept dieses fordistischen Wohlfahrtsstaates beruht(e) nicht zuletzt auf einer hohen staatlichen Verantwortungskonzentration bei der Wohlfahrtsproduktion mittels Sozialpolitik.

So verstandene Sozialpolitik organisiert und institutionalisiert kollektive Umverteilung mit dem Ziel, soziale Ordnung zu strukturieren und soziale Akteure zu integrieren dadurch, dass individuelle Lebensbedingungen und -chancen angeglichen, individueller sozialer Status gesichert und individuelle Handlungsspielräume jenseits des unmittelbaren existenzsichernden Einkommenszwangs eröffnet werden. Sozialpolitik dient also der Herstellung von sozialer Gleichheit (oder jedenfalls der Verringerung sozialer Ungleichheit), sozialer Sicherheit und sozialer Freiheit. Dass sich dabei Zielkonflikte ergeben, etwa zwischen kommodifizierenden, (arbeits-)marktzuführenden und dekommodifizierenden, vom Erwerbszwang befreienden Intentionen und Wirkungen von Sozialpolitik, liegt auf der Hand. Diese Zielkonflikte bei der Herstellung von Gleichheit, Sicherheit und Freiheit sind zu sozialpolitischen Zielkompromissen zu verarbeiten. Daran beteiligen sich auch die Gewerkschaften – und sie tun dies mit einem starken sozialpolitischen Mandat (Urban/Ehlscheid 2016).

Funktionale Arbeitsteilung in der Sozialpolitik

Zu keinem Zeitpunkt in der inzwischen recht umfänglichen Geschichte moderner Sozialpolitik war die Herstellung von Gleichheit, Sicherheit und Freiheit allein staatliche Aufgabe. Auch in anderen gesellschaftlichen Arenen wird zum Zwecke der Wohlfahrtsproduktion kollektiv umverteilt. Gleichwohl kommt dem Staat eine privilegierte Rolle zu: Nur er ist legitimiert zu Sozialpolitik im engeren Sinne, also zur verbindlichen Regulierung aller Arenen der Wohlfahrtsproduktion (einschließlich der eigenen, staatlichen) und damit auch zur Gestaltung der Arrangements zwischen ihnen. Nur der Staat in seiner Erscheinungsform als Sozialstaat ist also befugt, die für die genannten Ziele erforderlichen Verteilungsstrukturen hauptsächlich zuständige Umverteilungsarena festzulegen. Zugleich ist der Staat der einzige Akteur, der für sich selbst festlegen kann, in welchem Umfang er selbst Umverteilungsinstanz im Sinne eigenständiger staatlicher Redistribution oder „lediglich" Regelungsinstanz im Sinne staatlicher Regulierung nichtstaatlicher Redistribution sein will. Von diesen privilegierten Handlungsmöglichkeiten haben staatliche Akteure insbesondere in den Nachkriegsjahrzehnten in einer Weise Gebrauch gemacht, die das Bild eines all- und alleinzuständigen Sozialstaates etablierte und verfestigte. Bis in die 1980er Jahre hinein hatte sich ein System sozialer Sicherung entwickelt, das ganz überwiegend staatlich geprägt und von staatlichen Gestaltungsansprüchen und -kompetenzen dominiert war. Diese sozialpolitische Omnipotenz des Staates zeigt sich bis heute in der verbreiteten und verfestigten Überzeugung, der Sozial*staat* sei die unvermindert alleinzuständige und verlässliche Adresse für individuelle Sicherungsansprüche jenseits des Erwerbslebens.

Dennoch: Sozialpolitik war und ist nie nur staatliches Handeln. Allerdings werden die in der Sozialpolitik-Analyse verbreiteten Dichotomien öffentlicher/nichtöffentlicher (privater) und redistributiver/regulativer Sozialpolitik der Komplexität existierender sozialpolitischer Arbeitsteilungen wie auch deren Wandel nicht gerecht. Ausgehend von der verbreiteten Erwartung eines all- und alleinzuständigen Staates für die Verfolgung sozialpolitischer Ziele lassen sich diverse Abweichungen und Abstufungen identifizieren: Neben der Möglichkeit, dass der Staat selbst als alleiniger Wohlfahrtsproduzent auftritt, besteht die Möglichkeit, dass er eine konkrete Wohlfahrtsproduktion nichtstaatlichen Akteuren überlässt und diese lediglich reguliert und finanziert. Der Staat kann aber auch sowohl die Produktion von Wohlfahrt als auch deren Finanzierung nichtstaatlichen Akteuren überlassen und beides lediglich, d.h. ohne eigenen Finanzierungsanteil, regulieren und überwachen.

Zu diesen nichtstaatlichen Akteuren gehören auch die Tarifverbände. Mit Blick auf die kollektive Umverteilung von Wohlfahrt lassen sich unter anderem die beiden Konflikt- und Verteilungsarenen Arbeitsmarkt (System der Industriellen Beziehungen) und Sozialpolitik (Sozialstaat) voneinander abgrenzen und in ihrem Verhältnis zueinander bestimmen. In analytischer Kombination bilden Arbeitsmarkt und Sozialstaat ein *Distributionsregime* (Ebbinghaus/Kittel 2006). Im Rahmen eines solchen Distributionsregimes kommt einer geläufigen Unterscheidung zufolge den Akteuren am Arbeitsmarkt (Unternehmen, Belegschaften, Tarifparteien) die Einkommensgestaltung und -zuteilung der Beschäftigten innerhalb, dem Sozialstaat die Einkommenssicherung außerhalb des Arbeitsmarktes zu. Diese Arbeitsteilung ist systemintegrativ: Staatliche Sozialpolitik schirmt das ökonomische System von Sicherheits- und Gerechtigkeitsansprüchen ab und ermöglicht so dessen Konzentration auf Rentabilität und ökonomische Effizienzsteigerungen. Allerdings sind Arbeitsmarktakteure grundsätzlich in der Lage, im Rahmen ihrer Regelungsreichweiten und -befugnisse auch Fragen sozialer Sicherung der Beschäftigten zum Gegenstand ihrer Verteilungskonflikte zu machen. Je nachdem, auf welcher Ebene im System der Arbeitsbeziehungen diese Verteilungskonflikte ausgetragen werden, lässt sich deren Ergebnis als betriebliche Sozialpolitik im einzelnen Unternehmen oder als von Tarifverbänden überbetrieblich gestaltete *Tarifsozialpolitik* bezeichnen.

Innerhalb eines Distributionsregimes bestimmen staatliche Akteure vermittels ihrer Gesetzgebungsmacht nicht nur die Ex- und Intensität staatlicher Sozialpolitik, sondern strukturieren damit auch die Handlungsbedingungen weiterer sozialpolitisch relevanter Akteure wie der Sozialpartner. Inwieweit der Staat dies in Abstimmung mit den Verbänden tun kann oder gegen deren Widerstand durchsetzen muss, ist die empirisch immer wieder zu klärende Frage nach dem Verlauf und der Verschiebung der Grenze zwischen Sozialstaat und Tarifsystem, zwischen sozialstaatlich verantworteter und tarifpolitisch herzustellender sozialer Sicherheit.

Institutionelle Dynamik im deutschen Distributionsregime

Die funktional differenzierte Arbeits-, Zuständigkeits- und Verantwortungsteilung von Sozialstaat und nichtstaatlichen Arenen der Wohlfahrtsproduktion ist im Zeitverlauf keineswegs statisch. Nachdem die Nachkriegsjahrzehnte im Bereich sozialer Sicherung vor allem geprägt waren von einer umfassenden Ausweitung der originären Staatstätigkeit und -verantwortung (nicht selten durch Übernahme gewerkschaftlicher Erfolge im Bereich qualitativer Tarifpolitik in entsprechende sozialstaatliche Regulierung), lassen sich seit den 1980er und nochmals forciert seit den 1990er Jahren in Deutschland in einigen Bereichen der Sozialpolitik Entwicklungen beobachten, in deren Zuge sich die Rolle staatlicher Akteure weg vom alleinigen Leistungserbringungsverantwortlichen hin zu geteilter sozialpolitischer Verantwortung verändert. Die Gründe bzw. Problemdeutungen, auf die staatliche Akteure seit den 1980er Jahren ihre Bemühungen um eine nachhaltige Neujustierung staatlicher Sozialpolitik stützen, sind in den Sozialwissenschaften vielfach – auch von Hans-Jürgen Urban (2013) – erörtert worden und sollen hier nur schlaglichtartig beleuchtet werden. In der Wahrnehmung ihrer eigenen Handlungsmöglichkeiten stieg aus Sicht staatlicher Akteure das vermeintliche Risiko einer zunehmenden Überforderung des Sozialstaates erstens infolge zunehmenden globalen ökonomischen Wettbewerbs, in dem die deutschen Unternehmen nicht zuletzt durch zu hohe Lohnnebenkosten benachteiligt würden; zweitens durch eine demografische Entwicklung, die insbesondere in den Sozialversicherungen zu überfordernden „Abhängigkeits-" bzw. „Lastquotienten" führen würde; drittens durch die (nicht zuletzt arbeitsmarktpolitisch, also durch staatliches Handels selbst vorangetriebene) Ausdifferenzierung von Erwerbsformen jenseits des Normalarbeitsverhältnisses als Referenzpunkt einer lohnarbeitszentrierten Sozialpolitik, die die Passfähigkeit eines in erster Linie auf die Absicherung von männlicher Normalarbeit angelegten Systems sozialer Sicherung infrage stellt, und viertens infolge der immens kostenintensiven Integration Ostdeutschlands in die institutionellen Strukturen und sozialstaatlichen Arrangements der alten Bundesrepublik. Diese je einzelnen Problemperzeptionen standen zudem unter dem Eindruck eines generellen politischen Klimas, in dem sich Konzepte neoliberaler Gesellschaftsgestaltung zunehmend Gehör verschafften und zu politischen Handlungsanleitungen wurden.

In den Staatswissenschaften werden diese Problemdeutungen und -reaktionen als tiefgreifender Formwandel von Staatlichkeit gelesen. Beobachtet werden Prozesse der Entstaatlichung und Staatsverschlankung; annonciert werden der Übergang von *Government* zu *Governance* oder der Wandel vom Erfüllungs- zum Gewährleistungsstaat. Das Gemeinsame dieser Beschreibungen ist die Rekonfiguration von Staatsfunktionen:

> „Tendenziell rückten Forderungen nach effizienter Staatstätigkeit und nach der Sorge für kollektive Güter [...] in den Vordergrund. Soziale Sicherung und Umverteilung werden nach wie vor als notwendig, aber für den Staat zunehmend als belastend wahrgenommen. Im Verhältnis von Staat und privaten Leistungsanbietern scheint bislang kein grundlegender Funktionswandel eingetreten zu sein, vielmehr beobachten wir eine partielle und höchst variable Delegation von öffentlichen Aufgaben auf nicht-staatliche Organisationen. Die an den Staat gestellten Leistungserwartungen decken sich immer weniger mit seinen Kompetenzen, weshalb aus der Abgrenzung zwischen Staat und [...] Gesellschaft eine organisatorische 'Verflechtung' geworden ist. [...] In den Auseinandersetzungen über Staatsfunktionen [...] geht es nicht mehr um Verstaatlichung oder Privatisierung, sondern um Modalitäten der Funktionsteilung zwischen Staat und Privaten" (Benz 2011: 89 f.).

In Zuge dieses Wandels des Selbstverständnisses staatlicher Akteure und Institutionen gewinnt nicht zuletzt auch das Tarifsystem an Bedeutung. Im Prozess der Vertariflichung sozialer Sicherung werden spezifische Bereiche der Wohlfahrtsproduktion aus dem unmittelbaren Aufgabenspektrum des in diesem Sinne selbstleistenden Leistungsstaates herausgelöst – und der Staat wird zum lediglich regulierenden Gewährleistungsstaat dadurch, dass er entweder die unmittelbare Erfüllungsverantwortung für die fragliche Wohlfahrtsproduktion intendiert an die Tarifparteien überträgt oder zumindest durch sein Regulierungshandeln unintendiert bewirkt, dass sich die Tarifverbände (verstärkt) im Rahmen ihrer Möglichkeiten *substitutiv*, d.h. an Stelle des Staates, einer konkreten sozialpolitischen Regulierung annehmen. Die Vertariflichung sozialer Sicherung ergibt sich so aus dem komplexen Zusammenspiel der sozialpolitischen Verantwortungsabgabe auf Seiten des Staates *und* der entsprechenden sozialpolitischen Verantwortungsübernahme auf Seiten der Tarifparteien.

Ob und in welchem Umfang die Tarifverbände sich auf die staatlich betriebene Verschiebung der Grenzen der beiden sozial- und verteilungspolitischen Konfliktarenen einlassen und die staatliche Zuweisung sozialpolitischer Erfüllungsverantwortung normativ akzeptieren, faktisch übernehmen und substanziell ausfüllen, ist abhängig zum einen von ihrer prinzipiellen Verantwortungsübernahme*bereitschaft*, die sich aus grundlegenden Rollenbildern, Selbst- und Staatsverständnissen sowie aus Einstellungen zu Art, Umfang und Reichweite staatsfrei auszuhandelnder Verteilung wirtschaftlicher Erträge und sozialpolitischer Regulierung ergibt. Die Bereitschaft zur Übernahme sozialpolitischer Verantwortung lässt sich jedoch nicht losgelöst von der Selbsteinschätzung der Akteure hinsichtlich ihrer Verantwortungsübernahme*fähigkeit* betrachten, also von Deutungen der eigenen Handlungsmacht (Politisierungs-, Mobilisierungs-, Konflikt-, Durchsetzungs- und Verpflichtungsfähigkeit).

Sozialpolitik per Tarifvertrag ist somit eine strukturell hochgradig voraussetzungsvolle Form sozialer Sicherung. Ein wiederum nur schlaglichtartiger Blick auf die Handlungsbedingungen zeigt, dass die Arbeitsbeziehungen in Deutschland seit den 1980er Jahren insgesamt geprägt sind von einer multiplen, nachhaltigen Abnahme der Fähigkeit der Tarifverbände zur kollektiven und generalisierten, verbindlichen Gestaltung der unmittelbaren und mittelbaren Arbeitsbedingungen. Maßgebend hierfür ist eine gemeinhin als Erosion des Flächentarifs beschriebene Entwicklung, also sinkende Tarifbindung infolge abnehmender verbandlicher Organisationsgrade. Da in immer mehr Unternehmen keine tarifliche Regulierung der Arbeitsbedingungen mehr stattfindet und diese stattdessen individuell oder einzelbetrieblich vereinbart werden, steigt die Wahrscheinlichkeit sehr heterogener Aushandlungs- und in der Folge auch Arbeitsbedingungen. Verbandliche Reaktionen darauf (z.B. Tolerieren von Tarifabweichungen oder Ermöglichen von OT-Mitgliedschaften) sollen insbesondere auf der Arbeitgeberseite der Verbandsflucht entgegenwirken, haben aber zugleich den Effekt weiter abnehmender Verbindlichkeit von Tarifverträgen. Verstärkt wird diese Entwicklung durch Spartengewerkschaften, deren Erstarken die gewerkschaftlichen Kartellmöglichkeiten insgesamt untergräbt und so die Möglichkeiten und Ergebnisse tariflicher Regulierung weiter heterogenisiert. Im Zuge all dieser Entwicklungen hat sich in den letzten Jahrzehnten ein Tarifsystem entwickelt, das charakterisiert ist durch zunehmend fragmentierte Strukturen, zunehmend heterogene Verteilungsergebnisse und abnehmende normative Geltungskraft – insgesamt also ein System, dass vermehrt auf staatliche Stützungsleistungen (etwa: gesetzlicher Mindestlohn, Allgemeinverbindlicherklärungen von Tarifverträgen, Tarifeinheitsgesetz) angewiesen ist, um mittels Tarifverträgen die ihm zugedachten Funktionen ohne Preisgabe basaler Verteilungsziele erfüllen zu können (Dörre 2016). Dass es derartige staatliche Stützungsmaßnahmen des Tarifsystems (zuletzt verstärkt) gibt, ändert freilich nichts daran, dass parallel zur Erosion der eigenen tariflichen Regulierungs- und Normierungsfähigkeit auch die korporatistische Einbindung insbesondere der Gewerkschaften in das politische System seit Jahren erodiert (Meyer 2013: 197ff.). Dadurch verringern sich – parallel zur Erosion des Flächentarifs – die Möglichkeiten der tarifverbandlichen Einflussnahme auf staatliche Sozialpolitik.

Fähigkeit und Bereitschaft zur sozialpolitischen Verantwortungsübernahme

Auch unterhalb dieser generellen Entwicklungen zunehmend heterogener Macht- und Einflussstrukturen im System der Industriellen Beziehungen zeigen sich erhebliche Unterschiede. Das gilt insbesondere für die Gewerkschaften. Deren Machtressourcen und daraus resultierende Handlungsbedingungen sind je für sich genommen wie auch in ihrem Zusammenspiel sektoral ungleich verteilt. Wie für Tarifpolitik im Allgemeinen zeigen sich somit auch für Tarifsozialpolitik im Speziellen sektorale Unterschiede, und zwar sowohl im Regulierungsumfang und -niveau als auch in der konkreten Ausgestaltung von Vereinbarungen bezüglich sozialer Sicherung von Beschäftigten. Das ist ein zentraler Befund einer Untersuchung, in der für das deutsche Distributionsregime sektoren- und regelungsfeldübergreifend Tarifsozialpolitik analysiert und systematisiert wurde. Dafür wurden Tarifverträge aus vier Branchen mit signifikant differenten Handlungsbedingungen und Machtverhältnissen (chemische Industrie, privates Bankgewerbe, Bauhauptgewerbe, Einzelhandel) ausgewertet und Experteninterviews mit maßgeblichen sozial- und tarifpolitischen Fachreferent*innen der Arbeitgeberverbände und Gewerkschaften dieser Branchen geführt.[1] Dabei stehen die vier verglichenen Branchen nicht nur exemplarisch, sondern auch prototypisch für viele weitere Branchen, die sich den jeweiligen, auf spezifischen Machtkonstellationen basierenden Branchentypen zuordnen lassen. Insofern sind die Befunde durchaus generalisierbar. Im Branchenvergleich wird der Zusammenhang von sektorspezifischen Machtkonstellationen und tarifsozialpolitischem Ausbaugrad offenkundig. Ausmaß, Dichte, Reichweite, Rechtsverbindlichkeit, Konkretisierungsgrad und nicht zuletzt das Niveau tarifsozialpolitischer Regulierung variieren branchenspezifisch sehr stark – und zwar abhängig von den jeweiligen Fähigkeiten (Macht- und Gegenmachtressourcen der beteiligten Akteure) zur Übernahme sozialpolitischer Verantwortung. Die Fähigkeit der Gewerkschaften zur Übernahme sozialpolitischer Verantwortung ist damit eine notwendige Bedingung für ihre Bereitschaft zu einer stärkeren sozialpolitischen Verantwortungsübernahme.

Aber keine hinreichende. Bezüglich der Frage, ob sich die Gewerkschaften ihrer eigenen Einschätzung nach überhaupt und ggf. noch stärker als bislang der Gestaltung von Sozialpolitik per Tarifvertrag annehmen sollen, variieren die Positionen inter- wie intragewerkschaftlich erheblich, und zwar entlang grundsätzlicher gewerkschaftlicher Selbstverständnisse und Auffassungen von Sozialstaatlichkeit sowie entlang der Fachzuständigkeiten der Befragten. Insgesamt lässt sich sagen, dass die Selbsteinschätzung geringer gewerkschaftlicher Machtressourcen in eher konfliktiven Arbeitsbeziehungen, die Wahrnehmung eng begrenzter tarifpolitischer Verteilungsspielräume, ein eher traditionales Verständnis von Gewerkschaftsfunktionen und Sozialstaatstätigkeit und die sozialpolitische Fachzuständigkeit in der jeweiligen Gewerkschaftsorganisation eine eher skeptische Sicht auf Tarifsozialpolitik und die Vertariflichung sozialer Sicherung begünstigen, während die Wahrnehmung starker eigener Machtressourcen, die Bewertung der branchenspezifischen Arbeitsbeziehungen als eher sozialpartnerschaftlich, ein eher modernistisches Gewerkschafts- und Sozialstaatsverständnis sowie eine innerorganisatorisch tarifpolitische (inkl. tarifsozialpolitische) Fachzuständigkeit die Bereitschaft zur Übernahme tarifsozialpolitischer Verantwortung begünstigen. Erwartbar zeigt sich damit ein starker Zusammenhang von grundlegenden Selbstver-

---

1 Datenerhebung und -auswertung erfolgten im Rahmen des Forschungsprojektes „Sozialpolitik per Tarifvertrag", Förderung durch die Hans Böckler Stiftung, Projektlaufzeit: 2015–2018. Eine ausführliche Darstellung der Regelungsfelder und inhaltlichen Themenbereiche tariflicher Sozialpolitik kann hier aus Platzgründen nicht erfolgen. Vgl. für eine umfassende Darstellung der Ergebnisse Fröhler, Fehmel (2018) und Fehmel, Fröhler (2019).

ortungen, erklärter (Nicht-)Bereitschaft und selbsteingeschätzter (Un-)Fähigkeit zur Übernahme sozialpolitischer Gestaltungsverantwortung.

Diese, u.U. auch innerhalb einer Gewerkschaft auftretenden Auffassungs- und Einstellungsunterschiede werden in den Gewerkschaften selbst regelmäßig, wenn auch nicht systematisch diskursiv erörtert. In der gewerkschaftlichen Praxis führt diese Konstellation kontroverser Positionen hinsichtlich der organisationspolitischen Implikationen und des strategischen Umgangs mit dem Funktionswandel von Tarifsozialpolitik in Einzelgewerkschaften und DGB zu einer – explizit von mehreren Befragten so bezeichneten – „Doppelstrategie": Einerseits werden die tarifsozialpolitischen Aktivitäten im Rahmen der jeweiligen branchenspezifischen Möglichkeiten intensiviert. Anderseits werden an den Staat Forderungen nach (Wieder-)Ausbau sozialer Sicherung sowie nach Stützung des Tarifsystems adressiert. Offen bleibt, ob es sich dabei um ein strategisch-abgestimmtes Vorgehen handelt oder eher um ein kompromisshaftes, wenig koordiniertes, passives Nebeneinander unterschiedlicher Prinzipien, Handlungsansätze und Zuständigkeiten.

Fazit: Vertariflichung sozialer Sicherung und Verteilungspolitik

Im funktional differenzierten System der sozialen Sicherung in Deutschland spielt das System der Arbeitsbeziehungen eine nicht unerhebliche Rolle. Dabei ist das Verhältnis von Staat und Tarifparteien innerhalb des deutschen Distributionsregimes seit jeher von grundsätzlicher Dynamik geprägt. Bekanntlich waren die sozialen Folgen der Industrialisierung wesentliche Triebkräfte für die Anfänge von Sozialstaatlichkeit. Sollten in Deutschland sozialpolitische Maßnahmen des nicht-demokratischen Staates zunächst häufig die kollektive Macht der Industriearbeiter und ihrer Organisationen entschärfen und ihr die systemgefährdende Spitze nehmen (*verbandsabwehrende Verstaatlichung sozialer Sicherheit*), so schlugen sich vor allem in der Expansionsphase des demokratischen Wohlfahrtsstaates nach dem 2. Weltkrieg bis in die 1980er Jahre hinein gewerkschaftliche Erfolge im Bereich qualitativer Tarifpolitik oft in entsprechender sozialstaatlicher Regulierung nieder; *tarifverbandsentlastende Verstaatlichung sozialer Sicherheit* war das dominante Ordnungsmuster der fordistischen Epoche des Sozialstaatsausbaus. Im Zuge eines spätestens seit den 1990er Jahren beobachtbaren Sozialstaatswandels hat Tarifsozialpolitik noch einmal stark an Bedeutung gewonnen. Zu einem großen Teil ergibt sich diese Bedeutungszunahme aus signifikanten Rekonfigurationsprozessen sozialer Sicherung: Tarifliche Regelungen treten teilweise an die Stelle staatlicher Sozialpolitik, so dass die von Tarifparteien ausgehandelten Elemente sozialer Sicherung vermehrt substitutiv statt komplementär zu sozial*staatlichen* Leistungen fungieren. Dieses Ordnungsmuster einer *entstaatlichenden Vertariflichung* zeigt sich besonders prägnant in den Sicherungsfeldern Alterssicherung und Altersübergang, aber auch in Gesundheitsförderung, beruflicher Rehabilitation, Aus- und Weiterbildung sowie Vereinbarung von Erwerbs- und Sorgearbeit.

Dieser Prozess der Vertariflichung sozialer Sicherung als einer Form der Verantwortungsdelegation im Sinne „staatlich veranstalteter Entstaatlichung von Staatsaufgaben"

(Offe 1987: 318) ist in vollem Gange, so dass die Gewerkschaften unabhängig von ihren programmatischen Einstellungen und ihren praktischen Fähigkeiten nahezu gezwungen sind, sich der ihnen vom Staat aufgegeben sozialpolitischen Funktionen anzunehmen. Je nach verfügbaren Ressourcen und dominanten Bereitschaften tun sie das eher als agierende, gestaltende oder als reagierende, getriebene Akteure. Eine abgestimmte Gesamtstrategie lässt sich dabei nicht erkennen.

Die Heterogenität, mit der sich tarifpolitische Akteure den Aufgaben der Tarifsozialpolitik und den Herausforderungen der Vertariflichung sozialer Sicherung annehmen, hat heterogene verteilungspolitische Folgen. Diese Folgen lassen sich an den eingangs benannten grundlegenden sozialpolitischen Prinzipien und Leitzielen (Umverteilung zur Herstellung von sozialer Gleichheit, materieller Sicherheit und dekommodifizierender Freiheit) messen. Zunächst liegt auf der Hand, dass in den Genuss tariflicher Sozialpolitik nur kommt, wer überhaupt und hinreichend lange als Arbeitnehmer*in im Geltungsbereich entsprechender Regelungen beschäftigt ist; dass also diese Form nichtstaatlicher Sozialpolitik auf Arbeitsmarkt-Insider beschränkt bleibt und insofern hochgradig selektiv ist. Das ist vor dem Hintergrund einer Entwicklung, die geprägt ist durch einen strukturell bedingten Rückgang von Normalarbeitsverhältnissen zugunsten atypischer, oft prekärer Beschäftigungsformen, überaus kritisch zu sehen. Aber auch für Arbeitsmarkt-Insider hat der beschriebene Strukturwandel der Industriellen Beziehungen, insbesondere die abnehmende Tarifbindung und Betriebsratsabdeckung, exkludierende Effekte. In der Summe steigt also die *Ungleichheit beim Zugang zu tariflicher Sozialpolitik*. In dem Maße, wie Tarifsozialpolitik nicht als Ergänzung, sondern als Ersetzung sozialstaatlicher Leistungen zu verstehen ist, hat sie mithin rekommodifizierende Effekte: substitutive Vertariflichung läuft auf eine Re-Funktionalisierung des Arbeitsvertrages für Fragen der sozialen Absicherung, und das letztlich auf eine Stärkung der Erwerbs- und Arbeitsmarktzentrierung durch Sozialpolitik hinaus. Hinzu kommt, dass die Vertariflichung sozialer Sicherung nicht nur Tarifkonflikte thematisch erweitert und ggf. verkompliziert, sondern auch einer Spaltung und Entsolidarisierung der Beschäftigten Vorschub leisten kann.

Anders als staatliche Sozialpolitik ist Tarifsozialpolitik zudem in sich ausgesprochen heterogen. Die Vielzahl unterschiedlicher Tarifverträge in sehr unterschiedlichen Branchen, aber auch regionale Variabilitäten, die unterschiedliche Anwendung ein und desselben Tarifvertrages in unterschiedlichen Unternehmen u.ä., sind Ausdruck einer Tarifpluralität, die auch bezüglich der Reichweite, des materiellen Niveaus, zeitlicher Faktoren etc. tarifsozialpolitischer Leistungen und Instrumente zu hochgradig heterogenen Angebots- und Nutzungsbedingungen führt. Auch Unterschiede im Nutzungsverhalten der Beschäftigten verstärken diese Heterogenität, ebenso wie der Umstand, dass Tarifsozialpolitik weit überwiegend von den Beschäftigten selbst finanziert wird. Und: Anders als staatliche Sozialpolitik, die in vielen Fällen (und auch in den arbeitsmarktnah organisierten Sozialversicherungen) umfangreich Umverteilung nach dem Solidarprinzip praktiziert, folgt die tarifsozialpolitisch organisierte Sekundäreinkommensverteilung wesentlich stärker der Primäreinkommensverteilung, ist also stark äquivalenzorientiert. Diese direkte Verknüpfung verlängert also (stärker als staatliche Sozialpolitik) Lohnungleichheit in Ungleichheit sozialer Sicherung. Sie beeinträchtigt auf diese Weise zugleich die allokative Funktion von Lohnfindungssystemen und ist insofern fiskalischer Umverteilung deutlich unterlegen (Piketty 2016: 87). In der Summe all dieser Punkte steigt also auch die *Niveau-Ungleichheit bei bzw. infolge tariflicher Sozialpolitik*. Unter den gegebenen Bedingungen hat Tarifsozialpolitik, so lässt sich zusammenfassen, im Vergleich zu staatlicher Sozialpolitik ein deutlich geringeres Potential, mittels kollektiver Umverteilung Ungleichheiten zu reduzieren, sozialen Ausgleich herbeizuführen, materielle Sicherheit zu stiften und dekommodifizierende Wirkungen zu erzielen.

Die Delegation sozialpolitischer Verantwortung auf Tarifakteure kann somit nur dann akzeptabel sein, wenn Tarifsozialpolitik im Ergebnis zumindest ähnliche Effekte hinsichtlich Sicherungsniveau, Selektivität und Umverteilung zeitigt wie die staatliche Sozialpolitik, an deren Stelle sie tritt. Die Voraussetzungen für ein derartiges sozialpolitisch befähigtes Tarifsystem kann nur der Staat durch Bereitstellung entsprechender Rahmenbedingungen herstellen. Fluchtpunkt aller entsprechenden Maßnahmen wäre die obligatorische Ausweitung tarifsozialpolitischer Leistungen auf möglichst alle Beschäftigten; erreichbar etwa durch die Ausweitung von Allgemeinverbindlicherklärungen von Tarifverträgen als sozialpolitisches Instrument, die Einführung von Verbandspflichtmitgliedschaften zur Erhöhung der Tarifbindung und die einklagbare Verpflichtung der Tarifparteien, Fragen sozialer Sicherung in ihren Aufgaben- und Vertragskatalog aufzunehmen. Wie die Einführung des gesetzlichen Mindestlohns, die Verabschiedung des Tarifeinheitsgesetzes und die starke Nutzung von Allgemeinverbindlicherklärungen zeigen, ist der Staat zur Stützung des Tarifsystems in den letzten Jahren zu einigem bereit gewesen. Dennoch ist bis auf weiteres nicht von einer Gleichrangigkeit tarifsozialpolitischer und sozialstaatlicher Sozialleistungen auszugehen. Und auch mit einer ggf. massiven Steigerung der Tarifvertragsreichweiten bleibt das Problem, dass Tarifsozialpolitik hochgradig selektiv, weil Arbeitsmarkt-Insidern vorbehalten ist. Für *gesamtgesellschaftliche* Gleichheits- und Sicherheitsansprüche und darauf hinwirkende Umverteilungsarrangements einer in diesem Sinne linken Sozialpolitik ist Tarifsozialpolitik nicht geeignet. Das zu organisieren ist auch weiterhin staatliche Aufgabe. Nicht soziale Sicherung zu vertariflichen, sondern den Staat aus seiner sozialpolitischen Verantwortung nicht zu entlassen – das ist Gegenstand des sozialpolitischen Mandates der Gewerkschaften.

Literatur

Benz, Arthur (2011): Niedergang, Rückkehr oder Transformation? Thesen zum Wandel des Staates. in: Jesse, Eckhard (Hrsg.): Renaissance des Staates? Baden-Baden, S. 75-97.
Dörre, Klaus (2016): Die neue Konfliktformation. Klassen-Kämpfe in fragmentierten Arbeitsbeziehungen. *Industrielle Beziehungen* 23 (3), S. 348-365.
Ebbinghaus, Bernhard/Kittel, Bernhard (2006): Europäische Sozialmodelle a la carte: Gibt es institutionelle Wahlverwandschaften zwischen Wohlfahrtsstaat und Arbeitsbeziehungen? in: Beckert, Jens/Ebbinghaus, Bernhard/Hassel, Anke/Manow, Philip (Hrsg.): Transformationen des Kapitalismus, Frankfurt a.M., S. 223-246.

Fehmel, Thilo/Fröhler, Norbert (2019): Vertariflichung sozialer Sicherheit. Perspektiven von Arbeitgeberverbänden und Gewerkschaften in Deutschland und Österreich. Düsseldorf: Böckler Stiftung, HBS Working Paper Forschungsförderung Nr. 148.

– (2018): Tarifvertragliche Regulierung sozialer Sicherung: Deutschland und Österreich im Vergleich. Düsseldorf: Böckler Stiftung, HBS Working Paper Forschungsförderung Nr. 76.

Meyer, Hendrik (2013): Was kann der Staat? Eine Analyse der rot-grünen Reformen in der Sozialpolitik, Bielefeld.

Offe, Claus (1987): Die Staatstheorie auf der Suche nach ihrem Gegenstand. Beobachtungen zur aktuellen Diskussion. in: Ellwein, Thomas (Hrsg.): Jahrbuch zur Staats- und Verwaltungswissenschaft. Baden-Baden, S. 309-320.

Piketty, Thomas (2016): Ökonomie der Ungleichheit. 2. Aufl. München.

Rothgang, Heinz/Schmid, Achim/Schneider, Steffen (2012): Transformationen des Interventionsstaates und ihre Erklärung: Das Beispiel nationaler Gesundheitssysteme. in: Bach, Maurizio (Hrsg.): Der entmachtete Leviathan. Löst sich der souveräne Staat auf? Baden-Baden, S. 175-196.

Urban, Hans-Jürgen (2013): Der Tiger und seine Dompteure. Wohlfahrtsstaat und Gewerkschaften im Gegenwartskapitalismus, Hamburg.

Urban, Hans-Jürgen/Ehlscheid, Christoph (2016): Sozialpolitik als Gesellschaftspolitik. Anmerkungen zum politischen Mandat der Gewerkschaften. in: dies. (Hrsg.): Das (sozial)politische Mandat der Gewerkschaften. Hamburg, (Sozialismus Supplement, 2016, 7-8) S. 1-11.

Katharina Grabietz / Stefanie Janczyk

40 Prozent – Abrechnung mit einem sozialpolitischen Dogma

Zur Debatte über die Zukunft sozialer Sicherungssysteme

Der Sozialstaat hat seine Bedeutung und Leistungsfähigkeit im Zuge der Corona-Pandemie unter Beweis gestellt. Hierüber besteht über die politischen Lager hinweg weitgehende Einigkeit. Wie schon in anderen Krisen zeigt sich in der Pandemie-Situation seine wichtige Rolle als gesellschaftlicher Stabilisator. Gleichzeitig hat die Pandemie aber auch Grenzen sozialer Sicherung schonungslos offengelegt: Die finanziellen wie personellen Ressourcen der Sicherungssysteme kommen an ihr Limit, nicht alle Personengruppen (etwa Mini-Jobbende und Solo-Selbständige) sind gleichermaßen sozialpolitisch geschützt, der Umfang der Absicherung ist teils unzureichend (derzeit besonders sichtbar bei der Pflege). Und schließlich ist in Folge dieser und weiterer Gründe teils ein Rückfall in 'alte Muster' und Geschlechterrollen zu beobachten.[1] Diese Problemlagen sind nicht neu. Vielmehr handelt es sich um grundlegende Strukturprobleme im System sozialer Sicherung, die seit längerem bestehen, im Zuge der Pandemie allerdings besonders hervortreten und teils verschärft werden. Damit sind grundlegende Fragen von Sozialstaatlichkeit auf den Plan gerufen. Über die Hälfte aller sozialen Leistungen werden derzeit über die Sozialversicherungen finanziert.[2] Der Frage einer zukunftsfesten Gestaltung dieser kommt daher eine zentrale Bedeutung zu.

Widmet man sich dieser Frage, stößt man jedoch schnell auf ein doppeltes Dilemma. Zwar ist das Thema Leistungen und Finanzierung der Sozialversicherungen ein Dauerbrenner. Zum einen drehen sich die Debatten in den letzten Jahren allerdings zumeist um konkrete Vorhaben in den einzelnen Sicherungszweigen. Auf grundlegende Struktur- und Finanzierungsfragen sozialer Sicherung gerichtete Debatten sind dagegen Mangelware.[3] Zum anderen und vor allem ist die Diskussion von vornherein beschnitten. Grund dafür ist das seit vielen Jahren geltende Postulat, dass der Gesamtsozialversicherungsbeitragssatz 40 Prozent des Bruttoentgelts nicht überschreiten darf. Auch aktuell gibt es verstärkt Rufe, die 40 Prozent-Grenze für die Zukunft festzuzurren.

---

1 Vgl. u.a. Hans-Böckler-Stiftung 2021: Arbeitszeit: Frauen in der Coronakrise stärker belastet, Böckler Impuls 01/2021; Sell, Stefan 2020: Viele werden abgehängt, Interview Deutschlandfunk Kultur am 29.8.2020, https://www.deutschlandfunkkultur.de/sozialforscher-ueber-die-folgen-der-coronakrise-viele.990.de.html abgerufen am 11.1.2021.

2 Vgl. Bundesministerium für Arbeit und Soziales (Hrsg.) 2020: Sozialbudget 2019, S. 6.

3 Bäcker, Gerhard/Naegele, Gerhard/Bispinck, Reinhard 2020: Sozialpolitik und soziale Lage in Deutschland. Ein Handbuch. Band 1, S. VII.

40 Prozent – Abrechnung mit einem sozialpolitischen Dogma

„40 – Kein Prozent weiter" lautet der Titel des Gesamtmetall-Magazins „Perspektiven". Die 40 nimmt rot in der Ästhetik einer großen, abzuwendenden Obstruktion, den Großteil des Covers ein. Der Untertitel formuliert „Steigen die Sozialabgaben auf über 40 Prozent, kostet das Arbeitsplätze und Wirtschaftswachstum, warnen Experten."[4] Mitgeliefert wird eine Liste von Sozialkürzungsvorschlägen, mittels derer es gelingen soll, die 40 langfristig einzuhalten.

Grund genug, um nach den Ursprüngen der 40 Prozent und ihrer Begründung zu fahnden und diese zu prüfen. Dies erfolgt über einen ideologiekritischen Zugang. Ein solches Unterfangen hat zum Ziel, die „Herrschaftsdienlichkeit von Verständnismustern" offenzulegen.[5] Rahel Jaeggi definiert Ideologiekritik als einen „Angriff auf das, was man als Mechanismen der 'Verselbstständlichung' oder 'Selbstverständlichmachung' bezeichnen kann, Mechanismen also, die den Eindruck der Unhintergehbarkeit von sozialen Verhältnissen wie Selbstverhältnissen herstellen".[6] Die leitende These ist, dass wir seit Jahren die *Verselbstständlichung* der 40 Prozent erleben. Die *Unhintergehbarkeit* der 40 Prozent wird durch die Sozialgarantie 2021 aktuell de jure und in fast jeder öffentlichen Debatte um die Zukunft des Sozialstaates de facto fortwährend sichergestellt. Eine solche Festlegung hat jedoch enorme Auswirkungen. Losgelöst von den sozialen Bedarfen und Zielen droht sie dazu zu führen, dass das soziale Sicherungsziel in den Hintergrund oder gar aus dem Blick rückt. Dies gilt umso mehr in der aktuellen Situation, wo die Sozialversicherungen angesichts der Pandemiekosten unter Druck stehen. Sind hier auf der Einnahmenseite Pflöcke gesetzt, drohen bei solch angespannter Finanzlage Kürzungen auf der Leistungsseite.

Garantie mit sozialer Schieflage

Die Finanzlage in den Sozialversicherungszweigen ist 2021 höchst angespannt. In den einzelnen Versicherungszweigen klaffen Milliardenlöcher. Hohe krisenbedingte Kosten stellen dabei eine Ursache dar – insbesondere in der Arbeitslosenversicherung. Die Pandemiekosten sind aber nur ein Aspekt. In der gesetzlichen Krankenversicherung bestehen seit langem kostentreibende Strukturprobleme im Gesundheitssystem, hinzu kommen teure Gesetze der jüngeren Zeit, die die Krankenkassen über die nächsten Jahre belasten werden ohne dabei einen versorgungspolitischen Mehrwert zu haben. Auch auf die Rentenversicherung kommen künftig vermehrt Kosten zu (auch durch die Einführung der Grundrente), der Finanzdruck steigt entsprechend und die Rücklagen

---

4 Perspektiven. Das Magazin der Metall- und Elektroindustrie. Ausgabe 2, https://bit.ly/3a6KBsq.
5 Tilman Reitz 2004: Ideologiekritik, in: Haug, Fritz et al. (Hrsg.), Historisch Kritisches Wörterbuch des Marxismus, Band 6/I, Hamburg.
6 Rahel Jaeggi 2009, Was ist Ideologiekritik? in: Jaeggi, Rahel/Welsch, Timo (Hrsg.): Was ist Kritik?, Frankfurt a.M.

werden abgebaut.[7] Auf der Einnahmenseite sorgen die Beitragsbemessungsgrenzen und gesonderte Absicherungsformen für bestimmte Berufsgruppen außerhalb des Solidarsystems in den Bereichen Alterssicherung, Gesundheit und Pflege für verteilungspolitische Schieflagen und entziehen den Sozialversicherungen Geld für eine nachhaltige solidarische Finanzierung. Entsprechend schwelt die Debatte darüber, wie die bestehenden und noch kommenden offenen Rechnungen denn beglichen werden, bereits lange und ist mitten in der Pandemie voll entbrannt.

Für das Jahr 2021 hat die Regierungskoalition die Schuldenbremse ausgesetzt und mit der sogenannten „Sozialgarantie 2021" eine vorläufige „Lösung" gefunden. Diese besagt, dass die Sozialversicherungsbeiträge bei maximal 40 Prozent stabilisiert[8] und darüber hinaus gehende Finanzbedarfe aus dem Bundeshaushalt gedeckt werden. Zugleich sollen keine Leistungskürzungen erfolgen.[9] Dies ist jedoch allenfalls ein sozialer Kompromiss für das Bundestagswahljahr 2021.

Schon der mit der Sozialgarantie vermittelte Eindruck eines „neutralen" Wegs ist trügerisch. Auch wenn noch keine gesicherten Aussagen über die verteilungspolitische Wirkung der öffentlichen Unterstützungsleistungen vorliegen, ist doch ersichtlich, dass der größte Teil der Krisenmilliarden der Wirtschaft, vor allem (größeren) Unternehmen, zufließt, während sozial Schwächere weniger Unterstützung erfahren. Zudem werden die 40 Prozent seit Anfang 2021 faktisch bereits gerissen, zumindest dann, wenn man berücksichtigt, dass das Gros der Krankenkassen die Zusatzbeiträge erhöht hat. Spätestens 2022 dürfte diese Marke auch offiziell fallen, denn die zuletzt mobilisierten Finanzmittel in Form der Krankenkassenreserven stehen für eine mögliche Sozialgarantie 2022 dann nicht mehr zur Verfügung. Glaubt man den Prognosen, bleibt die Finanzlage der Sozialversicherungen aber über 2021 hinaus problematisch. Zudem lässt ein bloßes Festschreiben des Status quo auch offensichtlich gewordene sozialpolitische Strukturprobleme unbearbeitet – etwa im Bereich der Pflege oder der Absicherung bestimmter Gruppen bei Arbeitslosigkeit.

Die Geburt eines Dogmas

Fahndet man nach dem Ursprung der 40 Prozent, entdeckt man, dass diese Frage durchaus gelegentlich aufgeworfen wurde, auch aktuell etwa in einem Artikel der Südwestpresse mit dem Titel „Psychologische Marke". Dieser kommt zu dem Schluss, „dass auch altgediente Sozialexperten [...] diese Frage nicht beantworten" können, vermutet die Genese jedoch im Umfeld der arbeitsmarktpolitischen Debatten Mitte

---

7 Vgl. Bundesagentur für Arbeit 2020: Presseinfo Nr. 50 vom 6.11.2020; Urban, Hans-Jürgen/Ehlscheid, Christoph/Grabietz, Katharina 2021: Gesundheitssystem im Stresstest, Z. Zeitschrift Marxistische Erneuerung Nr. 125.

8 Anfang 2021 liegt der Gesamtsozialversicherungsbeitrag bei 39,75 % (Rentenversicherung: 18,6 %, Arbeitslosenversicherung: 2,4 %, Krankenversicherung: 15,7 %, Pflegeversicherung: 3,05 %)

9 Vgl. Koalitionsausschuss von CDU/CSU und SPD vom 3. Juni 2020

der 2000er Jahre.[10] Bereits einige Jahre früher hat Christine Trampusch die Entstehung bis in die frühen 1990er Jahre zurückverfolgt. Sie sieht die zunehmende Verstetigung dieser Zahl als Folge der Risse „im Sozialkonsens vor dem Mauerfall" und der „Risse im Wiedervereinigungskonsens" 1992/1993. Sie betont, dass „der Anstieg des Sozialbeitrags von da an als eines der zentralen Probleme des bundesdeutschen Arbeitsmarktes definiert wurde, und zwar zunehmend auch in der breiten Öffentlichkeit".[11] Ein Nexus, der bis heute Bestand hat.

In einem offiziellen Dokument tauchen die 40 Prozent tatsächlich Mitte der 1990er Jahre auf, nämlich in der gemeinsamen Erklärung des „Bündnisses für Arbeit und Standortsicherung", das 1996 von der Regierung unter Helmut Kohl, Arbeitgeberverbänden und Gewerkschaften konstituiert wurde. Damals lagen die Sozialversicherungsbeiträge insgesamt bei 40,9 Prozent. In der Erklärung heißt es:

> „Den Sozialstaat zu sichern und zu festigen ist gemeinsames Ziel und gemeinsame Aufgabe. Seine Finanzierungsgrundlagen müssen durch Reformen erhalten bleiben. Die Sozialbeiträge insgesamt und die Sozialabgabenquote müssen stabilisiert und bis zum Jahr 2000 wieder auf unter 40 Prozent zurückgeführt werden. Eigenvorsorge muß ein wachsendes Gewicht erhalten."[12]

Ergänzt wird dies durch eine Auflistung von sozialpolitischen Reformvorhaben, die sich durch „Effizienzerhöhung" und „Kostenbegrenzungen" auszeichnen. Der Machtwechsel im Kanzleramt 1998 führt nicht zu einem politischen Richtungswechsel, vielmehr wurde der Pfad fortgesetzt. 2003 lag der Beitragssatz bei insgesamt 42 Prozent und die Senkung und Begrenzung der Lohnnebenkosten ist in der Regierungserklärung von Gerhard Schröder das zentrales Argument für die anstehenden sozialpolitischen Reformen der Agenda 2010, die in der Folge mit sozialstaatlichem Leistungsabbau und Privatisierung sozialer Sicherung verbunden sind.[13] Seither und bis heute hat sich die 40 Prozent-Marke in der Politik als Ziel festgesetzt.

Wettbewerbsfähigkeit: Stichhaltiges Argument oder Mär?

Das zentrale Argument für die 40 Prozent-Grenze ist über die Jahre gleichgeblieben: Ein Anstieg der Beitragssätze habe massive negative Rückwirkungen auf Wirtschaftswachstum und Beschäftigung. Interessanterweise erweisen sich die empirisch validen Belege

---

10 Dieter Keller 2020: Psychologische Marke, Südwest Presse vom 8.6.2020.

11 Christine Trampusch 2009, Der erschöpfte Sozialstaat. Transformation eines Politikfeldes. Schriften aus dem Max-Planck-Institut für Gesellschaftsforschung Köln, Band 66, Frankfurt a.M./New York.

12 Bulletin 07-96 der Bundesregierung vom 26.1.1996, https://www.bundesregierung.de/breg-de/service/bulletin/buendnis-fuer-arbeit-und-zur-standortsicherung-treffen-des-bundeskanzlers-mit-vertretern-von-wirtschaftsverbaenden-und-gewerkschaften-805868 abgerufen am 12.03.2021.

13 Plenarprotokoll 15/32, Deutscher Bundestag, Stenografischer Bericht, 32. Sitzung, Berlin, Freitag, den 14. März 2003.

für dieses Argument bei genauerer Betrachtung damals wie heute als vergleichsweise dünn.

Grundlage der Argumentation ist zumeist der Verweis auf Studien, die für die Zukunft einen deutlichen Anstieg der Sozialversicherungsbeiträge vorhersehen, welche mit erheblichen Wettbewerbs- und Beschäftigungseinbußen verbunden seien. So jüngst erfolgt im Bericht einer seitens der Bundesvereinigung der deutschen Arbeitgeber (BDA) eingerichteten Kommission zur Zukunft der Sozialversicherung. Diese hält unter den jetzigen Bedingungen einen Anstieg der Beitragssätze zur Sozialversicherung auf 50 Prozent bis 2040 für realistisch.[14]

Das eingangs zitierte Gesamtmetall-Magazin verweist auf eine Prognos-Studie im Auftrag der BDA. Diese kommt zu dem Ergebnis, dass der Beitragssatz bis 2040 auf 55,5 Prozent steigen und jeder Beitragssatzpunkt 90.000 Arbeitsplätze kosten könnte.[15] Hierzu ist zunächst zu sagen, dass die Studie mit Szenarien und Projektionen arbeitet, die wiederum auf einer Reihe von Annahmen beruhen. Diese können so eintreten, es kann aber auch anders kommen. Weit in die Zukunft gerichtete Aussagen über wirtschaftliche und gesellschaftliche Entwicklungen sind dementsprechend keine Gewissheiten, sondern mit erheblichen Unsicherheiten verknüpft.[16] Aber selbst wenn man eine solche Beitragssteigerung unterstellt, bleibt ihre vermutete Wirkung auf Wettbewerb und Beschäftigung erklärungsbedürftig. Einen validen Beleg dafür, dass eine Beitragssatzsteigerung unmittelbar Arbeitsplatzabbau bedeutet, bleibt die Studie schuldig. Der Nexus wird vielmehr in einer angebotsorientierten Interpretation der Ergebnisse geliefert, die eine geschwächte Wirtschaft durch „eine schwächere Exportdynamik" erklärt, denn „durch die höheren Lohnzusatzkosten sinkt die Wettbewerbsfähigkeit der deutschen Wirtschaft". Ein weiterer Faktor, der zur geschwächten Wirtschaft beitrage, sei der Rückgang der privaten Konsumnachfrage durch die höheren Beiträge. Eine Interpretation, die unter Ökonomen durchaus strittig ist, da höhere Beiträge auch Konsum induzieren könnten, wenn dadurch Geld ausgegeben werden kann, das vorher von Haushalten für zusätzliche soziale Sicherung gebunden war. Was mit scheinbar harten Zahlen zu beweisen angedacht ist, ist letzlich nicht mehr als eine einer bestimmten wirtschaftswissenschaftlichen Schule folgende, voraussetzungsvolle Interpretation einer Projektion.

Deutlich mehr argumentatives Futter findet sich demgegenüber bei den Kritiker*innen der 40 Prozent. Gerhard Bäcker, Wilfried Schmähl und jüngst Florian Blank haben sich der Frage gewidmet, ob und inwiefern Sozialversicherungsbeiträge Dreh- und Angelpunkt der Entwicklung von Arbeitsmarkt und Wachstum sind und

---

14 BDA-Kommission Zukunft der Sozialversicherungen 2020: Zukunft der Sozialversicherung: Beitragsbelastung dauerhaft begrenzen.

15 Prognos 2017: Sozialbeitragsentwicklung und Beschäftigung. Gesamtwirtschaftliche Auswirkungen steigender Beitragssätze in der Sozialversicherung und Finanzierungsalternativen.

16 Vgl. u.a. Gerd Bosbach 2016: „Große Veränderungen kann man nicht voraussehen" – Interview, https://www.bpb.de/dialog/netzdebatte/226150/grosse-veraenderungen-kann-man-nicht-voraussehen-interview-mit-gerd-bosbach, abgerufen am 6.4.2021.

sich an das Unterfangen gemacht, dies genauer nachzuvollziehen.[17] Sie zeigen auf, dass die Sozialversicherungsbeiträge zwar den größten, aber doch nur einen Teil der sogenannten Lohnnebenkosten und diese wiederum nur einen Teil der gesamten Arbeitskosten ausmachen, also der Gesamtheit aller dem Arbeitgeber im Zusammenhang mit Beschäftigung entstehenden Aufwendungen. Wählt man die Gesamtarbeitskosten als Bezugsgröße, relativiert sich die Dramatik. Am Beispiel der durchschnittlichen gesamten Bruttoarbeitskosten im produzierenden Gewerbe in den Werten von 2016 zeigt Blank auf, dass ein Anstieg der Sozialbeiträge um zehn Prozentpunkte in etwa zu einem Anstieg der Bruttoarbeitskosten von insgesamt 3,2 Prozent führen würde, wohlgemerkt gestreckt auf einen Zeitraum von 20 Jahren. Dramatische Szenarien über Wettbewerbsfähigkeit und Arbeitsplätze erscheinen vor diesem Hintergrund überhöht.

Für die Frage der internationalen Wettbewerbsfähigkeit eignet sich wenn überhaupt, nur ein Vergleich der Lohnstückkosten – also der Arbeitskosten im Verhältnis zur Arbeitsproduktivität. Je nach Vergleich (EU, international, Länderauswahl) nimmt Deutschland dabei in der Regel einen Platz im oberen Drittel bis Mittelfeld ein. Allerdings liegen vergleichbare Volkswirtschaften wie Frankreich oder Großbritannien ähnlich bzw. sind sogar vor Deutschland platziert. Zudem fiel die Lohnstückkostensteigerung in Deutschland in den vergangenen Jahren deutlich geringer aus als in den anderen großen europäischen Volkswirtschaften.[18] Vor allem aber gilt, dass für die Frage der internationalen Wettbewerbsfähigkeit eine Reihe weiterer Faktoren entscheidend sind – wie Wechselkurse, Zölle, Steuern, das Vorhandensein von Fachkräften, Produktivität, Produktinnovation und -qualität, Infrastruktur oder das System industrieller Beziehungen. Eine Fokussierung bei Wirkungsfragen auf einen Faktor ist damit unterkomplex. Und schließlich ist auch das Spektrum an möglichen arbeitgeberseitigen Reaktionen auf steigende Sozialversicherungsbeiträge vielfältig. Arbeitsplatzabbau und Rationalisierung sind hier nur zwei Optionen. Ganz unabhängig, wie man sie in der Sache bewertet, wären Preiserhöhungen für Kunden, Versuche der 'Einpreisung' bei der Entgeltentwicklung oder – ganz verwegen – die Reduzierung der eigenen Gewinne weitere Reaktionsmöglichkeiten. Welcher Weg am Ende beschritten wird, hängt etwa von der konkreten Situation eines Unternehmens, der Position in der Branche und nicht zuletzt auch von Machtverhältnissen ab.

Die Quintessenz lautet entsprechend: Die These, dass Sozialversicherungsbeiträge über 40 Prozent per se ein Wettbewerbsnachteil sind und Arbeitsplätze gefährden, ist

---

17 Gerhard Bäcker 2006, Im Namen der Lohnnebenkosten – ein Mythos als Begründung für den Umbau des Sozialstaats, in: Schäfer, Claus/Seifert, Hartmut (Hrsg.) Kein bisschen leise: 60 Jahre WSI, Hamburg 2006; Florian Blank 2020, Die Arbeitnehmer werden es schon schultern?!, https://www.wsi.de/de/blog-17857-zukunft-der-sozialversicherung-25937.htm; Schmähl, Wilfried 2009: Lohnnebenkosten, in: Gillen, G./van Rossim, W. (Hrsg.): Schwarzbuch Deutschland – das Handbuch der vermissten Informationen, Reinbek bei Hamburg, S. 406-415.

18 Alexander Herzog-Stein, Patrick Nüß, Ulrike Stein, Nora Albu 2020: Arbeits- und Lohnstückkostenentwicklung. IMK-Report 158.

so nicht empirisch nachweisbar. Zu komplex ist letztlich die Lage, weil viele Faktoren einen Einfluss auf Kosten und so auch auf Produktions- und Standortentscheidungen haben.[19]

Daraus folgt kein Plädoyer für Beliebigkeit und auch kein Wegwischen jegliches Wettbewerbs- oder Belastungsarguments. Wohl aber eine Absage an die Seriosität einer dauerhaften Festlegung auf eine allgemeingültige Maximalhöhe der Sozialversicherungsbeiträge, deren Überschreitung 'bedrohlich' wäre – seien es nun 39, 40 oder 42 Prozent. Diese Werte markieren in etwa das Spektrum, innerhalb dessen sich die Sozialversicherungsbeiträge seit 1995 – dem Jahr der Einführung der jüngsten Sozialversicherung, der Pflegeversicherung – bewegt haben. Die Differenz zwischen den Werten mag Laien vergleichsweise klein erscheinen, sozialpolitisch können damit gravierende Unterschiede im Leistungsbereich verknüpft sein.

Hidden Agenda

Wenn das Schicksal der deutschen Wirtschaft sich also gar nicht an der 40-Prozent-Grenze entscheidet, was ist dann die Agenda hinter dieser Zahl? Die Antwort ist schlicht: Im Kern geht es um die gute alte Verteilungsfrage. Es geht um eine Agenda, die das Ziel hat, Entlastung und Raum für mehr Profit für die Kapitalseite zu generieren, in dem sie soziale Sicherung entweder offen ablehnt oder versucht, die Kosten auf andere, nämlich auf die Einzelnen abzuwälzen. Die 40-Prozent-Grenze ist hierbei das symbolische Ziel, das hinter verschiedenen Strategien einer „Anti-Sozialstaats-Kampagne" steht, die „sich durch ein facettenreiches ideologisches Trommelfeuer"[20] auszeichnet.

Zu diesem Trommelfeuer gehört die gezielte Diskreditierung von Leistungsbeziehenden. Der Sozialstaat sei auch deshalb zu teuer, weil er wahlweise generell nicht gebraucht oder missbraucht werde und so über Gebühr Leistungen finanziere. Besonders in Erinnerung geblieben sein dürfte Guido Westerwelle, der 2010 anlässlich des Urteils des Bundesverfassungsgerichts zur verfassungswidrigen Berechnung der Hartz IV-Regelsätze, kommentierte, dass „zu spätrömischer Dekadenz" einlade, „wer dem Volk anstrengungslosen Wohlstand verspricht".[21] Der Regelbedarf für Alleinstehende betrug zu dieser Zeit 359 Euro. Anstrengungslosen Wohlstand versuchte auch die INSM 2019 zu suggerieren, als sie mit einer absurden Rechnung das „Ehepaar Glück" plakatierte, das „Urlaub auf Sardinien" liebt und durch die von der SPD vorangebrachte Grundrente

---

19 Vgl. Peter Hall und David Soskice 2001, Varieties of Capitalism. The institutional foundations of comparative advantage, Oxford.

20 Wilhelm Adamy/Johannes Steffen 1982: Konservative Sanierungsstrategie in der Sozialpolitik, in: Gewerkschaftliche Monatshefte Nr. 11/1982.

21 Guido Westerwelle 2010: An die deutsche Mittelschicht denkt niemand, https://www.welt.de/debatte/article6347490/An-die-deutsche-Mittelschicht-denkt-niemand.html abgerufen am 12.03.2021.

den nächsten Urlaub „von den deutschen Steuerzahlern geschenkt" bekomme.[22] Wer sich die Grundrente ansieht, erkennt schnell, dass dies an der Realität vorbei geht. Die Grundrente soll dabei helfen, Altersarmut einzudämmen – ein Phänomen, das unter Älteren leider zunehmend Raum greift.

Erfreulicherweise haben derartige Zuspitzungen in der breiten Öffentlichkeit in der jüngeren Vergangenheit weniger verfangen. Die Gefahr solch populistischer Verunglimpfungen sollte jedoch nicht unterschätzt werden, sie haben eine Wirkung über den unmittelbaren Kreis der Diskussion um die Kosten der sozialen Sicherung hinaus. Die Typisierung von Gruppen innerhalb der Bevölkerung, die ohne eigenen Beitrag am gesellschaftlichen Wohlstand teilhaben und in dieser Lesart anderen etwas wegnehmen, ist fruchtbarer Boden für rechte Deutungsmuster und Politik. Besorgniserregend ist das verstärkte Bemühen des „Soziale-Hängematten"-Musters von rechts in der rassistischen Variante „sozialschmarotzender Flüchtlinge".

Ebenfalls viel bemüht wird der Verweis auf die demographische Entwicklung: Die Alten lebten auf Kosten der Jüngeren, die schon heute über Gebühr belastet würden und die durch die demographische Entwicklung immer weniger in der Lage sein werden, diese Last zu tragen. Auch hier gilt, dass Aussagen zur zukünftigen demographischen Entwicklung mit Unsicherheiten behaftet sind. Doch auch, wenn man die vielfach konstatierte demographische Entwicklung der Gesellschaft nicht grundlegend in Frage stellt, bleibt dieses Argument trotzdem schief. Dies gilt zum einen, da gemessen am Bruttoinlandsprodukt der Anteil aller Ausgaben für Leistungen wegen Alters mindestens seit dem Jahr 2000 weitgehend unverändert ist. Zum anderen wird den jüngeren Generationen automatisch die Rolle der Zahlenden, den älteren Generationen die der Leistungsbeziehenden zugesprochen. Dies impliziert einen Verteilungskonflikt zwischen Generationen, der in der Realität so gar nicht existiert. Auch junge Leute haben ein Interesse daran, eine gute Gesundheitsversorgung zu haben, im Falle der Arbeitslosigkeit oder im Alter gut abgesichert zu sein. Und auch an einer auskömmlichen Absicherung ihrer Eltern sind sie in hohem Maße interessiert.

Beide Argumentationsmuster implizieren und intendieren letztlich eine Spaltung der Interessen – und zwar anhand der Linien Leistungsbezug und Alter. Sie führen im Ergebnis dazu, die Konfliktlinie zu verschieben. Aus der Frage um die Finanzierung sozialer Sicherung wird statt einer gesamtgesellschaftlichen Verteilungsfrage die einer vermeintlichen Leistungs- und Generationengerechtigkeit.

Dies wird durch ein drittes Element komplementiert: dem Verweis auf die Eigenverantwortung des Individuums. Sozialpolitik ist seit (und vor allem in) der Agenda 2010 gespickt von Sprache, die im Sozialstaat nicht etwa auf eine kollektive Solidargemeinschaft bezieht, sondern auf das Individuum, bzw. seine Potentiale, die es zu aktivieren gilt. Hierunter fallen das „Fördern und Fordern", die Sprache rund um den Abbau des Sicherungsniveaus der gesetzlichen Rente und die Stärkung privater Altersvorsorge.

---

22 https://www.insm.de/insm/kampagne/kampagne-nachhaltige-rente/respekt-rente-stoppen-ehepaar-glueck-braucht-keine-respekt-rente.

Wer zahlt die Rechnung?

Profitieren nicht aber auch die Beschäftigten von stabilen oder niedrigen Beiträgen – schließlich wirkt sich das auch positiv auf ihr Nettoentgelt aus? Nur auf den ersten Blick. Zunächst: Nur weil die Sozialversicherungsbeiträge gedeckelt werden oder sinken, heißt dies keineswegs, dass der Bedarf nach sowie die Kosten sozialer Sicherung geringer werden. Die Nachfrage nach sozialstaatlichen Gütern ist nicht preiselastisch. Wer vor 67 in Rente geht macht dies in der Regel nicht, weil ihr oder ihm die Abschläge egal sind, sondern weil er oder sie schlicht nicht länger arbeiten kann. Ein Beinbruch muss immer akut medizinisch versorgt werden und Pflegebedürftigkeit im Alter tritt nicht nur dann ein, wenn man über genug finanzielle Mittel verfügt, die für einen Pflegeplatz aufzubringen sind.[23]

Wenn die Nachfrage nach sozialer Sicherung aber unverändert ist, wer zahlt dann für sie? Die Antwort ist schlicht: Soziale Absicherung und ihre Finanzierung wird zunehmend zur Privatsache. Die Auswirkungen verdeutlichen Rudolf Zwiener u.a. am Beispiel der Alterssicherung: Hier gilt seit geraumer Zeit das Gebot der Beitragssatzstabilität, welches über Jahre mit einem sinkenden Rentenniveau verbunden war. Will man die dadurch entstehenden finanziellen Einbußen im Alter nicht hinnehmen, ist man gezwungen privat für das Alter vorzusorgen. Die Beschäftigten und insbesondere die Jüngeren müssen die durch stabil bzw. niedrig gehaltene Beitragssätze vergleichsweise wenigen monatlich 'hinzugewonnenen' Euros beim Nettoentgelt damit an anderer Stelle teuer bezahlen. Sie müssen für die private Vorsorge alleine aufkommen, während steigende Beiträge dagegen paritätisch und damit auch anteilig durch die Arbeitgeber finanziert würden.[24]

Soziale Sicherheit wird damit zunehmend zu einer Frage des Geldbeutels. Bei niedrigeren verfügbaren Einkommen muss private Vorsorge mit anderen Bedürfnissen „konkurrieren" und ist so allzu oft nicht realistisch. Auch eine geschlechtspolitische Dimension kann hier ausgemacht werden. Wenn weiterhin zu großen Teilen Frauen ihre Arbeitszeit wegen Kinderbetreuung oder der Pflege von Angehörigen reduzieren, sie aus entsprechend geringerem Einkommen die Kosten sozialer Sicherung selbst finanzieren und mit Risiko behaftet investieren müssen, bleibt Sorgearbeit mit einem Armutsrisiko behaftet.

Dabei besteht wohlgemerkt schon heute eine Schieflage. Bereits jetzt sind die Kosten sozialer Sicherung anteilsmäßig für die Einzelnen höher. Offenkundig wird dies insbesondere bei der Finanzierung der Pflege. Die Pflegeversicherung zahlt im Pflegefall lediglich einen Zuschuss, alle darüberhinausgehenden Kosten, die mehrere tausend

---

23 vdek 2021: Eigenanteile – an der Belastungsgrenze, in: ersatzkasse magazin, 1. Ausgabe 2021. https://www.vdek.com/magazin/ausgaben/2021-01/pflege-eigenanteile-an-der-belastungsgrenze.html abgerufen am 30.3.2021.

24 Zwiener, Rudolf; Blank, Florian; Logeay, Camille 2020: Werden die Kosten der Alterung gerecht verteilt? Vorteile eines stabilen Rentenniveaus und einer Erwerbstätigenversicherung, IMK Policy Brief Nr. 89.

Euro monatlich betragen können, müssen selbst beglichen werden. An diesen sind die Arbeitgeber nicht beteiligt. Wenn dann auch noch Finanzmittel, die zuvor paritätisch den Sozialversicherungen zukamen, nun über private Altersvorsorge und Versicherungsunternehmen auf dem Finanzmarkt angelegt werden, gewinnt die Kapitalseite doppelt. Die Versicherten müssen dagegen auch noch das Risiko tragen, denn bei einer Anlage auf den Finanzmärkten ist ein 'Gewinn' alles andere als garantiert.

Ginge es dem Arbeitgeberlager tatsächlich um eine ehrliche Diskussion über die Kosten der sozialen Sicherung und deren gerechte Aufteilung, müssten die jetzt schon heimlich, still und leise von den Beschäftigten gezahlten Kosten mit auf den Tisch. Selbst bei einem moderaten Anstieg oberhalb der 40-Prozent-Grenze würde eine paritätische Aufteilung einer Entlastung der Beschäftigten gleichkommen, da viele Kosten vom individuellen in einen solidarischen Finanzierungskontext verschoben würden.[25]

Für eine offene sozialstaatliche Reformdebatte

Es wäre fatal, wenn die Debatte über die Zukunft der Sozialversicherungen auf eine reine Finanzierungsdebatte mit einer Vorfestlegung auf 40 Prozent begrenzt würde. Denn dann besteht in der aktuellen Situation vor allem die Gefahr von Sozialabbau. Gerade im Interesse der Beschäftigten und Versicherten braucht es eine offene Debatte, bei der auch die 40 Prozent nicht als von vornherein gesetzt, sondern zur Diskussion gestellt werden. Dieser Aufgabe müssen sich vor allem auch Gewerkschaften stellen.

Wenn die Debatte um die Zukunft des Sozialstaats von der *Verselbständlichung* und *Unhintergehbarkeit* der 40-Prozent befreit ist, wäre der Weg geebnet für eine grundlegende sozialpolitische Reformdebatte. Letztlich kehrt der Bedarf nach derlei Debatten in der Gesellschaft immer wieder. Lebenslagen, -formen und soziale Risiken ändern sich fortlaufend. Und so gibt es ein ums andere Mal Anlass für Veränderungen im Feld der Sozialpolitik und auch für gesellschaftliche Debatten darüber, welches Risiko wie sozialpolitisch abgesichert werden und wie dies finanziert werden soll. Eine Gesellschaft muss sich also immer wieder verständigen und auch entscheiden. Diese Aufgabe ist aktuell allerdings aus mehreren Gründen besonders anspruchsvoll, was zurück zum Ausgangspunkt führt:

Eine bloße Fortschreibung des sozialen Sicherungssystems der Vor-Corona-Zeit ist nicht tragfähig. Zu groß sind die trotz erfolgter sozialpolitischer Reformen bestehenden Strukturdefizite des gegenwärtigen Sozialstaates, die in der Pandemie neben der Leistungsfähigkeit ebenfalls zutage getreten sind. Hinzu kommt der sich derzeit vollziehende Strukturwandel. Zu nennen sind hier insbesondere die Digitalisierung sowie die Notwendigkeit einer ökologischen Wende.[26] Diesem Prozess der Transfor-

---

25 Als eine Art 'Alternative' werden in jüngerer Zeit vermehrt Wege eine Vertariflichung bzw. Verbetrieblichung von Sozialpolitik diskutiert und auch eingeschlagen. Das auch dies aber mit erheblichen Fragen von sozialer Gerechtigkeit und Verteilungsgerechtigkeit einhergeht, legt Thilo Fehmel in diesem Band dar.
26 Urban, Hans-Jürgen 2020: Transformation als Bewährungsprobe, in: Sozialismus (9) 2020.

mation gilt es, sich sozialpolitisch zu stellen. Gerade in Zeiten des Umbruchs ist soziale Sicherheit wesentlich, um Ängste zu nehmen und den Menschen zu ermöglichen, sich auf Veränderungen einzulassen. Wenn die Transformation vor allem auf dem Rücken eines relevanten Teils der Bevölkerung ausgetragen wird und hier keine Sicherheiten und Perspektiven geboten werden, besteht die Gefahr, dass Blockaden und unheilvolle Allianzen gegen die nötige sozial-ökologische Transformation wachsen.

In einer Debatte um sozialstaatliche Erneuerung, die in die Zukunft gerichtet ist und die sich den Herausforderungen der Transformation stellt, sind normative Vorstellungen offen zu legen und zu verhandeln: Was ist das gesellschaftliche sozial-ökologische Ziel und mit welchen Gerechtigkeits- und Sicherheitsvorstellungen ist dieses verknüpft? Daran anknüpfend gilt es, wesentliche Elemente sozialer Sicherheit zu bestimmen und durchaus auch bisherige Grundpfeiler neu zu justieren (siehe hierzu Bödeker/Ehlscheid/Grüner in diesem Band). Eine solche Debatte wird nicht lautlos ohne Konflikte ausgetragen werden. Aber auch das gehört zu einer demokratischen und pluralistischen Gesellschaft dazu. Gewerkschaften sollten sich entsprechend aufstellen.

Annelie Buntenbach

Perspektiven der Alterssicherung

Die Vorstellung, Gerd Schröder oder Walter Riester plötzlich nackt dastehen zu sehen, ist nicht wirklich erhebend – aber was hilft's? Mit der Riester-Rente verhält es sich ähnlich wie mit des Kaisers neuen Kleidern: Am Anfang vielbejubelt und gelobt als ausgesprochen schickes Stück, stellt sich am Ende der Kollektivsuggestion heraus, dass da gar nichts ist, das schmückt, schützt oder wärmt. Die Riester-Rente – oder technisch korrekter: das Anfang 2002 in Kraft getretene Altersvermögensgesetz – markiert einen Paradigmenwechsel in der Alterssicherungspolitik. Gleichzeitig steht sie für eine Kontroverse, die bis heute zentral und hochaktuell ist: Liegt die Zukunft der Alterssicherung in der Stärkung der umlagefinanzierten gesetzlichen Rente, wo die Solidarität der Sozialversicherung neu zu organisieren ist, oder in der Ausweitung der Kapitaldeckung, für die neue Formen, Anreize, Verpflichtungen entwickelt werden sollen?

Mit dem Altersvermögens- und dem Altersvermögensergänzungsgesetz wurde 2001 entschieden, die Alterssicherung über die umlagefinanzierte gesetzliche Rente zu kürzen und die Lücke durch freiwillige Beiträge in kapitalgedeckte Systeme zu schließen – im Rahmen privater und/oder betrieblicher Vorsorge und mit Hilfe staatlicher Förderung.[1] Zwar stand das Ziel der Lebensstandardsicherung weiter auf dem Papier, u.a. der Rentenversicherungsberichte der Bundesregierung, aber der Lebensstandard sollte in Zukunft nicht mehr über die eine Säule der gesetzlichen Rente gesichert werden, sondern über die sogenannten *„drei Säulen"* der Alterssicherung – gesetzlich, betrieblich, privat. Diese „drei Säulen" sind ein seitdem ständig genutztes, aber völlig unpassendes und schiefes Bild, wäre doch bei so eklatant unterschiedlichen Säulen kein einziger Tempel auf der Akropolis jemals zum Stehen gekommen.

Der Tunnelblick auf den Beitragssatz

Winfried Schmähl, bis Mitte 2000 Vorsitzender des Sozialbeirats der Bundesregierung, beschreibt als wesentliches Element des Paradigmenwechsels:

> „Es dominiert nun das Ziel der Beitragssatzstabilität für die gesetzliche Rentenversicherung (GRV), also eine einnahmeorientierte Ausgabenpolitik und damit eine Abkehr von einem Leistungsziel zur Gestaltung der Situation im Alter und bei Erwerbsminderung. Die Begrenzung und Stabilisierung des Beitragssatzes bezieht sich allerdings allein auf die GRV, nicht jedoch auf die Höhe der Vorsorgebeiträge der privaten Haushalte insgesamt, die

---

[1] Weitere bedeutende gesetzliche Regelungen, die der Logik der Leistungskürzungen im Umlageverfahren und der Teilkapitalisierung folgen, sind das RV-Nachhaltigkeitsgesetz (2004) und das Altersgrenzenanpassungsgesetz (2007).

erforderlich wären, wenn das bisherige (in der GRV realisierte) Sicherungsniveau erhalten bleiben soll. Die gesamten Vorsorgebeiträge müssen, um das Sicherungsniveau unter den neuen Bedingungen zu realisieren, unmittelbar deutlich steigen – und zwar über das Maß hinaus, das in der GRV sonst erforderlich gewesen wäre." (Schmähl 2011: 405 f.)

Das Entlastungsversprechen richtete sich also allein an die Adresse der Arbeitgeber. Dafür sollte die erste Säule, an deren Finanzierung diese zwingend beteiligt sind, zurückgebaut werden, indem die GRV-Renten von der Lohnentwicklung abgekoppelt wurden. Zum Zweck des Rückbaus wurden diverse Faktoren in die Anpassungsformel eingebaut wie z.B. der Riester-Faktor oder der Nachhaltigkeitsfaktor.[2]

Begründet wurde dieser Paradigmenwechsel damit, dass mehr *„Generationengerechtigkeit"* nötig sei – sonst würden die absehbar im Zuge der Alterung der Gesellschaft steigenden Beiträge zur gesetzlichen Rentenversicherung die jüngere Generation überlasten (vgl. Urban/Ehlscheid 2020: 27 ff). So formulierte z.B. Katrin Göring-Eckardt in der Bundestagsdebatte zur zweiten und dritten Lesung des Gesetzes:

> „Natürlich hätten sich Bündnis 90/Die Grünen mehr vorstellen können (…) an Zukunftsfähigkeit, zum Beispiel durch noch geringere Beiträge, damit den Leuten noch mehr im Portemonnaie verbleibt, vielleicht auch ein noch geringeres Rentenniveau, um die Notwendigkeit einer privaten Zusatzvorsorge deutlicher zu unterstreichen (…)." (Bundestag 2001: 14424)

Hier wird „Generationengerechtigkeit" ausschließlich auf die Höhe des Beitragssatzes zur gesetzlichen Rentenversicherung verkürzt. Alle anderen Lasten, die das Gesetz der jungen Generation im gleichen Zuge aufbürdet – von mehr privater Vorsorge ohne Arbeitgeberbeteiligung, insgesamt höheren Vorsorgekosten, wie Schmähl sie darstellt, über eine niedrigere gesetzliche Rente im Alter bis zur schlechteren Absicherung im Fall von Erwerbsminderung u.v.a. – werden ausgeblendet oder gar negiert.

Kapitalmarkteuphorie

Gleichzeitig wird dem Kapitalmarkt im Unterschied zur gesetzlichen Rentenversicherung eine Demographie-Resistenz unterstellt, die jeder sachlichen Grundlage entbehrt. Rürup konstatierte zwar im Deutschlandfunk noch realistischer Weise: „Die Kosten werden insgesamt nicht billiger. In einer alternden Gesellschaft steigen die Kosten der Alterssicherung; die kann man nicht wegreformieren, man kann sie nur versuchen, effizienter einzusetzen." (Rürup 2000)

Und für effizient – allemal effizienter als die gesetzliche Rente – wurde der Kapitalmarkt erklärt. Die euphorischen Allmachtsphantasien eines kapitalistischen Paradieses für alle und ohne Anstrengung rund um die Jahrtausendwende über die nie endende

---

[2] Automatismen sind bis heute ein beliebtes Mittel, wenn die Kürzung von Leistungen auf der Agenda steht, die aber nicht zum Gegenstand einer störenden öffentlichen Kontroverse werden sollen. Das betrifft veränderte bzw. neue Mechanismen, die vorgeschlagen werden, in die Rentenformel einzubauen ebenso wie die automatische Ankopplung des Renteneintrittsalters an die Anhebung der durchschnittlichen Lebenserwartung.

Perspektiven der Alterssicherung 269

Kraft des Kapitalmarkts muten aus heutiger Sicht gespenstisch an. So legte die Koalitionsarbeitsgruppe Ende Mai 2000 eine Renditeerwartung von 5.5 % zugrunde, beim Gesetzentwurf selbst waren es dann 4 %. Axel Börsch-Supan rechnete damals ein Modell mit drei Varianten in der Renditeerwartung durch: 5.5 %, 4,5 % und 3 %. Er kam zu dem Schluss, dass selbst bei einer „sehr niedrigen Verzinsung von 3 %" sich bereits ab dem Jahrgang 1961 Vorteile beim Übergang einstellen würden (Börsch-Supan 2000: 24 f.). Ein Abglanz dieses überbordenden Optimismus findet sich bis heute in den Modellrechnungen der Bundesregierung zur kapitalgedeckten Vorsorge.

Die völlige Überschätzung der Möglichkeiten des Kapitalmarkts wurde von der Finanzbranche, insbesondere von der privaten Versicherungswirtschaft nach Kräften befeuert, die gleichzeitig mit vollem Einsatz für die Privatisierung von einem möglichst großen Teil der Alterssicherung lobbyierte. Hier winkte ein Riesengeschäft. Carsten Maschmeyer, damals Chef des Finanzdienstleisters AWD, verglich die Riester-Rente auf der AWD-Hauptversammlung im Juni 2005 mit einer Ölquelle: „Sie ist angebohrt, sie ist riesig groß, und sie wird sprudeln." (nach Blüm 2011: 32)

Traurige Bilanz nach zwanzig Jahren Riester-Rente

Die Gewinnerwartung der Finanzbranche war jedenfalls erheblich realitätsnäher als die Prophezeiung, die Minister Riester nach der Verabschiedung des Gesetzes verkündete: „Jede Rentnerin und jeder Rentner wird jetzt und in Zukunft mehr Renten erhalten als nach altem Recht." (nach Schmähl 2011: 406)

So kam es nicht, nicht einmal annähernd. Nach 20 Jahren fällt die Bilanz der Riester-Rente vernichtend aus: Wer wenig verdient, „riestert" oft nicht, nur wenige nutzen die 4 % aus, zahlreiche Verträge sind angezahlt, aber ruhend gestellt. Aus dem Alterssicherungsbericht der Bundesregierung von 2020 lässt sich entnehmen, dass „mehr als ein Drittel der Beschäftigten über keine Ansprüche in der betrieblichen Altersversorgung oder aus einem Riester-Vertrag verfügen." (Sozialbeirat 2020: Ziffer 46) Damit ist der Anteil der Beschäftigten ohne Zusatzversorgungsanspruch seit dem letzten Alterssicherungsbericht 2016 nicht gesunken, sondern um 5 Prozentpunkte gestiegen.

Die gesetzliche Rente wurde empfindlich zusammengekürzt, ohne dass die Lücken, die hier gerissen wurden, durch die zweite oder dritte Säule ausgeglichen werden könnten. Das Gesamtversorgungsniveau von 70 %[3], das der Alterssicherungsbericht immer noch als Zielmarke annimmt (Sozialbeirat 2020: Ziffer 60), wird so nicht einmal annähernd erreicht.

Gewerkschaften und Sozial- und Wohlfahrtsverbände haben seit Jahren vor dieser Entwicklung gewarnt und auf die Stärkung der gesetzlichen Rente gedrängt, darauf, dass endlich statt den Tunnelblick auf die Beitragsseite zu richten die Leistungen wieder

---

3 Das Gesamtversorgungsniveau ist aufgrund der weiteren Definition nicht mit dem in der öffentlichen und politischen Debatte umstrittenen und im Rentenversicherungsbericht der Bundesregierung dokumentierten Rentenniveau (Sicherungsniveau vor Steuern) vergleichbar.

in den Blick genommen werden. Dabei konnten in den letzten Jahren durchaus einige Erfolgen errungen werden – wie z.B. Verbesserungen bei den Erwerbsminderungsrenten oder die Stabilisierung des Rentenniveaus, wenn auch erst einmal nur bis 2025.

Inzwischen ist offenkundig, dass mit dem erfolgten Rückbau der ersten Säule und unterbliebener Ausdehnung der anderen Säulen das Versprechen einer guten Absicherung im Alter nicht eingelöst werden kann. So weist etwa Hans-Jürgen Urban darauf hin, dass die Realität die „Selbsttäuschung" immer wieder entlarve und die „Säulen zwei und drei nicht als Ausfallbürgen für eine gekürzte gesetzliche Rente" taugten. Daher plädiert er mit Nachdruck dafür, diese Realitäten endlich anzuerkennen und „die Alterssicherungsstrategie vom Kopf auf die Füße stellen. Ins Zentrum gehört die Stärkung der gesetzlichen Rentenversicherung" (Urban 2019). Die CDU dagegen setzt auf mehr Kapitaldeckung, konkret auf ein Mischsystem aus Umlage (mit einer gesetzlichen Rente, deren Niveau weiter abgesenkt wird) und verpflichtender Privatvorsorge, die nicht ergänzt, sondern ersetzt. Sie will mit mehr Druck auf die Betroffenen, aber auch mit anderen, z.B. an Schweden orientierten Anlageformen mehr Kapitaldeckung realisieren, als es mit der Riester-Rente gelungen ist (CDU 2020).

Rentenpolitik am Scheideweg: Die Kapitaldeckung ist tot, es lebe die Kapitaldeckung?

Wenn es ein „weiter so" nicht geben kann und die Politik „den bisherigen Pfad der Alterssicherung mit ihrem institutionellen Setting und ihrer Förder- und Anreizkulisse überdenken" muss (Sozialbeirat 2020: Ziffer 61), gilt es jetzt, die politische Auseinandersetzung um die zukünftige Richtung zu führen – Stärkung der gesetzlichen Rente oder Ausweitung der Kapitaldeckung?

Auf eine Ausweitung der Kapitaldeckung in der Alterssicherung zu setzen, hieße auf dem Holzweg, auf den die Politik sich seit Anfang des Jahrtausends begeben hat, weiterzulaufen, nur schneller. Es wäre weder billiger (nur für die Arbeitgeber) noch sicherer oder gerechter, im Gegenteil: Auch am Kapitalmarkt müssen die Kosten für die Alterung der Gesellschaft aufgebracht werden. Der Mythos, dass der Kapitalmarkt demographieresistenter sei als die gesetzliche Rente, ist ein von interessierter Seite gepflegter Mythos, der jeder realen Grundlage entbehrt.

„Einen Solidarausgleich kennt die private Vorsorge nicht." (Bäcker 2020: 40) Dabei bleiben nicht nur konstitutive Elemente der gesetzlichen Rente auf der Strecke wie Kindererziehung, Krankengeld, Arbeitslosigkeit u.v.a., sondern auch die Absicherung von Erwerbsminderung, Rehabilitation und Tod (Hinterbliebenenrente), die allein in die umlagefinanzierte Rente verwiesen werden. So ist bei Erwerbsminderung die private Versicherungswirtschaft seit Anfang des Jahrtausends trotz anfänglich vollmundiger Versprechen bekanntlich ein auch nur halbwegs angemessenes und bezahlbares Angebot schuldig geblieben.

Die Frage der Generationengerechtigkeit beantwortet die Ausweitung der Kapitaldeckung sehr einseitig – und zwar entgegen der ständigen Proklamationen zulasten der jüngeren Generation, gerade in der Aufbauphase.

Perspektiven der Alterssicherung

> „Der Aufbau einer Mischfinanzierung funktioniert jedoch nur …, wenn die erzielte Rendite nach Kosten auf die Anlage die Kosten der zusätzlichen Beiträge mindestens um das Lohnwachstum bzw. das Lohnsummenwachstum übersteigt. Insbesondere da die Babyboomer nun in Rente gehen, wäre für die kommenden 30-40 Jahre ein deutlich höherer Beitragssatz erforderlich, in der Hoffnung, dass die Rendite bis dahin tatsächlich dauerhaft über dem Lohnwachstum gelegen ist (was empirisch keineswegs gesichert ist). Damit würden aber die heutigen und künftigen Generationen doppelt belastet, nicht die Babyboomer." (Schäfer 2020a)

Wer wenig verdient, wird auch in Zukunft mit privater Zusatzvorsorge überfordert sein, auch wenn er dann dazu gezwungen sein sollte – eine flächendeckende staatliche Förderkulisse, die die paritätische Beteiligung der Arbeitgeber ersetzen könnte, ist weder in Sicht noch wünschenswert.

Ein Ende der Niedrigzinsphase ist nicht absehbar. Wer auf hohe Renditen spekuliert, muss hohe Risiken in den Anlagestrategien in Kauf nehmen.

> „Renditen lassen sich eben nicht garantieren; und sie unterscheiden sich je nach Jahr des Beginns der Einzahlung und der dann folgenden Auszahlung. Deshalb ist es bei kapitalgedeckten und damit kapitalmarktabhängigen Altersvorsorgeleistungen systemisch überhaupt nicht möglich, ein definiertes Leistungsziel ‚Lebensstandardsicherung' (mit einer Maßgröße) vorzugeben. Erst recht ist nicht abschätzbar, ob und inwieweit die kapitalmarktabhängigen Renten im Lauf der Ruhestandsphase an die allgemeine Einkommens- und Preisentwicklung angepasst werden." (Bäcker 2020: 41, vgl. auch Schäfer 2020b)

Das Anlagevolumen, das sich schnell aufbauen würde, wenn wirklich alle Beschäftigten in Deutschland vier Prozent ihres Einkommens in private Vorsorge über den Kapitalmarkt investieren würden, wäre immens – zumal die Idee in anderen Ländern ebenfalls verbreitet und zum Teil schon umgesetzt ist. Auf die damit verbundenen Risiken weist auch Gerd Schick hin:

> „Weil der Finanzmarkt schon heute relativ zu groß ist, halte ich auch nichts davon, unser Rentensystem noch weiter in Richtung Kapitaldeckung umzubauen, denn das würde den Finanzmarkt noch weiter vergrößern und instabiler machen, mit möglicherweise dramatischen Folgen für unsere Absicherung im Alter." (Schick 2021: 101)

Der Staat als Ausfallbürge für die Altersvorsorge in der Kapitalmarktkrise? Geht das überhaupt? Ist das gewollt? Darüber schweigt die CDU sich aus und Verbraucherschützer fordern eine öffentliche Organisation und Verwaltung der kapitalgedeckten Säulen der Altersvorsorge. Und die Grünen? Mit ihren programmatischen Überlegungen, wie sie im neuen Grundsatzprogramm formuliert sind, rückt auch die rentenpolitische Zukunftsvision der Grünen wieder einmal gefährlich nah an den Kapitalmarkt heran um ihm gegenüber der gesetzlichen Rente eine ersetzende Funktion zuzuweisen. Denn: Das lebensstandardsichernde Rentenniveau soll lediglich „erhalten" werden (Grüne 2020: Absatz 329 ff.). Die bislang vollzogenen Niveauabsenkungen sollen folglich erhalten bleiben. Zudem wird die Forderung nach einer obligatorischen Zusatzvorsorge erhoben. Hier heißt es: „Die kapitalgedeckten Säulen der Altersvorsorge sollen künftig öffentlich organisiert und verwaltet werden. Jede*r, die oder der nicht widerspricht, soll sich daran beteiligen" (Ebd.).

Die Forderung nach einem Obligatorium für Zusatzvorsorge, auch mit opt-out, ignoriert, dass es bereits ein weit verbreitetes Obligatorium gibt, das einen Sozialausgleich eingebaut hat: die gesetzliche Rentenversicherung. Diese zu stärken sollte im Zentrum der Rentenpolitik stehen – als langfristige Perspektive, aber auch in den konkreten politischen Weichenstellungen mit Blick auf die Bundestagswahl 2020 und darüber hinaus. Neue Experimente mit neuen Formen und neuen Verbindlichkeiten zur privaten Vorsorge würden dieses wichtige Ziel konterkarieren. Der Antrag der Grünen Bundestagsfraktion „Gesetzliche Rentenversicherung stärken, verlässliche Alterssicherung für alle sicherstellen" könnte in seiner Kritik kapitalgedeckter Systeme und seiner Betonung der Stärken der gesetzlichen Rentenversicherung dabei zweifelsohne eine Orientierungsmarke für die eigenen, parteiinternen Programmdebatten sein. (Vgl. Grüne 2021)

Statt Roulette am Kapitalmarkt: die gesetzliche Rente stärken!

Dies ist der weit bessere Ort für eine gute Alterssicherung als das Roulette am Kapitalmarkt – mit dem Anspruch auf Leistungen der Rehabilitation und im Fall von Erwerbsminderung, mit der lohnbezogenen Dynamisierung der Rentenleistungen während des Rentenbezugs und den vielen Elementen des Solidarausgleichs wie Kindererziehung, Arbeitslosigkeit u.v.a., wobei hier zweifellos noch Lücken geschlossen werden müssen.

Um die gesetzliche Rente zukunftsfähig aufzustellen gilt es als allererstes, das Rentenniveau zu stabilisieren, und zwar über 2025 hinaus. Im weiteren Schritt muss es angehoben werden. Die Entwicklung der Renten darf nicht weiter von den Löhnen abgekoppelt und so systematisch abgesenkt werden. Arbeitnehmerinnen und Arbeitnehmer müssen sicher sein können, dass sie nach einem langen Arbeitsleben auch eine Rente erhalten, von der sie gut und in Würde leben können.

Übrigens müsste auch, wer auf ein Mischsystem setzt, realisieren, dass ein verpflichtender Beitrag zu einer Sozialversicherung nur legitimiert werden kann, wenn am Ende die Leistung nach einem langen Arbeitsleben deutlich oberhalb der Grundsicherung liegt (Buslei u.a. 2020). Das ist bei den 43 %, auf die abzusenken die CDU für zumutbar hält, für viele nicht mehr gegeben.

Je breiter die Grundlage ist, auf der die Rentenversicherung steht, desto besser ist sie für die Zukunft aufgestellt – am Ende gehören alle in die umlagefinanzierte Rente, als allererstes die Selbständigen. Hier ist die große Koalition in Verzug, aber die Ausweitung prekärer Formen von Selbständigkeit, und sei es nur als eine Phase in der Erwerbsbiografie, erfordert dringend sozialpolitische Antworten.

Das gilt auch für die besonders prekäre Form der Beschäftigung im sog. Minijob. Millionen sind inzwischen in Deutschland geringfügig beschäftigt, die meisten davon Frauen. Für sie ist das eine Rutschbahn in die Altersarmut und die finanzielle Abhängigkeit von anderen. Minijobs müssen endlich in den vollen Schutz der Sozialversicherung einbezogen werden.

Zum besseren Schutz vor Altersarmut kann die Grundrente, die jetzt eingeführt worden ist, nur der erste Schritt sein. Sicher kann die Rente am Ende nicht das ausgleichen, was bereits im Erwerbsleben schiefgegangen ist und wenn der Lohn nicht zum Leben reicht, besteht nicht erst im Alter Handlungsbedarf. Aber durch die Elemente des Solidarausgleichs und die paritätische Arbeitgeberbeteiligung ist die gesetzliche Rente auch für Menschen mit niedrigen Einkommen die bessere Alternative zur private Vorsorge, für die – das zeigen die Erfahrungen mit der Riesterrente – ihr Geld nicht reicht, auch nicht mit staatlicher Förderung, die ja immer nur für bestimmte Lebensphasen und Familienkonstellationen greift.

Spätestens an dieser Stelle, wahrscheinlich aber schon erheblich früher, käme bei einer öffentlichen Debatte der zornige Einwurf: alles schön und gut, aber wer soll das bezahlen? Das würde doch die Beiträge in unermessliche Höhen treiben.

Das Leistungsziel in den Mittelpunkt stellen – wer zahlt die Rechnung?

In der Tat ist in einer alternden Gesellschaft eine gute Alterssicherung nicht umsonst zu haben – mit der steigenden Zahl der „Alten", jetzt mit den Babyboomern, steigen auch die Kosten. Das gilt allerdings gleichermaßen für Umlagefinanzierung wie für Kapitalmarkt. Die Frage ist, wer zahlt? Und was lässt sich tun, um die Kosten zu senken und sozial gerecht zu verteilen?

Bei der Frage „wer zahlt?" geht es allerdings nicht nur um die Beiträge zur gesetzlichen Rente, sondern um die gesamte Alterssicherung, deren privater Teil allein die Arbeitnehmerinnen und Arbeitnehmer belastet. Nehmen wir an, der Beitrag zur Rentenversicherung liegt bei 20 %. Davon zahlen Arbeitnehmer und Arbeitgeber jeweils 10 %. 4 % Riester zahlt dann allein der Arbeitnehmer noch obendrauf. Also steht es schon 14:10, zusammen 24 (nach heutiger Sicht als „untragbar hoch" „gelabelt"), paritätisch geteilt durch 2, ergibt 12 für jeden. Ausgesprochen bedauerlich, dass bis heute die Bundesregierung keine Berechnungen darüber vorlegt, wie hoch denn der Beitrag insgesamt über alle drei Säulen zu veranschlagen wäre, um das in den im Alterssicherungsbericht vorgelegten Modellrechnungen unterstellte Gesamtversorgungsniveau zu erreichen und welchen Anteil davon Arbeitnehmer und welchen Arbeitgeber zu tragen hätten – eine solche Berechnung würde offenlegen, dass und wie sehr die Verteilung der Lasten seit der Rentenreform Anfang des Jahrtausends zulasten der Arbeitnehmerinnen und Arbeitnehmer verschoben worden ist.

Wie hoch die Beiträge in der Rentenversicherung letztlich klettern, hängt nicht allein von der Demographie ab, sondern auch davon, auf wie viele Schultern die Kosten verteilt werden können, wie viele Menschen also in den Arbeitsmarkt integriert werden und einer guten Beschäftigung im Schutz der Sozialversicherung nachgehen können (Blank u.a. 2018).

Außerdem gibt es – will man die Beiträge in den Sozialversicherungen niedriger halten – auch die Möglichkeit, die Demographielasten über zusätzliche Steuerzuschüsse des Bundes abzufedern. Dazu, wie hier ein kluger Mix aus Beitrags- und Steuermitteln aussehen könnte, haben DGB und Gewerkschaften Vorschläge vorgelegt, ebenso zu einer steuerlichen Entlastung von Geringverdienern bei den Sozialversicherungsbeiträgen.

Eine Anhebung des gesetzlichen Renteneintrittsalters wäre definitiv kein Beitrag zur Zukunftsfähigkeit der Rentenversicherung, sondern das wäre lediglich ein Abladen von Finanzierungslasten bei denjenigen, die keine Chance haben, ein höheres Renteneintrittsalter gesund und in Lohn und Brot zu erreichen.

Gerade die jüngere Generation sollte sich die Konzepte der CDU u.a. zur Ausweitung des Kapitalmarkts, obligatorischen Privatvorsorge und Anhebung Renteneintrittsalter genau anschauen: das Ergebnis wäre für sie nämlich später eine niedrigere Rente – schließlich soll sie ja weiter abgesenkt werden – bei trotzdem steigenden Rentenbeiträgen, und erheblich höheren Kosten für ihre zusätzliche Vorsorge, mit ungewissem Ergebnis. Dafür würden sie länger arbeiten müssen, weil das Renteneintrittsalter noch weiter angehoben werden soll.

Schon dieses Szenario ist Grund genug, nicht die Beine, sondern das Herz in die Hand zu nehmen und mit allem Nachdruck die Auseinandersetzung um die Neuorganisation von Solidarität in der gesetzlichen Rentenversicherung weiter zu führen – es lohnt sich!

Literatur

Bäcker, Gerhard (2020): Rentenversicherung oder Kapitalmarkt? Lebensstandardsicherung als Aufgabe einer zukunftsfähigen Alterssicherungspolitik, in: Blank, Florian/Hofmann, Markus/Buntenbach, Annelie: Neustart in der Rentenpolitik. Analysen und Perspektiven. Baden-Baden, S. 25-46.

Blank, Florian/Logeay, Camille/Türk, Erik/Wöss, Josef/Zwiener, Rudolf (2018): Den demografischen Wandel bewältigen: Die Schlüsselrolle des Arbeitsmarkts, in: IMK Report 137, April 2018.

Blüm, Norbert (2011): Liebe CDU, jetzt bräuchtest du Mut!, in: FAZ 6.9.2011, S. 32.

Börsch-Supan, Axel (2000): Rentabilitätsvergleiche im Umlage- und Kapitaldeckungsverfahren: Konzepte, empirische Ergebnisse, sozialpolitische Konsequenzen, in: Institut für Volkswirtschaftslehre und Statistik Universität Mannheim No. 585-00, Februar 2000.

Bündnis 90/Die Grünen (2020): Grundsatzprogramm, beschlossen 2020. https://bit.ly/2O87q7E

Buslei, Hermann/Geyer, Johannes/Hammerschmid, Anna/Teschner, Mia (2020): Gesetzliche Rente über dem Grundsicherungsniveau: Zahl der nötigen Beitragsjahre stark gestiegen, in: DIW-Wochenbericht 26/2020, S. 467-476.

CDU Bundesfachausschuss Soziale Sicherung und Arbeitswelt (2020): Beschluss zu Rente vom 30.11.2020. https://bit.ly/3br9osv

Deutscher Bundestag (2001): Stenographischer Bericht 147. Sitzung 26.1.2001, Plenarprotokoll 14/147. https://bit.ly/3t1DJDN

Ehlscheid, Christoph (2016): Raus aus der rentenpolitischen Sackgasse! Von der Privatisierung zur sozialstaatlichen Erneuerung der Alterssicherung, in: Chwala, Sebastian/Deppe, Frank/Rilling, Rainer/Schalauske, Jan (Hrsg.): Die gekaufte Stadt. Hamburg, S. 229-244.

Rürup, Bert (2000): Interview vom 25.6.2000 im Deutschlandfunk mit Rainer Bittermann. https://bit.ly/2MYSV5k

Schäfer, Ingo (2020a): Rente: Kapitaldeckung und das Dogma der Beitragssatzstabilität, in: Makronom 12.8.2020. https://bit.ly/3van2rC

– (2020b): Zur Analyse des Rentenpapiers des CDU Bundesfachausschusses Soziale Sicherung und Arbeitswelt vom 30.11.2020, unveröff.

Schick, Gerhard (2021): Finanzmärkte: Die große Verdrängung, in: Blätter für deutsche und internationale Politik 1/2021, S. 95-104.

Schmähl, Winfried (2011): Der Paradigmenwechsel in der Alterssicherungspolitik: Die Riester-Reform von 2001 – Entscheidungen, Begründungen, Folgen, in: Soziale Sicherheit 12/2011, S. 405-413.

Sozialbeirat der Bundesregierung (2020): Gutachten zum Rentenversicherungsbericht 2020 und zum Alterssicherungsbericht 2020, Berlin, November 2020. https://bit.ly/2Oiy7pY

Urban, Hans-Jürgen (2019): Solidarisch auch im Alter. Die Rentenpolitik muss vom Kopf auf die Füße gestellt werden, Handelsblatt 15.11.2019, S. 72.

Urban, Hans-Jürgen/Ehlscheid, Christoph (2020): Generationengerechtigkeit. Grenzen und Potenziale eines sozialpolitischen Kernbegriffs, in: Aus Politik und Zeitgeschichte, Zeitschrift der Bundeszentrale für politische Bildung, 52-53/2020, S. 25-30.

Gundula Roßbach
Perspektiven der Alterssicherungspolitik

Sozialpolitik ist ein unverzichtbares Element jeder Gesellschaft und jedes Wirtschaftssystems. Sie soll dem und der Einzelnen die Teilhabe am gesellschaftlichen Leben ermöglichen, unerwünschte Auswirkungen des Wirtschaftsprozesses korrigieren sowie Anreize setzen, ökonomische und gesellschaftliche Abläufe effizienter zu gestalten. Auf diese Weise ist Sozialpolitik ein Produktivfaktor der ökonomischen Entwicklung und generiert gesellschaftlichen Zusammenhalt.

Um in diesem Sinne erfolgreich zu wirken, ist es erforderlich, dass Sozialpolitik sich stets an den konkreten Rahmenbedingungen und Zusammenhängen orientiert, die in einer Gesellschaft bestehen: An den ökonomischen, technologischen oder demografischen Entwicklungen und Interdependenzen ebenso wie an gesellschaftlichen Normen sowie den Wertvorstellungen und Verhaltensweisen der Menschen. Da diese Rahmenbedingungen nicht starr sind sondern sich immer wieder verändern, ist auch die Sozialpolitik gefordert, sich immer wieder anzupassen und gegebenenfalls neu auszurichten, um auch unter den sich ändernden Bedingungen wirkungsvoll zu bleiben. Anpassungsfähigkeit und Anpassungsbereitschaft gehören insofern zum Wesen erfolgreicher Sozialpolitik.

Nimmt man die Summe aller Sozialleistungen zum Maßstab, wie sie jährlich von der Bundesregierung im Sozialbudget ausgewiesen werden, ist die Alterssicherung das mit Abstand gewichtigste Einzelelement des bundesdeutschen Sozialstaates. Allein die gesetzliche Rentenversicherung umfasst vom Ausgabenvolumen her rund 30 Prozent des Sozialbudgets; zusammen mit den übrigen Einzelsystemen und Säulen der Alterssicherung – den übrigen Systemen der ersten Säule (Beamtenversorgung, Alterssicherung der Landwirte und Berufsständische Versorgung) sowie der betrieblichen Altersversorgung und der privaten Altersvorsorge – macht die Alterssicherung rund 40 Prozent des Sozialbudgets aus. Die Alterssicherung ist insofern ein Kernelement des deutschen Sozialstaates; die Alterssicherungspolitik steht deshalb auch im Zentrum der Sozialpolitik.

Alterssicherungspolitik: Verbindung von Anpassungsfähigkeit und Verlässlichkeit

Ebenso wie die Sozialpolitik insgesamt sich immer wieder neu an den Veränderungen in Wirtschaft und Gesellschaft ausgerichtet werden muss, um erfolgreich gesellschaftlichen Zusammenhalt generieren zu können, besteht dieses Erfordernis auch für die Alterssicherungspolitik. Insofern unterscheidet sie sich nicht von allen anderen Bereichen der Sozialpolitik: Auch die Gesundheits-, die Arbeitsmarkt- oder die Bildungspolitik – um nur einige wesentliche Bereiche der Sozialpolitik zu nennen – muss immer wieder

Perspektiven der Alterssicherungspolitik

nachjustiert oder auch neu ausgerichtet werden, wenn die relevanten Rahmenbedingungen sich verändern.

Ein wesentlicher Unterschied zu anderen Bereichen der Sozialpolitik besteht jedoch im Hinblick auf den notwendigen Planungshorizont. Während z.B. die Arbeitsmarktpolitik oder die Gesundheitspolitik auf vergleichsweise überschaubare Zeiträume von einigen Jahren oder allenfalls einem oder zwei Jahrzehnten ausgerichtet sind, umfasst der Wirkungshorizont der Alterssicherung – und damit der Gestaltungshorizont der Alterssicherungspolitik – mindestens sechs Jahrzehnte. Zwischen dem Eintritt eines Menschen ins Erwerbsleben und seinem Rentenbeginn liegen in der Regel vier bis fünf Jahrzehnte; die Rentenbezugsphase beläuft sich dann im Schnitt nochmals auf zwei bis drei Jahrzehnte. Sofern eine Hinterbliebenenrente gezahlt wird, sind es unter Umständen noch einige Jahre mehr. Alterssicherungspolitik sollte deshalb in hohem Maße von Verlässlichkeit geprägt sein, um den Menschen die notwendige Sicherheit zu vermitteln, die einem auf so lange Zeiträume hin angelegten Sicherungssystem eigen sein muss – und sie muss diese Sicherheit soweit irgend möglich auch gewährleisten.

Alterssicherungspolitik bedarf also einerseits einer langfristigen Verlässlichkeit, andererseits aber auch der notwendigen Anpassungen an Veränderungen in Wirtschaft und Gesellschaft. Auf den ersten Blick mag dies wie ein Widerspruch erscheinen, auf den zweiten Blick ist es zumindest eine Herausforderung. Die über 130-jährige Geschichte der gesetzlichen Rentenversicherung in Deutschland zeigt aber, dass diese Herausforderung durchaus bewältigt werden kann. Als die Rentenversicherung Ende des 19. Jahrhunderts gegründet wurde, war sie von ihrem institutionellen Aufbau und ihren rechtlichen Regelungen her den damaligen politischen, wirtschaftlichen, demografischen und gesellschaftlichen Strukturen angepasst. Mit unserer heutigen gesetzlichen Rentenversicherung hatte sie verhältnismäßig wenig gemein: Die Finanzierung erfolgte im Kapitaldeckungsverfahren, abgesichert wurde vor allem das Invaliditätsrisiko, die Rentenhöhe hatte – wenn überhaupt – nur einen geringen Bezug zu den eingezahlten Beiträgen und einbezogen waren nur Arbeiter mit eher geringen Arbeitsentgelten. In den 130 Jahren ihrer Geschichte wurde die Rentenversicherung dann kontinuierlich der geänderten gesellschaftlichen und ökonomischen Realität angepasst, so dass sich ihre Ausgestaltung im Laufe der Zeit grundlegend und umfassend verändert hat.

Zugleich aber hat sie für ein hohes Maß an Verlässlichkeit in der Alterssicherung gesorgt. Die Regelungen und Institutionen sind den sich ändernden Bedingungen angepasst worden, aber wer Beiträge eingezahlt hat, konnte sich stets darauf verlassen, im Alter auch eine Rente zu erhalten. Seit Gründung der Rentenversicherung gab es Weltkriege, Inflationen, schwere Wirtschaftskrisen, Währungsreformen, höchst unterschiedliche Staatsformen, gesellschaftliche Umbrüche – die Renten sind aber zu jeder Zeit ausgezahlt worden. Der Alterssicherungspolitik ist es offensichtlich gelungen, Anpassungserfordernisse und Verlässlichkeit „unter einen Hut zu bringen", sie miteinander zu vereinbaren und insoweit den vermeintlichen Widerspruch aufzulösen.

Mehr noch: Aus meiner Sicht ist dieses hohe Maß an Verlässlichkeit sogar gerade dadurch möglich geworden, dass die Politik in der Alterssicherung die gesetzliche Rentenversicherung und das Rentenrecht – und daneben auch die Institutionen und

Regulierungen der zweiten und dritten Säule des Alterssicherungssystems – stets an den jeweils gegebenen Rahmenbedingungen ausgerichtet hat. Zumindest für den Bereich der Alterssicherung sind Anpassungsnotwendigkeit und Verlässlichkeit nicht nur keine Gegensätze; stetige Anpassung und Verlässlichkeit – man kann auch sagen: Sicherheit – bedingen sich geradezu. Die Alterssicherungspolitik in Deutschland war erfolgreich, weil ihr die Verbindung dieser beiden Erfordernisse gelungen ist.

Weiterentwicklung der Alterssicherung durch Anpassung: Einige Beispiele

Beispiele dafür, wie die Alterssicherungspolitik die Verlässlichkeit der Versorgung im Alter auch in deutlich verändertem Umfeld durch eine Anpassung der rechtlichen und institutionellen Gegebenheiten gewährleisten konnte, gibt es in großer Zahl.

Anpassung an die dynamische Wirtschaftsentwicklung im „Wirtschaftswunder"

Eines der herausragenden Beispiele dafür ist sicher die Rentenreform von 1957. Mitte der 50er Jahre basierte das Rentenrecht – in der Bundesrepublik ebenso wie in der DDR – noch weitgehend auf den im Rahmen der Bismarckschen Sozialgesetze Ende des 19. Jahrhunderts geschaffenen Grundlagen. Die Rentenhöhe war stark von einem einheitlichen Grundbetrag geprägt. Dieser wurde zwar durch einen lohnbezogenen Steigerungsbetrag ergänzt, der aber auf dem in den einzelnen Erwerbsjahren jeweils erzielten Nominallohn (bzw. den dafür gezahlten Beiträgen) beruhte, ohne den zwischenzeitlichen Anstieg des Lohnniveaus zu berücksichtigen. Auch in der Rentenphase war keine regelmäßige Anpassung der Renten vorgesehen. Grund- und Steigerungsbetrag waren zudem relativ niedrig, die Rente hatte eher die Funktion eines „Zuschusses zum Lebensunterhalt" und nicht den Anspruch, einen adäquaten Lebensunterhalt im Alter zu sichern.

Dieses statische Rentensystem wurde Mitte der 50er Jahre in der Bundesrepublik mit einer sich zunehmend dynamischer entwickelnden Wirtschaft konfrontiert, dem Beginn des sog. „Wirtschaftswunders". Während die Löhne und der Wohlstand der Erwerbstätigen deutlich stiegen, hatten Rentnerinnen und Rentner keinen Anteil an diesem wirtschaftlichen Aufschwung. Dies änderte sich mit der Rentenreform 1957, deren Kern in der Einführung einer neuen Rentenformel und einer neuen Rentenanpassungsformel lag: Die zuvor durch den lohnunabhängigen Grundbetrag dominierte Rente erhielt durch die neue Rentenformel einen starken Lohn- und Beitragsbezug, aufgrund der neuen Rentenanpassungsformel wurden die Renten und Rentenanwartschaften zudem regelmäßig – orientiert an der Lohnentwicklung – dynamisiert.

Der Lohn- und Beitragsbezug der Rente – das Äquivalenzprinzip – implizierte deutliche Leistungsanreize in der und durch die gesetzliche Rentenversicherung. Es trug zusammen mit der regelmäßigen lohnorientierten Anpassung der Renten maßgeblich dazu bei, dass die Rentnerinnen und Rentner an der Wirtschafts- und somit auch Wohlstandsentwicklung partizipieren konnten. Die gesetzliche Rente war nicht länger nur ein Zuschuss zum Lebensunterhalt, sondern wurde zu einem Lohnersatz; sie orientierte sich an dem Leitbild, den Versicherten nach einem „erfüllten Erwerbsleben" zu ermöglichen, ihren zuvor erreichten Lebensstandard aufrechterhalten zu können.

Rentenversicherung im deutsch-deutschen Einigungsprozess

Ein Beispiel dafür, dass die Sicherheit der Renten auch in einem sich disruptiv vollziehenden gesellschaftlichen und ökonomischen Veränderungsprozess durch entsprechende Anpassungsmaßnahmen gewährleistet werden kann, lieferte die Alterssicherungspolitik im deutsch-deutschen Einigungsprozess. Das Rentensystem in der DDR ähnelte hinsichtlich seiner Grundstruktur weitgehend dem bundesdeutschen Rentenrecht vor 1957. Renten und Rentenanwartschaften waren nicht systematisch an die Lohnentwicklung angebunden, durch eine niedrige (und ebenfalls nicht dynamische) Beitragsbemessungsgrenze waren die Leistungen der Pflichtversicherung grundsätzlich niedrig, Mindestrenten hatten eine relativ große Bedeutung. Durch freiwillige oder für bestimmte Gruppen auch obligatorische Zusatzrentensysteme konnten bei Rentenbeginn zwar höhere Einkommensersatzraten realisiert werden; angesichts des deutlich niedrigeren Lohnniveaus waren die durchschnittlichen Renten gleichwohl erheblich niedriger als in der Bundesrepublik.

Vor dem Hintergrund der Erwartung, dass das niedrige Lohnniveau in den „neuen Bundesländern" des vereinigten Deutschland sich vergleichsweise rasch an jenes der „alten Länder" angleichen würde, hätte eine einfache Übertragung des bundesdeutschen Rentenrechts zu ungewollten Ergebnissen geführt. Die Renten der damaligen Rentenbezieher*innen und der Wert der von den Versicherten bereits erworbenen Anwartschaften wären dauerhaft hinter jenen zurück geblieben, die im alten Bundesgebiet erworben wurden. Deshalb wurden die laufenden Renten zunächst deutlich angehoben und das Rentenrecht dann für Beschäftigungszeiten in der DDR bzw. den neuen Bundesländern in der Weise modifiziert, dass dort erzielte Löhne für die Berechnung der Rentenhöhe durch eine „Umwertung" zunächst fiktiv auf das bundesdeutsche Lohnniveau angehoben werden. Die so ermittelten Rentenanwartschaften werden dann mit einem Faktor („Aktueller Rentenwert Ost") bewertet, der sich an der Höhe der Durchschnittslöhne in den neuen Ländern orientiert und mit diesen ansteigt. Auf diese Weise gelang es, Renten und Anwartschaften an dem „Aufholprozess" der ostdeutschen Wirtschaft an das Niveau der alten Bundesländer zu beteiligen.

Die beschriebene Anpassungsreform war darauf ausgelegt, dass die Umwertung und die spezifische Bewertung der „ostdeutschen" Renten und Anwartschaften mit der vollständigen Angleichung der Lohnniveaus quasi „automatisch" obsolet werden. Nachdem in der ersten Hälfte der 1990er Jahre die Lohnentwicklung in den neuen Ländern zunächst sehr dynamisch erfolgte, verlangsamte sich der Angleichungsprozess an das Lohnniveau im alten Bundesgebiet danach allerdings immer mehr. Dementsprechend blieb dann auch der erhoffte „automatische" Abbau der rentenrechtlichen Sonderregelungen in den neuen Bundesländern aus. Die Politik hat deshalb schließlich 2017 durch eine weitere gesetzliche Anpassung einen Pfad zur abschließenden kompletten Angleichung aller rentenrechtlichen Regelungen – auch unabhängig von einer Angleichung der Durchschnittslöhne – bis zum Jahr 2025 festgelegt.

Anpassung an den demografischen Wandel

Seit langem verändert sich die Altersstruktur der Bevölkerung in Deutschland und den meisten anderen Ländern Europas. Aufgrund steigender Lebenserwartung und auf einem relativ niedrigen Niveau stagnierender Geburtenzahl nimmt der Anteil der älteren Menschen zu und der Anteil der Menschen in jüngerem und mittlerem Lebensalter geht zurück. Plakativ wird das häufig auf die Formel heruntergebrochen: Heute kommen auf einen Menschen im Alter von 65 oder mehr Jahren noch drei Menschen im Alter von 20 bis 64 Jahren, im Jahr 2030 werden es nur noch zwei sein. Es ist unstrittig, dass dieser demografische Wandel beträchtliche Auswirkungen auf die Alterssicherung insgesamt hat. Die umlagefinanzierte Rentenversicherung ist von der sich veränderten Relation zwischen Menschen im Erwerbs- und im Rentenalter besonders betroffen: Unter der Annahme von sonst gleichen Bedingungen kommt es zu einem deutlichen Anstieg des für die Rentenfinanzierung erforderlichen Beitragssatzes und/oder des Bundeszuschusses. Betroffen ist aber auch die kapitalgedeckte Altersvorsorge – z.B. deshalb, weil bei steigender Lebenserwartung und unverändertem Renteneintrittsalter mehr Kapital angespart werden muss und die entsparten Kapitalprodukte neue Anleger benötigen.

Der demografische Wandel und seine Auswirkungen werden in der Wissenschaft seit langem diskutiert. Die damalige Sozialenquete-Kommission hat bereits Mitte der 1960er Jahre auf eine solche Entwicklung hingewiesen. Die Alterssicherungspolitik hat diese Hinweise aufgenommen und – beginnend mit der Rentenreform von 1992 – die gesetzliche Rentenversicherung in mehreren Reformschritten an diese Entwicklung angepasst. Als Ende der 1990er Jahre vor dem Hintergrund einer sehr positiven Entwicklung auf den Kapitalmärkten in Wissenschaft und Öffentlichkeit der Ruf nach einer deutlichen Verstärkung kapitalgedeckter Elemente in der Alterssicherung lauter wurde, kam dabei zunehmend auch die Gewichtung von (umlagefinanzierter) gesetzlicher Rente und (kapitalgedeckter) betrieblicher und privater Vorsorge in den Fokus der Alterssicherungspolitik.

Mit den Reformen der Jahre 2001 („Riester-Rente") und 2004 (Einführung des Nachhaltigkeitsfaktors) wurde deshalb eine strukturelle Veränderung des Alterssicherungssystems insgesamt eingeleitet. Durch Rentenanpassungen, die die Lohnsteigerungen nur noch teilweise an die Rentnergeneration weitergeben, soll nach der Intention der Reformen das Rentenniveau der gesetzlichen Rentenversicherung langfristig schrittweise abgesenkt und damit die künftigen Beitragszahler entsprechend entlastet werden. Um den verringerten Rentenanstieg zu kompensieren und dennoch im Alter den Lebensstandard sichern zu können, wurde die ergänzende kapitalgedeckte Vorsorge seitens des Staates finanziell gefördert. Die Lebensstandardsicherung im Alter soll so weiter realisiert werden, wenn auch mehr nicht allein mit der gesetzlichen Rente, sondern nun „aus mehreren Säulen". Ob diese Kompensation realiter im Niedrigzinsumfeld eintritt, bedarf jedoch noch einer gründlichen datenbasierten Analyse.

Perspektiven der Alterssicherungspolitik

Eine aktuelle Bestandsaufnahme für die gesetzliche Rentenversicherung zeigt, dass der demografische Wandel bislang nicht zu dem seinerzeit befürchteten gravierenden Beitragssatzanstieg geführt hat. Der aktuelle Beitragssatz ist mit 18,6 Prozent heute niedriger als Mitte der 1980er Jahre – obwohl damals vier 20- bis 64-Jährige auf einen Menschen im Alter von 65 oder mehr Jahren kamen, heute dagegen nur noch drei. Natürlich ist dies nicht allein auf die zwischenzeitlichen Reformen und Anpassungsmaßnahmen zurück zu führen – die positive ökonomische Entwicklung, der Abbau der Arbeitslosigkeit, die europäischen Freizügigkeitsregelungen auf den Arbeitsmärkten und damit die Zuwanderung und Arbeitsmarktintegration von Menschen aus anderen Staaten der Europäischen Union sowie die deutliche Ausweitung der Erwerbsbeteiligung von Frauen sind nur einige der Faktoren, die daneben zu der positiven Entwicklung der Rentenversicherung beigetragen haben.

Verlässlichkeit durch Anpassung bleibt Perspektive der Alterssicherungspolitik

Wesentlicher Kern der Alterssicherungspolitik wird es auch in Zukunft sein, Verlässlichkeit und Sicherheit für die Versicherten und Rentenbeziehenden durch zielgerichtete Anpassung an veränderte Rahmenbedingungen zu schaffen. Dabei wird es wie in der Vergangenheit einerseits darum gehen, langfristige Verschiebungen so früh wie möglich zu erkennen und geeignete Anpassungsstrategien zu entwickeln. Andererseits sollte die Politik aber auch damit rechnen, bei kurzfristigen disruptiven Veränderungen unverzüglich handeln zu müssen; hier kann die Alterssicherungspolitik im deutschen Vereinigungsprozess ein Beispiel sein.

Aus gegenwärtiger Sicht lassen sich mindestens vier Bereiche identifizieren, in denen wesentliche, für die Weiterentwicklung der Alterssicherung relevante langfristige Veränderungen sich abzeichnen bzw. bereits vollziehen.

Digitalisierung und Wandel der Erwerbsarbeit

Deutliche Anpassungserfordernisse für die Alterssicherung werden sich aus den technologischen Veränderungen ergeben, die gemeinhin unter dem Begriff „Digitalisierung" zusammengefasst werden. Die Digitalisierung wird gravierende Auswirkungen auf die Erstellung und Distribution von Gütern und Dienstleistungen, auf die Prozesse in Unternehmen und Verwaltungen (einschließlich den Rentenversicherungsträgern), im gesamten Bereich der Kommunikation, im Bildungssystem und in vielen anderen Bereichen haben, die direkt oder indirekt von Bedeutung für die Alterssicherung sind. Da unser Alterssicherungssystem traditionell vor allem auf die Sicherung von abhängig Beschäftigten ausgerichtet ist, wird dabei kurz- und mittelfristig vor allem von Bedeutung sein, welche Auswirkungen sich durch die Digitalisierung im Hinblick auf die Entwicklung der bestehenden und ggf. neuer Formen von Erwerbsarbeit ergeben.

Die Alterssicherungspolitik der kommenden Jahre dürfte in diesem Zusammenhang zunächst von dem Ziel geprägt sein, die Selbständigen – wie bereits in praktisch allen anderen europäischen Ländern – in die obligatorische Alterssicherung einzubeziehen. In dem Maße, wie der konkrete Erwerbsstatus eines Erwerbstätigen keine Rolle mehr für die rechtlichen Regelungen der Alterssicherung spielt, werden dann auch die durch die Digitalisierung zunehmenden Unschärfen bei der Abgrenzung von abhängigen Beschäftigungen und selbständigen Tätigkeiten – etwa im Bereich der Plattformarbeit – weniger relevant. Auf mittlere Sicht wird die Alterssicherungspolitik zudem auch die sog. „Hybride Erwerbsarbeit" stärker in den Blick nehmen müssen, also jene Erwerbstätigen, die gleichzeitig eine abhängige Beschäftigung und eine selbständige Tätigkeit ausüben.

Veränderungen gesellschaftlicher Normen und Alterssicherung

Erfordernisse zur Anpassung der Alterssicherung werden sich auch aus Veränderungen von gesellschaftlichen Leitbildern, Normen und Strukturen ergeben. Die Alterssicherung orientiert sich ähnlich wie andere Bereiche des Sozial- und Steuerrechts mit ihren Regelungen vielfach an formalen Strukturen des Zusammenlebens. So sind z.B. der Status der Ehe oder einer eingetragenen Lebenspartnerschaft Anknüpfungspunkt für relevante sozialrechtliche (und auch steuerrechtliche) Vorschriften. Das Zusammenleben der Menschen realisiert sich faktisch jedoch in zunehmendem Maße (auch) in anderen, informellen Formen. Inwieweit vor diesem Hintergrund die Ausrichtung der Alterssicherung an formalen Strukturen zu Fehlanreizen oder Inkonsistenzen führt, ob hier verfassungsrechtliche Probleme entstehen und ob bzw. in welcher Weise Anpassungen des Alterssicherungssystems erforderlich sind, wird derzeit kontrovers diskutiert.

Dabei geht es einerseits um Einzelaspekte in der gesetzlichen Rentenversicherung und den Systemen der zweiten und dritten Säule. Für den Bereich des Rentenversicherungsrechts wäre hier z.B. die Anrechnung von Einkommen eines Ehepartners auf den Grundrentenzuschlag eines Rentenbeziehers zu nennen, bei der Riester-Rente die mittelbare Förderberechtigung von Ehepartnern der Versicherten – in beiden Fällen sind nur Ehepartner, nicht aber informell zusammenlebende Partner betroffen. Vor allem aber geht es um die grundlegende Ausrichtung der Alterssicherungsleistungen zwischen abgeleiteten und eigenständigen Ansprüchen – und damit letztlich auch darum, ob sich in der Versorgung im Alter die individuellen Lebensentscheidungen widerspiegeln sollen oder die gemeinsamen Entscheidungen von Menschen, die in einer gesetzlich normierten Form miteinander verbunden waren bzw. sind.

Der demografische Wandel geht weiter

Eine Herausforderung für die Alterssicherung wird auch in den kommenden beiden Jahrzehnten der demografische Wandel sein. Wie beschrieben hat sich bereits in den vergangenen 30 Jahren die demografische Struktur der Bevölkerung deutlich verändert; durch den in den kommenden Jahren anstehenden Übergang der sog. „Babyboom-Generation" vom Erwerbsleben in die Rente ist für die Zeit bis Mitte der 2030er Jahre aber nochmals eine gravierende Verschiebung absehbar. Zwar haben die seit den 1990er

Perspektiven der Alterssicherungspolitik

Jahren vorgenommenen Anpassungsreformen Auswirkungen auch für die Zukunft; gleichwohl werden ergänzende und weitergehende Reformvorschläge in der wissenschaftlichen und politischen Debatte für erforderlich gehalten und intensiv – und zum Teil sehr kontrovers – diskutiert.

Viele dieser Vorschläge sind durch die Diskussion um eine weitere Anhebung der Altersgrenzen und die Gestaltung des Übergangs vom Erwerbsleben in den Ruhestand geprägt. Erörtert wird dabei auch, ob die Regelungen zum Renteneintritt auch Aspekte der individuellen Versichertenbiografie – z.B. die Dauer der Versicherungszeit oder besondere Belastungen in der Erwerbsphase – berücksichtigen sollen. Mit dieser Frage verbunden sind vielfältige sozialmedizinische und sozialwissenschaftliche, aber auch komplexe versicherungsmathematische Aspekte. Nicht zuletzt geht es um die grundsätzliche Frage, wie die Alterssicherungspolitik das bisherige Erfolgsmodell des Äquivalenzprinzips – in Akzeptanz und Wirkung – in Zukunft gestalten will, ob und gegebenenfalls inwieweit man dieses Prinzip weiter durch systematische Umverteilungseffekte zwischen verschiedenen Versichertengruppen einschränken will und kann – und welche Auswirkungen das hätte.

Alterssicherung und Niedrigzinsumfeld

Die in den letzten Jahren eingetretenen Veränderungen auf den Finanz- und Kapitalmärkten erzeugen schließlich ebenfalls Anpassungsbedarf für die Alterssicherungspolitik. Beispielhaft sei hier die seit längerem von den Notenbanken betriebene „Politik des billigen Geldes" sowie das damit zusammenhängende Niedrigzinsumfeld genannt. Zwar ist dies zunächst vor allem eine Herausforderung für die zweite und dritte Säule der Alterssicherung, aber in einem am Leitbild der Lebensstandardsicherung aus mehreren Säulen orientierten Alterssicherungssystem betreffen Herausforderungen für einzelne Säulen immer auch die Alterssicherung als Ganzes.

Die Alterssicherungspolitik wird deshalb künftig voraussichtlich zum einen nach Wegen suchen, kapitalgedeckte Formen der Alterssicherung auch in einem länger andauernden Niedrigzinsumfeld attraktiv zu gestalten. Die Diskussion dazu wird bislang vor allem von Vorschlägen geprägt, Leistungsgarantien kapitalgedeckter Altersvorsorge zu mindern bzw. abzubauen, um dadurch die Renditechancen – etwa durch Anlage des Vorsorgekapitals auf Aktienmärkten – zu erhöhen. Perspektivisch dürften aber auch andere Aspekte eine Rolle spielen, etwa die Frage, ob eine stärker rendite- als sicherheitsorientierte kapitalgedeckte Altersvorsorge durch private, betriebliche oder aber staatliche Träger durchgeführt werden sollte.

Herausforderung: Alterssicherungspolitik angesichts multipler Veränderungsprozesse

Die Alterssicherungspolitik dürfte zudem in Zukunft stärker als in der Vergangenheit vor der Herausforderung stehen, dass sich die Rahmenbedingungen in mehreren für die Alterssicherung relevanten Bereichen gleichzeitig verändern. Solche „multiplen

Veränderungsprozesse" bergen die Gefahr, dass die Wirkung erfolgversprechender Maßnahmen zur Anpassung an einen Veränderungstrend unter Umständen durch Veränderungen in anderen Bereichen überlagert oder auch konterkariert werden kann. Dies zeigt sich aktuell am Beispiel der beiden zuletzt genannten Entwicklungen, dem demografischen Wandel und der anhaltenden Niedrigzinsphase. Wie beschrieben wurde als Anpassung an den demografischen Wandel im ersten Jahrzehnt des 21. Jahrhunderts die Bedeutung der kapitalgedeckten Alterssicherung perspektivisch ausgeweitet. Um im Alter die Lebensstandardsicherung „aus mehreren Säulen" zu realisieren, sind nun im Regelfall neben der gesetzlichen Rente ausreichend hohe Leistungen aus der zusätzlichen Vorsorge erforderlich. Nicht zuletzt deshalb sehen die Regelungen der staatlich geförderten Riester-Rente Leistungsgarantien vor.

Das inzwischen länger anhaltende Niedrigzinsumfeld hat nun aber zur Folge, dass derartige Leistungsgarantien nur schwer und unter Inkaufnahme von stark geminderten Renditechancen zu realisieren sind. Als Anpassung an diese Entwicklung wird deshalb auch für die staatlich geförderte Zusatzsicherung ein teilweiser Verzicht auf Leistungsgarantien diskutiert. Allerdings stellt sich die Frage, ob dies noch mit dem „Leitbild der Lebensstandardsicherung aus mehreren Säulen" vereinbar wäre, da die für die Aufrechterhaltung des Lebensstandards im Alter erforderlichen Leistungen aus der Zusatzvorsorge dann eben nicht mehr gesichert wären. Wollte man auf der anderen Seite angesichts der veränderten Renditebedingungen der kapitalgedeckten Alterssicherung das Gewicht der umlagefinanzierten gesetzlichen Rentenversicherung bei der Lebensstandardsicherung wieder erhöhen, könnte dies vor dem Hintergrund der bevorstehenden weiteren demografischen Veränderungen jenen deutlichen Beitragssatzanstieg in der gesetzlichen Rente bewirken, den man mit der Reform Anfang der 2000er Jahre gerade vermeiden wollte.

Die Alterssicherungspolitik dürfte sich insoweit in Zukunft noch stärker als bisher auch mit den Wechselwirkungen zwischen verschiedenen Anpassungserfordernissen auseinandersetzen. Das wird sie komplexer und sicher nicht einfacher machen. Hinzu kommt, dass in Folge der Corona-Pandemie weitere Veränderungen bei den für die Alterssicherung wichtigen Rahmenbedingungen zu erwarten sind. So spricht einiges dafür, dass angesichts der erheblichen zusätzlichen Verschuldung des Staates für die Finanzierung der Maßnahmen, die zur Bewältigung der Pandemie bzw. zur Kompensation ihrer Auswirkungen erforderlich waren, die Konkurrenz um die Verteilung staatlicher Mittel in Zukunft zunehmen wird. Angesichts der erheblichen finanziellen Mittel, die jährlich aus dem Bundeshaushalt für die Alterssicherung in allen drei Säulen zur Verfügung gestellt werden, dürfte dann auch der finanzielle Handlungsspielraum des Bundes eine immer wichtigere Rahmenbedingung für die künftige Alterssicherungspolitik werden.

Vor diesem Hintergrund spricht vieles dafür, dass Alterssicherungspolitik in Zukunft auch verstärkt wieder im Kontext der Sozialpolitik insgesamt gesehen werden sollte. Dies gilt insbesondere im Hinblick auf Fragen der Finanzierung bzw. der Aufbringung der für die Leistungsgewährung erforderlichen Mittel. Die Kommission „Verlässlicher Generationenvertrag" hat in ihrem im März 2020 vorgelegten Bericht darauf hingewiesen, dass für die Beurteilung der Belastung von Versicherten und Arbeitgebern der Blick allein auf den Rentenversicherungsbeitrag unzureichend ist; auch ein hoher Rentenversicherungsbeitrag führe – wie etwa in Österreich – nicht notwendig zu einer Überforderung, wenn die Beitragssätze anderer Sozialversicherungszweige niedrig sind. Grundsätzlich könnte es sich auch als lohnenswert erweisen, wenn man die Frage „Beitrags- oder Steuerfinanzierung der Sozialversicherungen?" stärker mit Blick auf die Bemessungsgrundlage der Leistungen der jeweiligen Sozialversicherungen diskutiert. Soweit – wie im Grundsatz in der Renten- und der Arbeitslosenversicherung – Leistungen an den früheren Löhnen der Versicherten orientiert werden, liegt auch bei der Finanzierung ein enger Lohnbezug nahe. Soweit aber vorleistungsunabhängige Sachleistungen – wie grundsätzlich in der Kranken- und der Pflegeversicherung – im Vordergrund stehen, wäre ein größerer Anteil an Steuermitteln bei der Finanzierung systematisch eher begründbar.

Fazit

In Zeiten multipler gesellschaftlicher und ökonomischer Wandlungsprozesse eine konsistente Alterssicherungspolitik zu gestalten, ist ohne Zweifel eine Herausforderung. Unsere Gesellschaft und die (sozial-)politischen Akteure und Institutionen werden zudem nach der Pandemie auf Grundlage neuer Erkenntnisse eine Neubewertung aller Politikfelder vornehmen müssen. Die erfolgreiche Anpassung der Alterssicherung an die jeweiligen Rahmenbedingungen bleibt aber auch in Zukunft die Voraussetzung dafür, dass Sicherheit und Verlässlichkeit der Leistungen im Alter, aber auch deren Finanzierung ohne Überlastung der aktiven Erwerbsgeneration, gewährleistet sind.

Roman Zitzelsberger / Claudia Dunst

Qualifizierung Reloaded: Die kompetente Begleitung durch die IG Metall in der Bildungsbiografie ist präventiv gefordert

Qualifizierung ist und wird weiterhin ein wesentlicher Hebel für einen gelungenen Strukturwandel sein – und damit ein „Präventionsinstrument": Gegen Arbeitslosigkeit, für die Fachkräftesicherung und nicht zuletzt für die Innovationsfähigkeit der Industriebetriebe in Deutschland. Das ist vielfach beschrieben worden und wird durch zahlreiche politische Initiativen, auch der IG Metall, unterstützt. Nicht zuletzt in der Nationalen Weiterbildungsstrategie, die 2019 durch die Bundesregierung verabschiedet wurde, oder ganz aktuell durch die vorgelegte Weiterbildungsoffensive in Baden-Württemberg 2021.

Die Beschäftigtenbefragung 2020 der IG Metall zeigt es ebenfalls deutlich: Qualifizierung für die Zukunftssicherung hat einen hohen Stellenwert für die Kolleginnen und Kollegen – hier erwarten sie auch die Unterstützung der IG Metall. Für Zukunftssicherung durch Qualifizierung sprechen sich 92 % der Befragten aus – über alle Beschäftigtengruppen hinweg, unabhängig vom eigenen Qualifizierungsniveau.[1] Das bestätigt, was Betriebsräte im Zusammenhang mit der Befragung 2019 zum Transformationsatlas ebenfalls verdeutlichten: Hier haben 95 % der befragten Betriebsratsgremien die Einschätzung gehabt, dass der Qualifizierungsbedarf steigt.[2]

Das bestärkt ein traditionelles Aufgabenfeld der IG Metall und fordert uns heraus, hier weiter zu mobilisieren und zu begleiten: Zur Umsetzung und Erweiterung der tariflichen Regelungen, zur Gestaltung der Transformation und die Unterstützung im Transfer.[3]

Im Folgenden geht es darum, für die aktuellen Herausforderungen – Krise und Transformation – Antworten zu skizzieren. Dabei geht es um Ansätze, die wir bereits haben und weiterentwickeln können ebenso wie um neue Ansätze.

---

1 Vgl. IG Metall (2020): Datenblatt tarifpolitische Forderungen – Ergebnisse der Beschäftigtenbefragung 2020, https://www.igmetall.de/im-betrieb/beschaeftigtenbefragung-2020 (Download: 13.2.2021).

2 Vgl. IG Metall (2019): Transformationsatlas – wesentliche Ergebnisse – Pressekonferenz der IG Metall 5. Juni 2019, https://bit.ly/3uagZ5c (Download: 13.2.2021).

3 Selbstverständlich gehört dazu auch die berufliche Ausbildung – die hier jedoch aufgrund der Platzbegrenzung nicht weiter thematisiert werden kann.

Tarifliche Reglungen umsetzen und für die Zukunft aktivieren[4]

In den Hauptbranchen der IG Metall sind Tarifregelungen zur Qualifizierung seit mittlerweile 20 Jahren verankert. Geregelt ist dort der Anspruch der Beschäftigten auf ein Qualifizierungsgespräch und darauf aufbauende Qualifizierungsmaßnahmen. Der Betriebsrat wird zudem in seinem Mitbestimmungsrecht (§§ 96-98) bestärkt, indem er jährlich zum Qualifizierungsbedarf informiert wird. Ergänzt wurde dies durch neuere tarifliche Reglungen zur Bildungsteilzeit. Der Erfolg dieser Regelungen liegt weniger in Mindestnormen, sondern eher in der Bestärkung von Qualifizierungsprozessen.

Vor diesem Hintergrund gilt es, auf betrieblicher Ebene Qualifizierungsprozesse immer wieder zu konkretisieren. Dazu gehört die Beteiligung der Betriebsräte auf der strategischen Ebene und die Beteiligung der Beschäftigten auf der Ebene der Mobilisierung und Umsetzung. Wenn beide Ebenen aktiv bearbeitet werden, kann Qualifizierung in der Betriebskultur verankert werden: Beschäftigte formulieren ihre Interessen, indem der Betriebsrat sie dazu stärkt und umgekehrt durch diese Interessenbekundung gestärkt wird. Der Betriebsrat wiederum ist ein Transformationsriemen, der strategische Entwicklungen des Unternehmens mit den Interessen der Beschäftigten aktiv verknüpfen kann – entweder in Ergänzung der Aktivitäten der Personalbereiche – um beispielsweise die Beschäftigungsfähigkeit für Un- und Angelernte zu erhalten – oder anstelle der Personalbereiche, wenn dort keine strategische Personalentwicklung zu erkennen ist.

Diese Aktivierung bzw. Unterstützung der Qualifizierungsprozesse durch die Betriebsräte wird für die Umsetzung von Zukunftstarifverträgen bzw. -vereinbarungen zunehmend ein wesentlicher Baustein sein: Wenn vereinbart wird, dass die Beschäftigten einen Umbau und eine Neuausrichtung der Unternehmen und damit Investitionen unterstützen, gilt es auch, dass sie im Kontext dieser Veränderungen ebenfalls Rüstzeug für ihre Beschäftigungsfähigkeit erhalten. Dazu braucht es Qualifizierungsbudgets, tragfähige Prozesse zur Personalentwicklung sowie die praktische Mitbestimmung (inkl. Konfliktregelungen).

Transformation aktiv gestalten und die Zukunft in den Blick nehmen

Die Transformation (Digitalisierung/Dekarbonisierung) hat Fahrt aufgenommen – weiter verstärkt durch die Corona-Krise und Vorgaben im Kontext der Klimapolitik. Innovationszyklen verkürzen sich, Arbeitsprozesse werden komplexer und sind stärker computergestützt bzw. netzbasiert. Das in der Ausbildung erworbene Wissen wird nur noch für eine kurze Dauer ausreichen.[5]

---

4 Vgl. Zitzelberger, Roman (2015): Weiterbildung und Qualifizierung – Erfahrungen und Aufgaben der Tarifpolitik.

5 Stich, Volker/Gudergan, Gerhard/Senderek, Roman (2018²): Arbeiten und Lernen in der digitalisierten Welt, in: Hirsch-Kreiensen, Hartmut, Ittermann, Peter, Niehaus, Jonathan (Hg.): Digitalisierung industrieller Arbeit, Baden-Baden.

Die IG Metall hat den Anspruch, dass technischer Fortschritt auch sozialer Fortschritt werden muss. Das wurde auf dem Gewerkschaftstag 2019 beschlossen. Es geht um eine soziale, ökologische und demokratische Transformation, damit die Gesellschaft von Morgen sicherer, gerechter, selbstbestimmter und solidarischer ist als heute. Gelingen kann das, wenn Beschäftigte in diesen Veränderungsprozessen systematisch beteiligt werden.

Eine Erfahrung in diesem Zusammenhang ist, dass die Vielfalt und Komplexität der digitalen Projekte (mit Auswirkung auf Produkte und Arbeitsprozesse) in ihrer Menge, aber auch in ihren Auswirkungen handhabbar gemacht werden müssen[6]. „Digitale Kompetenz" der Betriebsräte wie auch der Gewerkschaft bedeutet in diesem Fall nicht, bessere IT-Spezialisten zu sein, sondern im Sinne einer nachhaltigen Arbeitspolitik die Bedeutung der IT-Projekte auf die Beschäftigungsverhältnisse einschätzen und entsprechende strategische Konsequenzen ziehen zu können. Damit geht es um die systematische Reflexion im MTO-Ansatz[7] (Mensch-Technik-Organisation) und die Ermächtigung von Beschäftigten – sowohl in ihrer Handlungsspielräumen als auch ihrer Mitgestaltung. Qualifizierung spielt dafür eine Schlüsselrolle.

Für eine Qualifizierung, die künftige Qualifikationsbedarfe (Digitalisierung/E-Mobilität) vermittelt, brauchen die Unternehmen im ersten Schritt ein Zielbild ihrer Transformation – welche Produkte und Prozesse müssen oder sollen sich verändern und was bedeutet das für die Kompetenzanforderungen? Das scheint einleuchtend – ist aber noch längst nicht flächendeckend in der Praxis umgesetzt. Die Nationale Plattform Mobilität hat in einem ersten Zwischenbericht Anfang 2020 dazu folgende Feststellung getroffen:

> „Um erfolgreich zu sein, müssen Unternehmen in allen vier identifizierten Maßnahmenclustern aktiv werden. Sie benötigen eine strategische Personalplanung und ein Zielbild für Kompetenz- und Stellenprofile, von dem sie modularisierte, flexible und individualisierte Weiterbildungsangebote für ihre Mitarbeiter ableiten können. Damit die Angebote Wirksamkeit entfalten können, müssen die Rahmenbedingungen der Organisation so gestaltet werden, dass das Lernen ermöglicht wird."[8]

---

6 Vgl. Dunst, Claudia/Biesel, Heinrich (2018): Digitalisierung nachhaltig gestalten – zukunftsfähige Arbeitspolitik im Bereich der Deutschen Bahn in: Schröder/Urban (HG.): Jahrbuch Gute Arbeit Ökologie der Arbeit, Frankfurt a.M.

7 Der aus der Arbeitspsychologie stammende soziotechnische Analyseansatz „Mensch-Technik-Organisation" verweist darauf, dass neben der technischen Gestaltung und technischen Tools (Mobile Endgeräte, IT-Schnittstellen, EDV-Programme, Sensorik, Automatisierung, zeitgleiche Datenübertragung etc.) auch die organisatorischen Gestaltungaufgaben (z.B. Arbeitsabläufe, Zuständigkeiten) und der Mensch (Qualifikation, Arbeitsmotivation, Gesundheit) eine bedeutsame Rolle spielen für die erfolgreiche Umsetzung von digitalen Innovationen.

8 Bundesministerium für Verkehr und digitale Infrastruktur (Hg.) 2020: Nationale Plattform Zukunft der Mobilität (Arbeitsgruppe 4) – 1. Zwischenbericht zur strategischen Personalplanung und -entwicklung im Mobilitätssektor, Berlin, S. 35.

Die Praxiserfahrung[9] zeigt: Viele Betriebe haben derzeit noch keine Vorstellung von notwendigen künftigen Kompetenzen (Anforderungsprofilen) bzw. stehen noch ganz am Anfang ihrer eigenen betrieblichen Transformation. Vor diesem Hintergrund sind (derzeit) folgende strategische Ansätze in der Diskussion mit Betriebsräten und Geschäftsleitungen:

a) Strategische Personalentwicklung als Thema mit den Betriebsräten vorantreiben und damit Basisprozesse (re)vitalisieren zur Planung zukunftsfähiger Qualifizierungen.

Die tarifvertraglichen Regelungen der IG Metall wie auch das BetrVG bieten eine gute Basis, um das Thema der strategischen Personalentwicklung anzugehen. Konkret verbinden sich hier Themen der Wirtschaftsausschüsse bzw. Aufsichtsräte noch stärker mit den Aufgaben der Bildungsausschüsse. Die Fragen nach den strategischen Planungen in den Unternehmen (u.a. Marktposition, Innovationsvorhaben, Investitionen) müssen verknüpft werden mit der Frage der Auswirkung auf Beschäftigte – und insbesondere auf die veränderten Anforderungen.

b) Zielbildentwicklung vorantreiben – unter Beteiligung der Betriebsräte und Beschäftigten und mit einem Qualifizierungsbudget, um daraus resultierende neue Anforderungen umfangreich qualifizieren zu können.

In Unternehmen, die die Transformation nur zögerlich vorantreiben und damit absehbar ihre Marktposition verlieren, können wir aktiv anstoßen und Veränderungsprozesse angehen. Als Aufsichtsräte der Arbeitnehmerbank, Betriebsräte und Gewerkschaft – im Sinne der Standort- und Beschäftigungssicherung. Dazu werden wir notwendigerweise je nach betrieblicher Ausgangslage unterschiedliche Herangehensweisen verfolgen – nicht „one size fits all". Bei den einen werden wir Unterstützungsangebote formulieren (z.B. Verknüpfung mit Netzwerkpartnern aus der Forschung oder Fördermittelgebern), Beschäftigte mobilisieren und ihre Ideen in einem gesamthaften Beteiligungsprozess einbinden oder aber in Verhandlungen, in welchen Arbeitgeber Zugeständnisse fordern, eigene Forderungen zur strategischen Personalentwicklung stark machen (s.o. Zukunftsvereinbarungen). In jedem Fall gilt es, das strategische und praktische Besteck der strategischen Mitbestimmung auszupacken.

---

9   Die Praxiserfahrungen sind u.a. im Kontext des Transformationsteams in Baden-Württemberg entstanden. Im Bezirk Baden-Württemberg hat die IG Metall 2019 beschlossen, dass ein „Transformationsteam" diese Herausforderungen gemeinsam mit den hauptamtlichen Betriebsbetreuerinnen und -betreuern sowie den Betriebsräten aufnimmt. Ein Schwerpunkt des Transformationsteams ist das Thema „Qualifizierung" und als Teil davon die Frage: Welche Kompetenzen brauchen Betriebe (Standorte) in der Zukunft?

c) Vorhandene übergreifende Qualifizierungskonzepte (z.B. optionale Zusatzqualifikationen zur Digitalisierung für Metall- und Elektroberufe) für die Qualifizierung aktiv nutzen

Derzeit stoßen wir in der betrieblichen Praxis auf wenige strategische Personalentwicklungsprozesse (PE-Prozesse). Damit wir an dieser Stelle neben der Einführung der PE-Prozesse auch aktiv und zügig Veränderungen im Sinne neuer (digitaler) Qualifikationsanforderungen angehen können, bietet es sich an, die veränderten Ausbildungsverordnungen der Metall- und Elektroberufe zu nutzen.[10]

Unterstützt vom Bundesinstitut für Berufsbildung (BIBB) haben Sachverständige der Arbeitgeber und Arbeitnehmer – die IG Metall war hier der Treiber – die Metall- und Elektro-Ausbildungsordnungen und Ausbildungsrahmenpläne überarbeitet. Die Ausbildungsordnungen beinhalten drei Neuerungen[11]:

- Über alle Berufe hinweg wurde die neue integrativ zu vermittelnde Berufsbildposition „Digitalisierung der Arbeit, Datenschutz und Informationssicherheit" eingefügt.
- Betriebliche Lerninhalte wurden im Hinblick auf Industrie 4.0 relevante Qualifikationsanforderungen aktualisiert.
- Mit insgesamt sieben optional wählbaren *Zusatzqualifikationen* werden Industrie 4.0 relevante Qualifizierungsschwerpunkte abgebildet. Diese Zusatzqualifikationen sind auch die Standards für die betriebliche Anpassungsqualifizierung der vorhandenen Fachkräfte.

Gemeinsam mit externen Weiterbildungsanbietern können diese Weiterbildungsangebote (Zusatzqualifikationen als Anpassungsqualifizierungen) extern oder intern umgesetzt werden. Der Umfang beträgt ca. 8 Wochen je Modul und kann damit ggf. auch nach AZAV-Förderung durch die Agentur für Arbeit gefördert werden.[12]

d) Ausbildungszentren weiterentwickeln als „Aus- und Weiterbildungszentren"

Das Krisenjahr 2020 und damit einhergehend die sinkende Zahl an Ausbildungsplätzen führt in dem ein oder anderen Ausbildungszentrum zu einer Unterauslastung. Derzeit diskutieren wir mit verschiedenen Betrieben die Aufwertung und Erweiterung der Ausbildungszentren als Aus- und Weiterbildungszentren für die Transformation. Damit könnte die vorhandene Kompetenz des Ausbildungspersonals im Sinne der

---

10 Das veränderte Berufsbild der Industriekaufleute ist natürlich ebenso in den Blick zu nehmen. Wie auch duale Studiengänge oder Zusatzqualifikationen im kaufmännischen Bereich.

11 IG Metall Vorstand, Ressort Bildungs- und Qualifizierungspolitik (2020): Anpassungsqualifizierung- in Metall- und Elektroberufen Digitalisierung umsetzen! Zusatzqualifikationen für Anpassungsqualifizierung nutzen

12 Die Agentur für Arbeit in Heidelberg setzt beispielsweise die Zusatzqualifikation "Additive Fertigung" als überbetriebliche Fortbildungsangebot zusammen mit dem Berufsfortbildungswerk Gemeinnützige Bildungseinrichtung des DGB GmbH (bfw) derzeit um. Ebenso gibt es einen Maschinenbauer, der diese Qualifikationen für Ausgelernte einkaufen will.

Transformation erweitert und genutzt werden. Im Nebeneffekt würde die fachliche Qualifizierung (Fachkarriere) an Gewicht gewinnen.

Transferregelungen unterstützen mit zukunftsfähigen Qualifizierungen[13]

Den Begriff Transfer beziehen wir hier nicht nur auf die allseits bekannte „Transfergesellschaft", sondern auch auf die Übergänge innerhalb der Unternehmen. Entweder im Sinne von konjunkturellen Übergängen, die mit Kurzarbeit bewältigt werden können, als auch Transformationsübergängen, die aus Sicht der IG Metall mit einem sog. Transformationskurzarbeitergeld zu bewältigen wären.

a) Transfergesellschaften – Wandel tut Not

Die Corona-Pandemie bringt große konjunkturelle und strukturelle Veränderungen mit sich, die sich auf den Personalbedarf auswirken. Daher werden Transfermaßnahmen – im Vergleich zu den 10 zurückliegenden Jahren – in den kommenden Monaten und Jahren an Bedeutung gewinnen. Der Fokus der Transfermaßnahmen war in der Vergangenheit darauf ausgerichtet, einen sozialverträglichen Personalabbau möglichst ohne Sozialauswahl und den damit verbundenen Rechtsrisiken durchzuführen und im Interesse der betroffenen Beschäftigten mit einer „Umvermittlung" in andere, aufnahmefähige Betriebe – in der Regel der gleichen Branche – zu verbinden. Der Eintritt der Arbeitslosigkeit sollte möglichst verhindert, zumindest verzögert werden.

Vor dem Hintergrund notwendiger Kapazitätsanpassungen, Digitalisierung und Dekarbonisierung innerhalb einer gesamten Branche wird dieser Fokus immer öfter zu kurz greifen. Ohne umfassende und grundlegendere Weiterbildungsangebote der Beschäftigten im Transfer reduzieren sich Transfermaßnahmen zunehmend auf eine Verlängerung der Lohnersatzleistung. Der Anteil derjenigen, die im Anschluss Arbeitslosengeld beziehen müssen, weil der Arbeitsmarkt in der gleichen Branche bzw. mit den bisherigen Qualifikationen nicht aufnahmefähig ist, wird steigen. Die Attraktivität, die Akzeptanz und damit die Wirksamkeit des Instrumentes werden damit abnehmen.

Um den sich ändernden tatsächlichen und gesetzlichen Rahmenbedingungen Rechnung zu tragen, sollte das Geschäftsmodell der Transfergesellschaften in folgenden Punkten weiterentwickelt werden:
- Dem schnellen und umfassenden Profiling[14] auch im Hinblick auf eine Weiterbildung bis hin zu einer beruflichen Neuorientierung kommt eine noch größere Bedeutung zu.

---

13 Die nachfolgenden Ausführungen basieren auf einem Gedankenaustausch von Christian Rauch (Leiter der Regionaldirektion der Agentur für Arbeit) und Roman Zitzelsberger zum Thema Transfergesellschaften.

14 Profiling: Feststellung eines Gesamtbildes (Kompetenzen, Interessen, usw.) der jeweiligen einzelnen Beschäftigten).

- Der Fokus im Profiling muss über die bisherige Branche hinaus auf deutlich mehr Branchen und Berufe erweitert werden.
- Das Ergebnis des Profiling muss möglichst früh im Transferprozess verfügbar sein, um die Weiterbildungsförderung umfassend nutzen zu können.
- Das Netzwerk (Ökosystem) um die Transfergesellschaft muss insbesondere auf Arbeitgeber und Branchen aus zukünftigen Engpassbereichen erweitert werden.
- Eintritte insbesondere in umfassendere Qualifizierung müssen frühzeitig erfolgen, damit die gesetzlichen Möglichkeiten ausgenutzt werden können.
- Die finanzielle Ausstattung muss grundhafte Weiterbildung in zunehmender Zahl für Arbeitnehmer ermöglichen.

Neben den Transfergesellschaften im engeren Sinne setzt dies auch bei den weiteren Beteiligten ein Umdenken zu diesem Thema voraus:

- Arbeitgeber und Betriebsräte dürfen Transfer nicht auf den Abbau von Personal beschränken. Aufgrund des demografischen Rückgangs des Erwerbspersonenpotenzials und der Transformation von Arbeitsplätzen tritt die gemeinsame Verantwortung für die Fachkräftesicherung der gesamten Wirtschaft mehr in den Vordergrund.
- Der einzelne Arbeitnehmer darf Transfer nicht nur als Absicherung vor Arbeitslosigkeit oder Brücke zum Ruhestand betrachten, sondern vielmehr als Chance für einen beruflichen Neustart und fachliche Weiterentwicklung.
- Die Agenturen für Arbeit müssen stärker als bisher gemeinsam mit den Transfergesellschaften die Weiterbildung auf die zukünftigen Bedarfe der Wirtschaft ausrichten.
- Die Bedarfe der Wirtschaft müssen in regionalen Kontexten regelmäßig geklärt und damit klare Zielbilder für die überbetriebliche Qualifizierung geschaffen werden.

b) Kurzarbeit und Qualifizierung – aktive Gestaltung tut Not

Im Stimmungsbarometer[15] der IG Metall Bezirksleitung Baden-Württemberg aus dem Sommer 2020 ist die aktuelle Ausgangslage deutlich geworden: In vielen Unternehmen herrscht derzeit Kurzarbeit. Dennoch sieht nur eine kleine Minderheit (15,5 %) der Betriebe, dass Kurzarbeit für Qualifizierung genutzt werden kann. In der Mehrzahl der Betriebe findet hierzu nichts statt. Nach Angaben der Betriebsräte besteht in nahezu 6 von 10 Betrieben (57,4 %) kein Qualifizierungsplan für das aktuelle und nächste Jahr. Eine Minderheit (30,2 %) gibt an, über entsprechende Pläne zu verfügen.

---

15 Das Stimmungsbarometer fasst die Einschätzungen zur wirtschaftlichen und beschäftigungspolitischen Lage der Betriebe in Baden-Württemberg zusammen. Das Stimmungsbarometer ergänzt so die Prognosen zur Wirtschaftsentwicklung. Regelmäßig nehmen zwischen 200 und 250 Betrieben aus dem gesamten Organisationsbereich der IG Metall an der Erhebung teil. Befragt wurden in der Regel die Betriebsratsvorsitzenden und Vertrauenskörperleitungen der jeweiligen Betriebe.

Qualifizierung Reloaded

Es gilt also generell, die Förderangebote der Agentur für Arbeit im Sinne des aktuell verabschiedeten Beschäftigungssicherungsgesetzes aus dem Dezember 2020 zu nutzen. Unter anderem könnte dies zu den o.g. optionalen Zusatzqualifikationen erfolgen.

c) Transformationskurzarbeitergeld – Veränderungen tut Not

Es gibt deutliche Signale, dass es in einer Reihe von Betrieben für eine eher längere als kürzere Übergangszeit große betriebliche Umbauprozesse geben wird[16], die mit erheblichen Produktionseinbrüchen einhergehen werden. Dies wird, bedingt durch den Umstieg vom Verbrennungsmotor auf elektrische Antriebe, z.B. im Bereich der Automobilzulieferer der Fall sein. Es ist davon auszugehen, dass die Transformation auch in anderen Bereichen mit erheblichen Auswirkungen für größere Gruppen von Beschäftigten einhergeht. Diese Einschnitte werden voraussichtlich vergleichsweise abrupt und massiv sein.

Wie lässt sich diese Transformation bewältigen, ohne dass zahlreiche Menschen arbeitslos werden? Dazu hat die IG Metall einen Vorschlag: Eine neue Form des Kurzarbeitsgeldes (KuG), das Transformationskurzarbeitergeld. Damit könnten Betriebe und Beschäftigte unterstützt werden, die von technologischem oder sonstigen Strukturwandel betroffen sind.

Die Idee des Transformationskurzarbeitergeldes ist folgende: Ein Betrieb steht vor einem Umbauprozess. Die Produktion sinkt. Der Umbau braucht Zeit und es kommt zunächst zu Arbeitsausfällen. Auf die Beschäftigten kommen neue und veränderte Anforderungen und Tätigkeiten zu. In solchen Lagen soll das Transformations-KuG eine Brücke bauen. Es verhindert Entlassungen und minimiert die Entgeltverluste der Beschäftigten während des Arbeitsausfalls. Außerdem soll die Kurzarbeit mit Qualifizierung verbunden werden. Unternehmen und Betriebsräte entscheiden gemeinsam, welche Fortbildung am sinnvollsten ist. Nach dem Transformationsprozess können die Beschäftigten mit neuen Fertigkeiten weiterbeschäftigt werden.

Fazit: Die Begleitung durch die IG Metall in der Bildungsbiografie – eine präventive arbeitspolitische Aufgabe in der Transformation

Es gibt arbeitspolitische Themen, die scheinbar schon sehr lange diskutiert und praktisch bearbeitet werden und doch gilt es, diese immer wieder zu revitalisieren. Dazu gehört auch das Thema Qualifizierung. Vor dem Hintergrund ist hier aufgezeigt, dass die Unterstützung der Bildungsbiografie der Beschäftigten und Mitglieder zu einer wesentlichen Aufgabe im gewerkschaftlichen Kontext gehört. Diese Aufgabe gilt es, gemeinsam mit Betriebsräten, Vertrauensleuten und Personalbereichen auf der betrieblichen Ebene voranzutreiben. Die IG Metall kann dazu politische Rahmenbedingungen beeinflussen,

---

16 Vgl. IG Metall (o.J.): Faktenblatt: Das Transformationskurzarbeitergeld Ein Vorschlag der IG Metall zur Beschäftigungssicherung und Stärkung von Qualifizierung im Betrieb (Download: 13.2.2021) https://bit.ly/3udvXr2.

Netzwerke und Knowhow zur Verfügung stellen – auf dass sich die Bildungsbiografien von uns allen in der Transformation weiterentwickeln.

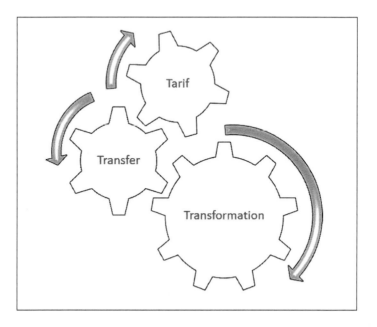

Detlef Scheele

Die Grundsicherung für Arbeitsuchende: Kontroversen nicht ausgeschlossen!

In den vergangenen fünfzehn Jahren gab es keine Reform des in Artikel 20 Grundgesetz normierten Sozialstaatsgebots, die so kontrovers diskutiert wurde, wie die Grundsicherung für Arbeitsuchende. Für die eine Seite, die vor allem von Betroffenen, Sozialverbänden und Gewerkschaften vertreten wird, ist die Sozialleistung zu gering bemessen und Förderinstrumente werden als zu repressiv gebrandmarkt. Für die andere Seite, die von einer Reihe von Arbeitsmarktpolitikerinnen und -politikern vertreten wird, geht es vor allem um eine schnelle Wiedereingliederung, an der sich auch das Förderungsrecht sowie die Leistungshöhe auszurichten haben. Die Frage, ob das SGB II eine soziale Hängematte sei, kann man getrost als Ideologie abtun, denn die Bedingungen der Grundsicherung für Arbeitsuchende sind wahrlich nicht allzu großzügig ausgestaltet.

Nun kann man über die Angemessenheit der Höhe einer Leistung, abhängig vom Grad und vor allem vom Risiko der persönlichen Betroffenheit trefflich diskutieren. Doch ist diese Diskussion nicht dazu geeignet, um beurteilen zu können, ob das Grundsicherungssystem den betroffenen Menschen tatsächlich helfen kann. Vielmehr möchte ich den Blick darauf lenken, welche Aufgabe der Sozialstaat hat und welchen Beitrag die Grundsicherung für Arbeitsuchende dazu leisten kann.

Aus dem Sozialstaatsprinzip lassen sich keine unmittelbaren Ansprüche oder Leistungshöhen für die oder den Einzelnen ableiten. Vielmehr drückt es aus, dass die Bundesrepublik Deutschland zu sozialer Gerechtigkeit verpflichtet ist und diese auch gesetzlich manifestiert. In der Praxis kommt der Staat seiner Verantwortung beispielsweise durch die Einrichtung der Sozialversicherungen, die Gewährung von Kinder- und Erziehungsgeld, Berufsausbildungsförderungsleistungen und der Grundsicherung für Arbeitsuchende nach. Innerhalb dieses sozialpolitischen Systems ist die Grundsicherung die letzte Absicherung, wenn alle anderen Leistungen die betroffenen Menschen in ihrer temporären individuellen Notlage nicht absichern können. An diesem Maßstab ist sie auch zu messen.

Nicht immer gelingt den Betroffenen der Ausweg aus dieser schwierigen Situation, in der sie sich aufgrund äußerer Umstände befinden, aus eigener Kraft. Deshalb ist professionelle Unterstützung tragender Bestandteil der Grundsicherung.

Das bis Jahresende 2004 geltende Bundessozialhilfegesetz war noch nicht von diesem Unterstützungsgedanken getragen. Die Intention der früheren Sozialhilfe war es, den Leistungsempfängerinnen und -empfängern die Führung eines Lebens zu ermöglichen, das der Würde des Menschen entspricht. Dieses Ziel stellt ausschließlich auf die finanzielle Absicherung ab. Was aber fehlte war die Perspektive für die Menschen, die einmal in den Sozialhilfebezug gelangt sind, dass sie diesen auch wieder verlassen können. Und genau bei diesem Punkt hat die Gesetzgebung im Ergebnis der Expertenkommission „Moderne Dienstleistungen am Arbeitsmarkt" einen Paradigmenwechsel vollzogen. Fortan sollte ausgeschlossen werden, dass erwerbsfähige Menschen über einen langen Zeitraum von Sozialleistungen leben müssen und sich von staatlicher Seite keine Einrichtung mit ihnen beschäftigt, wie sie diesen Leistungsbezug wieder hinter sich lassen können. Um diesem Anspruch und aus meiner Sicht bedeutsamstem Gedanken der Reform gerecht werden zu können, mussten bestehende Sicherungs- und Unterstützungsleistungen gebündelt sowie neue Rechte und Pflichten normiert werden.

Ein erster Schritt war die Zusammenlegung der Arbeitslosenhilfe und der Sozialhilfe, wodurch das Sozialleistungsniveau für 2,26 Millionen Menschen auf einem niedrigeren Niveau als zuvor festgesetzt wurde. Eine bis heute vielfach kritisierte Rechtsänderung. Viel wichtiger war aber, dass mit dieser Zusammenlegung das Leistungsangebot der Arbeitslosenhilfe auf die 1,87 Millionen Menschen, die zuvor im Sozialhilfeleistungsbezug standen, erweitert wurde. Ihnen standen neben den Geld- und Sachleistungen, die sie auch bislang schon bezogen haben, nun auch die Leistungen zur Eingliederung in Arbeit sowie die Dienstleistungen der neu geschaffenen Grundsicherungsstellen, der sogenannten Jobcenter, offen.

Die Jobcenter beschäftigen sich nunmehr gleichermaßen mit den Alltagssorgen der von ihnen betreuten Menschen, wie Sucht-, Geld- oder Gesundheitsproblemen, als auch ihrem Weg zurück in das Erwerbsleben. In Beratungsgesprächen werden Stärken, Schwächen, Unterstützungsmöglichkeiten und Arbeitsangebote besprochen. Wenn es von beiden Seiten als hilfreich erachtet wird, wird auch die Teilnahme an einem Weiterbildungskurs oder einer anderen arbeitsmarktpolitischen Maßnahme vereinbart und gefördert. Dabei geht es nicht darum, den arbeitslosen Menschen vorgefertigte Lösungen anzubieten. Vielmehr ist es wichtig, die Betroffene bzw. den Betroffenen in den Mittelpunkt zu stellen und zu stärken, um eigenverantwortliche Entscheidungen für den weiteren, eigenen Berufsweg treffen zu können.

Das klingt nach einem großen Aufwand, den der Sozialstaat betreibt. Dieser ist aber gerechtfertigt. Die Grundsicherung für Arbeitsuchende ist nicht dafür gedacht, dass Menschen einen längeren Zeitraum oder gar Jahre von den Leistungen leben müssen. Um diesem Anspruch gerecht zu werden, müssen die staatlichen Stellen alle Bemühungen unternehmen, um den betroffenen Menschen die gesellschaftliche Teilhabe wieder zu ermöglichen. Dabei spielt die professionelle Ausübung einer Tätigkeit eine entscheidende Rolle. Denn Arbeit ist mehr als nur der reine Gelderwerb. Für das Individuum ist Arbeit sinnstiftend: Der Tag bekommt eine Struktur und ein Ziel. Der Austausch am Arbeitsplatz schafft soziale Strukturen. Durch das tägliche Gespräch über den Arbeitsalltag bekommen Menschen im eigenen Umfeld mit, dass Arbeiten normal ist – und eben nicht der dauerhafte Bezug von Sozialleistungen. Ehemals Arbeitslose können so zu Vorbildern erwachsen. Ihre Aufgabenerledigung wird von anderen Menschen anerkannt. Das wiederum stärkt die Motivation und – wenn Kinder im Haushalt leben – ihre Erziehungsfähigkeit.

Die Teilhabe ehemals arbeitsloser Menschen am Arbeitsmarkt stärkt aber nicht nur das Individuum, sondern auch die Gemeinschaft. Die Diskussionen über die Angemessenheit der Höhe einer Sozialleistung sind auch geeignet, das System in die eine oder andere Richtung zu diskriminieren. Daher ist mir ein Verständnis davon so wichtig, dass die Grundsicherung lediglich als temporäre Absicherung für individuelle Notlagen gedacht ist. Diese Sichtweise stärkt die Akzeptanz für das Grundsicherungssystem und den Sozialstaat in Gänze, weil nur das zugesichert ist, was bestenfalls geboten wird. Die Rezession infolge der COVID-19-Pandemie hat gezeigt, dass es auch Menschen treffen kann, die bislang nicht damit gerechnet haben und sich auch nicht zu denjenigen zählten, die von Sozialleistungen leben wollen. Für sie war es vielleicht eine ungewohnte, aber dennoch schnell realisierbare Lösung, mit der die Jobcenter in dieser Notlage die Wohnung und den Lebensunterhalt sichern konnten.

Neben dieser menschlichen Ebene hat die Einführung der Grundsicherung für Arbeitsuchende auch die Sozialstaatsarchitektur stabilisiert. Vor den Arbeitsmarkt- und Sozialreformen wurde die Arbeitslosenhilfe aus der – seit der innerdeutschen Wiedervereinigung – strukturell unterfinanzierten Arbeitslosenversicherung gezahlt. Die Kommunen wiederum finanzierten die sich daran anschließenden Leistungen nach dem Bundessozialhilfegesetz. Sie trugen die Finanzierungsverantwortung für eine Leistung, deren Zugang und Leistungsumfang der staatlichen Unterstützung bzw. Absicherung vom Bund – an dieser Stelle in Gestalt des Deutschen Bundestags – festgelegt wurde. Vor allem den kreisfreien Städten und Landkreisen mit hoher Arbeitslosigkeit, resultierend aus kaum verwundenen Strukturkrisen, wie zum Beispiel der Schließung von Kohlezechen und Werften, drohte der finanzielle Kollaps mit der Folge kontinuierlicher Reduzierung der kommunalen Infrastruktur. Die Reform sicherte die finanzielle Überlebensfähigkeit dieser Kommunen, denn der Bund übernahm im Zuge der Zusammenführung von Arbeitslosen- und Sozialhilfe zur Grundsicherung für Arbeitsuchende fast vollständig die Kostenträgerschaft. Die kommunalen Haushalte wurden damit von den jährlichen Ausgaben für die Absicherung von Lebensrisiken im zweistelligen Milliardenbereich entlastet. Haushaltsmittel, die fortan für andere Vorhaben und Maßnahmen in den Städten und Landkreisen zur Verfügung standen. Mithin auch eine effektive Maßnahme zur Demokratieförderung.

Die der Grundsicherung für Arbeitsuchende zugrundeliegenden Ansätze sind geeignet, sowohl den Sozialstaat in Gänze, als auch die Menschen, die auf sie angewiesen sind, zu stabilisieren. In der Realität hat sich allerdings gezeigt, dass es nicht bei allen Arbeitslosen gelungen ist, mit ihnen einen Weg in den Ausbildungs- oder Arbeitsmarkt zu finden. Bis zu einer Million Menschen müssen über mehrere Jahre hinweg von Sozialleistungen leben. Einige von ihnen waren bereits vor der Einführung der Grundsicherung für Arbeitsuchende 2005 auf staatliche Unterstützung angewiesen. Persönliche Beeinträchtigungen, wie ein höheres Lebensalter, gesundheitliche Einschränkungen oder eine geringe Qualifikation verhindern trotz aller Bemühungen die dauerhafte Partizipation am Arbeitsmarkt. Denn auch wenn sie rein rechtlich zwar erwerbsfähig sind, besitzen sie trotzdem nicht die Möglichkeit oder die Fähigkeit, auf einem prosperierenden Arbeitsmarkt eine existenzsichernde Beschäftigung zu finden. Den Begriff der Erwerbsfähigkeit politisch neu zu fassen war überfällig und notwendig, um auch für diese Menschen den Weg aus dem Leistungsbezug ebnen zu können. Mit dem Teilhabechancengesetz wurde dieser politische Paradigmenwechsel vollzogen. Seit dem 1. Januar 2019 baut der Bund einen zunächst befristeten sozialen Arbeitsmarkt auf. Arbeitgeber, die langzeitarbeitslosen Menschen eine Chance geben und sie sozialversicherungspflichtig beschäftigen, erhalten bis zu fünf Jahre Lohnkostenzuschüsse von bis zu 100 Prozent des tatsächlich gezahlten Arbeitsentgelts. Die vormals über viele Jahre hinweg arbeitslosen Menschen erhalten während dieser Beschäftigung ein professionelles Coaching, das sie beispielsweise dabei unterstützen soll, in schwierigen Situationen durchzuhalten. Der soziale Arbeitsmarkt richtet sich also an Menschen, deren Integrationsperspektive sehr schlecht ist und bei denen der Teilhabeansatz im Vordergrund steht. Hier nachhaltige Fortschritte zu erzielen, bleibt schwierig. Deshalb gehört der Präventionsgedanke mit Blick auf einen guten Übergang von der Schule in das Berufsleben sowie die vorausschauende Qualifizierung von Beschäftigten zur Bewältigung der Transformationsprozesse untrennbar zum Verständnis der Ausgestaltung einer temporären Grundsicherungsleistung.

Das staatliche Absicherungssystem für soziale Notlagen wurde vor mehr als fünfzehn Jahren grundlegend reformiert. Seitdem geht es nicht mehr nur um die finanzielle Absicherung. Der Mensch mit seinen individuellen Bedürfnissen und sein Beitrag für die Gemeinschaft wurden stärker in den Mittelpunkt gerückt. Das war und ist ein Erfolg, den es dauerhaft zu sichern gilt. Dazu müssen sich die Grundsicherung und die in ihr handelnden Akteure mit den sich ändernden Rahmenbedingungen in der Arbeitswelt weiterentwickeln. Auf staatlicher Seite sehe ich da zuvorderst die Notwendigkeit, den Mehrwert des lebenslangen Lernens für Grundsicherungsleistungsempfängerinnen und -empfänger stärker zu betonen sowie die Zusammenarbeit zwischen den kommunalen Einrichtungen und den Jobcentern weiter zu intensivieren.

Die digitalen Möglichkeiten verändern nicht nur die Arbeits- und Prozessabläufe in den Unternehmen, sondern auch die Ansprüche an die potenziellen Beschäftigten. Nach Aussage des Instituts für Arbeitsmarkt- und Berufsforschung kann mittlerweile bereits jeder vierte Arbeitsplatz zu einem hohen Grad automatisiert werden. Um hier nicht den Anschluss zu verlieren, werden Weiterbildungen immer wichtiger, die jedoch gerade langzeitarbeitslosen Menschen enorm schwerfallen. Es fehlen positive Vorerfahrungen und Grundlagenwissen. Zudem sind ihre beruflichen Kenntnisse häufig nicht mehr passend, so dass eine berufliche Weiterbildung oder gleich eine Umschulung notwendig werden. Gegenwärtig greift hier ein Verkürzungsgebot der Umschulung auf 24 Monate. Nun kann man gerade nicht davon ausgehen, dass all diese Menschen, aus den unterschiedlichsten Gründen dazu im Stande sind, sich die Ausbildungsinhalte in verdichteter Form und verkürzter Zeit erfolgreich anzueignen. Aus diesem Grund sollte für sie die Möglichkeit geschaffen werden, die vom Jobcenter finanzierte Weiterbildung in einem anerkannten Ausbildungsberuf in der regulären Ausbildungsdauer absolvieren zu können. Auf der anderen Seite stellen mehrjährige Weiterbildungen vor allem die geringqualifizierten Arbeitslosen vor Herausforderungen. Die Aufnahme einer Helfertätigkeit ist häufig verlockender, da mit ihr kurzfristig ein höheres Arbeitsentgelt im Vergleich zur Teilnahme am Weiterbildungskurs erzielt werden kann. Dies gilt umso mehr, je länger der Weiterbildungskurs dauert. Wir müssen es also schaffen, sie zu motivieren, dass sie durchhalten. Die Prämien für eine erfolgreich abgeschlossene Zwischen- und Abschlussprüfung waren ein erster Schritt in diese Richtung. Nun sollte man weitergehen und monatliche Prämienzahlungen gewähren. In einem Modellprojekt in der Hansestadt Bremen werden mit Unterstützung der Europäischen Kommission dazu gerade erste Erfahrungen gesammelt.

Von staatlicher Seite müssen wir berufliche Weiterbildungskurse langzeitarbeitsloser Menschen stärker unterstützen. Die Abwägung zwischen einer beruflichen Weiterbildung mit Berufsabschluss und einer, vielleicht sogar gut bezahlten Helfertätigkeit, sollte stets zugunsten der Weiterbildung erfolgen. Kurzfristig kann die oder der Betreffende wahrscheinlich ihren oder seinen Lebensunterhalt ohne staatliche Unterstützung bestreiten. Erkenntnisse des Instituts für Arbeitsmarkt- und Berufsforschung belegen aber, dass das Risiko arbeitslos zu werden viermal höher ist, wenn man keine Berufsausbildung hat. Insofern sollte die staatlich finanzierte Lernphase als langfristige Investition in die Zukunft begriffen werden. Deshalb ist die Relativierung des Vermittlungsvorrangs zwingend geboten.

Das gleiche gilt im Übrigen auch, wenn kommunale Einrichtungen z.B. der Jugendhilfe einen mittel- bis langfristigen Aufbauplan mit dem arbeitslosen Menschen erarbeitet haben. Sollte beispielsweise eine Pflichtverletzung vom Jobcenter sanktioniert werden, während die Kommune gerade zusammen mit dem Menschen daran arbeitet, die finanziellen Verhältnisse zu stabilisieren, wäre diese Maßnahme äußerst kontraproduktiv. Vertrauen und Erfolge können schneller zerstört werden, als dass man sie aufbauen kann. Auch wenn Bundes- und kommunale Leistungen auf dem ersten Blick also nicht unmittelbar zusammenhängen, so entfalten die Sozialgesetzbücher die beste Wirkung für die bzw. den Einzelnen, wenn sie zusammenwirken. Aus diesem Grund ist es wichtig, dass sich die staatlichen Einrichtungen auf der kommunalen Ebene eng miteinander vernetzen und von ihren spezifischen Interventionen wissen.

Die Arbeit mit Menschen ist eine der anspruchsvollsten Tätigkeiten. Die Ansprüche sind zumeist sehr individuell und ändern sich im Laufe des Arbeitsprozesses. Von den durchschnittlich sieben Millionen Menschen, die im Laufe eines Jahres arbeitslos werden, gibt es welche, die mehr Unterstützung benötigen als andere. Was aber überall gleich ist, ist die Erwartungshaltung: Jede und jeder möchte eine individuelle Unterstützung. Um diesem Anspruch gerecht zu werden, wird es künftig mehr und mehr digitale Angebote geben um dadurch individuelle Angebote auch ohne Präsenzvorsprache zu ermöglichen. Ratsuchende mit IT-Affinität können sich im besten Falle über Online-Services selber helfen. Die Grundsicherungsstellen fungieren für diese Gruppe eher als Unterstützer bei der Selbstorganisation ihres Hilfebedarfs. Trotz vieler Fortschritte in den vergangenen fünfzehn Jahren besteht hier kontinuierlicher Ausbaubedarf. Denn die Grundsicherung darf bei der Digitalisierung nicht zurückstehen.

Und dennoch werden die Jobcenter immer die Rolle des „Kümmerers" wahrnehmen. Denn wer soll für Menschen da sein, die den Boden unter den Füssen zu verlieren drohen. Und da geht es dann um Vertrauen jenseits von Mitwirkungspflichten, um die Aktivierung von persönlichen Netzwerken, das Zusammenwirken von Schuldner- und Gesundheitsberatung, Krisenintervention bei Arbeitgebern oder die Regulierung von

Mietangelegenheiten um Wohnungsverlust zu verhindern. Wenn die Jobcenter den Kontakt verlieren bzw. er nicht mehr gesucht wird, droht wirkliche Vereinsamung und Verelendung. Und weil dieser Kontaktabbruch mit Engagement verhindert wird, gebührt den Kolleginnen und Kollegen in den Jobcentern große Anerkennung.

Thomas Gerlinger / Uwe Lenhardt

Herausforderungen für eine Politik solidarischer Gesundheitssicherung

Das Handlungsfeld Gesundheitspolitik hat in den vergangenen knapp drei Jahrzehnten vielfältige Veränderungen durchlaufen. Zu den markanten gesundheitspolitischen Entwicklungen dieser Zeit zählen die Etablierung einer Wettbewerbsordnung in der Gesetzlichen Krankenversicherung (GKV) durch Einführung der freien Kassenwahl, die zwischenzeitige Abkehr von der einkommensproportionalen, paritätischen Beitragsfinanzierung, die deutliche Erhöhung von Zu- und Aufzahlungen bei der Inanspruchnahme von GKV-Leistungen, die Umstellung auf diagnosebezogene Fallpauschalen (DRG) in der Krankenhausvergütung, die Bemühungen um eine stärkere Integration der Versorgungsstrukturen, die Schwächung der sozialen Selbstverwaltung durch die Organisationsreform der GKV, die Stärkung der Rolle von Krankenkassen auf dem Gebiet der Gesundheitsförderung und nichtmedizinischen Primärprävention und die Europäisierung der Gesundheitspolitik.

Neoliberaler Umbau, Verteidigung des Solidarprinzips und ungelöste Strukturprobleme

Von den 1990er bis in die frühen 2010er Jahre stand Gesundheitspolitik unter dem Einfluss des neoliberalen Zeitgeistes. Nicht alle, aber doch zahlreiche der wesentlichen Strukturreformen in der GKV waren Ausdruck neoliberaler Hegemonie. Dementsprechend standen in dieser Zeit Abwehrkämpfe und Forderungen nach Rücknahme durchgesetzter Reformen im Mittelpunkt. Der Erhalt und die Stärkung des Solidarcharakters der GKV gehört seit Hans-Jürgen Urbans Eintritt in die Vorstandsverwaltung der IG Metall zu seinen politischen und wissenschaftlichen Schwerpunkten. Viele der seitherigen Entwicklungen hat er wissenschaftlich analysiert, und in vielen haben er und der Arbeitsbereich Sozialpolitik beim Vorstand der IG Metall sich eingeschaltet (vgl. etwa Gerlinger/Urban 2010 u. Urban 2018). Dass die IG Metall gesundheitspolitisch als ein relevanter Akteur im Sinne einer umfassenden, modernen Interessenvertretung in Erscheinung tritt, hat unterschiedliche Gründe. Wichtig ist vor allem, dass die Finanzierung des Gesundheitswesens eine bedeutende verteilungs- und gerechtigkeitspolitische Dimension hat und dass die IG Metall eine große Zahl von Expertinnen und Experten hat, die sich in der sozialen Selbstverwaltung der Krankenkassen in die Gestaltung des Versorgungsgeschehens einschalten.

Neoliberale Konzepte sind heute zwar nicht verschwunden, haben in den letzten Jahren aber an Einfluss auf die Gesundheitspolitik eingebüßt. Unterschiedliche Entwicklungen haben diesen Wandel herbeigeführt: die auf einigen Handlungsfeldern der Gesundheitspolitik sich offenbarende Untauglichkeit marktradikaler Konzepte; die von zahlreichen Akteuren, nicht zuletzt von Gewerkschaften, geführten politischen Auseinandersetzungen; die im Zuge des vor einem guten Jahrzehnt einsetzenden Beschäftigungsbooms auch in der Gesundheitspolitik größer gewordenen Verteilungsspielräume.

Vor diesem Hintergrund ließen sich auch einige Verbesserungen im Interesse der Arbeitnehmerinnen und Arbeitnehmer erreichen. Dazu zählen die Rückkehr zur rein einkommensbezogenen, paritätischen Beitragsfinanzierung, aber auch die Abschaffung der Praxisgebühr, die Herausnahme der Pflegekosten aus der DRG-Kalkulation, die Einführung von Personaluntergrenzen in bestimmten Krankenhausabteilungen oder die Verabschiedung des Präventionsgesetzes mit seinem Versuch zur Aufwertung lebensweltbezogener Prävention. Überdies sind die vor allem in den 1990er und 2000er Jahren von FDP und CDU/CSU, Arbeitgeber- und Ärzteverbänden unter dem Diktum „Mehr Eigenverantwortung" vorgetragenen Forderungen nach der Ausgliederung von Leistungen („Grundleistungskatalog") oder einer Erhöhung von Zuzahlungen zwar nicht verstummt, aber doch seltener und leiser geworden. Auch die Rufe nach mehr Wettbewerb im Gesundheitswesen werden nicht mehr ganz so selbstverständlich erhoben und akzeptiert wie in früheren Jahren.

Die verschiedenen Bundesregierungen haben die Verbesserung der Einnahmensituation der Krankenkassen allerdings auch dazu genutzt, um Leistungsanbieter recht großzügig zu bedienen, vor allem Vertragsärztinnen und -ärzte sowie Krankenhäuser. Gleichzeitig sind viele Strukturprobleme des deutschen Gesundheitssystems ungelöst geblieben, wie z.B. die Koexistenz von GKV und privater Krankheitsvollversicherung, das Nebeneinander von Über- und Unterversorgung bei der Vorhaltung ambulanter und stationärer Versorgungskapazitäten oder die Versorgungsprobleme insbesondere bei der hausärztlichen Versorgung in benachteiligten Regionen und Quartieren.

Die Covid-19-Pandemie bringt weitreichende Veränderungen der Rahmenbedingungen für das Gesundheitssystem und auch für die GKV mit sich, aus denen neue Herausforderungen für eine bedarfsorientierte Gestaltung der GKV und für eine sozial gerechte Verteilung der Finanzierungslasten erwachsen. Diese Herausforderungen erstrecken sich auf die gesamte Struktur des Versicherungssystems sowie auf eine Reihe von Problemen, die neben der Finanzierung auch die Versorgung und die Regulierung betreffen.

Zu den drängendsten Problemen zählt die jüngere GKV-Finanzentwicklung. Der GKV-Schätzerkreis, ein beim Bundesamt für Soziale Sicherung angesiedeltes Expertengremium, das für das jeweilige Jahr und das Folgejahr die Eckdaten für die GKV-Finanzentwicklung berechnet, geht für 2021 von einem Defizit in Höhe von rund 16 Milliarden Euro aus. Darin ist noch nicht berücksichtigt, dass die Wachstumserwartungen für die Zeit der Krise mittlerweile deutlich nach unten korrigiert worden sind. Das Ende 2020 verabschiedete Gesundheitsversorgungs- und Pflegeverbesserungsgesetz, mit dem der Bundeszuschuss um fünf Milliarden Euro erhöht und acht Milliarden Euro aus den Reserven der Krankenkassen in den Gesundheitsfonds übertragen werden, dient nur der kurzfristigen Stabilisierung – eine mittel- und langfristig tragfähige

Grundlage für eine solide Finanzierung der GKV ist es nicht (vgl. zu den Schätzungen für 2020/21: Bundesamt für Soziale Sicherung 2020).

Solidarische Finanzierung

Angesichts dessen steht zu erwarten, dass die in den letzten Jahren in den Hintergrund getretenen Verteilungskämpfe in der GKV neu aufbrechen werden. Schon jetzt ist von Parteien aus dem konservativ-liberalen Lager und aus Arbeitgeberkreisen der Ruf nach einem ordnungspolitischen Wandel in der GKV zu vernehmen (z.B. Wirtschaftsrat der CDU e.V. 2021). Arbeitgeberverbände drängen darauf, an dem politisch formulierten Ziel der Begrenzung der Sozialversicherungsbeiträge auf 40 Prozent der Bruttolohnsumme festzuhalten. Dies wird wegen der ökonomischen Auswirkungen der Covid-19-Pandemie ohne eine dauerhafte Erhöhung des Bundeszuschusses zur GKV aber kaum möglich sein. Allerdings schränken die deutlich gestiegenen Schulden die Handlungsfähigkeit der Bundesregierung hierfür ein. Daher ist zu erwarten, dass Forderungen nach Leistungsausgrenzungen und erhöhten Zuzahlungen wieder lauter werden.

Die seit vielen Jahren geforderte Zusammenführung von GKV und PKV zu einem einheitlichen, die gesamte Bevölkerung einbeziehenden, solidarischen Krankenversicherungssystem („Bürgerversicherung") ist auch vor diesem Hintergrund von ungebrochener Aktualität. Verschiedene Gutachten haben herausgearbeitet, dass eine solidarische Bürgerversicherung zu einem (je nach Modellvariante mehr oder weniger deutlichen) Rückgang der Beitragssätze führen und positive Beschäftigungseffekte nach sich ziehen würde. Zudem würde sie – insbesondere in Verbindung mit einer An- oder Aufhebung der Beitragsbemessungsgrenze – zu einer gerechter verteilten Beitragsbelastung führen (Rothgang/Domhoff 2017). Ihre Durchsetzung bleibt vor allem deshalb eine zentrale gesundheitspolitische Herausforderung, weil die Koexistenz von GKV und PKV als substitutiver Krankenversicherung mit den Grundsätzen eines Solidarsystems nicht vereinbar sind (Ochmann et al. 2020). Sie ist verbunden mit einer zu Lasten der GKV gehenden, gezielten Risikoselektion und führt zu teilweise erheblich längeren Wartezeiten auf einen Arzttermin für gesetzlich Krankenversicherte. Zudem ist die deutlich bessere Vergütung von Ärztinnen und Ärzten für Privatleistungen einer der Gründe dafür, dass in manchen benachteiligten Regionen und Quartieren eine Unterversorgung droht oder auch schon eingetreten ist. Schließlich soll nicht unerwähnt bleiben, dass die PKV für Ärztinnen und Ärzte starke Anreize zu medizinisch nicht erforderlichen Mengenausweitungen schafft, weil sie keine Rechtsbeziehungen mit den Leistungserbringern, sondern nur mit den Versicherten eingeht und daher nicht über wirksame Instrumente zur Mengen- und Qualitätskontrolle verfügt (Reiners 2017).

Gestaltung der Versorgungsstrukturen

Ein weiteres Handlungsfeld, auf dem sich besondere Herausforderungen stellen, ist die Gestaltung der Versorgungsstrukturen. Bereits in den letzten Jahren sind hier erhebliche

Veränderungen eingetreten, z.B. mit dem Aufstieg der Medizinischen Versorgungszentren (MVZ) in der ambulanten Versorgung (Kassenärztliche Bundesvereinigung 2021), den Schwierigkeiten bei der Sicherstellung der Versorgung in benachteiligten Räumen (Klose/Rehbein 2017) oder mit der einsetzenden Strukturbereinigung in der Krankenhauslandschaft (Augurzky et al. 2020). Es ist davon auszugehen, dass sich die Versorgungslandschaft in den nächsten Jahren tiefgreifend wandeln wird. Die Auswirkungen der Covid-19-Pandemie könnten hier als Katalysator wirken.

Zu den Strukturveränderungen auf diesem Gebiet zählt auch die fortschreitende Privatisierung der Versorgungseinrichtungen. Der Anteil privater Träger – darunter große Kapitalgesellschaften, vor allem Aktiengesellschaften – an allen Krankenhäusern (Krankenhausbetten) ist zwischen 1991 und 2018 von 14,8 % (4,0 %) auf 37,6 % (19,1 %) gestiegen (Statistisches Bundesamt 2020). Weit weniger bekannt ist die wachsende Bedeutung großer Finanzinvestoren in der ambulanten Versorgung. Sie dringen zum einen über die Trägerschaft von Krankenhäusern in die ambulante Versorgung ein, denn Krankenhäuser dürfen ambulante MVZ betreiben. Zum anderen führte der Weg von Finanzinvestoren, vor allem von Private Equity-Gesellschaften (PEG), in die ambulante Versorgung bereits nach der Zulassung von MVZ im Jahr 2004 direkt über den Erwerb von Anteilen an solchen Einrichtungen oder deren komplette Übernahme (Bobsin 2019; Scheuplein et al. 2019). Mit der wachsenden Bedeutung von PEG und anderen privaten Investoren ist die Gefahr verbunden, dass die Krankenversorgung in zunehmendem Maße (kurzfristigen) Verwertungsstrategien unterworfen wird (Deutscher Bundestag 2019).

Die Versorgungsstrukturen sind durch ein beharrliches Nebeneinander von Über- und Unterversorgung gekennzeichnet (z.B. Sachverständigenrat 2018). Dass eine Unterversorgung für Versicherte nicht hinnehmbar ist, leuchtet unmittelbar ein. Aber auch eine Überversorgung liegt nicht in ihrem Interesse, denn sie verursacht nicht nur unnötige Ausgaben für die Vorhaltung von Kapazitäten, sondern schafft auch Anreiz für die Durchführung medizinisch nicht indizierter Behandlungen. Über- und Unterversorgung werden für den stationären und den ambulanten Sektor mit unterschiedlichen Akzenten diskutiert. Was Letzteren betrifft, wird darauf hingewiesen, dass einer drohenden oder bereits eingetretenen Unterversorgung in strukturschwachen Räumen zum Teil erhebliche Überkapazitäten in vielen Ballungsräumen gegenüberstehen. Überkapazitäten werden auch im Hinblick auf die Krankenhausversorgung konstatiert, während hier von einer Unterversorgung kaum die Rede ist. Daher wird für diesen Sektor teilweise eine drastische Reduzierung der Bettenzahlen gefordert. In der Debatte über die Krankenhausstrukturen spielt zudem die Qualität des Leistungsgeschehens eine Rolle. So wird bei zahlreichen planbaren Behandlungen eine Zentrenbildung und Spezialisierung für erforderlich gehalten, da gerade bei komplexen Eingriffen die Qualität im Zusammenhang mit der Häufigkeit ihrer Durchführung stehe, kleinere Häuser aber derartige Leistungen, die nicht zur Routine eines Fachgebiets gehören, häufig nicht in der erforderlichen Menge (und damit Qualität) erbringen würden. Eine Konzentration und Spezialisierung könne zwar die Wege zwischen Wohnort und Krankenhausstandort verlängern, würde dafür aber die Versorgungsqualität verbessern. Zu bedenken ist allerdings, dass der Entzug von Behandlungskompetenzen in vielen Fällen nicht nur die betroffenen Fachabteilungen, sondern auch die wirtschaftliche Existenz ganzer Häuser gefährden kann. Daraus könnte jenseits überversorgter Ballungsräume, gerade in ländlichen Räumen, ein Problem für die Vorhaltung bedarfsgerechter Krankenhauskapazitäten erwachsen.

Während der Covid-19-Pandemie hat sich die im internationalen Vergleich hohe Bettendichte, einschließlich der Intensivbetten, in Deutschland als ein Vorteil erwiesen. Dennoch traten auch hier im Zuge der Pandemie Engpässe auf. Allein schon diese Erfahrungen mahnen zur Vorsicht bei der Diskussion über einen Bettenabbau. Allerdings wird man die Pandemieerfahrungen auch nicht als Legitimation für eine dauerhafte Aufrechterhaltung erheblicher Überkapazitäten heranziehen können. Selbstverständlich erfordert eine bedarfsgerechte Krankenhausplanung auch die Vorhaltung von Kapazitäten für die adäquate Versorgung etwaiger Bedarfsspitzen. Für einen derart seltenen und hohen Zusatzbedarf, wie er während der Pandemie aufgetreten ist, braucht es darüber hinaus geeignete Notfallpläne, die eine flexible Reaktion auf einen kurzfristigen, kräftigen Bedarfsanstieg sicherstellen. Zudem war während der Covid-19-Pandemie in den Krankenhäusern der Mangel an Fachkräften, insbesondere in der Krankenpflege, ein größeres Problem als ein Mangel an technischen Behandlungskapazitäten. Dies verweist auf zweierlei: zum einen müssen die Arbeitsbedingungen in der Krankenpflege verbessert werden, zum anderen muss die Vermittlung von Kompetenzen zur Reaktion auf derartige Sonderbedarfe in die Ausbildung des Gesundheitspersonals integriert werden.

Aber auch aus einem anderen Grund greift der Ruf allein nach einem Bettenabbau zu kurz. Versorgungsbedarfe und -strukturen stellen sich regional höchst unterschiedlich dar. Vor allem in ländlichen Regionen kann eine wohnortnahe fachärztliche Versorgung durch Einzel- und Gemeinschaftspraxen nicht gewährleistet werden, weil sich wegen der wirtschaftlichen Risiken nicht genug Ärztinnen oder Ärzte zu einer Niederlassung bereitfinden. Hier kann den Krankenhäusern eine Rolle als zentraler Akteur in der ambulanten fachärztlichen Versorgung und bei der Koordination der Leistungserbringer in einem regionalen Versorgungsnetz zukommen (Hildebrandt et al. 2017). Die Rolle des Krankenhauses im Rahmen einer künftigen Versorgungsorganisation kann also regional höchst unterschiedlich ausfallen. Sie kann neben der stationären Versorgung auch eine – möglicherweise durchgängige – ambulante Versorgung im Krankenhaus selbst oder in angeschlossenen Medizinischen Versorgungszentren umfassen (Sachverständigenrat 2014). Die Wahrnehmung solcher Optionen setzt voraus, dass der Gesetzgeber die für eine derart flexible Aufgabenwahrnehmung erforderlichen gesetzlichen Regelungen zur Öffnung des Krankenhauses trifft.

Ein wichtiger Grund für nicht bedarfsgerechte und ineffiziente Versorgungsstrukturen ist die nach wie vor getrennt für die vertragsärztliche und für die Krankenhausversorgung durchgeführte Bedarfsplanung. Um bedarfsorientierte und zugleich kosteneffektive Versorgungsstrukturen zu schaffen, ist es dringend erforderlich, eine sektorenübergreifende Bedarfsplanung einzuführen. Die bisherigen gesetzlichen Schritte zu einer stärkeren Abstimmung beider Planungssysteme sind unzureichend: die

Landesgremien nach § 90a SGB V können für eine sektorenübergreifende Versorgungsplanung nur Empfehlungen abgeben, die Mitwirkung der Länder an der vertragsärztlichen Bedarfsplanung ist auf relativ schwache Mitberatungs- und Beanstandungsrechte begrenzt.

Zur versorgungspolitischen Rolle der sozialen Selbstverwaltung

Die Planung von Versorgungsstrukturen ist eine Kernaufgabe der öffentlichen Daseinsvorsorge und muss daher unter staatlicher Zuständigkeit durchgeführt werden. In einem demokratischen Gemeinwesen muss ein solcher Planungsprozess auch unter demokratischer Partizipation der Betroffenen, ob nun in ihrer Eigenschaft als Nutzer, Patienten, Versicherte oder Bürger, erfolgen. Damit ist auch die soziale Selbstverwaltung und sind insbesondere die Versichertenvertreter in der sozialen Selbstverwaltung gefordert. Bekanntlich wurden deren Rechte mit der im Gesundheitsstrukturgesetz 1992 festgeschriebenen Organisationsreform der GKV zulasten der hauptamtlichen Kassenvorstände erheblich eingeschränkt. Zu den ihnen verbliebenen Zuständigkeiten zählen Aufgaben von grundsätzlicher Bedeutung und die Kontrolle des Vorstands. Zwar lässt diese gesetzliche Vorgabe Interpretationsspielräume zu, auch wenden die einzelnen Kassen diese Rahmenbestimmung in unterschiedlicher Weise an, aber oft genug entzieht sich das operative Geschäft, zu dem auch Verhandlungen mit Leistungsanbietern über die Vorhaltung von Kapazitäten gehören, eben doch dem Zugriff der sozialen Selbstverwaltung. Für die Versichertenvertretungen in den Krankenkassen(verbänden) stellen sich in diesem Zusammenhang vor allem zwei Herausforderungen: Erstens sollten sie die Kapazitäts- bzw. Strukturplanung als ein essentielles Anliegen der Versichertengemeinschaft und als ihr eigenes Handlungsfeld verstehen. Zweitens sollten sie, gerade wegen des Bedeutungszuwachses regional differenzierter Versorgungskonzepte die enge Zusammenarbeit mit regionalen und kommunalen, für die Entwicklung von Versorgungsnetzwerken relevanten Akteuren suchen. Dies ist für die Selbstverwaltungen allerdings nicht einfach, insbesondere in jenen Kassenarten, die in der Tradition einer stark zentralisierten Verwaltung stehen oder zu klein sind, um angemessene regionale Bezüge in ihrer Selbstverwaltungstätigkeit herzustellen.

Die Verteidigung und Stärkung der sozialen Selbstverwaltung waren und sind ein wichtiges gewerkschaftliches Handlungsfeld. Der Arbeitsbereich Sozialpolitik beim IG Metall Vorstand und Hans-Jürgen Urban persönlich haben in den zurückliegenden Jahren auf vielfältige Weise die Professionalisierung der Versichertenvertretungen unterstützt. Ihre Aufstellung für die Bewältigung der zukünftigen Aufgaben wird weitere Kraftanstrengungen erfordern.

Literatur

Augurzky, Boris/Heger, Dörte/Mensen, Anne/Pilny, Adam (2020): Fördermittel aus dem Krankenhausstrukturfonds – Anstoß zur dauerhaften Strukturveränderung?, in: Klauber,

Jürgen/Geraedts, Max/Friedrich, Jörg/Wasem, Jürgen/Beivers, Andreas: Krankenhaus-Report 2020. Finanzierung und Vergütung am Scheideweg. Berlin, S. 315-326.

Bobsin, Rainer (2019): Finanzinvestoren in der Gesundheitsversorgung in Deutschland. 20 Jahre Private Equity – Eine Bestandsaufnahme, 4., erhebl. erw. u. aktualis. Aufl., Hannover.

Bundesamt für Soziale Sicherung (2020): GKV-Schätzerkreis schätzt die finanziellen Rahmenbedingungen der gesetzlichen Krankenversicherung für die Jahre 2020 und 2021. Pressemitteilung vom 13. Oktober 2020. https://bit.ly/3bZBRoi

Deutscher Bundestag (2019): Wissenschaftliche Dienste – Dokumentation: Private Equity im deutschen Gesundheitssektor. Berlin: Deutscher Bundestag.

Gerlinger, Thomas/Urban, Hans-Jürgen (2010): Auf dem Weg zum Systemwechsel: Gesundheitspolitik schwarz-gelb; in: Blätter für deutsche und internationale Politik, 1/2010, S. 55-63

Hildebrandt, Helmut/Gröne, Oliver/Pimperl, Alexander/Werner, Ulf/Huber, Birgit (2017): Das vernetzte Krankenhaus der Zukunft ist primär ein regionales Versorgungssystem – eine Skizze. In: Klauber, Jürgen/Geraedts, Max/Friedrich, Jörg/Wasem, Jürgen: Krankenhaus-Report 2017. Schwerpunkt: Zukunft gestalten. Stuttgart, S. 167-183.

Kassenärztliche Bundesvereinigung (2021): Entwicklungen der Medizinischen Versorgungszentren. Statistische Informationen zum Stichtag 31.12.2019. http://www.kbv.de/html/mvz.php.

Klose, Joachim/Rehbein Isabel (Hrsg.) (2017): Ärzteatlas 2017 – Daten zur Versorgungsdichte von Vertragsärzten. Berlin: WIdO.

Ochmann, Richard/Albrecht, Martin/Schiffhorst, Guido (2020): Geteilter Krankenversicherungsmarkt. Risikoselektion und regionale Verteilung der Ärzte. Gütersloh: Bertelsmann Stiftung. DOI 10.11586/2020005.

Reiners, Hartmut (2017): Privat oder Kasse? Politische Ökonomie des Gesundheitswesens. Hamburg.

Rothgang, Heinz/Domhoff, Dominik (2017): Beitragssatzeffekte und Verteilungswirkungen der Einführung einer „Solidarischen Gesundheits- und Pflegeversicherung". Bremen: Universität Bremen. https://bit.ly/3uXaxzK.

Sachverständigenrat zur Begutachtung der Entwicklung im Gesundheitswesen (2014): Gutachten 2014: Bedarfsgerechte Versorgung – Perspektiven für ländliche Regionen und ausgewählte Leistungsbereiche, Deutscher Bundestag, Drucksache 18/1940 vom 26.06.2014.

– (2018): Jahresgutachten 2018: Bedarfsgerechte Steuerung der Gesundheitsversorgung, Deutscher Bundestag, Drucksache 19/3180 vom 04.07.2018.

Scheuplein, Christoph/Evans, Michaela/Merkel, Sebastian (2019): Übernahmen durch Private Equity im deutschen Gesundheitssektor. Eine Zwischenbilanz für die Jahre 2013 bis 2018, Gelsenkirchen: Institut Arbeit und Technik. http://www.iat.eu/dicussionpapers.

Urban, Hans-Jürgen (2018): Die Parität gehört auf die politische Tagesordnung, in: Soziale Sicherheit Extra, 1/2018, S. 3.

Wirtschaftsrat der CDU e.V. (2021): Sozialpolitik im demographischen Wandel – Überlastung der Sozialsysteme verhindern! https://bit.ly/3c2pPuh.

Doris Pfeiffer

Zur Rolle der gesetzlichen Krankenversicherung in der COVID-19-Pandemie

Nie zuvor in Deutschland standen die gesundheitliche und die pflegerische Versorgung und ihre Institutionen derart im Fokus des öffentlichen Interesses wie seit Beginn der COVID-19-Pandemie im Frühjahr 2020. Das Interesse richtet sich unmittelbar auf die konkreten Versorgungslagen der Patientinnen und Patienten, vor allem in den Krankenhäusern, auf die Lebenssituation der Pflegebedürftigen in der ambulanten wie stationären Pflege, auf die Arbeitsbedingungen der Pflegekräfte, der Ärztinnen und Ärzte sowie auf alle unmittelbar in der Patientenversorgung Tätigen. Aufgrund der sich rasant verändernden Versorgungslagen mussten innerhalb kürzester Zeit über Jahrzehnte praktizierte Verfahrens-, Vergütungs- und Qualitätssicherungsregelungen grundlegend überprüft, angepasst oder ausgesetzt werden.

Der Deutsche Bundestag und das Bundesministerium für Gesundheit (BMG) haben hierfür seit März 2020 unter enormem Zeitdruck und in enger Taktung eine Vielzahl von Regelungen zur Pandemiebewältigung und zur Stabilisierung des Gesundheitswesens beschlossen. Zur Stärkung der erforderlichen Handlungsfähigkeit der Exekutive hat der Bundestag mit der Verabschiedung des ersten Bevölkerungsschutzgesetzes und der Feststellung einer epidemischen Lage von nationaler Tragweite am 25. März 2020 dem Bundesministerium für Gesundheit befristet weitreichende Entscheidungsbefugnisse übertragen. Das Ministerium hat diese Befugnisse mit einer Fülle von Verordnungen zur Eindämmung der weiteren Ausbreitung des Virus genutzt. Parallel haben die Träger der sozialen und der gemeinsamen Selbstverwaltung reaktionsschnell eine Vielzahl praxisgerechter Sonderregelungen geschaffen, um die gesundheitliche und pflegerische Versorgung unter Pandemiebedingungen sicherzustellen.

1. Ausgangslage im Frühjahr 2020

Erstmals nach drei Jahren mit positiven Finanzergebnissen schlossen die gesetzlichen Krankenkassen das Jahr 2019 mit einem Defizit in Höhe von rd. 1,5 Mrd. Euro ab. Die große Mehrheit der Krankenkassen konnte aufgrund der guten Rücklagesituation ihre Zusatzbeitragssätze dennoch für das Jahr 2020 stabil halten. Allerdings war der weitere Abbau der Rücklagen bereits programmiert. Angesichts einer sehr dynamischen Ausgabenentwicklung aufgrund ausgabenträchtiger Gesetze der 19. Legislaturperiode rechneten die Krankenkassen für das Jahr 2020 mit einem Defizit von 4 bis 5 Mrd. Euro. Auch für den Gesundheitsfonds wurde aufgrund gesetzlicher Verpflichtungen, u.a. für Investitions- und Strukturfonds sowie zum Ausgleich der Mindereinnahmen

Zur Rolle der gesetzlichen Krankenversicherung in der COVID-19-Pandemie

aus Betriebsrenten, für 2020 ein Defizit von rd. 2,3 Mrd. Euro erwartet.[1] Demzufolge war die gesetzliche Krankenversicherung mit einer erheblichen Hypothek ins neue Jahr gestartet, schon bevor am 27. Januar 2020 der erste COVID-19-Fall in Deutschland bestätigt wurde. Die Pandemie traf die gesetzliche Krankenversicherung (GKV) in einer Phase, in der sie sich bereits auf einem Pfad des politisch gewollten Vermögensabbaus befand.

Ein kurzer Rückblick macht zwei politische Stoßrichtungen in der Gesetzgebung der 19. Legislaturperiode deutlich, erstens die weitere Stärkung der staatlichen Steuerungsebene bei gleichzeitiger Abkehr vom Selbstverwaltungsprinzip, zweitens die bewusste Nutzung der guten Finanzlage der GKV zur Behebung punktueller Versorgungsmängel oder für kurzfristige Beitragssenkungen:

- Mit dem GKV-Versichertenentlastungsgesetz vom 11.12.2018 wird die Haushaltsautonomie der sozialen Selbstverwaltung der Krankenkassen deutlich eingeschränkt. Betriebsmittel und Rücklagen dürfen maximal eine einfache durchschnittliche Monatsausgabe betragen; überschüssige Mittel sind binnen drei Haushaltsjahren (2019–2021) abzubauen.
- Mit dem Pflegepersonal-Stärkungsgesetz vom 11.12.2018[2] sollen die Mängel in der pflegerischen Versorgung in den Krankenhäusern durch die vollständige Ausgliederung der Pflegekosten aus den Fallpauschalen bei gleichzeitiger Einführung des Kostendeckungsprinzips angegangen werden; die Erfolge dieser Politik sind ungewiss. Garantiert hingegen sind die finanziellen Wirkungen.
- Mit dem Terminservice- und Versorgungsgesetz (TSVG) vom 6.5.2019[3] wird die Verpflichtung der niedergelassenen Ärztinnen und Ärzte zur schnelleren Terminvergabe an gesetzlich Versicherte mit einer kostenintensiven Ausweitung extrabudgetärer Honoraranteile erkauft. Die unvollständige Bereinigung der morbiditätsorientierten Gesamtvergütung führt zu Mehrausgaben der gesetzlichen Krankenkassen in einer Größenordnung von rd. 2 Mrd. Euro p.a. – Mehrausgaben, denen keine zusätzlichen Leistungen oder Leistungsverbesserungen für Versicherte gegenüberstehen.
- Ebenfalls mit dem TSVG übernimmt der Staat „mit einem Federstrich" als Mehrheitsgesellschafter die gematik[4] und entzieht den bisherigen Gesellschaftern der

---

1 Rückblickend liegt das Finanzierungsdefizit des Gesundheitsfonds nach den vorläufigen Rechnungsergebnissen der gesetzlichen Krankenversicherung für das Gesamtjahr 2020 bei rd. 3,6 Mrd. Euro, das Defizit der Krankenkassen bei rd. 2,7 Mrd. Euro (BMG, amtliche Statistik, KV45, I.-IV. Quartal 2020).
2 BGBl. 2018, Teil I, Nr. 45, 2394
3 BGBl. 2019, Teil I, Nr. 18, 646
4 Der Gesetzgeber hat die Etablierung einer interoperablen und sektorübergreifenden Informations-, Kommunikations- und Sicherheitsinfrastruktur (Telematikinfrastruktur) als die Basis für eine digitale und sichere Vernetzung im Gesundheitswesen mit dem § 291a Abs. 7 SGB V in die Hände der Spitzenorganisationen des deutschen Gesundheitswesens gelegt und diese zur Umsetzung dieser Aufgabe gleichzeitig mit der Gründung der Gesellschaft

gemeinsamen Selbstverwaltung die Gestaltungskompetenzen über die Telematik-Infrastruktur; die Finanzierung tragen weiterhin die Krankenkassen.

Mit Verweis auf anhaltende Beratungen des G-BA[5] zur Aufnahme der Liposuktion bei Lipödem in den GKV-Leistungskatalog versucht das Bundesministerium für Gesundheit erstmals im Rahmen der Gesetzgebung zum TSVG eine weitgehende Verordnungsermächtigung zu erlangen, mit der das Ministerium den Leistungskatalog der GKV abweichend von den Kriterien der evidenzbasierten Medizin ergänzend bestimmen kann. Mit dieser Initiative konnte sich das BMG nicht durchsetzen; ein Relikt der Initiative, mit dem zumindest der Einfluss des Ministeriums auf das Verfahren der Methodenbewertung der gemeinsamen Selbstverwaltung erhöht wird, erblickte aber mit dem Implantateregister Errichtungsgesetz vom 12.12.2019 das Licht der Welt.[6]

Mit dem MDK-Reformgesetz vom 14.12.2019[7] wird der sozialen Selbstverwaltung der Krankenkassen die Alleinverantwortung für die Medizinischen Dienste der Krankenversicherung (MDK) in den Ländern und des Medizinischen Dienstes des Spitzenverbandes auf der Bundesebene (MDS) entzogen. Künftig haben die Krankenkassen die neuen Medizinischen Dienste (MD) weiterhin zu 100 Prozent zu finanzieren, die Steuerungs- und Gestaltungskompetenz geht dagegen auf eine Vielzahl von Akteuren über.

Parallel unternimmt das Bundesministerium für Gesundheit (BMG) mit dem Referentenentwurf eines Gesetzes für eine faire Kassenwahl in der gesetzlichen Krankenversicherung („Faire-Kassenwahl-Gesetz") den Versuch, die Selbstverwaltung durch Vertreter der Versicherten und Arbeitgeber im GKV-Spitzenverband abzuschaffen und diese durch hauptamtliche Vorstände der Krankenkassen zu ersetzen. Zwar war der Systemwechsel in der gesetzlichen Kranken- und Pflegeversicherung nicht durchsetzbar, weil in den Regierungsfraktionen letztlich nicht mehrheitsfähig. Der Versuch allein hat aber in der sozialen Selbstverwaltung der Krankenversicherung und bei den Sozialpartnern tiefe Wunden geschlagen. Mit dem letztlich verabschiedeten Fairer-Kassenwettbewerb-Gesetz (GKV-FKG) vom 22.03.2020[8] wurde zwar ein neues Organ, der Lenkungs- und Koordinierungsausschuss aus hauptamtlichen Vorständen der Mit-

---

für Telematik betraut. Infolgedessen wurde die gematik Gesellschaft für Telematikanwendungen der Gesundheitskarte im Jahr 2005 in der Rechtsform einer GmbH gegründet.

5 Gremium der gemeinsamen Selbstverwaltung; der G-BA bestimmt in Form von Richtlinien, welche medizinischen Leistungen die ca. 73 Millionen Versicherten beanspruchen können. Darüber hinaus beschließt der G-BA u.a. Maßnahmen der Qualitätssicherung für Ärztinnen und Ärzte sowie Krankenhäuser.

6 BGBl. 2019, Teil I, Nr. 48, 2494; nach § 91b SGB V regelt das BMG per Rechtsverordnung das Nähere zu den Verfahren, die der G-BA bei der Bewertung von Untersuchungs- und Behandlungsmethoden in der ambulanten (§ 135 Absatz 1 SGB V) sowie stationären Versorgung (§ 137c Absatz 1 SGB V) zu beachten hat.

7 BGBl. 2019, Teil I, Nr. 51, 2789

8 BGBl. 2020, Teil I, Nr. 15, 604

gliedskassen geschaffen, jedoch ohne die Verantwortungsbereiche von Verwaltungsrat und Vorstand zu beschränken.

Die Pandemie wirkt nun wie ein Verstärker für die bisherige Ausrichtung der Gesetzgebung. Die Exekutive wird mit weitgehenden, wenn auch zumeist befristeten, Verordnungsermächtigungen ausgestattet, die sie extensiv nutzt. Die vorhandenen Reserven der GKV werden mit noch drastischeren Maßnahmen für die Pandemiebewältigung eingesetzt und in kürzester Frist weitgehend abgebaut sein.

2. Selbstverwaltete Krankenversicherung beweist Handlungs- und Steuerungsfähigkeit in der Krise

Dass ein funktionsfähiger Sozialstaat für die politische Stabilität des Gemeinwesens von entscheidender Bedeutung ist, zeigt sich gerade in der Krise. Die Kurzarbeitergeld-Regelungen werden zumeist als Paradebeispiel für die erfolgreiche Bewältigung konjunktureller Einbrüche durch einen funktionsfähigen Sozialstaat angeführt. Die seit Jahrzehnten praktizierte Beschäftigungssicherung mittels beitragsfinanzierter Kurzarbeit trug maßgeblich zur Sicherung eines hohen Beschäftigungsstandes bei, nicht zuletzt beim Wirtschaftseinbruch infolge der Finanzkrise 2008/2009. Eingedenk dieser Erfahrungen waren Erleichterungen beim Zugang zum Kurzarbeitergeld eine der ersten gesetzlichen Maßnahmen der Großen Koalition zur Eindämmung der wirtschaftlichen Folgen der Corona-Pandemie. Inzwischen wurden diese Regelungen incl. weiterer Anpassungen im Wesentlichen bis Ende 2021 verlängert.

Wie zentral ein funktionsfähiger Sozialstaat gerade in Krisensituationen ist, zeigt zweifelsohne auch die Reaktions- und Leistungsfähigkeit der gesetzlichen Krankenversicherung in der COVID-19-Pandemie. Ein kursorischer Blick insbesondere auf das erste Halbjahr der Pandemie macht deutlich, dass die soziale und gemeinsame Selbstverwaltung ein weiterer Schlüsselfaktor für die Krisenbewältigung war:

- Aufgabe der selbstverwalteten Krankenversicherung war es von Beginn an, schnell praktikable und tragfähige Lösungen zu finden, um die Versorgung zu stabilisieren. So wurden bereits früh Regelungen für eine vereinfachte Nutzung von digitalen videotherapeutischen Möglichkeiten gefunden. Vor allem im vertragsärztlichen Bereich und in der Heilmittelversorgung wurde davon niedrigschwellig Gebrauch gemacht. Nun wird zu prüfen sein, welche Änderungen dauerhaft sinnvoll und notwendig sind.
- Zur Vermeidung von verzichtbaren Patienten-Arzt-Kontakten hat die gemeinsame Selbstverwaltung zeitnah die notwendigen Voraussetzungen geschaffen, dass Patientinnen und Patienten, die an leichten Atemwegserkrankungen leiden, in der Pandemie auch nach telefonischer Kontaktaufnahme vom Arzt oder der Ärztin krankgeschrieben werden können. Ergänzend zu den grundlegenden Entscheidungen des G-BA wurden die konkreten Ausführungsbestimmungen einvernehmlich zwischen Kassenärztlicher Bundesvereinigung und GKV-Spitzenverband festgelegt.
- Zur pandemiebedingt notwendigen Kontaktreduzierung wurden viele medizinische Behandlungen verschoben. Die Folge waren teilweise erhebliche Erlösausfälle. Mit Rettungsschirmen, u.a. für Pflege-, Vorsorge- und Rehabilitationseinrichtungen,

Vertragsärzte und Heilmittelerbringer, wurden diese Ausfälle begrenzt. Das gilt auch für die Krankenhausversorgung. Zielsetzung war es, Einnahmeausfälle auszugleichen, drohende Insolvenzen zu verhindern und damit die medizinische und pflegerische Versorgung dauerhaft sicherzustellen.
- Für die Pflegeversicherung hat der GKV-Spitzenverband eine Reihe von Erleichterungen geschaffen. Dazu gehörte, u.a. die Qualitätsprüfungen in den Pflegeeinrichtungen auszusetzen oder ambulante Pflege auch durch andere Leistungserbringer zu ermöglichen.
- In enger Abstimmung mit der Renten- und Arbeitslosenversicherung hat der GKV-Spitzenverband die Grundlagen für ein vereinfachtes Stundungsverfahren für Arbeitgeber und freiwillig Versicherte geschaffen, die aufgrund pandemiebedingter Liquiditätseinbußen ihren Verpflichtungen zur Beitragszahlung nicht fristgerecht nachkommen können.
- Diese praxisnahen Regelungen waren zentrale Faktoren bei der Stabilisierung der gesundheitlichen und pflegerischen Versorgung der Versicherten. Spätestens jetzt sollte der gesellschaftliche Mehrwert der Selbstverwaltung wieder in den Fokus gerückt werden. Zugleich sind die richtigen Schlüsse für eine Weiterentwicklung der Versorgung zu ziehen, um die lange notwendigen Strukturreformen anzustoßen. Nicht zuletzt hat die Pandemie weitreichende Auswirkungen auf die Finanzierungsgrundlagen von gesetzlicher Krankenversicherung und sozialer Pflegeversicherung.

3. Erste Erfahrungen aus der Pandemie

Spätestens seit dem Start der Impfungen gegen das Coronavirus zum Jahreswechsel 2020/2021 besteht die begründete Hoffnung, dass die Bekämpfung der Pandemie in näherer Zukunft mit weniger sozial und wirtschaftlich belastenden Maßnahmen fortgeführt und langfristig auch beendet werden kann. Bereits jetzt lassen sich aus den bisherigen Erfahrungen erste Lehren ziehen:
- Überdeutlich wurde in der Pandemie, dass der öffentliche Gesundheitsdienst (ÖGD) als prioritäre staatliche Aufgabe anerkannt und dauerhaft mit den erforderlichen Ressourcen ausgestattet wird. Die strukturelle Vernachlässigung in den letzten Jahrzehnten hat dazu geführt, dass der ÖGD den erheblichen Handlungserfordernissen nicht gerecht werden konnte. Die mangelhafte technische Ausstattung, der niedrige Digitalisierungsgrad erschwerte das Management des Ausbruchgeschehens und die Nachverfolgung der Infektionsketten. Entscheidend wird es künftig sein, dass die Länder und Kommunen ihren Finanzierungs- und Investitionsverpflichtungen nachkommen. Der von Bund und Ländern beschlossene Pakt für den öffentlichen Gesundheitsdienst, mit dem der Bund in den nächsten 6 Jahren allein 4 Milliarden Euro für Personal, Digitalisierung und moderne Strukturen in den Gesundheitsämtern zur Verfügung stellt, ist hier ein gutes Signal.
- Aufgrund der pandemiebedingt erforderlichen Kontaktvermeidung werden die Möglichkeiten digitaler Angebote von Versorgungsleistungen vermehrt genutzt. Dieser Digitalisierungsschub sollte im Interesse einer effizienteren Patientenver-

sorgung verstetigt werden und zu einem dauerhaft ergänzenden Bestandteil des Behandlungsalltags werden.
- Bestehende Defizite in der gesundheitlichen Versorgung sind während der Krise verstärkt sichtbar geworden. Im Krankenhausbereich darf der pandemiebedingt konsequente Fokus auf Intensivbetten nicht den Blick auf vorhandene Überkapazitäten besonders in Ballungsgebieten verstellen. Zentrale Ansätze der Neustrukturierung müssen das vorhandene Potenzial der „Ambulantisierung", mangelnde Spezialisierung und zu geringe Leistungskonzentration in den Blick nehmen. Es bleibt dauerhaft geboten, hochspezialisierte Leistungen an wenigen, aber gut ausgestatteten Standorten zu erbringen. Bei knappen Ressourcen muss Qualität vor räumlicher Nähe gehen. Entsprechend bedeutsam ist eine adäquate bedarfsgerechte Steuerung der Patientenströme. Das Versorgungsgeschehen in der Pandemic hat zudem die Notwendigkeit offengelegt, dass es einer klaren Definition von Versorgungsstufen und -aufträgen bedarf.
- Es verfestigt sich der Gesamteindruck, dass die schwerpunktmäßige Behandlung von COVID-19-Patienten im ambulanten Behandlungssetting ein Schlüsselfaktor für die Bewältigung der Pandemie war. Denn Krankenhäuser sind in infektiologischer Hinsicht tendenziell „gefährliche Orte". So wurden die Krankenhäuser entlastet und zusätzliche Infektionscluster vermieden. Dennoch besteht für die Koordination und Kooperation der Sektoren fraglos noch Optimierungsbedarf.
- Positiv zu bewerten ist der zügige Aufbau des DIVI-Intensivregisters[9], das erstmals eine tagesaktuelle Übersicht zur Verfügbarkeit von Intensivbetten geschaffen hat. Der Aufbau eines solchen Echtzeit-Monitorings sollte dauerhaft auf alle stationären Behandlungskapazitäten ausgeweitet werden. So könnten zukünftig tagesaktuelle Versorgungsengpässe nicht nur in der Intensivmedizin, sondern auch in der allgemeinen Krankenhausversorgung erfasst und zur datengestützten Handlungssteuerung genutzt werden. Bei der Weiterentwicklung sollten Daten aus weiteren Versorgungsbereichen sowie relevante Strukturmerkmale aus der Qualitätssicherung ergänzt werden. So würden datenbasierte Entscheidungen nicht nur in Krisensituationen, sondern auch im Rahmen der Planung und Umsetzung bedarfsgerechter und qualitätsgesicherter Krankenhausstrukturen möglich. Gleichzeitig können die Intensivbetten auch als Negativbeispiel für (mangelnde) Transparenz in der Krise dienen. Während für die Zeit bis zum 30.9.2020 rd. 700 Mio. Euro für den Aufbau zusätzlicher Intensivbetten an die Krankenhäuser geflossen sind, ist bis heute unbekannt, wo diese neuen Betten tatsächlich aufgestellt und bereitgehalten wurden.
- Im Zusammenspiel mit der Pandemiegesetzgebung und der Verordnungsgebung des Bundesministeriums für Gesundheit hat die soziale und gemeinsame Selbstverwal-

---

9   Im Rahmen der Bekämpfung und Eindämmung des Coronavirus SARS-CoV2 haben sich das Robert Koch-Institut (RKI) und die Deutsche Interdisziplinäre Vereinigung für Intensiv- und Notfallmedizin e.V. (DIVI) zusammengeschlossen und das DIVI-Intensivregister entwickelt, das seit April 2020 täglich die freien und belegten Behandlungskapazitäten in der Intensivmedizin von etwa 1.300 Akut-Krankenhäusern in Deutschland erfasst.

tung seit Beginn des Pandemiegeschehens mit Flexibilität und Pragmatismus bewiesen, dass sie über alle Interessengegensätze hinweg reaktionsschnell praktikable und sachgerechte Verfahrens-, Vergütungs- und Qualitätssicherungsregelungen schaffen kann. Fortlaufend werden die Regelungen hinsichtlich ihrer weiteren Notwendig- bzw. Sachgerechtigkeit bewertet und wenn notwendig angepasst. Die Bewältigung der Pandemie hat gezeigt, dass der deutsche Weg der Gestaltung der Versorgung in einem Mehrebenensystem, in dem die soziale Selbstverwaltung der Krankenkassen und die gemeinsame Selbstverwaltung mit untergesetzlicher Normsetzung eine bedeutende Rolle spielt, gestärkt und keineswegs geschwächt werden sollte.

- Die Verteilung der Finanzierungslasten der Pandemiebekämpfung erfolgt unübersichtlich und unsystematisch über die verschiedenen Finanzierungsträger, den Bund und die Länder, die Krankenkassen und den Gesundheitsfonds, die Pflegekassen und den Ausgleichsfonds. Es fehlt eine saubere Abgrenzung derjenigen Leistungen, die die gesetzliche Krankenversicherung bzw. die soziale Pflegeversicherung als originäre Versicherungsleistungen zu tragen haben, von den staatlichen Aufgaben des Bevölkerungsschutzes in einer pandemischen Lage. Versicherungsfremde Aufgaben der Pandemiebekämpfung, die die Krankenkassen und der Gesundheitsfonds sowie die Pflegekassen im Auftrag des Staates übernehmen, sollten stringent als solche ausgewiesen und ihre Aufwände vom Bund (bzw. den Ländern) erstattet werden.
- Der Gesundheitsfonds konnte seine Rolle als „unterjähriger Stabilitätsanker" für die Krankenkassen hinreichend gut erfüllen. Die Krankenkassen konnten sich 2020 auf den Zufluss der zugesicherten Zuweisungen verlassen. Pandemiebedingte Einnahmenausfälle wurden aus der Liquiditätsreserve finanziert. Darüber hinaus finanzierte der Gesundheitsfonds insbesondere Finanzhilfen für verschiedene Gruppen von Leistungserbringern. Zur Kompensation stützte der Bund den Fonds mit 3,5 Mrd. Euro.
- Mit Blick auf das Jahr 2021 muss die Bewertung kritischer ausfallen. Die ursprünglich postulierte Sozialgarantie 2021 stellte darauf ab, zur Begrenzung der Sozialversicherungsbeiträge auf maximal 40 % (und damit des durchschnittlichen Zusatzbeitragssatzes auf maximal 1,3 %) Haushaltsmittel des Bundes einzusetzen. Schlussendlich werden aber nur 5 Mrd. Euro vom Bund geleistet, aber 8 Mrd. Euro den von den Beitragszahlern erwirtschafteten Finanzreserven der Krankenkassen entnommen. Hinzu kommen Beitragserhöhungen in einer Größenordnung von rd. 3 Mrd. Euro. Im Ergebnis finanzieren im Wesentlichen die Beitragszahler die Sozialgarantie der Regierung. Für die Zukunft muss eine sozial ausgewogene Lastenverteilung zwischen Beitrags- und Steuerzahler erfolgen.

Aus den skizzierten Erfahrungen lassen sich wichtige Handlungsnotwendigkeiten für die nächste Bundesregierung ableiten. Neben neuen Herausforderungen, etwa der notwendigen Behandlungskonzepte für Patientinnen und Patienten mit Langzeitfolgen nach einer Infektion mit dem Coronavirus, sollten diese an oberster Stelle der gesundheits- und pflegepolitischen Agenda der kommenden Legislaturperiode stehen. Darüber hinaus sind auch die bisherigen Sonderregelungen im Rahmen der

Pandemiebewältigung zu prüfen. Abhängig von der weiteren Entwicklung und der Zielgenauigkeit der jeweiligen Regelungen ist über eine Fortführung, Modifikation oder Beendigung zu entscheiden. Besonders positive Regelungen haben auch über die Pandemie hinaus ihre Berechtigung.

Nicht zuletzt ist es im Interesse der Beitragszahlenden dringend erforderlich, die finanzielle Stabilität der gesetzlichen Krankenversicherung und der sozialen Pflegeversicherung im Blick zu behalten. Mit der jüngeren Gesetzgebung wurden pandemiebedingte Mehrausgaben teilweise auf die gesetzliche Krankenversicherung abgewälzt. Zwar hat der Bund wichtige Beiträge geleistet, weil er insbesondere den Krankenhäusern einen Ausgleich für den pandemiebedingten Leerstand von Behandlungskapazitäten oder auch die Impfstoffbeschaffung finanziert hat. Gesamtgesellschaftliche Aufgaben im Rahmen des Bevölkerungsschutzes sind allerdings vollständig aus Steuermitteln zu finanzieren.

Die Corona-Pandemie war bislang und bleibt eine der größten Herausforderungen des Gesundheitswesens und der Pflege in Deutschland. Die offensichtlich gewordenen Optimierungspotentiale sind zwingend im Rahmen von Strukturreformen gesetzgeberisch aufzugreifen. Um diesen Prozess zu unterstützen, entwickelt der GKV-Spitzenverband konkrete Vorschläge, wie die gesundheitliche und pflegerische Versorgung in der kommenden Legislaturperiode dauerhaft verbessert werden kann.

Bedauerlicherweise sind in „guten Zeiten" echte Strukturreformen ausgeblieben. Nun ist erheblicher Finanzbedarf absehbar. Daher muss der Gesetzgeber frühzeitig für eine verlässliche Finanzperspektive der GKV sorgen. Klassische Kostendämpfungspolitik zulasten der Versicherten, der Patientinnen und Patienten muss vermieden werden. Vielmehr verlangt die Knappheit der Mittel eine bedarfsorientierte und ressourcenschonende und damit auch nachhaltige Weiterentwicklung der Versorgungsstrukturen.

5.
„Die digitale Arbeitswelt erfordert eine Präventionsoffensive."
Hans-Jürgen Urban

Aufgaben einer Arbeitspolitik

„Ob Technikeinsatz und Arbeitsorganisation im digitalisierten Unternehmen 'gute Arbeit' ermöglichen, wird nicht zuletzt davon abhängen, ob es Betriebsräten und Gewerkschaften gelingt, sich als Humanisierungs-Aktivist*innen im Digitalisierungsprozess durchzusetzen – mit eigenen Konzepten und hinreichender Verhandlungsmacht" – schreibt Hans-Jürgen Urban in seinem Buch „Gute Arbeit in der Transformation".

Der kritische Blick auf den Verlauf der vielfältigen Digitalisierungsprozesse bestätigt das nachdrücklich. Es gibt hier zwar Humanisierungspotenziale, aber keinerlei Humanisierungsautomatismus, denn hier werden kapitalistische Verhältnisse umgeformt im Interesse renditeträchtiger Kapitalverwertung – auch im globalen Maßstab. Im Zuge dieser Prozesse wird Arbeitskraft entweder gleich ganz wegrationalisiert oder intensiver genutzt. Dabei werden auch, wie Urban schreibt, „Gesundheitsrisiken und Gestaltungsaufgaben für einen präventiven Gesundheitsschutz sichtbar". Beschäftigte sehen sich mit neuen Belastungs- und Entfremdungserfahrungen konfrontiert und auch neuen Anforderungen an Qualifizierung, um den ständigen Umstrukturierungsprozessen standhalten zu können. Diese Erfahrungen bilden aber auch Ansätze für ihre Einflussnahme auf Technikeinsatz und Arbeitsorganisation. Eine arbeitskraftzentrierte und auf Prävention ausgerichtete Entwicklung der Digitalisierung ist möglich. Dazu bedarf es aber der Machtressourcen von Beschäftigten und Gewerkschaften im Bündnis mit der kritischen Wissenschaft.

Andrea Fergen / Dirk Neumann / Moriz-Boje Tiedemann

Arbeitsschutz im Brennglas der Corona-Pandemie

Als im Frühjahr 2020 die Infektionszahlen durch das Corona-Virus in Deutschland in kürzester Zeit massiv nach oben schnellten und die „erste Welle" der Pandemie auch die Arbeitswelt erfasste, stand der Arbeits- und Gesundheitsschutz vor großen Herausforderungen. Aus heutiger Sicht und noch ehe die Pandemie beendet ist, lässt sich konstatieren, dass Corona wie mit einem Brennglas den Lichtkegel auf die Stärken und vor allem auch auf die strukturellen Schwächen des deutschen Arbeitsschutzsystems lenkt. Dabei zeigt sich einmal mehr, dass das deutsche Arbeitsschutzrecht und das Arbeitsschutzsystem einen erheblichen Reformbedarf aufweisen. Tatsächlich ist die Dringlichkeit eines arbeits- und präventionspolitischen Kulturwandels kaum mehr zu übersehen.

Der nachfolgende Beitrag greift jene präventionspolitischen Erfahrungen der Corona-Pandemie auf, die auf tieferliegende Strukturprobleme im deutschen Arbeitsschutzsystem verweisen und benennt naheliegende Schlussfolgerungen für eine reformpolitische Erneuerungsstrategie. Zunächst soll kurz das Präventionshandeln im ersten Jahr der Pandemie skizziert werden. Dabei handelt es sich um eine Momentaufnahme.

1. Präventionshandeln am Infektionsort Betrieb: ein uneinheitliches Bild

Auch wenn die bislang erhobenen empirischen Daten keine genauen Rückschlüsse auf die Bedeutung des Infektionsortes Betrieb für die Ausbreitung der Pandemie zulassen, haben staatliche und gesellschaftliche Akteure sowie die Wissenschaft die Relevanz der Arbeitswelt für den Kampf gegen das Virus betont und in Teilen auch danach gehandelt.[1] Ein einheitliches Lagebild der betrieblichen Pandemiebekämpfung lässt sich dabei nur schwer nachzeichnen: Groß ist das Spektrum an Branchen und Betriebsstrukturen, verschieden sind die Akteurskonstellationen (etwa Betriebe mit oder

---

1 Mit Blick auf das Infektionsgeschehen im Betrieb gibt es bedeutende Erkenntnislücken. Als Orientierungspunkt können die Daten des Robert-Koch-Instituts (RKI) gelten. Die Lageberichte des RKI sind eine Momentaufnahme und zeigen für viele Landkreise und Städte ein „diffuses Infektionsgeschehen" mit „zahlreichen Häufungen vor allem in Privathaushalten, im beruflichen Umfeld sowie in Kindergärten". (So beispielsweise der COVID-19-Lagebericht vom 16.03.2021; https://bit.ly/3ltRHMe) Wie eindeutig sich die Infektionsherde nachverfolgen lassen, ist allerdings fraglich. Mehr über die Bedeutung unterschiedlicher gesellschaftlicher Settings zu erfahren, scheint für eine wirksame Pandemiebekämpfung unerlässlich. Hier gilt es daher, insbesondere für die Zukunft ein methodisch angemessenes Instrumentarium zu entwickeln und vorzuhalten.

ohne Betriebsrat), unterschiedlich die Sichtweisen und Maßnahmen.² So reichen etwa die „Corona-Aktivitäten" der Unternehmen von einem engagierten und umfassenden Infektionsschutz über die Umsetzung eines sehr begrenzten Maßnahmenpakets (etwa Hygiene und Maske) bis hin zu eklatanten Verstößen gegen alle Regeln des Arbeitsschutzes und menschenverachtenden Arbeitsbedingungen. Traurige Berühmtheit haben etwa die skandalösen Vorkommnisse in der Fleischindustrie erlangt.

Insgesamt kann man aber den Unternehmen ein erhöhtes präventionspolitisches Engagement in der Pandemie nicht absprechen. Auch gilt, dass in vielen Betrieben Gesundheitsprävention und Arbeitsschutz eine Aufmerksamkeit erhalten haben, wie sie unter „normalen" Bedingungen bis dato unüblich war. Das hat sicher auch mit dem Umstand zu tun, dass bei Missachtung der Infektionsschutzregeln und einem Corona-Ausbruch die Einstellung des Geschäftsbetriebs droht. Wirtschaftliches Kalkül und Infektionsschutz haben augenscheinlich unter Pandemiebedingungen eine größere Schnittmenge als im „Normalbetrieb".

Auch Betriebsräte und Beschäftigte bringen durchaus ihre Zufriedenheit mit den im Betrieb getroffenen Schutzmaßnahmen zum Ausdruck. Das zeigt unter anderem die Beschäftigtenbefragung der IG Metall aus dem Jahr 2020.³ Zudem wird über ungewöhnlich kooperatives Vorgehen der Geschäftsleitungen berichtet. Doch negative Erfahrungen und Konflikte zwischen Management, Interessenvertretung und Belegschaften gehören ebenfalls zum betrieblichen Corona-Alltag. Umkämpft sind dabei Qualität, Reichweite und Kosten der Maßnahmen. Gleichzeitig kommt es auch innerhalb der Belegschaften zu Auseinandersetzungen, etwa darum, ob Masken getragen werden müssen oder wer die Gelegenheit erhält, im Homeoffice zu arbeiten und wer noch in den Betrieb kommen muss. „Alte Ressentiments zwischen direkten und indirekten Bereichen scheinen hier schnell wieder aufzubrechen."⁴

Auch für staatliche Akteure des Arbeitsschutzes, Unfallversicherungsträger, Arbeitgeberverbände und Gewerkschaften stellen die spezifischen Anforderungen der Pandemiebekämpfung Neuland in ihrem präventionspolitischen Handeln dar. Nach den bisherigen Erfahrungen lässt sich staatliches Handeln im Corona-Arbeitsschutz wie folgt zusammenfassen: Dem Gesetz- respektive Verordnungsgeber war zu jedem

---

2 Verschiedene Studien liefern einen ersten Eindruck. Dazu gehören eine Expertenbefragung der Bundesanstalt für Arbeitsschutz und Arbeitsmedizin (BAuA) und eine Betriebsbefragung derselben in Zusammenarbeit mit dem IAB. Vgl. L. Adolph u.a.: SARS-CoV-2-Arbeits- und Infektionsschutzmaßnahmen in deutschen Betrieben: Ergebnisse einer Befragung von Arbeitsschutzexpertinnen und -experten, Dortmund 2021 (https://www.baua.de/DE/Angebote/Publikationen/Fokus/SARS-CoV-2-Befragung.html) sowie Swantje Robelski u.a.: Betrieblicher Arbeitsschutz in der Corona-Krise, in: baua: Bericht kompakt, Dortmund 2020 (https://bit.ly/3s2TzxP). Interessant auch die Studie von Richard Detje/Dieter Sauer: Corona-Krise im Betrieb. Empirische Erfahrungen aus Industrie und Dienstleistungen, Hamburg 2021 sowie die Beschäftigtenbefragung der IG Metall, Frankfurt a.M. 2020 (https://bit.ly/2OQ5hNZ).

3 Vgl. IG Metall: Beschäftigtenbefragung 2020. Ergebnisse (https://bit.ly/2PjsaJX).

4 Detje/Sauer 2021, a.a.O., S. 63.

Zeitpunkt der Handlungsbedarf bewusst, allerdings hat er sich insbesondere in der Frühphase der Pandemie vom Lobbydruck der Arbeitgeberverbände davon abbringen lassen, verbindliche Rechtsvorschriften zu erlassen und sich vor allem auf die Veröffentlichung von Appellen und Empfehlungen konzentriert. Auch mit dem sogenannten „Arbeitsschutzstandard" wurde zunächst eine unverbindliche Regelung jenseits der Rechtssystematik des deutschen Arbeitsschutzrechts geschaffen. Erst mit der später verabschiedeten Arbeitsschutzregel und der erst im Januar 2021 eingeführten Verordnung wurde ein verbindliches Regelwerk für den Corona-Arbeitsschutz erlassen.[5]

An der Durchsetzung verbindlicher Regelungen hatten vor allem die Gewerkschaften einen hohen Anteil, während die Arbeitgeberverbände immer bemüht waren und nach wie vor bemüht sind, die maximale unternehmerische „Beinfreiheit" auch unter den Pandemiebedingungen durchzusetzen.[6] Die Unfallversicherungsträger haben mit branchenspezifischen Handlungsempfehlungen und der Aktivierung ihrer Forschungseinrichtungen einen wichtigen Beitrag zum Corona-Arbeitsschutz geleistet.

2. Impulse für eine reformorientierte Erneuerung des Arbeitsschutzrechts und der Arbeitsschutzpraxis

Zweifelsohne handelt es sich bei der Corona-Pandemie um eine extreme Ausnahmesituation. Das gilt für Wirtschaft, Gesellschaft und Politik im Allgemeinen und für den Arbeitsschutz im Besonderen. Und es steht zu hoffen, dass Vieles mit dem Ende der Pandemie Geschichte sein wird. Die Corona-Krise hat aber zugleich bekannte Strukturprobleme des Arbeitsschutzsystems offengelegt.[7] Die bisherigen Krisenerfahrungen sprechen entschieden für eine reformorientierte Erneuerungsstrategie des Arbeitsschutzrechts und der Arbeitsschutzpraxis. Dazu gehören verschiedene Aufgaben, die nachfolgend skizziert werden.

---

5   SARS-CoV-2 Arbeitsschutzregel v. 1.8.2020 (aktuelle Fassung hier: https://bit.ly/38ZrNe6) u. SARS-CoV-2-Arbeitsschutzverordnung (Corona-ArbSchV) v. 21.1.2021 (aktuelle Fassung hier: https://bit.ly/38WCwq0).

6   Vgl. etwa „Arbeitgeber verzögern neue Regeln für Schutz vor Sars-CoV-2", Süddeutsche v. 26.7.2020 (https://bit.ly/3s3OllE). In einem Positionspapier forderte etwa Gesamtmetall im Sommer 2020 „Mehr Spielräume beim Arbeits- und Gesundheitsschutz" (https://www.gesamtmetall.de/sites/default/files/downloads/gesamtmetall_vorschlaege_fuer_die_corona-krise.pdf).

7   Vgl. dazu auch Andrea Fergen/Dirk Neumann: Corona Prävention im Betrieb. Neue Herausforderungen für eine demokratische Arbeitsschutzpolitik, in: Christoph Schmitz/Hans-Jürgen Urban (Hrsg.): Demokratie in der Arbeit. Eine vergessene Dimension in der Arbeitspolitik. Jahrbuch Gute Arbeit 2021, Frankfurt a.M., S. 158-175.

Handlungssicherheit der betrieblichen Akteure stärken: Eindeutige Rechtsvorschriften zur Gefährdungsbeurteilung sind überfällig

Für die Fachakteure des Arbeitsschutzes war zu Beginn der Corona-Krise schnell klar, dass der Infektionsgefahr bei der Arbeit mit dem zentralen Arbeitsschutzinstrument der Gefährdungsbeurteilung begegnet werden muss.[8] Durch gezielte Maßnahmen der Umgestaltung am Arbeitsplatz, der Arbeitsumgebung und Hygiene die Gefährdung für die Beschäftigten so gering wie möglich zu halten – das war das gemeinsame Ziel. Dabei wurde deutlich, dass in vielen Betrieben die Anwendung des Instruments auf die neue Gefährdungslage sehr schwerfiel. Sicher, einige große Betriebe mit etablierten und funktionierenden Arbeitsschutzorganisationen hatten sehr zügig ihre Präventionsmaßnahmen vereinbart. Aber das Gros der Betriebe war mit den pandemiebedingten Präventionsanstrengungen sehr stark gefordert, bisweilen auch überfordert.

In der zugespitzten Krisensituation galt es daher, den betrieblichen Akteuren schnell und rechtssicher aufzuzeigen, wie eine Gefährdungsbeurteilung grundsätzlich funktioniert und wie sie auf die spezifische Infektionsgefahr anzuwenden ist – in vielen Betriebe völliges Neuland! Als erste große Hürde erwies sich die Tatsache, dass es zum zentralen präventionspolitischen Instrument der Gefährdungsbeurteilung *keine integrierte Rechtsvorschrift* gibt, die den Akteuren den direkten Weg zu einer inhaltlich angemessenen Umsetzung aufzeigt. Mehr noch: Um den Prozess einer rechtskonformen Gefährdungsbeurteilung verstehen zu können, muss zuerst der *Flickenteppich der Rechtsetzung* rund um die Gefährdungsbeurteilung zu einem „Gesamtkunstwerk" zusammengesetzt werden.[9] In der Pandemie ein kaum lösbares Problem: Die Fragmentierung der Rechtsetzung zur Gefährdungsbeurteilung führt zur Handlungsunsicherheit bei den betrieblichen Akteuren, die ohnehin schon sehr gefordert waren.

Wer aus den präventionspolitischen Rechtssetzungsdefiziten herauskommen will, muss anerkennen, dass die einschlägige *Systematik der Rechtsvorschriften* umfassend überarbeitet werden muss. Insbesondere betrifft das die prozessualen Anforderungen an die *Gefährdungsbeurteilung*, die im jetzigen Regelwerk sehr unterschiedlich entwickelt und gelegentlich kaum angemessen nachzuvollziehen sind. In diese Richtung weist auch eine Vielzahl von betrieblichen Konflikten zwischen Arbeitgebern und Betriebsräten, die nicht nur aus unterschiedlichen Interessenlagen heraus resultieren, sondern auch aus unklaren gesetzlichen Anforderungen an die Prävention erwachsen. Sowohl die Auslegungsstreitigkeiten über die Art und Weise der Durchführung von Gefährdungsbeurteilungen oder die Umsetzung von Verordnungen als auch die zum Teil unsäglich lange Dauer von Einigungsstellen und komplexe arbeitsrechtliche Verfahren sprechen hier eine deutliche Sprache.

---

8 Vgl. IG Metall: 10 Maßnahmen zum Schutz vor dem Corona-Virus im Betrieb (https://www.igmetall.de/service/ratgeber/corona-schutz-im-betrieb).

9 Vgl. Andrea Fergen (2020), Gefährdungsbeurteilung: Tatenlose Arbeitgeber, ratloser Staat, in: sicher ist sicher 05/20, S. 255 ff.

Eine wichtige Lehre aus den bisherigen Erfahrungen der Pandemie ist also: Eine das Arbeitsschutzgesetz konkretisierende Rechtsvorschrift zur Durchführung der Gefährdungsbeurteilung, die die verschiedenen Gefährdungs- und Rechtsbereiche integriert, muss von den politisch Verantwortlichen zügig auf den Weg gebracht werden. Mit einer eindeutigen Rechtsvorschrift und entwickelten betrieblichen Anwendungserfahrungen hätten die Corona-Schutzmaßnahmen gewiss vollständiger und schneller umgesetzt werden können. Diese Schlussfolgerung wird auch durch die Befunde der ESENER 3-Studie[10] bestätigt: Die Unternehmen werden vor allem dann präventionspolitisch aktiv, wenn es gesetzliche Verpflichtungen gibt, die für den Normadressaten auch *verständlich* und *nachvollziehbar* sind. Gesetzliche Anforderungen mit unklarem Handlungsauftrag bilden offensichtlich kein ausreichend starkes Motiv für die Arbeitgeber, Arbeits- und Gesundheitsschutz zu betreiben.

Wie genau eine übergeordnete Rechtsvorschrift aussehen könnte, die auch jenseits von Pandemien unverzichtbar ist, muss diskutiert werden. Sinnvoll wäre gewiss eine eigenständige Verordnung zur Gefährdungsbeurteilung. Insofern diese als eine „Prozessvorschrift" hinreichend konkret ausgestaltet wäre, könnten zahlreiche andere Paragrafen in geltenden Verordnungen und sicher auch große Teile der Technischen Regeln zur Gefährdungsbeurteilung entfallen. Und das Rad muss nicht neu erfunden werden: Als Schablone für dieses Vorhaben kann etwa die ASR V3 Gefährdungsbeurteilung dienen. Diese beschreibt alle Prozessschritte und ist einstimmig im Ausschuss für Arbeitsstätten beschlossen worden. Die Arbeitgeberverbände dürften sich einem solchen Vorhaben also nur schwer entziehen können.[11]

Einen Kulturwandel in der betrieblichen Präventionspolitik einleiten: TOP-Prinzip umsetzen

Das Arbeitsschutzgesetz ist eine Rahmenvorschrift, die den verantwortlichen Akteuren den Spielraum bietet, die erforderlichen Präventionsmaßnahmen sinnvoll an die jeweiligen betrieblichen Bedingungen anzupassen. Eines jedoch legt die Rechtsvorschrift zweifelsfrei fest: nämlich die Rangfolge der zu ergreifenden Schutzmaßnahmen. Dabei gilt das sogenannte TOP-Prinzip (*Technisch – Organisatorisch – Personenbezogen*): Technische Maßnahmen haben Vorrang vor arbeitsorganisatorischen, diese wiederum vor personenbezogenen Maßnahmen, zu denen etwa die Verwendung persönlicher Schutzausrüstung gehört. Dabei sind die jeweiligen Maßnahmen sachgerecht miteinander zu verknüpfen. Eine Gefährdung zu vermeiden oder durch technische Maßnahmen der Arbeitsgestaltung auszuschalten oder zu minimieren ist wirkungsvoller, als den Beschäftigten nur aufzugeben, auf Gefahrenquellen zu achten, damit ihnen bei der Arbeit nichts passiert. Übertragen auf die betriebliche Corona-Prävention bedeutet

---

10 Vgl. European Agency for Safety and Health at Work (EU-OSHA) 2019: European Survey of Enterprises on New and Emerging Risks (ESENER 3), https://osha.europa.eu/en/publications/third-european-survey-enterprises-new-and-emerging-risks-esener-3/view.
11 Vgl. Fergen 2020, a.a.O.

das etwa: Technische Maßnahmen wie die veränderte Anordnung von Maschinen zur Einhaltung von Sicherheitsabständen, optimierte Lüftungstechnik oder transparente Trennwände sind wirksamer als Sicherheitsunterweisungen und das Tragen von Masken allein und daher vorrangig.

In der betrieblichen Praxis während der Pandemie sehen die Schutzkonzepte hingegen oft anders aus. Getreu dem Motto „Maske auf und gut" setzten Unternehmen selbst in einer Situation massiver und akuter Gesundheitsgefährdung verstärkt auf Maßnahmen der Verhaltensprävention. So zeigt die Beschäftigtenbefragung der IG Metall aus dem Herbst 2020: In zwei Dritteln der Betriebe wurde das Tragen von Mund-Nasen-Bedeckungen verbindlich eingeführt, und der überwiegende Teil der Beschäftigten erhielt konkrete Hinweise zum Lüften (75 %) sowie zur Nies- und Hustenetikette (81%). Doch technische Maßnahmen wie der Einbau von Schutzscheiben (20%) oder eine Überprüfung der Klima- und Lüftungsanlage (34%) waren in der betrieblichen Präventionspraxis zum Schutz vor einer Corona-Infektion eher die Ausnahme.[12] In die gleiche Richtung weisen auch die Befunde von Detje/Sauer, die eindrucksvoll belegen, wie betriebliche Konflikte um die Frage der Priorisierung von verhaltens- oder verhältnispräventiven Maßnahmen kreisen. Ein befragter Betriebsrat schildert den Konflikt so:

> „Der Vorschlag von der Geschäftsleitung war dann halt eben, wir machen das Schichtmodell platt und führen stattdessen eine Maskenpflicht ein. Da habe ich denen den Vogel gezeigt (...) Also technisch, organisatorisch und dann erst persönlich. (...) Solange wir organisatorische Möglichkeiten haben, die Leute irgendwie auseinanderzuhalten, sehen wir es nicht ein, dass wir denen die Masken aufdrücken sollen."[13]

Weitere repräsentative Befunde weisen in die gleiche Richtung: Maßnahmen zur Handhygiene, Unterweisungen und Hinweise zum vermehrten Lüften, zur Nies- und Hustenetikette sowie das verbindliche Tragen von Mund-Nase-Bedeckungen führen die „Hitliste" der Präventionsmaßnahmen an.[14] Die personenbezogene Verhaltensprävention dominiert. Dies widerspricht nicht nur den bekannten Vorgaben des Arbeitsschutzgesetzes; es missachtet auch die pandemiespezifischen Anforderungen der SARS-CoV-2-Arbeitsschutzregel und der Corona-Arbeitsschutzverordnung.

Die Gründe für diese Umkehrung der rechtlich und arbeitswissenschaftlich gebotenen Priorisierung scheinen vor allem in betriebswirtschaftlichem Kalkül zu liegen: Besonders bei verketteten Arbeitssystemen ist der Präventionsaufwand durch eine Umgestaltung der Arbeit größer und unter Umständen mit einer geringeren Produktivität verbunden. Mit dem Primat „Maske-Tragen" werden nicht nur die zur Pandemiebewältigung nötigen Anstrengungen, sondern auch deren negative Auswirkungen schlichtweg auf die Beschäftigten verlagert: Sie müssen die Zusatzbelastung durch möglichst dichte Masken auf sich nehmen (einfache Stoffmasken sind wegen ihrer

---

12 IG Metall Beschäftigtenbefragung 2020; siehe Fußnote 3.
13 Detje/Sauer 2021, a.a.O., S. 60.
14 Vgl. L. Adolph u.a. 2021.

mangelnden Wirkung am Arbeitsplatz nicht mehr erlaubt) und erhalten hierfür häufig noch nicht einmal eine Kompensation, etwa in Form zusätzlicher Erholungspausen. Diejenigen Interessenvertretungen, die diesen „Deal" nicht akzeptieren, haben oft Konflikte auszutragen, die wegen der mangelnden Nachgiebigkeit mancher Arbeitgeber gelegentlich in betrieblichen Einigungsstellen gelöst werden müssen. Die Ignoranz gegenüber der Rangfolge der Schutzmaßnahmen schwächt nicht nur eine wirksame Corona-Prävention, sie trägt auch dazu bei, dass erforderliche Schutzmaßnahmen zunehmend infrage gestellt werden.

Obwohl das sogenannte *TOP-Prinzip*, also die Beachtung der Rangfolge von Schutzmaßnahmen, eine eindeutige Rechtspflicht ist, gibt es in der Praxis eine verhaltenspräventive Schlagseite – auch ohne Pandemie![15] Der Präventionsalltag folgt leider einem allzu bekannten Muster: Gehörschutz statt Lärmvermeidung oder -minderung; Resilienz-Förderung statt Reduzierung der psychischen Belastungen, Rückenschule statt Reduzierung der Tragelast. Die Rangfolge der Maßnahmen wird auf den Kopf gestellt. Ihre Umkehr gefährdet dringend erforderliche Präventionserfolge und befördert durch die Dominanz von oft als Gängelung wahrgenommenen verhaltenspräventiven Maßnahmen einen Ansehensverlust des Arbeitsschutzes bei vielen Beschäftigten.

Diese Erfahrungen unterstreichen den seit langem erforderlichen Kulturwandel bei der betrieblichen Präventionspolitik: Es muss selbstverständlich werden, dass Gefährdungen möglichst von Anfang an unterbleiben sollten. Dann erst gehören die technischen und organisatorischen Möglichkeiten der Arbeitsgestaltung in den Fokus, bevor die minder wirksame und belastungsintensive Variante der persönlichen Schutzausrüstung gewählt wird. Dies setzt jedoch voraus, dass gesunde Arbeitsbedingungen als Wert an sich anerkannt und nicht kurzfristigen wettbewerbspolitischen Renditeinteressen untergeordnet werden.

Lahmender Vollzug: Erneuerung in quantitativer und qualitativer Hinsicht erforderlich

Es vermag nicht zu überraschen, dass diejenigen Branchen und Betriebe, die schon länger durch schlechte Arbeitsbedingungen für öffentliches Aufsehen gesorgt haben, auch in der Corona-Krise durch hohes Infektionsgeschehen aufgefallen sind. Zu wenig Bewegungsfläche am Arbeitsplatz, schlechte Lüftung und enge Gemeinschaftsunterkünfte bilden einen Nährboden für das Corona-Virus. Nur: Die Bedingungen in der Fleischindustrie etwa sind seit langem bekannt. Betriebe mit derart prekären Ar-

---

15 Vgl. Medizinischer Dienst des Spitzenverbandes, GKV-Spitzenverband: Präventionsbericht 2019, Leistungen der gesetzlichen Krankenversicherung: Primärprävention und Gesundheitsförderung (https://bit.ly/3lz1iRR). S. auch: Lothar Schröder/Hans-Jürgen Urban (Hrsg.): Transformation der Arbeit. Ein Blick zurück nach vorn. Jahrbuch Gute Arbeit, Frankfurt a.M., 2019, Datenanhang, Kapitel 4.1 „Betriebliche Gesundheitsförderung", S. 338-342 (Verfasser dieses Kapitels: Uwe Lenhardt). Dort zeigt sich, dass der Anteil verhaltenspräventiver Maßnahmen zu Lasten der Verhältnisprävention sogar zugenommen hat.

beitsbedingungen hätten frühzeitig von den Aufsichtsbehörden der Länder und dem Aufsichtspersonal der zuständigen Berufsgenossenschaften überwacht werden müssen. Eine rechtzeitige Kontrolle der betrieblichen Corona-Präventionsmaßnahmen hätte die Entstehung von Corona-Hotspots womöglich verhindern können. Stattdessen mussten die Gesundheitsbehörden aktiv werden, als es bereits infizierte Beschäftigte gab. Das Präventionsziel wurde gänzlich verfehlt.

Alles in allem eine wenig überraschende Situation. Seit vielen Jahren wird das Aufsichtspersonal in den Ländern massiv abgebaut.[16] Ein Umstand, den insbesondere die IG Metall seit langem kritisiert.[17] Bund, Länder und auch die Berufsgenossenschaften sind in der Pflicht: Die Umsetzung verbindlicher Vorschriften und (Präventions)Regeln muss überwacht werden, wenn das Recht auf körperliche Unversehrtheit mehr sein soll als eine wohlgefällige Floskel! Diese Erkenntnis wird durch die Corona-Erfahrungen noch einmal unterstrichen.

Zu knappe Personalressourcen und die viel zu geringe Kontrolldichte führen zu einem eklatanten Defizit im Gesundheitsschutz.[18] Das hat die Corona-Krise in aller Deutlichkeit bestätigt. Erste Maßnahmen, um diese langjährige Negativentwicklung zu stoppen, hat die Bundesregierung im Jahr 2020 mit dem „Arbeitsschutzkontrollgesetz" auf den Weg gebracht, das am 1. Januar 2021 in Kraft trat. Zur Verbesserung des Arbeitsschutzniveaus sollen mit Hilfe einer neuen Regelung im Arbeitsschutzgesetz jährlich mindestens fünf Prozent der im Land vorhandenen Betriebe besichtigt werden. Diese Mindestbesichtigungsquote ist spätestens im Jahr 2026 zu erreichen. Begleitend soll eine Bundesfachstelle zur Intensivierung der Bundesaufsicht über die Aufsichtstätigkeit der Länder eingerichtet werden, die die Jahresberichte der Länder einschließlich der Besichtigungsquote auswertet und in einem jährlichen Bericht aufbereitet.

Diese Maßnahmen gehen in die richtige Richtung. Sie erkennen die Bedeutung des Vollzugs und seine Defizite an und versuchen, eine Trendumkehr herbeizufüh-

---

16 Vgl. die jährlich erscheinenden Berichte zur Sicherheit und Gesundheit bei der Arbeit. Zuletzt: Bundesministerium für Arbeit und Soziales (BMAS)/Bundesanstalt für Arbeitsschutz und Arbeitsmedizin (BAuA) (2020): Sicherheit und Gesundheit bei der Arbeit – Berichtsjahr 2018, Unfallverhütungsbericht Arbeit, Dortmund/Berlin/Dresden, S. 133 (https://bit.ly/3vIzGhP). S. a. die regelmäßige Berichterstattung im Datenanhang des Jahrbuches Gute Arbeit, aktuell: Ausgabe 2021 (Fußnote 7), S. 367-370.

17 Vgl. IG Metall Ressort Arbeitsgestaltung und Gesundheitsschutz (Hrsg.) (2019): Gute Arbeit kompakt Nr. 11, 10/2019, Aufsicht am Limit: Wie der staatliche Arbeitsschutz kaputtgespart wird.

18 Diese und weitere Defizite der hiesigen Überwachungspraxis wurden zuletzt durch eine externe Evaluation der deutschen Arbeitsschutzinstitutionen offenkundig, die im Auftrag der Europäischen Union durchgeführt wurde. Vgl. den Abschlussbericht zur SLIC-Revision 2017 des staatlichen Arbeitsschutzsystems der Bundesrepublik Deutschland – durchgeführt vom Senior Labour Inspectors' Committee (SLIC) (deutsche Übersetzung). Hrsg. von der Geschäftsstelle des Länderausschusses für Arbeitsschutz und Sicherheitstechnik c/o Hess. Ministerium für Arbeit und Soziales Abteilung III, Wiesbaden (http://www.arbeitswelt.hessen.de/sites/awh/files/dateien/slic_report_2017_19_06_2019.pdf).

ren. Gleichwohl bedeutet ein Erreichen der Zielzahl von fünf Prozent besichtigter Betriebe im Jahr 2026, dass der durchschnittliche Zeitraum zwischen zwei Betriebsbesichtigungen noch immer mehrere Jahrzehnte betragen kann. Die Länder sind daher gefordert, die Mindestbesichtigungsquote im Interesse eines wirksamen Arbeits- und Infektionsschutzes sehr viel früher zu erreichen und dann kontinuierlich auszubauen. Für das Niveau von Sicherheit und Gesundheit bei der Arbeit wird es außerdem darauf ankommen, dass auch die Aufsichtsdienste der Berufsgenossenschaften in die Pflicht genommen werden. Wenngleich die Besichtigungsquote bei einigen Unfallversicherungsträgern deutlich höher ist als die mancher Landesbehörden, gibt die geringe Zahl der getroffenen Anordnungen doch Anlass zum Zweifel an den Beurteilungsmaßstäben, die bei einem Betriebsbesuch angelegt werden. Für beide Säulen des Arbeitsschutzes gilt es, die Überwachungsstrategie deutlich zu verbessern.[19]

Mit mehr Personal allein ist es allerdings nicht getan: Die Aufsichtsbehörden der Länder sowie die Unfallversicherungsträger sind zudem gefordert, „Überwachungskonzepte" für Arbeit außerhalb der Arbeitsstätte zu entwickeln. Eine Systemkontrolle einschließlich „Compliance-Prüfung" und eine Besichtigung einzelner Arbeitsplätze im Unternehmen wird zukünftig nicht mehr ausreichen.[20] Für eine Beurteilung von Arbeitsstandards bei ortsflexibler Arbeit, also im Homeoffice, beim Kunden oder etwa im Zug bedarf es einer deutlichen Erweiterung des „Instrumentenkoffers". Da in diesen Fällen die Vor-Ort-Überwachung aus vielerlei Gründen nicht infrage kommt, kann nur die Beteiligung der betrieblichen Interessenvertretungen und der betroffenen Beschäftigten selbst ein weiterer Baustein im Beratungs- und Überwachungshandeln der Aufsicht sein. Im Vordergrund muss dabei neben der Beratung über zentrale Arbeitsstandards bei ortsflexibler Arbeit auch die Stärkung der Beschäftigten stehen. Sie müssen in die Lage versetzt werden, diese Standards für sich zu reklamieren und einzuhalten. Es versteht sich, dass der inhaltliche Kontext durch die Ergebnisse der jeweiligen Gefährdungsbeurteilung geprägt sein muss. Definierte Beschwerderechte der Beschäftigten in Verbindung mit Mitbestimmungsrechten der Betriebsräte und den Vollzugsmöglichkeiten der Aufsichtsbehörden könnten in einem Dreiklang wesentlich dazu beitragen, dass Arbeitsschutzstandards auch bei mobiler Arbeit Beachtung finden.

---

19 Die Ergebnisse einer Evaluation der Gemeinsamen Deutschen Arbeitsschutzstrategie (GDA) zeigen deutlich: Empfehlungen oder Auflagen seitens der Aufsichtsbehörden gehören zu den wichtigsten Faktoren, die Arbeitgeber zur Verstärkung der Arbeitsschutzbemühungen in ihrem Betrieb veranlassen. Vgl. GDA (2017): Grundauswertung der Betriebsbefragung 2015 und 2011, S. 66. Online unter: https://www.gda-portal.de/DE/Downloads/pdf/Grundauswertung-Evaluation.pdf?__blob=publicationFile&v=2 (letzter Zugriff: 03.03.2021).

20 Vgl. LASI 2014: Überwachungs- und Beratungstätigkeit der Arbeitsschutzbehörden der Länder, Grundsätze und Standards (https://bit.ly/30VoSPk).

Homeoffice: Neuland arbeitspolitisch kultivieren

Die Corona-Krise wirkte wie ein Katalysator für den Arbeitsort „Homeoffice", denn Großraumbüros sowie moderne Bürolandschaften sind nicht „Corona-kompatibel". Im Gegenteil: Platzsparende, auf schnelle Kommunikation ausgerichtete Raumkonzepte mit oft schwierigen Belüftungstechniken fördern die Ansteckungsgefahr für die Beschäftigten. Kein Wunder also, dass diejenigen, die qua digitaler Technik ihre Arbeitstätigkeit ortsungebunden verrichten können, ins Homeoffice „umgezogen" sind. Während ihr Anteil in der 1. Welle im Frühjahr 2020 rasant anstieg, blieb der Anteil der zuhause arbeitenden Beschäftigten in der 2. Welle im Herbst aber deutlich hinter den Erwartungen und Notwendigkeiten zurück. Diese Entwicklung sowie der Anstieg von Infektionen am Arbeitsplatz veranlassten die Bundesregierung im Januar 2021 zum Erlass einer Corona-Arbeitsschutzverordnung. Diese verpflichtete die Arbeitgeber zu weiteren Kontaktbeschränkungen bei der Arbeit. Als ein wesentlicher Beitrag zur Minderung von Kontakten wurden die Arbeitgeber verpflichtet, „Beschäftigten mit Büroarbeit oder vergleichbaren Tätigkeiten" anzubieten, diese „in deren Wohnung auszuführen, wenn keine zwingenden betriebsbedingten Gründe entgegenstehen" (§ 2 Abs. 4 Corona-ArbSchV). Die Verordnung zeigte Wirkung. Der Anteil der Beschäftigten, die überwiegend von zuhause arbeiteten, stieg wieder deutlich an.[21]

Die Präventionsmaßnahme „Homeoffice" versprach mehrere Vorteile: Zum einen ist sie gewiss eine wirksame organisatorische Maßnahme zum Infektionsschutz. Die Beschäftigten hatten mehr Sicherheit, sich weder bei der Arbeit noch in öffentlichen Verkehrsmitteln infizieren zu können. Zugleich konnten mitunter lange Wegezeiten eingespart werden. Darüber hinaus erspart die Nutzung des privaten Wohnraums auch als „Office" den Arbeitgebern, Büroflächen abstandswahrend umzugestalten oder gar neue Bürofläche anmieten zu müssen. Doch die Bilanz greift zu kurz, wenn sie nicht auch die problematischen Auswirkungen orts- und zeitflexibler Arbeit integriert: Bildschirmarbeit ohne Ende, veränderte Arbeitsabläufe, Videokonferenzen statt Teamgespräche – all das führte in der Corona-Zeit auch zu einem Anstieg psychischer Belastungen. Hinzu kommt: Rechtsverbindliche Schutzstandards für die Arbeit im Homeoffice greifen nur, wenn es sich um Telearbeit im Sinne der Arbeitsstättenverordnung handelt. „Telearbeitsplätze sind vom Arbeitgeber fest eingerichtete Bildschirmarbeitsplätze im Privatbereich der Beschäftigten, für die der Arbeitgeber eine mit den Beschäftigten vereinbarte wöchentliche Arbeitszeit und die Dauer der Einrichtung festgelegt hat." (§ 2 Abs. 7 ArbStättV) Andere Formen mobiler Arbeit fallen nicht unter den Anwendungsbereich der ArbStättV.[22] Dementsprechend ist der Arbeitgeber bei beruflich veranlasster Bildschirmarbeit im Homeoffice nicht verpflichtet, diese ergonomisch auszustatten. Auch gelten die arbeitsschutzrechtlichen Anforderungen,

---

21 Vgl. die Befragungsergebnisse der Hans-Böckler-Stiftung (https://bit.ly/3tBX3YO).

22 Vgl. Empfehlungen des Ausschusses für Arbeitsstätten (ASTA) zur Abgrenzung von mobiler Arbeit und Telearbeitsplätzen (https://bit.ly/3vKz4Iz).

die im Betrieb bei Bildschirmarbeit zu beachten sind, außerhalb der Arbeitsstätte nicht. Der Rechtsrahmen für mobile Arbeit ist äußerst lückenhaft.

Wie sich Arbeitgeber diesen lückenhaften Rechtsrahmen für Kostensenkungsmaßnahmen zulasten der Beschäftigten zunutze machen, zeigt die Befragung von Detje/Sauer exemplarisch mit dieser Aussage eines Betroffenen:

„Eine fest institutionalisierte Betriebsvereinbarung zu Homeoffice haben wir nicht, nur für Telearbeit und das wird halt jetzt im Rahmen von Smart working, da wird dann mobiles Arbeiten, Homeoffice, Telearbeit abgeschafft, weil der Arbeitgeber, ich meine, das ist halt eigentlich Wahnsinn, der will sich an keinen Kosten beteiligen."[23]

Dieser Umstand wiegt schwer, zumal das Homeoffice im Zuge der Corona-Pandemie zu einer Art Massenphänomen geworden ist und die regelmäßige Arbeit in den eigenen vier Wänden auch über die Pandemie hinaus zum „new normal" für einen relevanten Teil der Beschäftigten werden könnte. Es ist daher höchste Zeit, den paradox anmutenden Widerspruch zwischen den Anforderungen an die Arbeit am betrieblichen und der Arbeit am häuslichen Arbeitsplatz aufzulösen. Es bedarf Antworten auf die Frage, welche Arbeitsschutzregeln gelten sollen, wenn regelmäßig ohne Telearbeitsvertrag von Zuhause gearbeitet wird. Auch sind Fragen der Pausengestaltung, ständiger Erreichbarkeit und der Ruhezeit mit der Arbeit im Homeoffice noch unmittelbarer verbunden als mit der Arbeit an festen Arbeitsorten im Betrieb. Die Arbeitsschutzinstitutionen, allen voran die Bundesregierung, sind gefordert, einen Diskurs über das sensible Thema der Arbeitsgestaltung im Homeoffice zu initiieren und Lösungen auch durch verbindliche Regeln anzustreben.[24] Nicht zuletzt sind aber auch die Betroffenen gefragt: „Sie müssen für die Einhaltung von Arbeitszeit- und Ergonomie-Standards mit Sorge tragen und sind somit auch als Kontrolleure der eigenen Arbeitsbedingungen gefordert. Die Fähigkeit zur Selbstorganisation, kurz: Empowerment der Beschäftigten, wird dabei zur Schlüsselressource".[25]

3. Auf eine „Präventionsbewegung von unten" kommt es an

Hans-Jürgen Urban hat uns darauf hingewiesen, dass in keinem anderen Politikfeld die Rechtsverweigerung der Arbeitgeber so folgenlos zu sein scheint wie im Arbeits- und Gesundheitsschutz. Nach 25 Jahren Arbeitsschutzgesetz hat nur etwa die Hälfte aller Betriebe eine Gefährdungsbeurteilung vorgenommen. Eine verschwindend geringe Anzahl kümmert sich um psychische Belastungen, obwohl die Zahl der Arbeitsunfähigkeitstage, die in ihrer Folge produziert werden, seit Jahren sehr hoch ist. Von

---

23 Detje/Sauer 2021, S. 89.

24 Vgl. hierzu Hans-Jürgen Urban: Heilsversprechen Homeoffice. Zu den Schattenseiten eines arbeitspolitischen Shootingstars, in: Blätter für deutsche und internationale Politik, Heft 2/2021, S. 103-113.

25 Ebenda, S. 112.

dem Leid der Betroffenen und den Erwerbsminderungsrenten infolge psychischer Erkrankungen ganz zu schweigen.[26]

Wesentlichen Anteil an dieser Misere haben Bund und Länder: Solange die Bundesregierung die Regelungslücken, die eine Rahmenvorschrift zwingend mit sich bringt, nicht durch konkrete Rechtsverordnungen schließt, begünstigt sie diese umfassende Rechtsverweigerung. Nur hinreichend konkrete Anforderungen etwa an die Gefährdungsbeurteilung psychischer Belastungen durch eine Anti-Stress-Verordnung werden die Arbeitgeber veranlassen, Prävention zu betreiben und sich rechtskonform zu verhalten. Zugleich sind eindeutige Rechtsvorschriften eine zwingende Voraussetzung für die Aufsichtsbehörden der Länder, Rechtsverstöße auch ahnden zu können. Doch damit nicht genug: Die Länder sind auch gefordert, ihren politischen Kompass neu auszurichten: Die Gesundheit der Beschäftigten bei der Arbeit muss zukünftig stärker gewichtet und in der Rangfolge der föderalen Aufgaben deutlich nach vorne verschoben werden. Auch das ist eine Lektion, die die Corona-Krise unterstreicht, und die über die Pandemie hinaus gilt.

Für den Arbeitsschutz gibt es viel zu verlieren, aber auch viel zu gewinnen. Einer der zentralen Erfolgsfaktoren – egal ob es um Gefährdungen durch psychische Belastungen oder um das Corona-Virus geht – ist dabei die Beteiligung der Beschäftigten. Ohne eine „Präventionsbewegung von unten" (Urban) werden die Herausforderungen nicht zu meistern sein. Es gilt daher mehr denn je, „in den Betrieben unter allen Beteiligten Bewusstsein und Handlungsbereitschaft gegen Gefährdungen bei der Arbeit fördern" und „Beschäftigte als Experten ihrer Arbeitsbedingungen einbeziehen".[27] Kollektive Rechte und selbstbewusste Interessenvertretungen und Beschäftigte, die ihre Rechte wahrnehmen können – das ist die Währung für eine erfolgreiche Arbeits(schutz)politik der Zukunft.

---

26 Vgl. hierzu auch Andrea Fergen: Arbeitsschutz 4.0: Essentials einer digitalen Humanisierungs-Agenda aus Sicht der IG Metall, in: O. Cernavin/W. Schröter/S. Stowasser (Hrsg.): Prävention 4.0. Analysen und Handlungsempfehlungen für eine produktive und gesunde Arbeit 4.0. Wiesbaden 2018, S. 121-134.

27 Hans-Jürgen Urban: Gute Arbeit in der Transformation. Über eingreifende Politik im digitalisierten Kapitalismus. Hamburg 2019, S. 127.

Isabel Rothe / Beate Beermann

Guten Arbeitsschutz erhalten und Arbeitsschutz zeitgemäß weiterentwickeln

Das Jahr 2020: Arbeitsschutz im Fokus

Im Jahr 2020 war der Arbeitsschutz gefragt wie schon seit langem nicht mehr. So galt es, infolge der SARS-CoV-2 Pandemie die Standards des Infektionsschutzes weitgehend in den Arbeitsschutz zu übertragen, dabei jeweils umfangreiche branchen- und betriebsspezifische Lösungen vor Ort zu entwickeln und diese gemeinsam mit allen Beteiligten verbindlich umzusetzen. Der Arbeitsschutz spielte in den Betrieben eine zentrale Rolle und wurde von allen Beteiligten intensiv wahrgenommen. Dabei waren nicht nur die betrieblichen Arbeitsschutzakteure aktiv eingebunden, sondern auch viele Führungskräfte auf allen Ebenen der Hierarchie und der Großteil der Beschäftigten und ihrer Interessenvertretungen (vgl. Adolph et al. 2021).

In den Betrieben wurde ein breites Portfolio unterschiedlicher Maßnahmen umgesetzt, von technischen Maßnahmen, wie beispielsweise der Installation von Abtrennungen oder der Optimierung der raumlufttechnischen Anlagen, über organisatorische Maßnahmen, wie der Organisation fester Teams oder arbeitszeitlicher Regelungen zur Entzerrung des Dienstbetriebs, bis hin zu personenbezogenen Maßnahmen wie persönlicher Schutzausrüstung oder Hygieneregeln (vgl. Robelski et al. 2020). Auch wenn dabei das TOP Prinzip des Arbeitsschutzes – *T*echnische vor *O*rganisatorischen vor *P*ersonenbezogenen Maßnahmen – zumeist zugrunde gelegt und auch in den spezifischen Regelwerken stets adressiert wurde (vgl. SARS-CoV-2 Arbeitsschutzregel), so war es doch in aller Regel nicht möglich, durch technische Maßnahmen alleine ein ausreichendes Schutzniveau zu erzielen. Vielmehr galt es auch organisatorische Regelungen in den Teams vor Ort ganz konkret umzusetzen und personenbezogene Schutzmaßnahmen konsequent zu befolgen – zum eigenen Schutz und zum Schutz der Kolleginnen und Kollegen. Auch wenn somit der Verhältnisprävention auch in der Corona-Krise eine große Bedeutung zukam, so wäre ohne vielfältige Verhaltensmaßnahmen, die von allen Beschäftigten gemeinsam umgesetzt wurden, ein konsequenter Gesundheitsschutz nicht zu erreichen gewesen. Auch dieser Umstand hat dazu beigetragen, dass die Wahrnehmung des Arbeitsschutzes und seiner Maßnahmen im betrieblichen Miteinander so eine herausragende Rolle spielte.

Gleichzeitig hat die Pandemie den Wandel der Arbeit befördert, indem die Notwendigkeit, Kontakte zu reduzieren, auch durch eine weitere Digitalisierung von Arbeitstätigkeiten und -prozessen umgesetzt wurde. Quer durch alle Branchen war dies – dort wo die Tätigkeit es grundsätzlich erlaubte – digitale Arbeit im Homeoffice. Auch wurden betriebliche und überbetriebliche Kommunikationsprozesse in hohem

Umfang in digitale Formate transferiert. Es wurde aber auch die Digitalisierung von Geschäftsprozessen deutlich ausgebaut, beispielsweise im Online-Handel oder anderen Dienstleistungsbereichen.

Es stellt sich vor diesem Hintergrund die Frage, wie der Arbeitsschutz im Lichte dieser Dynamik weiterentwickelt werden sollte. Dabei sind die Qualitäten des Arbeitsschutzes – die sich in der Pandemie wieder deutlich zeigen konnten – möglichst zu erhalten und gleichzeitig die Systeme und Arbeitsweisen des Arbeitsschutzes entsprechend dem rasanten Fortschreiten des Wandels der Arbeit zeitgemäß auszurichten.

Digitalisierung und Wandel der Arbeit

Die zu beobachtenden Auswirkungen der Digitalisierung auf die Arbeitswelt sind sehr unterschiedlich und ihrerseits einem steten Wandel unterworfen. Denn zu den wesentlichen neuen Entwicklungen der modernen Arbeitswelt zählen die hohe Dynamik der Veränderungen sowie die große Diversität unterschiedlicher Arbeitsbedingungen.

Veränderungen prägen aktuell den betrieblichen Alltag und die Arbeitssituation der Beschäftigten mehr denn je. Während in den 2000er Jahren in Management und Organisationsentwicklung noch der systematische Prozess des Unfreezing – Changing – Refreezing gelehrt wurde, um Restrukturierungen und Veränderungen vorantreiben zu können (vgl. u.a. John P. Kotter 2012), zeigen die Studien der letzten 20 Jahre das Bild einer dynamischen Arbeitswelt mit vielfachen und ständigen Veränderungen mit wechselnden Treibern.

Die konkreten Auswirkungen der Digitalisierung auf die Arbeit variieren stark entsprechend der jeweiligen Branchen, Tätigkeiten und der jeweils konkreten Arbeitsmodelle. Sie bieten dabei sowohl Chancen als auch Risiken. So haben Arbeiten von Kirchner et al. (2020) beispielsweise gezeigt, dass die Nutzung von Informationstechnologien für die Selbstbestimmung bei der Arbeit sehr unterschiedliche Folgen haben kann. Während die Computernutzung in der Wissensarbeit grundsätzlich zu einer Ausweitung von Handlungsspielräumen und Selbstbestimmung führen kann, indem z.B. auch die Möglichkeiten des orts- und zeitflexiblen Arbeitens genutzt werden können, weisen die Ergebnisse für die Bereiche Produktion und Dienstleistungstätigkeiten in eine andere Richtung. Hier ist eher die Gefahr des digitalen Taylorismus beschrieben (Kirchner et al. 2020).

Auch für den Bereich des orts- und zeitflexiblen Arbeitens ergeben sich sehr unterschiedliche Szenarien im Hinblick auf die Realisierung „Guter Arbeit". Während vorliegende Untersuchungen von Klammer et al. (2017) durchaus die Ausweitung von Handlungsspielräumen durch die orts- und zeitbezogenen Gestaltungsoptionen beschreiben, sind auch Phänomene wie die interessierte Selbstgefährdung und Tendenzen der Entgrenzung z.B. im Bereich der ständigen Erreichbarkeit oder des Einhaltens von Arbeits- und Ruhezeiten beschrieben (Urban 2021).

Nicht zuletzt sind die Anforderungen der Beschäftigten selber an die Arbeit diverser geworden. Das zeigt sich gerade auch im Bereich der flexiblen Nutzung von mobiler Arbeit und flexibler Arbeitszeit; aber auch hinsichtlich der Erwartungen an Qualifizierungsmöglichkeiten gibt es bei den Beschäftigten sehr unterschiedliche Vorstellungen. Diese Vielfalt der Wünsche und Erwartungen, die auch durch die Breite der Teilhabe unterschiedlicher Beschäftigtengruppen und ihrer jeweiligen Lebensbedingungen bedingt zurückzuführen ist, gilt es angemessen zu berücksichtigen.

Diese durch die Digitalisierung beförderten Veränderungen stellen den – wenngleich gesetzlich geregelten – betrieblichen Arbeitsschutz mit seinen verbindlich verankerten Strukturen zunehmend vor konkrete Umsetzungsprobleme. Zwar gab es auch in der Vergangenheit deutliche Unterschiede in der Präsenz und Bedeutung des Arbeitsschutzes und seiner Akteure in den Betrieben, grundsätzlich waren aber Strukturen, Instrumente, Vorschriften und Umsetzung für die Beschäftigten im Betrieb sicht- und greifbar. Diese Sichtbarkeit geht da verloren, wo Arbeit zeitlich und räumlich flexibel wird und wo aufgrund digitaler Prozesse und Technologien oder künstlicher Intelligenz (KI) die Arbeitstätigkeiten und -abläufe nicht mehr nachvollziehbar sind. Dieses Phänomen wird von betrieblichen Akteuren auch als „neue Unsichtbarkeit" des Arbeitsschutzes beschrieben (Janda et al. 2017).

Vor diesem Hintergrund stellt sich aus der Sicht des Arbeits- und Gesundheitsschutzes die drängende Frage, ob die aktuellen Gestaltungsleitlinien guter Arbeit und die Präventionskonzepte des Arbeits- und Gesundheitsschutzes auch im Kontext der Digitalisierung Bestand haben und wie diese weiterzuentwickeln sind.

Weiterentwicklung des Arbeitsschutzes: Neue Anforderungen an die Akteure, Vorgehensweisen und Instrumente

Ziel des Arbeitsschutzes ist die menschengerechte Gestaltung der Arbeit im Betrieb (Arbeitsschutzgesetz). Grundsätzlich kann davon ausgegangen werden, dass die etablierten Leitlinien der guten Arbeitsgestaltung (Ulich 2011) auch für die digitale Arbeit Bestand haben. Dabei sind Sicherheit und Unfallschutz – auch unter Berücksichtigung angemessener Standards der Hygiene – weiterhin zwingend zu gewährleisten. Gute Arbeit ist gekennzeichnet durch zentrale Schlüsselfaktoren wie die Ermöglichung von Handlungs- und Tätigkeitsspielräumen, ein hohes Maß an Transparenz und Partizipation, angemessene Arbeitsanforderungen mit kontrollierten Leistungsanforderungen, individuell nutzbare Arbeitszeitautonomie ohne Entgrenzungsmerkmale, soziale Unterstützung durch Kolleg*innen und Führungskräfte. Diese sind auch unter der Bedingung digitaler Arbeit zentrale Gestaltungsdimensionen (BAuA, im Erscheinen).

Die Bewertung dieser Dimensionen stellt die betrieblichen Akteure aber nicht selten vor große Herausforderungen. Vorliegende Studienergebnisse zeigen, dass sich betriebliche Arbeitsschutzakteure gerade mit Blick auf Arbeitsintensität, orts- und zeitflexibles Arbeiten oder auch Anforderungen, die sich aus dem demografischen Wandel in der Arbeitswelt ergeben, nur eingeschränkt sprachfähig fühlen (Barth et al. 2017). Hier werden aktuell erhebliche Anstrengungen zur Qualifizierung vorgenommen, in denen die Frage der prozesshaften Umsetzung des Arbeitsschutzhandelns und die Integration unterschiedlicher Akteure im Vordergrund steht.

Das Arbeitsschutzsystem mit seinen betrieblichen Akteuren richtete sich zudem primär an eine Arbeitswelt mit festen Arbeitsplätzen und klaren betrieblichen Strukturen. In der Vergangenheit war dieses System sehr erfolgreich und ist es – wie die aktuelle Corona-Pandemie zeigt – in weiten Bereichen auch heute noch. Gleichzeitig stellen die zunehmende Flexibilisierung von Arbeitszeit und -ort, aber auch die kontinuierliche Weiterentwicklung von Inhalten der Arbeit, schnelllebige technologische Entwicklungen und die wachsende Veränderungsgeschwindigkeit der Rahmenbedingung der Arbeit das System vor Anforderungen, für die nur begrenzt Handlungsoptionen verfügbar sind.

Im Zuge der Digitalisierung stellt sich somit die Frage, ob die skizzierten Veränderungen es notwendig machen, nicht nur die Experten des Arbeitsschutzes, sondern alle betrieblichen Gestaltungskompetenzen einzubeziehen. Hier sind insbesondere die Führungskräfte gefordert. Sie sind bei flexiblen Arbeitsformen, aber auch bei dynamischen Veränderungen von Arbeitstätigkeiten und -anforderungen sowie den Rahmenbedingungen der Arbeit z.B. in Restrukturierungsprozessen die zentralen „Gestalter" lernförderlicher Arbeit. Damit ergibt sich ein differenziertes Anforderungsprofil hinsichtlich der Aufgaben von Führung im Betrieb. Die Kenntnis und Umsetzung mitarbeiterorientierter Führungsstile wie sie bislang positiv konnotiert als Aufgabe von Führungskräften fokussiert wurden, ist hier eine gute aber keine hinreichende Voraussetzung. Die Kompetenzen im Bereich der Arbeitsgestaltung, der Gestaltung lernförderlicher Arbeit und der Führung auf Distanz sind zentrale Aspekte der Gestaltung guter Arbeit. So fordert z.B. orts- und zeitflexibles Arbeiten das Führen auf Distanz inklusive Reflektion der für die Mitarbeiter*innen entstehenden Arbeitsintensität sowie die Steuerung und Gestaltung der Arbeitsaufgaben. Um diese Aufgaben wahrnehmen zu können, müssen spezifische Rahmenbedingungen geschaffen werden. Das bezieht sich sowohl auf die zeitlichen Möglichkeiten als auch auf die Qualifizierung von Führungskräften.

Eine konstruktive Nutzung der verfügbaren Gestaltungskompetenzen im Betrieb setzt auch die Beteiligung der Beschäftigten voraus. Eine zunehmend „virtuelle" Erbringung der Arbeitsleistung erfordert von den Beschäftigten die Übernahme von mehr Verantwortung für die Organisation und die Zielerreichung ihrer eigenen Arbeit bei gleichzeitiger Erweiterung ihrer Handlungsspielräume. Um in diesem Prozess den Arbeitsschutz systematisch integrieren zu können, bedarf es der Kompetenzerweiterung im Themenbereich der Arbeitsgestaltung bei den Beschäftigten (Rothe et al. 2017). Zudem bedarf es auch einer entsprechenden betrieblichen Präventionskultur (vgl. Elke 2015, 2001), sodass auch die strukturellen Möglichkeiten zur Partizipation gegeben sind. Diese systematische Rollenzuweisung an Führungskräfte und Beschäftigte ist aktuell allerdings nur sehr eingeschränkt zu beobachten (Schmitt-Howe/Hammer 2019).

Besondere Möglichkeiten für die Gestaltung menschengerechter Arbeit finden sich traditionell in Betrieben und Einrichtungen, in denen Mitbestimmungsorgane vertreten sind. Die Mitbestimmungskultur ist darauf ausgerichtet, die Interessen der Beschäftigten sowohl bei der Gestaltung der Arbeitsbedingungen als auch bei der Entwicklung von betrieblichen Rahmenbedingungen – und somit auch bezogen auf die strukturellen Aspekte eines Unternehmens – zu vertreten. Aufgrund der steigenden Komplexität von

Arbeitsbedingungen und -abläufen sowie der zunehmenden Veränderungsgeschwindigkeit wird es auch für die betrieblichen Interessenvertretungen schwieriger, sich in die Bewertung von Prozessveränderungen einzuarbeiten. Hier bedarf es des Ausbaus zukunftsgerichteter Partizipationsmöglichkeiten.

Die Veränderungen in der Arbeitswelt ziehen auch die Frage der Angemessenheit der verfügbaren Instrumente des Arbeitsschutzes nach sich. Die Schwerpunktsetzung der Arbeitsschutzmaßnahmen liegt aktuell auf der Erfassung (einfach) messbarer Gefährdungen, Unterweisungen, Begehungen, auf technisch-materieller Ausstattung und der ergonomischen Gestaltung des Arbeitsplatzes. Ausgehend davon, dass diesen Instrumenten eine zentrale Bedeutung für einen effizienten Arbeitsschutz zukommt, zeigt sich doch, dass sie einer Erweiterung bzw. Redefinition bedürfen.

Betriebliche Gestaltungsanforderungen liegen heute verstärkt im Bereich der psychischen Belastungen, die aufgrund ihres auf Optimierung ausgerichteten Gestaltungsziels eher nicht einfach messbar und gestaltbar sind (Rothe et al. 2017). Die Ergebnisse des Stressreports 2019 (BAuA 2020) weisen – wie internationale Studien auch (Eurofound) – deutlich eine konstant hohe Ausprägung der psychischen Belastungsfaktoren in der Arbeitswelt auf. Gleichzeitig berichten die Befragten von abnehmenden aufgabenbezogenen Handlungsspielräumen, die es erlauben, die Anforderungen aus der Tätigkeit besser zu bewältigen, indem sie die Arbeit beispielsweise selber planen können. Diese Ergebnisse weisen deutlich auf konstanten Handlungsbedarf hin. Aufgrund der zunehmenden Veränderungsgeschwindigkeit und Komplexität der Veränderung kann nicht davon ausgegangen werden, dass es ohne eine gezielte Entwicklung von Handlungsoptionen zu einer Entspannung der Situation kommt. In diesen Bereichen ist die Einbeziehung von Führungskräften und Beschäftigten in dialogischen Formaten offenkundig ein Anknüpfungspunkt.

Ausblick

Der Arbeitsschutz ist seit langem etabliert. Die Gestaltung der Arbeit nach den Leitbildern guter Arbeit hat zu einer Reduzierung von Unfällen und Berufskrankheiten in den klassischen Feldern beigetragen; dieses ist unbedingt konsequent fortzusetzen. Auch und gerade in Zeiten der Pandemie zeigte sich, dass es gut und wichtig ist, auf ein etabliertes Arbeitsschutzsystem und ein fundiertes Methodeninventar zurückgreifen zu können. Gleichzeitig ist aber auf der Ebene der digitalen Arbeit eine kontinuierliche Weiterentwicklung aufgabenbezogener Anforderungen und betrieblicher Rahmenbedingungen zu beobachten, sodass die zentrale zukünftige Herausforderung auch darin besteht, das System des Arbeitsschutzes inklusive der Qualifizierung anschlussfähig dynamisch weiterzuentwickeln. Dabei spielt die Gleichzeitigkeit der Entwicklungen eine wichtige Rolle. Diese neue Herausforderung für den Arbeitsschutz besteht aktuell in der notwendigen Anpassung des Arbeitsschutzsystems und -handelns.

Besonders deutlich zeigt sich diese Änderungsnotwendigkeit durch die beschleunigten Entwicklungen von Technologie und zunehmender Anforderungsvielfalt in der Arbeitsgestaltung und den Anforderungen, die von den Beschäftigten an ihre Arbeitstätigkeit gestellt werden. Dabei müssen sowohl Inhalte als auch Akteurskonstellationen, Prozesse und Instrumente des Arbeitsschutzes an die neuen Anforderungen adaptiert werden. Der Arbeitsschutz muss kritisch prüfen, ob eine „one size-fits all" und eine Bindung an die Strukturen der Normalarbeit noch zukunftsfähig ist oder ob nicht vielmehr die Herausforderungen für den Arbeitsschutz in der Entwicklung neuer Wirkweisen jenseits aktueller Strukturen liegen. Dabei kann der durch die Digitalisierung und Flexibilisierung angestoßene Umbau in der Arbeitswelt auch als Chance für die Etablierung eines prospektiven und präventiven Arbeitsschutzes in prozessbezogenen, partizipativen und transparenten Strukturen genutzt werden.

Zudem ist der Wandel der Arbeitswelt ein interaktives Geschehen, das neben der Digitalisierung auch andere Entwicklungen wie den Einzug von KI in den Betrieben und Organisationen einschließt. Dieses auch in Zukunft dynamische Geschehen erfordert ein zukunftsfähiges, kontinuierliches Monitoring, weitergehende Analysen und eine konzeptionelle Weiterentwicklung betrieblicher Gestaltungskonzepte.

Literatur

Adolph, L., Eickholt, C., Tausch, A., Trimpop, R. (2021): SARS-CoV-2-Arbeits- und Infektionsschutzmaßnahmen in deutschen Betrieben: Ergebnisse einer Befragung von Arbeitsschutzexpertinnen und -experten. in: baua: Bericht Fokus, 1. Auflage. Dortmund: Bundesanstalt für Arbeitsschutz und Arbeitsmedizin 2021.

BAuA (2020): Stressreport Deutschland 2019. Psychische Anforderungen, Ressourcen und Befinden. 1. Auflage. Dortmund: Bundesanstalt für Arbeitsschutz und Arbeitsmedizin 2020.

Barth, C., Eickholt, C., Harmacher, W., Schmauder, M. (2017): Bedarf an Fachkräften für Arbeitssicherheit in Deutschland. 1. Auflage. Dortmund: Bundesanstalt für Arbeitsschutz und Arbeitsmedizin.

Elke, G., Gurt, J., Möltner, H., Externbrink, K. (2015): Arbeitsschutz und betriebliche Gesundheitsförderung. Vergleichende Analyse der Prädiktoren und Moderatoren guter Praxis.1. Auflage. Dortmund: Bundesanstalt für Arbeitsschutz und Arbeitsmedizin.

Eurofound (2021): European working condition survey. https://www.eurofound.europa.eu.

Janda, V. & Guhlemann, K. (2019): Sichtbarkeit und Umsetzung – die Digitalisierung verstärkt bekannte und erzeugt neue Herausforderungen für den Arbeitsschutz. Zugriff am 27.02.2020, unter https://www.baua.de/DE/Angebote/Publikationen/Fokus/Digitalisierung.html.

Kotter, J. P. (2012): Leading Chance. Harvard Business Review Press. Boston.

Kirchner, S., Meyer, S.-C., Tisch, A.: Digitaler Taylorismus für einige, digitale Selbstbestimmung für die anderen? Ungleichheit der Autonomie in unterschiedlichen Tätigkeitsdomänen. 1. Auflage. Dortmund: Bundesanstalt für Arbeitsschutz und Arbeitsmedizin 2020.

Klammer, U., Steffes, S., Maier, M. F., Arnold, D., Stettes, O., Bellmann, L., et al. (2017). Arbeiten 4.0 – Folgen der Digitalisierung für die Arbeitswelt. Work 4.0 – Digitalisation and its Impact on the Working Place. Wirtschaftsdienst, 97(7), S. 459-476.

Robelski, S., Steidelmüller, C., Pohlan, L.: Betrieblicher Arbeitsschutz in der Corona-Krise, in: baua: Bericht kompakt, 1. Auflage. Dortmund: Bundesanstalt für Arbeitsschutz und Arbeitsmedizin 2020.

Rothe, I., Adolph, L., Beermann, B., Schütte, M., Windel, A., Grewer, A., Lenhardt, U., Michel, J., Thomson, B., Formazin, M. (2017): Psychische Gesundheit in der Arbeitswelt – wissenschaftliche Standortbestimmung. 1. Auflage. Dortmund: Bundesanstalt für Arbeitsschutz und Arbeitsmedizin.

Rothe, I., Beermann, B. (2019): Transformation der Arbeit: Neue Anforderungen an eine präventive Arbeitsgestaltung in: Schröder, L. & Urban, H.J.: Transformation der Arbeit – ein Blick zurück nach vorn. Jahrbuch Gute Arbeit 2019, 1. Auflage. Frankfurt a.M.

Schmitt-Howe, B., Hammer, A. (2019): Formen von Präventionskultur in deutschen Betrieben. 1. Aufl. Dortmund: Bundesanstalt für Arbeitsschutz und Arbeitsmedizin.

Ulich, E. (2011): Arbeitspsychologie. Stuttgart.

Urban, H.-J. (2021): Heilsversprechen Homeoffice. Zu den Schattenseiten eines arbeitspolitischen Shootingstars. Blätter für deutsche und internationale Politik. Heft 2.

Sarah Nies / Wolfgang Menz

Rationalisierungsdynamiken der Digitalisierung und ihre Belastungsfolgen

Im Jahrbuch „Gute Arbeit" von 2016 betont Hans-Jürgen Urban den „Rationalisierungscharakter der Digitalisierung" (Urban 2016, S. 22) und richtet sich damit nicht nur gegen das von Industrieverbänden und Technikexpert*innen kontinuierlich vorgetragene Mantra, in der Industrie 4.0 würden sich Humanisierungseffekte quasi naturläufig einstellen, sondern auch gegen allzu große Hoffnungen, dass sich die digitale Transformation mehr oder weniger unproblematisch in einem sozialpartnerschaftlichen Einverständnis gestalten ließe. Urban schließt hier an die sozialwissenschaftliche Einsicht an, dass nicht „die Technik" als solche, sondern konkrete Nutzungsweisen ihre Wirkung bestimmen, betont dabei aber vor allem die Interessendimension. So lässt sich eben kein Konsens über die Ziele der digitalen Transformation voraussetzen; die Gestaltung der Digitalisierung verläuft vielmehr auf vermachtetem Terrain in den Korridoren eines Interessenkonflikts.

Die Notwendigkeit einer arbeitspolitischen „Präventionsoffensive", wie sie Urban einfordert, verdeutlichen nicht zuletzt die ernüchternden empirischen Befunde, die es bislang zum Zusammenhang von Arbeitsbelastungen und Digitalisierung gibt. Obwohl digitale Technik ohne Zweifel Potenziale bietet, um Beschäftigte etwa von monotoner und gesundheitsverschleißender Arbeit zu entlasten, weist nichts darauf hin, dass es zu einer signifikanten Abnahme von Arbeitsbelastungen gekommen ist. Im Gegenteil: Bisherige Forschungsergebnisse deuten darauf hin, dass insbesondere dort, wo es an Mitgestaltung durch die Beschäftigten fehlt, Digitalisierungsprozesse sogar eher zu einer Verschärfung von Belastungseffekten führen (DGB-Index Gute Arbeit 2017; Carls et al. 2020). Hierfür gibt es unterschiedliche Erklärungen: Sicherlich lassen sich Ursachen finden, die im Charakter der digitalen Technologie als solche liegen, ebenso können Umsetzungsprobleme von Digitalisierungsprojekten im laufenden Prozess massive Belastungen hervorrufen. Wir interpretieren die Belastungseffekte aber vor allem als eine Folge davon, dass sich Widersprüche, die mit gegenwärtigen Rationalisierungsmodi verbunden sind, unter dem Einsatz digitaler Technologien noch weiter zuspitzen.

Die Dynamiken der Rationalisierung

Wenn wir also mit Urban davon ausgehen, dass „die Industrie 4.0" vorwiegend ein Rationalisierungsprojekt ist, lohnt ein genauerer Blick auf die Dynamiken der Rationalisierung. Im allgemeinen Verständnis zielen Rationalisierungsmaßnahmen darauf, die Produktivität der Arbeits- und Produktionsprozesse und damit auch die Gewinnspanne des Unternehmens zu erhöhen. Üblicherweise verbindet man damit Kontrolle und

Arbeitsintensivierung auf der einen sowie die Substitution menschlicher Arbeit durch Technik auf der anderen Seite. Beide Rationalisierungsmaßnahmen sind unmittelbar arbeitskraftbezogen, wenn auch in unterschiedlicher Weise: durch eine intensivere Nutzung der Arbeitskraft oder durch den Ersatz von Arbeitskraft, und beide folgen einer produktionsökonomischen Logik. Zielgröße unternehmerischer Rationalisierung sind aber nicht effektive Produktionsprozesse als solche, sondern die erfolgreiche Kapitalverwertung. Die technische und arbeitsorganisatorische Gestaltung des Produktionsprozesses muss also so organisiert sein, dass sie dem Zweck der Kapitalverwertung dient. Rationalisierungsstrategien sind daher auch mit der Vermittlung von Markt- und Produktionsökonomie befasst, sie zielen also auch darauf ab, die Optimierung der Produktionsprozesse mit den jeweilgen marktökonomischen Notwendigkeiten in Übereinstimmung zu bringen.

Mit der „systemischen Rationalisierung" wurde bereits in den 1980er Jahren ein Rationalisierungstypus diskutiert, der auf über- und zwischenbetriebliche Zusammenhänge zielt (Altmann et al. 1986) und damit die ausschließlich produktionsökonomische Logik überschreitet. Über die bessere Abstimmung übergreifender Prozesse soll systemische Rationalisierung einerseits ermöglichen, flexibler und schneller auf Marktanforderungen reagieren zu können, andererseits bedeuten die Eingriffe insbesondere fokaler Unternehmen in die zwischenbetrieblichen Konstellationen auch den Versuch, mehr Kontrolle über die Marktbedingungen zu gewinnen. Auf die weitere Ausweitung globaler Konkurrenz und zunehmend volatile Märkte reagieren die Unternehmen darüber hinaus schließlich auch mit der Inklusion von Marktprinzipien in die eigene Organisation. So wird gut ein Jahrzehnt später unter den Schlagworten „Vermarktlichung" oder „marktorientiertes Produktionsmodell" (Sauer/Döhl 1997; Dörre 2001) ein Rationalisierungs- und Restrukturierungsprinzip beschrieben, das sich als eine weitere Bearbeitungsform des Vermittlungsproblems zwischen Markt- und Produktionsökonomie lesen lässt. Die Internalisierung des Marktes verbindet sich, wenn sie bis auf die Ebene der Beschäftigten heruntergebrochen wird, mit neuen, „indirekten" oder „marktorientierten" Steuerungsformen des Arbeitshandelns: Marktorientierte Kennziffern werden zu Handlungsvorgaben und Prinzipien der Bewertung für die Arbeitssubjekte, ohne damit allerdings die Art und Weise der Arbeitsausführung selbst unmittelbar vorzugeben. Dies geht häufig mit erweiterten Handlungsmöglichkeiten bei allerdings fremdbestimmten Rahmenbedingungen einher (Kratzer et al. 2008).

Markt- und Produktionsökonomie im Widerspruch

Welche Entwicklung beobachten wir nun aktuell im Kontext digitaler Rationalisierungsdynamiken? Zahlreiche Aspekte digitaler Technik rufen zunächst Assoziationen an klassische, arbeitskraftbezogene Rationalisierungsprinzipien hervor: Die ausgeweiteten Möglichkeiten der Datenerfassung lassen an eine Zunahme von Überwachung denken; digitale Assistenzsysteme, Machine Learning und Leichtbaurobotik können zwar eine Unterstützung für die Beschäftigten sein, beinhalten unter Umständen aber auch massive Eingriffe in ihre Handlungssouveränität.

Fraglos: Digitalisierung bietet Unternehmen die *technischen* Möglichkeiten, Überwachungsmechanismen auszubauen und Arbeitsabläufe zu standardisieren. Wenn man sich allerdings näher damit auseinandersetzt, welche Ziele Unternehmen mit dem Einsatz digitaler Technik verfolgen, stellt man fest, dass arbeitskraftbezogene Rationalisierung nicht vorrangig ist (wenngleich die *Folgen* für die Beschäftigten gleichwohl erheblich sind). So beobachten wir in den Unternehmen unterschiedliche Strategien der Digitalisierung (vgl. Nies 2021), unter denen vor allem Marktstrategien, also Strategien der Wertrealisierung (siehe auch Pfeiffer 2019), sowie die übergreifende Restrukturierung von Wertschöpfungsketten im Sinne einer aktualisierten systemischen Rationalisierung herausstechen. Unsere These ist, dass die mit der Digitalisierung verbundenen Rationalisierungshoffnungen der Unternehmen sich damit vor allem auf das unternehmerische Grundproblem richten, Widersprüche zwischen Markt- und Produktionsökonomie zu bewältigen.

Die Vermittlungsproblematik ist virulenter denn je: Der globale Konkurrenzdruck hat sich weiter verschärft (daran ändern auch die wirtschaftlichen Einbrüche in der Folge der Corona-Krise und die Diskussionen um eine Renationalisierung der Ökonomien nichts), neue digitale Märkte sind durch einen harten Verdrängungswettbewerb geprägt. Gerade kleine und mittlere Industrieunternehmen kämpfen zudem mit ihrer nachgeordneten Stellung in den Wertschöpfungsketten. Sie haben nicht nur schwankende Auftragslagen, sondern immer wieder auch Materialengpässe zu bewältigen und mit dem Produktionsfluss in Einklang zu bringen. War schon in den 1980er Jahren die informationstechnische Durchdringung der Unternehmen Voraussetzung für die Strategien systemischer Rationalisierung, scheint die neue Qualität digitaler Technik nochmals neue Möglichkeiten zu bieten, dieses Problem zu bewältigen. Mit den intelligenten Vernetzungsmöglichkeiten digitaler Technik, den damit verbundenen Optionen von Echtzeit-Transparenz und -Steuerung und Möglichkeiten der Eingriffe in vor- und nachgelagerte Betriebe, durch Verschlankung, Verdichtung und Beschleunigung von Wertschöpfungsprozessen soll eine noch engere Koppelung zwischen Unternehmen und Marktteilnehmern ermöglicht werden.

War unter Prinzipien der „indirekten Steuerung" die Leistungsverausgabung der Beschäftigten der Hebel, die schwankenden Anforderungen des Marktes mit regelhaften Produktionsprozessen zu vereinbaren, sollen nun intelligente Technologien die Lösung liefern, um unwägbaren Marktanforderungen zu genügen und gleichzeitig Produktionsprozesse stabil am Laufen zu halten. In der betrieblichen Praxis zeigt sich allerdings: Die großen Versprechen lassen sich so nicht halten, weil auch selbstlernende technische Systeme und künstliche Intelligenz die Unwägbarkeiten, widersprüchlichen Anforderungen realer Arbeits- und Produktionsprozesse nicht ohne weiteres bewältigen, weil die intelligente Technik auf mehr Stabilität angewiesen ist, als die Flexibilitätsversprechen glauben machen, weil die Erfassung von Daten nicht zugleich ihre sinnvolle Aufbereitung beinhaltet und weil die Priorisierung von Anforderungen in vernetzten und übergreifenden Zusammenhängen sich nicht einfach automatisieren lässt. Sicher: digitale Vernetzung, automatisierte Datenerfassung und Echtzeittransparenz ermöglichen eine noch unmittelbarere Koppelung von Marktanforderungen an den

Produktionsprozess. Die konkrete Bewältigung der widersprüchlichen Anforderungen liegt aber weiterhin bei den Beschäftigten.

Neue Belastungskonstellationen für die Beschäftigten

Was bedeutet das für die Belastungssituation der Beschäftigten? In Konsequenz aus der beschriebenen Konstellation beobachten wir in den Industrieunternehmen beides: Einerseits das anhaltende Bestreben, Beschäftigte für die unternehmerische Vermittlungsproblematik in die Verantwortung zu nehmen und ihre Leistungsverausgabung direkt an Marktanforderungen zu koppeln, andererseits Beschränkungen und Eingrenzungen der Handlungsspielräume von Beschäftigten durch den Einsatz digitaler Technik.

Ersteres knüpft zunächst direkt an einen Modus der Leistungssteuerung an, der sich im Zuge der Vermarktlichung des Unternehmens herausgebildet hat. Durch den Markt gesetzte Erfolgskriterien werden zum Ausgangspunkt der Steuerungsprozesse gemacht, denen sich Beschäftigte in ihrer konkreten Arbeitsleistung möglichst variabel anpassen sollen und dies idealiter in Eigenregie. Das bedeutet nicht, dass Verhaltenskontrolle und Handlungsvorgaben aufgehoben sind, aber indem die Beschäftigten für die Erreichung marktdefinierter Kennzahlen in die Verantwortung genommen werden, sollen sie in die Situation gebracht werden, dass sie auch ohne direkte Anweisung eigenverantwortlich im Unternehmenssinne handeln. Ihnen wird dabei eben nicht nur die Verantwortung für die Lösung des Transformationsproblems übertragen – wie das etwa schon in der These der Arbeitskraftunternehmer*in beschrieben ist (Voß/Pongratz 1998) –, sondern eben auch die Bewältigung widersprüchlicher Anforderungen von Produktions- und Verwertungslogik. Die Belastungskonstellationen des marktorientierten Steuerungsmodus sind bereits gut dokumentiert: Kennzeichnend ist insbesondere eine Überlastung, die sich aus dem Auseinanderdriften von (marktbezogenen) Anforderungen und fremdgesetzten begrenzten Ressourcen ergibt (Dunkel et al. 2010). Dies wirkt insbesondere als psychische Belastung, weil die Beschäftigten unter Verantwortungsdruck geraten, weil sie geradestehen müssen für Ergebnisse, auf deren Erreichung sie nur bedingt Einfluss haben. Für die Beschäftigten bedeutet der Ergebnisdruck unter fremdgesetzten Bedingungen somit nicht weniger Zwang als direktive Anweisung und permanente Überwachung. Mit digitaler Vernetzung verschärfen sich die Bedingungen noch weiter. Sie forciert eine noch direktere Anbindung an den Markt und zwingt zur beschleunigten Reaktion auf externe Anforderungen; zugleich erweitert sich der zugeschriebene Verantwortungsraum, denn nicht nur die eigene Arbeitsverausgabung, sondern die miteinander verknüpften Arbeitsprozesse sollen nun variabel an die veränderlichen Anforderungen angepasst werden.

Gleichzeitig erfahren die Beschäftigten aber auch jene Handlungsbeschneidungen, die als Folie für die Thesen eines digitalen Taylorismus (u.a. Butollo/Ehrlich 2018) dienen und die es zusätzlich erschweren, widersprüchliche Anforderungen zu bewältigen. So ergeben sich Handlungsbegrenzungen durch die Formalisierung und Standardisierung von Prozessen und Abläufen, durch die enge Anbindung an vernetzte Prozesse, durch beschränkte Eingriffsmöglichkeiten in technische Systeme und deren intransparente Wirkmechanismen und auch durch fehlende Qualifikation im Umgang mit neuen Technologien. Digitale Technologien bergen zudem die Gefahr, gerade jene Grauzonen auszuleuchten und zu eliminieren, die Beschäftigte als informelle Ressourcen zur Bewältigung widersprüchlicher Anforderungen nutzen. Hinzu kommt, dass, wenn Beschäftigte in die Planung eines sinnvollen Einsatzes digitaler Technik nicht einbezogen werden, sie zugleich diejenigen sind, die die symptomatischen technischen Fehlleistungen im laufenden Prozess zu kompensieren haben.

Entfremdung und neue Widersprüche

Wenn man so möchte, resultiert aus den Widersprüchen zwischen aufgezwungener Verantwortlichkeit für Ergebnisse und Einflusslosigkeit auf die Bedingungen eine neue Form der Entfremdung. Klassischerweise haben wir es bei Entfremdung immer mit einem Phänomen zu tun, dass einer Person etwas als fremd erscheint, was in irgendeiner Form zu ihr gehört oder gehören müsste, dass also Aneignung verhindert ist. Bei Marx tritt etwa dem Arbeiter das eigene Arbeitsprodukt, das ihm selbst nicht gehört, als fremde Macht gegenüber. In unserem Fall haben wir es gleichsam auch mit der umgekehrten Bewegung zu tun: *dass eine Aneignung verlangt wird, wo Fremdheit herrscht*. Nicht nur, dass Beschäftigte unter fremdgesetzten Bedingungen gezwungen sind, eigene Qualitätsansprüche, fachliche Standards oder auch normative Ansprüche zu verletzen, sie werden dessen ungeachtet für die Ergebnisse verantwortlich gemacht, mit denen sie sich selbst gar nicht identifizieren möchten. Die massivsten und emotionalsten Belastungsschilderungen haben wir in unserer Empirie folglich immer dort, wo Beschäftigte eigenständig und eigenverantwortlich agieren sollen, gleichzeitig Bedingungen unterworfen sind, die ihnen nicht ermöglichen, die Anforderungen nach ihren Vorstellungen zu erfüllen, aber dennoch für die Ergebnisse geradezustehen haben. Trotz eingeschränkter Handlungsmöglichkeiten wird es den Beschäftigten so verunmöglicht, sich von Arbeitsergebnissen, die sie nicht selbst gestalten konnten, zu distanzieren.

Für die Belastungskonstellation in der digitalisierten Arbeitswelt scheint uns so gerade das Zusammenwirken von Leistungsintensivierung, erweiterter Verantwortungszuschreibung und eingeschränkten Handlungsspielräumen symptomatisch. Das Problem ist also nicht allein, dass die Beschäftigten schneller, intensiver oder mehr arbeiten sollen, oder Beschäftigten durch digitale Technik Freiräume eingeschränkt würden. Die Belastungskonstellation ergibt sich vielmehr daraus, dass aus technischer Eigendynamik, vernetzten produktionsökonomischen Anforderungen und Marktbedingungen ganz widersprüchliche Anforderungen und Handlungsbedingungen auf sie wirken, dass sie unter Bedingungen einer forcierten Prozessintegration und unmittelbareren Marktanbindung in die Verantwortung genommen werden, ohne dass sie Entscheidungsmacht über die Rahmenbedingungen gewinnen, dass ihre Handlungsmöglichkeiten begrenzt sind, ohne dass sie aus der Verantwortung entlassen werden. Wir sehen zusammengenommen also eine Belastungskonstellation, die aus einer Zuspitzung von Widersprüchen zwischen gezielter Erweiterung von Selbstverantwortung und gegenläufigen Wirkungen durch die Beschneidung von Handlungsmöglichkeiten entsteht.

Neue Spielräume für interessenpolitische Initiativen

Folgt man Hans-Jürgen Urban, braucht die digitale Arbeitswelt eine Präventionsoffensive. Dahinter steht die Erkenntnis, dass digitale Technik zwar durchaus Potenziale bietet, um Arbeit menschengerechter zu gestalten, dies aber definitiv kein Selbstläufer ist – im Gegenteil. Hierzu ist ein Verständnis der Gesamtdynamik der Rationalisierungsprozesse nötig, eine Fokussierung allein auf „die Technik" führt auf die falsche Fährte. Eine weitere Herausforderung liegt darin, die „Macht- und Interessenvergessenheit in der Debatte" (Urban 2016, S. 22) zu überwinden. Dies ist gerade für die betriebspolitische Arbeit eine wichtige Aufgabe. Einer der Befunde unserer empirischen Studien lautet, dass die Beschäftigten unter den aktuellen Rationalisierungsbedingungen immer seltener eigensinnige Ansprüche formulieren. Im Vordergrund steht zumeist die gemeinsame Bewältigung des Marktdrucks, hinter den die Wahrnehmung von Interessenkonflikten zurücktritt.[1] Die derzeit offene Frage lautet, ob das bereits seit längerem etablierte Diskursmuster vom „Sachzwang Markt" durch Vorstellungen unhintergehbarer technischer Zwänge und Notwendigkeiten weiter verfestigt oder ob hier Risse und Brüche entstehen, die neue Räume für interessenpolitische Thematisierungsweisen eröffnen. Wenn unsere Diagnose richtig ist, dass sich die Widersprüchlichkeiten zwischen markt- und produktionsökonomischen Anforderungen nicht digital wegorganisieren lassen, sondern eher verstärkt subjektiv erlebt werden, könnten sich neben den Belastungs- und Entfremdungserfahrungen auch neue Konfliktwahrnehmungen ergeben, an die genuin interessenpolitische Präventionsstrategien anschließen könnten.

Literatur

Altmann, N., Deiß, M., Döhl, V., Sauer, D. (1986): Ein „Neuer Rationalisierungstyp" – neue Anforderungen an die Industriesoziologie, in: Soziale Welt, Jg. 37 H. 2/3, S. 191-206.
Butollo, F., Ehrlich, M. (2018): Intralogistik und Einfacharbeit in der Automobilindustrie. Amazonisierung von Industriearbeit?, in: Hirsch-Kreinsen, H., Karačić, A. (Hrsg.): Logistikarbeit in der digitalen Wertschöpfung: Perspektiven und Herausforderungen für Arbeit durch technologische Erneuerungen. Düsseldorf, S. 89-102.
Carls, K., Gehrken, H., Kuhlmann, M., Thamm, L. (2020): Digitalisierung – Arbeit – Gesundheit. Zwischenergebnisse aus dem Projekt Arbeit und Gesundheit in der Arbeitswelt 4.0: SOFI Working Paper 2020 – 19. Göttingen.
DGB-Index Gute Arbeit (2017): Arbeitshetze und Arbeitsintensivierung bei digitaler Arbeit: Ergebnisse einer Sonderauswertung der Repräsentativumfrage zum DGB-Index Gute Arbeit 2016. Berlin.
Dörre, K. (2001): „Das deutsche Produktionsmodell unter dem Druck des Shareholder Value", in: Kölner Zeitschrift für Soziologie und Sozialpsychologie, Jg. 51 H. 4, S. 675-704.

---

[1] In historischer Längsschnittperspektive siehe dazu Menz und Nies (2019).

Dunkel, W., Kratzer, N., Menz, W. (2010): „Permanentes Ungenügen" und „Veränderung in Permanenz" – Belastungen durch neue Steuerungsformen, in: WSI-Mitteilungen, Jg. 63 H. 7, S. 357-364.

Kratzer, N., Menz, W., Nies, S., Sauer, D. (2008): Leistungspolitik als Feld „umkämpfter Arbeit", in: PROKLA – Zeitschrift für kritische Sozialwissenschaft, Jg. 38, H. 150, S. 11-26.

Menz, W., Nies, S. (2019): Autorität, Markt und Subjektivität: Ergebnisse einer sekundäranalytischen Längsschnittstudie vom Spät-Taylorismus bis zur Digitalisierung der Arbeit, in: Dunkel, W., Hanekop, H., Mayer-Ahuja, N. (Hrsg.): Blick zurück nach vorn: Sekundäranalysen zum Wandel von Arbeit nach dem Fordismus, International labour studies. Frankfurt a.M./New York, S. 175-217.

Nies, S. (2021): Eingehegte Autonomie und Perspektiven der Demokratisierung. Probleme der digitalen Transformation des Betriebs, in: Schmitz, C., Urban, H.-J. (Hrsg.): Demokratie in der Arbeit – Eine vergessene Dimension der Arbeitspolitik? Jahrbuch Gute Arbeit – Ausgabe 2021. Frankfurt a.M., S. 89-103.

Sauer, D., Döhl, V. (1997): Die Auflösung des Unternehmens? Entwicklungstendenzen der Unternehmensreorganisation in den 90er Jahren, in: IfS, INIFES, ISF and SOFI (Hrsg.): Jahrbuch sozialwissenschaftliche Technikberichterstattung 96 – Schwerpunkt: Reorganisation. Berlin, S. 19-76.

Urban, H.-J. (2016): Arbeiten in der Wirtschaft 4.0. Über kapitalistische Rationalisierung und digitale Humanisierung, in: Schröder, L., Urban, H.-J. (Hrsg.): Digitale Arbeitswelt – Trends und Anforderungen. Jahrbuch Gute Arbeit, Ausgabe 2016. Frankfurt a.M., S. 21-45.

Voß, G.G., Pongratz, H. (1998): Der Arbeitskraftunternehmer – Eine neue Grundform der Ware Arbeitskraft?, in: Kölner Zeitschrift für Soziologie und Sozialpsychologie, Jg. 50 H. 1, S. 131-158.

Timo Gayer / Anke Muth / Thomas Ressel

„There is no glory in prevention?" – Ideen für präventive Ansätze in der Berufsbildungspolitik

> „Berufsbildung ist im Verständnis der Gewerkschaften Bestandteil einer emanzipatorischen Bildungskonzeption, nach der Auszubildende und Beschäftigte nicht nur befähigt werden, hochwertige Arbeit auszuüben, sondern auch ihre Arbeitsbedingungen zu reflektieren, die sozialen und ökologischen Folgen von Erwerbsarbeit zu erkennen, Arbeitnehmerrechte wahrzunehmen und Arbeit mitzugestalten. Berufsbildung kann auf diese Weise Entfremdung entgegenwirken und zur Aneignung von Arbeitsprozessen beitragen." Hans-Jürgen Urban in: „Perspektiven gewerkschaftlicher Berufsbildungs- und Bildungspolitik"[1]

Die alte Virologenweisheit der Überschrift beschreibt gut, was seit einiger Zeit die Gesellschaft spaltet. Seit Monaten streitet man in Deutschland darüber, was nun der richtige und beste Weg ist, um der Pandemie zu begegnen. Wieviel Prävention ist nötig, wieviel und welche Reaktion angemessen? In Fragen der (beruflichen) Bildung lässt sich allerdings seit vielen Dekaden gut erkennen, dass Reaktion statt Prävention nicht der Weg zum Ziel ist. Da wird an vielen Stellen mit Flickwerk versucht, bestehende Ungleichheiten und Ungerechtigkeiten auszugleichen, statt das Übel an der Wurzel zu packen.

Wir wagen die These: Eine beherzte Präventionsoffensive für die berufliche Bildung ist ein zentraler Aspekt für eine in Zukunft funktionierende Demokratie, die Perspektiven für den Einzelnen schafft und das Zusammenleben aller sichert.

Ziele gewerkschaftlicher Bildungspolitik

Behalten wir die Sprachweise der Mediziner noch für einen Moment bei, so kann man sagen: Bildung ist einer der Impfstoffe gegen inadäquate Beschäftigung, Erwerbslosigkeit und Altersarmut. Sie macht uns widerstandsfähiger gegen „Rechte Erreger" und autokratische Führung. Sie fördert die Emanzipation und lindert Ausbeutungssymptome. Bildung ist also ein grundlegender Baustein eines guten (Erwerbs-)Lebens. Und sie ist als politische Handlungsebene (Bildungsarbeit und -politik) tief in der DNA der Gewerkschaften verwurzelt[2].

Die gewerkschaftliche Bildungspolitik ist von dem Ziel geprägt, jedem Menschen Bildungs- und Entwicklungswege zu ermöglichen, die sich an seinen/ihren individuellen

---

1 Aufsatz in http://denk-doch-mal.de/wp/hans-juergen-urban-perspektiven-gewerkschaftlicher-berufsbildungs-und-bildungspolitik/.

2 Vgl. z.B. Hans-Böckler-Stiftung: Geschichte der Gewerkschaften (URL: www.gewerkschaftsgeschichte.de/ab-1830-die-ersten-arbeiterorganisationen.html | 12.12.2020)

Potenzialen und Interessen orientieren und dabei unabhängig von Ethnie, Elternhaus oder Vermögen sind. Bildungswege dürfen nicht einer reinen Verwertungslogik unterworfen sein,[3] sondern müssen kritisch reflektiertes Denken fördern, also zur Persönlichkeitsentwicklung beitragen. Es ist Aufgabe gewerkschaftlicher Bildungspolitik, Elemente, die dieses fördern, zum Gegenstand von Bildungswegen zu machen. So sind zum Beispiel alle von der IG Metall verantworteten Ausbildungsberufe mit entsprechenden Lerninhalten und -zeiten versehen,[4] und auch im Bereich des Studiums engagiert sich die Industriegewerkschaft für eine entsprechende Vermittlung und Würdigung dieses elementaren Qualifikationsziels.

Ihre bildungspolitischen Handlungsprinzipien hat die IG Metall in 15 Dimensionen ihres Leitbildes „Erweiterte moderne Beruflichkeit"[5] beschrieben. Sie sind als Richtschnur bildungspolitischen Handelns zu verstehen. Das Leitbild zielt dabei auf gemeinsame Qualitätsmaßstäbe für die betrieblich-duale und die hochschulische Berufsbildung. Exemplarisch sind hier fünf aufgeführt, die noch einmal die Bedeutung dieser Prinzipien in Bezug auf die aktuellen Transformationsprozesse hervorheben.

– Berufliches Lernen ist *Bildung*

„[... und] Teil der Persönlichkeitsentwicklung. Ein ganzheitlich angelegter Bildungsprozess führt zur Reflexion beruflicher, sozialer, ökonomischer und gesellschaftlicher Erfahrungen. Er bezieht Arbeits- und Lerninteressen mit ein. […] Die gesellschaftlichen und ökologischen Folgen von Erwerbsarbeit sind Bestandteil des beruflichen Lernens. Berufliches Lernen soll dazu beitragen, zwischen persönlichen, betrieblichen und gesellschaftlichen Interessen zu unterscheiden. Es gilt dabei abzuwägen, eigenverantwortlich zu handeln und gemeinsame Interessen zu vertreten."

– ist *soziales Lernen*

„[…] Die Lernenden sind nicht alleingelassen, sie sind eingebettet in Lern- und Praxisgemeinschaften von Mitlernenden, Lehrenden oder bereits Berufstätigen. […] Erst in einem sozialen Gefüge erschließt sich die Komplexität der beruflichen Tätigkeit. Im Dialog entwickeln sich soziale Normen und Werte der Arbeits- und Produktqualität, der kollegialen Zusammenarbeit und der Interessenvertretung."

– zielt auf die *Reflexion und Gestaltung von Arbeit*

„[…] Es zielt auf die Kompetenz, gesundheits- und qualifikationsförderliche Arbeit mitzugestalten. […] befähigt dazu, arbeitspolitische Interessen zu formulieren, sich mit Kolleg*innen über alternative Entwicklungspfade von Arbeitsorganisation, Technik und Produktion zu verständigen und sich dafür im Rahmen von Interessenvertretungen einzusetzen."

– umfasst die *Reflexion und Gestaltung von Lern- & Berufswegen*

---

3 Vgl. Wiss.-Beraterkreis von IG Metall und ver.di (2006): Bildung ist keine Ware.

4 Bundesanzeiger (22.12.2020): Anwendung der Standardberufsbildpositionen in der Ausbildungspraxis. BIBB Hauptausschussempfehlung 172.

5 IG Metall (2014): Diskussionspapier „Erweiterte moderne Beruflichkeit". Vgl. https://wap.igmetall.de/erweiterte-moderne-beruflichkeit.htm.

„[...] Es vermittelt eine tragfähige Grundlage zum konstruktiven Umgang mit freiwilligem oder erzwungenem Berufs- und Tätigkeitswechsel. Berufliches Lernen befähigt die Lernenden, Berufswege selber zu gestalten. Dazu gehört ebenso, die eigene Qualifikation zu erhalten, sie an aktuelle Entwicklungen anzupassen und verantwortlich mit der eigenen Gesundheit umzugehen. Es bleibt Raum für den Aufbau und die Pflege sozialer und familiärer Bindungen und die Übernahme gesellschaftlicher Verantwortung."

- fördert und entwickelt *Identität*

„[...] Berufliche Identitätsbildung stellt ein Gegengewicht zu erodierenden Formen der Erwerbsarbeit dar. Sie bereitet auf einen konstruktiven und kompetenten Umgang mit den Wechselfällen der Arbeits- und Lebensverhältnisse vor. [... Sie] ermöglicht es, die Unzumutbarkeiten im Arbeits- und Berufsleben zurückzuweisen sowie eigene Interessen individuell und kollektiv zu vertreten."

Diese im Leitbild erwähnten „Unzumutbarkeiten" prägen bei vielen Menschen sehr früh die persönliche Bildungsbiographie und setzen sich in der Regel fort bis ins Erwerbsleben. Bevor wir also einen Blick in die Zukunft wagen, wollen wir einige Schlaglichter auf den Status quo legen.

Selektion prägt Bildung in Deutschland

Mit Blick auf aktuelle Problemlagen und die Möglichkeiten einer (präventiven) guten Bildungspolitik steht diese nicht als Satellit alleine. In bildungspolitischen Fragen schwingt immer auch eine Debatte über die Gestaltung des Sozialstaats mit. Dabei geht es zentral um Gerechtigkeit, Chancengleichheit und die Möglichkeit von Teilhabe im Beschäftigungssystem und in der Gesellschaft. Bildungspolitik kann Sozialpolitik nicht ersetzen; Bildungsgerechtigkeit und Verteilungsgerechtigkeit müssen zusammen gedacht werden.[6] Doch schaut man auf die herrschenden Umstände, so sind wir in Deutschland seit Jahren weit entfernt davon. Bildungs- und Erwerbschancen sind ungleich verteilt. Sie sind abhängig von der sozialen und ethnischen Herkunft, den finanziellen Möglichkeiten des Elternhauses und manchmal auch eine Geschlechterfrage. Die Realisierung von Chancengleichheit und Bildungsgerechtigkeit beginnt in der frühkindlichen Bildung, setzt sich in der Schule fort und reicht über Ausbildung und Studium bis in die Weiterbildung.

Bildungsexperten sprechen hier von „geringer Bildungsmobilität", was so viel bedeutet, wie: „Bildungschancen werden vererbt".[7] Eindrücklich zeigt dies die nachstehende Grafik.[8] Sie bildet nicht die ganze Wahrheit ab, da wir in Deutschland ein berufliches Bildungssystem haben, in dem sich Arbeitnehmer*innen auch über Fortbildungen auf

---

6 Allmendinger/Leibfried (2005): Bildungsarmut. Zum Zusammenhang von Sozialpolitik und Bildung. Hamburg.

7 Vgl. z.B. https://wirtschaftslexikon.gabler.de/definition/bildungsmobilitaet-54040 (03.12.2020).

8 https://www.hochschulbildungsreport2020.de/chancen-fuer-nichtakademikerkinder (03.12.2020).

gleichwertige Abschlüsse weiterentwickeln können. Doch sie zeigt anschaulich eine Grundproblematik, die sich in allen Bildungsbereichen ähnlich äußert.

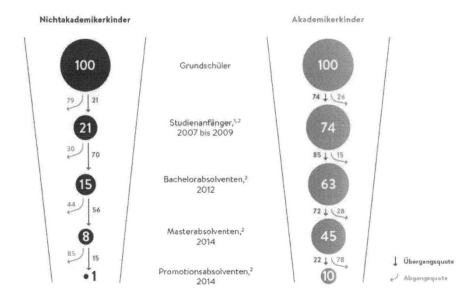

Wie in kaum einem anderen Land sind in Deutschland die Zugänge zu Bildung hochgradig selektiv. Als zu Beginn der 2000er Jahre der „Pisa-Schock" die Republik ergriff, wurde in der Folge in vielen Bundesländern reagiert und die Hauptschule abgeschafft. Eine andere Reaktion war die Einführung des Zentralabiturs.

Am selektiven System hat dies nichts verändert. Noch immer bestimmt die Bildungsherkunft eines Kindes[9] stark über seine Zukunft. Noch immer brechen Jugendliche mit Migrationshintergrund knapp zehn Mal häufiger die Schule ab und landen doppelt so oft in den noch bestehenden Hauptschulzweigen wie ihre deutschen Mitschüler*innen.[10]

Von einer präventiven Schulpolitik im Sinne einer inklusiven „Schule für alle", wie sie die Gewerkschaften fordern, sind wir weit entfernt.[11] Noch deutlicher wird das reaktive Verhalten zum Ende der schulischen Laufbahn: Statt ein System der Frühförderung und Schulbildung zu schaffen, das individuelle Defizite auffangen und produktiv wenden kann, werden am Ende für die Bildungsverlierer Übergangsmaßnahmen geschaffen, die nur allzu oft ohne Abschluss bleiben: In der Folge gibt es in Deutschland seit Jahren

---

9   Gemeint ist der Bildungsabschluss der Eltern.

10 „Ungleiche Bildungschancen"; Sachverständigenrat Deutscher Stiftungen für Integration und Migration; Dezember 2017.

11 „Eine gute Schule für alle. Gewerkschaften zur Schule der Zukunft", DGB Bundesvorstand, Januar 2015.

einen festen Sockel von 1,3 Millionen Menschen zwischen 20 und 29 Jahren ohne Berufsabschluss.

Im Bereich der beruflichen Bildung sieht es in der Folge nicht besser aus, denn hier setzt sich die Selektion fort. Ein Ausbildungs- oder Studienplatz ist in Deutschland der Türöffner für den Weg ins Erwerbsleben. Allerdings wird dieser Einstieg für viele Jugendliche immer schwieriger. Nach dem Einbruch auf dem Ausbildungsmarkt durch die Finanzkrise 2008/09 ging es zwar mit der Konjunktur bergauf und Beschäftigung wurde aufgebaut, die Ausbildungsbereitschaft der Betriebe hielt hier allerdings nicht mit, die Ausbildungsquoten sanken. Durch die Corona-Pandemie zeigt sich aktuell ein weiterer gravierender Einbruch, der durch konjunkturelle Unterstützung bestenfalls gemildert werden kann. Auch der Blick in die aktuelle wissenschaftliche Begleitforschung vor Corona ist ernüchternd. Sowohl bei Klein- und Kleinstbetrieben als auch bei börsennotierten Unternehmen ist die Ausbildungsbereitschaft rückläufig.[12] Bundesweit bildet nur noch knapp jeder fünfte Betrieb überhaupt aus. Und auch wenn die Zahl der Schulabgänger rückläufig ist und es mittlerweile Regionen mit mehr Ausbildungsplätzen als Bewerber*innen gibt, gilt immer noch, dass Jugendliche mit Hauptschulabschluss oder Migrationshintergrund dabei zumeist das Nachsehen haben und durch die Selektionsmechanismen der Betriebe fallen. Und die Reaktion darauf? Im besten Fall Appelle an die Wirtschaft, ihrer Verantwortung gerecht zu werden.

„Der Königsweg zur Anpassung an die Digitalisierung von Wirtschaft und Arbeitswelt ist Weiterbildung." Das verlautbarte die Bundesvereinigung der deutschen Arbeitgeberverbände 2016.[13] Doch auch die Weiterbildung ist durch eine selektive Verteilung von Bildungschancen geprägt. Abhängig von Bildungsstand, Geschlecht, Einkommen und Region variiert die Weiterbildungsbeteiligung extrem. Beschäftigte mit niedrigem Qualifikationsniveau nehmen seltener an Weiterbildungsmaßnahmen teil als Hochqualifizierte; Frauen seltener als Männer und in bestimmten Regionen Deutschlands sind die Teilnahmequoten höher als in anderen.[14]

Obwohl die Bedeutung der Weiterbildung im öffentlichen Diskurs wächst, sind die nach wie vor vorhandenen Defizite und daraus resultierenden Herausforderungen nicht zu übersehen. Es fehlen flächendeckende unabhängige und zielgruppengerechte Beratungsangebote. Der Weiterbildungsmarkt hat ein relevantes Strukturproblem: Die fehlende öffentliche Infrastruktur und Regulation erzeugt eine Unübersichtlichkeit der Angebote des privaten Weiterbildungsmarktes. Bildungszeiten für Weiterbildung sind nur unzureichend geregelt, Tarifverträge oder Betriebsvereinbarungen gelten nur für einige Branchen und Betriebe. Die Finanzierung von Weiterbildung ist auf unter-

---

12 . Eckelt/Mohr et al.: Rückgang der betrieblichen Ausbildungsbeteiligung. BIBB, Bertelsmann 2020. Sowie: Scholz/Wing, Ausschütten statt Investieren. Was Shareholder Value für unser Ausbildungssystem bedeutet, WZBrief Arbeit, Dezember 2019.
13 http://digitaler-bildungspakt.de/2016/07/27/gastbeitrag_dr_seling/(abgerufen 13.01.2021).
14 BMBF: Weiterbildungsverhalten in Deutschland 2018 – Ergebnisse des Adult Education Survey, Juli 2019, Bonn.

schiedlicher rechtlicher Basis geregelt, die nicht kohärent und zudem unzureichend ist. Denn sie enthält Finanzierungslücken und ist für Weiterbildungsinteressierte teilweise unübersichtlich.

Als Reaktion auf Missstände soll die Nationale Weiterbildungsstrategie (NWS) der Bundesregierung hier endlich Verbesserung schaffen. Es bleibt aber abzuwarten, ob dies auch wirklich gelingt. Auch ist vollkommen offen, ob die NWS nach der Bundestagswahl 2021 fortgesetzt wird.

Prävention als bildungspolitischer Leitgedanke – Drei Vorschläge

Mit Blick auf die aktuelle Situation lohnt es sich also durchaus, dem Präventionsgedanken weiter nachzugehen. Was wären gewerkschaftliche Vorschläge, mit denen Missstände im Bildungsbereich grundsätzlich angepackt werden könnten? Dazu drei Schlaglichter:

Mit Garantie ins Erwerbsleben starten

Wie bereits oben erwähnt, gibt es 1,3 Millionen Menschen zwischen 20 und 29 Jahren ohne Berufsabschluss, und Betriebe ziehen sich zunehmend aus der Ausbildung zurück. Hier besteht dringender politischer Handlungsbedarf. Die Erwartung, dass es der (Ausbildungs-)Markt regelt, hat sich nicht erfüllt. Nun ist der Staat gefragt, regulierend einzugreifen und ein System zu schaffen, das allen eine Chance gibt. Eine mögliche Antwort auf die Krise auf dem deutschen Ausbildungsmarkt findet sich in Österreich.

Dort haben die großen Lehrstellenkrise der 1990er Jahre sowie der rapide Anstieg der Jugendarbeitslosigkeit zu Beginn der 2000er Jahre die Politik zum Handeln veranlasst. Ein erstes Konzept wurde von den Sozialpartnern unter Beauftragung der Sozialdemokratischen Partei Österreichs (SPÖ) ausgearbeitet. In der Koalition von SPÖ und Österreichischer Volkspartei (ÖVP) wurde 1998 dann ein sogenanntes Jugendausbildungssicherungsgesetz (JASG) beschlossen und eine überbetriebliche Form der dualen Ausbildung eingerichtet. Zunächst waren diese Maßnahmen befristet; auf Druck der Gewerkschaften wurden sie verlängert und mündeten dann 2008 in eine Ausbildungsgarantie.

Angelehnt an diese Idee sprechen wir uns für eine Ausbildungsgarantie aus, die jedem Jugendlichen den Weg zu einem Berufsabschluss garantiert. Sie sollte für alle Jugendlichen unter 25 Jahren gelten, die zum 30. September eines Jahres noch einen Ausbildungsplatz suchen. Diese Garantie soll den Einstieg in das erste Ausbildungsjahr eines anerkannten Ausbildungsberufs mit Übergang in betriebliche Ausbildung regeln. Sollte ein Übergang nach dem ersten Ausbildungsjahr nicht gelingen, wird die Ausbildung bis zum Berufsabschluss im außerbetrieblichen Rahmen garantiert. Die betriebliche Ausbildung hat dabei Vorrang. Deshalb sollten die Betriebe auch angemessen an der Finanzierung der Ausbildungsgarantie beteiligt werden. Denkbar sind z.B. branchenbezogene wie auch regionale Fondslösungen. Damit sollen Mitnahmeeffekte minimiert und ein wirksames Instrument geschaffen werden, um allen die Chance auf einen geregelten Berufseinstieg zu ermöglichen.

Weiterbildung – mit Recht!

Für ein transparentes und durchlässiges Weiterbildungssystem, das allen Menschen lebensbegleitendes Lernen ermöglicht, muss es ein durchsetzbares Recht auf Weiterbildung geben, das Bildungszeiten und eine materielle Absicherung garantiert. Außerdem muss eine flächendeckende und unabhängige Weiterbildungsinfrastruktur geschaffen sowie die Transparenz und Qualität von Weiterbildungsangeboten im beruflichen wie auch im akademischen Bereich verbessert werden.

Um dies umfassend anzugehen, möchten wir auf drei Aspekte und ein mögliches präventives Vorgehen hinweisen:

a) Wir brauchen ein Recht auf Weiterbildung
Das Recht auf Weiterbildung muss jedem die Möglichkeit garantieren, sich weiterzubilden. Dafür braucht es frei verfügbare Zeitkontingente und eine hinreichende materielle Absicherung. Ein gesetzlicher Anspruch auf Freistellung von der Arbeit mit einem Rückkehrrecht auf den Arbeitsplatz und die bedarfsbezogene finanzielle Absicherung der Weiterbildung sind dafür eine wesentliche Voraussetzung. Wir unterstützen die Vorschläge zum Ausbau des bestehenden BAföG und AFBG zu einem Erwachsenenbildungsförderungsgesetz sowie einer investiven Arbeitsmarktpolitik im SGB inklusive eines Transformationskurzarbeitergeldes.[15]

b) Weiterbildung muss öffentliches Gut werden
Weiterbildung muss durch eine institutionelle Stärkung des öffentlichen Bildungssystems zu einem öffentlichen Gut werden. Der überwiegend privatwirtschaftlich organisierte Weiterbildungsmarkt mit unübersichtlichen Angeboten orientiert sich primär an Profiterzielung, dies kann zu Lasten individueller Interessen und Anforderungen des Arbeitsmarkts gehen. Öffentliche Verantwortung für Weiterbildung kann dem entgegenwirken. Deshalb sollten berufliche Schulen und staatliche Hochschulen zu regionalen Kompetenzzentren der beruflichen Weiterbildung und Neuorientierung ausgebaut werden. Dafür bedarf es eines institutionellen Rahmens sowie einer umfangreichen Investitionsoffensive in Personal und Ausstattung.

c) Die betriebliche Mitbestimmung muss gestärkt werden
Im Interesse einer besseren Weiterbildung im Betrieb sollte das Initiativ- und Mitbestimmungsrecht von Betriebsräten gestärkt werden. Qualifizierungsgespräche und -pläne mit konkreten Entwicklungsperspektiven sollten für alle Beschäftigten ein Standard werden. Mit einer strategischen Personalentwicklung muss ein verlässlicher

---

15 Gerhard Bosch, Working Paper Forschungsförderung, Öffentliche Finanzierung von Weiterbildung im Strukturwandel, Hans-Böckler-Stiftung, Düsseldorf 2019.

Rahmen für die persönliche Entwicklung auch im Arbeitsprozess geschaffen werden. Qualifizierungs- bzw. Weiterbildungspläne sind eine bedeutende Basis dafür. Sie haben zum Ziel, individuelle Wünsche der Beschäftigten und betriebliche Erfordernisse in Einklang zu bringen und eine Perspektive für Beschäftigte sowie für eine erfolgreiche Wertschöpfung zu sichern. Betrieblich erforderliche Weiterbildungen müssen dabei primär vom Betrieb finanziert werden.

Neben allen gesetzlichen Regelungen ist die beinah wichtigste Voraussetzung, das Thema Lernen als etwas Gutes und Nützliches in den Köpfen der Menschen zu verankern. Positive Bildungserfahrungen und eine unabhängige Weiterbildungsberatung sind dafür bedeutende Bausteine. Beratungsstellen erreichen allerdings oft bildungsferne Beschäftigte nicht. Notwendig sind hier persönliche Ansprache und individuelle Begleitung. Ängste und Vorbehalte müssen abgebaut werden. Auf betrieblicher Ebene kann das durch gewerkschaftliche Vertrauensleute organisiert werden, sie sind „nah dran und kompetent". Und sie genießen das Vertrauen der Beschäftigten. Sie können als Weiterbildungsmentor*innen die Bildungsbedarfsermittlung unterstützen, persönlich ansprechen und beraten und im Bildungsprozess unterstützen. Um diese Aufgabe erfüllen zu können, brauchen sie vor allem ausreichend zeitliche Ressourcen und eigene Qualifizierung. Diese sollten gesetzlich garantiert werden.

Durchlässigkeit mit System

Deutschland braucht ein Bildungssystem, das individuelle Entwicklungswege über Bildungsbereiche hinweg ermöglicht. Auch müssen die bereits erworbenen Kompetenzen viel mehr gesehen und genutzt werden, um Zugänge zu gestalten und unnötige Doppelqualifikationen sowie zeitliche und finanzielle Mehrbelastung, aber auch Demotivation zu vermeiden.

Um ein durchlässiges System zu erreichen, müssen Zugänge in und Übergänge zwischen den Bildungsbereichen in beide Richtungen praktisch möglich sein. „Praktisch" bedeutet, dass sie nicht nur auf dem Papier existieren, sondern real begangen werden können. Dazu gehört auch, dass es flächendeckend unabhängige Informations- und Beratungsangebote gibt, die nicht bei der Aufnahme einer Ausbildung oder eines Studiums enden. Und in den Bildungsbereichen selbst muss jede Bildungsentscheidung eine Anschlussmöglichkeit eröffnen, die von den Lernenden in ihren unterschiedlichen Lebenslagen auch wahrgenommen werden kann. Spätestens hier geht es nicht mehr nur um Fragen der Lehrgangs- bzw. Studiengangsgestaltung, sondern z.B. auch um Fragen der Finanzierung und Freistellung (wie oben bereits beschrieben).

Beide Bildungsbereiche müssen noch ein gutes Stück voran- und aufeinander zu gehen. Für den Bereich der beruflichen Bildung geht es darum,
1. seine integrativen Potenziale zu stärken. Das Versprechen aus einem/einer „schwachen" Hauptschüler*in eine*n starke*n Facharbeiter*in zu machen, muss für alle Ausbildungsberufe weiter gelten können. Hierzu müssen die Möglichkeiten der assistierten Ausbildung und der Verlängerung von Ausbildungszeiten stärker genutzt werden.

2. die Aus- und Fortbildungsebenen durch Verknüpfungsmöglichkeiten, wie z.B. Zusatzqualifikationen, die auf die nächste Ebene angerechnet werden können, flexibler zu gestalten.
3. ein attraktives Fortbildungssystem zu schaffen, das sowohl einen beruflichen Aufstieg als auch Spezialisierungen ermöglicht.
4. sich strukturell stärker für Studienabsolvent*innen und -abbrecher*innen zu öffnen. Im Kern geht es dabei um Zulassungsrechte und Befreiungen von Prüfungsbestandteilen in der höherqualifizierenden Berufsbildung.

Für den Bereich der akademischen Bildung geht es darum,
1. sich weiter für beruflich Qualifizierte zu öffnen. Eine dreijährige Ausbildung muss den Zugang zu einem grundständigen Studium bundesweit ermöglichen. Damit für die Systemwechsler*innen aber auch ein Studienerfolg möglich ist, braucht es mehr berufsfeldspezifische Vorbereitungs- und Unterstützungsmöglichkeiten, die auf den erworbenen Kompetenzen aufbauen. Und es braucht Studiengangsverantwortliche, die ihre Lehrgänge auf den praktischen Erfahrungen der Teilnehmenden aufsetzen.
2. den Zugang zum Masterstudium für Personen mit abgeschlossener Aufstiegsfortbildung zu systematisieren und bundesweit zu ermöglichen. Dass es geht, beweisen schon heute einige Bundesländer.
3. grundlegend die beruflich erworbenen Kompetenzen stärker zu berücksichtigen und die Anrechnungsspielräume breiter auszunutzen. Dies kann für die Hochschulen auch eine Chance zur Profilbildung sein.
4. eine mutigere Öffnung der wissenschaftlichen Weiterbildungen herbeizuführen. Diese Formate können für beruflich Qualifizierte einen Einstieg in einen akademischen Bildungsweg öffnen. Dafür müssen jedoch die Formate an ihre Bedürfnisse angepasst sein. Vollzeit und Präsenz sind in den meisten Fällen zu unflexibel für Arbeitnehmer*innen, die auch familiäre Verpflichtungen haben.

Im Sinne der Durchlässigkeit innerhalb der Bildungsbereiche, aber auch bereichsübergreifend, ist die Anerkennung und Bewertung entwickelter Kompetenzen von Bedeutung. Eine systematisierte Erfassung von Lern- und Lebenswegen hilft, die in unterschiedlichen Lernkontexten erworbenen Kompetenzen umfassend zu beschreiben und damit sichtbar werden zu lassen. Aussagekräftige und den Wert der erworbenen Kompetenzen ausdrückende Portfolioverfahren sind dafür weiter zu entwickeln. Vorhandene Kompetenzen müssen auch bildungsbereichsübergreifend anerkannt und angerechnet werden. Dabei ist es wichtig, Transparenz, Verlässlichkeit, Nachvollziehbarkeit und Akzeptanz von Anrechnungen zu gewährleisten. Anrechnungsdatenbanken können hier zukünftig eine wichtige Rolle spielen – gute Beispiele gibt es schon.[16] Einrichtungen zur Beratung, Erfassung, Validierung und Zertifizierung der in unterschiedlichen Bildungs- und Beschäftigungsformen erworbenen Kompetenzen sind in Verantwortung von Staat, Hochschulen und Sozialpartnern zu schaffen bzw. zu autorisieren.

---

16 z.B. www.andaba.hs-aalen.de und www.dabekom.de.

Fazit

Vor dem Hintergrund der aktuellen Situation im Bildungsbereich sehen wir also: Es lohnt sich, den Präventionsgedanken in diesem Bereich weiter zu verfolgen. Flankiert mit präventiver Arbeitsmarkt- und Sozialpolitik kann der Staat Sicherheit bieten, Ängste vor sozialem Abstieg nehmen, Rechten damit das Wasser abgraben und Demokratie stärken. Der Mitbegründer der pragmatischen Philosophie, John Dewey (1859–1952), hat früh erkannt, dass man außerhalb der Box denken muss:

> „Jedes Konzept einer beruflichen Bildung, das von dem jetzigen industriellen Regime ausgeht und sich davon ableitet, wird wahrscheinlich seine Spaltungen und Unzulänglichkeiten annehmen und fortführen, und so ein Instrument zur Verwirklichung des feudalen Dogmas der sozialen Vorherbestimmung werden."[17]

Die hier gemachten Vorschläge sind ein Ansatz, einen ersten Schritt in Richtung Prävention zu gehen. Dem grundsätzlichen Übel der kapitalmarktgetriebenen Wertschöpfung oder, wie bei Dewey, dem „industriellen Regime", muss allerdings an anderer Stelle grundsätzlich das Wasser abgegraben werden. Aber auch ein langer Marsch beginnt nun mal mit dem ersten Schritt.

---

17 Democracy and Education, Dewey 1916, S. 318, Übersetzung von Tom Kehrbaum.

Nicole Mayer-Ahuja

Global Labour? Anregungen für eine transnationale Gewerkschaftspolitik

Das Bekenntnis zu internationaler Solidarität begleitet die Arbeiter*innenbewegung seit den Anfängen. Schon als Marx und Engels das Kommunistische Manifest (1848) mit dem Aufruf: „Proletarier aller Länder – vereinigt euch!" beendeten, lag dem wohl eine doppelte Erkenntnis zugrunde: Zum einen, dass der Kampf um die Rechte von Arbeitenden in einem Wirtschafts- und Gesellschaftssystem, das davon lebt, permanent Grenzen zu überschreiten, nicht erfolgreich sein kann, wenn er sich auf einen Nationalstaat beschränkt. Und zum anderen, dass eine Vereinigung von Arbeitenden über Staatsgrenzen hinweg alles andere als selbstverständlich ist, weil Standorte und Belegschaften systematisch in Konkurrenz zueinander gesetzt und gegeneinander ausgespielt werden. Dieses Spannungsverhältnis prägt gewerkschaftliche Politik bis heute: Das Kerngeschäft deutscher Gewerkschaften bezieht sich auf Unternehmen und Betriebe in Deutschland, die oft mit ausländischen Firmen oder Standorten konkurrieren; die wichtigsten Stellschrauben für die tarifliche und gesetzliche Regulierung von Arbeit und sozialer Sicherung finden sich nach wie vor auf nationaler (nicht etwa auf europäischer) Ebene; auch Gewerkschaftsmitglieder fürchten bisweilen die Konkurrenz durch Arbeitsmigrant*innen usw. Zugleich ist internationale Solidarität fester Bestandteil gewerkschaftlicher Programmatik und für viele Gewerkschafter*innen eine Selbstverständlichkeit, die Ausdruck in politischem und sozialem Engagement findet. Wie aber lässt sich die Kluft zwischen fast ausschließlich nationalstaatlich orientierter Gewerkschaftspolitik und programmatischem Internationalismus überbrücken? Wo liegen Ansatzpunkte für eine transnationale Erweiterung gewerkschaftlicher Perspektiven? Drei Anregungen aus dem Feld der Global Labour Studies mögen hier weiterhelfen.

„Globalisierung": ein Begriff, der mehr verschleiert als klärt

Digitalisierung, Finanzialisierung, Globalisierung ... Begriffe wie diese beschwören allumfassenden Wandel, der sich quasi von selbst vollzieht und weder Grenzen noch Akteure kennt. Der „Begriff der Globalisierung" enthält allerdings, wie der Afrikahistoriker Fred Cooper betont, „zwei Probleme: erstens 'global' und zweitens '-isierung'." (Cooper 2005, 131) Zum einen sei nicht alles „global", was sich auf dem Weltball ereigne – man müsse daher die *Grenzen* überregionaler Vernetzung analysieren. Zum anderen seien Verbindungen, die große Teile des Globus umspannen, keineswegs ein neues Phänomen. Cooper zufolge hat es nie ein einziges System der Verknüpfung gegeben, das – „vor allem durch Kapital und Warenmärkte, Informationsströme und imaginierte Landschaften – den gesamten Globus durchdrungen habe." (ebd.) Vielmehr seien immer wieder Verknüpfungen zwischen bestimmten Orten neu hergestellt und andere zerschlagen worden – es erfolgte also eine fortwährende Neuorganisation von (geographischem und sozialem) Raum (Cooper 2005, 152). Wenn Weltregionen (etwa durch Unternehmensaktivitäten) miteinander verbunden werden, fallen die Unterschiede zwischen ihnen zudem nicht einfach weg, wie etwa Friedman (2007) behauptet („The world is flat"). Vielmehr wird Ungleichheit ständig beseitigt und wieder neu geschaffen, denn kapitalistisches Wirtschaften ist auf Asymmetrien und Komplementaritäten angewiesen. Beständig muss „neues Land" für die Kapitalverwertung erschlossen werden (vgl. Dörre/Haubner 2012), doch „Landnahme" kann nur gelingen, solange ein „Anderes" vorhanden ist – daher ist die Beseitigung von Unterschieden (etwa zwischen Standorten) nicht unbedingt im Interesse transnational operierender Firmen. Cooper verweist beispielhaft auf den transatlantischen Sklavenhandel, der von der Verknüpfung sehr unterschiedlich organisierter Regionen profitierte (frühkapitalistische Fabrikbarone der englischen Textilindustrie kooperierten mit Sklavenhaltern, die in Nordamerika oder der Karibik Baumwollplantagen betrieben, und afrikanischen Stammesoberhäuptern, die ihre Nachbarn überfielen und als Sklaven verkauften). Zudem sind selbst derlei gewinnträchtige Verknüpfungen alles andere als dauerhaft. Mit Abschaffung der Sklaverei wurden sie zerschlagen, und seit Ende der Kolonialherrschaft ist speziell das subsaharische Afrika von angeblich „globalen" Unternehmensstrukturen, Wertschöpfungsketten und Produktionsnetzwerken weitgehend ausgeschlossen. „Globalisierung" ist demnach alles andere als „global", sie hat (veränderliche) blinde Flecken. Verknüpft werden Standorte auch heute vor allem dann, wenn sie große Differenzen aufweisen: Deutsche oder amerikanische Firmen investieren nicht zuletzt deshalb in China oder Indien, weil Lohnkosten dort sehr viel geringer sind. Entfalten intensivierte Wirtschaftsbeziehungen tatsächlich vereinheitlichende Wirkung, weil etwa die Löhne für bestimmte Beschäftigtengruppen steigen, werden Verknüpfungen oft gelöst und Investitionen verlagert. Das Spiel des „spatial fix" (Harvey 2001) beginnt von vorn.

Besonderen Wert legt Cooper auf die Feststellung, dass das Schmieden und Zerschlagen von Verbindungen ein Akt menschlichen Handelns ist, wobei neben Unternehmen auch Nationalstaaten eine zentrale Rolle spielen, die durch „Globalisierung" keineswegs an Bedeutung verlieren, und warnt davor, Globalisierungsideologien mit der Realität zu verwechseln: „Sicherlich gibt es Personen, und nicht zuletzt sind dies die Befürworter ungehinderter Kapitalmärkte, die fordern, die Welt solle ihnen offenstehen, aber das bedeutet nicht, dass dieser Prozess so abläuft, wie sie es gerne hätten" (ebd., 131). Für gewerkschaftliche Politik bedeutet dies, dass man Begriffen wie „Globalisierung" (oder „Digitalisierung"; vgl. Mayer-Ahuja 2020) mit Misstrauen begegnen sollte. Weil sie als Naturgewalten verhandelt werden, die über eine wehrlose Menschheit hereinbrechen, schüren sie vor allem Ohnmachtsgefühle. Daher ist genau zu prüfen, welche transnationalen Verknüpfungen tatsächlich geschaffen, welche gelöst werden und welche Akteure dies mit welchen Interessen und Machtressourcen tun. Damit werden Sollbruchstellen in scheinbar selbsterklärenden „Globalisierungsprozessen" erkennbar, an denen gewerkschaftliche Politik ansetzen kann.

Transnationale Unternehmensaktivitäten: ungewohnte Perspektiven auf Arbeitspolitik

Ihren konkretesten Ausdruck findet „Globalisierung" dort, wo Unternehmen Staatsgrenzen überschreiten. Anders als in den Nachkriegsjahrzehnten, in denen der Nationalstaat im Zeichen einer keynesianisch geprägten Wirtschafts-, Arbeitsmarkt- und Sozialpolitik vielerorts an Bedeutung gewann und die als ,'fordistische Pause' der Globalisierung" bezeichnet worden sind (Scherrer/Kunze 2011, 34), haben seit den frühen 1990ern viele Unternehmen transnationale Wertschöpfungsketten aufgebaut, wobei man auf Zulieferer oder eigene Niederlassungen zurückgreift, um Absatzmärkte erschließen und/oder Arbeitskräfte rekrutieren zu können. Die wissenschaftliche Diskussion über transnationale Unternehmensaktivitäten (vgl. Mayer-Ahuja 2017a) ist für gewerkschaftliche Politik allerdings nur teilweise anschlussfähig, weil „Arbeit" dort eine bemerkenswert geringe Rolle spielt.

Fragt man jedoch, wie sich der Zugriff transnational operierender Unternehmen auf Arbeitskraft in verschiedenen Weltregionen konkret gestaltet, geraten durchaus klassische Fragen von Arbeitspolitik und kollektiver Interessenvertretung in den Blick. Der Vorteil transnationaler Perspektiven besteht nun darin, dass sie scheinbare Selbstverständlichkeiten erschüttern und ungewohnte Fragen aufwerfen können. Ein Beispiel mag dies verdeutlichen. In einer Studie zu deutsch-indischer IT-Arbeit (vgl. Mayer-Ahuja 2011) wurde u.a. ein deutscher Software-Produzent untersucht, der in seiner indischen Niederlassung mit hohen Fluktuationsraten konfrontiert war. Erst durch diese Erfahrung realisierte das Management, dass die Belegschaft des deutschen Mutterhauses sehr viel stabiler war, als man es in der IT-Branche erwarten würde; auch manche Gesprächspartner*innen waren seit Jahrzehnten dort tätig. Diese stabile Beschäftigung war Voraussetzung für eine spezifische Form der Arbeitsorganisation: Projekte umfassten relativ lange Zeiträume, in deren Verlauf man weitgehend unabhängig arbeiten konnte und kaum direkt kontrolliert wurde. Die Hierarchien waren flach; Status bemaß sich weniger an formaler Position und Einkommen als an fachlichem Renommee. In der indischen Niederlassung hingegen funktionierte dieses Modell nicht. Zwar wollte das Unternehmen (in diesem Fall) tatsächlich vergleichbare Standards von Qualifikation, Qualität und Arbeitsgeschwindigkeit zwischen deutschen und indischen Mitgliedern von Projektteams etablieren, um Reibungsverluste im Rahmen weltweit „verteilter Entwicklung" zu vermeiden. Doch die indischen Kolleg*innen blieben oft nur kurz im Betrieb, bevor sie „für ein paar Rupien" den Job wechselten. Sie erwarben daher wenig Routine und Arbeitserfahrung, weshalb ihnen letztlich doch weniger komplexe Arbeitsaufgaben zugeteilt wurden, Kontrollen durch Vorgesetzte häufiger und kleinteiliger ausfielen usw. Zudem legten sie Wert auf regelmäßige Beförderungen – was das Unternehmen nicht mit neuen Hierarchiestufen, aber Phantasie-Titeln (wie dem im Mutterhaus belächelten „Platinum-Developer") beantwortete. Hintergrund war die Praxis großer indischer IT-Firmen, zwar weniger anspruchsvolle Arbeit, aber lukrative Aufstiegswege anzubieten.

Fragt man, warum das deutsche Unternehmen die indischen Kolleg*innen nicht von den Vorzügen der im Mutterhaus praktizierten Standards überzeugen konnte, stößt man auf die von Burawoy (1985) betonte Wechselwirkung zwischen betrieblichen „politics in production" und ökonomischen, politischen und gesellschaftlichen „politics of production". Immerhin hatten neben dem indischen IT-Arbeitsmarkt auch Standards der politischen Regulierung von Arbeit sowie der gesellschaftlichen Arbeitsteilung einen erheblichen Einfluss auf betriebliche Arbeitspolitik, der in gewerkschaftlichen Diskussionen selten reflektiert wird. So hatten etwa die häufigen Jobwechsel mit dem Ziel der Gehaltssteigerung nicht zuletzt mit der Notwendigkeit zu tun, in Abwesenheit eines sozialen Absicherungssystems gegen Risiken wie Arbeitslosigkeit, Alter oder Krankheit größere private Rücklagen zu bilden als in Deutschland. Dies gilt umso mehr, als viele Beschäftigte für „dependent parents" aufkommen mussten, die keine ausreichenden Renten bezogen. Im Gegenzug betreuten die Großeltern (zusammen mit einem Heer von Dienstboten) die Kinder und organisierten den Haushalt von IT-Beschäftigten, weshalb Softwarefirmen deutlich mehr Frauen und insbesondere Ehefrauen und Mütter beschäftigten als in Deutschland. Arbeitszeiten waren in Indien länger und flexibler – die überwiegend sehr jungen Beschäftigten wollten sich durch Mehrarbeit beweisen, und selbst Eltern hatten dank der Unterstützung durch Familie und Dienstboten weniger Druck, etwa die Kinder rechtzeitig aus Kindergarten oder Schule abzuholen. Die langen Arbeitszeiten wiederum trugen dazu bei, dass die im Mutterhaus geltenden Standards von Arbeitsqualität und Leistungsverdichtung in der indischen Niederlassung nicht etabliert werden konnten. Während in Deutschland „nine to five intensiv und konzentriert gearbeitet wurde, war in Indien die Fehlerquote höher, Arbeitspakete mussten reduziert, Arbeit enger überwacht werden. Kurz: Transnationale Perspektiven legen es nahe, die engen Wechselwirkungen zwischen betrieblicher Arbeitspolitik und überbetrieblichen Einflüssen genauer in den Blick zu nehmen, als es im arbeitspolitischen Tagesgeschäft üblich ist. Nur so lassen sich Interessenunterschiede und -gemeinsamkeiten von Beschäftigten in verschiedenen Weltregionen erkennen – und dies ist Voraussetzung für eine gewerkschaftliche Politik, die Belegschaften verschiedener Standorte verbindet, statt die offenkundigen Konkurrenzbeziehungen zwischen ihnen zu verschärfen.

Konjunkturen politischer Regulierung von Arbeit: gemeinsame Erfahrungen im „Globalen Norden" und „Globalen Süden"

Verlässt man die Ebene betrieblicher Arbeitspolitik und wendet sich Fragen der gesellschaftspolitischen Positionierung zu, so beteiligen sich Gewerkschaften zum Beispiel angesichts der katastrophalen Arbeitsbedingungen bei Sub-Subunternehmen von europäischen oder amerikanischen Textilketten in Südasien seit langem an (oft von NGOs initiierten) Kampagnen (wie der „Clean Clothes Campaign") oder treten aktuell für ein Lieferkettengesetz ein. Allerdings steht bei solchen Mobilisierungen häufig der

Vorwurf im Raum, „wir alle" im „Globalen Norden" lebten letztlich auf Kosten von Arbeitenden im „Globalen Süden" und müssten folglich kollektiv „den Gürtel enger schnallen". Diese Position ist mit den Grundlagen gewerkschaftlicher Politik schwer vereinbar, denn wer die Interessen von Lohnabhängigen gegenüber Unternehmen und Staat vertritt, weiß, dass dieses „wir" so nicht existiert. Doch wie lassen sich transnationale Ausbeutungsstrukturen diskutieren, ohne in diese argumentative Falle zu laufen? Gibt es Grundlagen für eine internationale Solidarität zwischen Arbeitenden, die über paternalistisches „Helfen" hinausgeht, indem sie an gemeinsamen Erfahrungen und Interessen ansetzt?

Auf der Suche nach derlei verbindenden Elementen stößt man etwa darauf, dass Konjunkturen der politischen Regulierung von Arbeit im „Globalen Norden" und „Süden" erstaunliche Ähnlichkeiten aufweisen (vgl. Mayer-Ahuja 2017b). Immerhin fand in der alten Bundesrepublik wie in Indien, in den USA wie in Lateinamerika, in Frankreich wie in Südafrika usw. (vgl. Breman u.a. 2019; Castel 2000) nach dem Zweiten Weltkrieg zunächst ein schrittweiser Ausbau arbeitsrechtlichen Schutzes sowie der Verknüpfung von Lohnarbeit und sozialer Sicherung statt. In Westdeutschland mündete diese „Formalisierung" von Beschäftigung in das so genannte „Normalarbeitsverhältnis", in Ländern wie Indien wurde formelle Beschäftigung in Staats- und großen Privatunternehmen ausgebaut (Mayer-Ahuja 2019). Seit den 1970er bzw. 1980er Jahren hingegen betreiben Staaten im „Globalen Norden" wie „Süden" eine Politik der Informalisierung von Arbeit, die überall zur Zunahme von Jobs führt, die nicht den jeweiligen Standards politisch regulierter Lohnarbeit entsprechen. In Deutschland kam die „Erosion des Normalarbeitsverhältnisses" (Mückenberger 1985) etwa in der (Teil-)Privatisierung der Alterssicherung, dem Übergang zu Leistungskürzungen, strikteren Sanktionen und der Verletzung erworbener Rechtsansprüche im Zeichen aktivierender Arbeitsmarktpolitik, der Zunahme von Befristungen und Leiharbeit sowie von Jobs außerhalb der Sozialversicherung (Allein-Selbständigkeit, Minijobs) und dem Ausbau des Niedriglohnsektors zum Ausdruck. Aber auch in Indien veränderte Informalisierung die Arbeitswelt grundlegend: Dauerhafte und durch Sozialversicherungen erfasste Arbeitsplätze (etwa in der Textilindustrie) wurden abgebaut bzw. in Sweatshops verlagert, die am unteren Ende transnationaler Wertschöpfungsketten eher Frauen als Männer und viele Arbeitsmigrant*innen beschäftigen, geringere Löhne zahlen, kaum einklagbare Arbeitsverträge anbieten, ganze Arbeitskolonnen über Subunternehmer anwerben und hohe Fluktuationsraten aufweisen. Informelle Beschäftigung in Deutschland und Indien ist offenkundig nicht dasselbe: Der damit verbundene Lebensstandard ist hierzulande höher, und es macht einen Unterschied, ob (in Deutschland) etwa ein Drittel der Erwerbstätigen prekär beschäftigt oder aber 85-90 Prozent von ihnen (in Indien) informell tätig sind (vgl. Mayer-Ahuja 2017b, 272). Trotzdem teilen Arbeitende in verschiedensten Weltregionen die Erfahrung mit politisch unterstützten Unternehmensstrategien der „Entsicherung von Arbeit", und Gewerkschaften sind gut beraten, daran anzuknüpfen.

Fazit

Alle drei Anregungen, die man aus den lebhaften Debatten der Global Labour Studies für gewerkschaftliche Politik ableiten kann, basieren auf der Erkenntnis, dass durch transnationale Verknüpfungen zwischen Weltregionen, Unternehmensstandorten und Beschäftigten im Rahmen verbundener, aber ungleichmäßiger Entwicklung eine vielgestaltige Re-Artikulation von Differenz stattfindet. Die Ungleichmäßigkeit bewirkt, dass Arbeitende in verschiedenen Weltregionen in unmittelbare Konkurrenz zueinander gebracht werden können. Verbundene Entwicklungen hingegen mögen durchaus als Basis für einen gemeinsamen, die Grenzen von Nationalstaaten überwindenden Widerstand gegen unternehmerische (und staatliche) Restrukturierungen dienen, welche die Position von Arbeitenden schwächen. Die deutschen und indischen Beschäftigten in der untersuchten Softwarefirma lernten sich als Kolleg*innen kennen und schätzen, und jene Frauen, denen die Weltbank den Zugang zu informellen Jobs in den Sweatshops Indiens erleichtern will, lebten häufig mit Männern zusammen, die ihre Arbeitsplätze in staatlichen Unternehmen durch Privatisierung verloren hatten (vgl. Joshi 2005) und teilten die Erfahrungen deutscher Niedriglohnbezieher*innen mit dem Rückbau sozial abgesicherter Lohnarbeit. Wenn es zutrifft, dass Kapitalismus ohne Ungleichheit nicht denkbar und darauf angewiesen ist, immer wieder transnationale Verbindungen zu schaffen und zu zerschlagen, Unterschiede zwischen Arbeitsmärkten und Beschäftigten in Wert zu setzen, zu beseitigen und neu zu erzeugen, dann eröffnet dies Möglichkeitsräume – für verschärfte Konkurrenz und Ausbeutung, aber auch für Kooperation und (transnationale) Solidarität.

Literatur

Breman, Jan; Harris, Kevan; Lee, Ching Kwan; van der Linden, Marcel (Hrsg. 2019): The Social Question in the Twenty-First Century. A Global View. Oakland.

Burawoy, Michael (1985): The Politics of Production. Factory Regimes under Capitalism and Socialism. London.

Castel, Robert (2000): Die Metamorphosen der sozialen Frage. Eine Chronik der Lohnarbeit, Konstanz.

Cooper, Fred (2007): Was nützt der Begriff der Globalisierung? Aus der Perspektive eines Afrikahistorikers, in: Conrad, Sebastian; Eckert, Andreas; Freitag, Ulrike (Hrsg.): Globalgeschichte. Theorien, Ansätze, Themen. Frankfurt a.M./New York, S. 131-161.

Dörre, Klaus; Haubner, Tine (2012): Landnahme durch Bewährungsproben. Ein Konzept für die Arbeitssoziologie, in: Dörre, Klaus; Sauer, Dieter; Wittke, Volker (Hrsg.): Kapitalismustheorie und Arbeit. Neue Ansätze soziologischer Kritik. Frankfurt a.M./New York, S. 63-108.

Friedman, Thomas L. (2007): The World is flat. A Brief History of the 21st Century, 7. Auflage. New York.

Harvey, David (2001): Globalization and the Spatial Fix, in: Geographische Revue 2/2001, S. 23-30.

Joshi, Chitra (2005): Lost Worlds. Indian Labour and its Forgotten Histories, London.

Mayer-Ahuja, Nicole (2021): Demokratie in Zeiten der Digitalisierung?, in: Schmitz, Christoph; Urban, Hans-Jürgen (Hrsg.): Demokratie in der Arbeit. Eine vergessene Dimension der Arbeitspolitik? Jahrbuch Gute Arbeit 2021. Frankfurt a.M., S. 77-88.

- (2019): "Normalarbeitsverhältnis": Ein langer Abschied oder: Zeit für einen neuen Aufbruch? In: A. Doris Baumgartner; Beat Fux (Hrsg.): Sozialstaat unter Zugzwang. Zwischen Reform und radikaler Neuorientierung. Wiesbaden, S. 165-186.
- (2017a): Arbeit und transnationale Wertschöpfung, in: Bude, Heinz; Staab, Philipp (Hrsg.): Kapitalismus und Ungleichheit. Frankfurt a.M., S. 175-193.
- (2017b): Die Globalität unsicherer Arbeit als konzeptionelle Provokation: Zum Zusammenhang zwischen Informalität im Globalen Süden und Prekarität im Globalen Norden In: Themenheft Arbeit und Kapitalismus, Geschichte und Gesellschaft. Zeitschrift für Historische Sozialwissenschaft, Heft 2, S. 264-296.
- (2011): Grenzen der Homogenisierung. IT-Arbeit zwischen ortsgebundener Regulierung und transnationaler Unternehmensstrategie. Frankfurt a.M.

Mückenberger, Ulrich (1985): Die Krise des Normalarbeitsverhältnisses. Hat das Arbeitsrecht noch Zukunft?, in: Zeitschrift für Sozialreform 7/1985, S. 415-434, 457-475.

Scherrer, Christoph; Kunze, Caren (2011): Globalisierung. Göttingen.

6.
„Europa braucht einen Pfadwechsel – um 180 Grad!"
Hans-Jürgen Urban

Aufgaben einer Europapolitik

Die Europäische Union hat in den deutschen Gewerkschaften einen ihrer treuesten Verbündeten. Zurecht, wenn damit die Ablehnung von Nationalismus – und darauf aufbauendem Rechtpopulismus – zum Ausdruck gebracht wird. Interessenpolitisch nachvollziehbar zudem, ist doch der nationale Binnenmarkt für die großen Industrien des Exportweltmeisters viel zu klein. Für Wohlstandsentwicklung und Arbeitsplatzsicherung ist der europäische Wirtschaftsraum die entscheidende Größe. Und kulturell ist die Union allemal ein Gewinn, sofern sie nicht nach außen sich als Festung kleidet.

Doch damit endet – wie auch die nachfolgenden Beiträge deutlich machen – bereits ein möglicher proeuropäischer Konsens. In einer Währungsunion, die keine währungspolitischen Abwertungsprozesse mehr kennt, wird Wettbewerbsdruck auf Lohneinkommen, Arbeitsbedingungen und Arbeitszeiten abgeladen. Ist das mit einer anderen Wirtschafts- und Strukturpolitik, auf die progressive Ansätze eines sozialen Europas aufsetzen können, reformierbar? Das ist eine der Grundsatzfragen, von deren Beantwortung die Zukunft Europas abhängt. Wobei der Korrekturbedarf einer neuen Reformpolitik immens ist: Die politische Kompassnadel hat in die entgegengesetzte Richtung zu weisen. Als „proeuropäische Europakritik" bezeichnet Hans-Jürgen Urban die strategische Herausforderung.

Wolfgang Lemb

Vom Saulus zum Paulus?
Der vermeintliche Paradigmenwechsel europäischer Wirtschafts- und Sozialpolitik

„Europa braucht einen Pfadwechsel – um 180 Grad!" Als Hans-Jürgen Urban im Jahr 2013 mit diesem Zitat den radikalen Pfadwechsel der Europäischen Union weg von einer marktliberalen Wettbewerbsunion hin zu einer demokratischen Solidarunion einforderte, standen die europäischen Gewerkschaften noch unter dem erschreckenden Eindruck der Planierraupe europäischer „Economic Governance" (Müller/Schulten/Gyes 2016), die im Rahmen der Euro-Krisenpolitik in bis dato unvorstellbarer Weise Tarifautonomie und Sozialpolitik der südeuropäischen Mitgliedstaaten unter sich begrub. Diese fand ihren Höhepunkt in der von Europäischer Kommission, Europäischer Zentralbank (EZB) und Internationalen Währungsfonds (IWF) aufoktroyierten Troika-Politik in Folge der griechischen Staatsschuldenkrise. Die enthaltenen Auflagen hatten dramatische und langanhaltende Auswirkungen, insbesondere auf die griechische Lohn- und Sozialpolitik, die wirtschaftliche Erholung der griechischen Volkswirtschaft und nicht zuletzt auf die demokratischen Grundrechte der Griechinnen und Griechen.

Doch nicht nur im Rahmen der Daumenschrauben europäischer Troika-Politik setzte die EZB auf Marktliberalisierung und Deregulierung. Immer wieder betonten die europäischen Institutionen die Notwendigkeit sogenannter „Strukturreformen" zur Flexibilisierung der Löhne mittels Dezentralisierung der Lohnpolitik, sprich Schwächung der Tarifbindung und des Einflusses der Gewerkschaften. Wie die Studie von Emma Clancy (2019) im Auftrag der Fraktion GUE/NGL des Europäischen Parlaments (EP) eindrücklich zeigt, wurden im Untersuchungszeitraum 2011 bis 2018 den Mitgliedstaaten gegenüber 50 mal Anweisungen zur „Unterdrückung des Lohnwachstums" ausgesprochen und 38 mal zum „Abbau der Beschäftigungssicherheit, des Kündigungsschutzes und des Rechts auf Tarifverhandlungen von Arbeitnehmern und Gewerkschaft" aufgefordert.[1] Schwerpunktmäßig verteilen sich diese auf die Jahre bis 2014 bzw. 2015.

---

1 Hinzu kommen 105 Aufforderungen zur Erhöhung des Rentenalters bzw. zur Kürzung der Finanzierung der Altersvorsorge, 63 Aufforderungen zur Ausgabenkürzung im Gesundheitswesen bzw. zu Privatisierungen im Gesundheitswesen und 45 Aufforderungen zu Kürzungen der Unterstützung für Arbeitslose, schutzbedürftige Gruppen oder Menschen mit Behinderungen.

Ein neuer Modus europäischer Sozial- und Wirtschaftspolitik?

Und heute? Die EU-Kommission scheint neue Töne anzuschlagen. Anfang der 2010er noch undenkbar, veröffentlichte sie zuletzt einen bemerkenswerten Richtlinienvorschlag „über angemessene Mindestlöhne in der Europäischen Union" (Europäische Kommission 2020). Der Vorschlag in seiner gegenwärtigen Fassung enthält zielführende Maßnahmen zur Stärkung von Mindestlöhnen und Tarifverträgen, wie Kriterien zur Erhöhung von Mindestlöhnen, eine europäische Tariftreueklausel oder Sanktionen bei Union Busting.

Auch die wirtschaftspolitische Krisenintervention der Europäischen Union im Zusammenhang mit den wirtschaftlichen Folgen der Corona-Krise scheint nun ganz andere Akzente zu setzen als in der Finanz- und Wirtschafts- und der daraus folgenden Eurokrise des letzten Jahrzehnts. Wurden damals Hilfsmaßnahmen verabredet, die nahezu ausschließlich auf die stark austeritätspolitisch konditionierte Vergabe von Krediten im Zusammenhang mit dem Europäischen Stabilitätsmechanismus (ESM) abzielten, wurden im Zuge der Corona-Bekämpfungsstrategie Krisenbewältigungsinstrumente[2] mit schwach konditionierten und stark konjunkturstabilisierenden Hilfsmitteln geschaffen. Der SURE-Fonds zielt hierbei sogar explizit auf eine Stützung von Kurzarbeiterprogrammen in den Mitgliedstaaten und damit auf ein wesentliches Element europäischer Sozialstaatlichkeit ab.

Einen wirklichen Sprung in Richtung gemeinschaftlich-solidarischer Schuldenhaftung strebt die Europäische Union nun im Rahmen der Corona-Krisenpolitik mit dem 672 Milliarden Euro schweren EU-Wiederaufbaufonds an, der neben Kreditmitteln auch aus 312,5 Milliarden Euro an Zuschüssen an die Mitgliedstaaten besteht. Nicht von der Hand zu weisen ist, dass wir es hier mit einem Bruch europäischer Fiskalpolitik bisherigen Zuschnitts zu tun haben. Vor der Corona-Krise wäre eine gemeinsame Schuldenhaftung zum Zwecke nicht rückzahlbarer Zuschüsse an die Mitgliedstaaten kaum vorstellbar gewesen. Die Ansage Angela Merkels aus dem Jahr 2012, „keine Eurobonds solange ich lebe", bringt die in der Eurokrisenphase und den Folgejahren von Deutschland dominierte, radikale Verweigerungshaltung der EU gegenüber einer gemeinsamen und solidarischen Schuldenhaftung zum Ausdruck.

Corona-Krisenpolitik als „Not-Pragmatismus"

Heißt das, der von Hans-Jürgen Urban eingeforderte Pfadwechsel ist ganz oder in Teilen schon vollzogen? Haben die Kommissionen Juncker und von der Leyen nach den Verwerfungen der Eurokrisenphase das europäische Einigungsprojekt auf eine „Flugbahn" gelenkt, an dessen Ende dann doch eine Form des „sozialen Europas" stehen könnte, auf dessen Eintreffen die Gewerkschaften und weite Teile der politischen Linken in fast schon eschatologischer Erwartungshaltung hofften? Ein relativ aktueller Beitrag

---

2 Eine kritische Diskussion der Maßnahmen der EU in der Corona-Krise findet sich bei Seikel (2020a).

Hans-Jürgen Urbans (2020) stellt genau diese Annahme eines echten Pfadwechsels in Frage. Dabei interpretiert er die sozialpolitisch schonende und auf massive Erhöhungen öffentlicher Ausgaben fokussierte Krisenintervention als „Not-Pragmatismus ohne Pfadwechselperspektive". Wie in der Finanzmarktkrise der Jahre 2008ff. bereits beobachtet, greife ab einer gewissen Krisentiefe ein Notpragmatismus, „der sich nicht von ordnungspolitischen oder ideologischen Vorprägungen ablenken lässt. Maßnahmen werden (zumindest kurzzeitig) vor allem an ihrem Beitrag zur Vermeidung des ökonomischen Kollapses gemessen. Ökonomische Wirksamkeit – und nicht ideologische Konformität – avanciert zum handlungsleitenden Prinzip." (ebd., S. 5).

Die EU schafft es, in Krisenzeiten auch über den eigenen Ideologiehorizont hinaus stabilisierend und systemerhaltend als „Last Man Standing" des europäischen Binnenmarktes – und damit auch der wirtschaftlichen Absatzmärkte für die Konzerne – und der gemeinsamen Währung zu fungieren. Sobald die Räder der Märkte wieder ineinandergreifen und die Mühlen kapitalistischer Akkumulation erneut mahlen, wird der fiskalische und regulative Interventionismus wieder verleugnet.

Corona-Krise als Chance für Europa?

Der „Not-Pragmatismus" der EU ist dadurch erkauft, dass nicht nur die nationalstaatlichen Haushalte, sondern auch der europäische Haushalt samt Wiederaufbauhilfen immens vergrößert wurde. Sollte der Kuchen wieder kleiner werden, sprich Staatsschulden refinanziert und europäische Anleihen zurückgezahlt werden müssen, zeichnen sich große Gefahren für eine Eurokrise 2.0 ab (Schneider/Syrovatka 2020). Es bedarf keiner allzu großen Phantasie, um sich vorzustellen, dass sich die politischen Zwänge erneut verstärken werden, die fiskalischen Zügel der EU und Eurozone mittels Instrumenten der Economic Governance wieder anzuziehen. Schon im Zusammenhang mit den Diskussionen um den Europäischen Wiederaufbaufonds wehren sich die Südländer völlig zurecht dagegen, dass die Auszahlung der Fondsmittel an die Vorgaben aus dem Europäischen Semester geknüpft werden (Deutscher Gewerkschaftsbund 2020). Hier droht schon jetzt eine „Zuckerbrot und Peitsche-Politik", die den demokratischen Entscheidungsprozess über Haushaltsausgaben erneut untergraben könnte.

Wenn sich die Debatten um die in der Corona-Krise überbordenden Staatsschulden ähnlich entwickeln sollten wie etwa zehn Jahre zuvor in der Euro-Krise, wird es im Nachklang der Corona-Krise für Gewerkschaften und ihre Mitstreiter um die Verteidigung fiskalischer Spielräume sowie um eine Abwehr eines stärkeren austeritätspolitischen Interventionismus durch die europäischen Institutionen gehen müssen. In diesem Zusammenhang ist genau zu überdenken, mit welchen Motiven Forderungen nach einer Vertiefung der Wirtschaftsunion vorangetrieben werden und unter welchen Bedingungen entsprechende Vertiefungsschritte für Gewerkschaften überhaupt tragbar sein sollten. Die europarechtlich verankerte „Troika für alle" als Ergebnis eines solchen Vertiefungsschritts wäre das Worst-Case-Szenario für die europäische Gewerkschaftsbewegung.

Aktuelle sozialpolitische Reformprojekte der EU als unzureichender Reparaturbetrieb

Aber wie steht es um die in jüngster Zeit angestrengten „krisenunabhängigen" Projekte der EU auf den sozialpolitischen Politikfeldern? Darf hieraus Hoffnung für ein soziales (oder zumindest sozialeres) Europa geschöpft und können hier Indizien für einen echten Pfadwechsel ausgemacht werden? Man kann nicht abstreiten, dass die drei wichtigsten sozialpolitischen Projekte der EU der letzten Jahre – Europäische Säule sozialer Rechte, die Revision der Entsenderichtlinie und der derzeit diskutierte Richtlinienvorschlag über angemessene Mindestlöhne – ein grundlegendes Verständnis der sozialen Schieflage[3] sowie ein ehrliches Interesse der Kommission an einer Schärfung des sozialpolitischen Profils der EU zum Ausdruck bringen. Man ist weit von Zuständen wie zu Zeiten der Bolkestein-Richtlinie aus dem Jahr 2006 oder dem gescheiterten Versuch der Aushöhlung des Streikrechts durch die Monti-II-Verordnung im Jahr 2012 entfernt.

Aber die Einzelfallbetrachtung zeigt auch, warum die drei Projekte kaum in der Lage sind, die durch die europäische Liberalisierungspolitik und Economic Governance geschliffenen sozialen Rechte der Bürger Europas wiederherzustellen:

- *Säule sozialer Rechte:* Die Säule ist nicht der große Wurf, den ihr Name vermuten lässt und der die Diskrepanz zur prekären Arbeitsmarktsituation der EU überbrücken könnte (Lemb 2017). Sie besteht aus 20 allgemein gehaltenen, weitestgehend individualrechtlichen Grundsätzen. Als reine Proklamation ist sie aber rechtlich nicht bindend, sondern soll, wie in der Präambel festgehalten, als „Kompass" und „Richtschnur" dazu beitragen, dass soziale Rechte besser in konkrete Rechtsvorschriften umgesetzt und angewandt werden. Darüber hinaus lässt die Säule aber auch inhaltlich Progressivität vermissen. Zum einen beschreibt sie individualrechtlich nicht viel mehr als den „acquis social", also den aktuellen sozialpolitischen Rechtsstand der EU, und vernachlässigt zum zweiten den Bereich des kollektiven Arbeitsrechts, der in den letzten Jahren insbesondere unter Druck geraten ist.
- *Revision der Entsenderichtlinie:* Um Arbeitsbedingungen entsandter Beschäftigter zu verbessern, hat die Europäische Union 2018 eine Revision der EU-Entsenderichtlinie aus dem Jahr 1996 beschlossen. Ein für Gewerkschaften wichtiges Projekt, von dem man hinsichtlich der immensen Widerstände von Unternehmens- und Arbeitgeberverbandsseite wenig Hoffnungen auf Umsetzung hatte. So wichtig die darin enthaltenen Verbesserungen für eine Milderung des Lohnunterbietungswettbewerbs innerhalb der EU sind, die Revision der Entsenderichtlinie ist überhaupt erst durch das „liberale Regime der Dienstleistungsfreiheit" sowie durch die Rechtsprechung

---

3 Bis zur Einsicht in die teilweise Eigenverantwortung für die desolate Situation der Tarifvertragssysteme im europäischen Süden reicht es hingegen nicht. So verliert die Kommission in der Einleitung zum Richtlinientext über angemessene Mindestlöhne kein Wort über die eigene zentrale Rolle im Rahmen der Troika-Politik: „Obgleich starke Tarifverhandlungssysteme auf sektoraler bzw. branchenübergreifender Ebene dazu beitragen, einen angemessenen Mindestlohnschutz zu gewährleisten, wurden in den letzten Jahrzehnten traditionelle Tarifverhandlungsstrukturen untergraben [...]." (Europäische Kommission 2020, S. 20).

des Europäischen Gerichtshofs (EuGH) in den Fällen Laval und Rüffert erforderlich geworden. „Damit stellt die Revision bei genauer Betrachtung im Wesentlichen eine Re-Regulierung einer zuvor vorangegangenen, durch negative Integration bewirkten Liberalisierung dar." (Seikel 2020b)
- *Richtlinie über angemessene Mindestlöhne:* Der Entwurf der Kommission zur Stärkung von Mindestlöhnen und Tarifbindung in der EU enthält zwar wichtige Akzente wie einen Orientierungsansatz für die Festlegung angemessener Mindestlöhne oder eine europäische Tariftreueklausel, die – im unwahrscheinlichen Fall, dass diese das Trilogverfahren weitestgehend unbeschadet überstehen – tatsächliches Potenzial für eine Stärkung von Mindest- und Tariflöhnen hätten. Doch dürfte sich der Weg aufgrund der vielen Vetopunkte im politischen Gesetzgebungsverfahren, im Zusammenspiel mit den sehr heterogenen Interessen in Fragen von Mindestlohn- und Tarifpolitik der unterschiedlichen Ländergruppen Europas untereinander, als extrem hürdenreich gestalten. Das zeigt schon allein die Zerrissenheit im Gewerkschaftslager bei der Frage, welche Kompetenzen der Kommission in Fragen der Lohnsetzung überhaupt zugestanden werden sollen, ohne dass das Gut der Tarifautonomie angetastet wird (Thorwaldsson/Linder/Dahl 2020).

Drei erforderliche Weichenstellungen für eine Neuausrichtung

Die Einzelfallbetrachtungen zeigen, dass die aktuellen sozialpolitischen Akzente eher Ausdruck eines unzureichenden „Reparaturbetriebs" vorangegangener Verwerfungen sind, als Ansätze zur ursächlichen Behebung eben dieser Verwerfungen. Ich will an dieser Stelle nur auf drei der notwendigen Weichenstellungen eingehen, die stattdessen erforderlich wären für eine Neuausrichtung der Europäischen Union im Sinne der Bewältigung der gegenwärtigen sozialen, wirtschaftlichen und ökologischen Herausforderungen:

1. Verschiebung der Wettbewerbsunion zu einer Union des demokratischen Primats

Eine der wesentlichen Ursachen für die Liberalisierungspolitik der EU findet sich im Wettbewerbsrecht der EU und in den vier Grundfreiheiten für Güter, Dienstleistungen, Kapital und Personen, die in den Europäischen Verträgen verankert sind. Die Abwägung mitgliedstaatlicher Marktregulierung gegenüber den Grundfreiheiten durch den EuGH sowie die Wettbewerbskontrolle der Kommission (Verbot staatlicher Beihilfen, Vergaberecht und Monopolkontrolle) führen dazu, dass systematisch soziale Kollektivrechte den Grundfreiheiten und dem Wettbewerbsrecht untergeordnet werden. Die „Überkonstitutionalisierung des europäischen Binnenmarktrechts" wird somit zu einer wesentlichen Hürde des sozialen und demokratischen Europas (Seikel 2019).

Kritiker werfen der kritischen Integrationsforschung oft vor, mit ihrer Fokussierung auf die grundsätzlichen Webfehler der EU eine politisch unbrauchbare und zu Fatalismus neigende Analyse zu betreiben. Dabei ergaben sich aus den fruchtbaren Debatten um eine konstitutionelle Neuausrichtung der Europäischen Union zugunsten demokratischer und sozialer Reformanstrengungen in den letzten Jahren Ansätze praktikabler Reformperspektiven. Da ist zum einen der Ansatz des sozialen Fortschrittsprotokolls (2011) zu nennen, der vom Europäischen Gewerkschaftsbund (EGB) erarbeitet und vom Deutschen Gewerkschaftsbund (DGB) mitgetragen wurde und eine Aufnahme sozialer Fortschrittsbestimmungen (u.a. keinen Vorrang der wirtschaftlichen Freiheiten vor den Grundrechten) in die EU-Verträge vorsieht. Antwortend auf den Ansatz des sozialen Fortschrittsprotokolls wurde vorgeschlagen, die sozialen Rechtsbestimmungen nicht in den Vertrag aufzunehmen, sondern stattdessen explizite Bereichsausnahmen für soziale Kollektivrechte aus dem Anwendungsbereich des Wettbewerbsrechts zu formulieren (Höpner 2017). Ein weiterer Reformvorschlag befasst sich mit der weitgehenden „De-Konstitutionalisierung" europäischen Rechts und Rückführung auf allgemeine Verfassungsinhalte sowie die Überführung aller anderen Bestimmungen (inklusive der vier Grundfreiheiten) in europäisches Sekundärrecht (Grimm 2016; Seikel 2019).

2. Neuausrichtung europäischer Sozial- und Wirtschaftspolitik in Richtung einer solidarischen Konvergenzpolitik und eines Sozialpakts

Die zweite notwendige Weichenstellung besteht in der grundlegenden Neuausrichtung europäischer Wirtschaftspolitik. Hier ist in erster Linie das Regelwerk der Instrumente europäischer Economic Governance zu nennen (im Wesentlichen der Stabilitäts- und Wachstumspakt, das Verfahren zur makroökonomischen Überwachung, der Fiskalpakt sowie Euro-Plus-Pakt sowie die in Verbindung mit dem ESFS und ESM stehenden haushalts- und wirtschaftspolitischen Vorgaben). Die darin enthaltenen Fiskalregeln sind stark auf Haushaltsdisziplin ausgelegt und setzen – mal direkt, mal indirekt – die Investiv- und Sozialausgaben der Mitgliedsländer unter Druck. Dieses Regelwerk gehört in Teilen abgeschafft (hier ist insbesondere der Fiskalpakt zu nennen) oder dahingehend stark reformiert, dass ausreichend Möglichkeiten zur Finanzierung von Investitionen und Sozialsystemen gegeben sind. Das Institut für Makroökonomie und Konjunkturforschung der Hans-Böckler-Stiftung hat hierzu entsprechend umfangreiche und politiknahe „Vorschläge zur Reform der europäischen Fiskalregeln und Economic Governance" (Dullien/Paetz/Watt/Watzka 2020) unterbreitet.

In diesem Zusammenhang wäre vertraglich auch der Weg für eine dringend erforderliche, gemeinsame europäische Schuldenaufnahme und -haftung zu nennen, wie sie in Ansätzen schon im Rahmen des europäischen Wiederaufbaufonds verankert und vom DGB sowie seinen Mitgliedsgewerkschaften in Form von Eurobonds gefordert wird. Dabei muss – wie zuvor bereits erwähnt – darauf geachtet werden, dass die Auszahlung der Mittel nicht an Reformbedingungen geknüpft werden können, die Austeritäts- oder Strukturreformauflagen enthalten.

Welche Rolle der europäischen Geldpolitik im Zusammenhang einer Ausweitung europäischer und mitgliedsstaatlicher Haushaltsspielräume und damit der Stärkung sozialer Sicherungssysteme zukommen könnte, wird derzeit kontrovers diskutiert. Das in der Corona-Krise genutzte Aufkaufprogramm der EZB „Pandemic Emergency

Purchase Programme" (PEPP) gilt als wichtigstes Kriseninstrument zur Aufrechterhaltung mitgliedstaatlicher Liquidität und Finanzierung staatlicher Haushaltsaufgaben. Darüber hinaus wird eine stärkere Monetarisierung von Staatsschulden durch die EZB auch abseits akuter Krisenpolitik zur Finanzierung einer europäischen Beschäftigungsgarantie (Ehnts/Höffgen 2020) oder eines europäischen Green New Deals (Ehnts 2020) zum Thema gemacht. Die Staatsfinanzierung durch die EZB stößt jedoch bereits im Rahmen ihrer gegenwärtigen Eurozonenstabilisierung durch die Aufkaufprogramme an Grenzen des Rechtsrahmens der Wirtschafts- und Währungsunion. Das kritische Urteil des Bundesverfassungsgerichts (BVerfG) vom 5. Mai 2020 hat hierüber einen Rechtsstreit zwischen BVerfG und EuGH entfacht. Sollte die EZB die Praxis ihrer Geldpolitik fortführen oder verschärfen, drohen ohne eine entsprechende demokratische Legitimation und Erweiterung des Mandats weitere schwerwiegende Konflikte.

Die Erweiterung fiskalischer Spielräume durch eine Neuausrichtung der geld- oder fiskalpolitischen Regeln kann jedoch dem Auseinanderdriften der Lebensverhältnisse allein nicht Einhalt gebieten. Die Ungleichheiten in Europa werden, auch wegen der unterschiedlichen Möglichkeiten „finanzstarker" Mitgliedsländer, auf die Krise zu reagieren, sowohl zwischen als auch innerhalb der Länder zunehmen. Trotz immenser Finanzmittel, die über Struktur- und Kohäsionsfonds fließen, ist die EU bisher keine Konvergenzmaschine, vielmehr hat das Auseinanderdriften der Verhältnisse in und zwischen den Mitgliedstaaten ein bedrohliches Ausmaß erreicht und „gefährdet den sozialen und politischen Zusammenhalt Europas" (Dauderstädt/Keltek 2018).

Das Auseinanderdriften der Lebensverhältnisse in und zwischen den Mitgliedstaaten muss im Rahmen eines europäischen Sozialpakts adressiert werden, der zwei Ansätze enthalten sollte: Zum einen müssen fiskalische Spielräume in „reicheren" Mitgliedsländern stärker dafür genutzt werden, „ärmeren" Ländern mittels zwischenstaatlicher Umverteilung unter die Arme zu greifen. Das sollte zugunsten der Verringerung innerstaatlicher Ungleichheit über die Finanzierung mitgliedstaatlicher Programme zur Armutsbekämpfung durch einen entsprechenden Europäischen Strukturfonds geschehen.[4]

Zum zweiten muss ein europäischer Sozialpakt die Etablierung sozialer Mindeststandards beinhalten, wie sie beispielsweise in Form des Doppelkriteriums des EGB für gerechte Mindestlöhne gefordert wurde. Entsprechende Mindeststandards sollte es für die Bereiche kollektive Interessenvertretung in Betrieben, soziale Standards und Mitbestimmungsrechte bei Umstrukturierungen und Verlagerungen, Entlohnung, Arbeitszeit, etc. geben. Wo dafür zusätzliche Kompetenzen der EU benötigt werden, braucht es ein europäisches Sozialrecht, das die Verschlechterung mitgliedstaatlicher Arbeits- und Sozialrechte ausschließt und nur auf ihre Verbesserung hinwirken darf. Eine solche „no regression clause" wäre die zwingende Vorbedingung jeder weiteren sozialpolitischen Kompetenzübertragung auf europäischer Ebene (Lemb 2017). In der Stärkung mitgliedstaatlicher Sicherungssysteme und sozialpolitischer Regularien

---

4 Siehe dazu den Vorschlag von Höpner (2019).

liegt der einzig realistisch-greifbare Ansatzpunkt für ein soziales Europa. Die Reproduktion eines einzigen, harmonisierten europäischen Sozialmodells ist eine Illusion, die sich nicht realisieren lassen wird. Dies wird allein an den in den Mitgliedsländern höchst unterschiedlichen Vorstellungen von Sozialpolitik und Arbeitsbeziehungen scheitern.

3. Dekarbonisierung mittels einer ökologisch gerahmten industriepolitischen Strategie

Neben dem dringend notwendigen wirtschafts- und sozialpolitischen Pfadwechsel besteht die wesentliche Herausforderung, der sich die EU in den nächsten Jahren stellen muss, in der Abmilderung des Klimawandels durch Erreichen des im Pariser Klimaabkommen verabredeten Zwei-Grad-Zieles, wozu auch eine weitreichende Dekarbonisierung der Industrieproduktion gehören muss (Lemb 2015). Die Gelbwesten-Proteste in Frankreich haben gezeigt, wie verteilungspolitisch hoch sensibel und demokratisch stark legitimiert Klimapolitik angegangen werden muss. Insbesondere vor dem Hintergrund einer zunehmend ungleichen Verteilung von Wohlstand in und zwischen den Regionen der EU wird die demokratische und soziale Gestaltung ökologischer Transformationsprozesse zur Grundvoraussetzung für das Gelingen ebendieser. Hinsichtlich der Zielsetzung, die im Rahmen des sogenannten Green Deals formuliert wurde, eine Reduktion der CO_2-Emissionen gegenüber 1990 um 55 Prozent bis 2030 und 100 Prozent bis 2050 zu realisieren, gibt es bisher allerdings wenig bis keine gesamtstrategischen Überlegungen, wie dies in einer Art und Weise geschehen kann, die eine Antwort auf das von Klaus Dörre (2019) treffend als ökonomisch-ökologische „Zangenkrise" bezeichnete Dilemma darstellen könnte.

Eine Debatte, die sich einer Antwort auf dieses Dilemma in Form eines sozialökologischen Reformprojekts zuwendet, ist dringend erforderlich. Hans-Jürgen Urbans wiederholter Appell zum Zusammenschluss einer „Mosaiklinken" (Urban 2019), die Institutionen und Bewegungen unterschiedlichster linker Couleur umfasst, ist aktueller denn je.

Dabei dürfen aber nicht die Hürden übersehen werden, denen sich ein solcher Ansatz auf europäischer Ebene stellen müsste. Zum einen droht der Elan entsprechender Bewegungen zwischen den Mühlsteinen der langwierigen und zähen Trilogprozesse europäischer Gesetzgebung zermahlen zu werden. Zum anderen besteht die physikalische Dringlichkeit, Maßnahmen gegen die Erderwärmung zu ergreifen. Dies trifft jedoch auf die politische Schwerfälligkeit eines Aushandlungsprozesses zwischen Kommission, Parlament und Regierungen von 27 Mitgliedstaaten mit unterschiedlichsten volkswirtschaftlichen, industrie-, gesellschafts- und sozialpolitischen Settings und daraus resultierenden nationalstaatlichen energie-, verkehrs- und industriepolitischen Eigeninteressen.

Die EU ist darauf angewiesen, sich Win-Win-Ansätzen in der Klimapolitik zu widmen (Lemb 2019). Dazu gehören in erster Linie solche, die unter starken Nachhaltigkeitskriterien auf höhere öffentliche Investitionen zur Finanzierung der für die Energie-,

Verkehrs- und Wärmewende erforderlichen Förderprogramme und Infrastruktur abzielen. Wie oben erwähnt, stehen dabei in erster Linie die fiskalpolitischen Regelungen auf europäischer Ebene im Fokus, die im Falle der Haushaltsüberwachung sehr viel stärker auf eine goldene (oder in dem Fall grüne) Verschuldungsregel auszurichten sind, die Haushaltsdefizite zugunsten von Investitionen in nachhaltige Infrastruktur und klimapolitische Förderprogramme zulassen. Zudem muss das Vergabe-, Beihilfe- und Dienstleistungsrecht der EU der öffentlichen Hand wieder größere Spielräume eröffnen, die für den Klimaschutz erforderlichen Bereiche der öffentlichen Daseinsvorsorge vor schädlichen Markteingriffen zu schützen und den Bürgern Daseinsvorsorge unter Bedingungen ökologischer Nachhaltigkeit und Guter Arbeit anbieten zu können. Dringend erforderlich ist darüber hinaus eine finanzielle Stärkung der Europäischen Förderprogramme und Förderbanken (insbesondere der Europäischen Investitionsbank) und eine Neuausrichtung der Vergabe von Fördermitteln, die sehr viel transparenter auf soziale und ökologische Nachhaltigkeit ausgerichtet sein muss.

Die Verantwortung der Gewerkschaften für progressive sowie kritische Europapolitik

Ein echter Pfadwechsel für Europa ist eine Herkulesaufgabe, die insbesondere den Gewerkschaften Besonderes abverlangt. In Zeiten krisenbedingter Defensivhaltung allein das betriebspolitische Mandat in den Vordergrund zu rücken und gesellschaftspolitische Debatten, wie die um das soziale Europa, hinten anzustellen, wäre fatal, da das gewerkschaftspolitische Mandat nicht von Kapitalismuskritik zu trennen ist. Auch die Kritik an den europapolitischen Säulen des kapitalistischen Verwertungsregimes und seinem Raubbau an der Erde und dem Arbeiter – nach Marx den „Springquellen alles Reichtums" –, hat Hans-Jürgen Urban in seinen Texten stets betont. Seine wichtige Rolle als Mahner einer kritischen europapolitischen Verantwortung von Gewerkschaften (Urban 2009) ist wichtiger denn je.

Auch kurzfristig bedarf es seiner scharfen Analyse gegenwärtiger Missstände und der zu ihrer Beseitigung erforderlichen Konzepte politischer Handlungsstrategien. Die europapolitische Ausrichtung der IG Metall ist an seiner Analyse und Kritik stets gewachsen. Ich hoffe, dass seine Mahnungen uns in unserer Arbeit noch viele Jahre begleiten und anspornen werden: „Ohne Kapitalismuskritik kein solidarisches Europa. Und ohne ein solidarisches Europa keine gute Zukunft für die Gewerkschaften!"

Literatur

Clancy, Emma (2020): Disziplin und Strafe. Das Ende des Weges für den Stabilitäts- und Wachstumspakt der EU. https://www.dielinke-europa.eu/kontext/controllers/document.php/964.f/4/22fdf0.pdf

Deutscher Gewerkschaftsbund (2020): EU-Wiederaufbaufonds: Jetzt die richtigen Weichen stellen! klartext 41/2020. https://www.dgb.de/themen/++co++55d92d50-2ffa-11eb-baab-001a4a160127

Dörre, Klaus (2019): Risiko Kapitalismus. Landnahme, Zangenkrise, Nachhaltigkeitsrevolution, in: Dörre, Klaus/Rosa, Hartmut/Becker, Karina/Bose, Sophie/Seyd, Benjamin (Hrsg.): Große Transformation? Zur Zukunft moderner Gesellschaften. Sonderband des Berliner Journals für Soziologie. Wiesbaden, S. 3-34.

Ehnts, Dirk (2020): Das Ende der schwarzen Null? Jacobin Magazin. https://jacobin.de/artikel/neoliberalismus-schuldengrenze-schwarze-null-corona-krise-mmt-green-new-deal/

Ehnts, Dirk/Höfgen, Maurice (2020): Mit der Jobgarantie Vollbeschäftigung und Preisstabilität. Makroskop. https://makroskop.eu/spotlight/k-eine-zukunft-fuer-die-arbeit/vollbeschaftigung-preisstabilitat-und-sozialgesellschaftlicher-fortschritt-1/

Europäische Zentralbank (2012): Euro area labour markets and the crisis. Occasional Paper series 138. http://www.ecb.eu/pub/pdf/other/euroarealabourmar-ketsandthecrisis201210en.pdf

Europäische Kommission (2012): Labour Market Developments in Europe 2012. European Economy Nr. 5/2012. https://www.ecb.europa.eu/pub/pdf/scpops/ecbocp138.pdf https://ec.europa.eu/economy_finance/publications/european_economy/2012/pdf/ee-2012-5_en.pdf

– (2020): Richtlinie des Europäischen Parlaments und des Rates über angemessene Mindestlöhne in der Europäischen Union. COM(2020) 682 final. https://ec.europa.eu/transparency/regdoc/rep/1/2020/DE/COM-2020-682-F1-DE-MAIN-PART-1.PDF

Europäischer Gewerkschaftsbund (2011): Resolution. Sozialen Fortschritt im Binnenmarkt erzielen: Vorschläge für den Schutz der sozialen Grundrechte und die Entsendung von Arbeitnehmern. Vom EGB-Exekutivausschuss angenommene Entschließung. https://www.etuc.org/sites/default/files/DE_Posting_of_workers_1.pdf

Höpner, Martin (2017): Grundfreiheiten als Liberalisierungsgebote? Reformoptionen im Kontext der EU-Reformdebatte. MPIfG Discussion Paper 17/10. https://www.mpifg.de/pu/mpifg_dp/2017/dp17-10.pdf

– (2019): Soziale Mindestsicherung für alle, in: Lemb, Wolfgang (Hrsg.): Für ein Europa mit Zukunft: Plädoyer für den Vorrang des Sozialen Europa. Social Europe Publishing, S. 38-51.

Grimm, Dieter (2016): Europa ja – aber welches? Zur Verfassung der europäischen Demokratie. München.

Lemb, Wolfgang (Hrsg.) (2015): Welche Industrie wollen wir? Nachhaltig produzieren – zukunftsorientiert wachsen. Frankfurt a.M./New York.

– (2017): Vom Aufschwung müssen alle profitieren. Die Wirtschaftspläne der EU-Kommission gehen an der prekären Realität vieler Arbeitnehmer vorbei. IPG-Journal. https://www.ipg-journal.de/rubriken/europaeische-integration/artikel/vom-aufschwung-muessen-alle-profitieren-2470/

– (2019): Auf dem Weg zu einem sozialen Europa: Die solidarische Erneuerung Europas, in: Ebd. (Hrsg.), Für ein Europa mit Zukunft: Plädoyer für den Vorrang des Sozialen Europa. Social Europe Publishing, S. 173-190.

Müller, Torsten/Schulten, Thorsten/Van Gyes, Guy (Hrsg.) (2016): Lohnpolitik unter europäischer „Economic Governance". Alternative Strategien für inklusives Wachstum. Hamburg.

Schneider, Etienne/Syrovatka, Felix (2020): Corona und die nächste Eurokrise. PROKLA. Zeitschrift für Kritische Sozialwissenschaft, 50 (199), S. 335-344.

Seikel, Daniel (2019): Das übersehene Demokratiedefizit. Warum die Demokratisierung der EU am europäischen Binnenmarktrecht ansetzen muss. WSI-Mitteilungen 72 (2), S. 146-147.

– (2020a): Maßnahmen der EU in der Corona-Krise. WSI Policy Brief 39, 06/2020. https://www.wsi.de/download-proxy-for-faust/download-pdf?url=http%3A%2F%2F217.89.182.78

%3A451%2Fabfrage_digi.fau%2Fp_wsi_pb_39_2020.pdf%3Fprj%3Dhbs-abfrage%26ab_dm%3D1%26ab_zeig%3D8895%26ab_diginr%3D8482
- (2020b): Die Revision der Entsenderichtlinie. Wie der lange Kampf um die Wiedereinbettung exterritorialisierten Arbeitsrechtes gewonnen wurde. WSI Working Paper Nr. 212. https://www.boeckler.de/content/xpublication.xml?source=hbs&id=9070

Thorwaldsson, Karl-Petter/Linder, Martin/Dahl, Mattias (2020): Hände weg. Von der Leyen startet eine Initiative für Mindestlöhne in allen EU-Ländern – und die Schweden gehen auf die Barrikaden. Warum? IPG-Journal. https://www.ipg-journal.de/rubriken/europaeische-integration/artikel/haende-weg-4018/

Urban, Hans-Jürgen (2009): Zeit für eine politische Neuorientierung: Die Gewerkschaften und die Hoffnung auf ein soziales Europa. IPG 4/2009, S. 11-25.
- (2013): Das politische Mandat der Gewerkschaften muss ein europapolitisches werden. Interview mit Hans-Jürgen Urban, in: spw – Zeitschrift für sozialistische Politik und Wirtschaft 1/2013, S. 10-13.
- (2020): Corona und der Blick auf ein anderes Europa. Die EU steht vor einer ungewissen Zukunft. Infobrief eu & international der AK Wien 3/2020, S. 2-8. https://hans-juergen-urban.de/wp-content/uploads/2020/11/Hans-Juergen-Urban-Corona-und-der-Blick-auf-ein-anderes-Europa-EU-Infobrief-3-2020.pdf

Heinz Bierbaum
Europa braucht einen Pfadwechsel

Europa befindet sich in einem Schockzustand, ausgelöst durch die COVID-19-Pandemie. Sie prägt das ganze Leben, betrifft die Arbeits- ebenso wie die Lebensbedingungen. Die ökonomischen und sozialen Folgen sind verheerend. Betroffen sind vor allem diejenigen, die unter prekären Bedingungen leben und arbeiten. Gleichzeitig vergrößert sich die soziale Ungleichheit, wie dies jüngst eine Studie von OXFAM eindrucksvoll belegte.

Die Pandemie ist aber nicht die eigentliche Ursache der Probleme, sondern verstärkt die ohnehin vorhandenen Widersprüche. Sie zeigt das Versagen neoliberaler Politik. Dies macht sich insbesondere im Gesundheitssektor bemerkbar, der infolge der Budgetkürzungen und der Privatisierung öffentlicher Einrichtungen nicht in der Lage ist, den Pandemiefolgen adäquat zu begegnen. Dies gilt für alle Länder Europas, wenn auch in unterschiedlichem Ausmaß. Die Pandemie macht noch einmal auf drastische Weise deutlich, dass sich Europa schon seit langem in der Krise befindet – in ökonomischer, sozialer und nicht zuletzt politischer Hinsicht, wovon insbesondere der Brexit zeugt. Aber eben auch in der Pandemie zeigte sich, dass die Europäische Union nicht wirklich zu koordiniertem Handeln in der Lage ist. Ein besonderes trauriges Kapital ist das Versagen in der Migrationspolitik.

Pfadwechsel

Es ist offensichtlich, dass es einer grundlegenden Änderung der europäischen Politik bedarf. Dies wird seitens der linken Kräfte und der Gewerkschaften seit langem gefordert. Ich verweise in diesem Zusammenhang auf die Kampagne des Europäischen Gewerkschaftsbundes „A New Path for Europe", die bereits 2014 gestartet wurde. Gefordert werden umfangreiche Investitionen für nachhaltiges Wachstum und gute Arbeit. Jährlich sollen zusätzlich zwei Prozent des BIP der EU in erneuerbare Energien, in soziale und auch in digitale Infrastrukturen, in Gesundheit, Bildung, sozialen Wohnungsbau usw. investiert werden. Dieser Plan wurde auch in einem umfassenden „Manifest für mehr und bessere Arbeitsplätze in der Europäischen Industrie" von IndustriAll, dem europäischen Verband der Industriegewerkschaften, aufgegriffen und konkretisiert. Damit wird im Wesentlichen eine Alternative zur neoliberalen Austeritätspolitik formuliert, wie sie auch von der Partei der Europäischen Linken (EL) gefordert wird. Auf ihrem Kongress im Dezember 2019 in Málaga hat sie ein politisches Dokument beschlossen, das die wesentlichen Schwerpunkte einer linken politischen Alternative umreißt. Rechte Austeritätspolitik muss zugunsten einer nachhaltigen Wirtschaftspolitik mit öffentlichen Investitionen in gesellschaftlich nützlichen Bereichen – neue Energiepolitik, neue Mobilitätskonzepte, bezahlbares Wohnen, Ausbau der

Gesundheitsfürsorge, der Bildung und Kultur – beendet werden. Gefordert wird eine gerechtere Steuerpolitik mit einer stärkeren Besteuerung der Vermögen einschließlich Maßnahmen zur Bekämpfung von Steuerflucht. Finanzspekulation soll verboten und die Finanzmärkte sollen demokratisch kontrolliert werden. Die Europäische Zentralbank (EZB) muss ihre Politik ändern und Verantwortung für die ökonomische Entwicklung und vor allem für die Schaffung von Arbeitsplätzen übernehmen. Die Gewerkschaften müssen gestärkt werden und es bedarf verbindlicher sozialer Rechte.

Durch die Pandemie wird eine grundlegende Änderung der Politik in Europa umso dringender. So sah sich auch die herrschende Politik zu bedeutsamen Änderungen gezwungen. Der Wachstums- und Stabilitätspakt, der die Staaten zu einer restriktiven Haushaltspolitik verpflichtete, wurde suspendiert. Der 2020 beschlossene „Recovery Fund" stellt eine bemerkenswerte Veränderung der EU-Finanzpolitik dar, werden doch erstmals Finanzmittel direkt und nicht nur über Kredite den einzelnen Ländern zur Verfügung gestellt. Freilich ist klar, dass die Europäische Kommission und auch die Mehrheit der nationalen Regierungen nach der Krise zum Neoliberalismus zurückkehren möchten. Es ist daher Aufgabe der linken Kräfte, diese Veränderungen dauerhaft zu machen. So darf der Wachstums – und Stabilitätspakt nicht nur suspendiert, sondern muss aufgegeben werden. Es ist zu verhindern, dass der „Recovery Fund" an das Europäische Semester angebunden und die finanziellen Mittel mit restriktiven Auflagen verbunden werden.

Die Partei der Europäischen Linken hat unter dem Titel „Die Coronakrise und ihre Folgen für die europäische Politik" eine Plattform erarbeitet, die soziale Auswege aus der Krise beschreibt. Darin werden Maßnahmen in fünf Bereichen gefordert: Schutz der Bevölkerung, wirtschaftlicher Wiederaufbau und sozial-ökologische Transformation, Verteidigung der Demokratie, Frieden und Abrüstung sowie internationale Solidarität. Zuerst muss alles dafür getan werden, dass die Bevölkerung geschützt wird. Daher unterstützt die Europäische Linke ebenso wie viele linke Parteien die Europäische Bürgerinitiative „Right 2Cure" für einen freien Zugang zu Impfstoffen als öffentliches Gut und nicht als Quelle für gesteigerten Profit der Pharmakonzerne. Sie hat außerdem eine Kampagne mit dem Slogan „Protect the People, not the System" ins Leben gerufen.

Linker Green New Deal

Zur Pandemie kommen weitreichende strukturelle Veränderungen im gesellschaftlichen Produktions- und Reproduktionsprozess. Diese hängen in erster Linie mit den ökologischen Herausforderungen und dabei vor allem mit dem Klimawandel zusammen.

Die Antwort der Linken auf diese Herausforderungen ist der linke Green New Deal bzw. die sozial-ökologische Transformation. Freilich wird diese Debatte nicht nur von der Linken geführt. Nahezu alle sprechen von der Notwendigkeit eines Green Deal, doch sind die Positionen und Inhalte sehr unterschiedlich. So hat die Europäische Kommission einen „European Green Deal" lanciert. Ziel ist es, die Europäische Union bis zum Jahr 2050 klimaneutral zu machen. Wesentliche Elemente sind Investitionen in umweltfreundliche Technologien, den Energiesektor zu decarbonisieren, die energetische Sanierung von Gebäuden, sauberer und gesünderer privater und öffentlicher Transport. Die EU sollte sich insgesamt in Richtung einer grünen Wirtschaft bewegen. Abgesehen von der Kritik, dass die entsprechenden Pläne unzureichend sind und die EU weit früher klimaneutral sein müsste, steht zu befürchten, dass die Europäische Kommission in ihrem neoliberalen Dogma befangen bleibt und weiterhin auf marktwirtschaftliche Lösungen setzt, deren Unzulänglichkeit offensichtlich ist.

Die Linke im Europaparlament hat einen konkreten Vorschlag mit dem Titel „Towards a Green & Social New Deal for Europe" vorgelegt. Ausgangspunkt ist das Pariser Abkommen, wonach die Klimaerwärmung 1,5 Grad nicht überschreiten darf. Gefordert werden eine Wende in der Energiepolitik mit dem Ausbau erneuerbarer Energien, eine umweltgerechte Agrarpolitik, eine massive Reduzierung der Emissionen und insgesamt eine auf Nachhaltigkeit angelegte Industrie- und Wirtschaftspolitik. Dabei geht es vor allem auch um den Schutz der Arbeiter und Angestellten und um bessere Arbeits- und Lebensbedingungen. Darüber hinaus wird der „Green New Deal" als eine Chance für einen fairen und gerechten internationalen Handel gesehen.

Das wohl am weitesten entwickelte Konzept für einen „New Green Deal" hat die Labour Party vorgelegt. In ihrem Manifesto 2019 wird eine grüne industrielle Revolution gefordert, mittels derer eine Million Arbeitsplätze im Vereinigten Königreich geschaffen werden sollen. Die Industrie, der Energie- und Transportsektor, die Landwirtschaft und auch die Baubranche sollen so umgestaltet werden, dass die Produktion in Einklang mit der Natur geschieht. Bis 2030 sollen Emissionen massiv reduziert werden. In dem Konzept werden nicht nur Investitionen für eine ökologische Transformation gefordert, sondern es wird auch die Eigentumsfrage gestellt. Profit soll nicht die zentrale Steuerungsgröße sein, sondern die Bedürfnisse der Bevölkerung und die Erhaltung des Planeten. Vor allem geht es auch darum, dass Energie und Wasser öffentliche, für alle zugängliche Güter sind.

Für die Linke ist die Verbindung von ökologischen und sozialen Erfordernissen von zentraler Bedeutung. Zweifellos ist eine „grüne Revolution" der Industrie, wie dies im Labour Manifesto genannt wird, notwendig. Doch gleichermaßen müssen die von diesen Veränderungen betroffenen Beschäftigten geschützt werden. „Just Transition", wie es vom Internationalen Gewerkschaftsbund (ITUC) propagiert wird, ist ein Konzept, das ökologische Transformation mit sozialer Absicherung verbindet. Es geht um einen gerechten Übergang mit der Zielsetzung, dass eine grüne Wirtschaft in der Lage ist, für Arbeitsplätze zu anständigen Bedingungen zu sorgen. Ein linkes Konzept eines „Green New Deal" muss mit einer Ausweitung der Arbeitnehmerrechte einhergehen. Dabei kann an die Säule sozialer Rechte, wie sie von der EU-Kommission beschlossen wurde, angeknüpft werden. Allerdings darf es nicht bei unverbindlicher Absicht bleiben. Vielmehr müssen diese sozialen Rechte verbindlich sein, etwa in einem verbindlichen „Sozialen Protokoll", wie es das gewerkschaftliche Netzwerk TUNE (Trade Unionists Network Europe) fordert und auch vom Europäischen Gewerkschaftsbund (ETUC) aufgegriffen wird. Nicht nur müssen die Rechte der Beschäftigten in diesem Transformationsprozess gestärkt werden, sondern sie müssen auch direkt in diesen Prozess einbezogen werden. Die direkte Beteiligung der Beschäftigten ist für ein linkes Konzept eines New Green Deal unerlässlich. Aus linker Sicht ist daher die Verbindung des New Green Deal mit Wirtschaftsdemokratie zentral. Dies unterscheidet es substanziell von anderen Konzepten.

Die Konferenz zur Zukunft Europas, die ursprünglich 2020 beginnen sollte und die auf den Mai 2021 verschoben wurde, sollte von den linken Kräften trotz aller Skepsis gegenüber den europäischen Institutionen, die federführend diese Konferenz organisieren, als eine Gelegenheit gesehen werden, um ihre Vorstellungen zur europäischen Politik publik zu machen. Diese Konferenz soll unter Einbezug der Zivilgesellschaft umfassend darüber diskutieren, wie die europäische Integration angesichts der Krise und der Herausforderung durch den Klimawandel weiterentwickelt werden kann. Der Europäische Gewerkschaftsbund sieht darin eine Chance, offensiv für ein wirklich soziales Europa einzutreten. Dazu will er vor allem mit der Kampagne „Stand up for the Social Pillar" beitragen.

Frieden und Abrüstung

Ein wesentlicher Schwerpunkt einer alternativen Politik für Europa ist das Engagement für Frieden und Abrüstung. Die Linke wendet sich entschieden gegen die Militarisierung der EU. Sie lehnt das Programm der militärischen Zusammenarbeit PESCO (Permanent Structured Cooperation) ab und fordert stattdessen eine drastische Reduzierung der Militärausgaben zugunsten von sozialen Programmen, insbesondere im Bereich des Gesundheitswesens. Friedenspolitik spielt derzeit in Europa eine Nebenrolle – trotz der Kriege in Syrien, Libyen, Berg-Karabach, Jemen, Mali und weiterer Konfliktherde. Es ist Zeit für eine neue Initiative für Entspannungspolitik.

Eng verbunden mit dem Engagement für Frieden und Abrüstung ist das Eintreten für eine humane Migrationspolitik. Dazu war die EU bislang nicht in der Lage. Auch der kürzlich verabschiedete Migrationspakt entspricht nicht den Anforderungen an eine humane Migrationspolitik. Es bedarf umfassender Maßnahmen, um das Elend in den Flüchtlingslagern zu beheben. Das Wirken der europäischen Grenzschutzbehörde FRONTEX ist ein Skandal, werden doch durch ihre Beteiligung an illegalen Rückschiebungen (Pushbacks) Menschenrechtverletzungen an den europäischen Grenzen begangen.

Erforderlich ist eine stärkere internationale Kooperation mit einer eigenständigen Rolle Europas. Gerade angesichts der geopolitischen Veränderungen, wobei die Konkurrenz zwischen den USA und China eine zentrale Rolle spielt, bedarf es einer Neubestimmung der Außenpolitik der EU. Sie sollte stärker auf die Vermittlung bei den zweifellos sehr unterschiedlichen Interessen und den daraus resultierenden Konflikten ausgerichtet sein. Mit Sanktionen und militärischen Interventionen löst man keine Konflikte. Es bedarf internationaler Beziehungen, die auf Kooperation und nicht auf Konfrontation beruhen.

Europäisches Forum

Der notwendige Pfadwechsel wird nur eine Chance haben, wenn die linken Kräfte, Gewerkschaften und soziale Bewegungen zur Zusammenarbeit finden. Das Europäische Forum, das seit 2017 von der Partei der Europäischen Linken zusammen mit anderen progressiven und ökologischen Kräften organisiert wird, bietet dafür eine gute Plattform. Das letzte Forum hat sich in umfassender Weise mit der durch die Pandemie mitverursachten Situation und deren Konsequenzen für die europäische Politik befasst. In der Abschlusserklärung wird festgestellt, dass Europa und der Rest der Welt nach der COVID-19-Pandemie sich in einer veränderten Situation befinden werden. Daher sei es notwendig, das europäische Projekt neu zu bestimmen. Die Völker Europas, unabhängig davon, ob sie Mitglieder der EU sind oder nicht, sind aufgerufen, sich für den Aufbau eines neuen demokratischen, ökologischen und sozialen Modells einzusetzen, das nicht durch die Kapitalrendite bestimmt wird.

Europa braucht einen Pfadwechsel. Es steht außer Frage, dass die neoliberale Austeritätspolitik zugunsten einer nachhaltigen Politik mit öffentlichen Investitionen in gesellschaftlich wichtigen Bereichen beendet werden muss. Insbesondere muss die Debatte über die notwendige sozial-ökologische Transformation intensiviert werden. Und angesichts der sich zuspitzenden geopolitischen Lage ist der Einsatz für Frieden und Abrüstung um so notwendiger. Vor allem aber müssen die Kräfte, die für eine solche Politik stehen, zu einer stärkeren Kooperation finden, was unterschiedliche Positionen in Einzelfragen keineswegs ausschließt.

Martin Höpner

Die IG Metall zwischen Exportblock und Mosaik: Lektionen aus der gewerkschaftlichen Europapolitik

1 Einleitung

Die Einladung der Herausgeber, an der vorliegenden Festschrift mitzuwirken, habe ich als regelmäßiger Leser von Hans-Jürgen Urbans Schriften, als sein IG Metall-Kollege und Mitstreiter mit Freude angenommen. Nicht nur gilt es Urbans Verdienste um die Diskussionskultur des progressiven Spektrums und namentlich um den Dialog zwischen gewerkschaftlicher Praxis und Wissenschaft zu würdigen. Auch gibt mir die Einladung Gelegenheit, einen Einwand zur Diskussion zur stellen, den ich schon lange mit mir herumtrage. Wie nahtlos eigentlich, so frage ich mich, ließe sich die IG Metall in die von Urban angedachte Mosaik-Linke einfügen?

Im Einzelnen werde ich nachfolgend Urbans Leitbild einer Mosaik-Linken aufgreifen, die – so die Idee – vom geteilten Engagement gegen die zerstörerischen Tendenzen des postfordistischen Kapitalismus zusammengehalten werden könnte (Abschnitt 2). Abweichend von Urban werde ich die Politische Ökonomie Deutschlands aber nicht als Finanzmarktkapitalismus, sondern als radikalisierten Exportkapitalismus charakterisieren (Abschnitt 3) und folglich auch zu einem abweichenden Blick auf die Schattenseiten und Verlierer der Formation gelangen (Abschnitt 4).

Als mächtigste Interessenvertreterin der Beschäftigten des Exportsektors ist die IG Metall nicht nur Gewerkschaft, sondern auch Teil jenes Exportblocks, der die deutsche Spielart des Postfordismus perpetuiert. Um das zu verdeutlichen, diskutiere ich die Hintergründe der in den 1990er Jahren entstandenen affirmativen Haltung zum Euro (Abschnitt 5), die kompetitive Disinflationierung (reale Abwertung) nach der Eurogründung (Abschnitt 6) und die auf die Eurokrise folgenden Krisenreaktionen (Abschnitt 7). Weil sich das Spannungsfeld zwischen progressiver Politik und der Logik des deutschen Exportregimes nicht auflösen lässt, von der IG Metall aber auch kein Bruch mit dem Regime erwartet werden kann, muss an der Kompatibilität der Teile des angestrebten Mosaiks gezweifelt werden (Abschnitt 8).

2 Die mosaik-linke Vision

Urban hat die mosaik-linke Idee in unterschiedlichen Kontexten zur Diskussion gestellt und auf Grundlage kritischer Einwände weiterentwickelt. Ich denke aber, dass ich den stabilen Kern wie folgt fair darstelle (siehe die Details in Urban 2008, 2009a, 2010b, 2019a und b): Das progressive Spektrum Deutschlands ist zersplittert. Die Debatten seiner Teile sind zwar reichhaltig, aber wenig füreinander geöffnet und noch weniger aufeinander bezogen. Aus diesem Zustand erwachsen wenig gemeinsame Projekte und nur geringe Chancen auf Hegemonie.

Das Leitbild einer Mosaik-Linken zielt darauf, die kapitalismuskritischen (nicht zwingend: antikapitalistischen) Kräfte zu einem gegenhegemonialen Block zusammenzuführen. Dabei geht es Urban nicht um organisationale Einheit, sondern um wechselseitige Öffnung und flexible Verbundenheit unter Anerkennung der Eigenheiten der vertretenen Organisationen, Bewegungen und Einzelpersonen. Wie bei einem Mosaik sollen die Teile als solche erkennbar bleiben, sich aber gleichzeitig zu einem größeren Ganzen mit eigener Ausstrahlungskraft zusammenfügen. Neben Gewerkschaften und Bewegungen werden NGOs, soziale Selbsthilfeinitiativen und progressive Intellektuelle als potenzielle Teilnehmer eines solchen Kollektivakteurs identifiziert.

Die Gegenstände gemeinsamer Projekte sind nicht vorab definiert, sondern in einem deliberativen Prozess zu entwickeln. Beliebig wählbar sind die praktisch-politischen Anknüpfungspunkte aber auch nicht, sollen sie doch auf den Kern des Akkumulationsmodells zielen. In Urbans (2019a: 28) Worten geht es um den „Versuch, die Spezifika linker Politik in der gegenwärtigen Kapitalismusform herauszuarbeiten". Die Vorzüge und Chancen des Projekts lassen sich daher nur in Kenntnis dessen beurteilen, was diese Kapitalismusform eigentlich ausmacht.

3 Das deutsche Exportregime

Ausgangspunkt und verbindendes Element der Mosaiklinken soll das geteilte Ziel der Überwindung der von der postfordistischen Kapitalismusform hervorgebrachten Schäden sein. Urban charakterisiert diese Form in allen vorliegenden Darstellungen als finanzgetriebenes Akkumulationsmodell bzw. Finanzmarktkapitalismus. Der mosaiklinken Vision kommt das zugute. Attac, die Arbeiterwohlfahrt und die IG Metall, um drei potenzielle Teilnehmer herauszugreifen, im gemeinsamen Kampf gegen den Finanzmarktkapitalismus, konkret etwa für eine europäische Finanztransaktionssteuer – warum nicht? Eigentümlich ist aber, dass der Schulterschluss schon beim zweiten Hauptanliegen der globalisierungskritischen Linken, nämlich dem Kampf gegen die regelmäßig besonders von Deutschland und der Europäischen Kommission befürworteten Freihandelsabkommen, nicht mehr funktioniert. Eine gemeinsame Linie erscheint undenkbar. Erinnert sei nur an die innergewerkschaftlichen Auseinandersetzungen über das CETA-Abkommen mit Kanada.

In diachroner Hinsicht steht außer Frage, dass die Finanzialisierung in allen entwickelten Spielarten des Kapitalismus Spuren hinterlässt, ihn also dem Finanzmarktkapitalismus angenähert hat. Um eine hinreichende Bestimmung der deutschen Kapitalismusformation handelt es sich gleichwohl nicht, denn in ländervergleichender Perspektive zeichnet sich Deutschland gerade nicht durch seine Über-Finanzialisierung aus (das trifft eher für Großbritannien und Frankreich zu), sondern durch seine ins Extrem getriebene Exportfixierung, genauer: seine Orientierung auf Nettoexporte (=Exportüberschüsse) (Baccaro/Pontusson 2016, Höpner 2019).

Exportorientierte Länder verfügen über Institutionen und vorherrschende Wirtschaftsideologien, die dazu führen, dass den Exportinteressen im Zielkonflikt zwischen Binnenstabilisierung und Exportförderung auffällig häufig der Vorrang eingeräumt wird. Solche Länder halten nachfragestabilisierende Maßnahmen typischerweise in engen Grenzen, um vom Binnensektor möglichst geringe Inflationsimpulse ausgehen zu lassen, minimieren Kostendruck und streben nach der Verharrung in Unterbewertungskonstellationen, um ausländische Nachfrage zu absorbieren. Exportorientierte Länder generieren daher häufig Exportüberschüsse und weisen nur seltene und kurze Phasen mit Handelsdefiziten auf. Aufgrund der Anreize, Wirtschaftstätigkeit vom Binnen- in den Exportsektor zu verlagern, haben exportorientierte Länder größere Exportsektoren, als man es aufgrund ihrer Ländergröße erwarten würde.

Die Positionierung in Unterbewertungskonstellationen vollzieht sich in zwei Schritten. Der erste Schritt ist die kompetitive Disinflationierung gegenüber den Handelspartnern. Hierfür sind vor allem die lohn-, fiskal- und geldpolitischen Parameter so einzustellen, dass die Preissteigerungen geringer ausfallen als jene der Handelspartner. Diese Art der Justierung gab es in Deutschland bereits lange vor dem Euro. In der Lohnpolitik fanden wir seit Gründung der Bundesrepublik starke, nicht gegeneinander konkurrierende Branchengewerkschaften mit sozialpartnerschaftlicher Orientierung vor. In solch einem Umfeld lassen sich Lohnzurückhaltungsstrategien durchsetzen. Im internationalen Vergleich war Deutschland schon lange vor der Währungsunion das Land der auffällig geringen nominalen Lohnauftriebe.

In Sachen Fiskalpolitik fanden und finden wir einen Fiskalföderalismus mit nur sehr begrenzten Steuerschöpfungs- und Verschuldungsmöglichkeiten der unteren Einheiten vor. Das bremst die Neigung zu potenziell inflationsstimulierender expansiver Finanzpolitik. Im Hinblick auf die Geldpolitik waren die Unabhängigkeit und die Inflationsaversion der Deutschen Bundesbank bereits in den 1950er einzigartig. Die Bundesbank vermutete Inflation unter jedem Stein und scheute von Beginn an keinen Konflikt weder mit der Fiskalpolitik noch mit der Lohnpolitik.

Zu Vorteilen für den Exportsektor führt kompetitive Disinflationierung aber nur, wenn sich die Inflationsdifferenzen über mehrere Jahre kumulieren können, ohne durch nominale Wechselkursänderungen korrigiert zu werden. Notwendig ist also die Verzögerung, Minimierung oder gänzliche Verhinderung von Wechselkurskorrekturen. Auch diese Bedingung war in Deutschland seit dem Zweiten Weltkrieg häufig, wenn auch nicht immer gegeben. Sowohl das Bretton-Woods-Regime als auch das Europäische Währungssystem waren schwerfällige Wechselkursordnungen, in denen verzerrte Wechselkurse in aller Regel erst verspätet und nur unzureichend korrigiert wurden.

Die deutsche Tendenz zu Unterbewertung und Exportorientierung ist also deutlich älter als der Euro, ja sogar älter als der Postfordismus. Aber erst im Zuge der schweren Krise nach dem Wiedervereinigungsboom vollzog sich Deutschlands Übergang von einem exportorientierten Wirtschaftsregime zu einem exportgetriebenen Wachstumsmodell, hier eng definiert als eine Ökonomie, die den überwiegenden Teil ihrer Wachstumsimpulse aus dem Export schöpft (Baccaro/Pontusson 2016). Für ein großes Land wie Deutschland ist das eine ungewöhnliche Konstellation. Der entscheidende

Radikalisierungsschritt vollzog sich dann unter dem Euro, weil die Währungsunion nominale Wechselkursanpassungen unter ihren Teilnehmern unwiderruflich ausschloss und sich kompetitive Disinflationierung daher ohne Korrekturmöglichkeiten in einen für die Exportwirtschaft vorteilhaften realen Wechselkursvorteil übersetze. Deutschland wurde zum Albtraum des Euroraums und, darüber hinaus, der Weltwirtschaft.

4 Der Exportkurs hat Kosten

Die wirtschaftspolitischen Parameter Deutschlands sind so eingestellt, dass sie die Generierung von Nettoexporten begünstigen. Seit Einführung des Euro gibt es keinen korrigierenden Wechselkurspuffer mehr. Das bringt Gewinner und Verlierer hervor. Nach außen führen Exportüberschüsse zum Export von Arbeitslosigkeit. Deutschland ist es auf diesem Wege gelungen, sich dem internationalen Trend zur De-Industrialisierung zu entziehen und seine Industriebeschäftigung seit den frühen Eurojahren ungefähr konstant zu halten. Dieses Ergebnis ist nicht nur für die Arbeitgeber des Sektors, sondern auch für die Gewerkschaften erfreulich – mit der Kehrseite freilich, die De-Industrialisierung der Handelspartner im Gegenzug beschleunigt zu haben.

Aber auch nach innen hat die Exportorientierung Kosten. Interessengegensätze gibt es nicht nur zwischen Klassen und Schichten – die gibt es gewiss! –, sondern auch zwischen Sektoren. Zwischen den Binnensektoren einerseits, etwa dem öffentlichen Sektor und dem Bausektor, und dem Exportsektor andererseits herrscht nur wenig Interessenharmonie. Nominallohnzurückhaltung gegenüber den Nachbarn ist für den Exportsektor vorteilhaft, der Binnensektor ist hingegen darauf angewiesen, dass die Binnennachfrage mit der Produktivitätsentwicklung Schritt hält. Unterschiedlich ausgeprägt sind auch die Interessen an der Begrenzung von Lohnkonkurrenz in den Sektoren, deren Güter und Dienstleistungen vom Exportsektor nachgefragt werden: Liberalisierte Peripherien kommen dem industriellen Kern auf der Kostenseite zugute. Der Exportsektor braucht zudem eine zurückhaltende Fiskalpolitik, von der keine Inflationsimpulse ausgehen, und eine Steuerpolitik, die den Export von Kostendruck entlastet. Der Binnensektor hingegen braucht eine stabile private und staatliche Nachfrage und sein größter Teil, der öffentliche Sektor, eine solide Steuerbasis.

Bei der Geldpolitik finden wir ähnlich divergente Interessenslagen vor. Der Exportsektor braucht eine rigide Geldpolitik, die Inflationsimpulse im Keim erstickt. Der Binnensektor hingegen braucht eine konjunkturfreundliche Geldpolitik. Besonders deutlich ist das für den Bausektor: Dieser ist zinssensitiv, der Exportsektor hingegen wechselkurssensitiv. Auch zahlreiche sektorale Politikfelder bewegen sich im Zielkonflikt zwischen Exportförderung und Binnenstabilisierung. Das gilt etwa für den mit steuerlichen Mitteln subventionierten Wohnungsbau und vieles andere mehr.

Die Kehrseite der deutschen Orientierung an der Generierung von Nettoexporten besteht also in gehemmten Entwicklungschancen der Binnensektoren. Der Konflikt zwischen beiden ergibt sich nicht daraus, dass Exporterfolge per se schlecht für den Binnensektor wären. Der Punkt ist vielmehr, dass Maßnahmen, die den Anstieg der Nettoexporte fördern, fast immer schlecht für die Binnenwirtschaft sind – und umgekehrt. Den deutschen Exportüberschüssen stehen daher nicht zufällig ein im internationalen Vergleich unterentwickelter öffentlicher Sektor und ein alarmierender öffentlicher Investitionsrückstand gegenüber. Auch der deutsche Bausektor war ein Verlierer der Exportfixierung, bis er seit der Eurokrise von der Kapitalflucht nach Deutschland zu profitieren begann.

Die extreme Exportorientierung ist der Kern der Kapitalismusformation Deutschlands. Ein gegenhegemonialer Block, der die Kollateralschäden der deutschen Spielart des Postfordismus beseitigen wollte, müsste daher mit dem Exportblock brechen (Nölke 2021). Unter Einschluss der IG Metall?

5 Die IG Metall wird zur Befürworterin des Euro

Was die Gründung der Währungsunion für Deutschland und seine Nachbarn bedeuten würde, hatte Urban im Jahr 1998 in einem Beitrag von prophetischer Weitsicht dargestellt. Der deutsche Exportsektor werde, so Urban (1998: 266-267), angesichts der für Deutschland typischen moderaten Nominallohnauftriebe vom Wegfall des Wechselkurspuffers profitieren, zu Lasten seiner Nachbarn. Das werde mit einer Schwächung der Gewerkschaften quer durch die Eurozone einhergehen, weil der transnationale Wettbewerb nunmehr ungefiltert auf die Arbeitskosten drücken werde. Diese Risiken des Euro, so Urban damals, seien in der innergewerkschaftlichen Debatte „reichlich unterbelichtet" (ebd.: 271). Dass sich die IG Metall in der Eurofrage als Teil des deutschen Exportblocks verhalte, könne sich „als historischer Fehler mit großer Tragweite" (ebd.) erweisen.

Es ist gekommen, wie Urban es vorhersah. Für Deutschland markierte der Eintritt in den Euro den Übergang in ein radikalisiert exportorientiertes Wachstumsmodell, das Nettoexporte in vorher nicht gekannter Höhe hervorbrachte und damit zur Entstehung der Eurokrise beitrug. Auch im Hinblick auf die Schwächung der Gewerkschaften hatte Urban Recht. Sie erfolgte nicht zufällig im Euro, sondern war kausal mit ihm verbunden. Wie Rathgeb und Tassinari (2021) jüngst gezeigt haben, war der Druck auf die Dezentralisierung der Tarifsysteme in der Eurozone ausgeprägter als außerhalb von ihr.

War die Haltung der Gewerkschaften tatsächlich von den Aussichten auf Exportvorteile getrieben? Die deutschen Gewerkschaften waren nicht immer Verfechter einer europäischen Wirtschafts- und Währungsunion. Der Präferenzwandel erfolgte, wie Tober (2020: 53-93) zeigt, im Einklang mit jenem der deutschen Industrie. Auch die Industrieverbände betrieben vor Maastricht kein Lobbying für eine europäische Währungsunion, denn das Europäische Währungssystem (EWS) lieferte dem deutschen Exportsektor bis dahin genau das, was er brauchte: Unterbewertung. Allgemein war die Befürwortung der Währungsunion in der deutschen Wirtschaft seinerzeit geringer ausgeprägt als anderswo in Europa (ebd.: 67).

Das änderte sich im Zuge der langen Krise nach dem Wiedervereinigungsboom. Erstmals seit Errichtung des Europäischen Währungssystems 1979 fand Deutschland sich aufgrund der verbreiterten EWS-Bandbreiten in einer Überbewertungskonstellation wieder. Dies war der Zeitpunkt, an dem der Exportsektor seine bis dahin zweifelnde Haltung zur Währungsunion korrigierte, während der Bausektor, der den Druck der Konvergenzkriterien schmerzhaft zu spüren bekam, deutlich skeptischer blieb (Duckenfield 2006: 103, Tober 2020: 68-69). Die IG Metall schloss sich der Haltung der Exportunternehmen und des BDI nahtlos an, im Unterschied zur damaligen IG BSE (Bau-Steine-Erden), die bis zuletzt Vorbehalte äußerte (Josselin 2001: 64, Tober 2020: 85-89). Aber anders als in Großbritannien schloss sich die Interessenvertretung der öffentlichen Beschäftigten, die damalige ÖTV, der Haltung der IG Metall an, pikanterweise unter explizitem Verweis auf die Vorteile für den Exportsektor (Bieler 2003: 35). Kurz, es besteht kein Zweifel, dass die IG Metall ihre Haltung als Teilnehmerin des Exportblocks definierte. Zu skandalisieren gibt es hieran nichts, hängt das Schicksal der Mitglieder doch am Erfolg des Sektors.

6 Die deutsche Lohnzurückhaltung im Euro

Nach der Einführung des Euro und bis zur Eurokrise setzte sich die deutsche Tendenz zu moderaten Lohn- und Preissteigerungen fort und verstärkte sich ab 2003 noch einmal zusätzlich. Ein Großteil dieser Lohnzurückhaltung erfolgte nicht im Exportsektor, sondern im Bausektor, dem öffentlichen Sektor und bei den Dienstleistungen, also außerhalb des Organisationsbereichs der IG Metall. Das heißt aber nicht, dass vom Exportsektor keine kompetitive Disinflationierung ausging. Auch dort, nicht nur gesamtwirtschaftlich, blieb der Nominallohndruck unterhalb sowohl der Zielmarken der europäischen Lohnkoordination als auch des Eurozonendurchschnitts (siehe die Daten in Höpner/Lutter 2018: 82).

Diese Mitverantwortung für die Entstehung der Eurokrise ist für die deutschen Gewerkschaften und namentlich die IG Metall bis heute ein heikles Thema. Hat man die Schwestergewerkschaften im europäischen Ausland über den Tisch gezogen, indem man Bekenntnisse zur transnationalen Lohnkoordination antäuschte (Höpner/Seeliger 2021), tatsächlich aber Merkantilismus in klassenübergreifender Koalition mit den Exportunternehmen betrieb? Dass es während der ersten zehn Eurojahre neben unfreiwilliger auch intendierte Lohnzurückhaltung gab, lässt sich meines Erachtens nicht bestreiten – nur dass man sich den Träger dieser Intention eben nicht als unitarischen oder gar zentralisierten Akteur vorstellen darf.

Auch im Industriesektor, der von der Erosion der Tarifbindung weniger betroffen ist als der Dienstleistungssektor, hat sich das Tarifsystem seit den neunziger Jahren grundlegend gewandelt (anstelle vieler: Hassel 2014, Baccaro/Benassi 2017). Entstanden ist ein flexibles Mehrebenensystem unter Einschluss einzelwirtschaftlicher Akteure, die selbstverständlich zuerst die Arbeitsplatzinteressen ihrer Belegschaften vor Augen haben und nicht gesamtwirtschaftliche oder gar gesamteuropäische Belange. Auch hier gibt es nichts zu skandalisieren. Auf Unternehmensebene sehen sich die Interessenvertreter der Beschäftigten einem steten Investitionswettbewerb und zudem der andauernden Drohung mit Arbeitsplatzverlagerungen ausgesetzt, was sich in den Druck übersetzt, die durch die Dezentralisierung der Lohnfindung entstandenen Spielräume auch zu nutzen.

Mit anderen Worten, die problematische deutsche Lohnentwicklung der ersten Euro-Dekade folgte keinem in der Frankfurter Wilhelm-Leuschner-Straße 79 – der

Die IG Metall zwischen Exportblock und Mosaik 387

Vorstandsverwaltung der IG Metall – erdachten Drehbuch. Aber das Ergebnis ist, wie es ist. Versuche, den Sachverhalt mit windigen argumentativen Konstrukten zu vernebeln, haben es jedenfalls nicht besser gemacht. Eine unvollständige Auswahl: Deutsche Lohnzurückhaltung habe es doch nie gegeben – wie die Reallohnentwicklung angeblich zeige, aus der aber genau jene kompetitive Disinflationierung herausgerechnet ist, die durch die nominale Zurückhaltung ja erst hervorgerufen wurde. Oder: Deutschland habe „nichtpreisliche Wettbewerbsfähigkeit", weswegen die deutsche Lohnmoderation für die innereuropäischen Leistungsbilanzungleichgewichte nicht verantwortlich sein könne. Oder: Schon die Annahme eines Zusammenhangs zwischen Löhnen und Außenhandel sei „neoklassisch" und daher falsch. Die Liste ließe sich leider fortsetzen.

7 Krisenreaktionen und Europapolitik

Sektorale Interessen prägten auch die Reaktionen auf die Finanz- und Eurokrise. Erneut, wie schon im Vorfeld der Euro-Einführung, wurden hierbei auch die auseinanderstrebenden Interessen im Gewerkschaftslager deutlich. Während die Dienstleistungsgewerkschaft ver.di makroökonomische Stimuli zur Krisenbekämpfung verlangte, setzten die Exportgewerkschaften IG Metall und IG BCE auf industriegerichtete Maßnahmen wie die Abwrackprämie – diese Forderung sollte während der Pandemiekrise noch einmal kurz aufleben – und auf das in der Finanzkrise vor allem (aber nicht nur) vom verarbeitenden Gewerbe genutzte Kurzarbeitergeld (Dribbusch/Birke 2012: 15). Den Kräfteverhältnissen entsprechend setzte sich der industriepolitische Ansatz durch (siehe hierzu auch Urban 2010a: 448 f., Urban 2012a: 25).

Auf europäischer Ebene gelang es dem Norden der Eurozone mit Deutschland im Kern, die Anpassungslasten höchst einseitig auf den Süden abzuwälzen. Aus gewerkschaftlicher Perspektive stechen hierbei die von der Troika oktroyierte Dezentralisierung der südeuropäischen Tarifsysteme (Müller/Schulten 2013, Afonso/Bulfone 2021) und die Knebelung der Finanzpolitik durch den Fiskalpakt hervor. Die Maßnahmen der Krisenpolitik wirkten auf die binnenorientierten Ökonomien des Südens verheerend, kamen den Exportsektoren im Norden aber, wie Urban (2012b: 231-233) zu Recht festhält, entgegen. Gewiss, nichts davon haben sich die deutschen Gewerkschaften ausgedacht, und nominell war man dagegen. Aber man hat auch kaum sein beachtliches politisches Gewicht in die Waagschale geworfen, um das alles zu verhindern.

Im Ergebnis stellt sich die gewerkschaftliche Europapolitik als merkwürdig inkohärentes Politikpaket dar. Die Mitwirkung am Zustandekommen von Ergebnissen, die mit einem Exportnationalismus unter Hinnahme hoher externer und interner Kosten zumindest kompatibel sind, wird in einen auf rhetorischer Ebene nahezu bedingungslos affirmativen Integrationismus verpackt, bis hin zur steten Behauptung eines „Sozialen Europa", wo keines ist. Das alles will nicht gut zusammenpassen.

Wer die gewerkschaftliche Europarhetorik hinterfragt und mit den tatsächlich hervorgebrachten Ergebnissen abgleicht, begibt sich auf vermintes Gelände. Kaum ein anderes Thema, mit Ausnahme der Einwanderungspolitik und der Auseinandersetzungen um die organisationale Tarifzuständigkeit in umkämpften Unternehmen und neuen Sektoren vielleicht, erweist sich als innergewerkschaftlich derart tabuisiert. Hieran freilich ist niemand so unschuldig wie Urban, der seit Jahren für „Schüsse vor den Bug einer allzu naiven Europafreundlichkeit" (Urban 2009b: 19) und ihre Ersetzung durch einen „reflektierten Europarealismus" (ebd.: 11) plädiert.

8 Fazit

Als Mitglied der Eurozone entwickelte sich Deutschland zum Extremfall eines exportorientierten Wachstumsmodells, mit allen Licht- und Schattenseiten. In allen Jahren seit 2006 erwirtschaftete Deutschland einen Leistungsbilanzüberschuss von mehr als fünf Prozent des BIP, zeitweise sogar von mehr als acht Prozent. Das ist ein historisch einzigartiger Vorgang. Er trug zur erfreulichen Stabilisierung der Beschäftigung in den deutschen Sektoren zur Herstellung handelbarer Güter bei. Die Kehrseite besteht in allem, was dem Exportsektor in Form von geringem Kostendruck und niedrigen, vom Binnensektor ausgehenden Preisauftrieben den Rücken freihielt: prekarisierte Peripherien und Dienstleistungssektoren, Regional- und Wohnungsbaupolitiken, die den Anforderungen nicht gerecht werden, veraltete Infrastruktur, eine lange Zeit gehemmte Baukonjunktur, ein im internationalen Vergleich unterentwickelter öffentlicher Sektor.

Beides, die Licht- und die Schattenseiten, sind Ergebnisse ein und derselben makroökonomischen und sektoralen Prioritätensetzung. Die außergewöhnlich einseitige Ausrichtung der Parameter auf die Erzielung von Nettoexporten, nicht der Finanzmarktkapitalismus, kennzeichnet Deutschlands Spielart postfordistischer Akkumulation. Ein entscheidender Pfeiler eines zeitgemäßen progressiven Programms bestünde daher im Bruch mit der extremen deutschen Exportorientierung und ihrer Entradikalisierung und Normalisierung in Richtung einer Produktionsweise, die den Bedürfnissen der Binnensektoren stärker Rechnung trägt und die außenwirtschaftlich (und damit auch stets: außenpolitisch) weniger Schäden anrichtet.

Urbans Vision einer Mosaik-Linken setzt keine perfekte Interessenkonvergenz seiner Bestandteile voraus, zumindest aber doch eine Mindestkompatibilität der Zielsetzungen. Rückt man statt der Finanzialisierung die Exportfixierung der deutschen Kapitalismusvariante in das Zentrum der Analyse, mischt sich Skepsis in die Hoffnung auf die Erreichbarkeit der erforderlichen Mindestkompatibilität – namentlich im Hinblick auf die IG Metall. Deren Interessenlage lässt sich nicht beliebig umprogrammieren. Die Loyalität der IG Metall mit den Projekten einer Mosaik-Linken müsste unweigerlich an Grenzen stoßen, sobald die Interessen der Beschäftigten der Exportsektoren fundamental tangiert würden.

Für wertvolle Hinweise und Diskussion danke ich meinem Kollegen Mischa Stratenwerth.

Literatur

Baccaro, Lucio/Benassi, Chiara (2017): Throwing Out the Ballast. Growth Models and the Liberalization of German Industrial Relations, in: Socio-Economic Review 15, 1, S. 85-115.

Baccaro, Lucio/Pontusson, Jonas (2016): Rethinking Comparative Political Economy: The Growth Models Perspective, in: Politics & Society 44, 2, S. 175-207.

Bieler, Andreas (2003): Labour, Neo-Liberalism and the Conflict over Economic and Monetary Union: A Comparative Analysis of British and German Trade Unions, in: German Politics 12, 2, S. 24-44.

Bulfone, Fabio/Afonso, Alexandre (2021): Business Against Markets: Employer Resistance to Collective Bargaining Liberalization During the Eurozone Crisis, in: Comparative Political Studies (im Erscheinen).

Dribbusch, Heiner/Birke, Peter (2012): Die Gewerkschaften in der Bundesrepublik Deutschland. Organisation, Rahmenbedingungen, Herausforderungen. FES-Studie. Berlin.

Duckenfield, Mark E. (2006): Business and the Euro. Business Groups and the Politics of EMU in Germany and the United Kingdom. Houndmills.

Hassel, Anke (2014): The Paradox of Liberalization. Understanding Dualism and the Recovery of the German Political Economy, in: British Journal of Industrial Relations 52, 1, S. 57-81.

Höpner, Martin (2019): The German Undervaluation Regime under Bretton Woods: How Germany Became the Nightmare of the World Economy. MPIfG Discussion Paper 19/1. Köln: Max-Planck-Institut für Gesellschaftsforschung.

Höpner, Martin/Lutter, Mark (2018): One Currency and Many Modes of Wage Formation. Why the Eurozone is too Heterogeneous for the Euro, in: European Political Science Review 10, 1, S. 71-96.

Höpner, Martin/Seeliger, Martin (2021): Neither Existing nor Emerging: Euro Stabilization by Means of European Wage Coordination, in: Journal of Economic Policy Reform (im Erscheinen).

Josselin, Daphne (2001): Trade Unions for EMU: Sectoral Preferences and Political Opportunities, in: West European Politics 24, 1, S. 55-74.

Nölke, Andreas (2021): Exportismus. Die deutsche Droge. Eine Entzugsstrategie für gesundes Wachstum. Frankfurt a.M.

Rathgeb, Philip/Tassinari, Arianna (2021): How the Eurozone Disempowers Trade Unions: The Political Economy of Competitive Internal Devaluation, in: Socio-Economic Review (im Erscheinen).

Schulten, Thorsten/Müller, Torsten (2013): Ein neuer europäischer Interventionismus? Die Auswirkungen des neuen Systems der europäischen Economic Governance auf Löhne und Tarifpolitik, in: Wirtschaft und Gesellschaft 39, 3, S. 291-321.

Tober, Tobias (2020): The Political and Social Economy of the Eurozone. Dissertationsschrift. Thèse de doctorat no. SdS 140. Genf: Universität Genf. https://archive-ouverte.unige.ch/unige:133926.

Urban, Hans-Jürgen (1998): Währungsunion und politische Wohlfahrtsproduktion. Anmerkungen zu den Auswirkungen des Euro auf die sozialen Sicherungssysteme aus gewerkschaftlicher Sicht, in: Sozialer Fortschritt 47, 11, S. 265-272.

– (2008): Die postneoliberale Agenda und die Revitalisierung der Gewerkschaften, in: Christoph Butterwegge/Bettina Lösch/Ralf Ptak (Hg.), Neoliberalismus. Analysen und Alternativen. Wiesbaden, S. 355-373.

– (2009a): Die Mosaik-Linke. Vom Aufbruch der Gewerkschaften zur Erneuerung der Bewegung, in: Blätter für deutsche und internationale Politik 54, 5, S. 71-78.

– (2009b): Zeit für eine politische Neuorientierung: Die Gewerkschaften und die Hoffnung auf ein soziales Europa, in: Internationale Politik und Gesellschaft 17, 4, S. 11-25.

– (2010a): Wohlfahrtsstaat und Gewerkschaftsmacht im Finanzmarkt-Kapitalismus: Der Fall Deutschland, in: WSI-Mitteilungen 63, 9, S. 443-450.

– (2010b): Lob der Kapitalismuskritik. Warum der Kapitalismus eine starke Mosaik-Linke braucht, in: Luxemburg 2, 1, S. 18-29.

– (2012a): Gewerkschaften und Kapitalismuskritik, in: Z – Zeitschrift für marxistische Erneuerung 23, 4, S. 19-30.

– (2012b): Crisis Corporatism and Trade Union Revitalisation in Europe, in: Steffen Lehndorff (Hrsg.), A Triumph of Failed Ideas: European Models of Capitalism in the Crisis. Brüssel: European Trade Union Institute (ETUI), S. 219-241.

– (2018): Ausbruch aus dem Gehäuse der Economic Governance. Überlegungen zu einer Soziologie der Wirtschaftsdemokratie in transformativer Absicht, in: Berliner Journal für Soziologie 28, 1-2, S. 91-122.

– (2019a): Vorlauf zu einem HKWM-Artikel „Mosaik-Linke", in: Das Argument 61, 1, 19-31.

– (2019b): In der Bewährungsprobe. Replik auf die Kritik der Mosaik-Linken, in: Das Argument 61, 2, S. 169-182.

Hans-Jürgen Bieling

Europäische Integration im Zeichen des amerikanisch-chinesischen Hegemoniekonflikts

1 Einleitung

Als Albert Camus in den 1940er Jahren schrieb, „Wir müssen uns Sisyphos als einen glücklichen Menschen vorstellen" (Camus 2004: 160), ging es ihm um die Frage der Selbstverwirklichung unter Bedingungen absurder gesellschaftlicher Verhältnisse. Vielleicht ist es hilfreich und entlastend, diese Empfehlung auf die kritische EU-Forschung und die Vertreter einer progressiv-kritischen Europapolitik zu übertragen. Diese haben zwar kein individuell-selbstbezogenes, sondern soziales Anliegen, aber ansonsten kämpfen auch sie bereits über Jahrzehnte dafür, die Absurdität der europäischen Realitäten durch progressive Reformimpulse verändern zu wollen, ohne dass sich bislang größere Erfolge eingestellt hätten. Immer wieder wurden die so zahlreichen Krisen als Weggabelungen mit der Option einer progressiven Neuorientierung der EU-Politik diskutiert, doch letztlich dominierte stets die Pfadabhängigkeit der europäischen Integration.

Besonders ernüchternd war zuletzt der Verlauf der Finanz- und Eurokrise. Wer anfangs noch die Hoffnung gehegt hatte, dass sich angestoßen durch die umfassende staatliche Intervention in das Kreditsystem eine Abkehr von der marktliberalen Wettbewerbsorientierung und den austeritätspolitischen Vorgaben der Wirtschafts- und Währungsunion (WWU) vollziehen würde, musste sich nach der strategisch-diskursiven Umwandlung der „Finanzkrise" in eine „Staatsschuldenkrise" eines Besseren belehrt sehen. Entsprechend blicken die EU-kritischen Beobachter*innen derzeit eher skeptisch auf das europäische Management der Corona-Pandemie. Hans-Jürgen Urban (2020: 2ff) argumentiert in einem Überblickstext, dass durchaus einige, aus der Not geborene Reformansätze – so vor allem die zusätzlichen Instrumente einer kreditfinanzierten Stabilisierung der europäischen Ökonomie: SURE, ESM, der Wiederaufbaufonds „Next Generation EU", der Mehrjährige Finanzrahmen (2021-27) – gestartet wurden, bislang aber nicht erkennbar ist, dass sich diese in die Perspektive einer sozial-ökologischen Reformagenda einfügen. Offenbar stehen einer solchen Reorientierung der exekutivlastige Charakter des Krisenmanagements, die laufenden politischen Debatten und auch die absehbaren verteilungspolitischen Konflikte entgegen.

Dieser Einschätzung ist nicht grundsätzlich zu widersprechen. Dennoch stellt sich die Frage, ob die Spielräume für einen integrationspolitischen Pfadwechsel nicht doch etwas größer – und zugleich weniger klar kalkulierbar – als angenommen sind; nämlich dann, wenn auch der Umbruch in der globalen Machtkonstellation in die Betrachtung mit einbezogen wird. Dann könnte es durchaus sein – in der Debatte über die Corona-Pandemie und kritische Produkte und Infrastrukturen ist dies angeklungen –, dass plötzlich Dynamiken und Erwägungen relevant werden, die in den europapolitischen Auseinandersetzungen ansonsten im Hintergrund stehen.

2 Die europäische Integration in der globalen politischen Ökonomie

Die akademischen und öffentlichen Diskurse über den Fortgang der europäischen Integration nehmen zumeist eine Binnenperspektive ein. Dies ist insofern naheliegend, als die strategische Orientierung der EU vor allem durch interne Krisenprozesse und hierauf bezogene gesellschaftspolitische Auseinandersetzungen bestimmt ist. Der analytische Vorrang der innereuropäischen Kräfteverhältnisse ist somit wohl begründet. Er rechtfertigt es jedoch nicht, die Außenbeziehungen der EU und die globale politische Ökonomie aus der Betrachtung gänzlich herauszunehmen. So stellte der Prozess der europäischen Integration von Beginn an den Versuch dar, den Widerspruch zwischen der „Internationalisierung der Kapitalverwertung (...) und der Enge nationaler Märkte und der Schranken des Nationalstaats" (Statz 1989: 16) zu bearbeiten, indem ein größerer Wirtschaftsraum und partiell vergemeinschaftete politische Kompetenzen geschaffen wurden. Dieser Prozess, d.h. die Initiativen der europapolitischen Akteure, und auch die Operationsweise des europäischen Wirtschaftsraumes wurden dabei durch die globale, insbesondere durch die transatlantische Handlungskonstellation gleichsam „überdeterminiert", d.h. wesentlich strukturiert und in ihrer Varianz kanalisiert.

In den Nachkriegsjahrzehnten entsprach die europäische Integration dem internationalen Ordnungsgefüge des „eingebetteten Liberalismus" (Ruggie 1982). Dieses Ordnungsgefüge stützte sich maßgeblich auf das Bretton Woods System, das unter US-amerikanischer Führung ausgehandelt worden war. Das System fester, im Fall größerer Ungleichgewichte aber auch anpassungsfähiger Wechselkurse mit einer Goldbindung des US-Dollars wurde durch die Kredite internationaler Finanzinstitutionen – IWF und Weltbank – und durch das Instrument der Kapitalverkehrskontrollen stabilisiert. Die durch das General Agreement on Tariffs and Trade (GATT) geförderte Liberalisierung der Gütermärkte war doppelt eingehegt: auf der internationalen Ebene durch die Spielregeln der währungs- und wirtschaftspolitischen Kooperation und auf der nationalen Ebene durch eine relativ umfassende wirtschafts-, sozial- und arbeitspolitische Regulation. Der Prozess der europäischen Integration fügte sich in den Nachkriegsjahrzehnten sehr gut in das Ordnungsgefüge des „eingebetteten Liberalismus" ein (Bieling 2010: 58 ff.). Nachdem die USA von Beginn an mit dem Marshallplan und der Europäischen Zahlungsunion (EZU) die rasche Erholung und Integration Westeuropas unterstützt hatten, konzentrierte sich das Kernprojekt der Nachkriegsjahrzehnte, die Europäische Wirtschaftsgemeinschaft (EWG), sehr stark auf die Realisierung der Zollunion. Für wichtige Sektoren wie den Kohle- und Stahlsektor, die Atomenergie und die Landwirtschaft galten spezifische Bestimmungen. Nichttarifäre Handelshemmnisse, Dienstleistungen und der Kapitalverkehr wurden kaum von der Liberalisierung erfasst.

In den 1980er Jahren erfolgte dann ein doppelter Umbruch. Auf der globalen Ebene brach bereits zu Beginn der 1970er Jahre das Bretton Woods System zusammen. Es dauerte jedoch einige Zeit, bis sich in der Folge eines US-amerikanischen Strategieschwenks, d.h. des Übergangs zu einer Hochzins-Hochdollar-Politik und einer Deregulierung der Finanzmärkte, das sogenannte Dollar-Wallstreet-Regime (DWSR) herausgebildet hatte (Gowan 1999). Gestützt auf den dynamischen US-Markt und flankiert durch Förderung des High-Tech-Sektors forcierte das DWSR die Globalisierung und veranlasste andere Länder dazu, auf Strategien der weltmarktorientierten Modernisierung umzuschwenken. In Westeuropa erfasste dieser Prozess die EG-Mitgliedstaaten, dann schon bald die Gemeinschaft insgesamt. Mit Verweis auf die Triade-Konkurrenz – damals mit den USA und Japan – drängten vor allem die Europäische Kommission unter Jaques Delors und der European Round Table of Industrialists (ERT) auf eine Vertiefung der Markt- und Währungsintegration (Sandholtz/Zysman 1989). Der integrierte und zugleich mehrfach erweiterte europäische Wirtschaftsraum sollte es den Transnationalen Konzernen nicht nur ermöglichen, in wichtigen Zukunftsfeldern „Economies of Scale" zu realisieren. Er sollte auch auf eine Intensivierung der innereuropäischen Konkurrenz zwischen den Firmen und den nationalen wohlfahrtsstaatlichen Strukturen – vor allem auf dem Gebiet der Tarif-, Sozial- und Steuerpolitik – hinwirken, um die Produktionskosten zu reduzieren.

Im Laufe der letzten Jahre ging es in der europäischen Politik vornehmlich darum, diese Logik der Kostensenkung durch grenzüberschreitende Konkurrenz zu intensivieren: etwa durch die Finanzmarktintegration, die Liberalisierung des Dienstleistungssektors, die Lissabon-Strategie und die Offene Methode der Koordinierung, den Vorrang des Wettbewerbsrechts in der Rechtsprechung des EuGH oder die austeritätspolitische Disziplinierung der nationalen Regierungen. Zwar gab es auch immer wieder gewisse Konzessionen und flankierende – arbeits-, sozial-, regional-, umwelt- und fiskalpolitische – Maßnahmen (Aktionsprogramme und Richtlinien), um den Wettbewerbsdruck zu moderieren oder abzufedern, doch letztlich waren die hierfür zur Verfügung stehenden Kompetenzen und bereitgestellten Ressourcen recht bescheiden. Ihre Verwendung blieb zumeist neoliberalen Modernisierungsvorstellungen verhaftet, jedenfalls deutlich unterhalb der Schwelle, an der von einer effektiven sozial-ökologischen Transformation hätte geredet werden können.

Wenn sich in den letzten Jahren die Zeichen mehren, dass sich dies ändern könnte, so ist dies mehreren Faktoren geschuldet: erstens sicherlich den – zum Teil ganz unterschiedlich motivierten – öffentlichen Protesten in den europäischen Gesellschaften und den damit verbundenen zentrifugalen Tendenzen, denen die Europäische Kommission und auch der Europäische Rat durch größere Konzessionen zu begegnen versuchen (Kubera/Morozowski 2020); zweitens – wie eingangs bereits angesprochen – den wirtschaftlichen Effekten des Lockdowns und der Corona-Pandemie, die zur Abwehr einer erneut aufbrechenden Eurokrise größere gemeinschaftliche Anstrengungen erforderlich machen (Bergsen et al. 2020); und drittens dem Umbruch in der globalen politischen Ökonomie, insbesondere dem Bedeutungsgewinn Chinas (Schmalz 2018), der die Aufmerksamkeit auf die industriepolitische Förderung des High-Tech-Sektors und den Schutz kritischer Infrastrukturen lenkt und prospektiv auch klimapolitische Fragen auf neue Weise thematisiert.

3 Der amerikanisch-chinesische Hegemoniekonflikt

Der letztgenannte Aspekt weist darauf hin, dass die tradierten Modi der globalen Kooperation unter Spannung geraten sind, vielfach leerlaufen und durch neue – häufig bilaterale oder chinesisch geprägte – Übereinkünfte ersetzt werden. Besonders deutlich machen dies die internationalen Handelsbeziehungen, deren Gestaltung zunehmend weniger im Rahmen der WTO und vermehrt durch bilaterale Handels- und Investitionsabkommen erfolgt. Komplementär hierzu haben im Bereich der internationalen Finanzbeziehungen die etablierten Institutionen des IWF und der Weltbank in dem Maße an Bedeutung eingebüßt, wie durch einzelne Regierungen, Zentralbanken und regionale Entwicklungsbanken – nicht selten unter chinesischer Führung – alternative Kreditlinien und währungspolitische Beistandsabkommen ausgehandelt werden. Mit der Genese neuartiger Foren und Modalitäten der internationalen Wirtschaftskooperation wandelt sich auch der Prozess der Globalisierung. Im Anschluss an die Weltfinanzkrise ist er augenscheinlich ins Stocken geraten; vor allem aber ist er politisch stärker umkämpft und entzieht sich vielfach neoliberalen Gestaltungsprinzipien.

Die Gründe für diesen Wandel sind vielschichtig. Eine wichtige Ursache ist jedoch der politökonomische Bedeutungsgewinn Chinas. Die außergewöhnliche Entwicklung, umfassende Modernisierung und selektive Integration der chinesischen Ökonomie in den Weltmarkt hat entgegen der – zuweilen recht naiven – westlichen Erwartungen nicht zu einer politischen Liberalisierung von Staat und Gesellschaft geführt, sondern zur Herausbildung eines dynamischen entwicklungsstaatlichen Kapitalismusmodells, das ungeachtet seiner autoritären Organisationsformen auf andere Gesellschaften ausstrahlt. Dieser Ausstrahlungseffekt sollte nicht überschätzt werden. Er ist jedoch materiell fundiert und stützt sich auf eine ganze Reihe strategischer Initiativen (Simon 2018: 154 ff.): so etwa auf den Abschluss von Handels- und Investitionsabkommen wie ASEAN + 3 oder zuletzt der Regional Comprehensive Economic Partnership (RCEP); auf die Kooperation im Rahmen der BRICS, auf die Institutionalisierung spezifischer Entwicklungsbanken wie der New Development Bank oder der Asiatischen Infrastrukturinvestitionsbank (AIIB); auf die Belt and Road Initiative (BRI), also auf den Ausbau und die Modernisierung der globalisierungsrelevanten Infrastruktur – Straßen, Bahnlinien, Seewegen und Häfen –, um die eigenen Exporte und die externe Energieversorgung abzusichern; und auf den Strategieplan „Made in China 2025", mit dem in zehn Schlüsselsektoren, die meisten im High-Tech-Bereich – also Raumfahrt, Elektroautos, Halbleiter, Künstliche Intelligenz –, die weltmarktführende Rolle chinesischer Firmen auf- und ausgebaut werden soll.

Schon in den zurückliegenden Jahren hat die chinesische Ökonomie, gestützt auf ähnliche entwicklungsstaatliche Projekte und Praktiken, technologisch enorm aufgeholt. Gerade im Handel und im IuK-Sektor sind zahlreiche, global operierende Unternehmen entstanden – u.a. Huawei, Tencent, ZTE, Baidu, Alibaba etc. –, die insbesondere von Seiten der USA als Gefahr, zumindest als Herausforderung der eigenen Führungsrolle im Hochtechnologie-Sektor betrachtet werden. Schon die Obama-Administration hat entsprechend versucht, den mutmaßlichen Expansionsdrang Chinas zu

Europäische Integration

begrenzen: geopolitisch durch die sogenannte Pivot-to-Asia Initiative und handelspolitisch durch die Trans-Pacific Partnership (TPP), d.h. den Abschluss von Handels- und Investitionsabkommen mit anderen wichtigen Ländern in der Region. Der Erfolg der Obama-Politik war eher bescheiden, bevor unter Trump gemäß dem „America First"-Motto ein Strategiewechsel vollzogen wurde, der China handelspolitisch, d.h. durch die Androhung und Umsetzung protektionistischer Maßnahmen, unter Druck zu setzen bestrebt war. Ergänzt wurde der „Handelskrieg" durch zahlreiche Begleitmaßnahmen, unter anderem durch den 2018 verabschiedeten Export Control Reform Act, der die Aneignung technologischen Wissens durch die chinesische Konkurrenz unterbinden soll – eine Besorgnis, die auch für die internationale Politik der Biden-Administration bestimmend bleiben wird (Biden 2020).

Der Europäischen Union fällt es augenscheinlich schwer, sich in der skizzierten hegemonialen Konfliktkonstellation zu verorten (Bieling 2019). Lange zeigte sie sich bemüht, die von ihr seit den 1990er Jahren verfolgte Strategie einer regelbasierten, aber grundsätzlich marktliberalen Globalisierungspolitik unter erschwerten Bedingungen fortzusetzen und die Wirtschaftsbeziehungen mit beiden Großmächten durch den Abschluss entsprechender Abkommen – die Transatlantic Trade and Investment Partnership (TTIP) mit den USA und eine strategische Partnerschaft mit China – zu intensivieren. Nachfolgend mehrten sich dann jedoch die Zweifel, ob diese Orientierung noch zeitgemäß ist. Unter dem Eindruck des schwer kalkulierbaren Wirtschaftsnationalismus der Trump-Administration und eines verstärkt selbstbewusst, bisweilen ebenfalls nationalistisch auftretenden Chinas unter Xi Jinping haben sich die EU-Debatten verändert. Symptomatisch für diesen Wandel sind – im Verhältnis zu den USA – das vor allem von Frankreich propagierte Konzept der „strategischen Autonomie" (Lippert et al. 2019) und eine Neubewertung Chinas, das seitens der EU nun weniger als „strategischer Partner" denn als „Systemrivale" betrachtet wird (Europäische Kommission 2019: 1). Offenbar wird in der EU vermehrt reflektiert, dass den Tendenzen einer Versicherheitlichung der internationalen Wirtschaftsbeziehungen mit den Instrumenten einer „nomative power" (Manners 2002) nur unzureichend begegnet werden kann, zumal sich die Versicherheitlichung – im Verhältnis zu den USA und China – unter den Bedingungen einer asymmetrisch strukturierten ökonomisch-technologischen Interdependenz vollzieht. Das heißt, die USA und zunehmend auch China überwachen und kontrollieren nicht einfach nur den Zugang und die Nutzung der internationalen, (informations-)technologisch gesteuerten Infrastruktur, etwa den internationalen Zahlungsverkehr oder die Internet-Kommunikation. Sie haben auch die Möglichkeit – im Sinne einer „weaponized interdependence" (Farrell/Newman 2019) –, diese Kontrolle zu nutzen, um die EU wirtschafts- und sicherheitspolitisch unter Druck zu setzen.

4 Das europäische Feld strategischer Erwägungen und Diskurse

Einige der jüngeren Strategiepapiere und Aktivitäten der EU lassen sich nun als der Versuch interpretieren, sich der skizzierten Umklammerung und externen Abhängigkeit zu entziehen. Dies gilt nicht zuletzt auch für die Wiederentdeckung und deutliche Aufwertung der „Industriepolitik", d.h. der selektiven politischen Förderung einzelner Branchen oder Unternehmen durch steuerliche Begünstigungen, Subventionen, Forschungsinstitute, eine modernisierte Infrastruktur etc. (zu den unterschiedlichen Formen der Industriepolitik vgl. Rehfeld/Dankbaar 2015). Industriepolitische Programme hatten als nationalstaatliche Steuerungsinstrumente im Europa der Nachkriegsjahrzehnte eine große Bedeutung. Sie waren im Zuge der EG-Binnenmarktintegration und dem Primat der Wettbewerbspolitik, also des Bestrebens, ein sogenanntes „Level-Playing Field" für alle Marktakteure bereitzustellen, dann aber zurückgedrängt worden. Das erneute Umdenken in der EU ist auf die erfolgreichen technologischen Innovationen und Entwicklungssprünge in wichtigen Zukunftsindustrien in den USA und China zurückzuführen. Diese waren und sind in hohem Maße industriepolitisch generiert worden (Mazzucato 2014; Staab/Piétron 2020). So lassen sich die jüngeren industriepolitischen Vorstöße wie z.B. das Altmaier-Le Maire-Papier, diverse Programme auf der europäischen Ebene (Europäische Kommission 2014; 2017; 2020) und auch die Stärkung nationaler und europäischer Entwicklungsbanken (Mertens/Thiemann 2018) als Versuch interpretieren, die positiven Erfahrungen in anderen Ländern auch für die EU nutzbar zu machen.

Wie dargelegt ist der industriepolitische Impuls, der von der neuen Triade-Konkurrenz mit den USA und China ausgeht, nicht zu unterschätzen. Letztlich wäre es jedoch verkürzt, die Renaissance der europäischen Industriepolitik allein hierauf zurückzuführen. So war bereits das Selbstverständnis der Juncker-Kommission dadurch geprägt gewesen, die Folgen der Finanz- und Eurokrise, insbesondere die desintegrativen Effekte der sozioökonomischen Entwicklung und die dadurch geförderten zentrifugalen Tendenzen, zu bearbeiten (Juncker 2014). Neben einer gewissen Abschwächung der austeritätspolitischen Vorgaben sollten im Sinne einer investitions- und industriepolitischen Offensive auch zusätzliche Ressourcen und Instrumente bereitgestellt werden, um der ungleichen Entwicklung und den Tendenzen der Deindustrialisierung entgegenzuwirken. Darüber hinaus sah die Kommission in der industriepolitischen Generierung technologischer Innovationen die Chance, ökologische Ziele, etwa die Reduktion der Treibhausgase in den Bereichen Verkehr, Energieversorgung und Landwirtschaft, besser erreichen zu können. Die von der Leyen-Kommission ist bestrebt, unter dem Schlagwort des „European Green Deal" die ökologischen Nachhaltigkeitsziele – so z.B. durch den Zuschnitt des Wiederaufbaufonds, die Verwendung der Strukturfonds und die industriepolitischen Programme – nochmals stärker zu gewichten (von der Leyen 2019).

Ob und in welchem Maße die skizzierten Ziele der Industriepolitik – die gestärkte technologische Unabhängigkeit und Wettbewerbsfähigkeit gegenüber den USA und China, die Korrektur der ungleichen Entwicklung in der EU und der Übergang in eine ökologisch nachhaltige Ökonomie – realisiert werden können, ist angesichts der bisher eingeleiteten Umsetzungsschritte kritisch bis negativ zu sehen. Noch bewegen sich die industriepolitischen Diskurse im Schatten einer markt- oder sogar neoliberal strukturierten Integrationsweise. Selbst wenn sie stärker als bislang geschehen aus diesem Schatten heraustreten, bleiben viele Fragen offen: Welche der politischen Kräfte oder – sicherheits-, industrie- und ökologiepolitischen – Allianzen, die sich hinter den verschiedenen industriepolitischen Zielsetzungen versammeln, werden sich in welchem Maße und in welcher Form durchsetzen? Wie positionieren sich die europäischen Gewerkschaften in diesem Prozess? Inwiefern gelingt es ihnen, sich auf dem Wege der öffentlichen Mobilisierung und bei der Implementierung industriepolitischer Programme in eine veränderte, auch stärker partizipative Operationsweise der Europäischen Union einzuschreiben?

All diese Fragen wie auch die vorherigen Ausführungen zielen darauf, die Chancen eines möglichen europapolitischen Pfadwechsels an der Schnittstelle zwischen der europäischen und globalen Handlungskonstellation zu diskutieren. Die globalen Entwicklungen bergen zahlreiche Gefahren – bis hin zu einer militärisch-gewaltsamen Zuspitzung des amerikanisch-chinesischen Hegemoniekonflikts – in sich, ebenso aber auch das Potenzial, die Debatten über die Erfordernisse einer sozial-ökologischen Transformation zu intensivieren. Soll dieses Potenzial genutzt werden, ist nicht nur die Formierung einer europäischen „Mosaiklinken" (Urban 2009), also eine verstetigte politische Mobilisierung transnational orientierter progressiver sozialer Kräfte erforderlich. Ebenso bedarf es einer externen Absicherung des europäischen Pfadwechsels, d.h. einer Sichtweise auf die Außenbeziehungen der EU, die die proklamierte „strategische Autonomie" im Verhältnis zu den USA und China unter sozialen und ökologischen Gesichtspunkten definiert und in der Praxis ernst nimmt.

Literatur

Bergsen, Pepijn/Billon-Galland, Alice/Kundnani, Hans/Ntousas, Vassilis/Raines, Thomas (2020): Europe After Coronavirus: The EU and a New Political Economy, Research Paper, London: Chatham House. https://www.chathamhouse.org/sites/default/files/2020-06-08-europe-after-coronavirus-bergsen-et-al_0.pdf

Biden, Joseph R. Jr. (2020): Why America Must Lead Again: Rescuing U.S. Foreign Policy after Trump, in: Foreign Affairs 99(2), S. 64-76.

Bieling, Hans-Jürgen (2010): Die Globalisierungs- und Weltordnungspolitik der Europäischen Union, Wiesbaden.

– (2019): Globalisierungskonflikte. Die strategische Positionierung und Rolle der EU in der neuen Triade-Konkurrenz, in: Prokla 49 (1), S. 59-78.

Camus, Albert (2004): Der Mythos des Sisyphos, Reinbek.

Europäische Kommission (2014): Für ein Wiedererstarken der europäischen Industrie, Brüssel, den 22.1.2014 COM(2014) 14 final.

– (2017): Investitionen in eine intelligente, innovative und nachhaltige Industrie. Eine neue Strategie für die Industriepolitik der EU, Brüssel, den 13.9.2017 COM(2017) 479 final.

– (2019): EU-China – Strategische Perspektiven, Straßburg, den 12.3.2019 JOIN(2019) 5 final.

– (2020): Eine neue Industriestrategie für Europa, Brüssel, den 10.3.2020 COM(2020) 102 final.

Farrell, Henry/Newman, Abraham L. (2019): Weaponized interdependence: How global economic networks shape state coercion, in: International Security 44(1), S. 42-79.

Gowan, Peter (1999): The Global Gamble. Washington's Faustian Bid for World Dominance. London.

Juncker, Jean-Claude (2014): Ein neuer Start für Europa: Meine Agenda für Jobs, Wachstum, Fairness und demokratischen Wandel, 15. Juli; https://ec.europa.eu/commission/sites/beta-political/files/juncker-political-guidelines-speech_de_1.pdf

Kubera, Jacek/Morozowski, Tomasz (2020): The social turn and the potential to reconstruct the social dimension of the European Union, in: Kubera, Jacek/Morozowski, Tomasz (Hrsg.): A 'Social Turn' in the European Union? New trends and ideas about social convergence in Europe, London, S. 3-29.

Lippert, Barbara/Ondarza, Nicolai von/Perthes, Volker (2019): Strategische Autonomie Europas: Akteure, Handlungsfelder, Zielkonflikte, SWP-Studie, 2/2019, Berlin.

Manners, Ian (2002): Normative power Europe: a contradiction in terms?, in: Journal of common market studies 40(2), S. 235-258.

Mazzucato, Mariana (2014): Das Kapital des Staates. Eine andere Geschichte von Innovation und Wachstum, München.

Mertens, Daniel/Thiemann, Matthias (2018): Market-based but state-led: The role of public development banks in shaping market-based finance in the European Union, in: Competition & Change 22(2), S. 184-204.

Rehfeld, Dieter/Dankbaar, Ben (2015): Industriepolitik. Theoretische Grundlagen, Varianten und Herausforderungen, in: WSI-Mitteilungen 68(7), S. 491-499.

Ruggie, John Gerard (1982): International Regimes, Transactions and Change: Embedded Liberalism and the Postwar Economic Order, in: International Organization 36(2), S. 379-416.

Sandholtz, Wayne/Zysman, John (1989): 1992: Recasting the European Bargain, in: World Politics 17(1), S. 95-128.

Schmalz, Stefan 2018: Machtverschiebungen im Weltsystem: der Aufstieg Chinas und die große Krise, Frankfurt a.M.

Simon, Jenny (2018): Die Rolle Chinas in den aktuellen Auseinandersetzungen um den Operationsmodus der Globalisierung. In: Zeitschrift für Internationale Beziehungen 25(2): S. 144-163.

Staab, Philip/Piétron, Dominik (2020): Industriepolitik im Zeitalter künstlicher Intelligenz. Zur Renaissance interventionistischer Staatlichkeit, in: Behemoth 13(1), S. 23-34.

Statz, Albert (1989): Die Entwicklung der europäischen Integration – ein Problemaufriss, in: Deppe, Frank/Huffschmid, Jörg/Weiner, Klaus-Peter (Hrsg.): 1992 – Projekt Europa. Politik und Ökonomie in der Europäischen Gemeinschaft, Köln, S. 13-38.

Urban, Hans-Jürgen (2009): Die Mosaik-Linke. Vom Aufbruch der Gewerkschaften zur Erneuerung der Bewegung, in: Blätter für deutsche und internationale Politik 59(6), S. 516-535.

– (2020): Corona und der Blick auf ein anderes Europa. Die EU steht vor einer ungewissen Zukunft, in: AK infobrief EU & International, Nr. 3, S. 2-8.

Von der Leyen, Ursula (2019): Eine Union, die mehr erreichen will. Meine Agenda für Europa, 16. September; https://ec.europa.eu/info/sites/info/files/political-guidelines-next-commission_de.pdf.

Thorsten Schulten

Soziales Europa – geht da doch was?
Der Richtlinienvorschlag über angemessene Mindestlöhne als Chance für eine arbeitspolitische Neuausrichtung in der EU

Soziales Europa – eine Illusion?

Es gehört zu den Grundeinsichten der kritischen Europaforschung, dass die Entwicklung der Europäischen Union bereits seit langem durch eine „strukturelle Asymmetrie" (Scharpf 2010) geprägt wird. Vorherrschend ist demnach der Modus einer „negativen" Integrationsweise, bei der nationale Wirtschafts- und Sozialsysteme einem europaweiten Regimewettbewerb ausgesetzt werden. Dabei müssen nationale Regulierungen immer dann, wenn sie vermeintlich die ökonomischen „Grundfreiheiten" von Kapital und Unternehmen behindern, entsprechend angepasst oder vollständig abgebaut werden. Dies gilt nicht zuletzt auch für arbeits- und sozialpolitische Regelungen, die – oft sanktioniert durch entsprechende Urteile des Europäischen Gerichtshofes – für nicht europarechtskonform erklärt wurden. Auf diese Weise wurde die europäische Integration zu einer „großen Liberalisierungsmaschine" (Streeck 2015).

Demgegenüber haben es positive Integrationsprojekte, die darauf abzielen, den integrierten Markt durch neue europaweite Regelungen einzudämmen, ungleich schwerer. Sie sind in der Regel nur dann durchsetzbar, wenn es trotz der oft extrem heterogenen Interessen gelingt, einen tragfähigen politischen Kompromiss zwischen 27 EU-Staaten zu formulieren. Die Heterogenität der Interessen resultiert dabei sowohl aus den immer noch sehr unterschiedlichen sozialen und ökonomischen Entwicklungsniveaus als auch aus der grundlegenden Ausrichtung und institutionellen Struktur der verschiedenen nationalen Wirtschafts- und Sozialmodelle. Die komplexen politischen Entscheidungsstrukturen innerhalb der EU erschweren dabei zusätzlich die Kompromissfindung, indem sie zahlreiche Blockademöglichkeiten eröffnen und – insbesondere bei einstimmigen Beschlüssen – den Mitgliedstaaten umfangreiche Vetopositionen einräumen.

Die strukturelle Asymmetrie zwischen negativer und positiver Integration zeigt sich nirgendwo so deutlich, wie in der Auseinandersetzung um das soziale Europa. Die Durchsetzung einer umfassenden Arbeits- und Sozialordnung auf EU-Ebene scheitert demnach bislang nicht nur am Widerstand europäischer Wirtschafts- und Arbeitgeberverbände und konservativ-neoliberaler Regierungen, sondern auch an der Schwierigkeit, angesichts der großen Unterschiede der nationalen Sozialsysteme zu sinnvollen gemeinsamen Regelungen zu kommen. Selbst Mindeststandards gelten in manchen EU-Staaten eher als Bedrohung der eigenen höheren Sozialniveaus, was z.B. die ausgeprägte Skepsis der skandinavischen Länder gegenüber jeglicher Form einer verbindlichen europäischen Arbeits- und Sozialpolitik erklärt.

Sogar die europäischen Gewerkschaften, die programmatisch zu den größten Verfechtern eines sozialen Europas gehören, wehren sich trotz aller Bekenntnisse für eine europaweite Koordinierung der Lohn- und Tarifpolitik gegen jegliche Eingriffe in die nationale Tarifautonomie. Dies führt zu der paradoxen Situation, dass die EU bis heute im Bereich der Lohn- und Tarifpolitik kaum über eigenen Kompetenzen verfügt, obwohl die ökonomische Integration die nationalen Lohnpolitiken unter einen enormen Wettbewerbsdruck gesetzt und damit die Verhandlungsposition der Gewerkschaften deutlich geschwächt hat.

Einige kritische Europaforscher*innen ziehen aus den hier skizzierten Befunden die Schlussfolgerung, dass es sich bei der Idee eines sozialen Europas als europäischem Ordnungsrahmen für einen europaweit integrierten Markt um eine „Illusion" und einen „liebgewonnenen Mythos" handelt, von dem man sich ein für alle Mal verabschieden sollte (Höpner 2018). Statt auf eine Vertiefung der sozialen Integration zu setzen, sollte stattdessen das Hauptaugenmerk auf der Verteidigung der nationalen Arbeits- und Sozialsysteme gegenüber den Imperativen eines liberalen Markteuropas liegen und hierbei bewusst auch Möglichkeiten politischer Desintegration (wie z.B. der Auslösung der Währungsunion) in Kauf genommen werden.

Angesichts der erreichten Niveaus ökonomischer Integration und den damit verbundenen gegenseitigen Abhängigkeiten erscheint eine Strategie, die primär auf die Verteidigung nationaler Arbeits- und Sozialordnungen setzt, jedoch kaum weniger illusionär als die Vorstellung eines harmonisierten europäischen Sozialstaates. Es geht deshalb nicht um mehr oder weniger Europa, sondern darum, arbeits- und sozialpolitische Regelungen auf allen politischen Handlungsebenen gegenüber einem primär auf Markt- und Wettbewerbssteuerung setzenden Neoliberalismus zu stärken. Die Verteidigung nationaler Arbeits- und Sozialsysteme und deren europäische Absicherung durch eine Stärkung sozialer Rechte und eine Neuausrichtung der Wirtschafts- und Sozialpolitik auf europäischer Ebene bilden dabei keine Gegensätze, sondern gehören beide notwendig zu einer zeitgemäßen „Formel für ein soziales Europa" (Seikel 2021).

Neue europäische Arbeitspolitik als neoliberale Krisenstrategie

Nach den arbeits- und sozialpolitisch vergleichsweise ambitionierten 1990er Jahren sind in den folgenden beiden Jahrzehnten soziale Initiativen auf EU-Ebene deutlich in den Hintergrund getreten (Graziano/Hartlapp 2019). Dessen ungeachtet haben jedoch insbesondere arbeitspolitische Themen wie die Regulierung von Beschäftigungsverhältnissen oder die Lohn- und Tarifpolitik im Zuge der Eurokrise Anfang der 2010er Jahre deutlich an Bedeutung gewonnen. Mit der neuen europäischen Economic Governance, die sich auf EU-Ebene als Reaktion auf die Krise herausgebildet und eine Reihe neuer Formen wirtschaftspolitischer Steuerung und Koordinierung hervorgebracht hat, hat sich auch die europäische Arbeitspolitik als ein „neues strategisches Feld" etabliert (Syrovatka 2021).

Die neue strategische Bedeutung der Arbeitspolitik resultiert vor allem aus der Dominanz eines neoliberalen Krisennarrativs, in dessen Mittelpunkt eine mangelnde preisliche Wettbewerbsfähigkeit steht, deren Ursachen zuvorderst in zu hohen Arbeitskosten und überregulierten Arbeitsmärkten gesehen werden. Da innerhalb der Europäischen Währungsunion eine Verbesserung der preislichen Wettbewerbsfähigkeit nicht mehr durch eine Abwertung der nationalen Währung erzielt werden kann, bleibt dem herrschenden Krisennarrativ zufolge nur noch eine Strategie der „internen Abwertung". Was damit konkret gemeint ist, lässt sich z.B. in dem mittlerweile berühmt gewordenen Bericht der Europäischen Kommission über die „Arbeitsmarktentwicklung in Europa 2012" und der dort enthaltenen Liste so genannter „beschäftigungsfreundlicher Reformen" nachlesen. Letztere umfasst zahlreiche arbeits- und sozialpolitische Maßnahmen, darunter den Abbau von Arbeitsschutzrechten, die Flexibilisierung und Prekarisierung von Beschäftigungsverhältnissen, die Dezentralisierung von Tarifverhandlungen und den Abbau der Tarifbindung sowie wörtlich die „overall reduction in the wage setting power of trade unions" (European Commission 2012: 103 f.). Auch wenn die Europäische Kommission im Nachhinein bestritten hat, mit dieser Liste bestimmte Handlungsempfehlungen geben zu wollen, so liest sie sich doch als eine Art Blaupause für all die arbeits- und sozialpolitischen Maßnahmen, die in den 2010er Jahren in vielen europäischen Ländern durchgeführt wurden.

Als ein Kernfeld der neuen europäischen Arbeitspolitik hat sich der Bereich der Lohn- und Tarifpolitik herausgebildet, in dem die Europäische Kommission die Mechanismen der neuen Economic Goverance genutzt hat, um in einem bislang unbekannten Maße Einfluss auf die nationale Entwicklung zu nehmen (Müller u.a. 2016). Am deutlichsten wurde dies in Ländern wie z.B. Griechenland oder Portugal, die im Rahmen des Europäischen Stabilitätsmechanismus Kredite erhielten und dafür im Gegenzug weitreichende politische Auflagen erfüllen mussten, die durch die Troika aus Europäischer Kommission, Europäischer Zentralbank und Internationalem Währungsfonds überwacht wurden. Im Kern zielten die Auflagen allesamt darauf, (Mindest-)Löhne zu kürzen oder einzufrieren und die Tarifvertragssysteme zugunsten unternehmerischer Entscheidungsprärogative zu stärken. Zwar ist es der Europäischen Kommission nicht gelungen, ähnlich interventionistische Eingriffsmöglichkeiten wie bei der Troika auch im Europäischen Semester zu etablieren. In einigen Ländern, wie z.B. Frankreich, war sie jedoch auch über die eher unverbindlichen Empfehlungen des Europäischen Semesters in der Lage, größere Reformvorhaben in den Tarifvertragssystemen zu beeinflussen.

Die Ergebnisse der neuen europäischen Arbeitspolitik haben sich für die EU in jeder Hinsicht als dysfunktional erwiesen. In sozialer Hinsicht haben sie dazu beigetragen, dass es mehr Erwerbsarmut und Prekarität gibt und die soziale Ungleichheit in der EU insgesamt weiter angestiegen ist. In ökonomischer Hinsicht haben sie in vielen Ländern die binnenwirtschaftlichen Wachstumspotentiale weiter geschwächt und die ökonomische Abhängigkeit vom Exportsektor deutlich vergrößert. Schließlich haben sie auch in politischer Hinsicht einen deutlichen Akzeptanz- und Legitimationsverlust der politischen Systeme sowohl auf nationaler als auch auf EU-Ebene befördert, was insbesondere durch die Wahlerfolge rechtspopulistischer Parteien zum Ausdruck kommt.

Vor diesem Hintergrund lässt sich in der EU bereits seit Mitte der 2010er Jahre ein deutlicher Diskurswechsel beobachten, nach dem nun wieder deutlich stärker die Bedeutung funktionierender Arbeits- und Sozialsysteme für die wirtschaftliche Entwicklung und politische Stabilität betont wird. Exemplarisch hierfür steht die Forderung des ehemaligen EU-Kommissionspräsidenten Jean-Claude Juncker, wonach Europa nicht nur ein wirtschaftliches und finanzielles, sondern auch ein „soziales Triple-A" Rating erreichen müsste. Die Aufwertung des Sozialen blieb jedoch, wenn man von der Reform der Europäischen Entsenderichtlinie einmal absieht, im Wesentlichen symbolisch: Den Höhepunkt bildete 2017 die Verabschiedung der „Europäischen Säule sozialer Rechte", die jedoch anders als der Titel suggeriert keine einklagbaren „Rechte", sondern eher unverbindlich politische Prinzipien enthält (Barnard 2020).

Die seit 2019 im Amt befindliche EU-Kommission unter Präsidentin Ursula von der Leyen hat sich hingegen auf den Weg gemacht, um jenseits symbolischer Erklärungen eine Reihe von arbeits- und sozialpolitischen Gesetzesinitiativen zu ergreifen. Hierfür steht u.a. der im März 2021 verabschiedete Aktionsplan zur Umsetzung der Europäischen Säule sozialer Rechte, der eine Reihe konkreter Gesetzesvorhaben enthält. Die weitreichendste und wichtigste arbeitspolitische Initiative der Kommission bildet derzeit jedoch der Vorschlag für einen europäischen Rechtsrahmen über angemessene Mindestlöhne, den sie seit Beginn ihrer Amtszeit mit hoher Priorität verfolgt.

Der Richtlinienvorschlag über angemessene Mindestlöhne

Im Oktober 2020 legte die Kommission einen Vorschlag für eine „Richtlinie über angemessene Mindestlöhne in der Europäischen Union" (Europäische Kommission 2020) vor. Erstmals in der Geschichte der EU existiert damit ein Gesetzentwurf, der Niveau und Reichweite von Mindestlöhnen in Europa deutlich erhöhen und eine grundlegende Stärkung der Tarifvertragssysteme befördern möchte. Der Vorschlag liest sich auch in seiner Begründung, in der die wichtige Funktion von Mindestlöhnen und Tarifvertragssystemen für eine nachhaltige soziale und ökonomische Entwicklung hervorgehoben wird, wie das komplette Gegenprogramm zu früheren arbeitspolitischen Ansätzen. Seine Umsetzung würde einen grundlegenden Paradigmenwechsel in der europäischen Arbeitspolitik markieren.[1]

Im Kern soll mit der Mindestlohnrichtlinie sichergestellt werden, „dass Arbeitnehmerinnen und Arbeitnehmer in der Union durch angemessene Mindestlöhne geschützt werden, die ihnen am Ort ihrer Arbeit einen angemessenen Lebensstandard ermöglichen" (ebd.: 3). Hierbei versteht sich die Initiative explizit als ein Beitrag zur Umsetzung

---

1 Der für die Initiative zuständige EU-Sozialkommissar Nicolas Schmit hat sich bei einer Anhörung im Europäischen Parlament ebenfalls die These eines Paradigmenwechsels zu eigen gemacht. Als Replik auf meine Kommentierung des Richtlinienentwurfes sagte er wörtlich: "I just want to confirm and also to express my agreement with what has been said on the paradigm shift. There is a paradigm shift obviously, because we are talking now about adequate pattern for minimum wages in Europe. We are talking about strengthening collective bargaining in Europe. This is a change from what happened not so long ago" (European Parliament 2021).

der Europäischen Säule sozialer Rechte, die für alle Beschäftigten in der EU ein „Recht auf eine gerechte Entlohnung" anerkennt. Konkret heißt es hierzu, dass „angemessene Mindestlöhne gewährleistet [werden], die vor dem Hintergrund der nationalen wirtschaftlichen und sozialen Bedingungen den Bedürfnissen der Arbeitnehmerinnen und Arbeitnehmer und ihrer Familien gerecht werden" (ebd.). Vom Grundgedanken her sollen die Mindestlöhne demnach „Living Wages" sein, deren Höhe so bemessen sein muss, dass sie eine angemessene gesellschaftliche Teilhabe ermöglichen.

Zur Umsetzung seiner Ziele verfolgt der Richtlinienentwurf vor allem zwei Ansätze: Zum einen möchte er die Mitgliedstaaten verpflichten, eindeutige Kriterien für die Angemessenheit gesetzlicher Mindestlöhne zu definieren. Hierbei sollen „die Mitgliedstaaten [...] bei ihrer Bewertung der Angemessenheit der gesetzlichen Mindestlöhne im Verhältnis zum allgemeinen Niveau der Bruttolöhne Richtwerte zugrunde [legen], wie sie auf internationaler Ebene üblich sind" (ebd., Artikel 5 (3)). Was damit konkret gemeint ist, wird zwar nicht im eigentlichen Gesetzestext, aber in den für die Interpretation des Gesetzes wichtigen Erwägungsgründen deutlich. Dort wird explizit von „international üblichen Indikatoren, wie etwa 60 Prozent des Bruttomedianlohns und 50 Prozent des Bruttodurchschnittslohns" gesprochen, die „als Richtschnur für die Bewertung der Angemessenheit des Mindestlohns im Verhältnis zum Bruttolohn dienen [können]" (Erwägungsgrund 21, ebd.: 22). Damit werden die Mitgliedstaaten zwar nicht explizit zur Einhaltung dieser Kriterien verpflichtet, es entsteht jedoch ein normativer europäischer Referenzrahmen, an dem sich die nationalen Mindestlohnpolitiken zukünftig messen lassen müssen.

Eine Umsetzung dieser Kriterien würde in fast allen EU-Staaten eine deutliche Erhöhung der gesetzlichen Mindestlöhne notwendig machen. Insgesamt könnten mehr als 25 Millionen Beschäftigte von einer solchen Regelung profitieren (Schulten/Müller 2021). Zugleich könnte die europäische Initiative in zahleichen Mitgliedstaaten an nationale Auseinandersetzungen anknüpfen, in denen derzeit um eine deutliche Anpassung des Mindestlohns gerungen wird (Schulten/Müller 2020). Dies gilt nicht zuletzt auch für Deutschland, wo das Niveau des gesetzlichen Mindestlohns mit lediglich 48 Prozent des Medianlohns deutlich hinter den Kriterien eines angemessenen Mindestlohns zurückfällt. Die von den Gewerkschaften u.a. erhobene Forderung nach einer Anhebung des Mindestlohns auf 12 Euro würde hingegen der in der EU diskutierten 60-Prozent-Schwelle entsprechen.

Anders als der Name der Richtlinie suggeriert, geht es bei dem Vorschlag der Kommission nicht allein um gesetzliche Mindestlöhne, sondern auch um eine Stärkung der nationalen Tarifvertragssysteme. In der Regel sind starke Tarifvertragssysteme weit besser als gesetzliche Vorgaben in der Lage, angemessene Mindestlöhne zu garantieren, was sich insbesondere in den nordeuropäischen Ländern beobachten lässt. Vor diesem Hintergrund kann auch eine europäische Initiative für angemessene Mindestlöhne nicht nur gesetzliche Regelungen in den Blick nehmen. Konkret ist deshalb in dem Richtlinienentwurf vorgesehen, dass alle Mitgliedstaaten, in denen die Tarifbindung unter 70 Prozent liegt, verpflichtet werden, gemeinsam mit Arbeitgeberverbänden und Gewerkschaften in einen nationalen Dialog zur Förderung sektoraler und branchenübergreifender Tarifverhandlungen einzutreten und einen konkreten Aktionsplan zur Stärkung der Tarifbindung zu entwickeln (Europäische Kommission 2020a: 26). Explizit hervorgehoben wird hierbei z.B. die Möglichkeit von Tariftreuevorgaben bei öffentlichen Aufträgen und Konzessionen (Artikel 9 des Richtlinienentwurfs, ebd.: 29). Derzeit liegt die Tarifbindung in 17 von 27 EU-Staaten unterhalb der 70-Prozent-Schwelle (Schulten/Müller 2021). Hierzu gehört auch Deutschland mit einer Tarifbindung von lediglich 52 Prozent. Durch die Festlegung einer Art von Mindesttarifbindung gibt die EU den Mitgliedstaaten eine klare Vorgabe, die Tarifbindung durch gezielte politische Initiativen zu erhöhen.

Chancen für die Umsetzung der europäischen Mindestlohnrichtlinie

Die Mindestlohnrichtlinie steht derzeit für ein zentrales politisches Projekt, das eine Neuausrichtung der europäischen Arbeitspolitik markieren könnte. Deshalb ist es auch nicht verwunderlich, dass sie auf besonders großen politischen Widerstand stößt und ihre Verabschiedung aus heutiger Sicht keineswegs als gesichert angesehen werden kann. Es zeigen sich exemplarisch all die möglichen Widerstände und Blockaden, mit denen nahezu alle politischen Projekte für ein soziales Europa konfrontiert sind. Hierzu gehört zunächst die einmütige Ablehnung der europäischen und nationalen Arbeitgeberverbände. Hinzu kommt eine skeptische bis offen ablehnende Allianz von Nationalstaaten, die von neoliberalen Regierungen in Österreich und den Niederlanden, über die Rechtspopulisten in Ungarn und Polen bis zu den sozialdemokratisch geführten Regierungen in Dänemark und Schweden reicht. Letztere sehen in Übereinstimmung mit den dortigen Gewerkschaften die Richtlinie als Bedrohung des „nordischen Modells" mit seiner ausschließlich auf Tarifverträgen basierenden Mindestlohnsicherung. Sie betätigen sich deshalb als besonders aktive Lobbyisten gegen die Richtlinie.

Auf Seiten der Befürworter stehen neben der großen Mehrheit der europäischen Gewerkschaften auch die verschiedenen europäischen Institutionen wie insbesondere die Europäische Kommission und das Europäische Parlament. Hinzu kommen vor allem die südeuropäischen Länder sowie mutmaßlich Deutschland und Frankreich, von denen aber nach wie vor unklar ist, wie stark sie am Ende ihr Gewicht für die Mindestlohnrichtlinie in die Waagschale werfen werden. Erschwerend kommt hinzu, dass das gesamte Projekt mit Verweis auf die nur sehr eingeschränkten lohnpolitischen Regelungskompetenzen der EU auch juristisch stark kritisiert wird. Zwar hat der juristische Dienst des Europäischen Rates dem Kommissionsentwurf im Kern erst einmal seine Europarechtskonformität bescheinigt (Legal Service of the Council of the EU 2021). Es bleibt jedoch ein schmaler Grad, und führt aus Sicht der Gewerkschaften zu dem Dilemma, dass eine politisch wünschenswerte Präzisierung bei den Vorgaben der Richtlinie die juristische Unsicherheit weiter erhöhen würde.

Ob die Mindestlohnrichtlinie am Ende Erfolg haben oder doch scheitern wird, ist derzeit völlig offen. Die aktuelle Corona-Pandemie hat dem Projekt bislang jedenfalls nicht geschadet, sondern eher zusätzliche Argumente geliefert. Hierzu gehören nicht nur die zahlreichen „systemrelevanten" Beschäftigten im Niedriglohnsektor, sondern auch die Erkenntnis, wie wichtig gerade in einer solch fundamentalen Krise das Funktionieren sozialstaatlicher Regeln ist. Im Zuge der Corona-Pandemie hat sich in der EU eine Art „Not-Pragmatismus" herausgebildet, der vor allem im Bereich der Wirtschaftspolitik viele politische Maßnahmen ermöglicht hat, die kurz zuvor noch als undenkbar galten (Urban 2020). Daraus allein entsteht noch kein Pfadwechsel hin zu einem sozialen Europa. Aber es schafft offene Situationen, die es für die Durchsetzung progressiver Projekte zu nutzen gilt.

Literatur

Barnard, Catherine (2020): Are social 'Rights' rights? In: European Labour Law Journal Vol. 11 (2), S. 351-361

European Commission (2012): Labour Market Developments in Europe 2012, in: European Economy Nr. 5, https://ec.europa.eu/economy_finance/publications/european_economy/2012/pdf/ee-2012-5_en.pdf

Europäische Kommission (2020): Vorschlag für eine Richtlinie des Europäischen Parlamentes und des Rates über angemessene Mindestlöhne in der Europäischen Union. Brüssel, 28.10.2020, COM(2020) 682 final, https://ec.europa.eu/transparency/regdoc/rep/1/2020/DE/COM-2020-682-F1-DE-MAIN-PART-1.PDF.

European Parliament (2021): Discussion in the Committee on Employment and Social Affairs (EMPL) on the proposal for a directive in adequate minimum wages, 4th March 2021, 16:45 – 18:45, https://multimedia.europarl.europa.eu/en/committee-on-employment-and-social-affairs_20210304-1645-COMMITTEE-EMPL_vd?fbclid=IwAR2O9tp8xOPqfBdyVnGRZxojEh1RTWORbgCQDRnFwVMMsBQWOVNIgV74-uo.

Legal Service of the Council of the EU (2021): Opinion on the Commission proposal for a Directive of the European Parliament and of the Council on adequate minimum wages in the European Union – Legal basis. Brussels, 9 March 2021 (OR. en) 6817/21.

Graziano, Paolo/Hartlapp, Miriam (2019): The end of social Europe? Understanding EU social policy change, in: Journal of European Public Policy, Vol. 26 (10), S. 1484-1501.

Höpner, Martin (2018): Illusion: Das Soziale Europa kommt. Warum wir endlich mit liebgewonnenen Mythen brechen müssen in: IPG Newsletter vom 16.10.2018, https://www.ipg-journal.de/schwerpunkt-des-monats/illusionen/artikel/illusion-das-soziale-europa-kommt-3030/.

Müller, Torsten/Schulten, Thorsten/Van Gyes, Guy (Hrsg.) (2016): Lohnpolitik unter europäischer „Economic Governance". Alternative Strategien für inklusives Wachstum. Hamburg.

Scharpf, Fritz W. (2010): The asymmetry of European integration, or why the EU cannot be a 'social market economy', in: Socio-Economic Review Vol. 8 (2), S. 211-250

Schulten, Thorsten/Müller, Torsten (2020): Zwischen Armutslöhnen und Living Wages: Mindestlohnregime in der Europäischen Union, DIE LINKE im Europäischen Parlament, https://www.dielinke-nrw.de/fileadmin/lvnrw/PDFs/Dokumente/mindestlohn.deutsch.web.pdf.

– (2021): Ein Gesetz für angemessene Mindestlöhne und eine Stärkung der Tarifbindung in der EU, in: Soziale Sicherheit Nr. 3, S. 92-96

Seikel, Daniel (2021): Die Formel für ein Soziales Europa. Komplementäre Sozialpolitik plus sozialkompatible Gestaltung von Währungsunion und Binnenmarkt, Friedrich-Ebert-Stiftung WISO Direkt Nr. 5, http://library.fes.de/pdf-files/wiso/17443.pdf.

Streeck, Wolfgang (2015): Gekaufte Zeit. Die vertagte Krise des demokratischen Kapitalismus. Berlin.

Syrovatka, Felix (2021): Europäische Arbeitspolitik als strategisches Feld, eingereichte Dissertation an der Eberhard Karls Universität Tübingen, unveröffentlichtes Manuskript.

Urban, Hans-Jürgen (2020): Corona und der Blick auf ein anderes Europa: Die EU steht vor einer ungewissen Zukunft, in: AK Wien Infobrief EU & International Nr. 3 (Oktober 2020), S. 2-8.

Simon Dubbins

Der Brexit und die Folgen
Einheit und Internationalismus gegen Nationalismus und die extreme Rechte

Vier destruktive Jahre

Der quälende Prozess des Brexit ist zu einem vorläufigen Abschluss gekommen. Ein Freihandelsabkommen zwischen der EU und dem Vereinigten Königreich trat am 1. Januar 2021 in Kraft und wurde kurz darauf vom Europäischen Parlament ratifiziert. Dies geschah, während die Covid-19-Pandemie die Welt im Griff hat und die Arbeiterbewegungen mit enormen Schwierigkeiten konfrontiert sind, wenn sie sich bemühen, die Gesundheit und Sicherheit ganzer Belegschaften zu schützen und sich gleichzeitig den Bestrebungen der Arbeitgeber zu widersetzen, die versuchen, die dramatisch veränderten Machtverhältnisse auszunutzen. Das Besondere an der britischen Gewerkschafts- und Arbeiterbewegung ist, dass sie sich den Herausforderungen von Brexit und Covid 19 gleichzeitig stellen muss.

Die vier Jahre nach dem Brexit-Votum 2016 waren turbulent, gefährlich und destruktiv. Sie haben die Gewerkschafts- und Arbeiterbewegung vor massive Herausforderungen gestellt, nicht zuletzt bei dem Versuch, eine einheitliche Position für ihre Reaktion auf das Brexit-Votum festzulegen. Die Lähmung der Regierung unter Premierministerin May in der Brexit-Frage hat zwar bedeutet, dass es in dieser Zeit zunächst keine neuen organisierten und nachhaltig wirksamen Angriffe auf Gewerkschafts- und Arbeitnehmerrechte gab und der Vormarsch von Privatisierung, Deregulierung und größerer Arbeitsmarktflexibilität wohl verlangsamt wurde. Doch es ist eine neue Herausforderung aufgetaucht bzw. reaktualisiert worden, die unter Umständen gefährlicher und für die Arbeiterbewegung mindestens genauso schwierig zu bekämpfen ist: der Aufschwung einer glühenden fremdenfeindlichen und nationalistischen Bewegung.

Der Sieg der Brexit-Kampagne, dem nur wenige Monate später der Erfolg Trumps in den Präsidentschaftswahlen in den USA folgte, leitete diesen Aufschwung keinesfalls ein. Fremdenfeindliche und nationalistische Bewegungen sind in Europa und weltweit seit mindestens zwei Jahrzehnten auf dem Vormarsch. Die Voten für den Brexit wie auch für Trump markierten insofern nur einen vorläufigen Höhepunkt des Aufstiegs dieser politischen Kräfte. Auch wenn nun Trumps Niederlage bei der Wahl 2020 eine entscheidende und global gesehen viel wichtigere Abkehr vom rechtsextrem-nationalistischen Kurs bedeuten könnte, gab es im Vereinigten Königreich einen solchen Kurswechsel nicht. Im Gegenteil führte die Parlamentswahl im Dezember 2019 zu einer riesigen Mehrheit für die von Boris Johnson geführte konservative Pro-Brexit-Formation.

Wir müssen uns fragen, welche Lehren aus der Brexit-Erfahrung im Vereinigten Königreich zu ziehen sind. Wie sind die Kräfte zu verstehen, die die Brexit-Bewegung zum Sieg getrieben haben? Worauf muss die britische und europäische Gewerkschaftsbewegung achten und welche Strategien müssen entwickelt werden, um in diesem neuen Umfeld einen Weg nach vorne aufzuzeigen?

Keil zwischen Repräsentanten und Basis

Es ist an dieser Stelle wichtig festzuhalten, dass die britische Gewerkschaftsbewegung und die Labour-Partei während der Kampagne zum Referendum im Jahr 2016 klare Positionen für den Verbleib in der Europäischen Union bezogen haben.[1] Dies brachte keineswegs eine unkritische oder vorbehaltlose Unterstützung für den Verbleib in der EU zum Ausdruck. Die britische Gewerkschaftsbewegung war zu Recht entsetzt über das Sparprogramm der EU, das im Gefolge der Finanzkrise von 2008ff. durchgesetzt wurde, über die Angriffe auf die Arbeitnehmerrechte, die sich aus den Entscheidungen des Europäischen Gerichtshofs (EuGH) ergaben, wie z.B. Viking und Laval, und über das Abwürgen der europäischen Sozialagenda. Doch im Großen und Ganzen war sich die britische Gewerkschafts- und Arbeiterbewegung darüber im Klaren, dass im Interesse von Arbeitsplätzen, Investitionen, Arbeitnehmerrechten und langfristigem Frieden der Verbleib in der EU und der Kampf für Veränderungen in ihr die einzige Option darstellt.[2]

Dennoch stimmte die britische Wählerschaft mit knapper Mehrheit für den Austritt und stürzte das Land damit in eine Zeit des politischen Chaos.[3] Trotz der offiziellen Position der Gewerkschaften und der Arbeiterbewegung konnte die Brexit-Kampagne mit ihrem expressiven Nationalismus, getragen von einer einwanderungsfeindlichen Stimmung, einen Keil zwischen Repräsentanten und Basis treiben, was zur Folge hatte,

---

[1] Nur drei Gewerkschaften haben in Großbritannien eine Pro-Brexit-Position eingenommen: die Rail, Maritime and Transport Union (RMT), die Amalgamated Society of Locomotive, Engineers and Firemen (ASLEF) und die Northern Ireland Public Services Alliance (NIPSA). Zusammen machten sie im Jahr 2016 weniger als 150.000 der insgesamt 6,23 Millionen Mitglieder des britischen TUC aus. (Anm.: Aus historischen Gründen gehört die NIPSA zum Irish Congress of Trade Unions und nicht zum nationalen Zentrum des TUC in Großbritannien).

[2] Erklärung des TUC-Generalrats zum EU-Referendum, verabschiedet vom Kongress 2015 https://www.tuc.org.uk/research-analysis/reports/general-council-statement-eu-referendum. https://www.tuc.org.uk/news/unions-and-employers-publicly-unite-back-remain-and-warn-%E2%80%9Cterrible-gamble%E2%80%9D und https://www.theguardian.com/politics/2016/jun/05/uk-trade-union-leaders-call-on-6m-members-to-vote-against-brexit

[3] Das Ergebnis des Referendums 2016 war 51,9% für „Leave" und 48,9% für „Remain" bei einer Wahlbeteiligung von 72,2%. https://www.bbc.co.uk/news/politics/eu_referendum/results. Bei den Parlamentswahlen 2019 erhielt die Konservative Partei 365 Sitze gegenüber 203 für die Labour-Partei, was eine Regierungsmehrheit von 80 Sitzen ergab. https://www.bbc.co.uk/news/election/2019/results.

Der Brexit und die Folgen

dass viele Arbeiter gegen die Empfehlungen ihrer gewerkschaftlichen und politischen Führungen nahezu immun waren. Leave-Befürworter, vor allem diejenigen in der kleinen Gruppe der linken Brexiteers, bemühen sich, den Vorwurf der Fremdenfeindlichkeit und des Rassismus zurückzuweisen, aber wie der Vorsitzende des Unite-Exekutivrats mehrfach erklärte: „Es stimmt, dass nicht alle Leave-Wähler Rassisten sind, aber es stimmt auch, dass alle Rassisten wahrscheinlich für Leave gestimmt haben."

Nur wenige auf Seiten der Linken würden bestreiten, dass die Ursachen für diese Entwicklung in den verheerenden Folgen des neoliberalen Projekts, das die britische Politik seit den Thatcher-Regierungen der frühen 1980er Jahre dominiert hat, und in der weit verbreiteten Unzufriedenheit und Wut liegen, die es immer noch hinterlässt. De-Industrialisierung und Deregulierung schufen den prekärsten Arbeitsmarkt in der EU, was mit dazu führte, dass die soziale Ungleichheit rapide zunahm. Diese längerfristigen Trends und Auswirkungen hatten sich im Zuge der Finanzkrise 2008 dramatisch verschärft, als die Tory-geführte Regierung die schärfsten Sparmaßnahmen aller EU-Länder außerhalb der Eurozone ergriff. Massive Kürzungen der öffentlichen Ausgaben und ein Rückgang der Reallöhne über einen längeren Zeitraum als je zuvor seit der Industrialisierung schürten zweifellos den Unmut der Werktätigen, die gezwungen waren, für eine von ihnen nicht verursachte Krise zu bezahlen, während die Banker und die Elite ungeschoren oder sogar reicher als zuvor aus der Krise hervorgingen. Die Erkenntnis, dass solche Situationen, zumal ohne Zukunftsperspektiven, einen fruchtbaren Nährboden für rechtsextreme Politik bieten, ist nicht neu. Die Geschichte der Gewerkschaften und der Arbeiterbewegung ist voll von Beispielen, in denen Unruhen, die aus wirtschaftlichen und politischen Verwerfungen entstanden sind, erfolgreich in rechtsextreme nationalistische Bewegungen gelenkt wurden. Man denke nur an Italien in den 1920er Jahren oder an Spanien und Deutschland in den 1930er Jahren, bevor man zu den heutigen Beispielen in der Person von Bolzonaro in Brasilien, Salvini in Italien, Le Pen in Frankreich, Orban in Ungarn und Trump in den USA kommt.

Überraschenderweise haben wichtige Führungskreise der britischen Arbeiterbewegung den wahren Charakter der Brexit-Bewegung zu diesem kritischen Zeitpunkt nicht erkannt und nicht als die rechtsextreme nationalistische Bewegung verstanden, die sie war. Noch besorgniserregender ist die Tatsache, dass die Pro-Brexit-Linke begann, genau dieselben Argumente wie die Rechtsextremen aufzugreifen und zu propagieren, wie etwa die Notwendigkeit, die Freizügigkeit der Arbeitskräfte abzuschaffen und das Ergebnis des Referendums vorbehaltlos zu akzeptieren. Damit verliehen sie den zutiefst reaktionären Positionen Legitimität und Glaubwürdigkeit und gaben dabei letztlich vagen Konzepten wie „Souveränität" Vorrang vor dem Kernwert der Arbeiterbewegung, dem Internationalismus.[4]

Es lässt sich nicht mit Bestimmtheit sagen, ob eine einheitlichere und entschlossenere Position in der Gewerkschafts- und Arbeiterbewegung zu einem anderen Ergebnis

---

4 Siehe z.B. https://www.cpbml.org.uk/sites/default/files/leafletfor12feb_web.pdf. https://www.ft.com/content/166d32d8-a26b-11e9-974c-ad1c6ab5efd1 https://www.theguardian.com/politics/2019/nov/13/mccluskey-tells-corbyn-defy-calls-extend-freedom-of-movement.

geführt hätte, aber bei einem so knappen Ergebnis ist dem ein hoher Stellenwert unter den möglichen bestimmenden Faktoren zuzumessen. Wie auch immer: Der Bruch ist vollzogen, das Vereinigte Königreich hat die Europäische Union verlassen – mit schwerwiegenden Folgen für die Gewerkschafts- und Arbeiterbewegung im Vereinigten Königreich und in der gesamten EU.

Die Herausforderungen

Es ist wichtig, die potenzielle Spaltung zu erkennen, die der Brexit zwischen den Gewerkschaftsbewegungen im Vereinigten Königreich und dem Rest der EU und des EWR herbeigeführt hat.[5] Arbeitnehmer im Vereinigten Königreich und in der EU werden nicht mehr Teil derselben gemeinsamen politischen Strukturen sein und derselben Gesetzgebung unterliegen. Erklärungen und Bekundungen der Einheit sind willkommen und notwendig, aber für sich genommen werden sie nicht ausreichen. Das Vereinigte Königreich stellt jetzt potenziell eine große Bedrohung für die Arbeits- und Sozialstandards der EU dar, wie die gewerkschaftsfeindlichen Maßnahmen und Bestrebungen zur Flexibilisierung des Arbeitsmarktes in den letzten 40 Jahren immer wieder deutlich gezeigt haben. Es wird sorgfältiger Analysen, Engagement und Anstrengungen bedürfen, um den Kräften entgegenzuwirken, die versuchen, einen noch größeren Keil zwischen die Arbeitnehmer im Vereinigten Königreich und im Rest der EU zu treiben.

Ausgangspunkt muss sein, dass sich die Gewerkschaften im Vereinigten Königreich und in der EU voll und ganz dafür einsetzen, nationalistischen Tendenzen entgegenzuwirken und alles zu tun, um eine weitere Fragmentierung des EU-Blocks zu verhindern. Der Widerstand gegen die neoliberalen Tendenzen und den marktorientierten Ansatz der EU ist nicht nur ein politischer Imperativ zum Schutz der Arbeitnehmer, sondern auch von grundlegender Bedeutung, wenn die EU überleben und für die einfachen Werktätigen von Bedeutung sein soll.

Es ist daher unverzichtbar, dass die Gewerkschaftsbewegung in der EU konzertierte Anstrengungen unternimmt, um ihre Mitglieder über die Gefahren aufzuklären, die ein weiterer Zerfall der EU für die Werktätigen auf dem gesamten Kontinent und in der Tat weltweit mit sich bringen wird. Jede weitere Fragmentierung der EU wird nicht nur aller Wahrscheinlichkeit nach die Fragmentierung der europäischen Arbeiterklasse verstärken, sondern sie hätte auch zur Folge, dass sich ihre politischen Initiativen und Kämpfe fast ausschließlich auf ihre jeweiligen Nationalstaaten konzentrieren würden. Eine solche Einengung von Horizonten und Perspektiven wird der Aufgabe der Gewerk-

---

5 Es ist wichtig zu erkennen, dass das Brexit-Votum auch die Spaltung innerhalb des Vereinigten Königreichs dramatisch vertieft hat, da der Druck für ein zweites Referendum über die schottische Unabhängigkeit zusammen mit den Forderungen nach einer Abstimmung über die Grenze und die irische Einheit wächst. https://www.reuters.com/article/britain-scotland-poll/scottish-nationalists-set-for-record-majority-boosting-independence-push-idUSL8N2JP224. https://www.irishtimes.com/opinion/a-referendum-on-irish-unity-is-coming-whether-we-like-it-or-not-1.4454681.

schaften in der globalen Wirtschaft von heute nicht zuträglich sein. Die europäische Arbeiterbewegung sollte sich an die schmerzliche Erfahrung des Zusammenbruchs der Zweiten Internationalen 1914 und den anschließenden Absturz in die nationalistisch angeheizte Barbarei des Ersten Weltkriegs erinnern.

Im Rahmen der Bemühungen, weitere Fragmentierungen zu verhindern, ist es auch unabdingbar, dass die EU-Gewerkschaften weiterhin Druck auf die europäischen Institutionen ausüben, die grundlegenden Standards der Demokratie und der Rechtsstaatlichkeit rigoros einzuhalten. Dabei darf nicht darüber hinweggesehen werden, dass Mitgliedstaaten die grundlegendsten Prinzipien der Europäischen Union eklatant ignorieren. Die Spannungen zwischen der Europäischen Kommission und Ungarn sowie Polen zeigen, dass sehr viel realer Druck aufgebaut wird, um die EU in nichts anderes als eine Wirtschafts- und Handelsunion zu verwandeln. Die Arbeiterbewegung muss alles in ihrer Macht Stehende tun, um dies zu verhindern.[6] Es muss sichergestellt werden, dass die Exekutive des europäischen Gemeinwesens entschlossener vorgeht, um die Menschen- und Arbeitnehmerrechte zu verteidigen. Nur dann kann die EU eine zentrale Kraft im Kampf gegen eine ungehemmte Globalisierung sein. Auch wenn die Möglichkeiten der britischen Gewerkschaften, sich in dieser Hinsicht zu engagieren und zu handeln, jetzt deutlich eingeschränkt sind, ist es für sie dennoch von entscheidender Bedeutung zu erkennen, dass die enormen Folgen auch im Vereinigten Königreich zu spüren sein werden.

Abgesehen von dieser übergreifenden politischen Agenda wird es eine vordringliche Aufgabe der Gewerkschafts- und Arbeitnehmerbewegungen im Vereinigten Königreich und in der EU sein, preisliche Unterbietungswettläufe zu verhindern und, falls erforderlich, gemeinsame Aktionen dagegen vorzubereiten und durchzuführen. Für die Arbeitnehmer, aber auch für die sozialen Dimension der EU selbst ist von entscheidender Bedeutung, dass die Arbeitsmarktstandards und andere Bereiche der Marktregulierung geschützt werden. In Anbetracht der Tatsache, dass sich das Vereinigte Königreich immer wieder der Sozial- und Arbeitsgesetzgebung der EU widersetzt hat – ein Widerstand, den es unabhängig von der politischen Couleur der jeweiligen Regierung gab – und in Anbetracht des miserablen Zustands der britischen Arbeitsschutzgesetzgebung im Vergleich zu den meisten EU-Ländern, ist es praktisch unvorstellbar, dass das Vereinigte Königreich die EU bei den Sozial- und Beschäftigungsstandards plötzlich überflügeln wird. Wahrscheinlicher ist vielmehr, dass es versuchen wird, seine internationale Wettbewerbsposition zu verbessern, indem es einen Kurs in Richtung größerer Arbeitsmarktflexibilität und des Abbaus von Schutzmaßnahmen für Arbeitnehmer verfolgt – die einseitige Aussetzung der Arbeitszeitrichtlinie für britische Lkw-Fahrer ist nur ein aktuelles Beispiel, von dem wir mit ziemlicher Sicherheit noch viele weitere erwarten[7] können.

---

6   https://www.theguardian.com/world/2020/dec/10/eu-breaks-stalemate-on-18tn-seven-year-budget-and-recovery-fund.

7   Die Arbeitszeitrichtlinie wurde für Lkw-Fahrer in Großbritannien ausgesetzt, angeblich vorübergehend, um mit möglichen Problemen am Ende der Brexit-Übergangszeit am 31. De-

Da die britischen Gewerkschaften höchstwahrscheinlich einem starken Ressourcendruck unterliegen werden, der sich bei sinkenden Mitgliederzahlen und Einnahmen aufgrund des Verlusts von Arbeitsplätzen aus den zunehmenden Forderungen der Mitglieder nach Unterstützung ergibt, wird es für die Gewerkschaften nicht einfach sein, einen europäischen oder internationalen Schwerpunkt beizubehalten oder die für die Aufrechterhaltung und Entwicklung dieser Arbeitsbereiche erforderliche Zeit zu investieren. Die derzeit im Vereinigten Königreich vorherrschende nationalistische Atmosphäre und die erneute Bekräftigung des Nationalstaates als alleiniger Fokus der politischen Aktivität der britischen Gewerkschaftsbewegung sind dem nicht zuträglich. Abgeschnitten von den europäischen politischen Strukturen, durch die sie in der Vergangenheit gewissen Druck und Einfluss ausüben konnte, und mit nur den nationalen Institutionen des Vereinigten Königreichs als direktem Ansatzpunkt für politischen Druck und Einflussnahme sind die britischen Gewerkschaften noch stärker geneigt, den Schwerpunkt ihrer Aktivitäten auf die nationale Bühne des Kampfes zu legen. Die Notwendigkeit, dass die Gewerkschaften beiderseits des Ärmelkanals europäische Solidarität und Koordination aufrechterhalten und stärken, wird jedoch nicht abnehmen, sondern mit dem wachsenden Potenzial von Divergenzen und Preisunterbietungen eher zunehmen. Für die Gewerkschaften in der EU sollte dies keine unmittelbaren Probleme aufwerfen, da die bestehenden europäischen Strukturen genau zu diesem Zweck eingerichtet wurden. Für eine britische Gewerkschaftsbewegung, die dabei ist, ihre Position in der gesamteuropäischen Gewerkschaftsbewegung neu zu bewerten, ist dies jedoch eine komplexere Frage. Dabei ist von entscheidender Bedeutung, dass die britischen Gewerkschaften diese Frage auf kohärente und durchdachte Weise angehen und dabei strikt darauf achten, keinerlei Einschränkungen in der Zusammenarbeit und Koordinierung mit ihren Schwesterorganisationen in Europa zuzulassen.

Die Notwendigkeit der stärkeren Koordinierung und Zusammenarbeit wird auch im industriellen Bereich deutlich zunehmen, da im Vereinigten Königreich und in der EU tätige multinationale Unternehmen – von denen es viele gibt – im Zuge der Covid 19-Krise ihre Umstrukturierungspläne vorantreiben. Die Arbeitnehmer im Vereinigten Königreich sind, da es jetzt nicht mehr Teil des Binnenmarktes und der Zollunion ist, stark benachteiligt, wenn es darum geht, Arbeitsplätze und Investitionen zu verteidigen, während die Arbeitnehmer in der EU eindeutig profitieren, wenn Investitions- und Produktionsentscheidungen den Standort im EU-Raum favorisieren.[8]

---

zember 2020 fertig zu werden (https://trans.info/en/uk-announce-temporary-relaxation-of-the-eu-drivers-hours-rules-212915), aber jüngste Presse- und Medienberichte lassen die Absicht der britischen Regierung erkennen, die Regelung ganz abzuschaffen, siehe https://www.ft.com/content/55588f86-a4f8-4cf3-aecb-38723b787569.

8 So wurden beispielsweise während der Umstrukturierung im Jahr 2019 infolge der Covid 19-Krise die Arbeitsplätze bei der GE-Luftfahrt fast ausschließlich in Großbritannien abgebaut, während in Italien – dem anderen europäischen Hauptzentrum der GE-Luftfahrtaktivitäten – keine Arbeitsplätze verloren gingen. Stärkere Gesetze zum Schutz von Arbeitsplätzen und großzügigere Unterstützungsprogramme in Italien im Vergleich zu

Der Brexit und die Folgen

Unternehmen werden mit Standortverlagerung drohen, um zu versuchen, Zugeständnisse von britischen Arbeitnehmern zu erzwingen, die dann genutzt werden, um Druck auf die Arbeitsbedingungen der Beschäftigten an EU-Standorten auszuüben.

Als absolutes Minimum müssen die Gewerkschaften des Vereinigten Königreichs und der EU alles in ihrer Macht Stehende tun, um die Solidarität untereinander zu stärken und sicherzustellen, dass sie gemeinsam den Versuchen von Unternehmen widerstehen, Gruppen von Arbeitnehmern gegeneinander auszuspielen. Darüber hinaus müssen die Gewerkschaften gemeinsam fordern, dass die Arbeitnehmer des Vereinigten Königreichs ihre Vertretung in den Hunderten von Europäischen Betriebsräten, in denen sie derzeit vertreten sind, beibehalten und bei allen neu zu gründenden Betriebsräten einbezogen werden.[9] Es liegt nicht im Interesse der Arbeiterbewegung in der EU, dass Arbeitnehmer aus einem Nachbarland von wichtigen Diskussionen und Aktionen ausgeschlossen werden, und es liegt nicht im Interesse der britischen Arbeitnehmer, von den Plattformen isoliert zu werden, die die Arbeitnehmersolidarität auf europäischer und globaler Ebene stärken.

Schließlich ist die Stärkung von Koordination und Kooperation von wesentlicher Bedeutung im fortdauernden Kampf gegen nationalistische und rechtsextreme Bewegungen. Die Bedrohung, die diese Bewegungen für die Gewerkschafts- und Arbeiterbewegung darstellen, kann hier nicht näher ausgeführt werden, aber der Bedarf an effektiven Maßnahmen wird wahrscheinlich erheblich zunehmen, weil die extreme Rechte versuchen wird, Ängste und Unsicherheiten zu nutzen, die sich als Folge der Covid 19-Krise und der weiterreichenden Herausforderungen durch Automatisierung und digitale Revolution ergeben. Die jüngsten Initiativen des britischen TUC und des deutschen DGB-Projekts zur Bekämpfung der extremen Rechten bieten gute Ansatzpunkte. Erfahrungsaustausch und die Identifizierung von Methoden, die uns bei der Vermittlung unserer Botschaft helfen, werden von entscheidender Bedeutung sein. Der Ansatz des TUC und des DGB und ihrer Mitgliedsorganisationen bei dem Versuch, den Widerstand gegen solche Kräfte in den Betrieben fest zu verankern, wird zweifellos ein wesentlicher Bestandteil jeglicher effektiver transnationaler Bemühungen sein, den Aufstieg rechtsextremer Bewegungen zu bekämpfen. Da sich die Rechtsextremisten jetzt eindeutig international organisieren, ist es wichtig, den Widerstand gegen sie ebenfalls international zu organisieren.

Großbritannien werden sicherlich eine wichtige Rolle gespielt haben, aber auch der Brexit und der Austritt aus dem Binnenmarkt und der Zollunion waren von Bedeutung. Ähnliche Verhaltensmuster sind bei vielen anderen Unternehmen zu beobachten, wie z.B. bei Rolls Royce, Safran und größeren Teilen der Autoindustrie.

9 Die britischen Gewerkschaften und die europäischen Gewerkschaftsverbände wie Industri-All-Europe und UNI-Europa sowie der Europäische Gewerkschaftsbund haben von Beginn des Brexit-Prozesses an auf dieses Problem hingewiesen und Leitlinien und Empfehlungen herausgegeben, wie die Gewerkschaften dieses Problem am besten angehen können.

Schlussfolgerungen

Der Brexit war eine langwierige und schmerzhafte Erfahrung für die britische Gewerkschaftsbewegung und wird, wie beschrieben, viele unmittelbare Herausforderungen und Probleme für die Gewerkschaften im Vereinigten Königreich und in der EU mit sich bringen. Es wird großer Anstrengungen auf beiden Seiten bedürfen, um sicherzustellen, dass sich die Distanz zwischen dem Vereinigten Königreich und der EU als politische Einheiten nicht auch in den Reihen der Gewerkschaftsbewegung verfestigt, was in dem schwierigen Post-Covid 19- und Post-Brexit-Klima, das in absehbarer Zeit herrschen wird, nicht einfach sein wird.

Die Brexit-Erfahrung sollte den Gewerkschaften als Warnung dienen, was passieren kann, wenn auf eine steigende Flut nationalistischer und fremdenfeindlicher Stimmungen unzureichend reagiert wird. Die Gewerkschafts- und Arbeiterbewegung muss die Gefahren von Stimmungen in ihren eigenen Reihen aufmerksam und wachsam im Blick haben, die entweder offen mit den einwanderungsfeindlichen und nationalistischen Ansichten der extremen Rechten sympathisieren oder zynisch versuchen, diese Strömungen aufzugreifen, indem sie deren Ansichten und Vorschläge mit anderen Formulierungen effektiv wiederholen.

Zweimal in den letzten 100 Jahren haben die herrschenden Klassen Europas glühenden Nationalismus genutzt, um ihre eigene Position zu stärken und die Schuld für das Versagen der Systeme auf andere abzuwälzen, und zweimal hatte dies die verheerendsten Auswirkungen auf die Werktätigen des Kontinents. Die jüngste Welle des Nationalismus ist nicht anders, und es sollten keine Mühen gescheut werden, um ihren Aufstieg zu bekämpfen. Als Organisationen, die auf Solidarität und Kollektivismus gründen, sollte es für die Gewerkschaften selbstverständlich sein, dass diese Prinzipien auch das Fundament unserer weitergehenden internationalen Perspektive bilden müssen.

Verzeichnis der Autor*innen

Garnet Alps ist 2. Bevollmächtigte der IG Metall-Geschäftsstelle Braunschweig.

Dr. Brigitte Aulenbacher ist Soziologieprofessorin an der Johannes Kepler Universität Linz/Österreich und befasst sich mit Arbeits-, Care-, Geschlechter- und Kapitalismusforschung.

Clarissa Bader ist 1. Bevollmächtigte der IG Metall-Geschäftsstelle Ennepe-Ruhr-Wupper.

Dr. Gerhard Bäcker ist emeritierter Professor und nach wie vor als Fellow am Institut Arbeit und Qualifikation Duisburg/Essen tätig.

Dr. Beate Beermann ist Professorin und Vize-Präsidentin der Bundesanstalt für Arbeitsschutz und Arbeitsmedizin (BAuA).

Christiane Benner ist zweite Vorsitzende der IG Metall.

Dr. Hans-Jürgen Bieling ist Professor für Politik und Wirtschaft am Institut für Politikwissenschaft der Eberhard-Karls-Universität Tübingen.

Dr. Heinz Bierbaum ist derzeit Präsident der Europäischen Linken und war bis 2009 als Professor für Betriebswirtschaft an der Hochschule für Technik und Wirtschaft des Saarlandes tätig. Lange Zeit hat er für die IG Metall gearbeitet.

Mareike Biesel ist wissenschaftliche Hilfskraft am Arbeitsbereich für Arbeits-, Wirtschafts- und Industriesoziologie an der Friedrich-Schiller-Universität in Jena.

Dr. Ulrich Brand ist Professor für Internationale Politik an der Universität Wien.

Dr. Ulrich Brinkmann ist Professor für Soziologie mit den Schwerpunkten Organisations- und Arbeitssoziologie an der Technischen Universität Darmstadt.

Annelie Buntenbach war geschäftsführendes Bundesvorstandsmitglied des DGB.

Ph.D. *Michael Burawoy* ist Professor für Soziologie an der University of California Berkeley.

Hasan Cakir ist Betriebsratsvorsitzender der Salzgitter Flachstahl GmbH und Konzernbetriebsratsvorsitzender der Salzgitter AG

Dr. Frank Deppe ist emeritierter Professor für Politikwissenschaft an der Philipps-Universität in Marburg.

Richard Detje ist Mitarbeiter von WissenTransfer (Wissenschaftliche Vereinigung für Kapitalismusanalyse und Gesellschaftspolitik e.V.).

Dr. Klaus Dörre ist Professor für Arbeits-, Industrie- und Wirtschaftssoziologie an der Friedrich-Schiller-Universität in Jena.

Simon Dubbins ist Direktor für Internationales und Forschung der britischen Gewerkschaft UNITE.

Claudia Dunst ist Gewerkschaftssekretärin bei der IG Metall Baden-Württemberg im Transformations-Team (Schwerpunkt: Qualifizierung).

Christoph Ehlscheid ist Bereichsleiter Sozialpolitik beim Vorstand der IG Metall.

Michael Erhardt ist 1. Bevollmächtigter der IG Metall-Geschäftsstelle Frankfurt a.M.

Dr. Thilo Fehmel ist Professor für Sozialadministration und Sozialpolitik an der Hochschule für Technik, Wirtschaft und Kultur Leipzig.

Andrea Fergen ist Ressortleiterin Arbeitsgestaltung und Gesundheitsschutz beim Vorstand der IG Metall.

Timo Gayer ist Gewerkschaftssekretär im Ressort Bildungs- und Qualifizierungspolitik beim Vorstand der IG Metall.

Dr. Thomas Gerlinger ist Professor an der Fakultät für Gesundheitswissenschaften an der Universität Bielefeld.

Axel Gerntke ist 1. Bevollmächtigter der IG Metall-Geschäftsstelle Wiesbaden/Limburg.

Katharina Grabietz ist Gewerkschaftssekretärin im Ressort Allgemeine Sozial- und Arbeitsmarktpolitik/AGA beim Vorstand der IG Metall.

Jan-Paul Grüner ist Gewerkschaftssekretär beim Vorstand der IG Metall im Bereich Sozialpolitik.

Dr. Rebecca Gumbrell-McCormick ist Senior Lecturer at Birkbeck.

Jakob Habermann ist Bezirkssekretär im IG Metall Bezirk Mitte, zuständig für Politische Planung und Koordinierung.

Roland Hamm war 1. Bevollmächtigter der IG Metall Aalen und Schwäbisch Gmünd.

Juliane Hammermeister ist Oberstudienrätin und beschäftigt sich mit selbstreflexiven politischen Lernprozessen.

Stephan Hebel ist Journalist, Redakteur und Autor der Frankfurter Rundschau und Publizist.

Dr. Detlef Hensche ist Jurist und ehemaliger Vorsitzender der IG Medien.

Dr. Martin Höpner ist Professor und Wissenschaftler am Max-Planck-Institut für Gesellschaftsforschung in Köln.

Richard Hyman DPhil ist Emeritus Professor of Industrial Relations an der London School of Economics.

Dr. Stefanie Janczyk ist Leiterin des Ressorts Allgemeine Sozial- und Arbeitsmarktpolitik/AGA beim Vorstand der IG Metall.

Jürgen Kerner ist Hauptkassierer der IG Metall.

Dr. Michael Kittner war Professor für Wirtschafts-, Arbeits- und Sozialrecht an der Universität Kassel und daneben fast 25 Jahre lang Justitiar der IG Metall.

Verzeichnis der Autor*innen

Kerstin Klein ist 2. Bevollmächtigte der IG Metall-Geschäftsstelle Köln-Leverkusen.

Dieter Knauß war 1. Bevollmächtigter der IG Metall im Rems-Muss-Kreis und Sprecher der Gewerkschaft in der Region Stuttgart.

Jörg Köhlinger ist Bezirksleiter im IG Metall Bezirks Mitte.

Otto König war 1. Bevollmächtigter der IG Metall-Geschäftsstelle Gevelsberg-Hattingen und Mitglied im Vorstand der IG Metall.

Dr. Sebastian Kramer, Gewerkschaftssekretär beim Vorstand der IG Metall im Bereich Sozialpolitik.

Dr. Steffen Lehndorff ist Volkswirt und Research Fellow am Institut Arbeit und Qualifikation der Universität Duisburg-Essen.

Wolfgang Lemb ist geschäftsführendes Vorstandsmitglied der IG Metall.

Dr. Uwe Lenhardt ist Gesundheitswissenschaftler und Mitarbeiter bei der Bundesanstalt für Arbeitsschutz und Arbeitsmedizin in Berlin.

Dr. André Leisewitz ist Redakteur der Zeitschrift Marxistische Erneuerung.

Godela Linde ist Juristin und war beim DGB beschäftigt.

Dr. Nicole Mayer-Ahuja ist Professorin für die Soziologie von Arbeit, Unternehmen und Wirtschaft in Göttingen.

Dr. Wolfgang Menz ist Professor für Soziologie, insbesondere Arbeit, Organisation und Innovation, Fachbereich Sozialökonomie, Universität Hamburg.

Anke Muth ist Gewerkschaftssekretärin im Ressort Bildungs- und Qualifizierungspolitik beim Vorstand der IG Metall.

Heike Neis-Gärtner ist Mitarbeiterin im Bereich Sozialpolitik beim Vorstand der IG Metall.

Dirk Neumann ist Bereichsleiter Arbeitsgestaltung und Qualifizierungspolitik beim Vorstand der IG Metall.

Dr. Sarah Nies ist wissenschaftliche Mitarbeiterin im Institut für sozialwissenschaftliche Forschung – ISF München.

Dr. Doris Pfeiffer ist Vorsitzende des GKV-Spitzenverbandes.

Klaus Pickshaus war bis 2014 Bereichsleiter Arbeitsgestaltung und Qualifizierungspolitik beim Vorstand der IG Metall, jetzt freier Publizist.

Thomas Ressel ist Ressortleiter Bildungs- und Qualifizierungspolitik beim Vorstand der IG Metall.

Dr. Jürgen Reusch war lange Redakteur der Zeitschrift Gute Arbeit und wirkt in der Redaktion der Zeitschrift Marxistische Erneuerung mit.

Dr. Rainer Rilling ist Senior Research Fellow am Institut für Gesellschaftsanalyse der Rosa-Luxemburg-Stiftung und außerplanmäßiger Professor für Soziologie an der Philipps-Universität Marburg.

Gundula Rossbach ist Präsidentin der Deutschen Rentenversicherung Bund.

Isabel Rothe ist Präsidentin der Bundesanstalt für Arbeitsschutz und Arbeitsmedizin (BAuA).

Dr. Dieter Sauer ist emeritierter Professor und Sozialforscher im Institut für sozialwissenschaftliche Forschung – ISF München.

Detlef Scheele ist Vorstandsvorsitzender der Bundesagentur für Arbeit.

Horst Schmitthenner ist ehemaliges geschäftsführendes Vorstandsmitglied der IG Metall (bis 2003).

Dr. Thorsten Schulten ist Honorarprofessor am Institut für Politikwissenschaft der Eberhard Karls Universität Tübingen und beim Wirtschafts- und Sozialwissenschaftlichen Institut in der Hans-Böckler-Stiftung beschäftigt.

Dr. Michael Schumann ist emeritierter Professor für Soziologie an der Universität Göttingen.

Ines Schwerdtner ist Chefredakteurin der Zeitschrift Jacobin.

Moriz Boje Tiedemann ist Gewerkschaftssekretär im Ressort Arbeitsgestaltung und Gesundheitsschutz beim Vorstand der IG Metall.

Walter Vogt ist ehemaliges Vorstandsmitglied der IG Metall und ehemaliger 1. Bevollmächtigter der Geschäftsstelle in Neuwied.

Gerhard Wick ist 1. Bevollmächtigter der Geschäftsstelle der IG Metall in Esslingen.

Matthias Wilhelm ist 1. Bevollmächtigter der Geschäftsstelle der IG Metall in Salzgitter-Peine.

Roman Zitzelsberger ist Leiter des IG Metall-Bezirks Baden-Württemberg.

Moritz Altenried / Julia Dück / Mira Wallis (Hrsg.)
Plattformkapitalismus und die Krise der sozialen Reproduktion
2021 – 295 Seiten – 30,00 €
ISBN 978-3-89691-056-1

Peter Bescherer / Anne Burkhardt / Robert Feustel / Gisela Mackenroth / Luzia Sievi
Urbane Konflikte und die Krise der Demokratie
Stadtentwicklung, Rechtsruck und Soziale Bewegungen
(Raumproduktionen: Theorie und gesellschaftliche Praxis, Band 36)
2021 – 246 Seiten – 28,00 €
ISBN 978-3-89691-057-8

Klaus Dörre
In der Warteschlange
Arbeiter*innen und die radikale Rechte
2020 – 355 Seiten – 30,00 €
ISBN 978-3-89691-048-6

2., erweiterte Auflage
Carmen Ludwig / Hendrik Simon / Alexander Wagner (Hrsg.)
Entgrenzte Arbeit, (un-)begrenzte Solidarität?
Bedingungen und Strategien gewerkschaftlichen Handelns im flexiblen Kapitalismus
2021 – 285 Seiten – 25,00 €
ISBN 978-3-89691-275-6

Thomas Sablowski / Judith Dellheim / Alex Demirović / Katharina Pühl / Ingar Solty (Hrsg.)
Auf den Schultern von Karl Marx
2021 – 552 Seiten – 40,00 €
ISBN 978-3-89691-259-6

WESTFÄLISCHES DAMPFBOOT

Nevinghoff 14 · 48147 Münster · Tel. 0251-38440020 · Fax 0251-38440019
E-Mail: info@dampfboot-verlag.de · http://www.dampfboot-verlag.de